Kohlhammer
Deutscher Gemeindeverlag

Kommunale Schriften für Schleswig-Holstein
Herausgegeben vom Schleswig-Holsteinischen Gemeindetag

Nachbarrecht in Schleswig-Holstein

Kommentar

von

Dr. Peter Bassenge
Vorsitzender Richter am Landgericht Lübeck a. D.

und

Carl-Theodor Olivet
Vorsitzender Richter am Landgericht Lübeck a. D.

13., überarbeitete Auflage

Es haben bearbeitet:
Dr. Peter Bassenge: §§ 1 bis 19
§§ 37 bis 41
LWaldG
Schlichtungsverfahren

Carl-Theodor Olivet: §§ 20 bis 36
§§ 42 bis 47
LWasserG

13., überarbeitete Auflage 2017

Alle Rechte vorbehalten
© Deutscher Gemeindeverlag GmbH, Stuttgart
Gesamtherstellung: W. Kohlhammer GmbH, Stuttgart

Print:
ISBN 978-3-555-01876-8

E-Book-Formate:
pdf: ISBN 978-3-555-01877-5
epub: ISBN 978-3-555-01878-2
mobi: ISBN 978-3-555-01879-9

Für den Inhalt abgedruckter oder verlinkter Websites ist ausschließlich der jeweilige Betreiber verantwortlich. Die W. Kohlhammer GmbH hat keinen Einfluss auf die verknüpften Seiten und übernimmt hierfür keinerlei Haftung.

Vorwort zur 13. Auflage

Seit dem Erscheinen der Vorauflage sind acht Jahre vergangen. Während dieser Zeit haben nachbarrechtlich bedeutsame Gesetze – wie insbesondere die Landesbauordnung und der praktisch wichtige § 37 Abs. 2 des Nachbarrechtsgesetzes – Änderungen erfahren, so dass schon aus diesem Grunde eine Neuauflage angezeigt erscheint. Sie gibt aber auch Gelegenheit, die in diesen Jahren bekannt gewordene Rechtsprechung und Literatur – auch so weit sie zu den Nachbarrechtsgesetzen und Schlichtungsgesetzen anderer Bundesländer ergangen sind – auszuwerten und einzuarbeiten. Dabei sind wiederum die Hinweise auf bundesrechtlich geregelte nachbarrechtliche Probleme erweitert worden. Die Neuauflage des Kommentars ermöglicht es somit dem Benutzer, sich umfassend über den neuesten Stand des in Schleswig-Holstein geltenden Nachbarrechts zu informieren.

Der Text aller erwähnten Vorschriften kann im Internet über www.rechtliches.de abgerufen werden. Entscheidungen des Bundesgerichtshofs sind ab dem 1. Januar 2000 online in einer Datenbank bereitgestellt, zur nichtgewerblichen Nutzung kostenfrei, zur Nutzung zu gewerblichen Zwecken gegen eine Dokumentenpauschale; nach dem Aufruf www.bundesgerichtshof.de klickt man in der linken Spalte unter „Schnellzugriff" das Wort Entscheidungen an, danach im Mittelfeld das unterstrichene „Zugang zur Entscheidungsdatenbank des Bundesgerichtshofs".

Lübeck, im Januar 2017

Peter Bassenge
Carl-Theodor Olivet

Inhaltsverzeichnis

Vorwort.	V
Abkürzungsverzeichnis.	X
Literaturverzeichnis.	XVI
Einführung.	1

Gesetzestexte

Nachbarrechtsgesetz für das Land Schleswig-Holstein.	5
Wassergesetz des Landes Schleswig-Holstein (Auszug).	19
Waldgesetz für das Land Schleswig-Holstein (Auszug).	20
Landesbauordnung für das Land Schleswig-Holstein (Auszug).	22
Landesschlichtungsgesetz (Auszug).	27
Bürgerliches Gesetzbuch (Auszug).	31
32. Verordnung zur Durchführung des Bundes-Immissionsschutzgesetzes (Geräte- und Maschinenlärmschutzverordnung – 32. BImSchV). . . .	36

Kommentare

Nachbarrechtsgesetz für das Land Schleswig-Holstein (NachbG)	41
Abschnitt I: Allgemeine Vorschriften	41
§ 1 Geltungsbereich	41
§ 2 Erbbauberechtigter	44
§ 3 Verjährung	48
Abschnitt II: Nachbarwand.	51
§ 4 Nachbarwand und Anbau	51
§ 5 Beschaffenheit der Nachbarwand	58
§ 6 Anbau an die Nachbarwand	60
§ 7 Anzeige des Anbaus	64
§ 8 Unterhaltung der Nachbarwand	66
§ 9 Beseitigung der Nachbarwand	69
§ 10 Veränderung der Nachbarwand	71
Abschnitt III: Grenzwand	75
§ 11 Grenzwand und Anbau.	75
§ 12 Errichten der Grenzwand.	76
§ 13 Anbau an die Grenzwand	79
§ 14 Errichten einer zweiten Grenzwand.	81
§ 15 Einseitige Grenzwand	84
§ 16 Über die Grenze gebaute Wand.	86

Inhaltsverzeichnis

Abschnitt IV: Hammerschlags- und Leiterrecht	88
§ 17 Inhalt und Umfang	88
§ 18 Anzeige und Schadensersatz	94
§ 19 Nutzungsentschädigung	94
Abschnitt V: Höherführen von Schornsteinen, Lüftungsleitungen und Antennenanlagen	95
§ 20 Inhalt und Umfang	95
§ 21 Anzeige und Schadensersatz	99
Abschnitt VI: Fenster- und Lichtrecht	100
§ 22 Inhalt und Umfang	100
§ 23 Ausnahmen	106
§ 24 Ausschluss des Beseitigungsanspruchs	107
Abschnitt VII: Bodenerhöhung	108
§ 25	108
Abschnitt VIII: Traufe	113
§ 26	113
Abschnitt IX: Schutz des Grundwassers	116
§ 27	116
Abschnitt X: Einfriedigung bebauter oder gewerblich genutzter Grundstücke	121
§ 28 Allgemeine Einfriedigungspflicht	121
§ 29 Einfriedigungspflicht des Störers	134
§ 30 Standort der Einfriedigung	184
§ 31 Beschaffenheit der Einfriedigung	187
§ 32 Kosten der Errichtung und Unterhaltung	190
§ 33 Ausschluss des Einfriedigungsanspruchs	193
§ 34 Ausnahmen	195
Abschnitt XI: Einfriedigung landwirtschaftlich genutzter Grundstücke	195
§ 35 Einfriedigungspflicht	195
§ 36 Gemeinsame Errichtung und Unterhaltung einer Einfriedigung	198
Abschnitt XII: Grenzabstände für Anpflanzungen	200
Vorbemerkungen zu §§ 37–41	200
§ 37 Grenzabstände	207
§ 38 Boden- und Klimaschutzpflanzungen	214
§ 39 Ausnahmen	215
§ 40 Ausschluss des Anspruchs auf Zurückschneiden	217
§ 41 Ersatzanpflanzungen und Grenzänderungen	219
Abschnitt XIII: Grenzabstände für Gebäude	221
§ 42 Grenzabstand	221
§ 43 Ausschluss des Beseitigungsanspruchs	256
Abschnitt XIV: Schlussvorschriften	263
§ 44 Übergangsvorschriften	263

Inhaltsverzeichnis

§ 45 Änderung des Wassergesetzes des Landes Schleswig-Holstein 264
§ 46 Außerkrafttreten von Vorschriften. 265
§ 47 Inkrafttreten 265

Wassergesetz des Landes Schleswig-Holstein (Auszug). 266
Abschnitt III: Wild abfließendes Wasser 266
§ 60 Veränderung wild abfließenden Wassers. 266
§ 61 Aufnahme wild abfließenden Wassers 269

Waldgesetz für das Land Schleswig-Holstein (Auszug) 274
Abschnitt III: Waldpflege und Waldbewirtschaftung. 274
§ 12 Nachbarrechte und -pflichten. 274

Anhang
Grundzüge des Schlichtungsverfahrens in nachbarrechtlichen Streitigkeiten 278

Stichwortverzeichnis 289

Abkürzungsverzeichnis

a. A.	anderer Ansicht
a. a. O.	am angegebenen Ort
Abs.	Absatz
a. E.	am Ende
a. F.	alte Fassung
AG	Amtsgericht
AgrarR	Zeitschrift für das Recht der Landwirtschaft, der Agrarmärkte und des ländlichen Raumes
AGVwGO	Ausführungsgesetz zur Verwaltungsgerichtsordnung vom 6.3.1990 (GVOBl. Schl.-H. S. 226), geändert durch Art. 65 LVO v. 4.4.2013 (GVOBl. Schl.-H. S. 143)
ALR	Allgemeines Landrecht für die Preußischen Staaten vom 5.2.1794
AmtsBl	Amtsblatt
Anm.	Anmerkung
Arg. e	Argument aus
Art.	Artikel
AV	Ausführungsverordnung
BAG	Bundesarbeitsgericht
BArtSchV	Bundesartenschutzverordnung v. 16.2.2005 (BGBl. I S. 258, 896), zuletzt geändert durch Art. 10 des Gesetzes vom 21.1.2013 (BGBl. I S. 95)
BauGB	Baugesetzbuch i. d. F. v. 23.9.2004 (BGBl. I S. 2414), zuletzt geändert durch Gesetz vom 20.10.2015 (BGBl. I S. 1722)
BauNVO	Verordnung über die bauliche Nutzung der Grundstücke (Baunutzungsverordnung) i. d. F. v. 23.1.1990 (BGBl. I S. 132), zuletzt geändert durch Art. 2 des Gesetzes vom 11.6.2013 (BGBl. I S. 1548)
BauR	Baurecht (Zeitschrift für das gesamte öffentliche und private Baurecht)
BauVorlVO	Bauvorlagenverordnung v. 24.3.2009 (GVOBl. Schl.-H. S. 161), zuletzt geändert durch LVO vom 11.3.2014 (GVOBl. Schl.-H. S. 66)
BayAGBGB	Bayerisches Ausführungsgesetz zum Bürgerlichen Gesetzbuch und anderen Gesetzen v. 20.9.1982 (GVBl. S. 803)
BayObLG	Bayerisches Oberstes Landesgericht
BayObLGZ	Entscheidungen des Bayerischen Obersten Landesgerichts in Zivilsachen
BayVGH	Bayerischer Verwaltungsgerichtshof
BB	Der Betriebsberater
BeckRS	Online-Rechtsprechungssammlung des Verlags C.H.Beck, München, www.beck-online.beck.de
BerHG	Beratungshilfegesetz v. 18.6.1980 (BGBl. I S. 689)
BFernStrG	Bundesfernstraßengesetz i. d. F. v. 28.6.2007 (BGBl. I S. 1206), zuletzt geändert durch Art. 466 der VO vom 31.8.2015 (BGBl. I S. 1474)
BGB	Bürgerliches Gesetzbuch i. d. F. v. 2.1.2002 (BGBl. I S. 42), zuletzt geändert durch Art. 6 des Gesetzes vom 19. Februar 2016 (BGBl. I S. 254)
BGBl.	Bundesgesetzblatt
BGH	Bundesgerichtshof

Abkürzungsverzeichnis

BGHZ	Entscheidungen des Bundesgerichtshofs in Zivilsachen
BlGBW	Blätter für Grundstücks-, Bau- und Wohnungsrecht
BImSchG	Bundesimmissionsschutzgesetz i. d. F. v. 17.5.2013 (BGBl. I S. 2542), zuletzt geändert durch Gesetz vom 26.7.2016 (BGBl. I S. 1839)
BImSchV	Verordnung zur Durchführung des Bundes-Immissionsschutzgesetzes
BNatSchG	Bundesnaturschutzgesetz i. d. F. v. 29.7.2009 (BGBl. I S. 2542), zuletzt geändert durch Art. 421 der VO vom 31.8.2015 (BGBl. I S. 1474)
BRS	Baurechtssammlung
BT-Drucks.	Bundestagsdrucksache
BVerfGE	Entscheidungen des Bundesverfassungsgerichts
BVerwG	Bundesverwaltungsgericht
BVerwGE	Entscheidungen des Bundesverwaltungsgerichts
bzw.	beziehungsweise
cbm	Kubikmeter
DAR	Deutsches Autorecht
dB.	Dezibel (Angabe als A-Wert)
DB	Der Betrieb
d. h.	das heißt
DIN	Deutsche Industrie-Norm
DNotZ	Deutsche Notar-Zeitschrift
DÖV	Die öffentliche Verwaltung
DR	Deutsches Recht
DVBl	Deutsches Verwaltungsblatt
DWW	Deutsche Wohnungswirtschaft
EGBGB	Einführungsgesetz zum Bürgerlichen Gesetzbuch i. d. F. v. 21.9.1994 (BGBl. I S. 2494), zuletzt geändert durch Art. 17 des Gesetzes v. 20.11.2015 (BGBl. I S. 2010)
EGZPO	Gesetz betreffend die Einführung der Zivilprozessordnung v. 30.3.1877 (RGBl. S. 244 – BGBl III 310-2), zuletzt geändert durch Gesetz v. 21.11.2016 (BGBl. I S. 2591)
ErbbauRG	Gesetz über das Erbbaurecht v. 15.1.1919 (RGBl. I S. 72) – Name i. d. F. des Art. 256 Gesetz v. 23.11.2007 (BGBl. I S. 2614), zuletzt geändert durch Art. 4 Absatz 7 des Gesetzes vom 1.10.2013 (BGBl. I S. 3719)
evtl.	eventuell
ff.	folgende
FGPrax	Praxis der Freiwilligen Gerichtsbarkeit
FluLärmG	Gesetz zum Schutz gegen Fluglärm i. d. F. vom 31.10.2007 (BGBl. I S. 2550)
Fn.	Fußnote
GarVO	Landesverordnung über den Bau und Betrieb von Garagen (Garagenverordnung) v. 30.11.2009 (GVOBl. Schl.-H. S. 873), geändert durch LVO vom 21.11.2014 (GVOBl. Schl.-H. S. 377)
GBO	Grundbuchordnung i. d. F. vom 26.5.1994 (BGBl. I S. 1114), zuletzt geändert durch Art. 16 Gesetz v. 21.11.2016 (BGBl. I S. 2591)
GE	Das Grundeigentum

Abkürzungsverzeichnis

Gemeinde	Die Gemeinde (Zeitschrift)
GewArch	Gewerbearchiv
GewO	Gewerbeordnung i. d. F. v. 22.2.1999 (BGBl. I S. 202), zuletzt geändert durch Gesetz vom 22.12.2015 (BGBl. I S. 2572)
GG	Grundgesetz für die Bundesrepublik Deutschland v. 23.5.1949 (BGBl. I 1), zuletzt geändert durch Gesetz v. 23.12.2014 (BGBl. I S. 2438)
ggf.	gegebenenfalls
GlNr.	Gliederungsnummer
GMBl.	Gemeinsames Ministerialblatt (des Bundes)
GO	Gemeindeordnung für Schleswig-Holstein vom 28.2.2003 (GVOBl. Schl.-H. 57)
GS	Sammlung des Schleswig-Holsteinischen Landesrechts
GuT	Gewerbemiete und Teileigentum
GVG	Gerichtsverfassungsgesetz i. d. F. v. 9.5.1975 (BGBl. I 1077), zuletzt geändert durch Art. 2 Absatz 2 des Gesetzes v. 22.12.2016 (BGBl. I S. 3150)
GVOBl. Schl.-H.	Gesetz- und Verordnungsblatt für Schleswig-Holstein
HundeG	Gesetz über das Halten von Hunden (HundeG) vom 26.6.2015 (GVOBl. Schl.-H. 193)
Hs.	Halbsatz
i. d. F.	in der Fassung
i. S., i. S. v.	im Sinne, im Sinne von
i. V. m.	in Verbindung mit
JR	Juristische Rundschau
Juris	Datenbank der Juris GmbH, Internet: www.juris.de
JuS	Juristische Schulung
Justiz	Die Justiz
JurBüro	Juristisches Büro (Zeitschrift)
JW	Juristische Wochenschrift
JZ	Juristen-Zeitung
KG	Kammergericht
KrwG	Gesetz zur Förderung der Kreislaufwirtschaft und Sicherung der umweltverträglichen Beseitigung von Abfällen (Kreislaufwirtschaftsgesetz) vom 24.2.2012 (BGBl. I S. 212), zuletzt geändert durch Art. 1a des Gesetzes vom 20. November 2015 (BGBl. I S. 2071)
KüO	Kehr- und Überprüfungsordnung für das Land Schleswig-Holstein v. 5.8.1997 (GVOBl. Schl.-H. S. 404)
LBO	Landesbauordnung für das Land Schleswig-Holstein i. d. F. vom 22. Januar 2009 (GVOBl. Schl.-H. S. 6), zuletzt geändert durch Art. 1 des Gesetzes v. 14.6.2016 (GVOBl. Schl.-H. S. 369)
LG	Landgericht
LJM	Landesjustizministerium
LM	Lindenmaier-Möhring, Das Nachschlagwerk des Bundesgerichtshofs in Zivilsachen
LNatSchG	Gesetz zum Schutz der Natur (Landesnaturschutzgesetz) v. 24.2.2010 (GVOBl. Schl.-H. S. 301)
LSchliG	Gesetz zur Ausführung von § 15a des Gesetzes betreffend die Einführung der Zivilprozessordnung (Landesschlichtungsgesetz) v.

Abkürzungsverzeichnis

	11.12.2001 (GVOBl. Schl.-H. S. 361), zuletzt geändert durch Gesetz v. 16.12.2008 (GVOBl. Schl.-H. 831)
LStrG	s. StrWG
LVO	Landesverordnung
LVwG	Allgemeines Verwaltungsgesetz für das Land Schleswig-Holstein (Landesverwaltungsgesetz) i. d. F. v. 2.6.1992 (GVOBl. Schl.-H. S. 243, 534), zuletzt geändert durch Gesetz v. 21.7.2016 (GVOBl. Schl.-H. S. 659)
LWaldG	Waldgesetz für das Land Schleswig-Holstein (Landeswaldgesetz) i. d. F. v. 5.12.2004 (GVOBl. Schl.-H. S. 461), zuletzt geändert durch Art. 2 des Gesetzes v. 27.5.2016 (GVOBl. Schl.-H. S. 161)
LWG	Wassergesetz des Landes Schleswig-Holstein (Landeswassergesetz) i. d. F. v. 11.2.2008 (GVOBl. Schl.-H. S. 91), zuletzt geändert durch Art. 1 des Gesetzes v. 1.8.2016 (GVOBl. Schl.-H.. S. 680)
m	Meter
MDR	Monatsschrift für Deutsches Recht
MünchKomm	Münchener Kommentar
m. w. N.	mit weiteren Nachweisen
NachbG	Nachbarrechtsgesetz
NachbGBbg	Brandenburgisches Nachbarrechtsgesetz v 28.6.1996 (GVBl. 226)
NachbGBln	Berliner Nachbarrechtsgesetz v. 28.9.1973 (GVBl. 1654)
NachbGBW	Gesetz über das Nachbarrecht (in Baden-Württemberg) i. d. F. v. 8.1.1996 (GBl. 54)
NachbGHess	Hessisches Nachbarrechtsgesetz v. 24.9.1962 (GVBl. 417)
NachbGNds	Niedersächsisches Nachbarrechtsgesetz v. 31.3.1967 (GVBl. 91)
NachbGNRW	Nachbarrechtsgesetz (für Nordrhein-Westfalen) v. 15.4.1969 (GV.NW. 190)
NachbGRhPf	Nachbarrechtsgesetz für Rheinland-Pfalz v. 15.6.1970 (GVBl. 198)
NachbGSaar	Saarländisches Nachbarrechtsgesetz v. 28.2.1973 (AmtsBl. 210)
NachbGSachs	Sächsisches Nachbarrechtsgesetz v. 11.11.1997 (GVBl. 582)
NachbGSAnh	Nachbarschaftsgesetz (Sachen-Anhalt) v. 13.11.1997 (GVBl. 958)
NachbGSchl.-H.	Nachbarrechtsgesetz für das Land Schleswig-Holstein v. 24.2.1971 (GVOBl. Schl.-H. 54), zuletzt geändert durch Art. 4 des Gesetzes vom 27.5.2016 (GVOBl. Schl.-H. S. 162)
NachbGThür	Thüringer Nachbarrechtsgesetz v. 22.12.1992 (GVBl. 599)
Nachw.	Nachweis(e)
NdsRpfl	Niedersächsische Rechtspflege
n. F.	neue Fassung
NJOZ	Neue Juristische Online-Zeitschrift
NJW	Neue Juristische Wochenschrift
NJWE-MietR	NJW-Entscheidungsdienst – Miet- und Wohnungsrecht
NJW-RR	NJW-Rechtsprechungsreport Zivilrecht
Nr.	Nummer
NuR	Natur und Recht
NVwZ	Neue Zeitschrift für Verwaltungsrecht
NVwZ-RR	NVwZ-Rechtsprechungsreport
NZA	Neue Zeitschrift für Arbeitsrecht
NZA-RR	NZA-Rechtsprechungsreport Arbeitsrecht
NZM	Neue Zeitschrift für Mietrecht

Abkürzungsverzeichnis

OLG	Oberlandesgericht
OLGR	Rechtsprechung der Oberlandesgerichte
OLG-Report	OLG-Report Zivilrechtsprechung der Oberlandesgerichte
OLGZ	Entscheidungen der Oberlandesgerichte in Zivilsachen
OVG	Oberverwaltungsgericht
OVGE	Entscheidungen der Oberverwaltungsgerichte für das Land Nordrhein-Westfalen in Münster sowie die Länder Niedersachsen und Schleswig-Holstein
PflAbfV	Landesverordnung über die Entsorgung von pflanzlichen Abfällen außerhalb von Abfallentsorgungsanlagen vom 1.6.1990 (GVOBl. Schl.- H. S. 412)
PrWG	Wassergesetz (für Preußen) v. 7.4.1913 (PrGS 53)
RdL	Recht der Landwirtschaft
RG	Reichsgebiet
RGBl.	Reichsgesetzblatt
RGZ	Entscheidungen des Reichsgerichts in Zivilsachen
Rn.	Randnummer
Rpfleger	Der Deutsche Rechtspfleger
RVG	Rechtsanwaltsvergütungsgesetz v. 5.5.2004 (BGBl. I 718), zuletzt geändert durch Gesetz vom 11.10.2016 (BGBl. I S. 2222)
RzU	Rechtsprechung zum Urheberrecht (Entscheidungssammlung)
S.	Seite
s.	siehe
SchAZtg	Schiedsamts-Zeitung
SchfHwG	Gesetz über das Berufsrecht und die Versorgung im Schornsteinfegerhandwerk (Schornsteinfeger-Handwerksgesetz v. 26.11.2008 (BGBl. I S. 2242), zuletzt geändert durch Artikel 284 der VO vom 31.8.2015 (BGBl. I S. 1474)
SchiedsO	Schiedsordnung für das Land Schleswig-Holstein v. 10.4.1991 (GVOBl. Schl.-H. 232), zuletzt geändert durch Art. 29 Gesetz v. 26.3.2009 (GVOBl. Schl.-H. S. 93)
SchlHA	Schleswig-Holsteinische Anzeigen
SchlHOLG	Schleswig-Holsteinisches Oberlandesgericht
SchlHOVG	Schleswig-Holsteinisches Oberverwaltungsgericht
SchlHVG	Schleswig-Holsteinisches Verwaltungsgericht
str.	streitig
StrWG	Straßen- und Wegegesetz des Landes Schleswig-Holstein i. d. F. v. 25.11.2003 (GVOBl. Schl.-H. S. 631), geändert durch Art. 2 des Gesetzes vom 1.9.2015 (GVOBl. Schl.-H. S. 322)
TA Lärm	Technische Anleitung zum Schutz gegen Lärm (6. BImschVwV) v. 26.8.1998 (GMBl. 503)
TA Luft	Technische Anleitung zur Reinhaltung der Luft (1. BImschVwV) v. 24.7.2002 (GMBl. 511)
Tz	Textziffer
u. U.	unter Umständen
VersR	Versicherungsrecht
VG	Verwaltungsgericht
vgl.	vergleiche
VGH	Verwaltungsgerichtshof

Abkürzungsverzeichnis

VO	Verordnung
VwGO	Verwaltungsgerichtsordnung i. d. F. 19.3.1991 (BGBl. I S. 686), zuletzt geändert durch Art. 3 Gesetz vom 13.10.2016 (BGBl. I S. 2258)
VwRspr	Verwaltungsrechtsprechung
VwV	Verwaltungsvorschrift
VwVfG	Verwaltungsverfahrensgesetz i. d. F. v. 23.1.2003 (BGBl. I S. 102), zuletzt geändert durch Artikel 1 des Gesetzes vom 20.11.2015 (BGBl. I S. 2010)
WarnRspr	Warneyer, Die Rechtsprechung des Reichsgerichts
WEG	Gesetz über Wohnungseigentum und Dauerwohnrecht (Wohnungseigentumsgesetz) v. 15.3.1951 (BGBl. I S. 175), zuletzt geändert durch Gesetz vom 5.12.2014 (BGBl. I S. 1962)
WEZ	Zeitschrift für Wohnungseigentumsrecht
WHG	Gesetz zur Ordnung des Wasserhaushalts (Wasserhaushaltsgesetz) v. 31.7.2009 (BGBl. I S. 2585)
WM	Zeitschrift für Wirtschafts- und Bankrecht
WuM	Wohnungswirtschaft und Mietrecht
z. B.	zum Beispiel
ZfBR	Zeitschrift für deutsches und internationales Bau- und Vergaberecht
ZfIR	Zeitschrift für Immobilienrecht
ZfW	Zeitschrift für Wasserrecht
Ziff.	Ziffer
ZMR	Zeitschrift für Miet- und Raumrecht
ZPO	Zivilprozessordnung i. d. F. v. 5.12.2005 (BGBl. I 3202), zuletzt geändert durch Gesetz v. 21.11.2016 (BGBl. I S. 2591)
ZVG	Gesetz über die Zwangsversteigerung und die Zwangsverwaltung vom 24.3.1897 (RGBl. I 713 – BGBl. III 310-14), zuletzt geändert durch Gesetz v. 24.5.2016 (BGBl. I S. 1217)

Literaturverzeichnis

Bamberger/Roth	Bürgerliches Gesetzbuch, Band 2, 3. Auflage 2012
Battis/Krautzberger/Löhr	Baugesetzbuch, 10. Auflage, München 2007
Bauer/Schlick/Hülbusch	Thüringer Nachbarrecht, 5. Auflage, Stuttgart u. a. 2008
Bayer/Linder/Grziwotz	Bayerisches Nachbarrecht, 2. Auflage, München 1994
Birk	Nachbarrecht für Baden-Württemberg, 5. Auflage, Stuttgart u. a. 2004
Bruns	Nachbarrechtsgesetz Baden-Württemberg, 3. Auflage, München 2015
Dehner	Nachbarrecht im Bundesgebiet (ohne Bayern), 7. Auflage, Neuwied/Kriftel/Berlin 1991
Glaser	Das Nachbarrecht in der Rechtsprechung, 2. Auflage, Herne/Berlin 1973
Glaser/Dröschel	Das Nachbarrecht in der Praxis, 3. Auflage, Herne/Berlin 1971
Günther	Baumschutzrecht, München 1994
Hodes/Dehner	Hessisches Nachbarrecht, 5. Auflage, Düsseldorf 2001
Holtz/Kreutz/Schlegelberger	Das Preußische Wassergesetz, 4. Auflage, Berlin 1927
Kähler	Schleswig-Holsteinisches Landesrecht, 2. Auflage, Glückstadt 1923
Kopp/Schenke	Verwaltungsgerichtsordnung, 15. Auflage, München 2007
Lehmann	Kommentar zum Niedersächsischen Nachbarrechtsgesetz, 3. Auflage, Göttingen 1978
Meisner/Ring/Götz	Nachbarrecht in Bayern, 7. Auflage, München 1986
Münchener Kommentar	Münchener Kommentar zum Bürgerlichen Gesetzbuch, Band 7, 7. Auflage, München 2015
Palandt	Bürgerliches Gesetzbuch, 76. Auflage, München 2017
Postier	Nachbarrecht in Brandenburg, 5. Auflage, Stuttgart u. a. 2012
Schäfer/Fink-Jamann/Peter	Nachbarrechtsgesetz für Nordrhein-Westfalen, 16. Auflage, München 2012
Schäfer	Thüringer Nachbarrechtsgesetz, 2. Auflage, München 2006
Schulze	Rechtsprechung zum Urheberrecht (Entscheidungssammlung RzU)
Soergel	Kommentar zum Bürgerlichen Gesetzbuch, Band 14, 13. Auflage, Stuttgart 2002
Staudinger	Kommentar zum Bürgerlichen Gesetzbuch, Band §§ 164–240 Bearbeitung 2014 und §§ 903–924 Bearbeitung 2016, Berlin
Thiem	Landeswassergesetz Schleswig-Holstein, 1. Auflage, Kiel 1985
Vetter/Karremann/Kahl	Das Nachbarrecht in Baden-Württemberg, 18. Auflage, Stuttgart 2006
Zimmermann/Steinke	Kommentar zum nordrhein-westfälischen Nachbarrechtsgesetz, Göttingen 1969

Einführung

Das in der Bundesrepublik Deutschland geltende private Nachbarrecht ist teils Bundes- und teils Landesrecht. Die als Bundesrecht geltenden nachbarrechtlichen Vorschriften sind in den §§ 906 bis 923 BGB enthalten. Das BGB hat aber die Rechtsbeziehungen, die sich aus der benachbarten Lage von Grundstücken ergeben, insbesondere die Eigentumsbeschränkungen, die für jeden Nachbarn im Interesse des anderen Nachbarn angebracht sind, nur unvollständig geregelt. Daneben gelten gemäß Art. 124 EGBGB alle landesrechtlichen Vorschriften, die das Eigentum an Grundstücken zugunsten des Nachbarn noch anderen als den im BGB geregelten Beschränkungen unterwerfen.
Einheitliche Vorschriften auf dem durch Landesrecht geregelten Gebiet des privaten Nachbarrechts waren im Lande Schleswig-Holstein nicht vorhanden. Die nachbarrechtlichen Beziehungen und Regelungen waren im Gegenteil infolge des Vorbehalts des Art. 124 EGBGB so vielschichtig und verworren, dass es nur schwer – wenn nicht unmöglich – war, sie in der Praxis gültig festzustellen. Die bestehende Rechtsunsicherheit wurde noch durch die Ereignisse des zweiten Weltkrieges und seine Folgen verschärft. Während nach dem ersten Weltkrieg eine fühlbare Bevölkerungsverschiebung nicht stattfand und dadurch das überlieferte Rechtsgut im wesentlichen bei der eingesessenen Bevölkerung verwurzelt blieb, verschwand das vorhandene Rechtsbewusstsein nach dem zweiten Weltkrieg allmählich. Heimatvertriebene und Flüchtlinge brachten ihr altes Rechtsgut aus der verlassenen Heimat mit und trugen damit dazu bei, die altüberlieferten Rechtssätze der neuen Heimatgebiete weiter auszuhöhlen. Im Zuge des Wiederaufbaus und der damit verbundenen Neubautätigkeit und infolge der durch die Bevölkerungsvermehrung eingetretenen Raumenge war ein immer stärker gewordenes praktisches Bedürfnis erkennbar geworden, die zum Teil lückenhafte Regelung nachbarrechtlicher Beziehungen unter Berücksichtigung moderner Erkenntnisse und Erfahrungen auf nachbarrechtlichem Gebiet zu ergänzen, ohne damit in eine perfektionistische Regelung zu verfallen.
Was für die Unübersichtlichkeit des Nachbarrechts in Schleswig-Holstein galt, traf in gleicher Weise auch für die übrigen Länder der Bundesrepublik Deutschland zu. Das führte dazu, dass inzwischen in elf Bundesländern das private Nachbarrecht neu geregelt worden ist. Baden-Württemberg schuf als erstes Land das „Gesetz über das Nachbarrecht" vom 14. Dezember 1959 (GesBl. S. 171), das jetzt in der Fassung vom 8. Januar 1996 (GesBl. S. 54) gilt. Es folgten Hessen mit dem „Hessischen Nachbarrechtsgesetz" vom 24. September 1962 (GVBl. 1 S. 417), Niedersachsen mit dem „Niedersächsischen Nachbarrechtsgesetz" vom 31. März 1967 (Nieders. GVBl. S. 91), Nordrhein-Westfalen mit dem „Nachbarrechtsgesetz" vom 15. April 1969 (GV. NW. S. 190) und Rheinland-Pfalz mit dem „Nachbarrechtsgesetz für Rheinland-Pfalz" vom 15. Juni 1970 (GVBl. S. 198). In Hamburg wurden einige Gebiete des baulichen Nachbarrechts in der „Hamburgischen Bauordnung" vom 10. Dezember 1969 (HambGVBl. S. 249) geregelt. Auch der Entwurf zum Bundesbaugesetz (Bundestagsdrucksache III Nr. 336) enthielt einen Abschnitt „Bauliches Nachbarrecht", der aber nicht Gesetz geworden ist. Alle diese Gesetze und Entwürfe sind bei der Schaffung des Nachbarrechtsge-

Einführung

setzes für das Land Schleswig-Holstein ausgewertet und berücksichtigt worden. Nach dem Inkrafttreten dieses Gesetzes haben auch die Länder Berlin (Gesetz vom 28.9.1973 – GVBl. S. 1654), Saarland (Gesetz vom 28.2.1973 – AmtsBl. 210), Thüringen (Gesetz vom 22.12.1992 – GVBl. S. 599), Brandenburg (Gesetz vom 28.6.1996 – GVBl. S. 226), Sachsen (Gesetz vom 11.11.1997 – GVBl. S. 582) und Sachsen-Anhalt (Gesetz vom 13.11.1997 – GVBl. S. 958) Nachbarrechtsgesetze erlassen; das Land Bayern hat sein Nachbarrecht jetzt in den Art. 7–23 des AGBGB vom 20. September 1982 (GVBl. S. 803) geregelt.

Dem bisherigen Nachbarrecht in Schleswig-Holstein kommt nur noch historische Bedeutung zu. Die außergewöhnliche Vielschichtigkeit der nachbarrechtlichen Beziehungen und Bestimmungen kann nur angedeutet werden.

Allgemein gesehen galten in weiten Gebieten Schleswig-Holsteins, etwa südlich des Nord-Ostsee-Kanals, noch sachsenrechtliche Bestimmungen, andere Gebiete wurden vom Land- und Marschenrecht beherrscht, während in den Städten vielfach noch das Lübische Recht aus dem Jahre 1586 aufgrund der Reskripte von 1765 Anwendung fand. Nordwestlich Hamburgs war Schauenburgisches Recht zu berücksichtigen, in den östlichen Landesteilen (etwa Lauenburg) Gemeines Recht mit Sachsenrecht, jedoch vielfach von stadtrechtlichen Besonderheiten durchsetzt. Selbst auf den Inseln Schleswig-Holsteins hatte sich eine einheitliche Rechtsauffassung nicht durchsetzen können. Während z. B. die Stadt Burg auf Fehmarn zum Lübischen Rechtskreis gehörte, fand für die übrigen Teile der Insel Schleswiger Recht vor Jutish Low Anwendung. Nördlich der Kanalgrenze galt in weiten Teilen Jutish Low, westlich dieser Zone zum Teil Dänisches Recht oder Nordstrander Landrecht. Die Inseln Sylt und Föhr hatten geteiltes Recht, auf der Insel Amrum galt Dänisches Recht, auf Pellworm Nordstrander Landrecht, während Nordstrand selbst noch mit anderen Einsprengseln zu rechnen hatte.

Was für die Vielschichtigkeit anzuwendenden Rechts allgemein galt, traf in besonderem Maße für die eigentlichen privaten nachbarrechtlichen Bestimmungen zu, deren Umfang, Verbreitung und Gültigkeit ebenfalls nur angedeutet werden können. Verbreitet waren die nachbarrechtlichen Bestimmungen des Revidierten Lübischen Rechts von 1586 (Lib. III Tit. XII: „Von Privat-Gebäuden und Bau-Sachen"), so insbesondere Art. V über die gemeinsame Unterhaltung der Rückzäune und die Art. VII und XIII, die sich mit Baubeschränkungen befassten. Wer bauen wollte, musste gemäß Art. VII so bauen, dass er seinem Nachbarn nicht zu nahe und schaden baue". Art. XIII[1], der sich u. a. mit dem Fenster- und Lichtrecht beschäftigte, hatte zeitweilig hohe Bedeutung gewonnen. Nach dieser Bestimmung war die Neuanlage von Fenstern ohne die Zustimmung des Nachbarn grundsätzlich verboten. Diese sehr weitgehende Beschränkung des Eigentums fand allerdings in einer Verschwiegenheitsfrist von einem Jahr und einem Tag ihre Begrenzung[2].

Die nachbarrechtlichen Bestimmungen des Revidierten Lübischen Rechts von 1586 galten in den Städten des ehemaligen Herzogtums Holstein, in den Städ-

---

1 „Es mögen auch keine neue Gänge, Wohnungen oder Wohnkeller, Fenster, Tühren, Schure, da vormals keine gewesen, angerichtet werden, wie dann auch keine Schornstein oder Feuerstetten, da hiebevorn keine gestanden, ohne der Nachbarn Willen und Vergünstigung."

2 „Wann über Jahr und Tag ein Gebäute unangesprochen gestanden, das kann nach Jahr und Tag nicht mehr angefochten werden" (Lib. 1 Tit. VIII Art. II).

Einführung

ten Tondern und Burg auf Fehmarn (mit den oben geschilderten Einschränkungen) des ehemaligen Herzogtums Schleswig und der Stadt Mölln des ehemaligen Herzogtums Lauenburg. Starke Ähnlichkeiten mit dem Lübischen Recht fanden sich in den nachbarrechtlichen Bestimmungen der Neumünsterschen Kirchspielgebräuche und der Bordesholmischen Amtsgebräuche, ohne dass der Umfang und die räumliche Geltung noch eindeutig bestimmbar waren. Fortgeltende nachbarrechtliche Bestimmungen enthielten noch das Husumer Stadtrecht von 1608 (Teil III Tit. 47) und das Friedrichstädter Stadtrecht von 1633 (Teil II Sekt. 2 Tit. 18). Nach diesen Spezialrechten galten die nachbarrechtlichen Bestimmungen des Sachsenspiegels (Sachsenrecht) in den ehemaligen Herzogtümern Holstein – mit Ausnahme der Schauenburgischen Lande – und Lauenburg sowie das Jutish Low in einem Teil des ehemaligen Herzogtums Schleswig. Gemeines Recht fand nach diesen Spezialrechten subsidiär Anwendung in den ehemaligen Herzogtümern Holstein und Lauenburg und in einem Teil des ehemaligen Herzogtums Schleswig. Wenn bedacht wird, dass das Gebiet mancher Städte nur teilweise dem Lübischen Recht unterstand, so wird augenfällig, welchen Schwierigkeiten es in der Vergangenheit begegnete, anzuwendendes Nachbarrecht eindeutig festzustellen. Neben den genannten Vorschriften hatte sich noch vielfach unterschiedliches örtliches Gewohnheitsrecht gebildet, wodurch die Durchschaubarkeit vollends unmöglich wurde.
Die bestehenden Unterschiede waren vielfach verwischt. Sie waren eigentlich nur noch für den Rechtshistoriker interessant, der Sache nach aber nicht mehr begründet. Diese Feststellungen ließen es gerechtfertigt erscheinen, ein einheitliches Nachbarrecht für Schleswig-Holstein zu schaffen. Das neue Gesetz strebt keine erschöpfende Regelung an und will sich absichtlich jedem Perfektionismus fern halten. Das Gesetz beschränkt sich auf die Regelung solcher Fragen, die in der Praxis von Bedeutung sind und die nach den Erfahrungen der Vergangenheit eine gesetzliche Lösung verlangen. Auf eine in jedem Fall erschöpfende Regelung der vielfältigen nachbarrechtlichen Beziehungen konnte aber auch deshalb verzichtet werden, weil den in diesem Gesetz nicht geregelten Beziehungen kaum mehr wesentliche Bedeutung zukommt. Die in dem neuen Gesetz vorgesehenen wechselseitigen Verpflichtungen halten sich innerhalb des durch das nachbarrechtliche Gemeinschaftsverhältnis Gebotenen, Zumutbaren und Vertretbaren. Die Abgrenzung gegenseitiger Rechte und Pflichten hält sich im Rahmen des Art. 14 des Grundgesetzes und bestimmt insoweit Inhalt und Schranken des Eigentums. Im Gesetz ist keine Bestimmung vorgesehen, die zu einem Eingriff mit Enteignungscharakter führen könnte.

Herbert Merten (†)

Nachbarrechtsgesetz für das Land Schleswig-Holstein (NachbG Schl.-H.)

vom 24. Februar 1971 (GVOBl. Schl.-H. S. 54), geändert durch § 77 des Gesetzes vom 16. April 1973 (GVOBl. Schl.-H. S. 122), Art. 4 des Gesetzes vom 19. November 1982 (GVOBl.Sch.-H. S. 256), Art. 4 des Gesetzes vom 15. Februar 2005 (GVOBl. Schl.-H. S. 168) und Art. 4 des Gesetzes vom 27. Mai 2016 (GVOBl. Schl.H. S. 162)

Abschnitt I: Allgemeine Vorschriften

§ 1 Geltungsbereich

(1) Die §§ 4 bis 43 gelten nur, soweit zwingende öffentlich-rechtliche Vorschriften nicht entgegenstehen oder die Beteiligten nichts anderes vereinbaren.

(2) Die in diesem Gesetz vorgeschriebene Schriftform kann nicht abgedungen werden.

§ 2 Erbbauberechtigter

Ist ein Grundstück mit einem Erbbaurecht belastet, so tritt der Erbbauberechtigte an die Stelle des Eigentümers, soweit sich nach diesem Gesetz Rechte oder Pflichten für den Eigentümer eines Grundstücks ergeben.

§ 3 Verjährung

(1) Für die Verjährung der auf Zahlung gerichteten Ansprüche nach diesem Gesetz gelten die §§ 195, 197 Abs. 1 Nr. 3 bis 5 und Abs. 2, §§ 199, 201 bis 207 und 209 bis 217 des Bürgerlichen Gesetzbuchs entsprechend.

(2) Für Ansprüche auf Schadensersatz nach diesem Gesetz ist darüber hinaus § 852 des Bürgerlichen Gesetzbuchs entsprechend anwendbar.

Abschnitt II: Nachbarwand

§ 4 Nachbarwand und Anbau

(1) Nachbarwand ist die auf der Grenze zweier Grundstücke von dem Eigentümer des einen Grundstücks mit schriftlicher Zustimmung des Eigentümers des anderen Grundstücks errichtete Wand, die den auf diesen Grundstücken errichteten oder zu errichtenden Bauwerken als Abschlußwand oder zur Unterstützung oder Aussteifung zu dienen bestimmt ist. Baut der Eigentümer des anderen Grundstücks an die Nachbarwand an, gilt seine schriftliche Zustimmung als erteilt.

(2) Anbau an die Nachbarwand ist ihre Mitbenutzung als Abschlußwand oder zur Unterstützung oder Aussteifung eines auf dem Nachbargrundstück errichteten Bauwerks.

§ 5 Beschaffenheit der Nachbarwand

(1) Die Nachbarwand ist in einer solchen Bauart und Bemessung auszuführen, daß sie den Bauvorhaben beider Grundstückseigentümer genügt. Ist nichts anderes vereinbart, so braucht der Erbauer die Wand nur für einen Anbau herzurichten, der an die Bauart und Bemessung der Wand keine höheren Anforderungen stellt als sein eigenes Bauvorhaben.

(2) Erfordert keines der beiden Bauvorhaben eine dickere Wand als das andere, so darf die Nachbarwand höchstens mit der Hälfte ihrer notwendigen Dicke auf dem Nachbargrundstück errichtet werden. Erfordert das Bauvorhaben auf dem zuerst bebauten Grundstück eine dickere Wand, so muß die Nachbarwand mindestens mit einem entsprechend größeren Teil ihrer Dicke auf dem zuerst bebauten Grundstück errichtet werden. Erfordert das Bauvorhaben auf dem Nachbargrundstück eine dickere Wand, so darf die Nachbarwand höchstens mit einem entsprechend größeren Teil ihrer Dicke auf dem Nachbargrundstück errichtet werden.

§ 6 Anbau an die Nachbarwand

(1) Der Eigentümer des Nachbargrundstücks ist berechtigt, an die Nachbarwand anzubauen. Für ein Unterfangen der Nachbarwand gilt § 14 Abs. 3 und 4 entsprechend.

(2) Der anbauende Eigentümer des Nachbargrundstücks hat dem Eigentümer des zuerst bebauten Grundstücks den halben Wert der Nachbarwand zu vergüten, soweit sie durch den Anbau genutzt wird.

(3) Die Vergütung ermäßigt sich angemessen, wenn die besondere Bauart oder Bemessung der Nachbarwand nicht erforderlich oder nur für das zuerst errichtete Bauwerk erforderlich war. Sie erhöht sich angemessen, wenn die besondere Bauart oder Bemessung der Nachbarwand nur für das später errichtete Bauwerk erforderlich war.

(4) Steht die Nachbarwand mehr auf dem Nachbargrundstück, als in § 5 Abs. 2 vorgesehen oder davon abweichend vereinbart ist, so ermäßigt sich die Vergütung um den Wert des zusätzlich überbauten Bodens, wenn nicht die in § 912 Abs. 2 oder § 915 des Bürgerlichen Gesetzbuchs bestimmten Rechte ausgeübt werden.

(5) Die Vergütung wird mit der Fertigstellung des Anbaus im Rohbau fällig. Bei der Berechnung des Wertes der Nachbarwand ist von den zu diesem Zeitpunkt üblichen Baukosten auszugehen. Das Alter und der bauliche Zustand der Nachbarwand sind zu berücksichtigen. Auf Verlangen ist Sicherheit in Höhe der voraussichtlich zu gewährenden Vergütung zu leisten; der Anbau darf dann erst nach Leistung der Sicherheit begonnen oder fortgesetzt werden.

§ 7 Anzeige des Anbaus

(1) Die Einzelheiten des geplanten Anbaus sind spätestens zwei Monate vor Beginn der Bauarbeiten dem Eigentümer und, soweit dessen Besitz davon berührt wird, auch dem Nutzungsberechtigten des zuerst bebauten Grundstücks schriftlich anzuzeigen. Mit den Arbeiten darf erst nach Fristablauf begonnen werden.

(2) Ist der Aufenthalt des Eigentümers und des Nutzungsberechtigten nicht bekannt oder haben sie ihren Wohnsitz oder gewöhnlichen Aufenthalt im Ausland, so genügt die Anzeige an den unmittelbaren Besitzer.

§ 8 Unterhaltung der Nachbarwand

(1) Bis zum Anbau fallen die Unterhaltungskosten der Nachbarwand dem Eigentümer des zuerst bebauten Grundstücks alleine zur Last.

(2) Nach dem Anbau sind die Unterhaltungskosten für den gemeinsam genutzten Teil der Nachbarwand von beiden Grundstückseigentümern zu gleichen Teilen zu tragen. In den Fällen des § 6 Abs. 3 ermäßigt oder erhöht sich der Anteil des Anbauenden entsprechend der Anbauvergütung.

(3) Wird eines der beiden Bauwerke abgebrochen und nicht neu errichtet, so hat der Eigentümer des Grundstücks, auf dem das abgebrochene Bauwerk stand, die durch den Abbruch entstandenen Schäden zu beseitigen und die Außenfläche des bisher gemeinsam genutzten Teiles der Nachbarwand in einen für eine Außenwand geeigneten Zustand zu versetzen. Die Kosten der künftigen Unterhaltung fallen dem anderen Grundstückseigentümer alleine zur Last.

§ 9 Beseitigung der Nachbarwand

(1) Der Eigentümer des zuerst bebauten Grundstücks ist berechtigt, die Nachbarwand ganz oder teilweise zu beseitigen, solange und soweit noch nicht angebaut ist.

(2) Der anbauberechtigte Eigentümer des Nachbargrundstücks kann die Unterlassung der Beseitigung verlangen, wenn er die Absicht, die Nachbarwand ganz oder teilweise durch Anbau zu nutzen, dem Eigentümer des zuerst bebauten Grundstücks schriftlich anzeigt und spätestens innerhalb von sechs Monaten den erforderlichen Bauantrag bei der Bauaufsichtsbehörde einreicht.

(3) Absatz 2 ist nicht anwendbar, wenn der Eigentümer des zuerst bebauten Grundstücks, bevor er eine Anzeige nach Absatz 2 erhalten hat, die Absicht, die Nachbarwand ganz oder teilweise zu beseitigen, dem anbauberechtigten Eigentümer des Nachbargrundstücks schriftlich angezeigt hat und spätestens innerhalb von sechs Monaten den erforderlichen Antrag auf Abbruchgenehmigung bei der Bauaufsichtsbehörde einreicht.

(4) Macht der Eigentümer des zuerst bebauten Grundstücks von seinem Beseitigungsrecht Gebrauch, so hat er dem anbauberechtigten Eigentümer des Nachbargrundstücks für die Dauer der Nutzung des Nachbargrundstücks eine Vergütung nach § 912 Abs. 2 des Bürgerlichen Gesetzbuchs zu zahlen. Beseitigt der Eigentümer des zuerst bebauten Grundstücks die Nachbarwand ganz oder teilweise, obwohl er nach Absatz 2 zur Unterlassung verpflichtet ist, so hat er dem anbauberechtigten Eigentümer des Nachbargrundstücks Ersatz für den durch die völlige oder teilweise Beseitigung der Anbaumöglichkeit zugefügten Schaden zu leisten; der Anspruch wird fällig, wenn das spätere Bauwerk im Rohbau fertiggestellt ist.

§ 10 Veränderung der Nachbarwand

(1) Jeder Grundstückseigentümer darf die Nachbarwand in voller Dicke auf seine Kosten erhöhen, wenn dadurch keine oder nur geringfügige Beeinträchtigungen für den anderen Grundstückseigentümer zu erwarten sind. Dabei darf der höher Bauende auf das Nachbardach einschließlich des Dachtragewerks einwirken, soweit dies erforderlich ist; er hat auf seine Kosten das Nachbardach mit der erhöhten Nachbarwand so zu verbinden, daß Schäden durch Gebäudebewegungen und Wit-

terungseinflüsse vermieden werden. Für den erhöhten Teil der Nachbarwand gelten die §§ 6 bis 8 sowie 9 Abs. 1 bis 3 und Abs. 4 Satz 2 entsprechend.

(2) Die Absicht, das Recht nach Absatz 1 auszuüben, ist anzuzeigen; § 7 gilt entsprechend. Schaden, der bei Ausübung des Rechts nach Absatz 1 dem Eigentümer oder dem Nutzungsberechtigten des anderen Grundstücks entsteht, ist auch ohne Verschulden zu ersetzen. Auf Verlangen ist Sicherheit in Höhe des voraussichtlichen Schadens zu leisten; das Recht nach Absatz 1 darf dann erst nach Leistung der Sicherheit ausgeübt werden.

(3) Jeder Grundstückseigentümer darf die Nachbarwand auf seinem Grundstück verstärken.

Abschnitt III: Grenzwand

§ 11 Grenzwand und Anbau

(1) Grenzwand ist die unmittelbar an der Grenze zum Nachbargrundstück auf dem Grundstück des Erbauers errichtete Wand.

(2) Anbau an die Grenzwand ist ihre Mitbenutzung als Abschlußwand oder zur Unterstützung oder Aussteifung des neuen Bauwerks.

§ 12 Errichten der Grenzwand

(1) Der Grundstückseigentümer, der eine Grenzwand errichten will, hat dem Eigentümer des Nachbargrundstücks die Bauart und Bemessung der beabsichtigten Wand schriftlich anzuzeigen; § 7 Abs. 2 gilt entsprechend.

(2) Der Eigentümer des Nachbargrundstücks kann innerhalb von zwei Monaten nach Zugang der Anzeige verlangen, die Grenzwand so zu gründen, daß bei der späteren Durchführung seines Bauvorhabens zusätzliche Baumaßnahmen vermieden werden. Mit der Errichtung der Grenzwand darf erst nach Fristablauf begonnen werden.

(3) Die durch das Verlangen nach Absatz 2 entstehenden Mehrkosten sind zu erstatten. In Höhe der voraussichtlich erwachsenden Mehrkosten ist auf Verlangen des Erbauers der Grenzwand innerhalb von zwei Wochen Vorschuß zu leisten. Der Anspruch auf die besondere Gründung erlischt, wenn der Vorschuß nicht fristgerecht geleistet wird.

(4) Soweit der Erbauer der Grenzwand die besondere Gründung auch zum Vorteil seines Bauwerks nutzt, beschränkt sich die Erstattungspflicht des Eigentümers des Nachbargrundstücks auf den angemessenen Kostenanteil; darüber hinaus gezahlte Kosten können zurückgefordert werden.

§ 13 Anbau an die Grenzwand

(1) Der Eigentümer des Nachbargrundstücks darf eine Grenzwand durch Anbau nutzen, wenn der Eigentümer des Grundstücks, auf dem die Grenzwand errichtet ist, schriftlich zustimmt.

(2) Der anbauende Eigentümer des Nachbargrundstücks hat dem Eigentümer des Grundstücks, auf dem die Grenzwand errichtet ist, eine Vergütung zu zahlen, soweit er nicht schon nach § 12 Abs. 3 zu den Baukosten beizutragen hat; er hat ferner

eine angemessene Vergütung dafür zu leisten, daß er den für die Errichtung einer eigenen Grenzwand erforderlichen Baugrund einspart. § 6 Abs. 2 und Abs. 3 Satz 1 sowie Abs. 5 gilt entsprechend.

(3) Für die Unterhaltungskosten der Grenzwand gilt § 8 entsprechend.

§ 14 Errichten einer zweiten Grenzwand

(1) Wer eine Grenzwand neben einer schon vorhandenen Grenzwand errichtet, ist verpflichtet, die Fuge zwischen den Grenzwänden auf seine Kosten bündig mit den Außenflächen der Bauwerke zu verdecken.

(2) Der Erbauer der zweiten Grenzwand ist berechtigt, auf eigene Kosten durch übergreifende Bauteile einen den öffentlich-rechtlichen Vorschriften entsprechenden Anschluß auf seine Kosten zu unterhalten.

(3) Muß der Eigentümer des Nachbargrundstücks zur Ausführung seines Bauvorhabens seine Grenzwand tiefer als die zuerst errichtete Grenzwand gründen, so darf er diese auf eigene Kosten unterfangen, wenn
1. dies nach den allgemeinen anerkannten Regeln der Baukunst unumgänglich ist oder nur mit unverhältnismäßig hohen Kosten vermieden werden könnte,
2. keine erhebliche Schädigung des zuerst errichteten Bauwerks zu besorgen ist und
3. das Bauvorhaben öffentlich-rechtlich zulässig ist.

(4) Für die Ausübung der Rechte nach Absatz 2 und 3 gilt § 10 Abs. 2 entsprechend.

§ 15 Einseitige Grenzwand

Der Eigentümer und der Nutzungsberechtigte eines Grundstücks haben Bauteile, die in den Luftraum ihres Grundstücks übergreifen, zu dulden, wenn
1. nach öffentlich-rechtlichen Vorschriften nur auf dem Nachbargrundstück bis an die Grenze gebaut werden darf,
2. die übergreifenden Bauteile öffentlich-rechtlichen Vorschriften nicht widersprechen,
3. sie die Benutzung seines Grundstücks nicht oder nur geringfügig beeinträchtigen und
4. sie nicht zur Vergrößerung der Nutzfläche dienen, insbesondere nicht zum Betreten bestimmt sind.

§ 16 Über die Grenze gebaute Wand

Die Vorschriften über die Grenzwand gelten entsprechend für eine über die Grenze hinausreichende Wand, die nicht Nachbarwand ist, zu deren Duldung der Eigentümer des Nachbargrundstücks aber verpflichtet ist.

Abschnitt IV: Hammerschlags- und Leiterrecht

§ 17 Inhalt und Umfang

(1) Der Eigentümer und der Nutzungsberechtigte eines Grundstücks müssen dulden, daß ihr Grundstück einschließlich der Bauwerke von dem Eigentümer oder dem

Nutzungsberechtigten des Nachbargrundstücks zur Vorbereitung und Durchführung von Bau-, Instandsetzungs- und Unterhaltungsarbeiten auf dem Nachbargrundstück vorübergehend betreten und benutzt wird, wenn und soweit
1. die Arbeiten anders nicht zweckmäßig oder nur mit unverhältnismäßig hohen Kosten durchgeführt werden können,
2. die mit der Duldung verbundenen Nachteile oder Belästigungen nicht außer Verhältnis zu dem von dem Berechtigten erstrebten Vorteil stehen und
3. das Vorhaben öffentlich-rechtlichen Vorschriften nicht widerspricht.

(2) Das Recht zur Benutzung umfaßt die Befugnis, auf oder über dem Grundstück Gerüste aufzustellen sowie die zu den Arbeiten erforderlichen Geräte und Baustoffe über das Grundstück zu bringen und dort niederzulegen.

(3) Das Recht ist so schonend wie möglich auszuüben. Es darf nicht zur Unzeit geltend gemacht werden.

(4) Absatz 1 findet auf den Eigentümer öffentlicher Verkehrsflächen keine Anwendung.

§ 18 Anzeige und Schadensersatz

Für die Verpflichtung zur Anzeige und die Verpflichtung zum Schadensersatz gelten die §§ 7 und 10 Abs. 2 entsprechend.

§ 19 Nutzungsentschädigung

(1) Wer ein Grundstück länger als zwei Wochen gemäß § 17 benutzt, hat für die ganze Zeit der Benutzung eine Nutzungsentschädigung zu zahlen. Diese ist so hoch wie die ortsübliche Miete für einen dem benutzten Grundstücksteil vergleichbaren gewerblichen Lagerplatz. Die Entschädigung ist nach dem Ablauf von je zwei Wochen fällig.

(2) Nutzungsentschädigung kann nicht verlangt werden, soweit nach § 18 Ersatz für entgangene anderweitige Nutzung gefordert wird.

Abschnitt V: **Höherführen von Schornsteinen, Lüftungsleitungen und Antennenanlagen**

§ 20 Inhalt und Umfang

(1) Der Eigentümer und der Nutzungsberechtigte eines Grundstücks müssen dulden, daß an ihrem höheren Gebäude der Eigentümer oder der Nutzungsberechtigte des angrenzenden niederen Gebäudes ihre Schornsteine, Lüftungsleitungen und Antennenanlagen befestigen, wenn
1. die Erhöhung der Schornsteine und Lüftungsleitungen für die notwendige Zug- und Saugwirkung und die Erhöhung der Antennenanlagen für einen einwandfreien Empfang von Sendungen erforderlich ist und die Befestigung anders nicht zweckmäßig oder nur mit unverhältnismäßig hohen Kosten durchgeführt werden kann und
2. die Erhöhung und Befestigung öffentlich-rechtlichen Vorschriften nicht widerspricht.

(2) Der Eigentümer und der Nutzungsberechtigte des betroffenen Grundstücks müssen ferner dulden,
1. daß die höhergeführten Schornsteine, Lüftungsleitungen und Antennenanlagen des Nachbargrundstücks von ihrem Grundstück aus unterhalten und gereinigt werden, wenn die Unterhaltung und Reinigung ohne Benutzung ihres Grundstücks nicht oder nur mit unverhältnismäßig hohen Kosten durchgeführt werden kann und
2. daß die hierzu erforderlichen Anlagen auf ihrem Grundstück angebracht werden.

Sie können den Berechtigten darauf verweisen, an dem höheren Gebäude auf eigene Kosten außen eine Steigleiter anzubringen, wenn dadurch die in Satz 1 genannten Arbeiten ermöglicht werden.

(3) Die Absätze 1 und 2 gelten für Antennenanlagen nicht, wenn dem Berechtigten die Mitbenutzung der dazu geeigneten Antennenanlage des höheren Gebäudes gestattet wird.

§ 21 Anzeige und Schadensersatz

Für die Verpflichtung zur Anzeige und die Verpflichtung zum Schadensersatz gelten die §§ 7 und 10 Abs. 2 entsprechend.

Abschnitt VI: Fenster- und Lichtrecht

§ 22 Inhalt und Umfang

(1) In oder an der Außenwand eines Gebäudes, die parallel oder in einem Winkel bis zu 60° zur Grenze des Nachbargrundstücks verläuft, dürfen Fenster, Türen oder zum Betreten bestimmte Bauteile wie Balkone und Terrassen nur mit schriftlicher Zustimmung des Eigentümers des Nachbargrundstücks angebracht werden, wenn ein geringerer Abstand als 3 m von dem grenznächsten Punkt der Einrichtung bis zur Grenze eingehalten werden soll.

(2) Die Zustimmung muß erteilt werden, wenn keine oder nur geringfügige Beeinträchtigungen zu erwarten sind.

(3) Von einem Fenster oder einem zum Betreten bestimmten Bauteil, dem der Eigentümer des Nachbargrundstücks schriftlich zugestimmt hat oder das nach dem bisherigen Recht angebracht worden ist, müssen er und seine Rechtsnachfolger mit einem später errichteten Bauwerk mindestens 3 m Abstand einhalten. Dies gilt nicht, wenn das später errichtete Bauwerk den Lichteinfall nicht oder nur geringfügig beeinträchtigt.

§ 23 Ausnahmen

Eine Zustimmung nach § 22 ist nicht erforderlich
1. für lichtdurchlässige Wandbauteile, wenn sie undurchsichtig, schalldämmend und gegen Feuereinwirkung widerstandsfähig sind;
2. für Außenwände gegenüber Grenzen zu öffentlichen Verkehrsflächen, zu öffentlichen Grünflächen und zu oberirdischen Gewässern von mehr als 3 m Breite;
3. soweit nach öffentlich-rechtlichen Vorschriften Fenster und Türen angebracht werden müssen.

§ 24 Ausschluß des Beseitigungsanspruchs

(1) Der Anspruch auf Beseitigung einer Einrichtung, die einen geringeren als den in § 22 Abs. 1 und 3 vorgeschriebenen Abstand hat, ist ausgeschlossen, wenn nicht bis zum Ablauf des auf die Anbringung der Einrichtung folgenden Kalenderjahres Klage auf Beseitigung erhoben worden ist.

(2) Der Anspruch auf Beseitigung einer Einrichtung, die bei Inkrafttreten dieses Gesetzes vorhanden ist, ist ausgeschlossen, wenn
1. ihr Abstand dem bisherigen Recht entspricht oder
2. ihr Abstand nicht dem bisherigen Recht entspricht und nicht bis zum Ablauf des auf das Inkrafttreten dieses Gesetzes folgenden Kalenderjahres Klage auf Beseitigung erhoben worden ist.

(3) Wird das Gebäude, an dem sich die Einrichtung befand, oder das Bauwerk beseitigt, so gelten für einen Neubau die §§ 22 und 23.

Abschnitt VII: **Bodenerhöhung**

§ 25

Der Eigentümer, der den Boden seines Grundstücks über die Oberfläche des Nachbargrundstücks erhöht, muß einen solchen Grenzabstand einhalten oder solche Vorkehrungen treffen und unterhalten, daß eine Schädigung des Nachbargrundstücks durch Bodenbewegungen ausgeschlossen ist. Die Verpflichtung geht auf den Rechtsnachfolger über.

Abschnitt VIII: **Traufe**

§ 26

(1) Der Eigentümer und der Nutzungsberechtigte eines Grundstücks müssen ihre baulichen Anlagen so einrichten, daß Niederschlagswasser nicht auf das Nachbargrundstück tropft, auf dieses abgeleitet wird oder auf andere Weise dorthin übertritt.

(2) Absatz 1 findet keine Anwendung
1. auf freistehende Mauern entlang öffentlicher Verkehrsflächen oder öffentlicher Grünanlagen;
2. auf Niederschlagswasser, das von einer Nachbar- oder Grenzwand auf das Nachbargrundstück abläuft.

Abschnitt IX: **Schutz des Grundwassers**

§ 27

(1) Der Eigentümer und der Nutzungsberechtigte eines Grundstücks dürfen auf den Untergrund ihres Grundstücks nicht in einer Weise einwirken, daß der Grundwasserspiegel steigt oder sinkt oder die physikalische, chemische oder biologische Beschaffenheit des Grundwassers verändert wird, wenn dadurch die Benutzung eines anderen Grundstücks erheblich beeinträchtigt wird.

(2) Dies gilt nicht für Einwirkungen auf das Grundwasser
1. auf Grund einer Erlaubnis oder Bewilligung nach dem Wasserhaushaltsgesetz und dem Wassergesetz des Landes Schleswig-Holstein oder auf Grund eines alten Rechts oder einer alten Befugnis, die in § 15 des Wasserhaushaltsgesetzes in Verbindung mit § 106 des Wassergesetzes des Landes Schleswig-Holstein aufrechterhalten sind, oder
2. durch einen Gewässerausbau, für den ein Planfeststellungsverfahren nach dem Wasserhaushaltsgesetz und dem Wassergesetz des Landes Schleswig-Holstein durchgeführt worden ist, oder
3. durch Maßnahmen, für die auf Grund des Bundesfernstraßengesetzes, des Straßen- und Wegegesetzes des Landes Schleswig-Holstein oder anderer Gesetze ein Planfeststellungsverfahren durchgeführt worden ist.

(3) Beeinträchtigungen des Grundwassers als Folge einer erlaubnisfreien Benutzung nach § 33 des Wasserhaushaltsgesetzes und § 31 des Wassergesetzes des Landes Schleswig-Holstein müssen ohne Entschädigung geduldet werden.

Abschnitt X: Einfriedigung bebauter oder gewerblich genutzter Grundstücke

§ 28 Allgemeine Einfriedigungspflicht

(1) Innerhalb eines im Zusammenhang bebauten Ortsteils ist der Eigentümer eines bebauten oder gewerblich genutzten Grundstücks auf Verlangen des Eigentümers des Nachbargrundstücks verpflichtet, sein Grundstück an der gemeinsamen Grenze einzufriedigen und die Einfriedigung zu unterhalten, soweit die Grenze nicht mit Gebäuden besetzt ist.

(2) Sind beide Grundstücke bebaut oder gewerblich genutzt, so sind beide Eigentümer gegenseitig verpflichtet, bei der Errichtung und Unterhaltung der Einfriedigung mitzuwirken, wenn einer von ihnen es verlangt. Jeder Eigentümer kann von dem anderen eine dem Interesse beider nach billigem Ermessen entsprechende Mitwirkung verlangen.

(3) Als gewerblich genutzt im Sinne der Absätze 1 und 2 gilt nicht ein Grundstück, das nur dem Erwerbsgartenbau dient.

§ 29 Einfriedigungspflicht des Störers

Gehen unzumutbare Beeinträchtigungen von einem bebauten oder gewerblich genutzten Grundstück aus, und besteht eine Einfriedigungspflicht nach § 28 nicht, so hat der Eigentümer dieses auf Verlangen des Eigentümers des Nachbargrundstücks insoweit an der gemeinsamen Grenze einzufriedigen und die Einfriedigung zu unterhalten, als dadurch die Beeinträchtigungen verhindert oder, falls nicht möglich oder zumutbar, gemildert werden können.

§ 30 Standort der Einfriedigung

(1) Die Einfriedigung ist in den Fällen der §§ 28 Abs. 1 und 29 entlang der Grenze des einzufriedigenden Grundstücks und im Falle des § 28 Abs. 2 auf der gemeinsamen Grenze zu errichten.

(2) Wird das an ein eingefriedigtes Grundstück angrenzende Grundstück bebaut oder gewerblich genutzt, so ist der Eigentümer des eingefriedigten Grundstücks berechtigt, die Einfriedigung auf eigene Kosten auf die gemeinsame Grenze zu versetzen.

§ 31 Beschaffenheit der Einfriedigung

(1) Die Einfriedigung muß ortsüblich sein; läßt sich eine Ortsüblichkeit nicht feststellen, so ist ein etwa 1,20 m hoher Zaun aus Maschendraht zu errichten. Schreiben öffentlich-rechtliche Vorschriften eine andere Art der Einfriedigung vor, so tritt diese an die Stelle der in Satz 1 genannten Einfriedigungsart.

(2) Bietet die Einfriedigung nach Absatz 1 keinen angemessenen Schutz vor Beeinträchtigungen, die von einem einzufriedigenden Grundstück ausgehen, so ist die Einfriedigung in dem erforderlichen Umfang zu verstärken, zu erhöhen oder zu vertiefen.

§ 32 Kosten der Errichtung und Unterhaltung

(1) Die Kosten der Errichtung und Unterhaltung der Einfriedigung tragen im Falle des § 28 Abs. 2 die Grundstückseigentümer je zur Hälfte. Dies gilt auch, wenn die Einfriedigung ganz auf einem der beiden Grundstücke errichtet ist.

(2) Die bei einer Einfriedigung nach § 31 Abs. 2 gegenüber einer Einfriedigung nach § 31 Abs. 1 entstehenden Mehrkosten der Errichtung und Unterhaltung trägt der Eigentümer, von dessen Grundstück die Beeinträchtigungen ausgehen. Wird eine Einfriedigung nach § 31 Abs. 2 nachträglich erforderlich, so ist sie von dem Eigentümer, von dessen Grundstück die Beeinträchtigungen ausgehen, auf eigene Kosten herzustellen, wenn der Eigentümer des anderen Grundstücks es verlangt.

(3) Wird das an ein eingefriedigtes Grundstück angrenzende Grundstück bebaut oder gewerblich genutzt, so ist der Eigentümer dieses Grundstücks verpflichtet, an den Eigentümer des eingefriedigten Grundstücks die Hälfte der Kosten der Errichtung der Einfriedigung unter angemessener Berücksichtigung der bisherigen Abnutzung zu zahlen. Der Berechnung sind die Kosten der Errichtung einer Einfriedigung nach § 31 Abs. 1, höchstens die tatsächlichen Aufwendungen einschließlich der Eigenleistungen zugrunde zu legen, wenn die von dem nachträglich bebauten oder gewerblich genutzten Grundstück ausgehenden Beeinträchtigungen nur die in § 31 Abs. 1 vorgesehene Einfriedigung erfordern.

§ 33 Ausschluß des Einfriedigungsanspruchs

Der Anspruch auf Errichtung oder Mitwirkung bei der Errichtung einer Einfriedigung ist ausgeschlossen, wenn auf dem einzufriedigenden Grundstück bei Inkrafttreten dieses Gesetzes eine Einfriedigung vorhanden ist und
1. die Einfriedigung dem bisherigen Recht entspricht oder
2. die Einfriedigung nicht dem bisherigen Recht entspricht und nicht bis zum Ablauf des auf das Inkrafttreten dieses Gesetzes folgenden Kalenderjahres Klage auf Errichtung oder Mitwirkung bei der Errichtung einer diesem Gesetz entsprechenden Einfriedigung erhoben worden ist.

§ 34 Ausnahmen

Die §§ 28 bis 33 gelten nicht für Einfriedigungen zwischen Grundstücken und den an sie angrenzenden öffentlichen Verkehrsflächen, öffentlichen Grünflächen und oberirdischen Gewässern.

Abschnitt XI: Einfriedigung landwirtschaftlich genutzter Grundstücke

§ 35 Einfriedigungspflicht

(1) Der Eigentümer eines landwirtschaftlich genutzten Grundstücks, das als Weideland dient, ist auf Verlangen des Eigentümers des Nachbargrundstücks verpflichtet, sein Grundstück an der gemeinsamen Grenze einzufriedigen und die Einfriedigung zu unterhalten. Die Einfriedigung muß so beschaffen sein, daß das Vieh das Nachbargrundstück nicht erreichen kann.

(2) Der Eigentümer eines landwirtschaftlich genutzten Grundstücks, das als Weideland dient und an einem Gewässer zweiter oder dritter Ordnung liegt, hat auf Verlangen desjenigen, der die Unterhaltungspflicht für das Gewässer nach § 41 Abs. 1 bis 3 des Wasserschutzgesetzes des Landes Schleswig-Holstein erfüllt, sein Grundstück an der Grenze zu dem Gewässer einzufriedigen und die Einfriedigung zu unterhalten. Die Einfriedigung muß so beschaffen sein, daß das Vieh die obere Böschungskante nicht erreichen kann.

(3) Eine Pflicht zur Einfriedigung nach Absatz 1 besteht nicht, soweit durch eine auf der gemeinsamen Grenze befindliche Einrichtung, insbesondere durch einen Graben oder Knick, das Vieh daran gehindert wird, das Nachbargrundstück zu erreichen.

§ 36 Gemeinsame Errichtung und Unterhaltung einer Einfriedigung

(1) Haben die Eigentümer zweier landwirtschaftlich genutzter Grundstücke vereinbart, daß eine Einfriedigung auf der gemeinsamen Grenze errichtet werden soll, so haben sie die Einfriedigung gemeinsam zu errichten und zu unterhalten; die §§ 28 Abs. 2 sowie 32 Abs. 1 und 2 Satz 2 gelten entsprechend. Solange einer der Grundstückseigentümer ein Interesse an dem Fortbestand der Einfriedigung hat, darf sie nicht ohne seine Zustimmung geändert oder beseitigt werden; die Zustimmung bedarf bei einer schriftlichen Vereinbarung der Schriftform.

(2) Im Falle des § 35 Abs. 3 haben die Eigentümer der angrenzenden Grundstücke die auf der gemeinsamen Grenze befindliche Einrichtung gemeinsam zu unterhalten; die §§ 28 Abs. 2 und 32 Abs. 1 gelten entsprechend. Die Einrichtung darf nur mit Zustimmung beider Nachbarn geändert oder beseitigt werden.

Abschnitt XII: Grenzabstände für Anpflanzungen

§ 37 Grenzabstände

(1) Der Eigentümer und der Nutzungsberechtigte eines Grundstücks haben mit Bäumen, Sträuchern und Hecken (Anpflanzungen) von über 1,20 m Höhe einen solchen

NachbG §§ 38–40

Abstand zum Nachbargrundstück einzuhalten, daß für jeden Teil der Anpflanzung der Abstand mindestens ein Drittel seiner Höhe über dem Erdboden beträgt. Der Abstand wird waagerecht und rechtwinklig zur Grenze gemessen.

(2) Anpflanzungen, die über die zulässige Höhe oder den zulässigen Abstand hinausgewachsen sind, sind auf Verlangen des Eigentümers des Nachbargrundstücks auf die zulässige Höhe oder den zuständigen Abstand zurückzuschneiden, wenn der Eigentümer oder der Nutzungsberechtigte sie nicht beseitigen will. Die Verpflichtung nach Satz 1 darf nur unter Beachtung der nach § 39 Abs. 5 Nr. 2 des Bundesnaturschutzgesetzes bestehenden Beschränkungen erfüllt werden.

§ 38 Boden- und Klimaschutzpflanzungen

(1) Mit Anpflanzungen zum Schutz landwirtschaftlich oder erwerbsgärtnerisch genutzter Grundstücke vor Witterungseinwirkungen (Boden- und Klimaschutzpflanzungen), die nicht über 7 m hoch sind, braucht der in § 37 Abs. 1 vorgeschriebene Grenzabstand nicht eingehalten zu werden. Wird die Höhe von 7 m überschritten, so gilt § 37 Abs. 2 entsprechend.

(2) Der Eigentümer und der Nutzungsberechtigte eines landwirtschaftlich oder erwerbsgärtnerisch genutzten oder eines ungenutzten Grundstücks müssen überhängende Zweige und eindringendes Wurzelwerk von Boden- und Klimaschutzpflanzungen, von denen keine erheblichen Beeinträchtigungen ausgehen, dulden.

§ 39 Ausnahmen

§ 37 gilt nicht für
1. Wald, bei Erst- und Wiederaufforstungen jedoch nur nach Maßgabe des § 18 Abs. 3 des Landeswaldgesetzes[1];
2. Anpflanzungen, die hinter einer geschlossenen Einfriedigung vorgenommen werden und diese nicht überragen; als geschlossen gilt auch eine Einfriedigung, deren Bauteile breiter sind als die Zwischenräume;
3. Anpflanzungen auf öffentlichen Verkehrsflächen;
4. Anpflanzungen an den Grenzen zu öffentlichen Verkehrsflächen, zu öffentlichen Grünflächen und zu oberirdischen Gewässern von mehr als 4 m Breite;
5. Hecken, die nach § 30 Abs. 1 auf der Grenze angepflanzt werden oder die das öffentliche Recht als Einfriedigung vorschreibt.

§ 40 Ausschluß des Anspruchs auf Zurückschneiden

(1) Der Anspruch auf Zurückschneiden von Anpflanzungen ist ausgeschlossen, wenn die Anpflanzungen über die nach diesem Gesetz zulässige Höhe oder den nach diesem Gesetz zulässigen Abstand hinausgewachsen sind und nicht bis zum Ablauf des zweiten darauffolgenden Kalenderjahres Klage auf Zurückschneiden erhoben worden ist.

(2) Der Anspruch auf Zurückschneiden von Anpflanzungen, die bei Inkrafttreten dieses Gesetzes vorhanden sind, ist ausgeschlossen, wenn
1. ihr Grenzabstand dem bisherigen Recht entspricht, es sei denn, daß die Anpflanzungen noch nicht älter als fünf Jahre sind, oder

---

1 Ersetzt durch § 12 Abs. 3 LWaldG

2. ihr Grenzabstand nicht dem bisherigen Recht entspricht und nicht bis zum Ablauf des zweiten auf das Inkrafttreten dieses Gesetzes folgenden Kalenderjahres Klage auf Zurückschneiden erhoben worden ist.

§ 41 Ersatzanpflanzungen und Grenzänderungen

(1) Werden für Anpflanzungen, bei denen der Anspruch auf Zurückschneiden nach § 40 ausgeschlossen ist, Ersatzanpflanzungen oder Nachpflanzungen vorgenommen, so sind die nach diesem Gesetz vorgeschriebenen Abstände einzuhalten.

(2) Unter Einhaltung des bisherigen Abstandes dürfen
1. einzelne abgestorbene Heckenpflanzen einer geschlossenen Hecke ersetzt werden,
2. einzelne Sträucher und Bäume in einem Knick nachgepflanzt werden,
3. Ersatzanpflanzungen für beseitigte Knicks vorgenommen werden.

(3) Die Rechtmäßigkeit des Abstandes wird durch nachträgliche Grenzänderungen nicht berührt; jedoch gilt Absatz 1 und 2 entsprechend.

Abschnitt XIII: **Grenzabstände für Gebäude**

§ 42 Grenzabstände für Gebäude

(1) Mit der Außenwand eines Gebäudes und vorspringenden Gebäudeteilen ist mindestens der in öffentlich-rechtlichen Vorschriften bestimmte Abstand zum Nachbargrundstück einzuhalten. Ist in einer Baugenehmigung ein anderer Abstand vorgeschrieben oder genehmigt worden, so ist mindestens dieser Abstand einzuhalten.

(2) Der Eigentümer des Nachbargrundstücks kann die Beseitigung eines Gebäudes oder Gebäudeteiles insoweit verlangen, als der in Absatz 1 genannte Abstand nicht eingehalten worden ist.

§ 43 Ausschluß des Beseitigungsanspruchs

(1) Der Anspruch auf Beseitigung eines Gebäudes oder Gebäudeteils ist ausgeschlossen, wenn
1. der Eigentümer des bebauten Grundstücks den nach § 42 Abs. 1 vorgeschriebenen Abstand bei der Bauausführung weder vorsätzlich noch grob fahrlässig nicht eingehalten hat, es sei denn, daß der Eigentümer des Nachbargrundstücks sofort nach der Abstandsunterschreitung Widerspruch erhoben hat, oder
2. der Eigentümer des Nachbargrundstücks nicht spätestens in dem der Abstandsunterschreitung folgenden Kalenderjahr Klage auf Beseitigung erhoben hat; die Frist endet frühestens mit dem Ablauf des Kalenderjahres, das auf das Inkrafttreten dieses Gesetzes folgt, oder
3. das Gebäude bei Inkrafttreten dieses Gesetzes länger als drei Jahre im Rohbau fertiggestellt war.

(2) Ist der Beseitigungsanspruch nach Absatz 1 Nr. 1 ausgeschlossen, so kann der Eigentümer des Nachbargrundstücks von dem Eigentümer des bebauten Grundstücks den Ersatz des Schadens verlangen, der durch die Verringerung der Nutzbarkeit des Nachbargrundstücks entstanden ist. Mindestens ist eine Entschädigung in

NachbG §§ 44–47

Höhe der Nutzungsvorteile zu zahlen, die auf dem bebauten Grundstück durch die Abstandsunterschreitung entstehen.

Abschnitt XIV: **Schlußvorschlußvorschriften**

§ 44 Übergangsvorschriften

(1) Der Umfang von Rechten, die bei Inkrafttreten dieses Gesetzes bestehen, richtet sich unbeschadet der §§ 24 Abs. 2, 33, 40 Abs. 2 und 43 Abs. 1 nach diesem Gesetz.

(2) Ansprüche auf Zahlung auf Grund dieses Gesetzes bestehen nur, wenn das den Anspruch begründende Ereignis nach Inkrafttreten dieses Gesetzes eingetreten ist; andernfalls behält es bei dem bisherigen Recht sein Bewenden.

§ 45 Änderung des Wassergesetzes des Landes Schleswig-Hollstein

Das Wassergesetz des Landes Schleswig-Holstein vom 25. Februar 1960 (GVOBl. Schl.-H. S. 39), zuletzt geändert durch das Gesetz zur Änderung des Wassergesetzes des Landes Schleswig-Holstein vom 23. Juli 1970 (GVOBl. Schl.-H. S. 173), wird wie folgt geändert:
1. § 11 Abs. 1 erhält folgende Fassung:
„(1) Für die Erlaubnis gelten § 8 Absätze 3 und 6 WHG, § 10 WHG, § 11 Absatz 1 WHG sowie § 13 dieses Gesetzes entsprechend."
2. § 56 Abs. 1 erhält folgende Fassung:
„(1) Die Planfeststellung ersetzt alle nach anderen Rechtsvorschriften erforderlichen öffentlich-rechtlichen Verleihungen, Genehmigungen, Erlaubnisse und Zustimmungen. § 11 Absatz 1 WHG gilt entsprechend. § 14 WHG bleibt unberührt."

§ 46 Außerkrafttreten von Vorschriften

Das diesem Gesetz entgegenstehende oder gleichlautende Recht wird aufgehoben.

§ 47 Inkrafttreten

Dieses Gesetz tritt am 1. April 1971 in Kraft.

Wassergesetz des Landes Schleswig-Holstein (Landeswassergesetz – LWG)

in der Fassung der Bekanntmachung vom 11. Februar 2008 (GVOBl. Schl.-H. S. 91) zuletzt geändert durch Art. 1 Gesetz vom 1. August 2016 (GVOBl. Schl.-H. S. 680) – Auszug

Wild abfließendes Wasser

§ 60 Veränderung wild abfließenden Wassers

(1) Die Eigentümerin oder der Eigentümer eines Grundstücks darf den Ablauf des wild abfließenden Wassers nicht künstlich so verändern, dass tiefer liegende Grundstücke dadurch beeinträchtigt werden.

(2) Dies gilt nicht, wenn die Eigentümerin oder der Eigentümer die wirtschaftliche Nutzung des Grundstücks ändert.

§ 61 Aufnahme wild abfließenden Wassers

(1) Die Eigentümerin oder der Eigentümer eines Grundstücks kann das oberirdisch von einem anderen Grundstück wild abfließende Wasser von ihrem oder seinem Grundstück abhalten.

(2) Die Eigentümerin oder der Eigentümer eines höher liegenden Grundstücks kann von den Eigentümerinnen oder Eigentümern tiefer liegender Grundstücke verlangen, dass sie das von ihrem oder seinem Grundstück wild abfließende Wasser aufnehmen, wenn
1. das Wasser von ihrem oder seinem Grundstück nicht oder nur mit unverhältnismäßig hohen Kosten abgeleitet werden kann oder
2. ihr oder sein Grundstück landwirtschaftlich oder forstwirtschaftlich genutzt wird.

(3) Können die Eigentümerinnen oder Eigentümer der tiefer liegenden Grundstücke das Wasser nicht oder nur mit unverhältnismäßig hohen Kosten weiter ableiten, so brauchen sie es nur aufzunehmen, wenn der Vorteil für die Eigentümerin oder den Eigentümer des höher liegenden Grundstücks erheblich größer ist als ihr Schaden. Sie sind zu entschädigen.

Waldgesetz für das Land Schleswig-Holstein (Landeswaldgesetz)

vom 5. Dezember 2004 (GVOBl. Schl.-H. S. 461) zuletzt geändert durch Artikel 2 des Gesetzes vom 27. Mai 2016 (GVOBl. Schl.-H. S. 161) – Auszug

§ 2   Begriffsbestimmungen

(1) Wald im Sinne dieses Gesetzes ist jede mit Waldgehölzen bestockte Grundfläche. Als Wald gelten auch
1. kahl geschlagene oder durch Brand oder Naturereignisse entstandene Waldkahlflächen und verlichtete Grundflächen,
2. Waldwege, Waldschneisen, Waldblößen, Waldwiesen, Waldeinteilungsstreifen sowie mit dem Wald verbundene Wildäsungsflächen und Sicherungsstreifen,
3. im und am Wald gelegene Knicks,
4. Holzlagerplätze und sonstige mit dem Wald verbundene und ihm dienende Flächen wie Pflanzgärten, Parkplätze, Spielplätze und Liegewiesen,
5. Kleingewässer, Moore, Heiden und sonstige ungenutzte Ländereien von untergeordneter Bedeutung, sofern und solange diese mit Wald verbunden und natürliche Bestandteile der Waldlandschaft sind, unbeschadet anderer Rechtsvorschriften,
6. gemäß § 9 Abs. 6 Satz 2 für die natürliche Neuwaldbildung vorgesehene, als Ersatzaufforstung zugelassene Flächen.

Wald sind nicht
1. in der Flur oder im bebauten Gebiet gelegene kleinere Flächen, die nur mit einzelnen Baumgruppen, Baumreihen oder Hecken bestockt sind,
2. Baumschulen,
3. Weihnachtsbaum- und Schmuckreisigkulturen,
4. Schnellwuchsplantagen sowie
5. zum Wohnbereich gehörende Parkanlagen und mit Waldgehölzen bestandene Friedhöfe, ausgenommen Friedhöfe, auf denen die Waldfunktionen (§ 1 Abs. 2 Nr. 2) erhalten bleiben.

(2) ...

(3) Waldgehölze im Sinne dieses Gesetzes sind alle Waldbaum- und Waldstraucharten ohne Rücksicht auf Alter und Zustand. Bestockung ist der flächenhafte Bewuchs mit Waldgehölzen ohne Rücksicht auf Verteilung und Art der Entstehung. ...

§ 12   Nachbarrechte und -pflichten

(1) Waldbesitzende haben bei der Bewirtschaftung ihres Waldes und sonstigen Maßnahmen auf Grund dieses Gesetzes auf die schutzwürdigen Interessen der Eigentümerinnen oder Eigentümer oder Nutzungsberechtigten benachbarter Grundstücke angemessene Rücksicht zu nehmen, soweit dies im Rahmen der Vorschriften dieses Gesetzes möglich und zumutbar ist. Sie haben ihre Maßnahmen in der Nähe der Grenzen aufeinander abzustimmen und insbesondere Maßnahmen zu unterlassen, durch die benachbarte Waldflächen offensichtlich der Gefahr des Windwurfs, der Aushagerung oder des Rindenbrandes ausgesetzt werden.

§ 12 LWaldG

(2) Ist die Bewirtschaftung einer Waldfläche, insbesondere die Holzfällung oder die Abfuhr von Walderzeugnissen, ohne Benutzung eines fremden Grundstückes nicht oder nur mit unverhältnismäßig großen Nachteilen möglich, sind die Eigentümerinnen oder Eigentümer oder Nutzungsberechtigten des fremden Grundstücks verpflichtet, auf Antrag der Waldbesitzenden die Benutzung im notwendigen Umfang zu gestatten. Die Waldbesitzenden haben den dadurch entstehenden Schaden zu ersetzen. Für die Benutzung nicht öffentlicher Wege kann eine angemessene Vergütung verlangt werden.

(3) Wird eine Grundfläche erstmalig aufgeforstet oder eine Kahlfläche an landwirtschaftlich oder erwerbsgärtnerisch genutzten Nachbargrundstücken wieder aufgeforstet, gilt § 37 des Nachbarrechtsgesetzes für das Land Schleswig-Holstein vom 24. Februar 1971 (GVOBl. Schl.-H. S. 54), zuletzt geändert durch Artikel 4 des Gesetzes vom 19. November 1982 (GVOBl. Schl.-H. S. 256)[1], mit der Maßgabe, dass die dort ausgesprochenen Verpflichtungen für die Waldbesitzenden nur für Waldbäume bestehen, deren Stämme näher als vier Meter zum Nachbargrundstück stehen.

---

1 Jetzt Art. 4 des Gesetzes vom 27. Mai 2016 (GVOBl. Schl.-H. 162).

Landesbauordnung für das Land Schleswig-Holstein (LBO)

i. d. F. vom 22. Januar 2009 (GVOBl. Schl.-H. S. 6), zuletzt geändert durch Gesetz v. 14. Juni 2016 (GVOBl. Schl-H. S. 369) – Auszug

§ 2   Begriffe

(1) Bauliche Anlagen sind mit dem Erdboden verbundene, aus Bauprodukten hergestellte Anlagen; eine Verbindung mit dem Boden besteht auch dann, wenn die Anlage durch eigene Schwere auf dem Boden ruht oder auf ortsfesten Bahnen begrenzt beweglich ist oder wenn die Anlage nach ihrem Verwendungszweck dazu bestimmt ist, überwiegend ortsfest benutzt zu werden. Bauliche Anlagen sind auch
1. Aufschüttungen und Abgrabungen,
2. Lagerplätze, Abstellplätze und Ausstellungsplätze, ausgenommen Bootslagerplätzen am Meeresstrand,
3. Campingplätze
4. Stellplätze für Kraftfahrzeuge und deren Zufahrten, Abstellanlagen für Fahrräder,
5. künstliche Hohlräume unter der Erdoberfläche,
6. Sport- und Spielflächen,
7. Bolz- und Kinderspielplätze,
8. Freizeit- und Vergnügungsparks,
9. Golfplätze,
10. Sportboothäfen,
11. Gerüste,
12. Hilfseinrichtungen zur statischen Sicherung von Bauzuständen.

Anlagen sind bauliche Anlagen und sonstige Anlagen und Einrichtungen im Sinne des § 1 Abs. 1 Satz 2.

(2) Barrierefrei sind bauliche Anlagen, soweit sie für Menschen mit Behinderung in der allgemein üblichen Weise, ohne besondere Erschwernis und grundsätzlich ohne fremde Hilfe zugänglich und nutzbar sind.

(3) Gebäude sind selbstständig benutzbare, überdeckte bauliche Anlagen, die von Menschen betreten werden können und geeignet oder bestimmt sind, dem Schutz von Menschen, Tieren oder Sachen zu dienen.

(4) Gebäude werden in folgende Gebäudeklassen eingeteilt, wobei sich die maßgebliche Höhe nach Satz 2 bestimmt:
1. Gebäudeklasse 1:
   freistehende Gebäude mit einer Höhe bis zu 7 m und nicht mehr als zwei Nutzungseinheiten von insgesamt nicht mehr als 400 m² und freistehende land- oder forstwirtschaftlich genutzte Gebäude,
2. Gebäudeklasse 2:
   Gebäude mit einer Höhe bis zu 7 m und nicht mehr als zwei Nutzungseinheiten von insgesamt nicht mehr als 400 m²,
3. Gebäudeklasse 3:
   sonstige Gebäude mit einer Höhe bis zu 7 m,
4. Gebäudeklasse 4:
   Gebäude mit einer Höhe bis zu 13 m und Nutzungseinheiten mit jeweils nicht mehr als 400 m²,
5. Gebäudeklasse 5:
   sonstige Gebäude einschließlich unterirdischer Gebäude.

§ 6 **LBO**

Höhe im Sinne des Satzes 1 ist das Maß der Fußbodenoberkante des höchstgelegenen Aufenthaltsraumes über der festgelegten Geländeoberfläche im Mittel an den Gebäudeaußenwänden des jeweiligen Gebäudes. Die festgelegte Geländeoberfläche ist die in einem Bebauungsplan festgesetzte oder in der Baugenehmigung oder Teilbaugenehmigung bestimmte Geländeoberfläche; andernfalls gilt die Höhe der natürlichen Geländeoberfläche als festgelegt. Die Grundflächen der Nutzungseinheiten im Sinne dieses Gesetzes sind die Brutto-Grundflächen; bei der Berechnung der Brutto-Grundflächen nach Satz 1 bleiben Flächen in Kellergeschossen außer Betracht.

(5) Sonderbauten sind Anlagen und Räume besonderer Art oder Nutzung, die einen der Tatbestände des § 51 Abs. 2 erfüllen.

(6) Aufenthaltsräume sind Räume, die zum nicht nur vorübergehenden Aufenthalt von Menschen bestimmt oder geeignet sind.

(7) Geschosse sind oberirdische Geschosse, wenn ihre Deckenoberkanten im Mittel mehr als 1,40 m über die festgelegte Geländeoberfläche hinausragen; im Übrigen sind sie Kellergeschosse. Oberirdische Geschosse sind Staffelgeschosse, wenn sie gegenüber mindestens einer Außenwand des jeweils darunter liegenden Geschosses um mindestens zwei Drittel ihrer Wandhöhe zurücktreten. Hohlräume zwischen der obersten Decke und der Bedachung, in denen Aufenthaltsräume nicht möglich sind, sind keine Geschosse.

(8) Vollgeschosse sind oberirdische Geschosse, wenn sie über mindestens drei Viertel ihrer Grundfläche eine Höhe von mindestens 2,30 m haben. Ein gegenüber mindestens einer Außenwand des Gebäudes zurückgesetztes oberstes Geschoss oder ein Geschoss mit mindestens einer geneigten Dachfläche ist ein Vollgeschoss, wenn es über mindestens drei Viertel der Grundfläche des darunter liegenden Geschosses eine Höhe von mindestens 2,30 m hat; die Höhe der Geschosse wird von der Oberkante des Fußbodens bis zur Oberkante des Fußbodens der darüber liegenden Decke, bei Geschossen mit Dachflächen bis zur Oberkante der Dachhaut gemessen.

(9) Stellplätze sind Flächen, die dem Abstellen von Kraftfahrzeugen außerhalb der öffentlichen Verkehrsflächen dienen. Garagen sind Gebäude oder Gebäudeteile zum Abstellen von Kraftfahrzeugen. Ausstellungs-, Verkaufs-, Werk- und Lagerräume für Kraftfahrzeuge sind keine Stellplätze oder Garagen.

(10) Feuerstätten sind in oder an Gebäuden ortsfest genutzte Anlagen oder Einrichtungen, die dazu bestimmt sind, durch Verbrennung Wärme zu erzeugen.

(11) Bauprodukte sind
1. Baustoffe, Bauteile und Anlagen, die hergestellt werden, um dauerhaft in bauliche Anlagen eingebaut zu werden,
2. aus Baustoffen und Bauteilen vorgefertigte Anlagen, die hergestellt werden, um mit dem Erdboden verbunden zu werden, wie Fertighäuser, Fertiggaragen und Silos.

(12) Bauart ist das Zusammenfügen von Bauprodukten zu baulichen Anlagen oder Teilen von baulichen Anlagen.

(13) Campingplätze sind Grundstücke, auf denen mehr als fünf Wohnwagen, Zelte und Campinghäuser zum Zwecke der Benutzung aufgestellt sind oder aufgestellt werden sollen.

§ 6   Abstandflächen, Abstände

(1) Vor den Außenwänden von Gebäuden sind Abstandflächen von oberirdischen Gebäuden freizuhalten. Satz 1 gilt entsprechend für andere Anlagen, von denen Wir-

LBO § 6

kungen wie von Gebäuden ausgehen, gegenüber Gebäuden und Grundstücksgrenzen. Wirkungen wie von Gebäuden gehen von ihnen insbesondere aus, wenn sie länger als 5 m und höher als 2 m sind, bei Terrassen, wenn diese höher als 1 m sind. Eine Abstandfläche ist nicht erforderlich vor Außenwänden, die an Grundstücksgrenzen errichtet werden, wenn nach planungsrechtlichen Vorschriften an die Grenze gebaut werden muss oder gebaut werden darf.

(2) Abstandflächen sowie Abstände nach § 31 Abs. 2 Nr. 1 und § 33 Abs. 2 müssen auf dem Grundstück selbst liegen. Sie dürfen auch auf öffentlichen Verkehrs-, Grün- und Wasserflächen liegen, jedoch nur bis zu deren Mitte. Abstandflächen sowie Abstände im Sinne des Satzes 1 dürfen sich ganz oder teilweise auf andere Grundstücke erstrecken, wenn öffentlich-rechtlich gesichert ist, dass sie nicht überbaut werden; diese Abstandflächen dürfen auf die auf diesen Grundstücken erforderlichen anderen Abstandflächen nicht angerechnet werden.

(3) Die Abstandflächen dürfen sich nicht überdecken; dies gilt nicht für
1. Außenwände, die in einem Winkel von mehr als 75° zueinander stehen,
2. Außenwände zu einem fremder Sicht entzogenen Gartenhof bei Wohngebäuden der Gebäudeklassen 1 und 2,
3. Gebäude und andere bauliche Anlagen, die in den Abstandflächen zulässig sind.

(4) Die Tiefe der Abstandfläche bemisst sich nach der Wandhöhe; sie wird senkrecht zur Wand gemessen. Wandhöhe ist das Maß von der festgelegten Geländeoberfläche bis zum Schnittpunkt der Wand mit der Dachhaut oder bis zum oberen Abschluss der Wand. Zur Wandhöhe werden jeweils hinzugerechnet
1. zu einem Viertel die Höhe von
   a. Dächern und Dachteilen, die von Dachflächen mit einer Neigung von mehr als 45° begrenzt werden,
   b. Dächern mit Dachgauben oder Dachaufbauten, deren Gesamtbreite je Dachfläche mehr als die Hälfte der Gebäudewand beträgt,
2. voll die Höhe von Dächern und Dachteilen, die von Dachflächen mit einer Neigung von mehr als 70° begrenzt werden.
Das sich ergebende Maß ist H.

(5) Die Tiefe der Abstandflächen beträgt 0,4 H, mindestens 3 m. In Gewerbe- und Industriegebieten genügt eine Tiefe von 0,2 H, mindestens 3 m. Vor den Außenwänden von Wohngebäuden der Gebäudeklassen 1 und 2 mit nicht mehr als drei oberirdischen Geschossen genügt als Tiefe der Abstandfläche 3 m. Werden von einer städtebaulichen Satzung oder einer Satzung nach § 84 Außenwände zugelassen oder vorgeschrieben, vor denen Abstandflächen größerer oder geringerer Tiefe als nach den Sätzen 1 bis 3 liegen müssten, finden die Sätze 1 bis 3 keine Anwendung, es sei denn, die Satzung ordnet die Geltung dieser Vorschriften an.

(6) Bei der Bemessung der Abstandflächen bleiben außer Betracht
1. vor die Außenwand vortretende Bauteile wie Gesimse und Dachüberstände, wenn sie
   a. nicht mehr als 1,50 m vor diese Außenwand vortreten und
   b. mindestens 2 m von der gegenüber liegenden Nachbargrenze entfernt bleiben,
2. Vorbauten, wenn sie
   a. insgesamt nicht mehr als ein Drittel der jeweiligen Wandlänge in Anspruch nehmen,
   b. nicht mehr als 1,50 m vor die Außenwand vortreten und
   c. mindestens 2 m von der gegenüber liegenden Nachbargrenze entfernt bleiben,

3. bei Gebäuden an der Grundstücksgrenze die Seitenwände von Vorbauten in den Maßen der Nummer 2a und b und Dachaufbauten, auch wenn sie nicht an der Grundstücksgrenze errichtet werden,
4. Maßnahmen zum Zwecke der Energieeinsparung und Solaranlagen an bestehenden Gebäuden unabhängig davon, ob diese den Anforderungen der Absätze 2 bis 6 Nummer 1 bis 3 entsprechen.

(7) In den Abstandflächen eines Gebäudes sowie ohne eigene Abstandflächen sind, auch wenn sie nicht an die Grundstücksgrenze oder an das Gebäude angebaut werden, zulässig
1. Garagen,
2. Gebäude ohne Aufenthaltsräume und Feuerstätten, die der Telekommunikation, der öffentlichen Versorgung mit Wasser, Gas, Elektrizität, Wärme oder der öffentlichen Abwasserversorgung dienen,
3. sonstige Gebäude ohne Aufenthaltsräume,
4. gebäudeunabhängige Solaranlagen mit einer mittleren Höhe bis zu 2,75 m und einer Gesamtlänge je Grundstücksgrenze von 9 m,
5. Stützwände und geschlossene Einfriedungen in Gewerbe- und Industriegebieten, außerhalb dieser Baugebiete mit einer Höhe bis zu 1,50 m.
Soweit die in Satz 1 genannten Gebäude den Abstand zur Grundstücksgrenze von 3 m unterschreiten, darf einschließlich darauf errichteter Anlagen zur Gewinnung von Solarenergie
1. deren Gesamtlänge an keiner der jeweiligen Grundstücksgrenzen des Baugrundstücks größer als 9 m sein und
2. deren mittlere Wandhöhe 2,75 m über der an der Grundstücksgrenze festgelegten Geländeoberfläche nicht übersteigen.
In den in Satz 1 Nr. 3 genannten Gebäuden sind Leitungen und Zähler für Energie und Wasser, Feuerstätten für flüssige oder gasförmige Brennstoffe mit einer Nennwärmeleistung bis zu 28 kW und Wärmepumpen entsprechender Leistung zulässig.

(8) In den Abstandflächen sowie ohne eigene Abstandflächen sind Kleinkinderspielplätze, Abstellanlagen für Fahrräder ohne Überdachung, Schwimmbecken, Maste, Terrassen, Pergolen und Überdachungen von Freisitzen sowie untergeordnete bauliche Anlagen wie offene Einfriedungen zulässig.

§ 7 Teilung von Grundstücken

(1) Durch die Teilung eines Grundstückes dürfen keine Verhältnisse geschaffen werden, die Vorschriften dieses Gesetzes oder aufgrund dieses Gesetzes widersprechen.

(2) Soll bei einer Teilung nach Absatz 1 von Vorschriften dieses Gesetzes oder aufgrund dieses Gesetzes abgewichen werden, ist § 71 entsprechend anzuwenden.

§ 84 Örtliche Bauvorschriften

(1) Die Gemeinden können durch Satzung örtliche Bauvorschriften erlassen über
1. besondere Anforderungen an die äußere Gestaltung baulicher Anlagen sowie von Werbeanlagen und Warenautomaten zur Erhaltung und Gestaltung von Ortsbildern,
2. über das Verbot von Werbeanlagen und Warenautomaten aus ortsgestalterischen Gründen,

LBO § 84

3. den barrierefreien Zugang von öffentlichen Verkehrswegen, Stellplätzen und Garagen zu den Wohnungen auch innerhalb des Grundstücks,
4. die Lage, Größe, Beschaffenheit, Ausstattung und Unterhaltung von Kleinkinderspielplätzen (§ 8 Abs. 2),
5. die Gestaltung einschließlich der barrierefreien Gestaltung der Plätze für bewegliche Abfallbehälter und der unbebauten Flächen der bebauten Grundstücke sowie über die Notwendigkeit, Art, Gestaltung und Höhe von Einfriedungen; dabei kann bestimmt werden, dass Vorgärten nicht als Arbeitsflächen oder Lagerflächen benutzt werden dürfen,
6. die Begrünung baulicher Anlagen,
7. von § 6 abweichende Maße der Abstandflächentiefe, soweit dies zur Gestaltung des Ortsbildes oder zur Verwirklichung der Festsetzungen einer städtebaulichen Satzung erforderlich ist und eine ausreichende Belichtung sowie der Brandschutz gewährleistet sind,
8. Zahl und Beschaffenheit der notwendigen Stellplätze oder Garagen sowie Abstellanlagen für Fahrräder (§ 50 Absatz 1), die unter Berücksichtigung der Sicherheit und Leichtigkeit des Verkehrs, der Bedürfnisse des ruhenden Verkehrs und der Erschließung durch Einrichtungen des öffentlichen Personennahverkehrs für Anlagen erforderlich sind, bei denen ein Zu- und Abgangsverkehr mit Kraftfahrzeugen und Fahrrädern zu erwarten ist, einschließlich des Mehrbedarfs bei Änderungen und Nutzungsänderungen der Anlagen sowie die Ablösung der Herstellungspflicht und die Höhe der Ablösungsbeiträge.

(2) Die Satzung kann auch nach § 10 des Baugesetzbuchs bekannt gemacht werden.

(3) Örtliche Bauvorschriften können als Festsetzungen in Bebauungspläne und in Satzungen nach § 34 Abs. 4 Satz 1 Nr. 2 und 3 des Baugesetzbuchs aufgenommen werden. Die verfahrensrechtlichen Vorschriften des Baugesetzbuchs gelten entsprechend.

(4) Anforderungen nach den Absätzen 1 und 2 können innerhalb der örtlichen Bauvorschrift auch in Form zeichnerischer Darstellungen gestellt werden. Ihre Bekanntgabe kann dadurch ersetzt werden, dass dieser Teil der örtlichen Bauvorschrift bei der Gemeinde zur Einsicht ausgelegt wird; hierauf ist in den örtlichen Bauvorschriften hinzuweisen.

Gesetz zur Ausführung von § 15a des Gesetzes betreffend die Einführung der Zivilprozessordnung (Landesschlichtungsgesetz – LSchliG)

vom 11. Dezember 2001 (GVOBl. Schl.-H. S. 361, berichtigt 2002 S. 218) geändert durch Gesetz vom 9. Dezember 2005 (GVOBl. Schl.-H. S. 538) und Gesetz vom 16. Dezember 2008 (GVOBl. Schl.-H. S. 831) – Auszug

§ 1 Anwendungsbereich

(1) Die Erhebung der Klage ist erst zulässig, nachdem von einer Gütestelle nach § 3 versucht worden ist, die Streitigkeit einvernehmlich beizulegen, in
1. Streitigkeiten über Ansprüche nach Abschnitt 3 des Allgemeinen Gleichbehandlungsgesetzes vom 14. August 2006 (BGBl. I S. 18979, zuletzt geändert durch Artikel 19 Abs. 10 des Gesetzes vom 12. Dezember 2007 (BGBl. I S. 2840),
2. Streitigkeiten über Ansprüche wegen
    a) der in § 906 des Bürgerlichen Gesetzbuches geregelten Einwirkungen auf Grundstücke, sofern es sich nicht um Einwirkungen von einem gewerblichen Betrieb handelt,
    b) Überwuchses nach § 910 des Bürgerlichen Gesetzbuches,
    c) Hinüberfalls nach § 911 des Bürgerlichen Gesetzbuches,
    d) eines Grenzbaums nach § 923 des Bürgerlichen Gesetzbuches,
    e) der im Nachbarrechtsgesetz für das Land Schleswig-Holstein geregelten Nachbarrechte, sofern es sich nicht um Einwirkungen von einem gewerblichen Betrieb handelt,
3. Streitigkeiten über Ansprüche wegen Verletzung der persönlichen Ehre, die nicht in Presse oder Rundfunk begangen worden sind.

Die Klägerin oder der Kläger hat eine von der Gütestelle ausgestellte Bescheinigung über einen erfolglosen Einigungsversuch mit der Klage einzureichen.

(2) Absatz 1 findet keine Anwendung auf
1. Klagen nach §§ 323, 324, 328 der Zivilprozessordnung, Widerklagen und Klagen, die binnen einer gesetzlichen oder gerichtlich angeordneten Frist zu erheben sind,
2. Streitigkeiten in Familiensachen,
3. Wiederaufnahmeverfahren,
4. Ansprüche, die im Urkunden-, Wechsel- oder Scheckprozess geltend gemacht werden,
5. die Durchführung des streitigen Verfahrens, wenn ein Anspruch im Mahnverfahren geltend gemacht worden ist,
6. Klagen wegen vollstreckungsrechtlicher Maßnahmen, insbesondere nach dem Achten Buch der Zivilprozessordnung,
7. Anträge nach § 404 der Strafprozessordnung,
8. Klagen, denen nach anderen gesetzlichen Bestimmungen ein Vorverfahren vorauszugehen hat.

Das gleiche gilt, wenn die Parteien nicht in demselben Landgerichtsbezirk wohnen oder ihren Sitz oder eine Niederlassung haben.

§ 2 Bescheinigung über erfolglosen Einigungsversuch

(1) Die Gütestelle erteilt auf Antrag eine unterschriebene Bescheinigung über die Erfolglosigkeit des Schlichtungsverfahrens, wenn

LSchlG §§ 3–5

1. in der Schlichtungsverhandlung ein Vergleich nicht zustande gekommen ist,
2. allein die Antragsgegnerin oder der Antragsgegner dem Schlichtungstermin unentschuldigt ferngeblieben ist oder sich vor dem Schluss der Schlichtungsverhandlung unentschuldigt entfernt hat,
3. binnen einer Frist von drei Monaten seit Antragstellung und Zahlung des erforderlichen Vorschusses das beantragte Schlichtungsverfahren nicht durchgeführt worden ist,
4. die Gütestelle die Ausübung des Amtes nach § 18 der Schiedsordnung oder deshalb ablehnt, weil die Voraussetzungen nach § 1 dieses Gesetzes nicht vorliegen.

(2) Die Bescheinigung muss enthalten
1. die Namen, Vornamen und Anschriften der Parteien und ihrer gesetzlichen Vertreterinnen oder Vertreter,
2. Angaben über den Gegenstand des Streits, insbesondere die Anträge,
3. die Zeitpunkte- des Antragseingangs und der Verfahrensbeendigung sowie
4. Ort und Zeit, der Ausstellung.

§ 3 Gütestellen

(1) Gütestellen sind
1. alle Rechtsanwältinnen und Rechtsanwälte, die nicht Parteivertreterinnen oder Parteivertreter sind, sowie sonstige Gütestellen, die Streitbeilegungen betreiben (allgemeine Gütestellen),
2. die Schiedsämter nach der Schiedsordnung für das Land Schleswig-Holstein vom 10. April 1991 (GVOBl. Schl.-H. S. 232), Zuständigkeiten und Ressortbezeichnungen ersetzt durch Verordnung vom 13. Februar 2001 (GVOBl. Schl.-H. S. 34), und
3. die anwaltlichen Gütestellen nach § 6.

(2) Gütestellen im Sinne des Absatzes 1 Nr. 1 und 3 sind auch Rechtsbeistände, die Mitglied einer Rechtsanwaltskammer sind.

§ 4 Auswahl der Gütestelle

(1) Die Parteien können, sich für einen Schlichtungsversuch einvernehmlich an eine allgemeine Gütestelle nach § 3 Nr. 1 wenden. Das Einvernehmen wird unwiderleglich vermutet, wenn die Verbraucherin oder der Verbraucher eine branchengebundene Gütestelle, eine Gütestelle der Industrie- und Handelskammer, der Handwerkskammer oder der Innung angerufen hat.

(2) Können sich die Parteien nicht auf eine allgemeine Gütestelle einigen, ist das Schlichtungsverfahren von einer Gütestelle nach § 3 Nr. 2 oder 3 durchzuführen. Unter mehreren örtlich zuständigen Gütestellen hat die antragstellende Partei die Wahl.

§ 5 Schiedsämter

Für das Schlichtungsverfahren vor dem Schiedsamt nach § 3 Nr. 2 gelten die §§ 14 bis 34 und 41 bis 49 der Schiedsordnung entsprechend.

§ 6 Anwaltliche Gütestellen

(1) Gütestelle nach § 3 Nr. 3 ist jede Rechtsanwältin und jeder Rechtsanwalt, die oder der auf Antrag durch die Schleswig-Holsteinische Rechtsanwaltskammer als Gütestelle zugelassen ist.

(2) Jede Rechtsanwältin und jeder Rechtsanwalt, die oder der sich gegenüber der Rechtsanwaltskammer verpflichtet hat, Schlichtung als dauerhafte Aufgabe zu betreiben, ist durch die Rechtsanwaltskammer als Gütestelle zuzulassen. Die Rechtsanwaltskammer kann die Zulassung wegen groben Verstoßes gegen die Pflichten nach § 8 dieses Gesetzes widerrufen.

(3) Die Aufsicht über die anwaltlichen Gütestellen führt die Rechtsanwaltskammer. Sie erlässt die hierzu erforderlichen Verwaltungsvorschriften. Sie kann von den Gütestellen jederzeit Auskunft über alle die Geschäftsführung betreffenden Angelegenheiten verlangen.

§ 7 Verfahren vor den anwaltlichen Gütestellen

Für das Verfahren vor den anwaltlichen Gütestellen gelten § 7 Abs. 1 Satz 2 und Abs. 2, § 10 Abs. 1, §§ 16 bis 18 und 19 Abs. 1, §§ 20 bis 34, 42 Abs. 1 und Abs. 2 Satz 1 und 2, 1. Halbsatz, § 43 Abs. 1, Abs. 2 Satz 1 und Abs. 3, § 44 Abs. 1, § 45 Abs. 3 und § 47 der Schiedsordnung entsprechend. § 14 der Schiedsordnung ist mit der Maßgabe anzuwenden, dass es für die örtliche Zuständigkeit der Gütestelle auf den Amtsgerichtsbezirk ankommt, in dem die Antragsgegnerin oder der Antragsgegner wohnt. § 44 Abs. 2 und 3 der Schiedsordnung ist mit der Maßgabe anzuwenden, dass die Vorschrift lediglich auf die Beitreibung der Ordnungsgelder Anwendung findet. § 48 Abs. 1 der Schiedsordnung ist mit der Maßgabe anzuwenden, dass die Ordnungsgelder der Gemeinde zufließen, in der die Gütestelle ihren Sitz hat.

§ 9 Kosten des Verfahrens vor den anwaltlichen Gütestellen

(1) Die Gebühr für die Durchführung des Schlichtungsverfahrens vor der anwaltlichen Gütestelle beträgt 65 Euro; kommt ein Vergleich zustande, beträgt sie 130 Euro.

(2) Für Post- und Telekommunikationsdienstleistungen sowie Schreibauslagen steht der anwaltlichen Gütestelle eine Pauschale von 15 Euro zu. § 46 Abs. 1 Nr. 2, Abs. 2 Satz 1, 3 bis 5 der Schiedsordnung gilt entsprechend.

(3) Die anwaltliche Gütestelle hat ferner Anspruch auf Ersatz der auf die Gebühren und Auslagen entfallenden Umsatzsteuer, sofern diese nicht unerhoben bleibt.

(4) Eine Partei, die die Voraussetzungen für die Gewährung von Beratungshilfe nach den Vorschriften des Beratungshilfegesetzes vom 18. Juni 1980 (BGBl. I S. 689), zuletzt geändert, durch Artikel 3 des Gesetzes vom 15. Dezember 1999 (BGBl. I S. 2400) erfüllt, ist von der Verpflichtung zur Zahlung der Vergütung befreit. In diesem Fall erstattet die, Landeskasse der Gütestelle die Vergütung. § 4 Abs. 1, Abs. 2 Sätze 1 bis 3, §§ 5 und 6 des Beratungshilfegesetzes finden entsprechende Anwendung.

(5) Ist der Gütestelle die Vergütung nach Absatz 4 Satz 2 erstattet worden, geht der Anspruch auf Kostenerstattung, der sich aus der Verurteilung der gegnerischen Partei in die Prozesskosten im nachfolgenden Gerichtsverfahren ergibt, insoweit auf die Landeskasse über. Diese macht den Anspruch nach den Vorschriften über die

LSchliG § 11

Einziehung der Kosten des gerichtlichen Verfahrens geltend. In diesem Fall wird der Anspruch bei dem, Gericht der Hauptsache angesetzt. Für die Entscheidung über eine gegen den Ansatz gerichtete Erinnerung und über die Beschwerde gilt § 5 des Gerichtskostengesetzes entsprechend.

§ 11 Inkrafttreten

Dieses Gesetz tritt am ersten Tag des dritten auf die Verkündung folgenden Kalendermonats in Kraft.

Bürgerliches Gesetzbuch (BGB)

i. d. F. der Bek. vom 2.1.2002 (BGBl. I 42) – Auszug

Inhalt des Eigentums

§ 903 Befugnisse des Eigentümers

Der Eigentümer einer Sache kann, soweit nicht das Gesetz oder Rechte Dritter entgegenstehen, mit der Sache nach Belieben verfahren und andere von jeder Einwirkung ausschließen. Der Eigentümer eines Tieres hat bei der Ausübung seiner Befugnisse die besonderen Vorschriften zum Schutz der Tiere zu beachten.

§ 904 Notstand

Der Eigentümer einer Sache ist nicht berechtigt, die Einwirkung eines anderen auf die Sache zu verbieten, wenn die Einwirkung zur Abwendung einer gegenwärtigen Gefahr notwendig und der drohende Schaden gegenüber dem aus der Einwirkung dem Eigentümer entstehenden Schaden unverhältnismäßig groß ist. Der Eigentümer kann Ersatz des ihm entstehenden Schadens verlangen.

§ 905 Begrenzung des Eigentums

Das Recht des Eigentümers eines Grundstücks erstreckt sich auf den Raum über der Oberfläche und auf den Erdkörper unter der Oberfläche. Der Eigentümer kann jedoch Einwirkungen nicht verbieten, die in solcher Höhe und Tiefe vorgenommen werden, dass er an der Ausschließung kein Interesse hat.

§ 906 Zuführung unwägbarer Stoffe

(1) Der Eigentümer eines Grundstücks kann die Zuführung von Gasen, Dämpfen, Gerüchen, Rauch, Ruß, Wärme, Geräusch, Erschütterungen und ähnliche von einem anderen Grundstück ausgehende Einwirkungen insoweit nicht verbieten, als die Einwirkung die Benutzung seines Grundstücks nicht oder nur unwesentlich beeinträchtigt. Eine unwesentliche Beeinträchtigung liegt in der Regel vor, wenn die in Gesetzen oder Rechtsverordnungen festgelegten Grenz- oder Richtwerte von den nach diesen Vorschriften ermittelten und bewerteten Einwirkungen nicht überschritten werden. Gleiches gilt für Werte in allgemeinen Verwaltungsvorschriften, die nach § 48 des Bundes-Immissionsschutzgesetzes erlassen worden sind und den Stand der Technik wiedergeben.

(2) Das gleiche gilt insoweit, als eine wesentliche Beeinträchtigung durch eine ortsübliche Benutzung des anderen Grundstücks herbeigeführt wird und nicht durch Maßnahmen verhindert werden kann, die Benutzern dieser Art wirtschaftlich zumutbar sind. Hat der Eigentümer hiernach eine Einwirkung zu dulden, so kann er von dem Benutzer des anderen Grundstücks einen angemessenen Ausgleich in Geld verlangen, wenn die Einwirkung eine ortsübliche Benutzung seines Grundstücks oder dessen Ertrag über das zumutbare Maß hinaus beeinträchtigt.

(3) Die Zuführung durch eine besondere Leitung ist unzulässig.

BGB §§ 907–912

§ 907 Gefahrdrohende Anlagen

(1) Der Eigentümer eines Grundstücks kann verlangen, dass auf den Nachbargrundstücken nicht Anlagen hergestellt oder gehalten werden, von denen mit Sicherheit vorauszusehen ist, dass ihr Bestand oder ihre Benutzung eine unzulässige Einwirkung auf sein Grundstück zur Folge hat. Genügt eine Anlage den landesgesetzlichen Vorschriften, die einen bestimmten Abstand von der Grenze oder sonstige Schutzmaßnahmen vorschreiben, so kann die Beseitigung der Anlage erst verlangt werden, wenn die unzulässige Einwirkung tatsächlich hervortritt.

(2) Bäume und Sträucher gehören nicht zu den Anlagen im Sinne dieser Vorschriften.

§ 908 Drohender Gebäudeeinsturz

Droht einem Grundstück die Gefahr, dass es durch den Einsturz eines Gebäudes oder eines anderen Werkes, das mit einem Nachbargrundstück verbunden ist, oder durch Ablösung von Teilen des Gebäudes oder des Werkes beschädigt wird, so kann der Eigentümer von demjenigen, welcher nach dem § 836 Abs. 1 oder den §§ 837, 838 für den eintretenden Schaden verantwortlich sein würde, verlangen, dass er die zur Abwendung der Gefahr erforderliche Vorkehrung trifft.

§ 909 Vertiefung

Ein Grundstück darf nicht in der Weise vertieft werden, dass der Boden des Nachbargrundstücks die erforderliche Stütze verliert, es sei denn, dass für eine genügende anderweitige Befestigung gesorgt ist.

§ 910 Überhang

(1) Der Eigentümer eines Grundstücks kann Wurzeln eines Baumes oder eines Strauches, die von einem Nachbargrundstück eingedrungen sind, abschneiden und behalten. Das gleiche gilt von herüberragenden Zweigen, wenn der Eigentümer dem Besitzer des Nachbargrundstücks eine angemessene Frist zur Beseitigung bestimmt hat und die Beseitigung nicht innerhalb der Frist erfolgt.

(2) Dem Eigentümer steht dieses Recht nicht zu, wenn die Wurzeln oder die Zweige die Benutzung des Grundstücks nicht beeinträchtigen.

§ 911 Überfall

Früchte, die von einem Baum oder einem Strauch auf ein Nachbargrundstück hinüberfallen, gelten als Früchte dieses Grundstücks. Diese Vorschrift findet keine Anwendung, wenn das Nachbargrundstück dem öffentlichen Gebrauche dient.

§ 912 Überbau; Duldungspflicht

(1) Hat der Eigentümer eines Grundstücks bei der Errichtung eines Gebäudes über die Grenze gebaut, ohne dass ihm Vorsatz oder grobe Fahrlässigkeit zur Last fällt, so hat der Nachbar den Oberbau zu dulden, es sei denn, dass er vor oder sofort nach der Grenzüberschreitung Widerspruch erhoben hat.

(2) Der Nachbar ist durch eine Geldrente zu entschädigen. Für die Höhe der Rente ist die Zeit der Grenzüberschreitung maßgebend.

§ 913 Zahlung der Überbaurente

(1) Die Rente für den Überbau ist dem jeweiligen Eigentümer des Nachbargrundstücks von dem jeweiligen Eigentümer des anderen Grundstücks zu entrichten.
(2) Die Rente ist jährlich im voraus zu entrichten.

§ 914 Rang, Eintragung und Erlöschen der Rente

(1) Das Recht auf die Rente geht allen Rechten an dem belasteten Grundstück, auch den älteren, vor. Es erlischt mit der Beseitigung des Überbaues.
(2) Das Recht wird nicht in das Grundbuch eingetragen. Zum Verzicht auf das Recht sowie zur Feststellung der Höhe der Rente durch Vertrag ist die Eintragung erforderlich.
(3) Im übrigen finden die Vorschriften Anwendung, die für eine zugunsten des jeweiligen Eigentümers eines Grundstücks bestehende Reallast gelten.

§ 915 Abkauf

(1) Der Rentenberechtigte kann jederzeit verlangen, dass der Rentenpflichtige ihm gegen Übertragung des Eigentums an dem überbauten Teil des Grundstücks den Wert ersetzt, den dieser Teil zur Zeit der Grenzüberschreitung gehabt hat. Macht er von dieser Befugnis Gebrauch, so bestimmen sich die Rechte und Verpflichtungen beider Teile nach den Vorschriften über den Kauf.
(2) Für die Zeit bis zur Übertragung des Eigentums ist die Rente fortzuentrichten.

§ 916 Beeinträchtigung von Erbbaurecht und Dienstbarkeit

Wird durch den Überbau ein Erbbaurecht oder eine Dienstbarkeit an dem Nachbargrundstück beeinträchtigt, so finden zugunsten des Berechtigten die Vorschriften der §§ 912 bis 914 entsprechende Anwendung.

§ 917 Notweg

(1) Fehlt einem Grundstück die zur ordnungsmäßigen Benutzung notwendige Verbindung mit einem öffentlichen Wege, so kann der Eigentümer von den Nachbarn verlangen, dass sie bis zur Hebung des Mangels die Benutzung ihrer Grundstücke zur Herstellung der erforderlichen Verbindung dulden. Die Richtung des Notweges und der Umfang des Benutzungsrechts werden erforderlichen Falles durch Urteil bestimmt.
(2) Die Nachbarn, über deren Grundstücke der Notweg führt, sind durch eine Geldrente zu entschädigen. Die Vorschriften des § 912 Abs. 2 Satz 2 und der §§ 913, 914, 916 finden entsprechende Anwendung.

§ 918 Ausschluss des Notwegrechts

(1) Die Verpflichtung zur Duldung des Notwegs tritt nicht ein, wenn die bisherige Verbindung des Grundstücks mit dem öffentlichen Wege durch eine willkürliche Handlung des Eigentümers aufgehoben wird.

(2) Wird in folgeder Veräußerung eines Teiles des Grundstücks der veräußerte oder der zurückbehaltene Teil von der Verbindung mit dem öffentlichen Wege abgeschnitten, so hat der Eigentümer desjenigen Teiles, über welchen die Verbindung bisher stattgefunden hat, den Notweg zu dulden. Der Veräußerung eines Teiles steht die Veräußerung eines von mehreren demselben Eigentümer gehörenden Grundstücken gleich.

§ 919 Grenzabmarkung

(1) Der Eigentümer eines Grundstücks kann von dem Eigentümer eines Nachbargrundstücks verlangen, dass dieser zur Errichtung fester Grenzzeichen und, wenn ein Grenzzeichen verrückt oder unkenntlich geworden ist, zur Wiederherstellung mitwirkt.

(2) Die Art der Abmarkung und das Verfahren bestimmen sich nach den Landesgesetzen[1]; enthalten diese keine Vorschriften, so entscheidet die Ortsüblichkeit.

(3) Die Kosten der Abmarkung sind von den Beteiligten zu gleichen Teilen zu tragen, sofern nicht aus einem zwischen ihnen bestehenden Rechtsverhältnisse sich ein anderes ergibt.

§ 920 Grenzverwirrung

(1) Lässt sich im Falle einer Grenzverwirrung die richtige Grenze nicht ermitteln, so ist für die Abgrenzung der Besitzstand maßgebend. Kann der Besitzstand nicht festgestellt werden, so ist jedem der Grundstücke ein gleich großes Stück der streitigen Fläche zuzuteilen.

(2) Soweit eine diesen Vorschriften entsprechende Bestimmung der Grenze zu einem Ergebnis führt, das mit den ermittelten Umständen, insbesondere mit der feststehenden Größe der Grundstücke, nicht übereinstimmt, ist die Grenze so zu ziehen, wie es unter Berücksichtigung dieser Umstände der Billigkeit entspricht.

§ 921 Gemeinschaftliche Benutzung von Grenzanlagen

Werden zwei Grundstücke durch einen Zwischenraum, Rain, Winkel, einen Graben, eine Mauer, Hecke, Planke oder eine andere Einrichtung, die zum Vorteil beider Grundstücke dient, voneinander geschieden, so wird vermutet, dass die Eigentümer der Grundstücke zur Benutzung der Einrichtung gemeinschaftlich berechtigt seien, sofern nicht äußere Merkmale darauf hinweisen, dass die Einrichtungen einem der Nachbarn allein gehören.

---

1 Vermessungs- und Katastergesetz vom 6.12.1974 (GVOBl. Schl.-H. S. 470).

§ 922 Art der Benutzung und Unterhaltung

Sind die Nachbarn zur Benutzung einer der im § 921 bezeichneten Einrichtungen gemeinschaftlich berechtigt, so kann jeder sie zu dem Zwecke, der sich aus ihrer Beschaffenheit ergibt, insoweit benutzen, als nicht die Mitbenutzung des anderen beeinträchtigt wird. Die Unterhaltungskosten sind von den Nachbarn zu gleichen Teilen zu tragen. Solange einer der Nachbarn an dem Fortbestande der Einrichtung ein Interesse hat, darf sie nicht ohne seine Zustimmung beseitigt oder geändert werden. Im übrigen bestimmt sich das Rechtsverhältnis zwischen den Nachbarn nach den Vorschriften über die Gemeinschaft.

§ 923 Grenzbaum

(1) Steht auf der Grenze ein Baum, so gebühren die Früchte und, wenn der Baum gefällt wird, auch der Baum den Nachbarn zu gleichen Teilen.

(2) Jeder der Nachbarn kann die Beseitigung des Baumes verlangen. Die Kosten der Beseitigung fallen den Nachbarn zu gleichen Teilen zur Last. Der Nachbar, der die Beseitigung verlangt, hat jedoch die Kosten alleine zu tragen, wenn der andere auf sein Recht an dem Baum verzichtet; er erwirbt in diesem Falle mit der Trennung das Alleineigentum. Der Anspruch auf die Beseitigung ist ausgeschlossen, wenn der Baum als Grenzzeichen dient und den Umständen nach nicht durch ein anderes zweckmäßiges Grenzzeichen ersetzt werden kann.

(3) Diese Vorschriften gelten auch für einen auf der Grenze stehenden Strauch.

§ 924 Unverjährbarkeit nachbarrechtlicher Ansprüche

Die Ansprüche, die sich aus den §§ 907 bis 909, 915, dem § 917 Abs. 1, dem § 918 Abs. 2, den §§ 919, 920 und dem § 923 Abs. 2 ergeben, unterliegen nicht der Verjährung.

§ 1004 Beseitigungs- und Unterlassungsanspruch

(1) Wird das Eigentum auf andere Weise als durch Entziehung oder Vorenthaltung des Besitzes beeinträchtigt, so kann der Eigentümer von dem Störer die Beseitigung der Beeinträchtigung verlangen. Sind weitere Beeinträchtigungen zu besorgen, so kann der Eigentümer auf Unterlassung klagen.

(2) Der Anspruch ist ausgeschlossen, wenn der Eigentümer zur Duldung verpflichtet ist.

32. Verordnung zur Durchführung des Bundes-Immissionsschutzgesetzes (Geräte- und Maschinenlärmschutzverordnung – 32. BImSchV)

In der Fassung vom 29.8.2002 (BGBl. I S. 3478)

§ 1 Anwendungsbereich

(1) Diese Verordnung gilt für Geräte und Maschinen, die nach Artikel 2 der Richtlinie 2000/14/EG des Europäischen Parlaments und des Rates vom 8. Mai 2000 zur Angleichung der Rechtsvorschriften der Mitgliedstaaten über umweltbelastende Geräuschemissionen von zur Verwendung im Freien vorgesehenen Geräten und Maschinen (ABl. EG Nr. L 162 S. 1, Nr. L 311 S. 50) in den Anwendungsbereich der Richtlinie fallen; sie sind im Anhang dieser Verordnung aufgelistet.

(2) Die Maschinenlärminformations-Verordnung und die Maschinenverordnung bleiben unberührt.

§ 2 Begriffsbestimmungen

Im Sinne dieser Verordnung bedeuten die Begriffe
1. in Verkehr bringen:
    die erstmalige entgeltliche oder unentgeltliche Bereitstellung eines Gerätes oder einer Maschine auf dem deutschen Markt für den Vertrieb oder die Benutzung in Deutschland oder, entsprechend dem Regelungszusammenhang dieser Verordnung, auf dem Gemeinschaftsmarkt für den Vertrieb oder die Benutzung im Gebiet der Europäischen Gemeinschaft;
2. in Betrieb nehmen:
    die erstmalige Benutzung eines Gerätes oder einer Maschine in Deutschland oder, entsprechend dem Regelungszusammenhang dieser Verordnung, im Gebiet der Europäischen Gemeinschaft;
3. zur Verwendung im Freien vorgesehene Geräte und Maschinen:
    Geräte und Maschinen im Sinne von Artikel 3 Buchstabe a der Richtlinie 2000/14/EG;
4. CE-Kennzeichnung:
    Kennzeichnung im Sinne von Artikel 3 Buchstabe c der Richtlinie 2000/14/EG;
5. Konformitätsbewertungsverfahren:
    Verfahren im Sinne von Artikel 3 Buchstabe b der Richtlinie 2000/14/EG;
6. garantierter Schallleistungspegel:
    Schallleistungspegel im Sinne von Artikel 3 Buchstabe f der Richtlinie 2000/14/EG;
7. lärmarme Geräte und Maschinen:
    Geräte und Maschinen, an die das gemeinschaftliche Umweltzeichen nach den Artikeln 7 und 9 der Verordnung Nr. 1980/2000 des Europäischen Parlaments und des Rates vom 17. Juli 2000 zur Revision des gemeinschaftlichen Systems zur Vergabe eines Umweltzeichens (ABl. EG Nr. L 237 S. 1) vergeben worden ist und die mit dem Umweltzeichen nach Artikel 8 der Verordnung Nr. 1980/2000/EG gekennzeichnet sind. Liegt eine derartige Kennzeichnung nicht vor, gelten Geräte und Maschinen als lärmarm, die den Anforderungen an den zuläs-

sigen Schallleistungspegel der Stufe II in Artikel 12 der Richtlinie 2000/14/EG genügen.

§ 7 Betrieb in Wohngebieten

(1) In reinen, allgemeinen und besonderen Wohngebieten, Kleinsiedlungsgebieten, Sondergebieten, die der Erholung dienen, Kur- und Klinikgebieten und Gebieten für die Fremdenbeherbergung nach den §§ 2, 3, 4, 4a, 10 und 11 Abs. 2 der Baunutzungsverordnung sowie auf dem Gelände von Krankenhäusern und Pflegeanstalten dürfen im Freien
1. Geräte und Maschinen nach dem Anhang an Sonn- und Feiertagen ganztägig sowie an Werktagen in der Zeit von 20.00 Uhr bis 07.00 Uhr nicht betrieben werden,
2. Geräte und Maschinen nach dem Anhang Nr. 02, 24, 34 und 35 an Werktagen auch in der Zeit von 07.00 Uhr bis 09.00 Uhr, von 13.00 Uhr bis 15.00 Uhr und von 17.00 Uhr bis 20.00 Uhr nicht betrieben werden, es sei denn, dass für die Geräte und Maschinen das gemeinschaftliche Umweltzeichen nach den Artikeln 7 und 9 der Verordnung Nr. 1980/2000 des Europäischen Parlaments und des Rates vom 17. Juli 2000 zur Revision des gemeinschaftlichen Systems zur Vergabe eines Umweltzeichens (ABl. EG Nr. L 237 S. 1) vergeben worden ist und sie mit dem Umweltzeichen nach Artikel 8 der Verordnung Nr. 1980/2000/EG gekennzeichnet sind. Satz 1 gilt nicht für Bundesfernstraßen und Schienenwege von Eisenbahnen des Bundes, die durch Gebiete nach Satz 1 führen. Die Länder können für Landesstraßen und nichtbundeseigene Schienenwege, die durch Gebiete nach Satz 1 führen, die Geltung des Satzes 1 einschränken.

(2) Die nach Landesrecht zuständige Behörde kann im Einzelfall Ausnahmen von den Einschränkungen des Absatzes 1 zulassen. Der Zulassung bedarf es nicht, wenn der Betrieb der Geräte und Maschinen im Einzelfall zur Abwendung einer Gefahr bei Unwetter oder Schneefall oder zur Abwendung einer sonstigen Gefahr für Mensch, Umwelt oder Sachgüter erforderlich ist. Der Betreiber hat die zuständige Behörde auf Verlangen über den Betrieb nach Satz 2 zu unterrichten. Von Amts wegen können im Einzelfall Ausnahmen von den Einschränkungen des Absatzes 1 zugelassen werden, wenn der Betrieb der Geräte und Maschinen zur Abwendung einer Gefahr für die Allgemeinheit erforderlich ist.

(3) Weitergehende landesrechtliche Vorschriften zum Schutz von Wohn- und sonstiger lärmempfindlicher Nutzung und allgemeine Vorschriften des Lärmschutzes, insbesondere zur Sonn- und Feiertagsruhe und zur Nachtruhe, bleiben unberührt.

§ 8 Betrieb in empfindlichen Gebieten

Die Länder können
1. unter Beachtung des Artikels 17 der Richtlinie 2000/14/EG weiter gehende Regelungen für Einschränkungen des Betriebs von Geräten und Maschinen nach dem Anhang in von ihnen als empfindlich eingestuften Gebieten treffen,
2. unter Beachtung der allgemeinen Vorschriften des Lärmschutzes Regelungen zu weitergehenden Ausnahmen von Einschränkungen des Betriebs von Geräten und Maschinen nach dem Anhang treffen, soweit
    a) lärmarme Geräte und Maschinen eingesetzt werden, deren Betrieb nicht erheblich stört oder unter Abwägung öffentlicher und privater Belange sowie

32. BImSchV § 9, Anh.

unter Berücksichtigung anderweitiger Lösungsmöglichkeiten Vorrang hat, oder
b) der Betrieb im öffentlichen Interesse erforderlich ist.

§ 9 Ordnungswidrigkeiten

(1) Ordnungswidrig im Sinne des § 16 Abs. 1 Satz 1 Nr. 2 des Gerätesicherheitsgesetzes handelt, wer vorsätzlich oder fahrlässig
1. entgegen § 3 Abs. 1 Satz 1, auch in Verbindung mit Abs. 2, ein Gerät oder eine Maschine in Verkehr bringt oder in Betrieb nimmt,
2. entgegen § 3 Abs. 1 Satz 4 ein Zeichen oder eine Aufschrift anbringt,
3. entgegen § 4 eine Kopie nicht oder nicht rechtzeitig übermittelt oder
4. entgegen § 5 Satz 1 eine Information oder ein Exemplar nicht oder nicht mindestens zehn Jahre aufbewahrt.

(2) Ordnungswidrig im Sinne des § 62 Abs. 1 Nr. 7 des Bundes-Immissionsschutzgesetzes handelt, wer vorsätzlich oder fahrlässig
1. entgegen § 7 Abs. 1 Satz 1 ein Gerät oder eine Maschine betreibt oder
2. entgegen § 7 Abs. 2 Satz 3 die zuständige Behörde nicht, nicht richtig, nicht vollständig oder nicht rechtzeitig unterrichtet.

Anhang

Nachstehende Geräte und Maschinen fallen nach § 1 in den Anwendungsbereich der Verordnung.

Legende:
Nr. = Ordnungsnummer des Gerätes oder der Maschine, entsprechend der Auflistung in Anhang 1 der Richtlinie 2000/14/EG
Gerät /Maschine = Art des Gerätes und der Maschine, ggf. mit Leistungswerten
Sp. 1 = Spalte 1, entsprechend dem Anwendungsbereich von Artikel 12 der Richtlinie 2000/14/EG
Sp. 2 = Spalte 2, entsprechend dem Anwendungsbereich von Artikel 13 der Richtlinie 2000/14/EG
X in der Spalte 1 bzw. 2 = Gerät oder Maschine fällt in den Anwendungsbereich der Spalte 1 bzw. der Spalte 2

Nr.	Gerät/Maschine	Sp. 1	Sp. 2
01	Hubarbeitsbühne mit Verbrennungsmotor		X
02	Freischneider		X
03	Bauaufzug für den Materialtransport mit		
03.1	Verbrennungsmotor	X	
03.2	Elektromotor		X
04	Baustellenbandsägemaschine		X
05	Baustellenkreissägemaschine		X
06	Tragbare Motorkettensäge		X
07	Kombiniertes Hochdruckspül- und Saugfahrzeug		X
08	Verdichtungsmaschine in der Bauart von		

Anh. 32. BImSchV

Nr.	Gerät/Maschine	Sp. 1	Sp. 2
08.1	Vibrationswalzen und nicht-vibrierende Walzen, Rüttelplatten und Vibrationsstampfer	X	
08.2	Explosionsstampfer		X
09	Kompressor (< 350 kW)	X	
10	Handgeführter Betonbrecher und Abbau-, Aufbruch- und Spatenhammer	X	
11	Beton- und Mörtelmischer		X
12	Bauwinde mit		
12.1	Verbrennungsmotor	X	
12.2	Elektromotor		X
13	Förder- und Spritzmaschine für Beton und Mörtel		X
14	Förderband		X
15	Fahrzeugkühlaggregat		X
16	Planiermaschine (< 500 kW)	X	
17	Bohrgerät		X
18	Muldenfahrzeug (< 500 kW)	X	
19	Be- und Entladeaggregat von Silo- oder Tankfahrzeugen		X
20	Hydraulik- und Seilbagger (< 500 kW)	X	
21	Baggerlader (< 500 kW)	X	
22	Altglassammelbehälter		X
23	Grader (< 500 kW)	X	
24	Grastrimmer/Graskantenschneider		X
25	Heckenschere		X
26	Hochdruckspülfahrzeug		X
27	Hochdruckwasserstrahlmaschine		X
28	Hydraulikhammer		X
29	Hydraulikaggregat	X	
30	Fugenschneider		X
31	Müllverdichter, der Bauart nach ein Lader mit Schaufel (< 500 kW)	X	
32	Rasenmäher (mit Ausnahme von – land- und forstwirtschaftlichen Geräten – Mehrzweckgeräten, deren Hauptantrieb eine installierte Leistung von mehr als 20 kW aufweist)	X	
33	Rasentrimmer/Rasenkantenschneider	X	
34	Laubbläser		X
35	Laubsammler		X
36	Gegengewichtsstapler mit Verbrennungsmotor		
36.1	geländegängiger Gabelstapler (Gegengewichtsstapler auf Rädern, der in erster Linie für naturbelassenes gewachsenes und aufgewühltes Gelände, z. B. auf Baustellen, bestimmt ist) sonstiger Gegengewichts	X	
36.2	sonstiger Gegengewichtsstapler mit einer Tragfähigkeit von höchstens 10 Tonnen, ausgenommen Gegengewichtsstapler, die speziell für die Containerbeförderung gebaut sind		X

32. BImSchV Anh.

Nr.	Gerät/Maschine	Sp. 1	Sp. 2
37	Lader (< 500 kW)	X	
38	Mobilkran	X	
39	Rollbarer Müllbehälter		X
40	Motorhacke (< 3 kW)	X	
41	Straßenfertiger		
41.1	ohne Hochverdichtungsbohle	X	
41.2	mit Hochverdichtungsbohle		X
42	Rammausrüstung		X
43	*Rohrleger		X
44	Pistenraupe		X
45	Kraftstromerzeuger		
45.1	< 400 kW	X	
45.2	400 kW		X
46	Kehrmaschine		X
47	Müllsammelfahrzeug		X
48	Straßenfräse		X
49	Vertikutierer		X
50	Schredder/Zerkleinerer		X
51	Schneefräse (selbstfahrend, ausgenommen Anbaugeräte)		X
52	Saugfahrzeug		X
53	Turmdrehkran	X	
54	Grabenfräse		X
55	Transportbetonmischer		X
56	Wasserpumpe (nicht für Unterwasserbetrieb)		X
57	Schweißstromerzeuger		X

Nachbarrechtsgesetz für das Land Schleswig-Holstein (NachbG Schl.-H.)

Vom 24. Februar 1971 (GVOBl. Schl.-H. S. 54), geändert durch § 77 des Gesetzes vom 16. April 1973 (GVOBl. Schl.-H. S. 122) und Art. 4 des Gesetzes vom 19. November 1982 (GVOBl. Schl.-H. S. 256), Art. 4 des Gesetzes vom 15. Februar 2005 (GVOBl. Schl.-H. S. 168) und Art. 4 des Gesetzes vom 27. Mai 2016 (GBVOBl. Schl.H. S. 162) mit Erläuterungen

Abschnitt I: **Allgemeine Vorschriften**

§ 1 **Geltungsbereich**

(1) Die §§ 4 bis 43 gelten nur, soweit zwingende öffentlichrechtliche Vorschriften nicht entgegenstehen oder die Beteiligten nichts anderes vereinbaren.
(2) Die in diesem Gesetz vorgeschriebene Schriftform kann nicht abgedungen werden.

Übersicht   Rn.
I. Das Verhältnis des privaten Rechts zum öffentlichen Recht   1–5
II. Abweichende Vereinbarungen der Beteiligten   6–11

I. Das Verhältnis des privaten Rechts zum öffentlichen Recht

Das in diesem Gesetz geregelte private Nachbarrecht ordnet die Rechtsbeziehungen der Nachbarn zueinander. Das öffentliche Recht regelt die Rechtsbeziehungen des einzelnen Nachbarn zu einem Träger öffentlicher Gewalt. Beide Rechtsgebiete sind **grundsätzlich voneinander unabhängig**. Dieser Grundsatz wird besonders deutlich, wenn die Handlung des einen Nachbarn sowohl der Zustimmung des anderen Nachbarn als auch einer öffentlichrechtlichen Erlaubnis bedarf. So erfordert der Anbau an eine Grenzwand die Zustimmung des Nachbarn nach § 13 Abs. 1 und eine Baugenehmigung. Fehlt die Baugenehmigung, so kann die Bauaufsichtsbehörde den Anbau verbieten, auch wenn der Nachbar zugestimmt hat; fehlt die Zustimmung des Nachbarn, so kann er Unterlassung des Anbaus verlangen, auch wenn eine Baugenehmigung erteilt worden ist (vgl. BGH NJW 1959, 2013; OVG Lüneburg SchlHA 1973, 101). Ein Bauantrag kann aber ohne Prüfung der öffentlichrechtlichen Zulässigkeit abgelehnt werden, wenn rechtskräftig feststeht, dass aus privatrechtlichen Gründen nicht so gebaut werden darf (BVerwG NJW 1965, 55 1). **1**

Das **Zusammentreffen von öffentlichem und privatem Recht** kann im Bereich des Nachbarrechts dazu führen, dass eine Handlung öffentlichrechtlich vorgeschrieben und privatrechtlich unzulässig oder aber öffentlichrechtlich unzulässig und privatrechtlich vorgeschrieben ist. Hier räumt das Gesetz in Absatz 1 dem zwingenden öffentlichen Recht den Vorrang vor dem privaten Nachbarrecht ein; zwingend ist eine Norm, die weder eine Kann-, eine Soll- noch eine **2**

Ausnahmevorschrift ist und die Behörden nicht ermächtigt, nach ihrem Ermessen Abweichungen zu dulden oder zu gestatten. Beispiele: Ein privatrechtlicher Anspruch gegen den Nachbarn aus § 28 auf Einfriedigung des Grundstücks besteht nicht, wenn der Bebauungsplan die Einfriedigung untersagt (vgl. OVG Lüneburg BauR 1976, 414); ein privatrechtlicher Anspruch auf Zurückschneiden einer Anpflanzung aus § 37 Abs. 2 besteht nicht, wenn das Naturschutzrecht den Eingriff in die Anpflanzung verbietet (vgl. § 37 Rn. 18; vgl. auch Rn. 1, 14 vor § 37).

3 **Zwingendes öffentliches Recht** erzeugt aber keine privatrechtlichen Ansprüche der Nachbarn untereinander. So kann ein Nachbar von dem anderen nicht die Einfriedigung eines Grundstücks verlangen, wenn der Bebauungsplan die Einfriedigung vorschreibt, ohne dass zugleich die Voraussetzungen des § 28 erfüllt sind. In diesen Fällen kann nur die Verwaltungsbehörde die Beachtung des öffentlichen Rechts erzwingen. In den §§ 17 Abs. 4, 23 Nr. 2, 34, 39 Nrn. 2 und 3, die eine Grenzlage von privaten und bestimmten öffentlichen Grundstücken betreffen, ist das private Nachbarrecht überhaupt für unanwendbar erklärt.

4 Anders ist die Vorrangsproblematik, wenn das öffentliche Recht zwar nicht die Handlung als solche ge- oder verbietet, sondern sie nur **in einer bestimmten Art vorschreibt oder zulässt**, falls sie überhaupt vorgenommen wird. Hier ist ein unbedingter Vorrang des öffentlichen Rechts nicht geboten, weil der Betroffene sich dem öffentlichrechtlichen Gebot durch Unterlassen der Handlung entziehen kann oder die öffentlichrechtliche Zulässigkeit nicht auszunutzen braucht. Es bleibt in diesen Fällen bei dem Grundsatz der Gleichrangigkeit, sofern das Gesetz nicht anderes bestimmt. Einen Vorrang des öffentlichrechtlichen Gebots enthält § 23 Nr. 3, einen Vorrang der öffentlichrechtlichen Zulässigkeit enthält 27 Abs. 2.

5 Eine Beziehung zwischen öffentlichem und privatem Recht ist auch in den §§ 14 Abs. 2 und 3, 17 Abs. 1 Nr. 3, 20 Abs. 1 Nr. 2 hergestellt. Diese Vorschriften sehen Duldungspflichten bei bestimmten baulichen Maßnahmen vor. Die Duldungspflichten bestehen jedoch nicht, wenn die **bauliche Maßnahme öffentlichrechtlichen Vorschriften widerspricht**; denn niemand soll privatrechtlich verpflichtet sein, eine öffentlichrechtlich unzulässige Handlung des Nachbarn auf seinem Grundstück zu dulden. Eine besondere Beziehung zwischen öffentlichem und privatem Recht ist in § 42 Abs. 1 hergestellt, weil dort jeder öffentlichrechtlich unzulässige Grenzabstand eines Gebäudes auch für privatrechtlich unzulässig erklärt worden ist.

II. Abweichende Vereinbarungen der Beteiligten

6 Die Bestimmungen in den §§ 4 bis 43 können von den Beteiligten nach ihren individuellen Wünschen und Interessen durch **abweichende vertragliche Regelungen** ergänzt oder ersetzt werden. Diese Regelungen dürfen jedoch nicht gegen ein gesetzliches Verbot (§ 134 BGB) oder gegen die guten Sitten (§ 138 BGB) verstoßen. Die Beteiligten können nach Absatz 2 auch nicht vereinbaren, dass eine in diesem Gesetz vorgesehene Schriftform (§§ 126, 126a BGB) nicht erforderlich sein soll. Aus der fehlenden Einbeziehung der §§ 1 und 3 folgt ferner, dass die Beteiligten die Vorrangigkeit zwingenden öffentlichen Rechts nicht und die Vorschriften über die Verjährung nur insoweit abändern können, wie das Bürgerliche Gesetzbuch dies gestattet.

Die abweichenden Vereinbarungen binden grundsätzlich nur die Vertragsschließenden selbst und ihre Gesamtrechtsnachfolger (Erben), nicht aber die Sonderrechtsnachfolger (z. B. Käufer eines beteiligten Grundstücks). Eine **Bindung des Sonderrechtsnachfolgers** tritt ein bei dinglicher Sicherung – z. B. durch eine Grunddienstbarkeit (vgl. Rn. 8) – und bei einer dauernd beabsichtigten Regelung der Verwaltung und Benutzung einer Grenzeinrichtung (Nachbarwand, gemeinsame Einfriedigung auf der Grenze) oder sonst im Miteigentum stehenden Anlage an der Grenze gemäß § 922 Satz 4, 746 BGB (vgl. dazu Dehner B § 7 VI). 7

Die **Grunddienstbarkeit** (§ 1018 BGB) ist das sicherste Mittel, um nachbarliche Rechtsbeziehungen auch für und gegen Sonderrechtsnachfolger (insbesondere Erwerber eines Grundstücks durch Rechtsgeschäft oder in der Zwangsversteigerung) dauerhaft zu regeln. Sie kann grundsätzlich keine Handlungspflicht begründen (BGH NJW-RR 2003, 733) wie z. B. die Verpflichtung zur Einzäunung eines Grundstücks (OLG Colmar OLGR 26, 82; LG Lübeck Beschluss vom 10.11.1972 – 2 T 660/72), sofern sie nicht eine bloße Nebenpflicht ist wie z. B. die Verpflichtung zur Erhaltung von Bäumen oder Zäunen als Nebenpflicht zum Beseitigungsverbot (vgl. Rn 10) als Hauptpflicht (OLG Köln Rpfleger 1976, 209). Zulässiger Inhalt kann nur sein: 8

a) **Benutzungsrecht** des Eigentümers des herrschenden Grundstücks an dem mit der Grunddienstbarkeit belasteten Nachbargrundstück in einzelnen Beziehungen (nicht aber umfassend) wie z. B. durch Grenzbebauung (OLG München NJOZ 2013, 841), Anbau an eine Grenzwand oder Befahren/Begehen (Wegerecht). 9

b) **Unterlassungspflicht** des Eigentümers des mit der Grunddienstbarkeit belasteten Grundstücks bezüglich einzelner Handlungen auf seinem Grundstück wie z. B. Beschränkungen für Art und Höhe der Bebauung (BGH NJW 2002, 1797), Verbot der Beseitigung einer Einzäunung (OLG Köln Rpfleger 1976, 209), Verbot des Anbringens (LG Lübeck DNotZ 1956, 558) oder Öffnens (BGHZ 107, 289) eines Fensters. Zulässig ist auch eine Unterlassungspflicht, die für die einzig sinnvolle Grundstücksnutzung die gleiche Wirkung wie die als solche unzulässige Verpflichtung zur Vornahme der einzig noch erlaubten Handlung hat (BGH NJW 2013, 1963) wie z. B. Verbot der Beheizung eines Wohnhauses auf eine andere Art als durch Beheizung vom Nachbargrundstück aus. 10

c) **Ausschluss der Ausübung eines Rechts**, das sich aus dem Eigentum des mit der Grunddienstbarkeit belasteten Grundstücks gegenüber dem Nachbargrundstück ergibt wie z. B. Verzicht auf die Einhaltung gesetzlicher Grenzabstände (z. B. nach §§ 25, 37, 42), auf nachbarrechtliche Abwehransprüche des 11 öffentlichen Baurechts (OLH Hamm NJOZ 2013, 1126) oder des privaten Immissionsschutzrechts (BayObLG NJW-RR 2004, 1460), auf ein Notwegrecht (BGH NZM 2015, 98).

§ 2 Erbbauberechtigter

Ist ein Grundstück mit einem Erbbaurecht belastet, so tritt der Erbbauberechtigte an die Stelle des Eigentümers, soweit sich nach diesem Gesetz Rechte oder Pflichten für den Eigentümer eines Grundstücks ergeben.

Übersicht

		Rn.
I.	Grundstückseigentümer und Erbbauberechtigter	1, 2
II.	Wohnungseigentum (Teileigentum)	3–11
1.	Verhältnis der Wohnungseigentümer zum Eigentümer des Nachbargrundstücks	3–7
2.	Verhältnis der Wohnungseigentümer untereinander	8–10
3.	Rechtsweg	11
III.	Nutzungsberechtigter	12
IV.	Nachbargrundstück	13

I. Grundstückseigentümer und Erbbauberechtigter

1 Das Gesetz vermeidet den Begriff „Nachbar" (Ausnahme: § 36 Abs. 2 Satz 2), denn er ist zu unbestimmt und bezeichnet nach dem allgemeinen Sprachgebrauch alle, die in der Nachbarschaft wohnen. Entsprechend der in den Artikeln 3 und 124 EGBGB erteilten Ermächtigung werden in diesem Gesetz in erster Linie die Rechte und Pflichten des Eigentümers eines Grundstücks gegenüber dem Eigentümer eines anderen (benachbarten) Grundstücks geregelt. Das Gesetz bezeichnet daher den **Eigentümer eines Grundstücks** als Berechtigten und Verpflichteten.

2 Der Eigentümer eines Grundstücks kann einem Dritten nach § 1 Abs. 1 ErbbauRG das veräußerliche und vererbliche Recht einräumen, auf oder unter der Oberfläche des Grundstücks ein Bauwerk zu haben (Erbbaurecht); das Bauwerk wird dann Eigentum des Erbbauberechtigten. Das Erbbaurecht wird rechtlich im wesentlichen wie ein Grundstück behandelt, denn nach § 11 Abs. 1 ErbbauRG finden auf das Erbbaurecht die sich auf Grundstücke beziehenden Vorschriften grundsätzlich entsprechende Anwendung. Deshalb hat der **Erbbauberechtigte auch alle nachbarrechtlichen Rechte und Pflichten wie ein Grundstückseigentümer.** In § 2 wird deshalb bestimmt, dass nur der Erbbauberechtigte und nicht auch der Grundstückseigentümer nach diesem Gesetz berechtigt und verpflichtet wird, sodass z. B. ein mit einem Erbbaurecht belastetes Grundstück nach § 28 nicht vom Eigentümer, sondern vom Erbbauberechtigten einzufrieden ist.

II. Wohnungseigentum (Teileigentum)

1. Verhältnis der Wohnungseigentümer zum Eigentümer des Nachbargrundstücks

a) Jeder Wohnungseigentümer hat, soweit sein **Sondereigentum** an einer Wohnung (bzw. an nicht zu Wohnzwecken dienenden Räumen) betroffen ist, die den Eigentümer nach diesem Gesetz und dem BGB betreffenden Rechte und Pflichten gegenüber dem Eigentümer des Nachbargrundstücks (z. B. Duldungspflicht aus § 17 zum Betreten der Wohnung und die aus dem Betreten der Wohnung sich ergebenden Ansprüche aus §§ 18, 19). Diese Ansprüche sind nur von und gegen den Wohnungseigentümer geltend zu machen. Entsprechendes gilt für einen Wohnungseigentümer, dem ein **Sondernutzungsrecht** eingeräumt ist; z. B. muss er mit Anpflanzungen an der Grenze eines zur Sondernutzung zugewiesenen Gartenteils den Grenzabstand nach § 37 zum Nachbargrundstück einhalten. 3

b) Soweit das **gemeinschaftliche Eigentum** an dem Grundstück sowie den Teilen, Anlagen und Einrichtungen des Gebäudes, die nicht im Sondereigentum stehen, betroffen ist, ist zu unterscheiden, wobei die Abgrenzung in Einzelfällen noch umstritten ist, für die Geltendmachung von Ansprüchen aber in vielen Fällen (z. B. wenn sie zwischen Rn 5 und Rn 6 zu treffen ist) unerheblich ist. 4

aa) Von der **Gemeinschaft der Wohnungseigentümer im Rahmen der gesamten Verwaltung des gemeinschaftlichen Eigentums begründeten Rechte und Pflichten** stehen ihr nach § 10 Abs. 6 S. 1, 2 WEG als Inhaberin zu. Die gesamte Verwaltung des gemeinschaftlichen Eigentums erfasst alle Maßnahmen, die in tatsächlicher oder rechtlicher Hinsicht auf seine gewöhnliche Nutzung (einschließlich Gebrauch), Erhaltung oder Verbesserung abzielen oder sich sonst als Geschäftsführung zu Gunsten der Wohnungseigentümer bezüglich des gemeinschaftlichen Eigentums darstellen (vgl BGH ZfIR 1997, 284). Das dürfte z. B. für die Rechte und Pflichten aus §§ 17, 20, 28 ff und 37 ff sowie aus einem von der Gemeinschaft der Wohnungseigentümer abgeschlossenen Vertrag über die Unterhaltung der Grenze (vgl LG Berlin ZMR 2002, 159) gelten, die daher von der und gegen die Gemeinschaft der Wohnungseigentümer unter der Bezeichnung „Wohnungseigentümergemeinschaft" gefolgt von der bestimmten Angabe des gemeinschaftlichen Grundstücks gerichtlich geltend gemacht werden können (§ 10 Abs. 6 S. 4 WEG), wobei die Gemeinschaft nach Maßgabe von § 27 Abs. 3 WEG vertreten wird. 5

bb) **Gemeinschaftsbezogene Rechte und Pflichten der Wohnungseigentümer** werden von der Gemeinschaft der Wohnungseigentümer nach § 10 Abs. 6 S. 3 Halbsatz 1 WEG ausgeübt bzw. wahrgenommen. Gemeinschaftsbezogen sind Rechte und Pflichten, die den Wohnungseigentümern (nicht der Gemeinschaft nach Rn 5) gemeinsam zustehen, so dass für das „Ob" der Geltendmachung eine Verwaltungszuständigkeit aller Wohnungseigentümer nach § 21 Abs. 1 WEG besteht bzw. für die sie als Gesamtschuldner haften. Das dürfte z. B. für die Ansprüche aus §§ 6 Abs. 2, 10 Abs. 2, 13 Abs. 2, 14 Abs. 4, 18, 19, 21 gelten; ferner für die Entscheidung über das Verlangen des Nachbarn, eine Störung (z. B. nicht zu duldende Einfriedigung) zu beseitigen, hinsichtlich derer 6 alle Wohnungseigentümer Störer sind (BGH NJW 2016, 1735). Träger dieser Rechte und Pflichten sind die Wohnungseigentümer; die Gemeinschaft der Wohnungseigentümer hat nur die Ausübungs- und Wahrnehmungsbefugnis und macht daher fremde Rechte im eigenen Namen geltend bzw. nimmt sie im eigenen Namen war (im Prozess wie bei Rn. 5 in Prozessstandschaft; BGH a. a. O.). Eine Geltendmachung durch oder gegen die Wohnungseigentümer selbst ist mangels Prozessführungsbefugnis unzulässig.

7 cc) **Sonstige Rechte und Pflichten der Wohnungseigentümer**, die gemeinschaftlich geltend gemacht werden können oder zu erfüllen sind, werden von der Gemeinschaft der Wohnungseigentümer nach § 10 Abs. 6 S. 3 Halbsatz 2 WEG ausgeübt bzw. wahrgenommen. Dazu zählen insbesondere Ansprüche auf Leistung an alle Wohnungseigentümer, die jedem einzelnen Wohnungseigentümer zustehen, deren Geltendmachung bzw. Wahrnehmung aber der Gemeinschaft durch Mehrheitsbeschluss oder Vereinbarung übertragen worden ist. Dazu zählen z. B. Ansprüche aus § 1004 BGB gegen Dritte (BGH GuT 2007, 161) wegen Verstoßes gegen §§ 25, 26. Für die Trägerschaft und die Geltendmachung bzw. Wahrnehmung gilt Rn. 6.

2. Verhältnis der Wohnungseigentümer untereinander

8 a) Im Verhältnis der Wohnungseigentümer untereinander als Mitglieder einer Wohnungseigentümergemeinschaft **gilt das Nachbarrechtsgesetz grundsätzlich nicht**. So gelten z. B. zwischen Einzelhäusern einer Mehrhausanlage nicht die Vorschriften der §§ 22 ff. über das Licht- und Fensterrecht und der §§ 42 ff. über den Gebäudeabstand (Düsseldorf OLGZ 1985, 426) und für einen Anbau nicht die Vorschriften der §§ 4 ff. über die Nachbar- und Grenzwand; zwischen Flächen (insbesondere Gärten), die Sondernutzungsrechten verschiedener Wohnungseigentümer unterliegen, besteht kein Einfriedigungsanspruch aus § 28 ff. (§ 28 Rn. 4; Schäfer/Fink-Jamann/Peter § 32 Rn. 9). Die Rechtsbeziehungen regeln sich nach dem WEG sowie nach Vereinbarungen bzw. der ihnen gleichstehenden Teilungserklärung und Mehrheitsbeschlüssen, zu deren Auslegung das Nachbarrechtsgesetz nur Anhaltspunkte geben kann (Ott, Das Sondernutzungsrecht im Wohnungseigentum, 2000, S. 118); z. B. dafür, welcher Gebrauch im Rahmen von § 14 Nr. 1 WEG zulässig ist (OLG Düsseldorf OLGZ 1985, 426). So kann es geboten sein, an den Grenzen von Sondernutzungsflächen, die gärtnerisch genutzt werden dürfen, mit zugelassenen Anpflanzungen den Abstand nach §§ 36 ff. einzuhalten (BGH NJW 2007, 3636; BayObLG Rpfleger 1982, 219; NJW-RR 1987, 846; NZM 2001, 672), wobei die Grundstücksverhältnisse – wie z. B. die Größe und die dadurch bedingte Ausnutzbarkeit – zu beachten sind (KG NJW-RR 1996, 464); im Falle der Nichteinhaltung gilt § 40 Abs. 1 entsprechend (BGH NJW 2007, 3636; aA OLG Köln NJW-RR 1997, 14 für Anpflanzungen an der Grenze der Sondernutzungsfläche zum gemeinschaftlichen Eigentum). Ist die Einfriedigung von Sondernutzungsflächen zugelassen, so muss die Art der Einfriedigung nicht §§ 28 ff. entsprechen, wenn die Anforderungen an den Sicht- und Schallschutz im Garten- und Terrassenbereich nach den räumlichen Verhältnissen eine andere Art der Einfriedigung erfordern (Düsseldorf OLGZ 1985, 426); ist die Einfriedung nicht geregelt, so ist die Errichtung eines Zauns eine bauliche Veränderung, deren Zulässigkeit sich nach § 22 Abs. 1 WEG beurteilt (OLG Köln

NZM 1999, 178; BayObLG NZM 1999, 261; OLG Hamburg ZMR 2002, 621). Ergänzend zu § 14 Nr. 4 WEG ist das Betreten und Benutzen von Sondereigentum gemäß §§ 17 ff. auch zu gestatten, soweit dies zur Instandhaltung und Instandsetzung von Sondereigentum erforderlich ist.

b) Haben die Wohnungseigentümer für ihr Verhältnis untereinander die die Zulässigkeit baulicher Veränderungen einschränkende Vorschrift des § 22 Abs. 1 WEG abbedungen und vereinbart, dass jeder Wohnungseigentümer mit seinem Sondereigentum und einer Grundstücksfläche, die seinem Sondernutzungsrecht unterliegt (z. B. Garten), so handeln darf, als wären sie Alleineigentum und das Grundstück an den Grenzen zu anderen Sondereigentum bzw. anderen Sondernutzungsflächen oder gemeinschaftlich zu nutzenden Flächen real geteilt, dann sind mit nachträglich errichteten bauliche Anlagen die Abstandsvorschriften der §§ 22 (vgl. BayObLG NJW-RR 2001, 1456), 42 sowie des öffentlichen Rechts, soweit letztere nachbarschützend und damit Schutzgesetze im Sinne von § 823 Abs. 2 BGB sind (vgl. dazu § 42 Rn. 40; Palandt/Herrler § 903 Rn. 14–18, § 1004 Rn. 11), einzuhalten (BayObLG NZM 2001, 769, 815, 816), wenn die auch gegenüber dem Nachbarn wirksam gewordene Baugenehmigung nicht einen geringeren Abstand festsetzt (BayObLG NJW-RR 1997, 269; 2001, 1456, 1457). Danach braucht z. B. mit einer Pergola kein Grenzabstand eingehalten zu werden, denn sie ist kein Gebäude im Sinne von § 42 und ist nach § 6 Abs. 8 LBO in Abstandsflächen zulässig.

9

c) Auch das **Nachbarrecht des BGB** gilt zwischen Wohnungseigentümern nicht unmittelbar. § 906 BGB gibt aber Anhaltspunkte, welcher Gebrauch des Sondereigentums und des gemeinschaftlichen Eigentums gemeinschaftsverträglich im Sinne von § 14 Nr. 1 WEG ist (BayObLG NJW-RR 2001, 156; 2005, 385). Hingegen lehnt die Rechtsprechung ein Selbsthilferecht aus § 910 BGB bei Zweigen, die in den Luftraum über einer Terrasse oder einem Balkon eingedrungen sind, ab (OLG Düsseldorf NZM 2001, 861; zweifelhaft).

10

3. Rechtsweg

Die Ansprüche nach Rn. 3 bis 10 werden im Zivilprozess durchgesetzt, da ein Verfahren der freiwilligen Gerichtsbarkeit für Ansprüche nach Rn. 8–10 nicht mehr vorgesehen ist. § 43 Nr. 1 WEG begründet nur noch eine besondere örtliche Zuständigkeit für Streitigkeiten nach Rn 8–10 und § 43 Nr. 5 WEG bei Klagen Dritter für Streitigkeiten nach Rn 3–7.

11

III. Nutzungsberechtigter

Soweit es der Sachzusammenhang erfordert, werden in diesem Gesetz auch **Rechte und Pflichten des nutzungsberechtigten Nichteigentümers** (z. B. Mieter, Pächter, Nießbraucher) geregelt. Dies wird durch die in den Artikeln 3 und 124 EGBGB erteilte Ermächtigung gedeckt, denn der Nutzungsberechtigte hat nur ein vom Eigentümer abgeleitetes Recht. Wenn neben dem Eigentümer auch der Nutzungsberechtigte berechtigt oder verpflichtet sein soll, so ist dies im Gesetz ausdrücklich gesagt (z. B. §§ 17, 20, 27); soweit aber Eigentumsbeschränkungen angeordnet sind, gelten diese Beschränkungen auch für den Nut-

12

zungsberechtigten, der nur ein vom Eigentümer abgeleitetes Recht ausübt. Wo nur der Eigentümer berechtigt ist, ist es in der Regel zulässig, dass er den Nutzungsberechtigten **ermächtigt**, die Rechte des Eigentümers in eigenem Namen gerichtlich (Prozessstandschaft) und außergerichtlich geltend zu machen. Stets kann der Eigentümer den Nutzungsberechtigten **bevollmächtigen**, die Rechte des Eigentümers in dessen Namen als Bevollmächtigter geltend zu machen. Der Eigentümer kann die ihm zustehenden Rechte mit Ausnahme der auf Geldzahlung gerichteten Ansprüche **nicht abtreten**, denn sie sind mit dem Eigentum untrennbar verbunden.

IV. Nachbargrundstück

13 Das Gesetz verwendet den Begriff „**Nachbargrundstück**", ohne ihn näher zu bezeichnen. In den Abschnitten „Nachbarwand", „Grenzwand", „Höherführen von Schornsteinen, Lüftungsleitungen und Antennenanlagen", „Traufe", „Einfriedigung bebauter oder gewerblich genutzter Grundstücke" und „Einfriedigung landwirtschaftlich genutzter Grundstücke" ist nach dem Sinn und Zweck der Bestimmungen nur das **unmittelbar angrenzende Grundstück** gemeint. In den Abschnitten „Licht- und Fensterrecht", „Grenzabstände für Anpflanzungen" und „Grenzabstände für Gebäude", in denen bestimmte Abstände vom Nachbargrundstück vorgeschrieben werden, sind Nachbargrundstücke auch solche, die zwar **nicht unmittelbar angrenzen**, aber doch so dicht benachbart sind, dass zwischen den Grundstücken weniger als der im Gesetz genannte Abstand liegt. Auch in den Abschnitten „Hammerschlags- und Leiterrecht" und „Bodenerhöhung" braucht es sich nicht um ein unmittelbar angrenzendes Grundstück zu handeln. Im Abschnitt „Schutz des Grundwassers" wird nur von „Grundstück" gesprochen, weil auch ein weiter entfernt liegendes Grundstück betroffen sein kann.

§ 3 Verjährung

(1) Für die Verjährung der auf Zahlung gerichteten Ansprüche nach diesem Gesetz gelten die §§ 195, 197 Abs. 1 Nr. 3 bis 5 und Abs. 2, §§ 199, 201 bis 207 und 209 bis 217 des Bürgerlichen Gesetzbuchs entsprechend.

(2) Für Ansprüche auf Schadensersatz nach diesem Gesetz ist darüber hinaus § 852 des Bürgerlichen Gesetzbuches entsprechend anwendbar.

Übersicht   Rn.

I.	Verjährung	1–6
1.	Auf Zahlung gerichtete Ansprüche	1–5
2.	Nicht auf Zahlung gerichtete Ansprüche	6
II.	Ausschluss	7, 8
III.	Verwirkung	9, 10

I. Verjährung

1. Auf Zahlung gerichtete Ansprüche

Für die Verjährung **aller auf Zahlung gerichteten Ansprüche** nach dem NachbGSchl.-H. gelten die in Abs. 1 genannten Vorschriften des BGB entsprechend; es kann sich um Schadensersatzansprüche (z. B. § 10 Abs 2) oder sonstige Zahlungsansprüche (z. B. §§ 6 Abs. 2, 19) handeln. Für Zahlungsansprüche aus dem BGB (z. B. § 280 oder § 823 BGB) gelten die §§ 195 ff BGB unmittelbar. Dies macht keinen Unterschied, denn die in Abs. 1 nicht für entsprechend anwendbar erklärten §§ 196, 197 Abs. 1 Nr. 1, 2 und 6, 198, 200, 208 und 218 BGB betreffen keine Ansprüche aus dem NachbGSchl.-H. **1**

a) Die **Verjährungsfrist** dauert drei Jahre (§ 195 BGB) und beginnt mit dem Schluss des Jahres, in dem der Anspruch entstanden ist und der Gläubiger von den den Anspruch begründenden Tatsachen und der Person des Schuldners Kenntnis erlangt oder ohne grobe Fahrlässigkeit erlangen müsste (§ 199 Abs. 1 BGB); die Höchstfristen nach § 199 Abs. 3 BGB für Schadensersatzansprüche und nach § 199 Abs. 4 BGB für andere auf Zahlung gerichtete Ansprüche spielen im Nachbarrecht keine praktische Rolle. Sind die Ansprüche rechtskräftig festgestellt (Leistungs- oder Feststellungsurteil, Vollstreckungsbescheid) oder Gegenstand eines vollstreckbaren Vergleichs vor Gericht oder einer Gütestelle (§ 794 Abs. 1 Nr. 1 ZPO) oder einer vollstreckbaren Urkunde (§ 794 Abs. 1 Nr. 5 ZPO), so verjähren sie in dreißig Jahren ab Rechtskraft der Entscheidung bzw. Errichtung des vollstreckbaren Titels (§ 197 Abs. 1 Nr. 3 und 4 BGB); bei künftig fällig werdenden wiederkehrenden Leistungen (z. B. im Falle von § 43 Abs. 2) gilt auch hier die Verjährungsfrist von drei Jahren (§ 197 Abs. 2 BGB), soweit sie nach Rechtskraft bzw. Errichtung fällig werden. **2**

Die **Kenntnis bzw. grob fahrlässige Unkenntnis** von den den Anspruch begründenden Tatsachen muss alle Merkmale der Anspruchsgrundlage einschließlich der eigenen Anspruchsberechtigung derart umfassen, dass eine Klage hinreichend aussichtsreich erscheint und schlüssig begründet werden kann (BGH NJW 2000, 953; 2001, 1721). Nicht erforderlich ist volle Übersehbarkeit von Umfang und Höhe des Schadens (BGH NJW 1960, 380), da notfalls schon auf Feststellung der Schadensersatzpflicht geklagt werden kann. Da keine Rechtskenntnis, sondern alleine **Tatsachenkenntnis** verlangt wird, hindert es den Verjährungsbeginn nicht, wenn der Gläubiger irrtümlich davon ausgeht, auf Grund der gegebenen Tatsachen keinen Anspruch zu haben (Heinrichs BB 2001, 1417 [1418], Mansel NJW 2002, 39 [92]). Die Kenntnis bzw. grob fahrlässige Unkenntnis von der Person des Schuldners muss dessen Namen und zustellungsfähige Anschrift umfassen (BGH NJW 2000, 953, 2001, 1721). **Grob fahrlässig** ist die Unkenntnis, wenn sie darauf beruht, dass die im Verkehr erforderliche Sorgfalt in ungewöhnlich hohem Maße verletzt worden ist und unbeachtet geblieben ist, was dem Angehörigen des jeweiligen Verkehrskreises hätte einleuchten müssen (Palandt/Grüneberg § 277 Rn. 5); dies ist bezüglich der Person der Schuldners der Fall, wenn der Gläubiger sich Name und Anschrift ohne besondere Mühen beschaffen könnte. **3**

b) Für die **Wirkung der Verjährung** gelten die §§ 201 bis 207 und 209 bis 217 BGB. Die Verjährung wird nicht schon durch eine Mahnung sondern nur durch **4** ein Anerkenntnis oder eine Klage bzw. einen Mahnbescheid unterbrochen und beginnt danach erneut zu laufen. Mit dem Eintritt der Verjährung erlischt der Anspruch nicht, sondern der Schuldner ist nur berechtigt, die Leistung zu verweigern. Beruft er sich nicht auf die von ihm zu beweisende Verjährung, wird er zur Zahlung verurteilt.

5 c) Auf **verjährte Schadensersatzansprüche** z. B. aus §§ 10 Abs. 2, 14 Abs. 4 18, 21 ist nach Abs. 2 § 852 BGB anwendbar. Hat der Ersatzpflichtige durch eine zum Schadensersatz verpflichtende Handlung etwas erlangt, so ist er auch nach Eintritt der Verjährung des Schadensersatzanspruchs verpflichtet, das Erlangte nach den Vorschriften der §§ 812 ff. BGB herauszugeben (§ 852 S. 1 BGB). Dieser im Nachbarrecht unbedeutende Anspruch verjährt nach der Sondervorschrift des § 852 S. 2 BGB.

2. Nicht auf Zahlung gerichtete Ansprüche

6 Der Diskussionsentwurf zum Schuldrechtsmodernisierungsgesetz hatte in § 194 Abs. 3 BGB vorgesehen, dass die §§ 194 ff. BGB auch für alle nicht im BGB geregelten Ansprüche gelten sollen, soweit keine abweichenden Bestimmungen getroffen sind. Daraus, dass dies nicht Gesetz geworden ist, wird an einigen Autoren gefolgert, dass die §§ 194 ff. BGB auf Ansprüche außerhalb des BGB, deren Verjährung nicht ausdrücklich geregelt ist, nicht automatisch anwendbar sind, sondern die Möglichkeit einer Analogie in jedem Einzelfall zu prüfen ist (Bamberger/Roth/Henrich § 194 Rn. 4), während andere die §§ 194 Rn auf alle zivilrechtlichen Ansprüche für anwendbar halten, soweit nicht Sonderregelungen bestehen (Staudinger/Peters/Jacobi Rn 16 vor § 194). Da § 3 Abs. 1 für Zahlungsansprüche die Anwendung der §§ 194 ff. BGB im einzelnen geregelt ist, kann geschlossen werden, dass auf andere Ansprüche als Zahlungsansprüche aus dem NachbGSchl.-H. die §§ 194 ff. BGB nicht anwendbar sein sollen. Die Problematik wird dadurch entschärft, dass für Beseitigungsansprüche aus dem NachbGSchl.-H. Ausschlussfristen bestehen (vgl. Rn 7), die kürzer als die Verjährungsfristen sind, und dass für Ansprüche, die sich aus dem Zustand einer Sache ergeben (z. B. § 28), die Verjährung nicht beginnt, solange der Zustand fortdauert.

II. Ausschluss

7 In den §§ 24 Abs. 1 und Abs. 2 Nr. 2, 33 Nr. 2, 40, 43 Abs. 1 Nr. 2 werden nachbarrechtliche Ansprüche ausgeschlossen, wenn sie nicht innerhalb einer bestimmten Frist mit der Klage geltend gemacht worden sind; der Ausschluss bewirkt das **Erlöschen des Anspruchs**, was vom Gericht auch dann zu beachten ist, wenn der Anspruchsgegner sich nicht darauf beruft. Die Frist wird durch Klageerhebung, die nach § 253 ZPO durch Zustellung der Klageschrift erfolgt, gewahrt, sofern die Zustellung nicht nach Maßgabe von § 167 ZPO auf den Zeitpunkt der Klageeinriechung zurückwirkt. Eine Klagerücknahme beseitigt die fristwahrende Wirkung und eine innerhalb der Ausschlussfrist erhobene neue Klage wahrt diese.

8 Bei den in Rn. 7 genannten Ausschlussfristen wird weder ganz noch teilweise auf die **Verjährungsvorschriften** verwiesen (sog. strenge Ausschlussfristen).

Auch ohne Verweisung kann eine entsprechende Anwendung insbesondere von Hemmungsvorschriften nach Sinn und Zweck geboten sein (BGH NJW 1990, 3207; 2006, 903; Palandt/Ellenberger Rn 14 vor § 194). Zu fragen ist, ob unter allen Umständen Rechtssicherheit und Klarheit durch den Fristablauf erreicht werden soll (Staudinger/Peters/Jacobi Rn 16 vor § 195). Nicht geboten ist die Anwendung von § 204 Abs. 1 Nr. 1 BGB; nach Abweisung einer Klage als unzulässig wegen fehlenden Schlichtungsverfahrens (vgl. LSchliG Rn 6) kann das Schlichtungsverfahren nachgeholt werden (vgl. BGH NJW 2005, 437) und eine bei Erfolglosigkeit innerhalb der Ausschlussfrist erhobene neue Klage wahrt diese. Teilweise wird angenommen, dass auch der vom Anspruchsgläubiger gestellte Antrag auf Durchführung eines Schlichtungsverfahrens den Ablauf nach Maßgabe von § 204 Abs. 1 Nr. 4 BGB mit der Folge des § 209 BGB nicht hemmt (OLG Hamburg MDR 1993, 328; Palandt/Ellenberger Rn 14 vor § 194). Jedenfalls ist bei einer entsprechenden Anwendung Vorsicht und Zurückhaltung geboten (Bamberger/Roth/Henrich § 194 Rn 7; Staudinger/Peters/Jacobi a.a.O).

III. Verwirkung

Soweit Verjährungs- und Ausschlussfristen nicht bestehen, wirken nachbarrechtliche Ansprüche dauernd und ohne zeitliche Begrenzung, z. B. der Anspruch auf Duldung des Anbaus an eine Nachbarwand oder auf Einfriedigung eines Grundstücks. Diese Ansprüche können aber verwirkt werden, wenn eine **späte Geltendmachung gegen Treu und Glauben (§ 242 BGB)** verstößt. Längere Nichtgeltendmachung führt alleine noch nicht dazu. Es ist ein Verhalten des Anspruchsinhabers erforderlich, aus dem der Anspruchsgegner entnehmen konnte, dass der Anspruch nicht mehr geltend gemacht wird und der Schuldner muss sich auf diese Lage eingerichtet haben (Palandt/Grüneberg § 242 Rn. 87 ff.). Bei Ansprüchen, die einer kurzen (z. B. dreijährigen) Verjährungs- oder Ausschlussfrist unterliegen, kommt eine Verwirkung kaum in Betracht, da es an einer längeren Nichtgeltendmachung fehlt.

9

Die Verwirkung eines Anspruchs durch seinen Rechtsvorgänger (z. B. Verkäufer eines Grundstücks als Voreigentümer) muss der **Rechtsnachfolger** gegen sich gelten lassen (BayObLG NJW-RR 1991, 1041; OLG Köln NJW-RR 1998, 1625 und FGPrax 2006, 12; OLG Frankfurt ZWE 2012, 35). Entsteht ein Anspruch durch eine Einwirkung auf ein Nachbargrundstück, so entsteht bei wiederholten Einwirkungen jedes Mal ein neuer Anspruch, so dass für jeden eine Verwirkung gesondert zu prüfen ist (BGH NJW-RR 2006, 235).

10

Abschnitt II: **Nachbarwand**

§ 4 Nachbarwand und Anbau

(1) Nachbarwand ist die auf der Grenze zweier Grundstücke von dem Eigentümer des einen Grundstücks mit schriftlicher Zustimmung des Eigentümers des anderen Grundstücks errichtete Wand, die den auf diesen Grundstücken

errichteten oder zu errichtenden Bauwerken als Abschlusswand oder zur Unterstützung oder Aussteifung zu dienen bestimmt ist. Baut der Eigentümer des anderen Grundstücks an die Nachbarwand an, gilt seine schriftliche Zustimmung als erteilt.

(2) Anbau an die Nachbarwand ist ihre Mitbenutzung als Abschlusswand oder zur Unterstützung oder Aussteifung eines auf dem Nachbargrundstück errichteten Bauwerks.

Übersicht

		Rn.
I.	Allgemeines	1
II.	Voraussetzungen der Nachbarwand	2–8
III.	Anbau an die Nachbarwand	9–12
IV.	Eigentum an der Nachbarwand, Grenzeinrichtung	13–18

I. Allgemeines

1 Die auf der Grenze zweier Grundstücke stehende Wand hat im Rahmen der geschlossenen Bauweise seit langem schon erhebliche Bedeutung. Eine Wand wird zwei Bauwerken nutzbar gemacht und spart damit Innenraum und Baukosten. Nach **öffentlichem Recht** ist eine Nachbarwand nur dort zulässig, wo beidseitig bis an die Grundstücksgrenze gebaut werden darf oder muss. Das sind zunächst die Gebiete, für die der Bebauungsplan die geschlossene Bauweise festsetzt (§ 22 Abs. 1 BauNVO). In geschlossener Bauweise werden die Gebäude ohne seitlichen Grenzabstand errichtet, wenn nicht die vorhandene Bauweise eine Abweichung erfordert (§ 22 Abs. 3 BauNVO); vgl. dazu OVG Lüneburg BauR 1978, 460. Aber auch in den Gebieten, für die der Bebauungsplan die offene Bauweise festsetzt, dürfen oder müssen Gebäude als Doppelhäuser oder Hausgruppen mit einer Länge von höchstens 50 m errichtet werden (§ 22 Abs. 2 BauNVO) und können dann gemeinsame Wände auf der Grundstücksgrenze haben. Nach § 13 Abs. 2 LBO ist die Verwendung gemeinsamer Bauteile für mehrere bauliche Anlagen zulässig, wenn öffentlichrechtlich (z. B. durch eine Baulast nach § 80 LBO) gesichert ist, dass die gemeinsamen Bauteile beim Abbruch einer der baulichen Anlagen bestehen bleiben. Aus der öffentlichrechtlichen Zulässigkeit der Nachbarwand folgt nicht die privatrechtliche, weil Nachbarwände baurechtlich nicht zwingend vorgeschrieben sind; die Nachbarn können auch zwei Grenzwände errichten, wenn angebaut werden soll oder muss.

II. Voraussetzungen der Nachbarwand

2 Erste Voraussetzung ist, dass die Wand **auf der Grenze zweier Grundstücke** von einem der beiden Grundstückseigentümer errichtet wird. Die Wand muss nicht notwendig in ganzer Länge mit einem Teil ihrer Dicke auf jedem der beiden Grundstücke stehen (BGH NJW-RR 2014, 973 Tz 35; a. A. hier 12. Aufl.). Keine Nachbarwand, sondern Grenzwand ist daher die an der Grenze ganz auf dem eigenen Grundstück errichtete Wand (§§ 11 bis 15).

Keine Nachbarwand, sondern Überbau ist ferner die in ganzer Dicke auf dem fremden Grundstück errichtete Wand.

3 Zweite Voraussetzung ist, dass die Wand für die Bauwerke auf beiden Grundstücken eine bestimmte **technische Funktion** erfüllt, indem sie beiden Bauwerken jetzt oder zukünftig als Abschlusswand (vgl. unten Rn. 10), zur Unterstützung (vgl. unten Rn. 11) oder zur Aussteifung (vgl. unten Rn. 12) zu dienen bestimmt ist; sie braucht nicht beiden Bauwerken in gleicher Funktion zu dienen. Das Bauwerk wird regelmäßig ein Gebäude i. S. von § 2 Abs. 3 LBO sein, es genügt aber jede bauliche Anlage i. S. von § 2 Abs. 1 LBO (z. B. Rampen, Tribünen, ortsfeste Lagerbehälter, § 4 spricht nicht wie § 912 BGB und einige Nachbarrechtsgesetze (z. B. § 3 NachbGRhPf, § 3 NachbGThür) von „Gebäude", sondern wie § 1 ErbbRVO und andere Nachbarrechtsgesetze (z. B. § 4 NachbRGBln, § 1 NachbRGHess) von „Bauwerk". Für den Fall, dass die Wand diese Funktion objektiv nicht erfüllen kann, vgl. § 16 Rn. 5. Zu der objektiven bautechnischen Eignung muss hinzutreten, dass die Wand nach dem Willen des Erbauers („zu dienen bestimmt ist") auch dem Bauwerk auf dem Nachbargrundstück dienen soll, denn sie soll nicht gegen den Willen des Erbauers zur Nachbarwand werden (Lehmann § 7 Anm. 2). Diese subjektive Zweckbestimmung kann ihr anfänglich oder nachträglich beigelegt werden (BGH NJW-RR 2014, 973 Tz 33). Ist sie einmal ausgesprochen worden, so kann sie nach Zustimmung des Nachbarn zu der Wand nicht mehr einseitig aufgehoben werden, denn sie ist Bestandteil des schuldrechtlichen Vertrages nach Rn. 5. Nach Errichtung der Wand bindet sie auch den Rechtsnachfolger, denn damit ist das Anbaurecht entstanden. Für den Fall, dass die subjektive Zweckbestimmung fehlt, vgl. § 16 Rn. 6.

4 Dritte Voraussetzung ist die **Zustimmung des Eigentümers des Nachbargrundstücks**; gehört dieses Grundstück mehreren Personen, so müssen alle zustimmen (zu deren Rechtsnatur vgl. Rn. 5). Die Zustimmung kann vor Errichtung der Wand als Einwilligung (vgl. § 183 BGB) erteilt werden; die Wand wird dann mit ihrer Errichtung Nachbarwand. Die Zustimmung kann aber auch nach Errichtung der Wand als Genehmigung (vgl. § 184 Abs. 1 BGB) erteilt werden; die Wand, die bis dahin nach § 912 BGB zu duldender oder nicht zu duldender Überbau war, wird damit zur Nachbarwand (BGH NJW-RR 2014, 973 Tz 33). Ist die Zustimmung nicht unter einer Einschränkung – z. B. bestimmte Höhe oder Dicke oder bestimmter Standort – erteilt, so wird sie einer § 5 entsprechenden Wand erteilt. Auf die mit Zustimmung des Nachbarn errichtete Wand sind die §§ 912 Abs. 2, 915 BGB nicht anwendbar (BGHZ 62, 141; NJW 1983, 1112). Für den Fall, dass gar keine Zustimmung erteilt war, vgl. § 16 Rn. 7; für den Fall, dass der Erbauer den Rahmen der Zustimmung überschritten hat, vgl. § 5 Rn. 2 und 4.

5 Die **Rechtsnatur der Zustimmung** ist umstritten. Nach der einen Auffasung ist sie Inhalt eines schuldrechtlichen Vertrages (Bauer/Schlick/Hülbusch § 3 Anm. 5), der auch als Abrede (Staudinger/Roth § 921 Rn. 20) oder Gestattungsvertrag (Soergel/Baur § 921 Rn. 11) bezeichnet wird. Nach der anderen Auffassung ist sie ein sachenrechtliches Rechtsgeschäft in der Form einer einseitigen empfangsbedürftigen Willenserklärung, die eine Leistung i. S. von

§ 812 BGB ist und nach Maßgabe dieser Vorschrift zurückgefordert werden kann (Dehner A § 6). Richtig dürfte sein, von einem schuldrechtlichen Gestattungsvertrag auszugehen, der mit Erteilung der Zustimmung zumindest stillschweigend geschlossen wird, da dies dem Interesse des Erbauers an einer dauerhaften und verbindlichen Regelung als Grundlage einer Planungssicherheit entspricht (Korbion/Scherer Rn. M 167). In der vertraglichen Erklärung des Nachbarn des Erbauers liegt mangels abweichender Anhaltspunkte zugleich auch die Verfügung über sein Grundstückseigentum (d. h. die Zustimmung zu dessen Verletzung durch Bebauen) in der Form einer einseitigen Willenserklärung in Erfüllung der vertraglich begründeten Gestattungspflicht. Eine mündliche Zustimmung ist nach § 125 BGB grundsätzlich unwirksam. Eine Ausnahme bildet Absatz 1 Satz 2: Baut der Eigentümer des Nachbargrundstücks an die Wand an, so gilt seine schriftliche Zustimmung zu der Wand, so wie sie vorhanden ist, als erteilt. Weitere Ausnahmen können sich aus § 242 BGB ergeben (vgl. Palandt/Ellenberger § 125 Rn. 22 ff.).

6 Aus Gründen der Rechtssicherheit ist für die Zustimmung **Schriftform** i. S. von §§ 126, 126a BGB vorgesehen; die Einhaltung der Schriftform ist nicht erforderlich, wenn die Zustimmung nach Abs. 1 Satz 2 als erteilt gilt (BGH NJW-RR 2014, 973 Tz 33). Sie gilt nicht für den schuldrechtlichen Vertrag (aus dem sich ein Anspruch auf Erteilung in Schriftform ergibt), sondern nur für die Zustimmung als Verfügungserklärung, denn deren Vorliegen soll nachweisbar sein. Eine schriftliche Zustimmung kann daher schon darin gesehen werden, dass der Nachbar die von dem Erbauer erstellten und den Überbau sichtbar machenden Lagepläne und Bauzeichnungen nach § 72 Abs. 2 LBO unterschrieben und dies dem Erbauer zur Kenntnis gebracht hat (OLG Karlsruhe MDR 1960, 761; KG NZM 1998, 771; Schäfer/Fink-Jamann/Peter § 8 Rn. 3; Bauer/Schlick/Hülbusch § 3 Anm. 6; Korbion/Scherer Rn. M 65; Reidt JuS 1993, 20; a. A. BayObLG NJW-RR 1991, 19; 1994, 82; § 42 Rn. 22), dies gilt entsprechend für eine schriftliche Zustimmung nach § 72 Abs. 2 LBO (OLG Karlsruhe NZM 1998, 526).

7 Bevor die Wand errichtet ist (vor Baubeginn), kann die Zustimmung von dem Grundstückseigentümer, der sie erteilt hat, und seinem Gesamtrechtsnachfolger (z. B. Erbe) **nicht einseitig widerrufen** werden, wenn sie in Erfüllung eines Gestattungsvertrages erteilt wurde. Sie kann nicht kondiziert werden, da der Gestattungsvertrag ihr rechtlicher Grund i. S. von § 812 BGB ist. Als wirksam gewordene einseitige Verfügungserklärung ist sie nicht einseitig widerruflich. Dies ergibt sich aus einer entsprechenden Anwendung von § 183 Satz 1 BGB. Die Errichtung der Wand ist zwar eine Tathandlung und kein Rechtsgeschäft. Auf Tathandlungen sind die Vorschriften über Rechtsgeschäfte aber anwendbar, wenn die Interessenlage es gebietet (vgl. Palandt/Ellenberger Rn. 10 vor § 104). Das Interesse des Erbauers, der sich mit seiner Planung auf die mit vertraglicher Bindung erteilte Zustimmung eingerichtet hat, gebietet es, die Zustimmung entsprechend § 183 Satz 1 BGB unwiderrufbar sein zu lassen. Frei widerrufbar bis zum Baubeginn ist hingegen eine Zustimmung, der keine Duldungspflicht zugrunde liegt. – Der Einzelrechtsnachfolger (z. B. Käufer) des zustimmenden Grundstückseigentümers ist an die von seinem Rechtsvorgänger erteilte Zustimmung nicht gebunden; da sie nicht von ihm erteilt ist, fehlt es an der erforderlichen Zustimmung des Eigentümers des Nachbargrundstücks. Da der Einzelrechtsnachfolger auch an einen schuldrechtlichen Gestattungsvertrag seines Rechtsvorgängers nicht gebunden ist (BGH NJW 1977, 1447), ist er auch nicht verpflichtet, seinerseits zuzustimmen.

Nachdem die **Wand errichtet** ist (nach Baubeginn), kann die Zustimmung von dem Grundstückseigentümer, der sie erteilt hat, und seinem Einzel- (z. B. Käufer) oder Gesamtrechtsnachfolger (z. B. Erben) nicht mehr mit der Wirkung widerrufen werden, dass die Wand die Rechtsnatur einer Nachbarwand verliert, denn das Gesetz stellt es auf die Zustimmung im Zeitpunkt der Errichtung ab („die ... mit Zustimmung ... errichtete Wand"). Dass die Wand weiterhin von den genannten Personen zu dulden ist, ergibt sich aus § 912 BGB; denn infolge der im Zeitpunkt der Errichtung vorliegenden Zustimmung fiel dem Erbauer weder Vorsatz noch grobe Fahrlässigkeit bei der Grenzüberschreitung zur Last (BGH LM Nr. 1 zu § 912 BGB; NJW 1983, 1112; OLG Düsseldorf OLGZ 1979, 449). **8**

III. Anbau an die Nachbarwand

Von einem Anbau kann nur gesprochen werden, wenn die Nachbarwand auch **wesentlicher Bestandteil** des nachträglich errichteten Bauwerks wird, denn nur die dadurch bedingte Änderung der Eigentumsverhältnisse (vgl. unten Rn. 15) rechtfertigt die Anbauvergütung. Dabei kann sich die Eigenschaft als wesentlicher Bestandteil aus § 93 BGB oder § 94 Abs. 2 BGB ergeben. In jedem Falle bedarf es eines räumlichen Zusammenhanges zwischen den beiden Baukörpern, der so eng ist, dass sie dem unbefangenen Beobachter künftig als eine einheitliche Sache erscheinen; diese Verbindung wird nicht schon durch das gemeinschaftlich benutzte Grundstück hergestellt (BGHZ 36, 46). Das Gesetz umschreibt dies in Absatz 2 mit den Worten Mitbenutzung als Abschlusswand (vgl. unten Rn. 10), zur Unterstützung (vgl. unten Rn. 11) oder zur Aussteifung (vgl. unten Rn. 12). Da es nur darauf ankommt, ob die Wand einem Anbau zu dienen bestimmt ist, verliert sie ihre Eigenschaft als Nachbarwand nicht schon dadurch, dass sie später nicht angebaut wird; zu den Rechtsfolgen eines unterlassenen Anbaus vgl. § 6 Rn. 1. **9**

Die Nachbarwand wird als **Abschlusswand** des später errichteten Bauwerks benutzt, wenn sie dieses nach der Seite der Nachbarwand hin abschließt (Verwandung). Es handelt sich hier um einen Fall des § 93 BGB, denn ohne seitlichen Abschluss ist das Bauwerk – im Regelfall ein Haus – nicht gebrauchsfertig. In diesem Fall braucht die Nachbarwand für den Anbau keine tragende oder aussteifende Funktion zu haben. Es genügt deshalb, wenn sie – wie das bei der Stahlbetonskelettbauweise üblich ist – ohne tragende oder aussteifende Funktion in das statisch selbstständige Skelett des Anbaus eingefügt oder eingehängt wird (Hodes NJW 1962, 773; OLG Karlsruhe NJW 1967, 1232). Eine Benutzung als Abschlusswand liegt hingegen nicht vor, wenn das später errichtete Bauwerk eine von der Nachbarwand selbstständige und standsichere Wand hat, die aber mit Rücksicht auf die daneben befindliche Nachbarwand nicht **10** über die notwendige Wärme- und Schalldämmung sowie Feuersicherheit verfügt, denn diese durch Ausbau behebbaren Mängel zerstören oder verändern das spätere Bauwerk nicht in seinem Wesen, wenn die Nachbarwand einmal beseitigt wird (BGHZ 36, 46). Eine Wand kann auch selbstständig standsicher sein, wenn sie nicht den gesetzlichen Bauvorschriften genügt und ohne die benachbarte Giebelwand von der Bauaufsichtsbehörde nicht genehmigt worden wäre (BGH NJW 1963, 1868); entscheidend ist die tatsächliche Standsicherheit (Korbion/Scherer Rn. M 305).

11 Die Nachbarwand wird zur **Unterstützung** des späteren Bauwerks benutzt, wenn sie Kräfte aus diesem aufnimmt oder weiterleitet, nachdem Bauteile des Anbaus in sie eingelassen oder auf sie aufgelegt (OLG Köln WuM 1992, 621) worden sind (z. B. Tragebalken für Decken und Dachstühle); es handelt sich hier um Fälle des § 94 Abs. 2 BGB. Erforderlich ist eine unmittelbare technische Inanspruchnahme der Nachbarwand für bauliche Zwecke; das bloße Nebeneinander standsicherer Wände genügt nicht (BGHZ 36, 46), es sei denn, beide Wände sind mittels Mörtel oder Beton zu einer Sacheinheit zusammengefügt worden (OLG Düsseldorf ZMR 1969, 20; Korbion/Scherer Rn. M 306). Die Verbindung durch eine der Isolierung dienende Dehnungsfuge reicht nicht (LG Bonn ZMR 1971, 89). Zur Unterstützung dient die Nachbarwand ferner dann, wenn die neue Wand zwar nicht in sie i. S. von § 94 Abs. 2 BGB eingefügt ist, aber ihre Standsicherheit nur dadurch erhält, dass sie auf den Fundamenten der Nachbarwand ruht; hier handelt es sich um einen Fall des § 93 BGB. Notwendig ist aber ein unmittelbarer räumlicher Zusammenhang zwischen beiden Bauteilen, sodass es nicht ausreicht, wenn der von der neuen Wand ausgehende Druck sich durch das Erdreich auf das Fundament der Nachbarwand fortpflanzt und der neuen Wand dadurch Standsicherheit verleiht (BGHZ 36, 46).

12 Die Nachbarwand wird zur **Aussteifung** des späteren Bauwerks benutzt, wenn die neue Wand nur durch Anlehnung an die Nachbarwand Standsicherheit erlangt, indem sie fest an der Nachbarwand haftet oder einen Druck auf diese ausübt und dabei von der Nachbarwand daran gehindert wird, sich zu senken, zu verkanten oder einzustürzen (BGHZ 36, 46; NJW-RR 2001, 1528); auch hier handelt es sich um Fälle des § 93 BGB.

IV. Eigentum an der Nachbarwand, Grenzeinrichtung

13 **Vor dem Anbau** steht die Nachbarwand im **Alleineigentum** desjenigen Grundstückseigentümers, der sie auf der Grenze errichtet hat. Das entspricht der heute absolut herrschenden Meinung in Rechtsprechung und Schrifttum (BGH, NJW-RR 2014 S. 973 Tz. 23). Die ganze Wand ist wesentlicher Bestandteil des Bauwerks und der Grundsatz des § 93 BGB hat Vorrang vor dem des § 94 Abs. 1 BGB. Die überbaute Grundstücksfläche bleibt Eigentum des Nachbarn (wie §§ 912 Abs. 2, 915 BGB).

14 Umstritten ist, ob die Nachbarwand schon **vor dem Anbau eine Grenzeinrichtung** i. S. der §§ 921, 922 BGB ist; das ist für die Unterhaltung (vgl. § 8 Rn. 2) und Nutzung bedeutsam. Teilweise wird die Ansicht vertreten, eine Grenzeinrichtung sei immer dann nicht gegeben, wenn das Alleineigentum eines Nachbarn an der Einrichtung erwiesen sei, und da die Wand vor dem Anbau Alleineigentum des Erbauers sei (vgl. Rn 13), sei sie auch keine Grenzeinrichtung (OLG Köln NJW-RR 1993, 87; Dehner B § 8 II 1; Palandt/Herrler § 921 Rn. 7; Schäfer/Fink-Jamann/Peter Rn 3 vor § 7; Staudinger/Roth § 921 Rn. 22; im Ergebnis auch Meisner/Ring/Götz § 8 Rn. 6). Daraus folgt, dass nur der Erbauer die Nachbarwand – z. B. zu Werbezwecken – benutzen darf (Dehner B § 7 V; Glaser-Dröschel Nr. 124 b; Staudinger/Roth § 921 Rn. 24), dabei ist eine Inanspruchnahme des Luftraums über dem Nachbargrundstück (z. B. durch eine vorspringende Werbetafel) aber nur unter den Voraussetzungen von § 905 S. 2 BGB zulässig (Schäfer/Fink-Jamann/Peter Rn 15 vor § 7). Andere nehmen demgegenüber an, das Alleineigentum an der Wand widerlege die Vermutung des § 921 BGB nicht, da zu der Grenzeinrichtung auch der im Bereich der Wand nicht im Alleineigentum stehende Grund und Boden gehöre (RG WarnRspr. 1915 Nr. 270; BGH LM Nr. 8 zu § 912 BGB). Trotz Alleineigentums sei die Nachbarwand daher schon vor dem Anbau wegen der bestehenden Anbaumöglichkeit Grenzeinrichtung (BGH LM Nr. 8 zu § 912 BGB; Korbion/Scherer Rn. M 199; Soergel/Baur § 921 Rn. 12; Bauer/Schlick/Hülbusch Anm. 3 b aa vor § 3). Wer dieser Ansicht folgt, wird gleichwohl dem noch nicht anbauenden Nachbarn kein Nutzungsrecht an der zunächst freien Wandseite für Werbezwecke zugestehen müssen, denn nach § 922 Satz 1 BGB darf die Grenzeinrichtung nur zu dem Zweck benutzt werden, der sich aus ihrer Beschaffenheit ergibt, und die Beschaffenheit bezweckt für den Nachbarn nur den Anbau (Bauer/Schlick/Hülbusch Anm. 3 b aa vor § 3; a. A. BGHZ 43, 127), für den Eigentümer hingegen alle mit einer Hauswand üblicherweise vereinbaren Zwecke wie z. B. Werbung (so im Ergebnis auch Korbion/Scherer Rn. M 199).

Nach dem Anbau steht die Nachbarwand im **Miteigentum** nach Bruchteilen der beteiligten Grundstückseigentümer, weil sie jetzt wesentlicher Bestandteil beider Bauwerke ist (BGH NJW-RR 2014, 973 Tz 26). Es entsteht kein über der Grenze vertikal und real aufgeteiltes Alleineigentum. Auch bei einem nur teilweisen Anbau beschränkt sich das Miteigentum nicht auf den durch den Anbau gedeckten Teil der Wand, sondern umfasst die ganze Wand (BGH NJW 2008, 2032; Staudinger/Roth § 921 Rn. 38; zweifelnd Bauer/Schlick/Hülbusch Anm. 3 a bb vor § 3). In diesem Fall entsteht aber nicht Miteigentum je zur ideellen Hälfte, sondern die Anteile richten sich nach dem Verhältnis, in welchem die Fläche des zum Anbau genutzten Teils der Nachbarwand zu ihrer Gesamtfläche steht (wird z. B. in halber Höhe angebaut, dann werden der Erbauer zu $^{3}/_{4}$ und der Anbauende zu $^{1}/_{4}$ Miteigentümer). Das entspricht der heute herrschenden Meinung in Rechtsprechung und Schrifttum (BGHZ 27, 197; 36, 46; 43, 127; OLG Karlsruhe NJW-RR 1990, 1164; Palandt/Herrler § 921 Rn. 9; Schäfer/Fink-Jamann/Peter Rn 7 vor § 7; Staudinger/Roth § 921 Rn. 38). Auf die Miteigentumsanteile hat ohne Einfluss, ob die Nachbarwand mitten auf der Grenze steht (Dehner B § 8 III 2; Glaser-Dröschel Nr. 122; Schäfer/Fink-Jamann/Peter a. a. O.). Die überbauten Grundstücke bleiben bis zur Grenze Alleineigentum (Staudinger/Roth § 921 Rn. 36).

NachbG §§ 4, 5

16 Mit dem Anbau wird die Nachbarwand Grenzeinrichtung i. S. der §§ 921, 922 BGB (BGHZ 42, 374; NJW 2008, 2032; NJW-RR 2014, 973 Tz 26). Fraglich ist die Rechtslage bei einem nur teilweisen Anbau. Der nicht durch Anbau genutzte Teil wird vielfach nicht als Grenzeinrichtung angesehen (OLG Köln MDR 1962, 818; Dehner B § 8 II 1 Fn. 46 b; Hodes NJW 1962, 775 Fn. 16; Korbion/Scherer Rn. M 363). Dafür sprechen auch die §§ 8 Abs. 2 Satz 1 und 9 Abs. 1 (vgl. § 8 Rn. 6). Dann ergibt sich ein Nutzungsrecht an dem freien Teil der Wand nicht aus § 922 Satz 1 BGB (OLG Köln MDR 1962, 818). Wenn man in der ganzen Nachbarwand eine Grenzeinrichtung sehen will (BGH NJW 2008, 2032), so darf sie nach dem aus ihrer Beschaffenheit sich ergebenden Zweck nur der Eigentümer des größeren Bauwerks als Werbefläche nutzen (Bauer/Schlick/Hülbusch Anm. 3 b bb vor § 3; vgl. oben Rn. 14); er darf sie auch auf eigene Kosten nach dem jeweiligen Stand der Technik von außen wärmedämmen und dazu ohne die Voraussetzungen von § 17 das Nachbargrundstück benutzen (BGH NJW 2008, 2032). Auch das Miteigentum an der ganzen Wand ändert daran nichts. Das Recht des Teilhabers auf einen Anteil der Früchte und zum Gebrauch aus § 743 BGB ist das Gegenstück zu der Beteiligung an den Unterhaltungskosten nach § 748 BGB. Im Falle der Nachbarwand ist die Beteiligung an den Unterhaltungskosten aber durch § 8 Abs. 2 Satz 1 auf den gemeinsam benutzten Teil der Wand beschränkt (vgl. § 8 Rn. 4). Insoweit ist daher auch die Berechtigung nach § 743 BGB beschränkt. Diese Regelung im Nachbarrechtsgesetz ergibt ein anderes i. S. von § 741 BGB, so dass BGHZ 43, 127 nicht entgegensteht.

17 Wird **eines der angebauten Bauwerke abgerissen** oder sonst zerstört, so bleibt die Nachbarwand Miteigentum zu den bisherigen Quoten (§ 6 Rn. 10) und Grenzeinrichtung (BGH NJW-RR 2014, 973 Tz 24; OLG Düsseldorf OLGZ 1992, 198). Ein Wiederanbau ändert die Miteigentumsquoten entsprechend Rn 15, wenn nicht im bisherigen Umfang angebaut wird (Staudinger/Roth § 921 Rn. 49).

18 Werden **beide angebauten Bauwerke abgerissen** oder sonst zerstört und bleibt die Wand ganz oder teilweise erhalten, so bleibt die Nachbarwand Miteigentum zu den bisherigen Quoten (BGHZ 57, 245) und Grenzeinrichtung (BGHZ 29, 372); ein Wiederanbau ändert die Miteigentumsquoten entsprechend Rn 15, wenn nicht im bisherigen Umfang angebaut wird (Staudinger/Roth § 921 Rn. 49). Waren nur noch geringe Reste der Nachbarwand vorhanden und werden sie in einen einseitigen Wiederaufbau einbezogen, so gelten die Regeln des erstmaligen Baus: der Wiederaufbauende wird Alleineigentümer (BGHZ 27, 197; 53, 5; OLG Köln NJW-RR 1993, 87) und die Nachbarwand ist deshalb keine Grenzeinrichtung mehr (vgl. Rn. 14); bei späterem Wiederaufbau des anderen Nachbarn gelten Rn. 15, 16.

§ 5 Beschaffenheit der Nachbarwand

(1) Die Nachbarwand ist in einer solchen Bauart und Bemessung auszuführen, dass sie den Bauvorhaben beider Grundstückseigentümer genügt. Ist nichts anderes vereinbart, so braucht der Erbauer die Wand nur für einen Anbau

herzurichten, der an die Bauart und Bemessung der Wand keine höheren Anforderungen stellt als sein eigenes Bauvorhaben.

(2) Erfordert keines der beiden Bauvorhaben eine dickere Wand als das andere, so darf die Nachbarwand höchstens mit der Hälfte ihrer notwendigen Dicke auf dem Nachbargrundstück errichtet werden. Erfordert das Bauvorhaben auf dem zuerst bebauten Grundstück eine dickere Wand, so muss die Nachbarwand mindestens mit einem entsprechend größeren Teil ihrer Dicke auf dem zuerst bebauten Grundstück errichtet werden. Erfordert das Bauvorhaben auf dem Nachbargrundstück eine dickere Wand, so darf die Nachbarwand höchstens mit einem entsprechend größeren Teil ihrer Dicke auf dem Nachbargrundstück errichtet werden.

Übersicht Rn.
I. Bautechnische Beschaffenheit der Nachbarwand 1, 2
II. Standort der Nachbarwand 3, 4

I. Bautechnische Beschaffenheit der Nachbarwand

Die Nachbarwand soll beiden Nachbarn dienen und muss deshalb den **Erfor-** **1** **dernissen beider Bauvorhaben** gerecht werden. Oft steht zur Zeit der Errichtung der Nachbarwand nicht fest, ob und wie das Nachbargrundstück bebaut werden wird. Dann braucht der Erbauer die Wand nur so herzurichten (Dicke, Gründungstiefe, Standfestigkeit, Material und alle anderen bautechnischen Einzelheiten und Eigenschaften), dass ein gleiches Bauwerk wie sein eigenes angebaut werden kann. Dient sie z. B. dem eigenen Bauwerk nicht als tragende Wand, so braucht sie auch dem Bauwerk auf dem Nachbargrundstück nur als Verwandung und nicht als tragende Wand zu dienen (OLG Düsseldorf NJW 1966, 2313). Bei einer abweichenden Vereinbarung muss die Wand die vereinbarte Beschaffenheit haben. Zur Frage von Schadensersatzansprüchen des Anbauberechtigten gegen den Bauunternehmer des Erstbauenden, der die Nachbarwand nicht nach den Erfordernissen dieser Vorschrift hergestellt hat, aus dem Gesichtspunkt eines Vertrages mit Schutzwirkung zugunsten Dritter vgl. OLG Düsseldorf NJW 1965, 539.

Entspricht die Wand **nicht der gesetzlichen oder vereinbarten Beschaffenheit**, **2** so wird sie nicht durch die Zustimmung des Nachbarn gedeckt und ist damit keine Nachbarwand sondern Überbau (Bauer/Schlick/Hülbusch § 5 Anm. 3; Schäfer § 4 Rn. 4). Der Nachbar muss die Wand nach § 912 Abs. 1 BGB dulden, wenn der Erbauer den Rahmen der Zustimmung nur leicht fahrlässig nicht eingehalten und der Nachbar nicht sofort widersprochen hat; anderenfalls kann er Beseitigung nach § 1004 BGB verlangen; möglich sind auch Schadensersatzansprüche aus § 280 BGB wegen Verletzung der Pflichten aus dem Schuldverhältnis der Nachbarwandabrede. Auf eine zu duldende Wand sind zunächst die §§ 16, 12, 14 und 15 entsprechend anzuwenden (vgl. § 16 Rn. 3, 4). Durch nachträgliche Zustimmung des Nachbarn zu dieser Wand wird sie zur Nachbarwand, und der Nachbar darf anbauen, soweit die bautechnische Beschaffenheit der Wand dies zulässt.

II. Standort der Nachbarwand

3 Sind die beiderseitigen Bauvorhaben gleichartig, so darf die Nachbarwand **mit der Hälfte ihrer Dicke (mittig) auf die Grenze** gestellt werden. Aus dem Wort „höchstens" folgt, dass der Erbauer sie auch weiter auf sein Grundstück stellen darf. Der Erbauer muss weiter auf seinem Grundstück bleiben, wenn er die Wand dicker als erforderlich macht oder wenn sein Bauvorhaben eine dickere Wand erfordert. Die Wand darf dann nur mit dem Teil ihrer Dicke auf dem Nachbargrundstück stehen, der der halben Dicke einer Wand entspricht, die sich nach den Erfordernissen des Bauvorhabens auf dem Nachbargrundstück bemisst. Erfordert das Bauvorhaben auf dem Nachbargrundstück eine dickere Wand, so muss die Errichtung einer dickeren Wand vereinbart werden. Der Erbauer ist dann berechtigt, die Wand so weit auf das Nachbargrundstück zu stellen, dass sein eigenes Grundstück nur in einem Umfang beansprucht wird, der der halben Dicke einer nach den Erfordernissen seines Bauvorhabens bemessenen Wand entspricht. Aus dem Wort „höchstens" folgt auch hier, dass der Erbauer sie auch auf sein Grundstück stellen darf. Abweichende Vereinbarungen über den Standort sind in jedem Fall zulässig.

4 Steht die Wand **mehr auf dem Nachbargrundstück** als in Absatz 2 vorgesehen oder davon abweichend vereinbart ist, dann muss der Nachbar die Wand nach § 912 Abs. 1 BGB dulden, wenn die Überschreitung des zulässigen Bereichs höchstens auf leichter Fahrlässigkeit des Erbauers beruht und der Nachbar nicht sofort widersprochen hat (BGH LM Nr. 21 zu § 912 BGB). Der Nachbar kann hinsichtlich des unzulässig überbauten Streifens die Rechte aus §§ 912 Abs. 2, 915 BGB (Überbaurente, Abkauf) ausüben (vgl. § 6 Abs. 4). Wurde der zulässige Bereich vorsätzlich oder grobfahrlässig überschritten oder hat der Nachbar sofort widersprochen, dann kann der Nachbar grundsätzlich Beseitigung des unzulässig überbauten Teils nach § 1004 BGB verlangen. Das Beseitigungsverlangen kann (insbesondere bei nur grober Fahrlässigkeit) rechtsmissbräuchlich sein, wenn nämlich die Beseitigung mit unverhältnismäßigen und nach den Interessen der Beteiligten sowie allen sonstigen Umständen unbilligen Aufwendungen verbunden wäre (BGHZ 62, 388; BGH LM Nr. 132 zu § 1004 BGB; GuT 2008, 290); dann stehen dem Nachbarn aber die Ansprüche aus §§ 912 Abs. 2, 915 BGB zu (Palandt/Herrler § 912 Rn. 16). In beiden Fällen behält der Nachbar sein Anbaurecht, ohne den teilweisen Überbau entschädigungslos hinnehmen zu müssen (Bauer/Schlick/Hülbusch § 5 Anm. 2).

§ 6 Anbau an die Nachbarwand

(1) Der Eigentümer des Nachbargrundstücks ist berechtigt, an die Nachbarwand anzubauen. Für ein Unterfangen der Nachbarwand gilt § 14 Abs. 3 und 4 entsprechend.

(2) Der anbauende Eigentümer des Nachbargrundstücks hat dem Eigentümer des zuerst bebauten Grundstücks den halben Wert der Nachbarwand zu vergüten, soweit sie durch den Anbau genutzt wird.

(3) Die Vergütung ermäßigt sich angemessen, wenn die besondere Bauart oder Bemessung der Nachbarwand nicht erforderlich oder nur für das zuerst errich-

tete Bauwerk erforderlich war. Sie erhöht sich angemessen, wenn die besondere Bauart oder Bemessung der Nachbarwand nur für das später errichtete Bauwerk erforderlich war.

(4) Steht die Nachbarwand mehr auf dem Nachbargrundstück, als in § 5 Abs. 2 vorgesehen oder davon abweichend vereinbart ist, so ermäßigt sich die Vergütung um den Wert des zusätzlich überbauten Bodens, wenn nicht die in § 912 Abs. 2 oder § 915 des Bürgerlichen Gesetzbuches bestimmten Rechte ausgeübt werden.

(5) Die Vergütung wird mit der Fertigstellung des Anbaus im Rohbau fällig. Bei der Berechnung des Wertes der Nachbarwand ist von den zu diesem Zeitpunkt üblichen Baukosten auszugehen. Das Alter und der bauliche Zustand der Nachbarwand sind zu berücksichtigen. Auf Verlangen ist Sicherheit in Höhe der voraussichtlich zu gewährenden Vergütung zu leisten; der Anbau darf dann erst nach Leistung der Sicherheit begonnen oder fortgesetzt werden.

Übersicht	Rn.
I. Allgemeines	1
II. Anbaurecht	2–4
III. Anbauvergütung	5–9
IV. Wertausgleich beim Abbruch eines Bauwerks	10

I. Allgemeines

Diese Vorschrift regelt das Anbaurecht und die Anbauvergütung. Der Vergütungsanspruch nach Absatz 2 bis 5 ist **Sonderregelung gegenüber den §§ 812 ff. BGB**. Abweichend von der Regelung in anderen Ländern (§ 10 Abs. 1 NachbGBln; § 12 Abs. 1 NachbGBbg; § 4 Abs. 1 NachbGHess; § 13 Abs. 1 NachbGNRW; § 9 Abs. 1 NachbGRhPf, § 10 Abs. 1 NachbGSaar; § 9 Abs. 1 NachbGThür) ist kein gesetzlicher Erstattungsanspruch vorgesehen, wenn der Nachbar baut, **ohne an die Nachbarwand anzubauen** (so auch NachbGNds; NachbGSAnh). Ein Schadensersatzanspruch nach allgemeinen Vorschriften (§ 280 BGB) kann mangels gesetzlicher Anbaupflicht nur bei vertraglicher Anbaupflicht bestehen. Ein Bereicherungsanspruch wegen Zweckverfehlung (§ 812 Abs. 1 S. 2 Fall 2 BGB) besteht nicht, denn die Begründung des Anbaurechts bezweckt mangels abweichender Vereinbarung (z. B. wenn die Wand auf Verlangen des Nachbarn aufwendiger ausgeführt wird, als für die Zwecke des Erbauers erforderlich) nicht die Erlangung einer Anbauvergütung, sondern ist Folge des Raumgewinns auf dem eigenen Gründstück. Vertragliche Ansprüche (z. B. aus § 670 BGB, vgl. Korbion/Scherer S. 289) bleiben unberührt. Zur Sicherung eines vereinbarten Anspruchs, bei einem Anbau die Nachbarwand zu benutzen, durch Bestellung einer Grunddienstbarkeit vgl. BGH LM Nr. 24 zu § 1018 BGB.

1

II. Anbaurecht

Der jeweilige Eigentümer des Nachbargrundstücks ist **berechtigt aber nicht verpflichtet**, an die Nachbarwand anzubauen; zur Sicherung einer vereinbarten

2

Anbaupflicht vgl. § 1 Rn 10. Dem Nachbarn steht es daher frei, überhaupt nicht zu bauen, mit einem Abstand von der Nachbarwand zu bauen oder unmittelbar neben der Wand zu bauen, ohne dabei im Sinne von § 4 Abs. 2 anzubauen (vgl. dazu § 14 Rn. 6). Etwas anderes gilt, wenn eine Anbaupflicht vertraglich vereinbart ist; diese Vereinbarung bindet den Einzelrechtsnachfolger des Anbauberechtigten (z. B. Käufer) nur bei Übernahme. Bei dem Anbau darf die Nachbarwand unter den gleichen Voraussetzungen unterfangen werden, unter denen der Erbauer einer zweiten Grenzwand eine schon vorhandene erste Grenzwand unterfangen darf (vgl. § 14 Rn. 3, 4). Das Anbaurecht kann nach Abbruch oder Zerstörung des Anbaus erneut ausgeübt werden. Wenn das zuerst errichtete Bauwerk abgebrochen oder zerstört worden ist, kann der Eigentümer des zuerst bebauten Grundstücks anbauen (Schäfer/Fink-Jamann/Peter § 12 Rn. 1).

3 Der Anbau muss den **Regeln der Baukunst** und damit insbesondere den Vorschriften der LBO entsprechen. Einen die Nachbarwand gefährdenden Anbau braucht der Eigentümer nicht zu dulden, er kann Unterlassung der Eigentumsstörung nach § 1004 BGB verlangen (Lehmann § 7 Anm. 3; Bauer/Schlick/Hülbusch § 5 Anm. 5b; Schäfer/Fink-Jamann/Peter § 12 Rn 5). Im Rahmen des Anbaus darf im erforderlichen und nach öffentlichem Baurecht zulässigen Umfang in die Substanz der Nachbarwand eingegriffen werden; z. B. Einfügen oder Auflegen von Tragebalken, Anbringen einer Treppe oder eines Schornsteinzuges, Einbau von Versorgungsleitungen. Für Erhöhung und Verstärkung gilt § 10, Verlängerung ist nicht vom Anbaurecht gedeckt. Unterfangen der Nachbarwand ist unter den gleichen Voraussetzungen zulässig, unter denen der Erbauer einer zweiten Grenzwand eine schon vorhandene Grenzwand unterfangen darf (Abs. 1 S. 2; vgl. § 14 Rn. 3, 4). Schäden, die durch den Anbau hervorgerufen werden – z. B. durch Überbelastung der Nachbarwand –, sind grundsätzlich nach §§ 823 ff. BGB bei Verschulden des Anbauenden zu ersetzen; § 278 BGB ist nach herrschender Meinung nicht anwendbar (BGHZ 42, 374; BGH NJW 2011, 3294 Tz 17; OLG Hamm NJW-RR 2009, 1616; LG Dortmund NJW 1965, 389; a. A. Palandt/Herrler § 922 Rn. 5; Soergel/Baur § 922 Rn. 7). Da aber sowohl bei einer Erhöhung der Nachbarwand nach § 10 Abs. 2 Satz 2 als auch bei ihrem Unterfangen nach §§ 6 Abs. 1 Satz 2, 14 Abs. 4, 10 Abs. 2 Satz 2 eine Gefährdungshaftung Platz greift, erscheint eine analoge Anwendung von § 10 Abs. 2 Satz 2 auch im Falle des Anbaus vertretbar (a. A. Bauer/Schlick/Hülbusch § 5 Anm. 7).

4 Widerspricht der Erbauer dem Anbau, dann muss der Nachbar **Klage auf Duldung** des genau zu bezeichnenden Anbaus erheben. Ein ohne vollstreckbaren Duldungstitel begonnener Anbau ist verbotene Eigenmacht (Bauer/Schlick/Hülbusch § 6 Anm. 8; anders § 7 Abs. 1 NachbGNds).

III. Anbauvergütung

5 Der Anbau an die Nachbarwand löst einen **Vergütungsanspruch** aus. Gläubiger ist der bisherige Alleineigentümer der Nachbarwand, Schuldner ist der nunmehrige Miteigentümer der Nachbarwand; bauen Miteigentümer an, so haften sie nicht gesamtschuldnerisch, sondern nur anteilig (OLG Düsseldorf NJW-RR 1987, 531). War der Schuldner bereits früher einmal Miteigentümer und kann er nach Abbruch seines Gebäudes zunächst nicht Wertersatz wegen des verlorenen Miteigentums verlangen (vgl. unten Anm. 10), so ist bei erneutem Anbau keine Anbauvergütung zu zahlen; deshalb wird bei wiederholtem Anbau die Anbauvergütung nicht noch einmal geschuldet und auch bei Erneuerung des zuerst errichteten Bauwerks keine Anbauvergütung geschuldet. Der Vergütungsanspruch wird fällig, wenn der Anbau im Rohbau fertig gestellt ist, d. h. sobald die tragenden Teile, Schornsteine, Brandwände, notwendige Treppen und die Dachkonstruktion vollendet sind.

Bei der **Berechnung des Vergütungsanspruchs** ist zunächst festzustellen, welche Kosten zu der Zeit, zu der der Anbau im Rohbau fertig gestellt ist, für die Herstellung der gesamten Nachbarwand aufgewendet werden müssten (Ausgangswert); die tatsächlich entstandenen Baukosten sind also unerheblich. Zu den Baukosten rechnen auch die Kosten für einen vorhandenen Außenputz, auch wenn dieser für die Zwecke des Anbauenden nicht verwendbar ist, nicht aber die Kosten für besondere bauliche Maßnahmen auf der Innenseite des Erstbauenden (OLG Köln NJW 1961, 1820). Von diesen fiktiven Baukosten sind dem Alter und dem Erhaltungszustand der Wand angemessene Abschläge zu machen. Nicht absetzbar sind die Kosten, die der Anbauende aufwenden muss, um die Nachbarwand für sich nutzbar zu machen – z. B. Abschlagen des Putzes – (OLG Köln NJW 1961, 1820; OLG Düsseldorf NJW 1962, 155), es können jedoch Aufwendungen berücksichtigt werden, die dem Erstbauenden wesentliche Vorteile – z. B. Schallschutz – bringen (OLG Düsseldorf ZMR 1969, 20). Sodann ist festzustellen, in welchem Umfang die Nachbarwand durch den Anbau genutzt wird. Der dem Umfang der Nutzung entsprechende Kostenanteil ist zur Hälfte zu vergüten. Wird die Wand z. B. in halber Höhe und halber Breite zum Anbau genutzt (Nutzungsumfang: ein Viertel), dann ist ein Achtel des Ausgangswertes zu vergüten. 6

Ist die Wand zu aufwändig oder in dieser Ausführungsart nur für das zuerst errichtete Bauwerk erforderlich, dann **ermäßigt** sich die Vergütung angemessen, d. h. sie ist nach dem Wert auszurichten, den eine den Bedürfnissen des später errichteten Bauwerks entsprechende Nachbarwand hat. – Umgekehrt **erhöht** sich die Vergütung angemessen, wenn Bauart und Bemessung nur für das später errichtete Bauwerk erforderlich sind, d. h. der Wert richtet sich nach dem Wert einer den Bedürfnissen des zuerst errichteten Bauwerks entsprechenden Wand aus, und der Mehraufwand ist zusätzlich zu vergüten. Das Erfordernis einer besonderen Bauart und Bemessung bedeutet, dass die Ermäßigung bzw. Erhöhung der Anbauvergütung nur bei einer nicht unerheblichen Überdimensionierung der Nachbarwand eintreten soll. Der Mehraufwand kann sich auch aus einer auf Verlangen des Nachbarn beruhenden größeren Gründungstiefe ergeben, da mangels vertraglicher Abreden die dadurch entstehenden Mehrkosten zunächst nicht zu erstatten sind (anders z. B. § 11 Abs. 1 NachbGNRW, § 12 Abs. 1 NachbGThür). 7

Steht die Nachbarwand mehr auf dem Nachbargrundstück, als § 5 Abs. 2 es zulässt oder die Parteien es vereinbart haben, dann hat der Eigentümer des 8

Nachbargrundstücks nach §§ 912 Abs. 2, 915 BGB einen Anspruch auf **Überbaurente oder Abkauf** der unzulässig überbauten Grundfläche (vgl. § 5 Rn. 4). Macht der Nachbar diese Ansprüche nicht geltend, so ermäßigt sich die von ihm zu zahlende Anbauvergütung um den Wert des unzulässig überbauten Bodens. Steht die Nachbarwand weniger auf dem Nachbargrundstück als in § 5 Abs. 2 vorgesehen oder abweichend davon vereinbart, so erhöht sich die Anbauvergütung dadurch nicht, weil sich der Erbauer nicht auf diese Weise eine höhere Vergütung erzwingen soll (so auch § 3 Abs. 2 NachbGHess; anders § 9 Abs. 3 NachbGBbg, § 8 Abs. 3 NachbGBln, § 7 Abs. 4 NachbGNds, § 12 Abs. 3 NachbNRW, § 7 Abs. 3 NachbGRhPf, § 8 Abs. 3 NachbGSaar, § 7 Abs. 3 NachbGThür). Es bestehen auch keine Ansprüche aus §§ 912 Abs. 2, 915 BGB, da kein unrechtmäßiger Überbau des anbauenden Nachbarn vorliegt).

9 Der Eigentümer des zuerst bebauten Grundstücks kann verlangen, dass der Eigentümer des Nachbargrundstücks **Sicherheit** für die zu zahlende Anbauvergütung leistet, bevor er mit dem Anbau beginnt oder einen noch nicht im Rohbau fertig gestellten Anbau fortsetzt. Wie Sicherheit zu leisten ist, bestimmen die §§ 232 bis 240 BGB.

IV. Wertausgleich beim Abbruch eines Bauwerks

10 Mit dem Anbau sind beide Grundstückseigentümer Miteigentümer der Nachbarwand geworden (vgl. § 4 Rn. 15). Das Miteigentum bleibt erhalten, wenn eines der angebauten Bauwerke abgebrochen oder zerstört wird (BGHZ 78, 397; BGH DB 1975, 1843; OLG Karlsruhe NJW-RR 1990, 458; OLG Düsseldorf OLGZ 1992, 198; ZMR 1996, 28; Palandt/Herrler § 921 Rn. 12; Staudinger/Roth § 921 Rn. 47, 48). Weil der Eigentümer dieses Bauwerks kein Miteigentum verliert, erwirbt er auch **keinen Anspruch auf Wertausgleich** nach §§ 812 ff. BGB. – Nach der Mindermeinung verwandelt sich das Miteigentum in Alleineigentum desjenigen, dessen Bauwerk erhalten geblieben ist (Dehner B § 8 VI 2; Korbion/Scherer Rn. M 376), jedenfalls dann, wenn ein Wiederanbau nicht möglich oder nicht beabsichtigt ist oder nicht alsbald erfolgt (Schäfer/Fink-Jamann/Peter Rn 8 vor § 7). Das erworbene Alleineigentum ist aber mit dem Recht des Nachbarn belastet, die Wand wieder zum Anbau zu benutzen. Einen Geldwert hat das erworbene Alleineigentum daher erst, wenn der Alleineigentümer die Wand beseitigt und damit das Anbaurecht vernichtet. Jetzt ist dem früheren Miteigentümer in Höhe des Wertes seines früheren Miteigentumsanteils Wertersatz nach §§ 812, 818 BGB zu leisten (Dehner B § 7 III 3 Fn. 43; a. A. Bauer/Schlick/Hülbusch § 7 Anm. 7). Gleiches gilt, wenn ein erneuter Anbau aus rechtlichen Gründen (z. B. Bauverbot, Grunddienstbarkeit) unmöglich wird (Dehner B § 8 VI 2; Korbion/Scherer Rn. M 376).

§ 7 Anzeige des Anbaus

(1) Die Einzelheiten des geplanten Anbaus sind spätestens zwei Monate vor Beginn der Bauarbeiten dem Eigentümer und, soweit dessen Besitz davon be-

rührt wird, auch dem Nutzungsberechtigten des zuerst bebauten Grundstücks schriftlich anzuzeigen. Mit den Arbeiten darf erst nach Fristablauf begonnen werden.

(2) Ist der Aufenthalt des Eigentümers und des Nutzungsberechtigten nicht bekannt oder haben sie ihren Wohnsitz oder gewöhnlichen Aufenthalt im Ausland, so genügt die Anzeige an den unmittelbaren Besitzer.

Anzuzeigen sind die **technischen Einzelheiten** des geplanten Anbaus, damit geprüft werden kann, ob der Anbau die Nachbarwand gefährdet, und damit der Nachbar sich auf die bevorstehenden Bauarbeiten einrichten kann. Nicht der ganze Plan des anzubauenden Bauwerks braucht mitgeteilt zu werden, es genügen die Einzelheiten des Anschlusses an die Nachbarwand sowie die Berechnung der Drucke und Gewichte, die von der Nachbarwand aufzunehmen sind. Die **schriftliche Anzeige** erfolgt am besten durch Übersendung eines Auszuges aus der Bauzeichnung und der statischen Berechnung, nachdem beides durch die Bauaufsichtsbehörde genehmigt worden ist.

Die Anzeige ist spätestens **zwei Monate vor Beginn der Bauarbeiten** zu machen; die Frist beginnt mit Zugang der ordnungsgemäßen Anzeige (Rn. 1) an den Adressaten (Rn. 3, 4). Mit Bauarbeiten sind nur solche Arbeiten gemeint, die sich als Anbau durch Einwirkung auf die Nachbarwand darstellen. Andere Arbeiten (z. B. an der anderen Seite des zu errichtenden Bauwerks) dürfen ohne Anzeige begonnen werden.

Die Anzeige ist dem **Eigentümer** des zuerst bebauten Grundstücks zu machen. Weiter ist sie einem **Nutzungsberechtigten** (z. B. Mieter, Nießbraucher) zu machen, soweit dessen unmittelbarer Besitz durch den Anbau berührt wird; das ist z. B. bei einem Mieter der Fall, dessen Wohnung an der Nachbarwand liegt. Sind diese beiden Adressaten nicht erreichbar, so genügt eine Anzeige an den **unmittelbaren Besitzer**, z. B. an einen nicht in seinem Besitz betroffenen Mieter, sofern ein solcher vorhanden ist. Dieser erhält dadurch keine eigenen Rechte, er kann aber am ehesten den abwesenden Eigentümer unterrichten. Ist nur der Eigentümer oder nur der in seinem Besitz betroffene Nutzungsberechtigte erreichbar, so genügt eine Anzeige an einen von ihnen. Nicht erreichbar ist ein Adressat auch, wenn er der Person nach unbekannt ist (z. B. nach einem Erbfall). Erreichbar ist der Adressat hingegen, wenn er einen gesetzlichen (z. B. Abwesenheitspfleger, Betreuer mit entsprechendem Aufgabenkreis, vermögenssorgeberechtigte Eltern/Vormund) oder für diesen Bereich einen rechtsgeschäftlichen (z. B. Hausverwalter mit umfassender Vertretungsmacht, nicht aber bloßer Hausmeister) Vertreter hat.

Die Anzeige ersetzt nicht das Einverständnis mit dem Anbau, das der in dem Anbau liegenden Eigentums- und Besitzstörung, die Rechtswidrigkeit nimmt (vgl. § 6 Rn. 4). Ohne Anzeige oder vor Fristablauf ist der Duldungsanspruch auf Grund des Anbaurechts aus § 6 Abs. 1 aber nicht fällig. Angebaut werden darf immer erst dann, wenn das Einverständnis mit dem Anbau erteilt ist, was auch schon vor Fristablauf möglich ist. Durch eine Verletzung der Anzeigepflicht, die auch bei bestehendem Anbaurecht einen Unterlassungsanspruch aus

§§ 862, 1004 BGB begründet, geht der Duldungsanspruch aber nicht endgültig verloren (vgl. LG Frankfurt ZMR 1978, 203).

§ 8 Unterhaltung der Nachbarwand

(1) Bis zum Anbau fallen die Unterhaltungskosten der Nachbarwand dem Eigentümer des zuerst bebauten Grundstücks alleine zur Last.

(2) Nach dem Anbau sind die Unterhaltungskosten für den gemeinsam genutzten Teil der Nachbarwand von beiden Grundstückseigentümern zu gleichen Teilen zu tragen. In den Fällen des § 6 Abs. 3 ermäßigt oder erhöht sich der Anteil des Anbauenden entsprechend der Anbauvergütung.

(3) Wird eines der beiden Bauwerke abgebrochen und nicht neu errichtet, so hat der Eigentümer des Grundstücks, auf dem das abgebrochene Bauwerk stand, die durch den Abbruch entstandenen Schäden zu beseitigen und die Außenflächen des bisher gemeinsam genutzten Teiles der Nachbarwand in einen für eine Außenwand geeigneten Zustand zu versetzen. Die Kosten der künftigen Unterhaltung fallen dem anderen Grundstückseigentümer alleine zur Last.

Übersicht   Rn.
I.   Unterhaltung vor dem Anbau 1, 2
II. Unterhaltung nach dem Anbau   3–6
III. Unterhaltung nach dem Abbruch eines Bauwerks   7–10

I. Unterhaltung vor dem Anbau

1 Vor dem Anbau ist der **Eigentümer des zuerst mit der Nachbarwand bebauten Grundstücks** ihr alleiniger Eigentümer (vgl. § 4 Rn. 13). Er hat daher nach Absatz 1 die Unterhaltungskosten allein zu tragen. Eine Pflicht gegenüber dem Nachbarn zur Unterhaltung folgt aus dieser Regelung nicht, sodass der Nachbar keinen Anspruch auf Unterhaltung der Wand hat (Schäfer/Fink-Jamann/Peter Rn 9 vor § 7). Baut der Nachbar später an eine schlecht unterhaltene Nachbarwand an, so vermindert sich nach § 6 Abs. 5 Satz 3 die von ihm zu zahlende Anbauvergütung.

2 Sieht man in der Nachbarwand wegen des Alleineigentums **noch keine Grenzeinrichtung** (vgl. § 4 Rn. 14), dann folgt eine Beteiligung des Nachbarn an den Kosten der Unterhaltung auch nicht aus § 922 Satz 2 BGB. Aber auch wenn man die Nachbarwand schon vor dem Anbau als Grenzeinrichtung ansieht, ergibt sich keine Pflicht zur Kostenbeteiligung aus § 922 Satz 2 BGB. Diese Vorschrift geht davon aus, dass bei gemeinschaftlich benutzten Grenzeinrichtungen die Eigentumsverhältnisse und -quoten schwer zu bestimmen seien, sodass eine Halbierung der Unterhaltungskosten sachgerecht sei; diese Erwägungen treffen jedoch auf die Nachbarwand nicht zu, bei der die Eigentumsverhältnisse festgestellt werden können; § 922 Satz 2 BGB ist daher auf die Nachbarwand als Gebäudeteil nicht anzuwenden (Lehmann § 10 Anm. 3; Schäfer/Fink-Jamann/Peter Rn 9 vor § 7; Korbion/Scherer Rn. M 199).

II. Unterhaltung nach dem Anbau

Nach dem Anbau haben **beide Grundstückseigentümer** Miteigentum nach Bruchteilen an der Nachbarwand (vgl. § 4 Rn. 15). Die Nachbarwand ist von beiden nach § 744 Abs. 1 BGB **gemeinschaftlich zu unterhalten**, wobei jeder nach § 744 Abs. 2 BGB berechtigt ist, die zur Erhaltung der Wand notwendigen Maßregeln ohne Zustimmung des anderen zu treffen (OLG Köln ZMR 1969, 244). Bei einer Beschlussfassung nach § 745 Abs. 1 BGB über eine Unterhaltungsmaßnahme hat der Grundstückseigentümer die Stimmenmehrheit, der den größten Miteigentumsanteil an der Wand hat. Obwohl sich §§ 744; 745 BGB auf die ganze im Miteigentum stehende Nachbarwand beziehen, wird man bei einem nur teilweisen Anbau diese Vorschriften hinsichtlich des nicht durch den Anbau genutzten Teils der Nachbarwand nur anwenden können, wenn die Unterhaltung dieses Teils für die Unterhaltung des gemeinsam genutzten Teils erforderlich ist (vgl. auch OLG Karlsruhe NJW-RR 1990, 1164), z. B. um das Eindringen von Feuchtigkeit in den gemeinsam genutzten Teil zu verhindern; dies folgt aus dem Grundgedanken des Absatzes 2 (vgl. unten Rn. 4). 3

Absatz 2 betrifft nur die **Verteilung der Unterhaltungskosten**; die Verpflichtung zur **Ausführung von Unterhaltungsmaßnahmen** ergibt sich aus den Vorschriften des BGB über die Gemeinschaft (vgl. oben Rn. 3). Abweichend von § 748 BGB richtet sich die Kostenbeteiligung nicht nach dem Verhältnis der Miteigentumsanteile, sondern nach Absatz 2 Satz 1 sind die Unterhaltungskosten nur für den gemeinsam genutzten Teil der Nachbarwand von beiden Grundstückseigentümern zu gleichen Teilen zu tragen; dies ist eine andere gesetzliche Regelung i. S. von § 741 BGB (Bauer/Schlick/Hülbusch § 8 Anm. 4). Sind also Reparaturen nur an dem nicht durch einen Anbau genutzten und somit nicht gemeinsam genutzten Teil der Wand erforderlich, so trägt der Eigentümer des größeren Gebäudes diese Kosten allein; er kann daher auch die alleinige Nutzung beanspruchen (vgl. § 4 Rn. 16). Schuldet der Anbauende nach § 6 Abs. 3 eine ermäßigte oder erhöhte Anbauvergütung, so ermäßigt bzw. erhöht sich sein Anteil an den Unterhaltungskosten entsprechend. 4

Zur Unterhaltung gehört die **Beseitigung aller Abnutzungen und Schäden**, soweit sie nicht eindeutig von einem Nachbarn verschuldet worden sind (z. B. das Dach des einen Gebäudes wird nicht abgedichtet, sodass Feuchtigkeit in die Nachbarwand eindringt) und daher von ihm allein nach § 823 BGB zu beseitigen sind (Lehmann § 10 Anm. 5; Korbion/Scherer M Rn. 366). Es ist unerheblich, ob die Aufwendungen nur dem einen Nachbarn zugute kommen (z. B. bei einem Riss nur in einer Seite der Wand; Korbion/Scherer a. a. O.) oder durch eine zulässige Benutzung nur eines Nachbarn notwendig geworden sind (OLG Karlsruhe MDR 1971, 1011). Kosten für die Beseitigung von Schäden aus der Zeit vor dem Anbau trägt der Erstbauende allein (OLG Celle NJW 1958, 224). 5

Das Gesetz gibt in Absatz 2 Satz 1 zu erkennen, dass es den **nicht durch einen Anbau genutzten Teil** der Nachbarwand nicht als Grenzeinrichtung behandelt sehen will (vgl. auch § 4 Rn. 16), sodass ein Widerspruch zu § 922 Satz 2 BGB nicht besteht. Aber selbst wenn man die ganze Wand als Grenzeinrichtung 6 ansieht, ist die Regelung mit § 922 Satz 2 BGB vereinbar. Das BGB geht in § 922 Satz 2 davon aus, dass bei gemeinschaftlich benutzten Grenzeinrichtungen die Eigentums- und Nutzungsquoten schwer zu bestimmen seien, sodass eine Halbierung der Unterhaltungskosten sachgerecht sei; diese Erwägungen treffen jedoch auf die Nachbarwand nicht zu, bei der die Nutzungsanteile festgestellt werden können; § 922 Satz 2 BGB ist daher auf die Nachbarwand als Gebäudeteil nicht anzuwenden (Lehmann § 10 Anm. 3).

III. Unterhaltung nach dem Abbruch eines Bauwerks

7   Beim **Abbruch eines der beiden Bauwerke** – mag es das zuerst oder das zuletzt errichtete sein – hat sein Eigentümer nach Absatz 3 Satz 1 auf eigene Kosten die dabei an der Nachbarwand entstandenen Schäden unabhängig von einem Verschulden zu beseitigen und den gemeinsam genutzten Teil der Außenwand in einen für eine Außenwand geeigneten Zustand zu versetzen; gilt entsprechend bei unfreiwilliger Zerstörung (Bauer/Schlick/Hülbusch § 8 Anm. 8). Hatte die Wand vor dem Anbau keinen Außenputz, so muss gleichwohl ein wetterfester Außenputz angebracht werden (BGH NJW 1981, 866 und NJW 1989, 2541; OLG Frankfurt OLGZ 1982, 352 und MDR 2005, 268; a. A. OLG Braunschweig NdsRpfl 1975, 268; OLG Hamm MDR 1979, 757), der aber bei einem besonders aufwändigen Verputz des Restgebäudes diesem nicht zu entsprechen braucht, weil der Eigentümer dieses Gebäudes insoweit früher auch keine Aufwendungen gemacht hat. Auch wenn beim Anbau ein wertvoller Außenputz beseitigt worden ist, so ist dieser nicht wiederherzustellen, denn diese Aufwendungen sind durch die Anbauvergütung ausgeglichen worden (vgl. § 6 Rn. 6). Es wird in jedem Fall nur die Herstellung einer den öffentlich-rechtlichen Vorschriften (vgl. § 29 LBO) entsprechenden Außenwand geschuldet. Reicht die Außenwand für eine ausreichende Wärmedämmung des stehen bleibenden Gebäudes nicht aus, so ist ihre Wärmedämmung so zu verbessern, dass sich kein Tauwasser in den Räumen des stehen bleibenden Gebäudes bilden (OLG Dresden NJW-RR 2008, 613). Zeigt sich beim Abbruch die Notwendigkeit von Unterhaltungsarbeiten, die noch auf der früheren gemeinsamen Benutzung beruhen, dann gilt für die dadurch bedingten Kosten noch Absatz 2; nach OLG Karlsruhe MDR 1971, 1011 gehören dazu auch die Kosten für eine infolge des Abbruchs erforderlich werdende Verstärkung.

8   Ein Abbruch löst die Rechtsfolgen des Absatzes 3 Satz 1 nur aus, wenn ein **neuer Anbau nicht errichtet** wird. Nach dem Sinn dieser Vorschrift ist diese Voraussetzung auch erfüllt, wenn der Neubau solange herausgezögert wird, dass durch ein Unterlassen der in Absatz 3 Satz 1 genannten Maßnahmen ernsthafte Schäden für die Nachbarwand zu befürchten sind.

9   Die Kosten der zukünftigen Unterhaltung trägt nach Absatz 3 Satz 2 der Eigentümer des stehengebliebenen Bauwerks. Diese Regelung entspricht dem BGB, wenn man mit der Mindermeinung annimmt, mit dem Abbruch wandle sich das Miteigentum in Alleineigentum des Eigentümers des stehengebliebenen Bauwerks um und die Wand verliere damit die Eigenschaft als Grenzeinrichtung (Dehner B § 8 VI; Korbion/Scherer Rn. M 376). Nach heute herrschender

§§ 8, 9 NachbG

Ansicht bleibt jedoch das Miteigentum unverändert bestehen, wenn eines der angebauten Bauwerke abgebrochen oder sonst zerstört wird (vgl. § 6 Rn. 10), und die Wand damit Grenzeinrichtung (Palandt/Herrler § 921 Rn. 12; Staudinger/Roth § 921 Rn. 47, 48; Bayer/Lindner/Grziwotz Kap. 2 E III 6 a; OLG Düsseldorf OLGZ 1992, 198); gegenüber den dann anwendbaren §§ 748, 922 Satz 2 BGB enthält Absatz 3 Satz 2 eine Sonderregelung.

Das fortbestehende Miteigentum berechtigt den Eigentümer des Grundstücks, **10** auf dem das abgebrochene bzw. sonst zerstörte Gebäude stand, die Wand auch **anders als durch einen Anbau zu nutzen** (BGHZ 43, 127; BGH DB 1975, 1843; OLG Düsseldorf ZMR 1996, 28; OLG Köln ZMR 2006, 772); z. B. für Werbung. Im Falle einer solchen Nutzung rechtfertigt sich eine entsprechende Anwendung von Absatz 2, da Absatz 3 Satz 2 von einer alleinigen Nutzung der Wand durch den Eigentümer des stehengebliebenen Bauwerks ausgeht (vgl. auch OLG Düsseldorf OLGZ 1992, 198).

§ 9 Beseitigung der Nachbarwand

(1) Der Eigentümer des zuerst bebauten Grundstücks ist berechtigt, die Nachbarwand ganz oder teilweise zu beseitigen, solange und soweit noch nicht angebaut ist.

(2) Der anbauberechtigte Eigentümer des Nachbargrundstücks kann die Unterlassung der Beseitigung verlangen, wenn er die Absicht, die Nachbarwand ganz oder teilweise durch Anbau zu nutzen, dem Eigentümer des zuerst bebauten Grundstücks schriftlich anzeigt und spätestens innerhalb von sechs Monaten den erforderlichen Bauantrag bei der Bauaufsichtsbehörde einreicht.

(3) Absatz 2 ist nicht anwendbar, wenn der Eigentümer des zuerst bebauten Grundstücks, bevor er eine Anzeige nach Absatz 2 erhalten hat, die Absicht, die Nachbarwand ganz oder teilweise zu beseitigen, dem anbauberechtigten Eigentümer des Nachbargrundstücks schriftlich angezeigt hat und spätestens innerhalb von sechs Monaten den erforderlichen Antrag auf Abbruchgenehmigung bei der Bauaufsichtsbehörde einreicht.

(4) Macht der Eigentümer des zuerst bebauten Grundstücks von seinem Beseitigungsrecht Gebrauch, so hat er dem anbauberechtigten Eigentümer des Nachbargrundstücks für die Dauer der Nutzung des Nachbargrundstücks eine Vergütung nach § 912 Abs. 2 des Bürgerlichen Gesetzbuchs zu zahlen. Beseitigt der Eigentümer des zuerst bebauten Grundstücks die Nachbarwand ganz oder teilweise, obwohl er nach Absatz 2 zur Unterlassung verpflichtet ist, so hat er dem anbauberechtigten Eigentümer des Nachbargrundstücks Ersatz für den durch die völlige oder teilweise Beseitigung der Anbaumöglichkeit zugefügten Schaden zu leisten; der Anspruch wird fällig, wenn das spätere Bauwerk im Rohbau fertig gestellt ist.

Übersicht

		Rn.
I.	Das Beseitigungsrecht des Eigentümers	1–3
II.	Der Unterlassungsanspruch des Anbauberechtigten	4, 5
III.	Verlust des Unterlassungsanspruchs	6
IV.	Rechtsfolgen der Beseitigung	7, 8

I. Das Beseitigungsrecht des Eigentümers

1 Vor dem Anbau ist der Eigentümer des zuerst bebauten Grundstücks Alleineigentümer der Nachbarwand (vgl. § 4 Rn. 13). Er ist deshalb berechtigt, sie ganz oder teilweise wieder zu beseitigen. Dieses Beseitigungsrecht steht ihm auch zu, wenn die Nachbarwand nach § 5 Abs. 1 Satz 2 mit Rücksicht auf das Bauvorhaben des Nachbarn eine besondere Bauart erhalten hat, wenn nicht zugleich das Beseitigungsrecht vertraglich abgedungen ist (Schäfer/Fink-Jamann/Peter § 14 Rn 1).

2 Nach dem Anbau erlangen die beteiligten Grundstückseigentümer Miteigentum nach Bruchteilen an der Nachbarwand (vgl. § 4 Rn. 15). Keiner darf ohne Zustimmung des anderen die ganze Wand beseitigen, anderenfalls besteht ein Anspruch auf Wiederherstellung aus §§ 1004, 922 Satz 3, 743, 744 BGB (Korbion/Scherer Rn. M 371), §§ 823, 249 BGB (OLG Hamm MDR 2012, 1028). Obwohl sich das Miteigentum auf die ganze Wand und nicht nur auf den durch den Anbau genutzten Teil erstreckt, darf der Eigentümer des zuerst bebauten Grundstücks die Nachbarwand auch jetzt noch insoweit beseitigen, wie sie nicht durch den Anbau des Nachbarn genutzt wird. Durch diese teilweise Beseitigung ändert sich das Verhältnis der Eigentumsanteile zugunsten des Anbauenden.

3 Der anbauberechtigte Eigentümer des Nachbargrundstücks braucht der vollständigen (Rn. 1) oder teilweisen (Rn. 2) Beseitigung **nicht zuzustimmen**. Die Beseitigung braucht ihm auch nicht vorher angezeigt zu werden, obwohl sich dies empfiehlt, um einem etwaigen Unterlassungsverlangen zuvorzukommen (vgl. dazu unten Rn. 6).

II. Der Unterlassungsanspruch des Anbauberechtigten

4 Der Anbauberechtigte kann verlangen, dass die Nachbarwand **im Umfang eines beabsichtigten Anbaus nicht beseitigt** wird, wenn er dem Duldungspflichtigen schriftlich (§§ 126, 126a BGB) anzeigt, dass er anbauen will; obwohl dies (anders als z. B. in § 10 Abs. 1 S. 3 NachbThür) nicht vorgesehen ist, ist § 7 Abs. 2 entsprechend anwendbar. Die Anzeige muss nicht den Anforderungen des § 7 Abs. 1 genügen, aber den Umfang des beabsichtigten Anbaus angeben. Soweit der Anbau nach § 62 LBO einer Baugenehmigung oder z. B. nach § 63 Abs. 3 S. 2 LBO einer bloßen Bauanzeige bedarf, erlischt der Unterlassungsanspruch, wenn der Anbauberechtigte nicht innerhalb der nächsten 6 Monate ab Zugang der Anzeige bei dem Duldungspflichtigen den Baugenehmigungsantrag bzw. die Bauanzeige bei der Bauaufsichtsbehörde einreicht.

5 Der Unterlassungsanspruch ist als **verwirkt** anzusehen, wenn der beabsichtigte Anbau nicht mehr durchgeführt werden kann, z. B. weil die Baugenehmigung unanfechtbar versagt oder zurückgenommen oder nach § 75 LBO erloschen ist (Hodes/Dehner § 5 Rn 5; Korbion/Scherer Rn. M He 53). Bei genehmigungs- und anzeigefreien Anbauten kann eine Verwirkung angenommen werden, wenn nicht in einer § 75 LBO entsprechenden Frist ab Anzeige an den Duldungspflichtigen mit dem Anbau begonnen worden ist.

III. Verlust des Unterlassungsanspruchs

Hat der Anbauberechtigte seine Anbauabsicht noch nicht angezeigt, dann kann der Eigentümer der Nachbarwand sein **Beseitigungsrecht aus Absatz 1 sichern**, indem er dem Anbauberechtigten die beabsichtigte Beseitigung schriftlich anzeigt und – sofern nach §§ 62 ff. LBO erforderlich – innerhalb der nächsten 6 Monate die Abbruchgenehmigung bei der Bauaufsichtsbehörde beantragt bzw. den Abbruch anzeigt. Danach kann ein Unterlassungsanspruch nicht mehr entstehen, und damit verliert der Anbauberechtigte auch das Anbaurecht. Unterlassungsansprüche und Anbaurecht leben erst wieder auf, wenn der Abbruch z. B. aus den in Rn. 5 genannten Gründen nicht mehr ausgeführt werden kann bzw. die Berufung auf das Nichtentstehen des Unterlassungsanspruchs verwirkt ist.

6

IV. Rechtsfolgen der Beseitigung

Beseitigt der Eigentümer des zuerst bebauten Grundstücks in zulässiger Weise die Nachbarwand, so hat der Anbauberechtigte als Ausgleich für die verlorene Anbaumöglichkeit einen Anspruch auf **Nutzungsvergütung** in Höhe der Überbaurente nach § 912 Abs. 2 BGB für die Dauer der Nutzung seines Grundstücks.

7

Wird die Nachbarwand beseitigt, obwohl ein Unterlassungsanspruch nach Absatz 2 bestand, dann hat der Anbauberechtigte einen Anspruch auf **Ersatz des durch den Verlust der Anbaumöglichkeit bedingten Schadens**; ein Anspruch auf Wiederherstellung der Wand besteht nicht. Auch wenn man in der Nachbarwand schon vor dem Anbau eine Grenzeinrichtung sieht, ist ein Wiederherstellungsanspruch aus §§ 922, 743, 744 BGB nicht gegeben, da Absatz 4 insoweit Sondervorschrift ist. Der Schaden besteht zunächst aus dem Unterschiedsbetrag zwischen den Kosten der notwendig gewordenen eigenen Grenzwand und der im Falle des Anbaus zu zahlenden Anbauvergütung. Sodann ist zu berücksichtigen, dass die eigene Grenzwand mehr Fläche des eigenen Grundstücks beansprucht als die Nachbarwand. Der Schadensersatzanspruch wird fällig, wenn das Bauwerk des Anbauberechtigten im Rohbau (vgl. § 6 Rn. 5) fertig gestellt ist. Baut der Anbauberechtigte später nicht oder nicht an der Grenze, so hat er nur Anspruch auf die Nutzungsvergütung nach Absatz 4 Satz 1.

8

§ 10 Veränderung der Nachbarwand

(1) Jeder Grundstückseigentümer darf die Nachbarwand in voller Dicke auf seine Kosten erhöhen, wenn dadurch keine oder nur geringfügige Beeinträchtigungen für den anderen Grundstückseigentümer zu erwarten sind. Dabei darf der höher Bauende auf das Nachbardach einschließlich des Dachtragewerks einwirken, soweit dies erforderlich ist; er hat auf seine Kosten das Nachbar-

dach mit der erhöhten Nachbarwand so zu verbinden, dass Schäden durch Gebäudebewegungen und Witterungseinflüsse vermieden werden. Für den erhöhten Teil der Nachbarwand gelten die §§ 6 bis 8 sowie 9 Abs. 1 bis 3 und Abs. 4 Satz 2 entsprechend.

(2) Die Absicht, das Recht nach Absatz 1 auszuüben, ist anzuzeigen; § 7 gilt entsprechend. Der Schaden, der bei Ausübung des Rechts nach Absatz 1 dem Eigentümer oder dem Nutzungsberechtigten des anderen Grundstücks entsteht, ist auch ohne Verschulden zu ersetzen. Auf Verlangen ist Sicherheit in Höhe des voraussichtlichen Schadens zu leisten; das Recht nach Absatz 1 darf dann erst nach Leistung der Sicherheit ausgeübt werden.

(3) Jeder Grundstückseigentümer darf die Nachbarwand auf seinem Grundstück verstärken.

Übersicht	Rn.
I. Allgemeines	1
II. Erhöhen der Nachbarwand	2–6
III. Anzeigepflicht und Schadensersatz	7–9
IV. Verstärken der Nachbarwand	10–12

I. Allgemeines

1 Diese Vorschrift widerspricht nicht den §§ 921, 922 BGB und ist damit durch die **Gesetzgebungskompetenz** aus Art. 3 und 124 EGBGB gedeckt, denn Erhöhung und Verstärkung sind keine nach §§ 922 Satz 3 BGB zustimmungsbedürftigen Änderungen der Grenzeinrichtung (BGHZ 29, 372).

II. Erhöhen der Nachbarwand

2 **Vor dem Anbau** darf die Nachbarwand von dem Eigentümer erhöht werden, was nach BGB unzulässig wäre (BGH NJW 1975, 1313); er trägt die Kosten der Erhöhung und Unterhaltung. Ohne gleichzeitigen Anbau darf der Nachbar die Wand nicht erhöhen, er würde dem Eigentümer damit nur erhöhte Unterhaltungskosten verursachen.

3 **Mit und nach dem Anbau** darf jeder der beteiligten Grundstückseigentümer die Nachbarwand auf seine Kosten und ohne die Zustimmung des anderen erhöhen, sofern keine oder nur geringfügige Beeinträchtigungen für den anderen zu erwarten sind. Als Beeinträchtigungen kommen in erster Linie bautechnische Auswirkungen auf die Nachbarwand und die angebauten Bauwerke in Betracht (z. B. Senkschäden infolge zu schwacher Fundamente). Beeinträchtigungen, die sich aus der zu geringen Stärke der Nachbarwand ergeben, können durch gleichzeitiges Verstärken nach Absatz 3 behoben werden. Für geringfügige Beeinträchtigungen ist nach Absatz 2 Schadensersatz zu leisten. Die Erhöhung braucht nicht in voller Dicke zu erfolgen und kann sich auf einen Teil der Wand beschränken (Schäfer/Fink-Jamann/Peter § 15 Rn. 4). Im Rahmen der Erhöhung darf auf das Dach und das Dachtragwerk des Nachbarbauwerks eingewirkt werden. Die erhöhte Wand ist mit dem Nachbardach bautechnisch einwandfrei zu verbinden.

Absatz 1 Satz 1 und 2 gestattet eine Beeinträchtigung von Besitz und Eigentum und gibt nicht nur einen Duldungsanspruch. Eine diesen Vorschriften entsprechende Handlung ist daher **keine verbotene Eigenmacht** i. S. von § 858 Abs. 1 BGB und **keine rechtswidrige Eigentumsverletzung** i. S. von § 1004 Abs. 1 BGB, sofern die nach Absatz 2 vorgeschriebene Anzeige erstattet und eine verlangte Sicherheitsleistung erbracht worden ist. 4

Aus der entsprechenden Anwendung der in Absatz 1 Satz 3 genannten Vorschriften folgt: Der andere Nachbar ist berechtigt, nach vorheriger Anzeige und gegen Zahlung einer Anbauvergütung **an die erhöhte Wand anzubauen** (§§ 6, 7). Ist eine nicht in voller Stärke erhöhte Nachbarwand nicht mittig, sondern auf der Seite des anderen Nachbarn erhöht worden, sodass dieser Nachbar im Falle des Anbaus gegenüber dem anderen einen Raumverlust erleidet, so handelt es sich insoweit um einen Überbau, für den der andere Nachbar, sofern er ihn nach § 912 BGB dulden muss, sofort eine Überbaurente verlangen kann, oder der bei einem späteren Anbau entsprechend § 6 Abs. 4 bei der Berechnung der Anbauvergütung auszugleichen ist (BGH NJW 1970, 97; vgl. auch OLG Düsseldorf NJW 1963, 161; OLG Köln NJW 1965, 2109). 5

Die **Unterhaltungskosten** für den erhöhten Wandteil sind bis zum Anbau an ihn von dem Erbauer dieses Wandteils allein zu tragen; nach dem Anbau sind sie anteilig zu tragen (§ 8). Eigentumsverhältnisse und Nutzungsrecht entsprechen der Rechtslage bei nur teilweisem Anbau (vgl. § 4 Rn. 16). Das Recht zur Beseitigung des erhöhten Teils richtet sich nach § 9. Da § 9 Absatz 4 Satz 1 nicht anwendbar ist, löst die zulässige Beseitigung des erhöhten Teils keinen Anspruch auf Überbaurente aus, denn zusätzlicher Boden ist nicht beansprucht worden. 6

III. Anzeigepflicht und Schadensersatz

Nach Absatz 2 Satz 1 in Verbindung mit § 7 sind die Einzelheiten der geplanten Erhöhung spätestens zwei Monate vor dem Beginn der Bauarbeiten dem Eigentümer oder dem im Besitz betroffenen Nutzungsberechtigten des Nachbargrundstücks **schriftlich anzuzeigen**. Auf die Erläuterungen zu § 7 wird verwiesen. 7

Absatz 2 Satz 2 gewährt einen vom Verschulden des Schädigers unabhängigen **Schadensersatzanspruch** (Gefährdungshaftung). Der Schaden muss durch eine Handlung zugefügt sein, die in unmittelbarem inneren Zusammenhang mit der Erhöhung steht (z. B. Putzschäden durch Stemmarbeiten, Setzrisse, Schäden durch herabfallendes Material), und nicht nur gelegentlich der Erhöhung begangen wurde (z. B. ein von einem Bauarbeiter begangener Diebstahl); vgl. dazu auch Palandt/Sprau § 831 Rn. 9. Art und Umfang des Schadensersatzanspruchs richten sich nach §§ 249 ff. BGB und umfasst neben dem reinen Sachschaden auch den Vermögensschaden infolge zeitweiser Nichtbenutzbarkeit; 8

Personenschaden gehört rechtssystematisch nicht zum Nachbarrecht und ist nur nach §§ 823 ff. BGB zu ersetzen. Schadensersatzberechtigt sind der Eigentümer und die Nutzungsberechtigten des Nachbargrundstücks; oft hängt es vom Innenverhältnis unter ihnen ab, wem ein Schaden entstanden ist (z. B. nur dem Eigentümer, wenn der Mieter den Mietzins wegen der Setzrisse mindert). Andere Personen (z. B. Besucher des Nachbargrundstücks) haben nur Ansprüche aus §§ 823 ff. BGB; muss für Sachschäden Dritter aber der Eigentümer/Nutzungsberechtigte aufkommen, so kann er nach Absatz 2 Satz 2 Rückgriff nehmen. Schadensersatzpflichtig sind der erhöhende Grundstückseigentümer und der mit ihm nicht identische Bauherr als Gesamtschuldner (OLG Düsseldorf DB 1975, 2433; NJW-RR 1997, 146); ihre Hilfspersonen haften nur aus §§ 823 ff. BGB.

9 Ein Schadensersatzberechtigter kann verlangen, dass der Schadensersatzpflichtige **Sicherheit** in Höhe des voraussichtlichen Schadens leistet, bevor die Erhöhung begonnen oder fortgesetzt wird; der voraussichtliche Schaden ist vom Schadensersatzberechtigten zu beweisen (notfalls § 287 ZPO). Solange eine verlangte Sicherheitsleistung nicht erbracht wird, kann Unterlassung des Erhöhens nach §§ 862, 1004 BGB verlangt werden, da das Gesetz die Erhöhung dann nicht gestattet. Wie Sicherheit geleistet wird, bestimmen die §§ 232 ff. BGB.

IV. Verstärken der Nachbarwand

10 **Vor dem Anbau** darf die Nachbarwand von dem Eigentümer auf seiner Seite verstärkt werden; er trägt die Kosten der Verstärkung (vgl. dazu aber OLG Karlsruhe MDR 1971, 1011 für eine nach Abbruch des Anbaus infolge Einsturzgefahr notwendige Verstärkung) und der Unterhaltung. Wird die verstärkte Wand auch für den Anbau erforderlich, dann gehören die Kosten der Verstärkung zu den Herstellungskosten und sind durch die Anbauvergütung auszugleichen; die Verteilung der Unterhaltungskosten für die Zeit nach dem Anbau richtet sich nach § 8 Abs. 2. Ohne gleichzeitigen Anbau darf der Nachbar die Wand auf seiner Seite nicht verstärken (vgl. oben Rn. 2).

11 **Mit und nach dem Anbau** darf jeder der beteiligten Grundstückseigentümer ohne Zustimmung des anderen die Nachbarwand auf seinem Grundstück verstärken. Für eine Verstärkung genügt nicht, dass neben der Nachbarwand eine weitere Wand errichtet wird, vielmehr muss zwischen der Verstärkung und der Nachbarwand eine feste Verbindung bestehen (Lehmann § 13 Rn. 1; Hodes/Dehner § 7 Rn. 1). Ist die Verstärkung für das Bauwerk desjenigen, der die Verstärkung nicht vornimmt, nicht erforderlich (z. B. der Verstärkende will sein Bauwerk vergrößern und benötigt eine größere Tragfähigkeit der Wand), so hat der die Verstärkung vornehmende Grundstückseigentümer die Kosten der Verstärkung entsprechend § 6 Abs. 3 allein zu tragen und sich nach § 8 Abs. 2 Satz 2 mit einem erhöhten Anteil an den Unterhaltungskosten zu beteiligen. Ist die Verstärkung für beide Bauwerke erforderlich (z. B. Schall- und Wärmedämmung), so richtet sich die Verteilung der Verstärkungs- und Unterhaltungskosten nach §§ 6 Abs. 2, 8 Abs. 2 Satz 1. An den Miteigentumsquoten ändert sich durch die Verstärkung nichts, weil diese unabhängig davon sind, ob die Wand mittig auf der Grenze steht (§ 4 Rn. 15; a. A. Postier § 14 Anm. 4).

Erfordert die Verstärkung eine Einwirkung auf die Nachbarwand, so ist ein entstehender **Schaden** in analoger Anwendung von Absatz 2 Satz 2 auch ohne Verschulden zu ersetzen; Rn. 8 gilt entsprechend. Für einen zu erwartenden Schaden kann analog Absatz 2 Satz 3 Sicherheit verlangt werden; Rn. 9 gilt entsprechend. **12**

Abschnitt III: **Grenzwand**

§ 11 Grenzwand und Anbau

(1) Grenzwand ist die unmittelbar an der Grenze zum Nachbargrundstück auf dem Grundstück des Erbauers errichtete Wand.
(2) Anbau an die Grenzwand ist ihre Mitbenutzung als Abschlusswand oder zur Unterstützung oder Aussteifung des neuen Bauwerks.

Übersicht   Rn.

I.   Allgemeines 1, 2
II. Voraussetzungen der Grenzwand   3
III. Anbau an die Grenzwand   4
IV. Eigentum an der Grenzwand, Grenzeinrichtung   5–7

I. Allgemeines

Die an der Grundstücksgrenze stehende Wand hat durch die **geschlossene Bauweise** erhebliche Bedeutung erlangt. Die Wand kann auch einem Bauwerk auf dem Nachbargrundstück durch Anbau unmittelbar nutzbar gemacht werden, sodass insoweit eine ähnliche Interessenlage wie bei der Nachbarwand besteht. Aber auch ohne Anbau können durch eine Berücksichtigung der Interessen und Pläne des Nachbarn unnötige und kostspielige bauliche Maßnahmen vermieden werden, die bei einem späteren Bauvorhaben des Nachbarn notwendig würden. **1**

Nach **öffentlichem Recht** ist eine Grenzwand nur dort zulässig, wo bis an die Grundstücksgrenze gebaut werden darf und muss; vgl. dazu § 4 Rn. 1. **2**

II. Voraussetzungen der Grenzwand

Die Grenzwand steht im Gegensatz zur Nachbarwand, die auf beiden Grundstücken steht („auf der Grenze", § 4 Abs. 1 Satz 1), **ganz auf dem Grundstück des Erbauers**; z. B. Sichtschutzwand (OLG Köln WuM 1992, 621). Sie wird unmittelbar an der Grenze zum Nachbargrundstück errichtet, wobei ein geringfügiger Abstand zur Grenze (weniger als die Dicke der Wand) unschädlich ist (Lehmann § 16 **3**

Anm. 3; Schäfer/Fink-Jamann/Peter § 19 Rn. 1; offen gelassen bei 60 cm von BGH NJW 1997, 2595). Steht die Wand ganz oder teilweise auf dem Nachbargrundstück, so handelt es sich um einen Überbau, der unter den Voraussetzungen des § 912 BGB zu dulden ist und auf die daher nach § 16 einzelne Vorschriften über die Grenzwand anwendbar sind (vgl. § 16 Rn. 2 bis 4).

III. Anbau an die Grenzwand

4 Anbau an die Grenzwand ist ihre **Mitbenutzung** als Abschlusswand, Unterstützung oder Aussteifung für ein Bauwerk auf dem Nachbargrundstück; z. B. durch fugenloses Anlehnen einer nicht standfesten eigenen Grenzwand; (BGH NJW-RR 2001, 1528). Wegen der Einzelheiten wird auf § 4 Rn. 9 bis 12 verwiesen.

IV. Eigentum an der Grenzwand, Grenzeinrichtung

5 **Vor dem Anbau** steht die Grenzwand im **Alleineigentum** des Grundstückseigentümers, auf dessen Grundstück sie errichtet ist. Daran ändert sich durch natürliche Drift der Wand auf das Nachbargrundstück nichts (OLG Frankfurt NJW-RR 1992, 464). Weil sie ganz auf einem Grundstück steht, ist sie **keine Grenzeinrichtung** (BGH NJW 1964, 1221). Der Alleineigentümer hat das alleinige Nutzungsrecht.

6 Obwohl die Grenzwand **nach dem Anbau** durch den Nachbarn wesentlicher Bestandteil beider Bauwerke ist, bleibt sie **Alleineigentum** des Grundstückseigentümers, auf dessen Grundstück sie errichtet ist (BGH NJW 1964, 1221; 1977, 1447; NJW-RR 2001, 1528; 2016, 588 Tz 6; OLG Köln DWW 1975, 164; OLG Düsseldorf ZMR 1996, 28). Die Grenzwand wird **nicht Grenzeinrichtung** i. S. v. §§ **921, 922 BGB**, da sie weiterhin ganz auf einem Grundstück steht (BGH NJW-RR 2001, 1528; 2016, 588 Tz 8). Bei einem nur teilweisen Anbau hat der anbauende Nachbar kein Nutzungsrecht an dem freien Teil der Wand, denn er hat daran kein Miteigentum und trägt für diesen Teil auch keine Unterhaltskosten (§§ 13 Abs. 3, 8 Abs. 2; vgl. § 4 Rn. 16).

7 Nach **Abbruch oder Zerstörung des Anbaus** des Nachbarn entspricht die Rechtslage der vor dem Anbau (vgl. oben Rn. 5); zum Anbaurecht des Nachbarn vgl. § 13 Rn. 6. Nach Abbruch oder Zerstörung des von dem Eigentümer errichteten Bauwerks unter Fortbestand der Grenzwand ändern sich die Rechtsverhältnisse an ihr nicht. Die Grenzwand bleibt Alleineigentum des Grundstückseigentümers, auf dessen Grundstück sie errichtet ist (BGH NJW 1977, 1447; OLG Düsseldorf ZMR 1996, 28); dieser darf sie allein nutzen (z. B. als Werbefläche; OLG Düsseldorf a. a. O.) und wieder anbauen. Sie wird nicht Grenzeinrichtung i. S. v. §§ 921, 922 BGB.

§ 12 Errichten der Grenzwand

(1) Der Grundstückseigentümer, der eine Grenzwand errichten will, hat dem Eigentümer des Nachbargrundstücks die Bauart und Bemessung der beabsichtigten Wand schriftlich anzuzeigen; § 7 Abs. 2 gilt entsprechend.

(2) Der Eigentümer des Nachbargrundstücks kann innerhalb von zwei Monaten nach Zugang der Anzeige verlangen, die Grenzwand so zu gründen, dass bei der späteren Durchführung seines Bauvorhabens zusätzliche Baumaßnahmen vermieden werden. Mit der Errichtung der Grenzwand darf erst nach Fristablauf begonnen werden.

(3) Die durch das Verlangen nach Absatz 2 entstehenden Mehrkosten sind zu erstatten. In Höhe der voraussichtlich erwachsenen Mehrkosten ist auf Verlangen des Erbauers der Grenzwand innerhalb von zwei Wochen Vorschuss zu leisten. Der Anspruch auf die besondere Gründung erlischt, wenn der Vorschuss nicht fristgerecht geleistet wird.

(4) Soweit der Erbauer der Grenzwand die besondere Gründung auch zum Vorteil seines Bauwerks nutzt, beschränkt sich die Erstattungspflicht des Eigentümers des Nachbargrundstücks auf den angemessenen Kostenanteil; darüber hinaus gezahlte Kosten können zurückgefordert werden.

Übersicht

		Rn.
I.	Anzeigepflicht	1, 2
II.	Anspruch auf besondere Gründung	3, 4
III.	Kostenausgleich	5, 6
IV.	Veränderung der Grenzwand	7

I. Anzeigepflicht

Der Erbauer der Grenzwand hat dem Eigentümer des Nachbargrundstücks die **1** bautechnischen Einzelheiten der geplanten Wand schriftlich anzuzeigen (vgl. dazu § 7 Rn. 1), damit der Nachbar prüfen kann, ob er von seinem Recht Gebrauch machen will, nach Absatz 2 eine besondere Gründung der Grenzwand zu verlangen. Die Anzeige ist auch dann zu machen, wenn das Nachbargrundstück bereits in Grenznähe bebaut ist, denn der Nachbar soll auch einen Verstoß gegen § 909 BGB erkennen und abwehren können (Schäfer § 21 Rn. 4); angesichts des Gesetzeswortlauts müssen aber bei der Anzeige nicht das Gewicht der Wand und die geplanten Sicherungsmaßnahmen gegen ein Abrutschen des Nachbargrundstücks mitgeteilt werden (Postier § 17 Anm. 1.2; a. A. Bauer/Schlick/Hülbusch § 13 Anm. 3). Werden die Bauarbeiten ohne vorherige Anzeige begonnen, so kann der Nachbar – notfalls mithilfe einer einstweiligen Verfügung – Unterlassung verlangen. Durch Verletzung der Anzeigepflicht wird die Errichtung der Grenzwand aber nicht endgültig unzulässig (vgl. LG Frankfurt ZMR 1978, 203). Ein besonderer Schadenersatzanspruch wegen unterlassener Anzeige ist nicht vorgesehen (anders § 21 Abs. 2 Satz 3 NachbGNRW), ergibt sich aber aus §§ 280 ff BGB wegen Verletzung einer Pflicht aus einem gesetzlichen Schuldverhältnis (Bauer/Schlick/Hülbusch § 13 Anm. 6).

Die entsprechende Anwendung des § 7 Abs. 2 ergibt, dass die **Anzeige** dem **2** unmittelbaren Besitzer zu machen ist, wenn der Eigentümer nicht erreichbar ist und keinen Vertreter bestellt hat (vgl. dazu § 7 Rn. 3, 4).

II. Anspruch auf besondere Gründung

3 Wenn ein neues Bauwerk neben einem bereits vorhandenen errichtet werden soll, können sich besondere Gründungsprobleme ergeben. Erfordert das **zweite Bauwerk tiefere Fundamente**, so muss das bereits vorhandene Bauwerk u. U. durch kostspielige Maßnahmen abgesichert und unterfangen werden, damit es nicht die erforderliche Stütze verliert. Um dies zu vermeiden, kann der Eigentümer des Nachbargrundstücks verlangen, die Grenzwand gleich so zu gründen (z. B. tiefer), dass diese Sicherungsmaßnahmen nicht notwendig werden. Der Anspruch auf besondere Gründung ist innerhalb einer Ausschlusspflicht von zwei Monaten, die mit dem Zugang der Anzeige nach Absatz 1 beginnt, dem Erbauer gegenüber geltend zu machen. Wird vor Ablauf dieser Frist mit den Bauarbeiten begonnen, so kann der Nachbar – notfalls mithilfe einer einstweiligen Verfügung – Unterlassung verlangen.

4 Der Anspruch auf besondere Gründung kann **eingeklagt** und im Wege der Ersatzvornahme nach § 887 ZPO **vollstreckt** werden. Der Beginn und die Fortsetzung von Bauarbeiten, die dem Gründungsverlangen nicht nachkommen, können – notfalls durch eine einstweilige Verfügung – gemäß § 1004 BGB verhindert werden (OLG Düsseldorf ZfIR 1998, 159). Einen besonderen Schadensersatzanspruch bei Nichtbeachtung des Gründungsverlangens sieht das Gesetz nicht vor, er ergibt sich aber aus §§ 280 ff. BGB (Schäfer/Fink-Jamann/Peter § 21 Rn. 8; Bauer/Schlick/Hülbusch § 13 Anm. 6), wobei der Schaden in dem Unterschiedsbetrag zwischen den erforderlich gewordenen Mehraufwendungen und der ersparten Erstattung nach Absatz 3 besteht (Korbion/Scherer a. a. O.).

III. Kostenausgleich

5 Verlangt der Nachbar eine besondere Gründung, so hat er dem Erbauer der Grenzwand die dadurch entstehenden **Mehrkosten** (Baukosten, Architekten- und Statikergebühren) zu erstatten, soweit sie erforderlich waren und nicht gröblich übersetzt sind (Lehmann § 16 Anm. 10). Der Vergütungsanspruch wird fällig, sobald der Erbauer die Mehrkosten dem Bauunternehmer oder Architekten zu zahlen hat. Der Erbauer kann aber verlangen, dass der Nachbar einen Vorschuss in Höhe der voraussichtlichen Mehrkosten leistet. Zahlt der Nachbar den Vorschuss innerhalb von zwei Wochen nicht, dann erlischt der Anspruch des Nachbarn auf besondere Gründung; eingeklagt werden kann der Vorschuss nicht.

6 **Nutzt der Erbauer die besondere Gründung** sogleich oder später für sein eigenes Bauwerk aus, indem er z. B. abweichend von seinem ursprünglichen Plan ein höheres oder unterkellertes Gebäude errichtet, so verringert sich sein Vergütungsanspruch entsprechend der eigenen Nutzung. Nutzt der Erbauer die besondere Gründung erst später für sich aus, so muss er die Vergütung ganz oder teilweise zurückzahlen. Eine zeitliche Begrenzung sieht das Gesetz nicht vor (anders § 16 Abs. 4 NachbGNds).

IV. Veränderung der Grenzwand

Eine entsprechende Anwendung von § 12 ist geboten, wenn eine vorhandene Grenzwand so verändert werden soll, dass auch die Fundamente wesentlich verändert werden müssen. 7

§ 13 Anbau an die Grenzwand

(1) Der Eigentümer des Nachbargrundstücks darf eine Grenzwand durch Anbau nutzen, wenn der Eigentümer des Grundstücks, auf dem die Grenzwand errichtet ist, schriftlich zustimmt.
(2) Der anbauende Eigentümer des Nachbargrundstücks hat dem Eigentümer des Grundstücks, auf dem die Grenzwand errichtet ist, eine Vergütung zu zahlen, soweit er nicht schon nach § 12 Abs. 3 zu den Baukosten beizutragen hat; er hat ferner eine angemessene Vergütung dafür zu leisten, dass er den für die Errichtung einer eigenen Grenzwand erforderlichen Baugrund einspart. § 6 Abs. 2 und Abs. 3 Satz 1 sowie Abs. 5 gilt entsprechend.
(3) Für die Unterhaltungskosten der Grenzwand gilt § 8 entsprechend.

Übersicht

		Rn.
I.	Anbau an die Grenzwand	1, 2
II.	Rechtsfolgen des Anbaus	3–7

I. Anbau an die Grenzwand

Anders als im Falle der mit seiner Zustimmung zum Teil auf seinem Grundstück errichteten Nachbarwand darf der Eigentümer des Nachbargrundstücks an die Grenzwand nur anbauen, wenn der **Eigentümer der Grenzwand schriftlich zugestimmt** hat (vgl. auch BGH NJW-RR 2001, 1528); für die Form der Zustimmung gilt § 4 Rn. 6 entsprechend. Eine nur mündlich erteilte Zustimmung ist nach § 125 BGB unwirksam, wobei die Berufung auf den Formmangel in Ausnahmefällen (z. B. nach längerer Duldung; vgl. OLG Köln DWW 1975, 164) gegen Treu und Glauben verstoßen kann. Die Zustimmung, für deren Rechtsnatur § 4 Rn. 5 gilt, ist **unwiderruflich** und bindet den Gesamtrechtsnachfolger des Eigentümers (vgl. § 4 Rn. 7). Der Sonderrechtsnachfolger ist nicht an die Zustimmung gebunden (BGH NJW 1977, 1447). Da ein genehmigter Anbau einem entschuldigten Überbau aber wirtschaftlich gleichwertig und erhaltungsbedürftig ist, ist eine Duldungspflicht für einen vor dem Eigentumswechsel vollzogenen Anbau entsprechend § 912 BGB interessengerecht (im Ergebnis ebenso OLG Köln DWW 1975, 164; Bauer/Schlick/Hülbusch § 14 Anm. 2; vgl. aber BGH NJW 1977, 1447); andernfalls muss der Anbauende sich durch eine Grunddienstbarkeit sichern (vgl. § 1 Rn. 9). Bei einem Anbau ohne wirksame Zustimmung kann Unterlassung und Beseitigung nach § 1004 BGB verlangt werden. 1

Wenn nach **planungsrechtlichen Vorschriften** an die Grenze gebaut werden muss (vgl. § 6 Abs. 1 Satz 4 LBO), so darf gleichwohl nicht ohne Zustimmung 2 des Eigentümers der Grenzwand angebaut werden. Der Nachbar kann der Verpflichtung auch durch Errichten einer zweiten Grenzwand entsprechen (vgl. § 14), da es im Rahmen des § 6 Abs. 1 Satz 4 LBO nur auf eine geschlossene Bauweise ankommt. Die planungsrechtliche Verpflichtung begründet daher keinen privatrechtlichen Anspruch auf Erteilung der Zustimmung (OVG Lüneburg SchlHA 1973, 101). Eine privatrechtliche Anbaupflicht besteht nur, wenn sie vertraglich vereinbart ist.

II. Rechtsfolgen des Anbaus

3 Der anbauende Nachbar hat dem Eigentümer der Grenzwand (maßgebend ist der Zeitpunkt der Fälligkeit) eine **Anbauvergütung** zu zahlen, die im wesentlichen wie beim Anbau an eine Nachbarwand geregelt ist. Die entsprechende Anwendung von § 6 Abs. 2 ergibt, dass der halbe Wert der Grenzwand zu vergüten ist, soweit sie durch den Ausbau genutzt wird; aus der entsprechenden Anwendung von § 6 Abs. 3 Satz 1 und Abs. 5 folgt, wie die Vergütung berechnet wird, wann sie fällig ist und dass Sicherheit verlangt werden kann; wegen der Einzelheiten wird auf die Erläuterungen zu § 6 verwiesen. Hatten der Nachbar oder sein Rechtsvorgänger eine besondere Gründung verlangt und sich daher nach § 12 Abs. 3 schon an den Errichtungskosten beteiligt, dann ist für die Berechnung der Anbauvergütung von einer Wand auszugehen, wie sie der Eigentümer der Grenzwand ohne das Gründungsverlangen des Nachbarn errichtet hätte (Bauer/Schlick/Hülbusch § 14 Rn. 6). Diese Regelung in Abs. 2 Satz 1 ersetzt § 6 Abs. 3 Satz 2, der deshalb nicht entsprechend anwendbar ist. Ferner ist ein angemessener Betrag dafür zu zahlen, dass der Nachbar eigenen Baugrund erspart hat, den er für eine Grenzwand auf seinem Grundstück hätte zur Verfügung stellen müssen.

4 Aus der entsprechenden Anwendung von § 8 ergibt sich für die **Unterhaltung der Grenzwand**: Vor dem Anbau trägt der Eigentümer des Grundstücks, auf der sie steht, als ihr Alleineigentümer die Unterhaltungskosten, ohne dem Nachbarn gegenüber zur Unterhaltung verpflichtet zu sein. Nach dem Anbau gilt § 8 Abs. 2 für die Verteilung der Unterhaltungskosten. Die Wand steht zwar im Alleineigentum des Grundstückseigentümers, auf dessen Grundstück sie errichtet ist (§ 11 Rn. 6), sie steht aber im Bereich des Anbaus im Mitbesitz der Nachbarn (vgl. auch BGHZ 29, 372), und da Besitz ein Recht i. S. von § 741 BGB ist, das mehreren gemeinschaftlich zustehen kann (BGHZ 62, 243), ergeben sich die Rechte und Pflichten zur Vornahme von Unterhaltungsarbeiten aus §§ 744, 745 BGB (vgl. § 8 Rn. 3).

5 Wird der Anbau (vgl. OLG Frankfurt OLGZ 1982, 352) oder das zuerst errichtete Bauwerk **abgebrochen oder zerstört**, so hat dessen Eigentümer die Abbruchschäden zu beseitigen und die Außenfläche des bisher gemeinsam genutzten Teils der Grenzwand in einen für eine Außenwand geeigneten Zustand zu versetzen (§ 8 Abs. 3 Satz 1), § 8 Rn. 7 gilt entsprechend. Sieht man darin keine Unterhaltungskosten und hält deswegen § 8 Abs. 3 Satz 1 nicht für entsprechend anwendbar, dann können Abbruchschäden nach § 823 Abs. 1 BGB oder entsprechend § 906 Abs. 2 Satz 2 BGB (sogenannter nachbarrechtlicher Ausgleichsanspruch) zu ersetzen sein (BGH NJW-RR 2016, 588). Die Wand ist künftig von demjenigen alleine zu unterhalten, der sie für sein Bauwerk nutzt (§ 8 Abs. 3 Satz 2), selbst wenn das nicht ihr Eigentümer (sondern der Eigentümer des Anbaus) ist. Wird eine Grenzwand abgerissen, so hat der Eigentümer einer Grenzwand auf dem Nachbargrundstück, die nicht angebaut war, keinen Anspruch aus § 8 Abs. 3 Satz 1 oder auf Schadensersatz bei eindringender Feuchtigkeit (BGH NJW 2010, 1808; NJW-RR 2011, 515; OLG Köln NJW-RR 1987, 529).

Wird das zuerst errichtete Bauwerk abgebrochen oder zerstört, so darf sein Eigentümer die Grenzwand **wieder zum Anbau benutzen**, weil er weiterhin ihr Eigentümer ist (vgl. § 11 Anm. 7). Auch der Eigentümer eines abgebrochenen oder zerstörten Anbaus darf sie ohne erneute Zustimmung und Anbauvergütung zu einem Wiederanbau, der die Wand nicht mehr als der bisherige Anbau beansprucht, vorbehaltlich einer Verwirkung dieses Rechts benutzen (einschränkend auf alsbaldigen Wiederanbau: Bauer/Schlick/Hülbusch § 14 Anm. 11), da er keinen Anspruch auf Erstattung der Anbauvergütung hat.   6

Da die Grenzwand nach dem Anbau weiterhin im Alleineigentum desjenigen steht, auf dessen Grundstück sie errichtet wurde (vgl. § 11 Rn. 6), macht dieser sich gegenüber dem Eigentümer des Anbaus nicht nach § 823 BGB schadensersatzpflichtig, wenn er ohne dessen Zustimmung die von diesem **als Abschlusswand benutzte Grenzwand beseitigt** (OLG Celle NdsRpfl 1976, 10). Möglich ist ein Schadensersatzanspruch aus §§ 280 ff BGB wegen Verletzung einer vertraglichen Verpflichtung aus der Grenzwandabrede (zu dieser vgl. § 13 Rn. 1 mit § 4 Rn. 5).   7

§ 14 Errichten einer zweiten Grenzwand

(1) Wer eine Grenzwand neben einer schon vorhandenen Grenzwand errichtet, ist verpflichtet, die Fuge zwischen den Grenzwänden auf seine Kosten bündig mit den Außenflächen der Bauwerke zu verdecken.

(2) Der Erbauer der zweiten Grenzwand ist berechtigt, auf eigene Kosten durch übergreifende Bauteile einen den öffentlichrechtlichen Vorschriften entsprechenden Anschluss an das bestehende Bauwerk herzustellen; er hat den Anschluss auf seine Kosten zu unterhalten.

(3) Muss der Eigentümer des Nachbargrundstücks zur Ausführung seines Bauvorhabens seine Grenzwand tiefer als die zuerst errichtete Grenzwand gründen, so darf er diese auf eigene Kosten unterfangen, wenn
1. **dies nach den allgemein anerkannten Regeln der Baukunst unumgänglich ist oder nur mit unverhältnismäßig hohen Kosten vermieden werden könnte,**
2. **keine erhebliche Schädigung des zuerst errichteten Bauwerks zu besorgen ist und**
3. **das Bauvorhaben öffentlichrechtlich zulässig ist.**

(4) Für die Ausübung der Rechte nach Absatz 2 und 3 gilt § 10 entsprechend.

NachbG § 14 1–4

Übersicht   Rn.
I.   Anschluss an das Nachbarbauwerk 1–3
II. Unterfangen der Grenzwand 4, 5
III. Anzeige und Schadensersatz   6
IV. Anwendungsbereich   7

I. Anschluss an das Nachbarbauwerk

1 Baut der Eigentümer eines Grundstücks nicht an eine auf dem Nachbargrundstück vorhandene Grenzwand an, sondern errichtet er ein selbstständiges Bauwerk mit einer eigenen Grenzwand, so ist er im Interesse einer ordentlichen Baugestaltung dem Eigentümer des Nachbargrundstücks gegenüber verpflichtet, auf eigene Kosten die **Fuge zwischen den Grenzwänden** bündig mit der Außenfläche des einen oder anderen Bauwerks zu verdecken. Es besteht keine Verpflichtung, die Fuge in voller Tiefe auszufüllen oder das zweite Bauwerk an das erste anzuschließen, da das erste Bauwerk regelmäßig eine wetterfeste Grenzwand hat (a. A. OLG Köln ZMR 2011, 404 und LG Bonn ZMR 1971, 89 für den aber anders lautenden § 22 Abs. 1 NachbGNRW).

2 Das zweite Bauwerk kann entweder ebenfalls eine wetterfeste Grenzwand haben oder so an das erste Bauwerk angeschlossen werden, dass **keine Feuchtigkeit zwischen die Grenzwände** dringt. Wird die zweite Möglichkeit gewählt, so darf der Erbauer des zweiten Bauwerks auf eigene Kosten einen nach öffentlichrechtlichen Vorschriften zulässigen Anschluss durch übergreifende Bauteile (durchlaufende Dachrinnen, übergreifende Dachkonstruktion) herstellen. Dies berechtigt aber nicht, ohne Zustimmung des Nachbarn in die Substanz seines Bauwerks einzugreifen (AG Hamm NJW-RR 1997, 1104). Der Anschluss, der kein Anbau i. S. von § 11 Abs. 2 ist, ist in Zukunft von dem Erbauer und seinem Rechtsnachfolger auf eigene Kosten zu unterhalten. Soweit die Unterhaltung des Anschlusses im Interesse des ersten Bauwerks notwendig ist, hat dessen Eigentümer einen einklagbaren Anspruch auf Unterhaltung; die Vorschrift regelt nicht nur die Kostentragung, die sich schon aus dem Alleineigentum des Erbauers des Anschlusses ergeben würde.

3 Wird **eines der beiden Bauwerke abgebrochen oder zerstört**, so hat der Eigentümer des stehen gebliebenen Bauwerks gegen den Nachbarn keinen Anspruch auf wetterfeste Herrichtung einer ungeschützt gewordenen Außenwand, da der Anschluss kein Anbau i. S. von § 11 Abs. 2 ist, sodass §§ 8 Abs. 3, 13 Abs. 3 nicht gelten (Bauer/Schlick/Hülbusch § 15 Anm. 5; vgl. auch OLG Köln NJW-RR 1987, 529 [dort bestand aber kein Anschluss]).

II. Unterfangen der Grenzwand

4 Wird die zweite Grenzwand tiefer als die erste gegründet, kann die erste Grenzwand durch das Ausheben der Baugrube die notwendige Stütze im Boden verlieren. Der Erbauer der zweiten Grenzwand müsste nach § 909 BGB für eine ausreichende Sicherung und Befestigung sorgen (OLG Karlsruhe Justiz 1991, 12), was oft nicht möglich oder sehr kostspielig ist. Bautechnisch ist es in vielen Fällen aber möglich, die **Grenzwand auf dem Nachbargrundstück zu unterfangen und damit abzustützen.** Dieser Eingriff in das Nachbargrundstück dürfte nach den allgemeinen Vorschriften des BGB nur mit Zustimmung des Nachbarn vorgenommen werden, die zu erteilen der Nachbar nach BGB nicht verpflichtet ist (nach OLG Karlsruhe a. a. O. Duldungspflicht aus § 904 S. 1 BGB). In Absatz 3 ist deshalb bestimmt, dass der Eigentümer der zuerst errichteten Grenzwand unter bestimmten Voraussetzungen verpflichtet ist, ein Unterfangen seiner Grenzwand zu dulden. Weigert sich der Nachbar, so muss er auf Duldung verklagt werden (die Beweislast für alle Voraussetzungen nach Rn. 5 trägt der Kläger; BGH NJW 1997, 2595); ein eigenmächtiger Eingriff ist verbotene Eigenmacht.

Erste Voraussetzung ist, dass das Unterfangen nach den allgemein anerkannten **Regeln der Baukunst unumgänglich** ist, um die zweite Grenzwand überhaupt errichten zu können (vgl. BGH NJW 1997, 2595). Gleich gestellt ist der Fall, dass ein Unterfangen nur mit unverhältnismäßig hohen Kosten vermieden werden könnte. Es genügt nicht, dass das Unterfangen nur zweckmäßiger oder billiger ist. Zweite Voraussetzung ist, dass **keine erhebliche Schädigung** des zu unterfangenden Bauwerks zu besorgen ist. Unerheblich sind z. B. Putzschäden (Lehmann § 20 Anm. 5). Dritte Voraussetzung ist, dass das Bauvorhaben – soweit es ein Unterfangen erfordert – **öffentlichrechtlich zulässig** ist, d. h. dem formellen und materiellen Baurecht entspricht; unschädlich ist daher z. B., wenn nur die baurechtlichen Vorschriften für Fenster nicht eingehalten sind.

III. Anzeige und Schadensersatz

Wer durch übergreifende Bauteile einen Anschluss zur Grenzwand auf dem Nachbargrundstück herstellen oder diese unterfangen will, muss dies dem Eigentümer und Nutzungsberechtigten des Nachbargrundstücks anzeigen. Außerdem muss er die bei den Bauarbeiten entstehenden Schäden auch ohne Verschulden ersetzen und auf Verlangen Sicherheit leisten. Wegen der Einzelheiten wird auf die Erläuterungen zu § 10 verwiesen; für den Umfang des zu ersetzenden Schadens gelten daher §§ 249 ff. BGB (BGH NJW 1997, 2595). Zur Verschuldenshaftung vgl. BGH DB 1976, 2300.

IV. Anwendungsbereich

Die Vorschrift ist **nicht anwendbar**, wenn nicht beide Wände so nahe an der Grenze stehen (vgl. § 11 Rn. 3), dass sie beide als Grenzwand anzusehen sind (Hodes/Dehner § 9 Rn. 3). Sie ist ferner nicht anwendbar, wenn beide Wände gleichzeitig gebaut werden. Die Vorschrift ist nach § 16 **entsprechend anwendbar**, wenn neben einer über die Grenze hinausreichenden Wand, die keine Nachbarwand ist, aber geduldet werden muss, eine selbstständige Wand errichtet wird. Diese Regelung lässt es wegen gleicher Interessenlage zu, sie auch dann entsprechend anzuwenden, wenn unmittelbar neben einer Nachbarwand

NachbG §§ 14, 15

eine selbstständige Wand errichtet wird (vgl. § 16 Abs. 1 Satz 2 NachbGNds); z. B. nachdem von einer Nachbarwand ein Gebäude abgebrochen worden ist (OLG Düsseldorf BauR 1976, 71). Dies ergibt sich nicht direkt aus § 6 Abs. 1 Satz 2, denn er betrifft nur das Unterfangen für den Anbau (Lehmann § 7 Anm. 6), wie sich aus der Nichterwähnung von § 14 Abs. 1 und 2 ergibt. Die entsprechende Anwendung entspricht auch der Absicht des Gesetzes (vgl. Begründung zu § 6 – Landtagsdrucksache VI/1073).

§ 15 Einseitige Grenzwand

Der Eigentümer und der Nutzungsberechtigte eines Grundstücks haben Bauteile, die in den Luftraum ihres Grundstücks übergreifen, zu dulden, wenn
1. **nach öffentlichrechtlichen Vorschriften nur auf dem Nachbargrundstück bis an die Grenze gebaut werden darf,**
2. **die übergreifenden Bauteile öffentlichrechtlichen Vorschriften nicht widersprechen,**
3. **sie die Benutzung seines Grundstücks nicht oder nur geringfügig beeinträchtigen und**
4. **sie nicht zur Vergrößerung der Nutzfläche dienen, insbesondere nicht zum Betreten bestimmt sind.**

Übersicht   Rn.
I. Allgemeines 1
II. Voraussetzungen der Duldungspflicht 2–6
III. Rechtsfolgen der Duldungspflicht 7
IV. Wärmedämmung 8

I. Allgemeines

1 Nach § 905 Satz 1 BGB erstreckt sich das Herrschaftsrecht des Grundstückseigentümers auf den Luftraum über der Erdoberfläche, Einwirkungen Dritter auf diesen Luftraum darf er nach § 1004 BGB verbieten. Eine Ausnahme besteht nach § 905 Satz 2 BGB für Einwirkungen, die in solcher Höhe vorgenommen werden, dass der Eigentümer an der Ausschließung kein Interesse hat. Im Interesse einer geordneten Baugestaltung sieht § 15 (zur Verfassungsmäßigkeit vgl BVerfG ZfIR 2008, 108) eine weitere Ausnahme vor; sie gilt nicht für unterirdisch übergreifende Bauteile wie z. B. Lichtschächte (Birk § 7b Anm. 2 gegen OLG Karlsruhe 6 U 159/79) oder auf dem Boden aufsetzende Bauteile (Vetter/Karremann/Kahl § 7b Rn. 1).

II. Voraussetzungen der Duldungspflicht

2 Erste Voraussetzung ist, dass nach öffentlichrechtlichen Vorschriften nur auf dem Grundstück, von dem aus die Bauteile übergreifen, **bis an die Grenze gebaut werden darf**. Das kann z. B. der Fall sein, wenn der Bebauungsplan für das eine Grundstück die geschlossene und das andere Grundstück die offene Bauweise vorsieht, oder wenn der Bebauungsplan die überbaubaren Grundstücksflächen so festlegt, dass sie nur auf dem einen Grundstück bis zur Grenze reichen. Die Duldungspflicht besteht nicht, wenn auf beiden Grundstücken bis an die Grenze gebaut werden darf, oder wenn auf dem einen Grundstück nur aus privatrechtlichen Gründen (Grunddienstbarkeit) nicht bis an die Grenze gebaut werden darf.

Zweite Voraussetzung ist, dass die übergreifenden Bauteile **öffentlichrechtlichen Vorschriften nicht widersprechen**. Die Bauteile dürfen daher nicht verunstaltend wirken (§ 10 LBO) und müssen den Anforderungen der Landesbauordnung entsprechen. **3**

Dritte Voraussetzung ist, dass der Duldungspflichtige in der Benutzung seines Grundstücks **nicht oder nur unwesentlich beeinträchtigt** wird; die Beeinträchtigung kann auch in einer Sichtbehinderung bestehen (Schäfer/Fink-Jamann/Peter § 23 Rn. 4). Ob dies der Fall ist, hängt von der vorhandenen oder beabsichtigten Bebauung und Nutzung des Grundstücks ab. Es kommt ganz auf den Einzelfall an. **4**

Vierte Voraussetzung ist, dass die Bauteile **nicht zur Vergrößerung der Nutzflächen** dienen, insbesondere nicht zum Betreten bestimmt sind. Zu dulden sind z. B. Dachrinnen, Fenstersimse, Dach, und Mauervorsprünge; nicht zu dulden sind z. B. Erker und Balkone. Sofern man außen angebrachte Wärmedämmungen als Bauteile und nicht als Wandverstärkungen ansieht (vgl. Rn. 8), führen sie zu einer mittelbaren Vergrößerung der Nutzfläche, weil sie die sonst notwendige Anbringung an der Innenseite mit der Folge einer Raumverkleinerung vermeidet (OLG Karlsruhe NJW 2010, 620). Nicht zu den Bauteilen gehören Anlagen der Außenwerbung und Warenautomaten (vgl. § 11 LBO), sie sind nicht zu dulden. **5**

Diese vier Voraussetzungen (Rn. 2 bis 5) müssen **kumulativ** erfüllt sein (BGH WM 1979, 644). **6**

III. Rechtsfolgen der Duldungspflicht

Der unter den Voraussetzungen dieser Vorschrift vorgenommene Eingriff in den Luftraum des Nachbargrundstücks ist rechtmäßig. Er stellt wie eine nach § 906 BGB zu duldende Einwirkung **keine Besitz- und Eigentumsstörung** i. S. von §§ 862, 1004 BGB dar, kann also vorgenommen werden, ohne dass zuvor das Einverständnis des Duldungspflichtigen eingeholt werden muss. Aus der Rechtmäßigkeit folgt ferner, dass kein Überbau i. S. von § 912 BGB vorliegt (Schäfer/Fink-Jamann/Peter § 23 Rn. 1), sodass keine Überbaurente verlangt werden kann (Postier § 19 Anm. 2; Schäfer/Fink-Jamann/Peter a. a. O.; Bruns § 7b Rn. 21; a. A. Birk § 7b Anm. 7). Auch ein nachbarrechtlicher Ausgleichsanspruch besteht wie im Falle des § 906 Abs. 1 BGB nicht. **7**

IV. Wärmedämmung

Eine an der Außenseite einer Grenzwand angebrachte Wärmedämmung wird nicht als Bauteil sondern als **Wandverstärkung** angesehen (OLG Karlsruhe **8**

NachbG §§ 15, 16

NJW 2010, 620), so dass § 912 BGB und nicht § 15 anwendbar ist, wenn die Dämmschicht die Grenze zum Nachbargrundstück überschreitet. In den Nachbarrechtsgesetzen einiger Bundesländer (z. B. § 23a NachbGNRW) ist eine besondere Duldungspflicht vorgesehen (vgl. dazu Kirchhof ZfIR 2012, 777). Das NachbGSchl.-H. enthält eine solche Duldungspflicht nicht, sondern § 6 Abs. 6 Nr. 4 LBO regelt nur, welcher **Grenzabstand** auf dem eigenen Grundstück mit einer nachträglichen Wärmeschutzmaßnahme einzuhalten ist und damit den in öffentlichrechtlichen Vorschriften bestimmten Grenzabstand i. S. v. § 42.

§ 16 Über die Grenze gebaute Wand

Die Vorschriften über die Grenzwand gelten entsprechend für eine über die Grenze hinausreichende Wand, die nicht Nachbarwand ist, zu deren Duldung der Eigentümer des Nachbargrundstücks aber verpflichtet ist.

Übersicht

		Rn.
I.	Allgemeines	1
II.	Vollständig über die Grenze gebaute Wand	2–4
III.	Teilweise über die Grenze gebaute Wand	5–8
IV.	Nicht zu duldende Wand	9

I. Allgemeines

1 Bei einer vollständig oder teilweise über die Grenze hinausreichenden Wand, die der **Nachbar dulden muss**, ohne aus eigenem Recht (§ 6 Abs. 1 Satz 1) anbauen zu dürfen, können sich ähnliche Probleme wie bei der Grenzwand ergeben, sodass eine entsprechende Anwendung der Vorschriften über die Grenzwand vorgesehen ist.

II. Vollständig über die Grenze gebaute Wand

2 Steht die Wand mit ihrer ganzen Dicke ganz oder teilweise auf dem Nachbargrundstück, dann kann sie nicht Nachbarwand sein oder werden (vgl. § 4 Rn. 2). Sie muss vom Nachbarn **nach § 912 Abs. 1 BGB geduldet** werden, wenn er ihr zugestimmt hat oder wenn nur leicht fahrlässig über die Grenze gebaut worden ist und der Nachbar nicht sofort widersprochen hat.

3 Eine entsprechende Anwendung von § 12 wird hauptsächlich praktisch, wenn der Nachbar der Grenzüberschreitung zugestimmt hat, ohne dass dabei Vereinbarungen über die Art der Gründung getroffen worden sind. Bei leicht fahrlässiger Grenzüberschreitung gilt § 12 unmittelbar, wenn eine Grenzwand beabsichtigt war. Andernfalls ist Anzeige zu machen, sobald die Grenzüberschreitung bemerkt wird; ein Anspruch auf besondere Gründung besteht dann aber nur, wenn diese bautechnisch noch möglich ist.

Aus der entsprechenden Anwendung der §§ 13 bis 15 ergeben sich keine Besonderheiten; auf die dortigen Erläuterungen wird verwiesen.   4

III. Teilweise über die Grenze gebaute Wand

Ist eine auf der Grundstücksgrenze errichtete Wand nicht Nachbarwand, weil sie aus technischen Gründen **nur dem zuerst errichteten Bauwerk dienen kann** (vgl. § 4 Rn. 3), dann muss der Nachbar sie nach § 912 Abs. 1 BGB dulden, wenn er ihr in dieser Form zugestimmt hat oder wenn der Erbauer die Grenze leicht fahrlässig überschritten und der Nachbar nicht sofort widersprochen hat. Da an eine solche Wand nicht angebaut werden kann, sind nur die §§ 12 (vgl. oben Rn. 3), 14 und 15 entsprechend anwendbar.   5

Ist eine auf der Grundstücksgrenze errichtete Wand nicht Nachbarwand, weil sie nach dem Willen des Erbauers **nicht auch dem Bauwerk auf dem Nachbargrundstück dienen soll** (vgl. § 4 Rn. 3), dann muss der Nachbar sie nach § 912 Abs. 1 BGB dulden, wenn er ihr gleichwohl zugestimmt hat oder wenn der Erbauer die Grenze leicht fahrlässig überschritten und der Nachbar nicht sofort widersprochen hat. Auf eine solche Wand sind zunächst die §§ 12 (vgl. oben Rn. 3), 14 und 15 entsprechend anwendbar. Der Nachbar darf nach § 13 Abs. 1 nur mit Zustimmung des Erbauers anbauen. Diese Zustimmung enthält die nachträgliche Zweckbestimmung nach § 4 Abs. 1. Spätestens mit dem Anbau wird die Wand dann zur Nachbarwand, sodass jetzt die Vorschriften über die Nachbarwand gelten (Bauer/Schlick/Hülbusch § 13 Anm. 1; Dehner B § 8 II 3 b; vgl. auch § 22 Satz 2 NachbGNds).   6

Ist eine auf der Grundstücksgrenze errichtete Wand nicht Nachbarwand, weil der **Nachbar ihr überhaupt nicht zugestimmt** hatte oder die Zustimmung rückwirkend durch Anfechtung erloschen ist (vgl. § 4 Rn. 4), dann muss der Nachbar sie nach § 912 Abs. 1 BGB dulden, wenn der Erbauer die Grenze leicht fahrlässig überschritten (die Fahrlässigkeit kann auch auf einem Irrtum über das wirksame Einverständnis der Nachbarn beruhen; Palandt/Herrler § 912 Rn. 9) und der Nachbar nicht sofort widersprochen hat. Auf eine solche Wand sind zunächst die §§ 12 (vgl. oben Rn. 3), 14 und 15 entsprechend anwendbar. Liegen die übrigen Voraussetzungen der Nachbarwand vor, dann kann der Nachbar sie durch seine nachträgliche Zustimmung zur Nachbarwand machen, sodass dann die Bestimmungen über die Nachbarwand gelten (Bauer/Schlick/Hülbusch § 13 Anm. 1; Glaser-Dröschel Nr. 127 a; Lehmann § 22 Anm. 2).   7

Für die Fälle, dass eine auf der Grundstücksgrenze errichtete Wand in bautechnischer und standortlicher Hinsicht **nicht § 5 oder der Nachbarwandabrede entspricht**, vgl. § 5 Rn. 2 und 4.   8

IV. Nicht zu duldende Wand

Eine vollständig oder teilweise über die Grenze gebaute Wand, die der Nachbar nicht zu dulden braucht, weil er ihr nicht zugestimmt hat und weil die Voraus-   9 setzungen für eine Duldungspflicht nach § 912 Abs. 1 BGB nicht erfüllt sind, ist auf Verlangen des Nachbarn nach **§ 1004 BGB zu beseitigen.** Die Nachbarn können sich aber darauf einigen, die Wand unter Verzicht auf den Beseitigungsanspruch als Überbau nach den Bestimmungen der §§ 912 ff. BGB zu behandeln (Dehner B § 8 113 c, Korbion/Scherer Rn. M 254), sodass für diese Wand dann auch § 16 gilt. Die Nachbarn können sich aber auch darauf einigen, dass die Wand zum Anbau genutzt werden darf (Korbion/Scherer Rn. M 171), sie wird dann bei teilweisem Überbau zur Nachbarwand (Dehner B § 8 II 3 c, Glaser-Dröschel Nr. 127 b).

Abschnitt IV: **Hammerschlags- und Leiterrecht**

§ 17 Inhalt und Umfang

(1) Der Eigentümer und der Nutzungsberechtigte eines Grundstücks müssen dulden, dass ihr Grundstück einschließlich der Bauwerke von dem Eigentümer oder dem Nutzungsberechtigten des Nachbargrundstücks zur Vorbereitung und Durchführung von Bau-, Instandsetzungs- und Unterhaltungsarbeiten auf dem Nachbargrundstück vorübergehend betreten und benutzt wird, wenn und soweit
1. **die Arbeiten anders nicht zweckmäßig oder nur mit unverhältnismäßg hohen Kosten durchgeführt werden können,**
2. **die mit der Duldung verbundenen Nachteile oder Belästigungen nicht außer Verhältnis zu dem von dem Berechtigten erstrebten Vorteil stehen und**
3. **das Vorhaben öffentlichrechtlichen Vorschriften nicht widerspricht.**

(2) Das Recht zur Benutzung umfasst die Befugnis, auf oder über dem Grundstück Gerüste aufzustellen sowie die zu den Arbeiten erforderlichen Geräte und Baustoffe über das Grundstück zu bringen und dort niederzulegen.

(3) Das Recht ist so schonend wie möglich auszuüben. Es darf nicht zur Unzeit geltend gemacht werden.

(4) Absatz 1 findet auf den Eigentümer öffentlicher Verkehrsflächen keine Anwendung.

Übersicht	Rn.
I. Allgemeines	1
II. Rechtsinhalt	2–6
III. Besondere Voraussetzungen	7–12
IV. Berechtigter und Verpflichteter	13, 14
V. Rechtsverwirklichung	15–18
VI. Öffentliche Verkehrsflächen	19

I. Allgemeines

1 In dieser Bestimmung wird das **Hammerschlags- und Leiterrecht** abschließend geregelt, sodass auf das nachbarschaftliche Gemeinschaftsverhältnis (vgl. Palandt/Herrler § 903 Rn. 13) als Rechtsgrundlage nicht mehr zurückgegriffen zu werden braucht (OLG Schleswig SchlHA 1982, 58). Der Berechtigte hat keinen Anspruch darauf, dass der Verpflichtete die Möglichkeit zur Rechtsausübung nicht vereitelt, indem dieser sein Grundstück so bebaut, dass von dort aus keine Arbeiten mehr vorgenommen werden können. Besteht aber die tatsächliche Möglichkeit der Inanspruchnahme, so besteht bei schuldhafter Verweigerung der Inanspruchnahme ein Schadensersatzanspruch aus §§ 280 ff BGB wegen Verletzung einer Pflicht aus einem gesetzlichen Schuldverhältnis (OLG Braunschweig NdsRpfl 1971, 231; Birk § 7c Anm. 7a; Schäfer/Fink-Jamann/Peter Rn. 8 vor § 24; Vetter/Karremann/Kahl § 7c Rn 10; a. A. Bauer/Schlick/Hülbusch § 21 Anm. 1), nicht aber aus § 823 Abs. 2 BGB (OLG Braunschweig a. a. O.; OLG Düsseldorf ZfIR 1998, 159 a. A. Bruns § 7d Rn. 31). Die Verweigerung ist nicht schuldhaft, wenn der Verpflichtete sie davon abhängig macht, dass der Berechtigte einem Verlangen nach § 12 Abs. 2 nachkommt (OLG Düsseldorf a. a. O.).

II. Rechtsinhalt

Der Begriff **Bau-, Instandsetzungs- und Unterhaltungsarbeiten** umfasst alle Arbeiten am Grundstück (Tiefbauarbeiten) und seinen wesentlichen Bestandteilen, an seinen baulichen Anlagen und an seiner Einfriedigung. Arbeiten an grenzüberschreitenden baulichen Anlagen werden umfasst, wenn sich das Eigentum am überbauenden Grundstück auf den Überbau erstreckt wie z. B. bei der Nachbarwand (§ 4 Rn 13) oder einem nach § 912 BGB zu duldenden Überbau, nicht aber, wenn sich das Eigentum am überbauten Grundstück auf den Überbau erstreckt (BGH JW 2011, 1069 Tz 28) wie z. B. bei einem nicht nach § 912 BGB zu duldenden Überbau. Zu den Bauarbeiten gehören alle Arbeiten zur Herstellung (z. B. Verputzen einer Außenwand) und Veränderung (z. B. Umbauten). Instandsetzungsarbeiten dienen der Beseitigung von Schäden (z. B. Erneuerung von Fenstergittern). Unterhaltungsarbeiten gewährleisten den Erhaltungszustand (z. B. Erneuerung des Außenanstrichs, Beschneiden der Hecke, Fällen von Bäumen) oder versetzen ihren Gegenstand in einen den gegenwärtigen Erfordernissen und Anschauungen entsprechenden Zustand (z. B. Anbringen einer Wärmedämmung; BGH NJW 2008, 2032) ohne nur der Verschönerung zu dienen (BGH NZM 2013, 243 Tz 7). Dazu gehören auch Arbeiten auf einem dritten Grundstück (z. B. Sicherungsmaßnahmen bezüglich des Gebäudes auf dem Grundstück C), ohne die die Arbeiten auf dem Grundstück A des Berechtigten nicht vorgenommen werden könnten, und für die das Hammerschlags- und Leiterrecht auf dem Grundstück B des Verpflichteten ausgeübt werden muss (OLG Schleswig SchlHA 1982, 58).

Zur **Vorbereitung und Durchführung** dieser Arbeiten darf das Nachbargrundstück einschließlich seiner baulichen Anlagen (auch der Innenräume) **betreten und benutzt werden**; Wohnungen wegen Art. 13 GG aber nur, wenn das Recht aus § 17 sonst nicht ausübbar wäre (Bauer/Schlick/Hülbusch § 21 Anm. 4; vgl. auch Bruns § 7d Rn. 25 und Postier § 21 Anm. 1.1). Zur Vorbereitung gehört auch die Feststellung der erforderlichen Arbeiten und entstehenden Kosten. Zum

Benutzen des Grundstücks gehört das Anbringen von Gerüsten sowie das Lagern der erforderlichen Geräte und Baustoffe (Abs. 2) einschließlich des An- und Abtransports mit Kraftfahrzeugen und die Verwendung als Arbeitsraum für Ausschachtungsarbeiten (OLG Düsseldorf NJW-RR 2002, 953). Benutzen ist auch das Hereinragen eines auf dem Nachbargrundstück benötigten Schwenkkranauslegers (OLG Frankfurt NJOZ 2011, 1105; AG Arnsberg MDR 1980, 579; LG Kiel BauR 1991, 380; vgl. auch OLG Karlsruhe NJW-RR 1993, 91), soweit dies nicht schon nach § 905 BGB zulässig ist (vgl. dazu OLG Düsseldorf NZM 2007, 582), sowie die Erweiterung der Baugrube über die Grundstücksgrenze hinaus, um Fundamente für eine Grenzwand errichten oder sanieren zu können (BGH VersR 1980, 651; OLG Braunschweig NdsRpfl 1971, 231; Kirchhof ZfIR 2012, 777 zu II 4; a. A. OLG Düsseldorf OLGZ 1992, 125; Vetter/Karremann/Kahl § 7c Rn. 3). Zu dulden ist auch die vorübergehende Entfernung leicht wiederherzustellender Hindernisse auf dem Nachbargrundstück (z. B. Zaun/Hecke; Postier § 23 Anm. 1.1; a. A. Bruns § 7d Rn. 16), nicht aber das Abdecken eines Daches zur Erleichterung von Arbeiten (a. A. Postier a. a. O.).

4 Benutzen des Grundstücks ist aber auch die **Ausführung von Sicherungsarbeiten** auf ihm zum eigenen Schutz gegen Gefahren, die vom Grundstück des Berechtigten ausgehen (vgl. OLG Schleswig SchlHA 1982, 58); z. B. Abstützungen des Gebäudes gegen Gefahren infolge Erschütterungen auf dem Grundstück des Berechtigten. Wegen eines dauerhaften Eingriffs in das Grundstück sind aber Rückverankerungen einer an der Grundstückgrenze vorübergehend zu errichtenden Bohrpfahlwand, die nach Fertigstellung des Bauvorhabens im Grundstück verbleiben sollen, nicht zu dulden (OLG Stuttgart NJW 1994, 739; a. A. Kirchhof ZfIR 2012, 777 zu IV 4).

5 Der Verpflichtete **schuldet nicht die Vornahme von Handlungen** (z. B. die Beseitigung von Anlagen oder Gegenständen), um die Rechtsausübung zu ermöglichen oder zu erleichtern (AG Neukölln GE 2001, 423; Kirchhof ZfIR 2012, 777 zu II; Vetter/Karremann/Kahl § 7c Rn. 4), sondern nur deren Duldung (vgl. Rn. 3 a. E.).

6 Das Hammerschlags- und Leiterrecht ist **so schonend wie möglich auszuüben**, bei nicht schonender Ausübung kann Unterlassung nach §§ 862, 1004 BGB verlangt werden (vgl. BGH NJW 1965, 1229). Das Nachbargrundstück darf daher nur in dem unbedingt nötigen räumlichen und zeitlichen Ausmaß sowie unter möglichster Vermeidung von Schäden beansprucht werden. Das kann die Beschäftigung fachkundiger Handwerker statt Eigenarbeit gebieten. Bestehen zwischen den Nachbarn erhebliche Spannungen, so kann die schonende Ausübung es gebieten, dass der Berechtigte das Nachbargrundstück nicht persönlich betritt, sondern das Recht durch einen Dritten ausüben lässt (Kirchhof ZfIR 2012, 777 zu III 2). Das Recht darf nicht zur Unzeit geltend gemacht werden. Es dürfen daher Beete nicht vor der Ernte benutzt werden, wenn die Arbeiten auch nach der Ernte ausgeführt werden können, und ein Hotel- oder Ausflugslokalgrundstück darf nicht in der Saison benutzt werden, wenn die Arbeiten auch außerhalb der Saison ausgeführt werden können (Bauer/Schlick/Hülbusch § 21 Anm. 8). Die Interessen und Bedürfnisse aller Beteiligten sind abzuwägen. Bei unzeitiger Geltendmachung besteht das Recht nicht (OLG Braunschweig NdsRpfl 1971, 231).

III. Besondere Voraussetzungen

Die Arbeiten dürfen **anders nicht zweckmäßig oder nur mit unverhältnismäßig hohen Kosten** durchgeführt werden können (Abs. 1 Nr. 1). Unzweckmäßig oder Kostspieligkeit stehen gleichwertig nebeneinander. Es genügt, wenn nur **eines dieser Merkmale erfüllt** ist, wenn auch häufig beide zugleich erfüllt sein werden, da eine unzweckmäßige Arbeitsweise meistens auch unverhältnismäßig teuer ist. 7

a) **Anders nicht zweckmäßig** können die Arbeiten ohne Inanspruchnahme des Nachbargrundstücks nicht schon dann vorgenommen werden, wenn sie von dort aus nur bequemer ausgeführt werden können. Andererseits ist aber nicht erforderlich, dass die Arbeiten nur vom Nachbargrundstück aus erledigt werden können. Erforderlich ist ein erheblicher Grad von Unzweckmäßigkeit, der z. B. darin liegen kann, dass die vom eigenen Grundstück aus vorgenommenen Arbeiten erheblich gefährlicher, zeitraubender, lärm- oder schmutzverursachender sind oder dringend benötigten Wohnraum zeitweilig unbewohnbar machen. 8

b) Ob die Arbeiten ohne Inanspruchnahme des Nachbargrundstücks **anders nur mit verhältnismäßig hohen Kosten** durchgeführt werden können, ergibt sich aus einem Vergleich der ohne und mit Benutzung des Nachbargrundstücks entstandenen Kosten. Zu letzteren gehören auch der nach §§ 10 Abs. 2, 18 zu leistende Schadensersatz und die nach § 19 zu zahlende Nutzungsvergütung (Bauer/Schlick/Hülbusch § 21 Anm. 7a; Lehmann § 47 Anm. 5). Ein bestimmtes Prozentverhältnis kann nicht angegeben werden, denn eine hundertprozentige Erhöhung braucht noch nicht unverhältnismäßig zu sein (z. B. 100 Euro gegenüber 200 Euro), während eine fünfzigprozentige Erhöhung schon unverhältnismäßig sein kann (z. B. 10 000 Euro gegenüber 15 000 Euro). Auch die Vermögensverhältnisse des Berechtigten sind zu berücksichtigen. 9

Die mit der Duldung für den Verpflichteten verbundenen **Nachteile dürfen nicht außer Verhältnis zu dem Vorteil** des Berechtigten stehen (Abs. 1 Nr. 2), zu überwiegen brauchen die Vorteile jedoch nicht. Bei der Bewertung der Nachteile muss der vom Berechtigten zu leistende Schadensersatz nach §§ 10 Abs. 2, 18 unberücksichtigt bleiben (Bauer/Schlick/Hülbusch § 21 Anm. 7b; Lehmann § 47 Anm. 6). Da die Abwägung unter dem Gesichtspunkt der Zumutbarkeit vorgenommen wird, kann sich ein Nachteil des Verpflichteten auch aus der Verletzung eines Liebhaberinteresses ergeben (Bauer/Schlick/Hülbusch a.a.O.). Es kann daher unzulässig sein, einen mit besonderen Mühen und Opfern gepflegten Garten oder Pflanzen mit einem besonderen Erinnerungswert zu zertreten. 10

Das Vorhaben darf **öffentlichrechtlichen Vorschriften nicht widersprechen** (Abs. 1 Nr. 3). Ein Bauvorhaben muss daher dem materiellen und formalen Baurecht entsprechen. Hat die Bauaufsichtsbehörde eine erforderliche Baugenehmigung nicht erteilt, dann besteht für dieses Bauvorhaben kein Hammerschlags- und Leiterrecht. Gleiches gilt, wenn eine erteilte Baugenehmigung vor dem Verwaltungsgericht angefochten ist und die Bauaufsichtsbehörde die Voll- 11 ziehung deswegen ausgesetzt oder das Verwaltungsgericht die aufschiebende Wirkung der Anfechtung angeordnet hat (solange der Verwaltungsgerichtsprozess nicht abgeschlossen ist, kann der Zivilprozess nach Rn 16 gemäß § 148 ZPO ausgesetzt werden). Liegt eine unanfechtbar gewordene Baugenehmigung vor oder hat ein Verwaltungsgericht rechtkräftig die Rechtmäßigkeit festgestellt, dann kann das Hammerschlags- und Leiterrecht nicht mehr aus dem in Abs. 1 Nr. 3 genannten Grund versagt werden (Lehmann § 47 Anm. 10; Schäfer/Fink-Jamann/Peter § 24 Rn. 24; vgl. BGH LM Nr. 11, 12 zu § 322 ZPO). Das Vorhaben darf auch nicht privatrechtlichen Vorschriften widersprechen (OLG Hamm MDR 1984, 847 [Errichtung eines Überbaus]; Schäfer § 24 Rn. 10).

12 Das Vorhaben darf **privatrechtlichen Vorschriften nicht widersprechen** (OLG Hamm MDR 1984, 847); z. B. darf es nicht gegen § 912 BGB, §§ 22, 42 oder Unterlassungspflichten aus einer Grunddienstbarkeit verstoßen.

IV. Berechtigter und Verpflichteter

13 **Ausübungsberechtigt** sind der Eigentümer, dem nach § 2 der Erbbauberechtigte gleichsteht, und der Nutzungsberechtigte (z. B. Mieter, Nießbraucher) des Grundstücks, an dem die Arbeiten ausgeführt werden sollen. Nutzungsberechtigte haben das Recht, wenn sie im Verhältnis zum Eigentümer befugt sind, die Arbeiten vorzunehmen. Nach § 535 Abs. 1 Satz 2 BGB ist der Eigentümer verpflichtet, ein von ihm vermietetes Haus in gebrauchsfähigem Zustand zu erhalten, und für eine danach notwendige Reparatur darf er das Hammerschlags- und Leiterrecht ausüben; ist der Eigentümer mit der Beseitigung im Verzug, so darf der Mieter nach § 536 a Abs. 2 BGB die Arbeiten selbst vornehmen und dabei das Hammerschlags- und Leiterrecht ausüben. Der Berechtigte darf das Recht persönlich oder durch beauftragte Dritte (z. B. Handwerker) ausüben.

14 **Duldungspflichtig** sind der Eigentümer, dem nach § 2 der Erbbauberechtigte gleichsteht, und der Nutzungsberechtigte des Grundstücks, von dem aus die Arbeiten ausgeführt werden müssen. Das braucht nicht immer nur das unmittelbar angrenzende Grundstück zu sein, z. B. wenn dies nur aus einem schmalen Streifen besteht, der nicht genügend Platz für das Aufstellen der Gerüste bietet.

V. Rechtsverwirklichung

15 Auch wenn die Voraussetzungen der Duldungspflicht erfüllt sind, darf der Berechtigte das Nachbargrundstück **nicht eigenmächtig** (d. h. ohne Zustimmung des Verpflichteten) betreten oder benutzen (BGH NZM 2013, 243 Tz 15); vgl aber Rn 17, 18. Dies wäre gegenüber dem Besitzer des Nachbargrundstücks verbotene Eigenmacht nach § 858 Abs. 1 BGB (KG OLGZ 1977, 448; OLG Karlsruhe NJW-RR 1993, 91), so dass dieser Unterlassung nach § 862 BGB verlangen kann, ohne dass der Berechtigte sich auf sein Recht aus § 17 berufen kann (§ 863 BGB); gegenüber dem Eigentümer des Nachbargrundstücks wäre

es eine Eigentumsstörung, deren Unterlassung nach § 1004 Abs. 1 BGB verlangt werden kann, wenn eine ordnungsmäßige Anzeige nach § 18 als Voraussetzung der Rechtsausübung (BGH NZM 2013, 243 Tz 15) nicht gemacht wurde, so dass keine Duldungspflicht i. S. v. § 1004 Abs. 2 BGB besteht.

Verweigert der Verpflichtete seine Zustimmung, so muss der **Duldungsanspruch eingeklagt werden** (BGH NZM 2013, 243 Tz 15; OLG Braunschweig NdsRpfl 1971, 231). Klageantrag und Urteilsformel müssen auf die Verurteilung zur Duldung des Betretens und Benutzens des konkret bezeichneten Nachbargrundstücks und gegebenenfalls seiner konkret bezeichneten Bauwerke lauten, wobei Art und Umfang des Betretens und Benutzens so konkret wie in der Anzeige nach § 18 (vgl. § 18 Rn. 1) zu bezeichnen sind (BGH NZM 2013, 243 Tz 16). Da der Beginn der Arbeiten sich vor dem Urteil regelmäßig wegen der ungewissen Prozessdauer nicht sicher bestimmen lässt, müssen Klageantrag und Urteilsformel weiter dahin lauten, dass der Berechtigte mit den Arbeiten frühestens zwei Monate nach Zugang der Mitteilung über ihren beabsichtigten Beginn anfangen darf (BGH NZM 2013, 243 Tz 17). Die **Beweislast** für alle Tatsachen, die die Duldungspflicht ergeben, hat der Berechtigte. Verlangt der Verpflichtete Sicherheitsleistung nach § 18 i. V. m. § 10 Abs. 2, so muss er den voraussichtlichen Schaden darlegen und beweisen (notfalls Schätzung nach § 287 ZPO); zu verurteilen ist dann nur Zug um Zug gegen der Höhe nach bestimmt Sicherheitsleistung. **16**

Hat der Berechtigte die beabsichtigte Ausübung des Rechts ordnungsmäß angezeigt (§ 18 Rn. 1), dann darf er nach Fristablauf mit den angezeigten Arbeiten beginnen, wenn sich **der Verpflichtete nicht zur Anzeige erklärt** hat (BGH NZM 2013, 243 Tz 15); das folgt aus §§ 7 Abs. 1 Satz 2, 18, Die Ausübung des Rechts ist dann keine verbotene Eigenmacht nach § 858 Abs. 1 BGB, bleibt aber bei Nichtvorliegen der Voraussetzungen des § 17 eine Eigentumsstörung nach § 1004 Abs. 1 BGB, denn § 7 Abs. 1 verpflichtet nicht zur Duldung schlechthin, sondern erübrigt nur eine ausdrückliche oder stillschweigende Erklärung der Zustimmung, ohne die sonst eine verbotene Eigenmacht vorläge. **17**

Ohne Anzeige und Zustimmung darf das Recht unter den Voraussetzungen von § 904 BGB ausgeübt werden (BGH NZM 2013, 243 Tz 15), wenn also zur Abwehr einer akuten Gefahr ein sofortiges Handeln erforderlich ist (z. B. nach schweren Unwetterschäden oder einem Brand). **18**

VI. Öffentliche Verkehrsflächen

Gegenüber dem Eigentümer und damit auch dem Nutzungsberechtigen öffentlicher Verkehrsflächen besteht **kein Hammerschlags- und Leiterrecht**. Öffentliche Verkehrsflächen sind die dem öffentlichen Verkehr gewidmeten Straßen, Wege und Plätze (vgl. § 2 Abs. 1 LStrG). Die Benutzung öffentlicher Verkehrsflächen für Arbeiten am eigenen Grundstück richtet sich nach **öffentlichem Straßenrecht** und stellt sich regelmäßig als eine nach § 8 BFernStrG, § 21 LStrG genehmigungspflichtige Sondernutzung dar. **19**

NachbG §§ 18, 19

§ 18 Anzeige und Schadensersatz

Für die Verpflichtung zur Anzeige und die Verpflichtung zum Schadensersatz gelten die §§ 7 und 10 Abs. 2 entsprechend.

1 Aus der Anwendbarkeit des § 7 folgt, dass die **Einzelheiten der geplanten Bau-, Instandsetzungs- und Unterhaltungsarbeiten** spätestens zwei Monate vor Beginn der Arbeiten dem Eigentümer und dem in seinem Besitz betroffenen Nutzungsberechtigten des Nachbargrundstücks **schriftlich anzuzeigen** sind. Die Anzeige soll dem Verpflichteten ermöglichen, das Bestehen seiner Duldungspflicht zu prüfen und sich gegebenenfalls auf die Arbeiten einzustellen (BGH NZM 2013, 243 Tz 13). Zu den Einzelheiten gehört deshalb eine konkrete Beschreibung des beabsichtigten Betretens und Benutzens nach Art sowie räumlichem (Belegenheit und Ausdehnung) und zeitlichem (Beginn und Dauer) Umfang (BGH a. a. O.). Die Anzeige des Beginns kann gesondert erfolgen, da die Beauftragung der Handwerker zweckmäßig erst dann erfogt, wenn die Zustimmung des Verpflichteten bzw. seine Verurteilung zur Duldung vorliegt. Die Anzeige braucht nicht darzulegen, dass die besonderen Voraussetzungen des § 17 Abs. 1 Nr. 1 bis 3 erfüllt sind, denn nach § 7 Abs. 1 Satz 1 sind die Einzelheiten der geplanten Arbeiten anzuzeigen. Bei ganz geringfügigen Arbeiten, die der duldungspflichtige Nachbar ohne weiteres übersehen kann (z. B. Heckenschneiden), wird es gegen § 242 BGB verstoßen, wenn die Einhaltung der zweimonatigen Wartefrist verlangt wird. Die Anzeigepflicht entfällt auch unter den Voraussetzungen des § 904 BGB (§ 17 Rn. 18).

2 Aus der Anwendbarkeit des § 10 Abs. 2 folgt, dass der Berechtigte (§ 17 Rn. 7) den Duldungspflichtigen (§ 17 Rn. 8) unabhängig von einem Verschulden den **Schaden zu ersetzen** hat, der ihnen bei Ausübung des Rechts entstanden ist. Im Einzelnen wird auf § 10 Rn. 8 verwiesen. Bei einem Eingriff unter den Voraussetzungen des § 904 BGB ergibt sich ein Schadensersatzanspruch aus § 904 Satz 2 BGB.

3 Aus der Anwendbarkeit von § 10 Abs. 2 folgt auch, dass für voraussichtliche Schäden (Sachschäden und entgehende Nutzung) **Sicherheitsleistung** verlangt werden kann, denn es wird nicht nur auf § 10 Abs. 2 Satz 2 verwiesen, und Sicherheit ist vorweggenommener Schadensersatz. Im Einzelnen wird auf § 10 Rn. 9 verwiesen.

§ 19 Nutzungsentschädigung

(1) Wer ein Grundstück länger als zwei Wochen gemäß § 17 benutzt, hat für die ganze Zeit der Benutzung eine Nutzungsentschädigung zu zahlen. Diese ist so hoch wie die ortsübliche Miete für einen dem benutzten Grundstücksteil vergleichbaren gewerblichen Lagerplatz. Die Entschädigung ist nach dem Ablauf von je zwei Wochen fällig.

(2) Nutzungsentschädigung kann nicht verlangt werden, soweit nach § 18 Ersatz für entgangene anderweitige Nutzung gefordert wird.

§§ 19, 20 NachbG

Aus Absatz 1 folgt, dass das Nachbargrundstück zur Ausübung des Hammerschlags- und Leiterrechts **bis zu zwei Wochen unentgeltlich** benutzt werden darf; dauert die **Benutzung länger, so ist für die ganze Zeit der Nutzung ein Entgelt zu zahlen.** Wird das Nachbargrundstück also drei Wochen benutzt, so ist eine Nutzungsentschädigung für drei Wochen zu zahlen, und zwar der erste Teilbetrag nach zwei Wochen. Die Zahlung der Nutzungsentschädigung kann nicht dadurch umgangen werden, dass das Nachbargrundstück jeweils nach Ablauf von zwei Wochen kurzzeitig geräumt wird. Gläubiger ist derjenige Duldungspflichtige (§ 17 Rn. 14), dessen Nutzung beeinträchtigt wird; oft hängt es vom Innenverhältnis der Duldungspflichtigen ab, wessen Nutzung beeinträchtigt ist (z. B. der Eigentümer, wenn der Mieter den Mietzins für die Zeit der eingeschränkten Benutzbarkeit mindert). Schuldner ist nur der das Recht ausübende Berechtigte (§ 17 Rn. 13), nicht seine Hilfspersonen.

Die **Höhe der Nutzungsentschädigung** richtet sich nach der ortsüblichen Miete für einen dem Grundstücksteil vergleichbaren gewerblichen Lagerplatz. Dabei kommt es nicht darauf an, ob es in dem betreffenden Ortsteil einen vergleichbaren Lagerplatz gibt; das Vergleichsobjekt kann hypothetisch sein. Mangels anderer Anhaltspunkte kann die örtliche Gebührensatzung über die Sondernutzung an öffentlichen Straßen herangezogen werden (OLG Schleswig SchlHA 1982, 58). Statt dieser pauschalierten Entschädigung kann der tatsächlich entstandene Nutzungsausfall als Schadensersatz nach § 18 verlangt werden.

Abschnitt V: **Höherführen von Schornsteinen, Lüftungsleitungen und Antennenanlagen**

§ 20 Inhalt und Umfang

(1) Der Eigentümer und der Nutzungsberechtigte eines Grundstücks müssen dulden, dass an ihrem höheren Gebäude der Eigentümer oder der Nutzungsberechtigte des angrenzenden niederen Gebäudes ihre Schornsteine, Lüftungsleitungen und Antennenanlagen befestigen, wenn
1. **die Erhöhung der Schornsteine und Lüftungsleitungen, für die notwendige Zug- und Saugwirkung und die Erhöhung der Antennenanlagen für einen einwandfreien Empfang von Sendungen erforderlich ist und die Befestigung anders nicht zweckmäßig oder nur mit unverhältnismäßig hohen Kosten durchgeführt werden kann und**
2. **die Erhöhung und Befestigung öffentlichrechtlichen Vorschriften nicht widerspricht.**

(2) Der Eigentümer und der Nutzungsberechtigte des betroffenen Grundstücks müssen ferner dulden,
1. **dass die höhergeführten Schornsteine, Lüftungsleitungen und Antennenanlagen des Nachbargrundstücks von ihrem Grundstück aus unterhalten und gereinigt werden, wenn die Unterhaltung und Reinigung ohne Benutzung ihres Grundstücks nicht oder nur mit unverhältnismäßig hohen Kosten durchgeführt werden kann und**
2. **dass die hierzu erforderlichen Anlagen auf ihrem Grundstück angebracht werden.**

Sie können den Berechtigten darauf verweisen, an dem höheren Gebäude auf eigene Kosten außen eine Steigleiter anzubringen, wenn dadurch die in Satz 1 genannten Arbeiten ermöglicht werden.

(3) Die Absätze 1 und 2 gelten für Antennenanlagen nicht, wenn dem Berechtigten die Mitbenutzung der dazu geeigneten Antennenanlage des höheren Gebäudes gestattet wird.

Übersicht   Rn.

I.	Befestigung von Schornsteinen, Lüftungsleitungen und Antennenanlagen	1–8
II.	Unterhaltung und Reinigung der Anlagen	9, 10
III.	Mitbenutzung einer Antennenanlage	11
IV.	Redaktionsversehen	12

I. Befestigung von Schornsteinen, Lüftungsleitungen und Antennenanlagen

1 Grenzt ein höheres Gebäude an ein niederes, so wird den Schornsteinen und Lüftungsleitungen des niederen Gebäudes mitunter die notwendige Zug- und Saugwirkung genommen. Auch kann der Rundfunk- und Fernsehempfang im niederen Gebäude durch Abschattung oder Reflexion erheblich beeinträchtigt sein. Solche so genannten negativen Einwirkungen müssen grundsätzlich hingenommen werden. Gegen sie gibt es keinen Abwehranspruch aus den §§ 906, 1004 BGB (vgl. BGH NJW 1984, 729; LG Köln BB 1970, 1080; vgl. aber auch § 29 Rn. 6 und 7). Entsprechend kann auch von der Baugenehmigungsbehörde wegen der Baugenehmigung für das höhere Gebäude weder Schadensersatz aus Amtspflichtverletzung (§ 839 BGB) noch Entschädigung aus enteignendem oder enteignungsgleichem Eingriff verlangt werden (OLG Hamm NJW 1996, 2167).

2 § 20 trifft deshalb in einer Konkretisierung des Rücksichtnahmegebots im nachbarlichen Gemeinschaftsverhältnis (§ 242 BGB; vgl. § 29 Rn. 27) eine Verträglichkeitslösung nach Art einer gesetzlichen Grunddienstbarkeit (§ 1018 ff. BGB). Der Nachbar darf seine Schornsteine, Lüftungsleitungen und Antennenanlagen auf eigene Kosten (BGH NJW 1984, 729; Ostendorf JuS 1974, 756 unter II) soweit erhöhen und unter Umständen (Rn. 6) an dem höheren Gebäude auch befestigen wie es für die notwendige Zug- und Saugwirkung der Schornsteine und der Lüftungsleitungen bzw. die einwandfreie Antennenempfangsleistung erforderlich ist. Schornsteine dienen dazu Abgas, Luft-Abgas oder Warmluft von einer Wärmequelle (z. B. Feuer) abzuführen. Wesentlich ist ihnen der **Kamineffekt**, der sich als durch die Wärmequelle nach oben gerichtete selbstverstärkende warme Gasströmung entfaltet. Eine statt mit solchem **Naturzug** mit einem künstlichen Saugzug betriebene Abgasableitung ist kein Schornstein. Lüftungsleitungen sind Leitungen, die Innenräume oder innenräumliche technische Anlagen wie z. B. Kühl-, Heizungsanlagen oder Öltanks belüften. Werden sie mit einem Ventilator oder Gebläse betrieben, dann ist § 20 nicht anzuwenden, wenn dabei nicht auch thermische Zug- und Saugkräfte mitwirken müssen. Zu den Antennenanlagen rechnen auch **Parabolantennen** (Satellitenschüsseln), jeweils aber nur als Empfangsanlagen nicht auch als Sendeanlagen (z. B. Amateurfunk). Der Anspruch setzt voraus, dass die Erhöhung der genannten Betriebseinrichtungen durch das höhere Gebäude notwendig geworden ist, nicht jedoch, dass die Betriebseinrichtungen bereits vor Errichtung des höheren Gebäudes vorhanden waren, dass sie einwandfrei funktionierten, dass das niedere Gebäude zuerst errichtet wurde und dass es nie zuvor höher war als vorhanden. Zum Gebäudebegriff allgemein vgl. §§ 22 Rn. 3; 42 Rn. 43.

Höheres Gebäude meint sowohl ein vom Baukörper her höher errichtetes als auch ein nur durch unterschiedliches Bodenniveau höher liegendes Gebäude. Es kommt nicht darauf an, ob das eine Gebäude das andere nur aus natürlich gewachsenen oder aus künstlich angelegten Geländeunterschieden überragt, selbst aber im Baukörper gleich groß oder gar kleiner ist. An oder auf dem Gebäude angebrachte Anlagen und Einrichtungen, die die First-/Schornsteinhöhe überragen, sind in den Vergleich nicht mit einzubeziehen. **3**

Das niedere Gebäude muss an das höhere angrenzen. Gemeint ist damit nicht ausschließlich eine unmittelbar nächste Lage zum höheren Gebäude (ohne die zusätzlichen Erfordernisse eines Anbaurechts, §§ 6, 13). Eine Gebäudeseite des höheren Gebäudes muss sich nicht notwendig praktisch als Grenzwand darstellen (§ 11 Abs. 1, vgl. dazu auch § 11 Rn. 3), obgleich Schornsteine und Lüftungsleitungen an weiter entfernt liegenden Gebäuden schwerlich zweckmäßig angebracht werden können. Gemeint ist vielmehr, dass § 20 nur für Gebäude direkter Nachbarn mit gemeinsamer Grundstücksgrenze gilt (vgl. auch BGH NJW 1984, 729 in seinem Bezug auf das hiesige Nachbarrecht, ferner BGH MDR 1984, 387). **4**

Es muss erforderlich sein die genannten Einrichtungen so weit zu erhöhen, dass sie die notwendige Zug- und Saug- sowie eine einwandfreie Funkempfangsleistung erreichen. Daran fehlt es, wenn z. B. die Zug- und Saugleistung durch Verringerung oder Vergrößerung der Leitungsquerschnitte oder zulässige Erhöhung der Abgastemperatur erreicht oder Rundfunk und Fernsehen über Kabel oder eine Parabolantenne erlangt werden können. Die Bestimmung der notwendigen Leistung und entsprechend dazu des Maßes der erforderlichen Erhöhung erfolgt durch Anordnungen der Bauaufsichtsbehörde, des Schornsteinfegermeisters oder durch das Gutachten eines Sachverständigen. **5**

Es muss die Möglichkeit fehlen, die erhöhten Schornsteine, Lüftungsleitungen und Antennenanlagen ihrem Zweck gemäß (technisch sach- und fachgerecht sowie bauordnungsrechtlich zulässig) anders zu befestigen. Vorrangig sind also Möglichkeiten am oder auf dem eigenen Gebäude oder Grundstück, wobei eine andere Befestigungsmöglichkeit auch besteht, wenn sie erst durch eine andere technisch mögliche und zumutbare Positionierung der die Zug- oder Saugwirkung benötigenden Anlage in dem Gebäude erreicht wird oder ansonsten technisch möglich und bauplanungs- sowie bauordnungsrechtlich zulässig geschaffen werden kann. Ob Befestigungen am eigenen Gebäude bzw. auf dem eigenen Grundstück zu **Verunstaltungen** führen, ist belanglos. Der Beeinträch- **6** tigte muss sich allerdings nicht auf eine Befestigung verweisen lassen, die nur mit **unverhältnismäßig hohen Kosten** durchgeführt werden kann. Die Verhältnismäßigkeit (der Befestigungskosten, auf die Folgekosten kommt es nicht an) bestimmt sich nicht aus ihrem Verhältnis zu den Kosten der Anlage oder des Gebäudes, auch nicht aus einem Vergleich der Kosten der Befestigung am höheren Gebäude zu denen einer Befestigung am niederen Gebäude oder auf dem dazugehörigen Grundstück. Auch sind die Zweckbestimmung und die Bedeutung der Schornsteine, Entlüftungsleitungen und Antennenanlagen für das niedere Gebäude und die dazugehörige Grundstücksnutzung ohne Belang. Entscheidend ist vielmehr, wem der beiden Nachbarn aus dem Gesichtspunkt der nachbarlichen Rücksichtnahme die mit den Befestigungen einhergehenden Belastungen mehr zuzumuten sind: dem des niederen Gebäudes die finanzielle Belastung oder dem des höheren die tatsächliche grunddienstbarkeitliche Belastung. Für die Erheblichkeit der finanziellen Belastung kann letztlich nur die Mehrbelastung gegenüber den Kosten einer Befestigung am höheren Gebäude maßgeblich sein. Bei der Dienstbarkeitsbelastung sind auch eine damit etwaig verbundene erhöhte Belästigung der Lebenswahrnehmung, eine etwaige Wertminderung des Grundstücks sowie eine Verunstaltung des Gebäudes oder des Grundstücks zu berücksichtigen. Wer ein kleines Häuschen nur gelegentlich zur Freizeitgestaltung nutzt und deshalb die beachtlichen Kosten für eine Befestigung des höherzuführenden Schornsteins am Haus oder auf dem Grundstück scheut, kann keine Befestigung am Nachbargebäude beanspruchen. Wer einen offenen Kamin mit entsprechend erhöhten Immissionswerten betreibt (§ 29 Rn. 75), kann grundsätzlich nicht erwarten, dass ihn der Nachbar dabei noch mit Befestigungsgelegenheiten unterstützt.

7 Die Erhöhungen und Befestigungen am höheren Gebäude dürfen schließlich öffentlichrechtlichen Vorschriften nicht widersprechen. Gemeint sind damit nicht nur die speziellen Schutzvorschriften für Feuerungs- und Lüftungsanlagen (§§ 43, 42 LBO), sondern u. a. auch Abstandsvorschriften (§ 6 LBO) und Gestaltungsvorschriften (§ 10 LBO). So kann z. B. nicht verlangt werden, einen Schornstein an einer höher liegenden Grenzgarage zu befestigen, weil diese dadurch ihre abstandsprivilegierte Qualität verliert (vgl. § 42 Rn. 53). Die am Nachbargebäude befestigte Anlage darf auch nichts emittieren, was das Gebäude oder die Benutzung des Grundstücks beeinträchtigt, § 906 Abs. 3 BGB (vgl. zu Verschwärzungen am Gebäude durch Wasserdampf und Stärkeemission einer Brotfabrik OLG München Urteil vom 19.1.2009 – 19 U 3826/08 – Juris).

8 Der Duldungsanspruch steht dem Eigentümer sowie dem Nutzungsberechtigten (z. B. Mieter) des Grundstücks mit dem niederen Gebäude gegen den Eigentümer und den Nutzungsberechtigten des Grundstücks mit dem höheren Gebäude zu. Die Mitbenutzung des höheren Gebäudes ist unentgeltlich (Lehmann § 49 Anm. 5; Schäfer/Fink-Jamann/Peter § 26 Rn. 8). Einigen sich die Nachbarn nicht, dann muss der Berechtigte gegen den Verpflichteten Klage auf Duldung der Befestigung erheben und hat im Streitfall darzulegen und zu beweisen, dass die Anspruchsvoraussetzungen vorliegen. Klageantrag und Urteilsformel müssen die Art und den Ort der Befestigung bezeichnen. Ein eigenmächtiges

Vorgehen wäre verbotene Eigenmacht nach § 858 Abs. 1 BGB. Im Einzelnen wird auf § 17 Rn. 14 verwiesen.

II. Unterhaltung und Reinigung der Anlagen

Wer die Befestigung einer der genannten Anlagen an seinem Gebäude dulden muss, muss auch gestatten, dass der Berechtigte oder eine von ihm beauftragte Hilfsperson Grundstück und Gebäude betritt, um die Anlagen in dem erforderlichen Umfang zu unterhalten und zu reinigen, wenn diese Arbeiten vom eigenen Grundstück aus nicht oder nur mit unverhältnismäßig hohen Kosten durchgeführt werden können. Auch die für die Unterhaltung erforderlichen Anlagen (z. B. Steigleitern, Laufbalken, Standbretter) darf der Berechtigte auf eigene Kosten an dem höheren Gebäude anbringen. **9**

Wenn der Verpflichtete das Betreten seines Gebäudes für die Unterhaltungs- und Reinigungsarbeiten nicht dulden will, kann er den Berechtigten darauf verweisen, auf eigene Kosten an der Außenwand eine Steigleiter anzubringen und von dort aus die Arbeiten auszuführen, sofern solches möglich ist. Die §§ 1020, 1022, 1023, 1024, 1027 BGB sind ergänzend analog anwendbar. **10**

III. Mitbenutzung einer Antennenanlage

Die Duldungspflichtigen brauchen die Befestigung sowie Unterhaltung und Reinigung einer Antennenanlage auf ihrem Grundstück nicht zu dulden, wenn sie dem Berechtigten die Mitbenutzung einer geeigneten Antennenanlage gestatten. Erfordert die Mitbenutzung der Anlage erst deren Errichtung oder Umbau, so muss der Duldungspflichtige diese Arbeiten auf eigene Kosten vornehmen, da er den Berechtigten nur auf die Mitbenutzung einer geeigneten Anlage verweisen kann (Schäfer/Fink-Jamann/Peter § 26 Rn. 19; Zimmermann/Steinke § 26 Anm. 5 b, bb). Die Kosten des Anschlusses trägt der Berechtigte (BGH NJW 1984, 729; Ostendorf JuS 1974, 756 unter II). Die Kosten der Unterhaltung und des Betriebes der Gemeinschaftsantenne müssen die angeschlossenen Teilnehmer in angemessenem Interessenausgleich ihrer Nutzungsanteile tragen (entsprechend § 1021 BGB). **11**

IV. Redaktionsversehen

In den Ausschussberatungen wurde in Absatz 1 das 17. Wort von „und" in „oder" geändert (Niederschrift über die 20. Sitzung des Ausschusses für Justiz des Schleswig-Holsteinischen Landtages vom 8.12.1970, S. 6); es wurde übersehen, anschließend die Worte „ihre" und „befestigen" in „seine" und „befestigt" zu ändern. **12**

§ 21 Anzeige und Schadensersatz

Für die Verpflichtung zur Anzeige und die Verpflichtung zum Schadensersatz gelten die §§ 7 und 10 Abs. 2 entsprechend.

NachbG §§ 21, 22

1 Aus der Anwendbarkeit des § 7 folgt, dass die Einzelheiten des geplanten Anbaus spätestens zwei Monate vor Beginn der Arbeiten dem Eigentümer und dem in seinem Besitz betroffenen Nutzungsberechtigten des Nachbargrundstücks schriftlich anzuzeigen sind. Im Einzelnen wird auf die Erläuterungen zu § 7 verwiesen. Grundsätzlich sind auch Unterhaltungs- und Reinigungsarbeiten vorher anzuzeigen. Bei ganz geringfügigen Arbeiten, die der Duldungspflichtige ohne weiteres übersehen kann, wird es gegen § 242 BGB verstoßen, wenn die Einhaltung der zweimonatigen Wartefrist verlangt wird. Die Anzeige ist auch erforderlich, wenn die öffentlichrechtlich vorgeschriebene Reinigung des Schornsteins (§§ 1 SchfHwG, 6 Abs. 1 KüO) durchgeführt werden soll.

2 Aus der Anwendbarkeit des § 10 Abs. 2 folgt, dass der Berechtigte den Duldungspflichtigen unabhängig von einem Verschulden den Schaden zu ersetzen hat, der ihnen bei Ausübung der Rechte aus § 20 entstanden ist. Im Einzelnen wird auf § 10 Rn. 8 verwiesen.

3 Aus der Anwendbarkeit von § 10 Abs. 2 folgt auch, dass für voraussichtliche Schäden Sicherheitsleistung verlangt werden kann, denn es wird nicht nur auf § 10 Abs. 2 Satz 2 verwiesen und Sicherheit ist vorbeugende Schadensersatzsicherung. Im Einzelnen wird auf § 10 Rn. 9 verwiesen.

Abschnitt VI: **Fenster- und Lichtrecht**

§ 22 Inhalt und Umfang

(1) In oder an der Außenwand eines Gebäudes, die parallel oder in einem Winkel bis zu 60° zur Grenze des Nachbargrundstücks verläuft, dürfen Fenster, Türen oder zum Betreten bestimmte Bauteile wie Balkone und Terrassen nur mit schriftlicher Zustimmung des Eigentümers des Nachbargrundstücks angebracht werden, wenn ein geringerer Abstand als 3 m von dem grenznächsten Punkt der Einrichtung bis zur Grenze eingehalten werden soll.

(2) Die Zustimmung muss erteilt werden, wenn keine oder nur geringfügige Beeinträchtigungen zu erwarten sind.

(3) Von einem Fenster oder einem zum Betreten bestimmten Bauteil, dem der Eigentümer des Nachbargrundstücks schriftlich zugestimmt hat oder das nach bisherigem Recht angebracht worden ist, müssen er und seine Rechtsnachfolger mit einem später errichteten Bauwerk mindestens 3 m Abstand einhalten. Dies gilt nicht, wenn das später errichtete Bauwerk den Lichteinfall nicht oder nur geringfügig beeinträchtigt.

Übersicht   Rn.

I.	Allgemeines	1
II.	Fensterrecht	2–9
III.	Lichtrecht	10–13

I. Allgemeines

Behinderungen der Zufuhr von Licht und Luft zum Nachbargrundstück durch bauliche Anlagen können nach bürgerlichem Recht aus den §§ 862, 907, 1004 BGB nicht abgewehrt werden (BGH LM Nr. 1, 2; OLG Hamburg MDR 1963, 135; OLG Düsseldorf NJW 1979, 2618; OLG Frankfurt NJW-RR 1989, 464). Gleiches gilt hinsichtlich Anpflanzungen (s. vor §§ 37–41 Rn. 7). Infolgedessen ist in den §§ 22 bis 24 ein privatrechtliches Fenster- und Lichtrecht geregelt. Dadurch stellt der Entzug von Luft und Licht keine Einwirkung i. S. v. § 906 BGB dar (BGH MDR 2015, 1175; s. Rn. 10). Aus einer besonderen Pflicht zur Rücksichtnahme aus dem nachbarlichen Gemeinschaftsverhältnis können sich gleichwohl aus unzumutbaren Härtefällen Rechtsbeschränkungen ergeben (BGH a. a. O.; vgl. § 29 Rn. 27). Das wird aber nur selten vorkommen, denn grundsätzlich ist es Sache eines Bauherrn, die für die Belichtung und Belüftung seiner Fenster erforderlichen freien Flächen auf seinem Grundstück vorzuhalten (VG Frankfurt (Oder), Urteil vom 22.1.2007 – 7 K 231/03 – mit Nachw., Juris) Auch kann ein Grundstückseigentümer die Einhaltung von Abstandflächen grundsätzlich dann nicht verlangen, wenn Gebäude auf seinem Grundstück das Grundstück des Nachbarn in vergleichbarem Maße oder gar noch stärker als umgekehrt unter Gesichtspunkten des Abstandflächenrechts in Anspruch nehmen (VG Franfurt (Oder), a. a. O.). **Zwingende** öffentlichrechtliche Vorschriften gehen dieser Regelung vor, § 1 Abs. 1 (z. B. eine Baupflicht im Rahmen eines die Abstände unterschreitenden Bebauungsplans, die eine bestimmte Fensteranordnung zwingend nach sich zieht, §§ 1 Abs. 1, 23 Nr. 3 i. V. m. § 22 Abs. 4 BauNVO). Zur **Konkurrenz** von öffentlichrechtlichen und privatrechtlichen Ansprüchen ist zu beachten: In § 6 LBO ist bestimmt, dass vor Außenwänden von Gebäuden Abstandflächen von oberirdischen Gebäuden freizuhalten sind. Diese Vorschrift hat nachbarschützende Funktion (vgl. § 42 Rn. 10, 40), sodass der Nachbar gegenüber einer Baugenehmigung, die eine Abstandsunterschreitung zulässt, mit einer verwaltungsgerichtlichen Anfechtungs- oder Verpflichtungsklage Erfolg haben kann (vgl. dazu § 42 Rn. 24). Da eine Baugenehmigung unbeschadet privater Rechte Dritter erteilt wird (§ 73 Abs. 4 LBO), kann er Fenster- und Lichtrechtsbeeinträchtigungen auch privatrechtlich über § 22 i. V. m. § 1004 BGB abwehren (zweigleisiger Rechtsschutz, vgl. § 42 Rn. 29). Auf die öffentlichrechtliche Genehmigung kann sich der Bauherr dann nur berufen (vgl. auch § 42 Rn. 39), wenn sie auf zwingenden öffentlichrechtlichen Vorschriften beruht.

Auch für **Wohnungseigentümer** gelten die Bestimmungen zum Fenster- und Lichtrecht, wenn in der Gemeinschaftsordnung bestimmt ist, dass die einzelnen Wohnungseigentümer so behandelt werden sollen, als liege eine Realteilung des Grundstücks vor (s. § 2 Rn. 9). Ob ein Wohnungseigentümer Beseitigungsansprüche hat, richtet sich somit nicht nach den nachbarrechtlichen Vorschriften der §§ 22 Abs. 1, 15 Abs. 3, 14 Nr. 1 WEG, sondern nach den allgemeinen nachbarrechtlichen Vorschriften des Privatrechts und des öffentlichen Rechts (BayObLG NJW-RR 2001, 1456). Hinsichtlich Bruchteilseigentümern (§ 1008 BGB), s. § 28 Rn. 4.

II. Fensterrecht

Absatz 1 regelt, unter welchen Voraussetzungen in oder an der **Außenwand eines Gebäudes** Fenster, Türen und zum Betreten bestimmte Bauteile angebracht werden dürfen. Außenwand meint eine Wand, die einen umbauten Raum unmittelbar von der Witterung scheidet. Das Dach oder die Umfassungsmauer eines nicht überdeckten Innenhofes bildet keine Gebäude-Außenwand. Die Giebelwand sowie die Wände von Erkern, Gauben und Loggien sind Außenwände.

3 Ein **Gebäude** ist eine selbstständig benutzbare, überdeckte bauliche Anlage, die von Menschen betreten werden kann und geeignet oder bestimmt ist, dem Schutz von Menschen, Tieren oder Sachen zu dienen (§ 2 Abs. 3 LBO). Eine **bauliche Anlage** ist eine aus Bauprodukten hergestellte und mit dem Erdboden fest verbundene Anlage. Eine solche Bodenverbindung besteht auch dann, wenn die Anlage durch eigene Schwere auf dem Boden ruht oder auf ortsfesten Bahnen begrenzt beweglich ist oder wenn sie nach ihrem Verwendungszweck dazu bestimmt ist, überwiegend ortsfest genutzt zu werden (§ 2 Abs. 1 LBO). Gebäude sind daher auch Zeitungskioske, Baubuden, **Gartenlauben**, Wohn- und Verkaufswagen (sofern sie längere Zeit auf einem Grundstück abgestellt werden, OLG Schleswig SchlHA 1973, 49; vgl. auch VGH Kassel NVwZ 1987, 427; ebenfalls Wohnwagen, die nur an Wochenenden am gleichen Platz abgestellt werden, OVG Lüneburg Gemeinde 1975, 123), Gewächshäuser, Ställe, Weidehütten (VG Sigmaringen Urteil vom 16.11.2006 – 7 K 532/06 – Juris), abgestellte Kajütenschiffe. Eine Außenwand eines Gebäudes reicht in der Senkrechten von der festgelegten Geländeoberfläche bis zum Schnittpunkt der Wand mit der Oberfläche der Dachhaut oder bis zum oberen Abschluss der Wand (§ 6 Abs. 4 S. 2 LBO, vgl. § 42 Rn. 49). In der Waagerechten reicht sie von einer Gebäudekante bis zur anderen, bei abgerundeten Ecken bis zu deren Scheitel. An ihr **angebracht** sind Bauteile nicht nur bei körperlicher Verbindung, sondern schon dann, wenn sie zu einem Außenwandteil eine **unmittelbare Bezugsfunktion** haben (Terrassentür/Terrasse), wobei es nicht darauf ankommt, ob dieser Bezug bereits bei der Gebäudeerrichtung oder erst später hergestellt wurde.

4 Für den Begriff **Fenster** ist die Lichtdurchlässigkeit entscheidend. Fenster liegen auch vor, wenn Maueröffnungen mit Glasbausteinen, durch die man nicht hindurchschauen kann und die weder Luft noch Geräusche durchlassen, fensterartig ausgefüllt werden (BGH NJW 1960, 2092; vgl. aber auch § 23 Rn. 1). Gemeint sind auch Kellerfenster. Ob von ihnen aus ein Blick auf das Nachbargrundstück möglich ist – so genannte Aussichtsfenster –, ist unmaßgeblich (Argument aus § 23 Nr. 1). Lüftungsklappen, die im geöffneten Zustand einem Fenster gleichkommen, gehören ebenfalls zu den Fenstern (AG Osterode NdsRpfl 1975, 269). **Türen** müssen nicht lichtdurchlässig sein, die für diesen Verkehrsweg benötigte Belichtung wird durch das Öffnen erreicht.

5 Ob ein **Bauteil zum Betreten bestimmt** ist, entscheidet nicht die individuelle Nutzung, sondern der aus dem architektonischen Gesamtgefüge als nächstliegend empfundene Hauptzweck. Auf Häufigkeit und Dauer des Betretens kommt es grundsätzlich nicht an. Die beispielhafte Aufzählung (Balkone, Terrassen) zeigt aber, dass es sich um nicht nur für Durchgangszwecke bestimmte Flächen handeln darf. Kellerniedergänge, Hauseingangspodeste und Freitreppen fallen also nicht darunter. Eine Terrasse stellt schon dann ein Bauteil dar, wenn die Fläche durch Fundament oder Pflasterung befestigt angelegt ist (a. A. LG Verden NdsRpfl 1976, 116). Sie muss nicht erhöht angelegt sein. Einem Grundstückseigentümer ist es nachbarrechtlich nicht verwehrt, sein Grundstück auch im Bereich der Grundstücksgrenze vollflächig zu bepflastern. Als Terrasse sind nur diejenigen Teile anzusehen, die in erster Linie zum geruhsamen Aufenthalt von Menschen bestimmt sind (OLGR Celle 2004, 110). Wird ein nicht zum Betreten bestimmtes Bauteil genutzt (ein Fischbecken wird als Plantschbecken benutzt), dann ist dazu die schriftliche Zustimmung des Nachbarn einzuholen. Dieser hat bei ungenehmigter Nutzung einen Unterlassungsanspruch aus § 1004 BGB, eine Beseitigung des Bauteils kann er hingen nicht verlangen.

6 Mit einer Gebäudeaußenwand, in oder an der sich eine der genannten Einrichtungen befindet, ist ein **Mindestabstand von 3 Metern** zum Nachbargrundstück einzuhalten, wenn die Außenwand parallel oder in einem Winkel bis zu 60° zur Grenze des Nachbargrundstücks verläuft. Der Abstand wird nicht von der Außenwand, sondern von dem grenznächsten Punkt der Einrichtung (z. B. Außenkante des Balkons, Außenseite des Fenster- oder Türrahmens) waagerecht und rechtwinklig zur Grenze gemessen, wobei es auf vorspringendes Beiwerk wie Regenrinnen, Gesimsvorsprünge, Sohlbänke, Lichtschächte und Blumenkästen nicht ankommt. Bei Terrassen ist die Außenkante der angelegten Aufenthaltsfläche maßgebend, Böschungsflächen und deren Stützmauern bleiben außer Betracht (OLG Celle NdsRpfl 1972, 306; LG Lüneburg NdsRpfl 1977, 125). Bei Nachbarwänden, die nicht parallel zur Grundstücksgrenze sondern auf ihr verlaufen, gelten die Sonderregeln der §§ 4 bis 10. Bei einer Wand, die in einem Winkel von etwas über 60° zur Grenze des Nachbargrundstücks verläuft, braucht kein Abstand eingehalten zu werden, sodass eine an dieser Wand angebrachte Einrichtung einen Grenzabstand von weniger als 3 Meter haben kann. Unberührt vom fensterrechtlichen Abstand nach Absatz 1 bleibt der grenzabstandsrechtliche nach § 42. Ist Letzterer größer, so hat Absatz 1 für zum Betreten bestimmte Bauteile Bedeutung, die grenzabstandsrechtlich näher als 3 Meter an die Grenze herankommen dürfen; ist Letzterer kleiner (vgl. z. B. § 6 Abs. 6 LBO), so ist Absatz 1 voll wirksam, sofern nicht § 23 Nr. 3 eingreift.

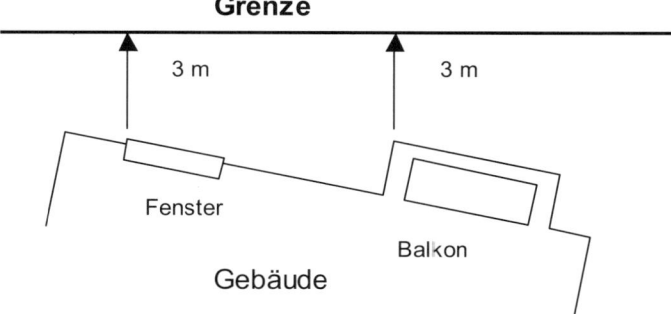

7 Der vorgeschriebene Abstand von 3 Metern darf nur mit **schriftlicher Zustimmung** des Eigentümers des Nachbargrundstücks unterschritten werden. Gehört dieses Grundstück mehreren Personen, so müssen alle zustimmen. Für die Bedeutung der Zustimmung gilt § 4 Rn. 5 ff.. Der Einzelrechtsnachfolger des zustimmenden Eigentümers ist an die von seinem Rechtsvorgänger erteilte Zustimmung gebunden, sobald das Gebäude im Rohbau fertig gestellt ist (vgl. OLG Düsseldorf OLGZ 1979, 449). Eine schriftliche Zustimmung kann noch nicht ohne weiteres darin gesehen werden, dass der Nachbar die vom Erbauer erstellten und die Abstandsunterschreitung sichtbar machenden Lagepläne und Bauzeichnungen nach § 72 Abs. 2 LBO unterschrieben hat (vgl. § 42 Rn. 22; vgl. aber auch § 4 Rn. 6). Eine nur mündlich erteilte Zustimmung ist nach § 125 BGB unwirksam (vgl. auch § 1 Abs. 2). Sich auf den Formmangel zu berufen ist unzulässig, wenn es nach den Beziehungen der Parteien und den gesamten Umständen mit Treu und Glauben (§ 242 BGB) unvereinbar wäre, die Zustimmung am Formmangel scheitern zu lassen. Das Ergebnis müsste für die betroffene Partei allerdings nicht nur hart, sondern schlechthin untragbar sein (BGHZ 29, 6; BbgOLG, Urteil v. 23.10.2008 – 5 U 136/07 – Juris). Die Grundsätze von Treu und Glauben bleiben unanwendbar, wenn beide Parteien den Formmangel kannten (BGH NJW 1969, 1167; BbgOLG a. a. O.). Grundsätzlich steht es dem Eigentümer frei, ob er die Zustimmung erteilt; sie kann auch noch nach Abstandsunterschreitung erteilt werden, bedarf aber auch dann der Schriftform.

8 Nach Absatz 2 besteht ein **einklagbarer Anspruch auf die Zustimmung,** wenn durch die Abstandsunterschreitung keine oder nur geringfügige Beeinträchtigungen zu erwarten sind. Zu berücksichtigen ist jedes private – auch nur ideelle oder immaterielle (BGH MDR 1976, 747) – Interesse des Nachbarn, z. B. Entzug von Licht, Zufuhr von künstlichem Licht, Einblick in das Grundstück, Geruchsbelästigung und Geräuschbelästigung, Mithörmöglichkeiten. Geringfügigkeit kann bejaht werden, wenn die Beeinträchtigung auch bei Einhaltung des Abstandes nicht geringer wäre (LG Arnsberg MDR 1976, 490). Wer ein Fenster in einer Grenzwand seit etlichen Jahren nicht mehr genutzt hat und seine Nutzung (etwa durch Anbringung von Stahlplatten) ausgeschlossen hat, hat den bestehenden nachbarlichen **Abwehranspruch aufgegeben** (vgl. zu 23 Jahre langer Nichtnutzung VG Braunschweig Beschluss vom 22.8.2002 – 2 B 187/02 – Juris). Die Zustimmung gilt, soweit nichts Abweichendes vereinbart ist, nicht für Ersatzbauten nach Abriss oder Zerstörung (OLG Braunschweig NdsRpfl 1991, 49).

9 Ist der in Absatz 1 vorgeschriebene Grenzabstand unterschritten worden, so hat der Eigentümer des Nachbargrundstücks einen Beseitigungsanspruch aus § 1004 BGB. Gegenüber diesem Anspruch kann widerklagend oder einredeweise (BGH NJW 2008, 3122; BGH MDR 1976, 747) der Anspruch auf Zustimmung nach Absatz 2 geltend gemacht werden. Zu beseitigen ist nur die unzulässige Einrichtung (LG Bochum NJW 1962, 1255). Beseitigung oder Zurücksetzen der Wand kann nur unter den Voraussetzungen des § 42 verlangt werden. Die Zwangsvollstreckung erfolgt nach § 887 ZPO z. B. durch Zumauern des Fensters oder Abreißen des Balkons. Besitzschutzansprüche aus § 862 BGB bestehen nicht, da Absatz 1 nur den Inhalt des Eigentums näher bestimmt.

III. Lichtrecht

10 Das Lichtrecht soll den Grundstückseigentümer vor einer unzumutbaren Beeinträchtigung des Lichteinfalls in seine Fenster schützen (BGH MDR 1979, 1009;

BayObLG Rpfl 1989, 361), nicht indes davor, dass ihm der Ausblick aus den Fenstern versperrt wird (BGH NJW-RR 2003, 1313). Es dient nicht nur der Wohnlichkeit, sondern auch der Verkehrssicherheit derjenigen Teile des Gebäudes, die nur vorübergehend von Menschen betreten werden. Es erstreckt sich daher auch auf Treppenhäuser, Flure und Vorratsräume (BGH NJW 1954, 1363). Hat der Eigentümer des Nachbargrundstücks zugestimmt, dass mit einer Einrichtung der in Absatz 1 genannte Abstand unterschritten wird, oder durfte der Abstand nach bisherigem Recht unterschritten werden, so muss er (und ein Nutzungsberechtigter, da das vom Eigentum abgeleitete Nutzungsrecht den gleichen Beschränkungen wie das Eigentum selbst unterliegt) seinerseits von einem Fenster oder zum Betreten bestimmten Bauteil mit einem später errichteten Bauwerk (vgl. § 4 Rn. 3; z. B. auch einer **Krananlage**, BGH MDR 1979, 1009) einen Abstand von 3 m einhalten. Diese Verpflichtung hat auch der Einzel- oder Gesamtrechtsnachfolger. Der Abstand braucht jedoch nicht mit einer nach §§ 28 Abs. 2, 30 Abs. 1 auf der gemeinsamen Grenze errichteten Einfriedigung (bauliche Anlage i. S. von § 2 Abs. 1 LBO, vgl. auch § 63 Abs. 1 Nr. 7 b LBO, sofern sie das Lichtrecht ortsüblich einschränkt) eingehalten zu werden, denn sie wird auch von dem Inhaber des Lichtrechts errichtet. Der Entzug von Luft und Licht durch Anpflanzungen (hier: **Baum**) auf dem Nachbargrundstück stellt keine Einwirkung i. S. v. § 906 BGB dar. Die nachbarrechtlichen Abstandsregeln bieten bereits einen vernünftigen Interessenausgleich, und grob unbillige Ergebnisse lassen sich über das nachbarliche Gemeinschaftsverhältnis beseitigen (BGH MDR 2015, 1175). Zur **Verschattung durch einen Baum** s. im Übrigen vgl. § 29 Rn. 31. Von einer **Tür** ist dieser Abstand auch dann einzuhalten, wenn sie nicht verglast ist, da durch sie ein zum Betreten bestimmter Bauteil erreicht wird. Der Abstand nach Absatz 3 muss zu jedem Punkt der grenznahen Einrichtung (nicht nur Grenze) eingehalten werden.

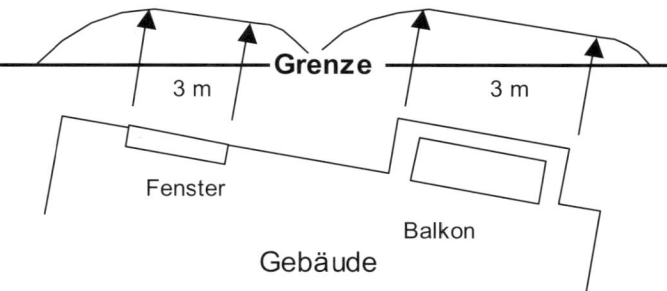

Ist das später errichtete Bauwerk ein Gebäude, so ist mit diesem in erster Linie der in § 42 Abs. 1 genannte Abstand zur Grenze einzuhalten. Der in Absatz 3 genannte Abstand wird dann erst bedeutsam, wenn nach § 42 Abs. 1 so nahe an die Grenze gebaut werden darf, dass das Gebäude weniger als 3 Meter an die lichtrechtlich geschützte Einrichtung heranrücken könnte. Befinden sich an der Außenwand dieses Gebäudes dem Fensterrecht unterliegende Einrichtungen, so ist mit diesen der fensterrechtliche Abstand nach Absatz 1 zur Grenze einzuhalten, sofern nicht § 42 Abs. 1 sogar einen noch größeren Abstand gebie-

NachbG §§ 22, 23

tet. Die Bauaufsichtsbehörde hat bei Vorhaben innerhalb der im Zusammenhang bebauten Ortsteile (§ 34 Abs. 1 BauGB) das zivilrechtliche Lichtrecht nicht in die Abwägung der öffentlichrechtlichen Rechtspositionen der betroffenen Nachbarn einzustellen. Nach § 73 Abs. 1 LBO ist eine bauaufsichtliche Genehmigung zu erteilen, wenn dem Vorhaben keine öffentlichrechtlichen Vorschriften entgegenstehen und entsprechend ergehen diese Genehmigungen unbeschadet der privaten Rechte Dritter, § 73 Abs. 4 LBO. Diesem Grundsatz widerspräche es, quasi durch die Hintertür im Rahmen der Abwägung des Gebotes der Rücksichtnahme nach § 34 Abs. 1 BauGB die Erteilung der bauaufsichtlichen Genehmigung vom Bestand privater Rechtspositionen abhängig zu machen (VG Gelsenkirchen Urteil v. 2.6.2005 – 5 K 246/03 – Juris).

12 Der in Absatz 3 vorgesehene Abstand braucht nicht eingehalten zu werden, wenn das später errichtete Bauwerk den Lichteinfall nicht oder nur geringfügig beeinträchtigt (z.B. eine Garage unterhalb eines Balkons) oder wenn die Abstandsunterschreitung nach § 23 ohne Zustimmung zulässig ist bzw. nach § 24 geduldet werden muss (OLG Saarlouis ZMR 1996, 141). Der Abstand darf auch mit Zustimmung des Eigentümers des lichtrechtlich geschützten Grundstücks unterschritten werden (§ 1 Abs. 1), diese Zustimmung unterliegt nicht der Schriftform nach Absatz 1.

13 Bei Unterschreitung des in Absatz 3 vorgesehenen Abstandes geht der Anspruch aus § 1004 BGB auf Beseitigung oder Zurücksetzung des Bauwerks.

§ 23 Ausnahmen

Eine Zustimmung nach § 22 ist nicht erforderlich
1. für lichtdurchlässige Wandbauteile, wenn sie undurchsichtig, schalldämmend und gegen Feuereinwirkung widerstandsfähig sind;
2. für Außenwände gegenüber Grenzen zu öffentlichen Verkehrsflächen, zu öffentlichen Grünflächen und zu oberirdischen Gewässern von mehr als 3 m Breite;
3. soweit nach öffentlichrechtlichen Vorschriften Fenster und Türen angebracht werden müssen.

1 Die Rechtsprechung sieht durch Glasbausteine verschlossene Maueröffnungen als Fenster an (BGH MDR 1960, 914). Sind derartige Wandbauteile aber undurchsichtig, schalldämmend und gegen Feuereinwirkung widerstandsfähig, dann beeinträchtigen sie den Nachbarn nicht. Diese Fenster sind ohne Zustimmung des Nachbarn erlaubt, sofern sie nicht zum Öffnen eingerichtet sind. § 23 Nr. 1 gewährt ein Fensterrecht, kein Lichtrecht. Solchen Bauteilen gegenüber ist kein Mindestabstand i.S. des § 22 Abs. 3 einzuhalten (OLG Saarlouis ZMR 1996, 141).

2 Der Schutzzweck des § 22 Abs. 1 entfällt gegenüber Grenzen zu öffentlichen Verkehrsflächen (vgl. § 17 Rn. 17), zu öffentlichen Grünflächen und zu oberirdischen Gewässern von mehr als 3 m Breite. Daher bedarf es bei Unterschreitung des in § 22 Abs. 1 genannten Abstandes nicht der Zustimmung des Eigentümers der öffentlichen Verkehrsfläche usw.; öffentlichrechtliche Beschränkungen bleiben davon unberührt, vgl. z. B. § 6 Abs. 2, S. 2 LBO.

Nach § 42 Abs. 1 kann eine Gebäudeaußenwand mit einem geringeren Grenzabstand als 3 Meter privatrechtlich zulässig sein. Diese Wand dürfte dann aber keine der in § 22 Abs. 1 genannten Einrichtungen haben. Wenn nun das öffentliche Recht durch zwingende baurechtliche Vorschriften, die keine Ausnahmen oder Befreiungen gestatten (OLG Koblenz OLGZ 1988, 248), vorschreibt, dass diese Wand ein Fenster oder eine Tür haben muss, so folgt die privatrechtliche, zustimmungsfreie Zulässigkeit dieser Einrichtungen nur dann aus § 1 Abs. 1, wenn nach öffentlichem Recht ein Bauzwang mit geringerem Abstand oder bei freigestelltem Bauen ein öffentlichrechtlicher Zwang zur Einhaltung eines geringeren Abstands besteht und das Bauordnungsrecht für diese Wand zwingend Fenster und/oder Tür(en) vorschreibt. Durch § 23 Nr. 3 wird § 42 Abs. 1 also kein unbedingter Vorrang eingeräumt, weil § 42 auch öffentlichrechtlich nicht zwingend vorgeschriebene Abstände von Außenwänden erfasst und an solchen Wänden zudem nicht stets zwingend Fenster sein müssen, weil der Zwang notwendiger Fenster (§ 48 Abs. 2 LBO) von der zumeist willkürlichen Aufteilung und Nutzung der Räume abhängt.

3

§ 24 Ausschluss des Beseitigungsanspruchs

(1) Der Anspruch auf Beseitigung einer Einrichtung, die einen geringeren als den in § 22 Abs. 1 und 3 vorgeschriebenen Abstand hat, ist ausgeschlossen, wenn nicht bis zum Ablauf des auf die Anbringung der Einrichtung folgenden Kalenderjahres Klage auf Beseitigung erhoben worden ist.
(2) Der Anspruch auf Beseitigung einer Einrichtung, die bei Inkrafttreten dieses Gesetzes vorhanden ist, ist ausgeschlossen, wenn
1. ihr Abstand dem bisherigen Recht entspricht oder
2. ihr Abstand nicht dem bisherigen Recht entspricht und nicht bis zum Ablauf des auf das Inkrafttreten dieses Gesetzes folgenden Kalenderjahres Klage auf Beseitigung erhoben worden ist.
(3) Wird das Gebäude, an dem sich die Einrichtung befand, oder das Bauwerk beseitigt, so gelten für einen Neubau die §§ 22 und 23.

Im Interesse des nachbarlichen Friedens soll der Anspruch auf Beseitigung einer Einrichtung oder eines Bauwerks wegen Unterschreitung der in § 22 Abs. 1 und 3 vorgeschriebenen Abstände nur während einer verhältnismäßig kurzen Zeit geltend gemacht werden können. Nach Absatz 1 ist der Beseitigungsanspruch **ausgeschlossen** (d. h. erloschen, vgl. BGH NJW 2006, 903), wenn nicht spätestens bis zum Ablauf des auf die Abstandsunterschreitung folgenden Kalenderjahres Klage auf Beseitigung erhoben worden ist. Sie ist gemäß § 1 Abs. 1 Nr. 2 e LSchliG grundsätzlich erst zulässig, nachdem von einer Gütestelle nach § 3 LSchliG versucht worden ist, die Streitigkeit einvernehmlich beizulegen (zu Ausnahmen vgl. LSchliG Rn. 18). Hat der Anspruch einen Geldeswert, der die Summe von fünftausend Euro nicht übersteigt, dann ist das Amtsgericht zuständig (§ 23 Nr. 1 GVG), sonst das Landgericht (§ 71 Abs. 1 GVG). Das

1

NachbG §§ 24, 25

Gericht ist **ausschließlich zuständig,** in dessen Bezirk die Sache belegen ist, § 24 ZPO (vgl. OLG Celle VersR 1978, 570). Die Erhebung der Klage erfolgt durch Zustellung eines Schriftsatzes (Klageschrift, § 253 ZPO). Der Anspruchsberechtigte kann ihn – wenn das Amtsgericht zuständig ist – entweder in der Gestalt des § 253 Abs. 2 ZPO beim Amtsgericht einreichen oder mündlich zum Protokoll der Geschäftsstelle des Amtsgerichts anbringen, § 496 ZPO, und den Prozess selbst führen (§ 79 Abs. 1 S. 1 ZPO). Ist das Landgericht zuständig, muss er sich durch einen Rechtsanwalt vertreten lassen (§ 78 Abs. 1 S. 1 ZPO). Absatz 1 betrifft nur erstmalige Abstandsunterschreitungen nach In-Kraft-Treten dieses Gesetzes. Der Ausschluss des Beseitigungsrechts schafft dem Nachbarn nur ein Fensterrecht, kein Lichtrecht, sodass seinem Bauteil gegenüber kein Mindestabstand einzuhalten ist (BayObLG 96, 14; OLG Saarlouis ZMR 1996, 141).

2 Absatz 2 betrifft Abstandsunterschreitungen vor Inkrafttreten dieses Gesetzes. Entspricht der eingehaltene Abstand dem bisherigen Recht, dann besteht kein Beseitigungsanspruch; der Zustand bleibt rechtmäßig. Entspricht der Abstand weder dem bisherigen Recht noch § 22 Abs. 1 und 3, so ist der Beseitigungsanspruch ausgeschlossen, wenn nicht spätestens bis zum 31. Dezember 1972 Klage auf Beseitigung erhoben worden war. Das bisherige Recht verlor somit Ende 1972 seine Bedeutung.

3 Ist der Beseitigungsanspruch nach Absatz 1 oder 2 ausgeschlossen, so muss der Nachbar die Abstandsunterschreitung als rechtmäßig hinnehmen. Wird das Gebäude, in dem oder an dem sich eine dem § 22 Abs. 1 widersprechende Einrichtung befindet, oder das Bauwerk, das den Abstand des § 22 Abs. 3 nicht einhält, abgerissen oder zerstört, dann gelten nach Absatz 3 für einen Neubau wieder die Abstandsvorschriften der §§ 22 und 23. Bei Umbauten oder Reparaturmaßnahmen zur Erhaltung zeitgemäßer Nutzung gilt Absatz 3 nicht (OLGR Celle 2004, 110; vgl. zum Bestandsschutz auch OLG Koblenz OLGZ 1988, 248).

Abschnitt VII: **Bodenerhöhung**

§ 25

Der Eigentümer, der den Boden seines Grundstücks über die Oberfläche des Nachbargrundstücks erhöht, muss einen solchen Grenzabstand einhalten oder solche Vorkehrungen treffen und unterhalten, dass eine Schädigung des Nachbargrundstücks durch Bodenbewegungen ausgeschlossen ist. Die Verpflichtung geht auf den Rechtsnachfolger über.

Übersicht   Rn.

I. Sicherung von Bodenerhöhungen 1–6
II. Verhältnis zu anderen Vorschriften 7–9

I. Sicherung von Bodenerhöhungen

Bodenerhöhungen durch Aufschüttungen sind keine Anlagen i. S. d. § 907 BGB **1**
(BGH NJW 1980, 2580; NJW 1976, 1840; OLGR Zweibrücken 1999, 457).
§ 909 BGB gilt nicht – entsprechend – für Erhöhungen (BGH NJW 1976, 1840; OLGR Zweibrücken 1999, 457). Nach § 1004 BGB gibt es einen vorbeugenden Abwehranspruch bzw. einen Beseitigungsanspruch gegen angelegte (willentlich herbeigeführte) Erdaufschüttungen (RGZ 60, 138), wenn von ihnen mit Sicherheit vorauszusehen ist, dass ihr Bestand oder ihre Benutzung eine unzulässige Einwirkung auf das Nachbargrundstück zur Folge hat. Die Darlegungs- und **Beweislast** hat in vollem Umfang der Anspruchsteller (BGH LM § 559 ZPO Nr. 8). Der erhöhende Nachbar hat nur die Beweislast dafür, dass die in § 907 Abs. 1 S. 2 BGB genannten Vorschriften eingehalten sind (RGZ 104, 81). § 25 gewährt dem durch die Erhöhung betroffenen Nachbarn einen weitergehenden Schutz. Hier hat er nur darzulegen und zu beweisen, dass der Nachbarboden erhöht wurde, und im Übrigen nur darzulegen, dass nach den tatsächlichen Gegebenheiten die Möglichkeit einer Schädigung seines Grundstücks besteht (vgl. OLGR Zweibrücken a. a. O.). Der erhöhende Nachbar und sein Rechtsnachfolger haben darzulegen und zu beweisen, dass durch die Bodenerhöhung eine Schädigung des Nachbargrundstücks ausgeschlossen ist.

Bodenerhöhungen setzen eine menschliche Handlung voraus. Sie muss nicht **2**
notwendig auf eine Niveauanhebung abzielen, es reicht, dass sie als Begleitfolge eine Bodenerhöhung bewirkt (etwa bodenerhöhender Erdrutsch nach Hangabgrabungen, BGH NJW 1985, 1773). Erhöhungen durch unbeeinflusste Naturkräfte (z. B. Erdrutsch nach einem Unwetter) fallen nicht unter § 25 (Schäfer/Fink-Jamann/Fink § 30 Rn. 2). Bodenerhöhungen sind beispielsweise: Bodenaufschüttungen, künstliche Hügel, Dämme, erhöhte Beete, Auffahrten und Terrassen, Erdwälle zu Einfriedigungszwecken. Auf die Dauer der Erhöhung kommt es nicht an, auch nur vorübergehende Ablagerungen können schadenswirksam i. S. der Vorschrift werden. Durch die Erhöhung muss das Niveau über das eines Nachbargrundstücks angehoben werden. Die Vorschrift greift aber auch dann ein, wenn ein aufgrund seiner natürlichen Beschaffenheit schon höher liegendes Grundstück zusätzlich erhöht wird (OLGR Zweibrücken 1999, 457). Eine bodenerhöhende Angleichung des Niveaus an das des Nachbargrundstücks fällt nicht unter diese Vorschrift, mag sie auch beim Nachbarn zu Bodenbewegungen führen können (BGH NJW 1980, 2580; OLG Düsseldorf NJW-RR 1992, 912). Keine Bodenerhöhung stellt in Behältnissen gefasster Boden (etwa aufgesetzte Pflanzbecken und -kübel) dar. Das kann aber eine Anlage i. S. des § 907 BGB oder ein Werk i. S. des § 908 BGB sein. Auch die Lagerung von Materialien (Holz, Baustoffe) stellt keine Bodenerhöhung dar.

Bodenerhöhungen müssen so angelegt werden, dass eine Schädigung der Nachbargrundstücke durch Bodenbewegungen nach menschlicher Voraussicht ausgeschlossen ist. Als Schädigung denkbar sind hervorgerufene horizontale wie auch vertikale Bodenpressungen mit schädlichen Auswirkungen für das Nachbargrundstück (vgl. OLGR Zweibrücken 1999, 457), ferner ein Abrutschen, **3**

Abstürze oder Abschwemmungen von erhöhtem Boden, nicht jedoch abfließendes Niederschlagswasser, welches nur durch Bodenbestandteile verschmutzt ist und nicht zugleich auch Boden abschwemmt (BGH NJW 1980, 2580); insoweit gelten §§ 60, 61 LWG (OLG Schleswig SchlHA 1983, 41). Dabei sind auch außergewöhnliche Umstände (z. B. starke Regenfälle) zu berücksichtigen. Bodenbewegungen können auch in Form von pressenden Bodenbewegungsbestrebungen vorliegen, wenn Erde an Bauwerken entlang angefüllt wird und diese einzudrücken droht. Ein Schutz gegen Beeinträchtigungen durch Lichtentzug, Schattenwirkung und Verminderung der Aussicht wird durch § 22, gegen Einwirkungen auf das Grundwasser wird durch § 27, gegen Veränderung des Regenwasserabflusses wird durch § 26 und § 60 LWG, gegen Schäden aus Erschütterungen wird durch § 823 Abs. 1 BGB (BGH VersR 1983, 336), gegen Feuchtigkeit oder Druck durch Anfüllung wird auch durch § 1004 BGB (LG Kassel RdL 1969, 72) gewährt.

4 Der Anspruch des Nachbarn geht nur auf Sicherung schlechthin und nicht auf die Durchführung bestimmter Sicherungsmaßnahmen. Vielmehr überlässt das Gesetz bewusst dem verpflichteten Eigentümer die Auswahl, welche von mehreren geeigneten Maßnahmen er zur Schadensabwendung ergreifen will (BGH NJW-RR 1996, 659). Eine Individualisierung auf bestimmte Maßnahmen findet dann erst in einem etwaigen Vollstreckungsverfahren nach § 887 ZPO statt (OLGR Zweibrücken 1999, 457; OLG Zweibrücken MDR 1974, 409). In Betracht kommen z. B. der Bau einer Stützmauer, das Einsetzen einer Spundwand oder die Anlage, Befestigung oder weitere Abschrägung einer Böschung. Soweit erforderlich, kann das Nachbargrundstück im Rahmen des Hammerschlags- und Leiterrechts (§§ 17 ff.) zur Ausführung und Überprüfung der Befestigung betreten werden. Die getroffenen Sicherungsmaßnahmen sind laufend zu überprüfen und in einem Zustand zu halten, der sie ihre Aufgaben erfüllen lässt.

5 Die Sicherungspflicht aus § 25 trifft den Eigentümer des erhöhten Grundstücks (auch wenn ein Nutzungsberechtigter die Erhöhung vorgenommen hat, Zimmermann/Steinke § 30 Anm. 7) sowie seinen Einzel- oder Gesamtrechtsnachfolger. Bei einer Bodenerhöhung, die nicht § 25 entspricht, besteht gegen den Verpflichteten ein **Beseitigungsanspruch** aus § 1004 BGB erst dann, wenn feststeht, dass die gefährdende Maßnahme oder der gefährdende Zustand eine ernsthafte Bedrohung für das Eigentum des Nachbarn darstellt (OLG Düsseldorf NJW-RR 1991, 656; zur Darlegungs- und Beweislast vgl. Rn. 1). Im Erkenntnisverfahren reicht ein Leistungsantrag aus, der sich auf die Herstellung eines genau bestimmten Erfolgs beschränkt, so z. B. eine genau bezeichnete Eigentumsstörung zu beseitigen bzw. fernzuhalten oder gegen eine genau bezeichnete Gefahr Vorkehrungen zu treffen (RGZ 60, 120; Es wird beantragt, den Beklagten zu verurteilen „Vorkehrungen zum Schutz vor Schädigungen durch die Mauer und die Bodenerhöhung" zu treffen, vgl. OLG Düsseldorf a. a. O.). Es ist dann Sache des Schuldners zu entscheiden, wie er seine Handlungspflicht erfüllt (OLGR Brandenburg 2008, 330; OLG Zweibrücken MDR 1983, 500). So reicht ein Antrag, den Beklagten zu verurteilen, „die zur Absicherung des Steilhangs geeigneten Maßnahmen zu treffen" (OLG Zweibrücken

MDR 1974, 409), nicht hingegen der Antrag, „den Bodenseitendruck wieder so herzustellen wie er vor der Bodenerhöhung bestand"; hier fehlt die Konkretisierung, welcher Druck zuvor bestand (vgl. für eine Abgrabung BGH NJW 1978, 1584). Zur Zwangsvollstreckung vgl. § 29 Rn. 44.

Anspruchsberechtigt ist nicht nur der Eigentümer des unmittelbar angrenzenden Grundstücks, sondern auch der Eigentümer eines Grundstücks, das noch im möglichen Einwirkungsbereich der Bodenerhöhung liegt. Bei Eintritt eines Schadens kann Schadensersatz nach § 823 Abs. 2 BGB verlangt werden, denn § 25 ist Schutzgesetz i. S. von § 823 Abs. 2 BGB (BGH NJW 1980, 2580). Tritt der Schaden unverschuldet ein, kommt in entsprechender Anwendung des § 906 Abs. 2 Satz 2 BGB ein nachbarrechtlicher Ausgleichsanspruch in Betracht, sofern der Schaden aus besonderen Gründen tatsächlich oder rechtlich nicht aus § 1004 BGB abwehrbar war (BGH VersR 1983, 336; BGH NJW 1990, 3195; vgl. dazu § 29 Rn. 24). **6**

II. Verhältnis zu anderen Vorschriften

Selbstständige Aufschüttungen ab mehr als 1000 m² oder mit zu verbringender Menge von mehr als 30 m³ sind baugenehmigungspflichtig, §§ 62, 63 Abs. 1 Nr. 9 LBO. Unselbstständige (d. h. mit einem Bauvorhaben notwendigerweise verbundene Aufschüttungen wie Bauaushub) nehmen bei freigestellten Vorhaben (§ 68 LBO) an der Freistellung teil; ansonsten werden sie bei genehmigungsbedürftigen Vorhaben im Rahmen des Baugenehmigungsverfahrens mit geprüft und genehmigt. Ist eine Bodenerhöhung infolge ihres konstruktiven Auf- und Ausbaus ein mit dem Grundstück verbundenes Werk i. S. der §§ 836, 908 BGB, was z. B. für Dämme (RGZ 97, 114) und planmäßig bearbeitete Böschungen (RGZ 60, 138) zutreffen kann, dann kann der Eigentümer des Nachbargrundstücks bei Einsturz- und Abrutschgefahr von dem nach §§ 836 bis 838 BGB Verantwortlichen die zur Abwendung der Gefahr erforderlichen Maßnahmen verlangen. Geht von der Erhöhung samt deren Absicherung aufgrund der Ausmaße eine Wirkung wie von Gebäuden aus (§ 6 Abs. 1 S. 2 LBO), dann ist nach § 6 Abs. 5 LBO eine Abstandfläche von 3 m einzuhalten (vgl. § 42 Rn. 44). Diese Norm über den seitlichen Grenzabstand ist **nachbarschützend** und zu ihrer Einhaltung hat der benachteiligte Nachbar sowohl einen (quasinegatorischen) verschuldensunabhängigen Beseitigungsanspruch aus § 1004 BGB analog als auch einen Schadensersatzanspruch auf Naturalrestitution aus § 823 Abs. 2 BGB (BGH NJW 1985, 2825). **7**

Das Gegenteil einer Bodenerhöhung, die **Bodenvertiefung**, ist in § 909 BGB geregelt. Diese Norm schützt die Festigkeit des Bodens des Nachbargrundstücks (BGH NJW 1978, 1051; BGHZ 12, 75). Unter Stütze im Sinne des § 909 BGB ist die Festigkeit zu verstehen, die sich benachbarte Grundstücke gegenseitig durch das Erdreich gewähren, wodurch seitliches Abstürzen und Nachstürzen verhütet wird, sowie auch die Festigkeit, die ein Grundstück in seinen unteren Bodenschichten findet und die ein Einstürzen eines auf ihm errichteten Bauwerks verhindert (RGZ 144, 170; BGH NJW 1987, 2808). Eine Herausnahme von Bodensubstanz ist nicht erforderlich; die Veränderung des Bodenniveaus auf dem **8**

Nachbargrundstück durch Pressung des Untergrundes infolge des Eigengewichtes eines Neubaus reicht für eine Vertiefung im Sinn von § 909 BGB aus (BGH a.a.O; BGHZ 44, 130). Die stabilisierende **Wirkung des Grundwassers** ist mitumfasst. Ein durch eine Vertiefung verursachtes Absinken des Grundwasserstandes des betroffenen Nachbargrundstücks muss also dazu führen, das dem Nachbargrundstück eine in dem Grundwasser bestehende oder mitbestehende Stütze entzogen wird (BGH NJW 1978, 1051; BGHZ 57, 370, 374; OLGR München 1999, 183). Ob ein Stützverlust im Sinne von § 909 BGB einzutreten droht oder vorliegt beurteilt sich nach den konkreten örtlichen Verhältnissen, insbesondere der bestimmungsgemäßen Benutzung des Grundstücks. Erforderlich ist damit die Stütze, die das Nachbargrundstück seiner Nutzung entsprechend braucht. Ob ein Nachbaranwesen aufgetretene Bodensetzungen bei stabilerer Bauweise ohne Rissebildung überstanden hätte, ist unerheblich (OLGR München 1999, 183). Selbst eine besondere Schadensanfälligkeit des Nachbarhauses beseitigt das Vertiefungsverbot des § 909 BGB nicht (BGH NJW 1987, 2808), es sei denn, der Geschädigte hat die Schadensanfälligkeit des Hauses durch mangelnde Pflege (mit)verschuldet (OLG Düsseldorf NJW-RR 1997, 146). Eine Vertiefung kann demgemäß auch unter § 27 bedeutsam werden. Der Abbruch eines oberirdischen Bauwerks (hier einer Mauer auf einem 1,60 m höher liegenden Grundstück), der dem angrenzenden Grundstück den Halt entzieht, kann einer Vertiefung nicht gleichgesetzt werden. Aus dem nachbarrechtlichen Gemeinschaftsverhältnis (§ 29 Rn. 27 ff.) lässt sich nur die Pflicht herleiten, derartige Abrissarbeiten so rechtzeitig anzukündigen, dass der Nachbar eigene Stützungsmaßnahmen ergreifen kann (BGH MDR 2012, 1027).

Den vertiefenden Grundstückseigentümer trifft eine eigenverantwortliche **Pflicht zur Überprüfung**, ob die beabsichtigte Maßnahme zu einer Beeinträchtigung der Standfestigkeit des Nachbargrundstücks führt. Dieser Verpflichtung genügt er regelmäßig schon dadurch, dass er sorgfältig ausgewählte, fachkundige Architekten, Ingenieure und Bauunternehmer mit der Lösung der anfallenden bautechnischen Aufgaben und deren sachgemäßen Durchführung betraut. Die sorgfältige Auswahl der mit der Planung und der Bauausführung befassten Fachleute reicht zur Entlastung des Bauherrn und Grundeigentümers nur dann nicht aus, wenn auch für ihn erkennbar eine erhöhte Gefahrenlage gegeben war oder wenn Anlass zu Zweifeln bestand, ob die eingesetzten Fachkräfte in ausreichendem Maße den Gefahren und Sicherheitserfordernissen Rechnung tragen würden (BGH NJW 2001, 1865). Zur **Verantwortung einer Gemeinde** und der beteiligten Fachleute von Vertiefungsschäden sowie zur Berücksichtigung des schadensanfälligen Zustandes des betroffenen Grundstücks (BGH NJW-RR 1988, 136). Der Nachbar hat gegen den Eigentümer/Besitzer einer ungesicherten Vertiefung einen Unterlassungs- (BGH NJW 1978, 1584) und Beseitigungsanspruch (RGZ 103, 174) aus § 1004 BGB, gegen einen verschuldeten Vertiefungsschaden einen Schadensersatzanspruch aus den §§ 823 Abs. 2, 909 BGB (BGH NZM 2005, 239), auch gegen Planverfasser und Bauunternehmer (BGH NJW 1987, 2808), und – verschuldensunabhängig, wenn die (nichthoheitliche) Maßnahme aus besonderen tatsächlichen oder rechtlichen Umständen nicht abwehrbar war – einen **Ausgleichsanspruch** aus § 909 BGB i. V. m. § 906 Abs. 2 Satz 2 BGB analog BGB (OLGR München 1999, 183; vgl. dazu auch § 29 Rn. 24). War der Nachbar ausnahmsweise (z. B. aus dem nachbarlichen Gemeinschaftsverhältnis, vgl. § 29 Rn. 27) verpflichtet, eine schadensgeneigte Vertiefung zu dulden, kommt gegen den vertiefenden Grundstückseigentümer bzw. Benutzer ein Geldanspruch auf Entschädigung in Betracht (BGH NJW 1987, 2808). Zur Berücksichtigung einer **Mitschuld** des Nachbarn durch Unterlassen von Abwehrmaßnahmen (OLGR München 1999, 183). § 909 BGB ist auf Bodenerhöhungen nicht entsprechend anwendbar (BGH NJW 1976, 1840). Eine widerrechtliche Bodenerhöhung ist gegen eine Vertiefung nicht nach § 909 BGB geschützt (BGH LM § 909 BGB Nr. 14). Ist nicht feststellbar, wer den Höhenunterschied verursacht hat, scheidet ein Anspruch aus § 909 BGB aus, auch eine analoge Anwendung (BGH MDR 2012, 1027).

Wird die Bodenerhöhung durch eine **Stützkonstruktion** (z. B. Mauer) gesichert, die zugleich Einfriedigungserfolge mit sich bringt, so sind die Einfriedigungsvorschriften gleichwohl nicht anwendbar, da die Art der Bodensicherung allein vom Errichter zu verantworten ist und die Stützmauer die Gefahr zusätzlicher Beeinträchtigungen mit sich bringt (BGH NJW-RR 1997, 16). Es kann allenfalls die Einfriedigungspflicht in diesem Bereich entfallen (vgl. 28 Rn. 8). Stützwände sind innerhalb der Abstandflächen des 6 LBO nur dann zulässig, wenn sie 1,50 m (im Gewerbe- und Industriegebieten ohne Höhenbegrenzung) Höhe über Geländeoberfläche nicht überschreiten (§ 6 Abs. 7 Nr. 5 LBO, verfahrensfrei sind sie bis zu 2 m Höhe über Geländeoberfläche, vgl. § 63 Abs. 1 Nr. 7 LBO), und von ihnen infolge ihrer Ausmaße (insbesondere Länge über 5 m) nicht Wirkungen wie von Gebäuden ausgehen, § 6 Abs. 1 S. 2 LBO (vgl. § 42 Rn. 44). Sie dürfen nur auf dem erhöhenden Grundstück errichtet werden (BGH WM 1997, 268). Wer in Gebieten, die bei Hochwasser oder Sturmflut überschwemmt werden und die deswegen zu Überschwemmungsgebieten erklärt worden sind, die Erdoberfläche erhöhen (oder auch vertiefen) will, bedarf der Genehmigung der Wasserbehörde, §§ 57 LWG, 78 Abs. 1 Nr. 6 WHG. 9

Abschnitt VIII: **Traufe**

§ 26

(1) Der Eigentümer und der Nutzungsberechtigte eines Grundstücks müssen ihre baulichen Anlagen so einrichten, dass Niederschlagswasser nicht auf das Nachbargrundstück tropft, auf dieses abgeleitet wird oder auf andere Weise dorthin übertritt.
(2) Absatz 1 findet keine Anwendung
1. auf freistehende Mauern entlang öffentlicher Verkehrsflächen oder öffentlicher Grünanlagen;
2. auf Niederschlagswasser, das von einer Nachbar- oder Grenzwand auf das Nachbargrundstück abläuft.

Übersicht Rn.

I. Allgemeines 1
II. Auffangen des Traufwassers 2–4
III. Ausnahmen 5, 6

I. Allgemeines

1 Das Bewässern des eigenen Grundstücks ist grundsätzlich erlaubt. Der Eigentümer kann nach § 903 BGB mit der Sache nach Belieben verfahren, auch wenn dieses nachteilige Auswirkungen auf das Nachbargrundstück hat, soweit nicht das Gesetz oder Rechte Dritter entgegenstehen (BGH MDR 2012, 1027; BGH NJW-RR 2000, 537). Die Bewässerung muss nicht deshalb eingeschränkt werden, weil das versickernde Wasser unterirdisch auf das Grundstück eines Nachbarn gelangen und dort ungenügend abgedichtete Gebäude durchfeuchten könnte. Für Wasser, welches bei der Bewässerung im Erdboden versickert, gilt grundsätzlich nichts anderes als für versickerndes Niederschlags- oder Schmelzwasser. Gelangt das versickerte Wasser aufgrund des natürlichen Gefälles auf das tiefer liegende Grundstück eines Nachbarn, so steht diesem kein Abwehranspruch zu. Beeinträchtigungen, die Folge eines durch den Nachbarn nicht beeinflussten natürlichen Gefälles sind, müssen grundsätzlich ebenso hingenommen werden wie sonstige Nachteile, die durch die natürliche Erdoberfläche verursacht werden (OLGR Karlsruhe 2007, 789).
Das nachbarliche Wasserrecht ist in den §§ 26, 27 nur unvollständig geregelt. **Ergänzende Vorschriften** enthalten a) die §§ 60, 61 LWG, § 26 Abs. 1 ist Sondervorschrift zu § 60 Abs. 2 LWG (vgl. § 60 LWG Rn. 6) und Schutzgesetz i. S. von § 823 Abs. 2 BGB (BGH NJW 1985, 1779), b) ferner die baurechtlichen Anforderungen an die Abwasserbeseitigung im Rahmen der gesicherten Erschließung (vgl. z. B. §§ 30, 33 Abs. 1 Nr. 4, 34, 35 BauGB) und der ordnungsgemäßen Nutzung baulicher Anlagen (vgl. z. B. §§ 68 Abs. 2 Nr. 3, 79 Abs. 3 LBO). **Abwasser** ist laut § 54 Abs. 1 WHG Wasser, das durch häuslichen, gewerblichen, landwirtschaftlichen oder sonstigen Gebrauch verunreinigt oder sonst in seinen Eigenschaften verändert ist oder das von Niederschlägen aus dem Bereich von bebauten oder befestigten Grundstücken abfließt. Niederschlagswasser soll, soweit örtlich möglich, auf dem Grundstück versickern können.

II. Auffangen des Traufwassers

2 Die Vorschrift behandelt nicht das Niederschlagswasser (Regen- oder Schneewasser), das sich unmittelbar auf dem Boden niederschlägt und von dort als wild abfließendes Wasser abfließt (vgl. dazu § 60 LWG), sondern nur das, welches zunächst auf eine bauliche Anlage des Grundstücks (§ 2 Abs. 1 LBO) fällt und erst von dort auf den Erdboden gelangt (SchlHOLG SchlHA 1983, 41; entsprechend OLG Düsseldorf OLGZ 1992, 198, 202; BGH LM Nr. 10 zu NRWNachbarrechtsG), das so genannte Traufwasser. Als Traufwasser ist auch das auf eine versiegelte Terrasse auftreffende Niederschlagswasser anzusehen (OLG Düsseldorf RdL 2000, 152).

3 Die baulichen Anlagen eines Grundstücks müssen so eingerichtet sein, dass das Traufwasser von dieser Anlage nicht auf das Nachbargrundstück gelangt. Gemeint sind alle baulichen Anlagen, die ein natürliches Abfließen des Wassers verhindern oder erschweren, auch Erdaufschüttungen (§ 2 Abs. 1 Nr. 1 LBO). Jeder Eigentümer, der durch bauliche Maßnahmen in die natürliche Abfluss-

und Versickerungsmöglichkeit eingreift, hat für eine ordnungsgemäße Abflussmöglichkeit zu sorgen, die den Nachbarn nicht mehr als der natürliche Abfluss des Wassers belästigt (OLGR Karlsruhe 2007, 789 zur Thuja-Hecke im trogförmigen Pflanzbeet). Es ist unerheblich, ob das Niederschlagswasser unmittelbar von der baulichen Anlage auf das Nachbargrundstück tropft oder von dieser zunächst auf das eigene Grundstück abgeleitet wird und dann von dort oberirdisch oder unterirdisch (etwa aufgrund einer Versickerungsanlage, **Durchsickern**) auf das Nachbargrundstück läuft (BGH MDR 1982, 827; BGH NJW-RR 2016, 24; OLG Schleswig a. a. O.). Darüber hinaus besteht keine allgemeine Garantenpflicht, dass kein Niederschlagswasser übertritt (BGH NJW 1985, 1779). Ein Recht zur Traufwasserableitung auf das Nachbargrundstück kann vereinbart werden, zweckmäßigerweise verbunden mit einer Absicherung durch eine Grunddienstbarkeit (§ 1018 BGB).

Wie der Eigentümer oder Nutzungsberechtigte es erreicht, dass kein Traufwasser auf das Nachbargrundstück übertritt, ist ihm überlassen. Er kann es in Regentonnen fassen und danach auf dem Grundstück verrieseln oder verregnen, es in eine **Sickergrube** (dazu aber § 21 Abs. 1 Nr. 3a, S. 2, Abs. 2 LWG sowie die gemeindlichen Benutzungssatzungen zur Abwasserbeseitigung beachten) oder ein unterirdisches Rieselrohrnetz (hat es Abwasserqualität (§ 26 Rn. 1), sind die §§ 2 Abs. 1, 3 Abs. 1 Nr. 5 WHG zu beachten, OVG NRW ZfW 1999, 52) leiten, sofern er dadurch nicht bewirkt, dass dem Nachbargrundstück vermehrt Niederschlagswasser zugeführt wird (BGH MDR 2015, 1176). Er kann es über eine Kanalisation in das öffentliche Entwässerungsnetz leiten. Das Dach des Nachbarn darf er nicht zur Ableitung in Anspruch nehmen (BGH Urteil v. 19.9.2008, NJW-RR 2009, 24). Leitet er das Traufwasser trotz vorhandenen Trennsystems regelwidrig in das Schmutzwassersystem und kommt es dadurch zu **Rückstauschäden** bei anderen Benutzern, haftet er diesen aus § 823 Abs. 1 BGB (OLGR Nürnberg 2007, 87). Besteht keine Möglichkeit zur Beseitigung, dann kann er in entsprechender Anwendung des § 917 BGB ein **Notwegrecht** für eine Rohrleitung bis zum nächsten Entwässerungsnetz beanspruchen (BGH LM Nr. 3 zu § 917 BGB). Ist das Gebäude mit Reet gedeckt und hat es deshalb keine Regenrinne, dann ist das Traufwasser etwa durch ein Drainagesystem aufzufangen und abzuleiten. Tritt bei äußerst seltenen Naturereignissen stärksten Regens trotzdem Wasser auf das Nachbargrundstück über, dann verstößt ein Verbotsbegehren gegen Treu und Glauben (§ 242 BGB), weil Reetdächer in Schleswig-Holstein – jedenfalls für den Landesteil Schleswig – typisch sind und ihr Bau und Erhalt wünschenswert ist (LG Flensburg Urteil v. 10.10.2006 – 1 S 46/06 – Juris). Ist die bauliche Anlage nicht so eingerichtet, wie § 26 es vorschreibt, so stellt sich das für den Eigentümer des Nachbargrundstücks als eine widerrechtliche Beeinträchtigung seines Eigentums dar, deren Beseitigung er nach § 1004 BGB verlangen kann. Beseitigungspflichtig ist der Eigentümer der baulichen Anlage, auf die das Niederschlagswasser auftrifft (das kann auch der Nutzungsberechtigte des Grundstücks sein, z. B. Gartenlaube des Pächters). Hat ein bauaufsichtsführender **Architekt** aus unzulänglicher Überwachung des Bauunternehmers zu verantworten, dass Traufwasser nicht ordnungsgemäß abgeführt wird, sondern in das Erdreich dringt und den Nachbarkeller durchnässt, dann hat der Architekt dem Nachbarn den Schaden aus § 823 Abs. 1 BGB wegen Verletzung der Verkehrssicherungspflicht zu ersetzen (OLG Köln NJW-RR 1995, 156). Die

Beweislast für die nicht ordnungsgemäße Ableitung hat der beeinträchtigte Nachbar (BGH LM zu NRW NachbarrechtsG Nr. 11; BGH NJW 1985, 1774). Beispiel eines Klageantrags auf Unterlassung: BGH NJW-RR 2016, 24. Eine bestimmte Bezeichnung der vom Verpflichteten zu treffenden Maßnahme ist für den Klageantrag und das Urteil nicht erforderlich, das ist erst im Rahmen der Zwangsvollstreckung nach §§ 887, 888 ZPO notwendig (BGH LM Nr. 5 zu § 906 BGB, OLG Zweibrücken OLGZ 1974, 317; vgl. ferner unter § 25 Rn. 5 und § 29 Rn. 41). Beispiel eines Antrags (BGH MDR 2015, 1176): Der Beklagte wird verurteilt, geeignete Maßnahmen zu ergreifen, durch die verhindert wird, dass aufgrund der baulichen Gestaltung seines Grundstücks in M. (eingetragen im Grundbuch für M., Flurstück-Nummer 76/1) vermehrt Sickerwasser von diesem Grundstück in das angrenzende Gartengrundstück des Klägers (H. straße 4 in M., eingetragen im Grundbuch für M., Flurstück-Nummer 662/74) einsickert, dort den Grundwasserstand erhöht und die Nutzbarkeit des Grundstücks beeinträchtigt. Besitzschutz (§ 862 BGB) besteht nur bei Wasserübertritt.

III. Ausnahmen

5 Auf freistehende Mauern (Umfassungsmauern) entlang öffentlicher Verkehrsflächen (vgl. § 17 Rn. 17) und öffentlicher Grünanlagen findet § 26 Abs. 1 keine Anwendung, sodass die Eigentümer derartiger Grundstücke die von freistehenden Mauern ausgehenden, regelmäßig wenig beeinträchtigenden Tropfeneinwirkungen dulden müssen. Gleiches gilt für Schlagregenwasser, das bei schräg auftreffendem Regen von einer Nachbar- oder Grenzwand (nicht aber auch von deren Dach) abläuft oder auf das Nachbargrundstück zurückgeworfen wird (OLG Düsseldorf MDR 1991, 57) und regelmäßig nicht auf dem eigenen Grundstück aufgefangen oder abgeleitet werden kann.

6 Rechtsnormen, die es gestattet hätten, Traufwasser auf das Nachbargrundstück gelangen zu lassen, hat es in Schleswig-Holstein nicht gegeben. Das Gesetz enthält daher keinen Vorbehalt für rechtmäßig vorhandene Traufen. Besteht für das Traufrecht keine schuldrechtliche Vereinbarung oder Grunddienstbarkeit, so kann der Nachbar Beseitigung eines auch vor Inkrafttreten dieses Gesetzes vorhandenen Traufwasserabflusses verlangen, sofern dieser Anspruch nicht wegen längerer Duldung der Traufe als verwirkt angesehen werden kann (Lehmann § 45 Anm. 9). Wer eine Abnahmepflicht des Nachbarn behauptet, muss sie beweisen (AG Brake NdsRpfl 1975, 272).

Abschnitt IX: **Schutz des Grundwassers**

§ 27

(1) Der Eigentümer und der Nutzungsberechtigte eines Grundstücks dürfen auf den Untergrund ihres Grundstücks nicht in einer Weise einwirken, dass der Grundwasserspiegel steigt oder sinkt oder die physikalische, chemische oder biologische Beschaffenheit des Grundwassers verändert wird, wenn dadurch die Benutzung eines anderen Grundstücks erheblich beeinträchtigt wird.

(2) Dies gilt nicht für Einwirkungen auf das Grundwasser
1. auf Grund einer Erlaubnis oder Bewilligung nach dem Wasserhaushaltsgesetz und dem Wassergesetz des Landes Schleswig-Holstein oder auf Grund eines alten Rechts oder einer alten Befugnis, die in § 15 des Wasserhaushaltsgesetzes in Verbindung mit § 106 des Wassergesetzes des Landes Schleswig-Holstein aufrechterhalten sind, oder
2. durch einen Gewässerausbau, für den ein Planfeststellungsverfahren nach dem Wasserhaushaltsgesetz und dem Wassergesetz des Landes Schleswig-Holstein durchgeführt worden ist, oder
3. durch Maßnahmen, für die auf Grund des Bundesfernstraßengesetzes, des Straßen- und Wegegesetzes des Landes Schleswig-Holstein oder anderer Gesetze ein Planfeststellungsverfahren durchgeführt worden ist.

(3) Beeinträchtigungen des Grundwassers als Folge einer erlaubnisfreien Benutzung nach § 33 des Wasserhaushaltsgesetzes und § 31 des Wassergesetzes des Landes Schleswig-Holstein müssen ohne Entschädigung geduldet werden.

Übersicht   Rn.

I.   Allgemeines 1, 2
II. Veränderung des Grundwassers   3–5
III. Zulässige Einwirkungen auf das Grundwasser 6, 7

I. Allgemeines

Infolge der Neufassung des LWG vom 11.2.2008, müssen die Bezugnahmen in Abs. 2 Nr. 1 auf die §§ 20 WHG, 145 LWG und in Abs. 3 auf die §§ 46 WHG, 21 Abs. 1 Nr. 3 LWG lauten. Wasser eines fließenden oberirdischen Gewässers und Grundwasser sind nicht eigentumsfähig, § 4 Abs. 2 WHG. Das Herrschaftsrecht an einem Grundstück erstreckt sich laut § 905 BGB zwar auf den Erdkörper unter der Oberfläche, nicht aber auch auf das Grundwasser (BVerfG NJW 1982, 745). **Grundwasser** ist das gesamte unterirdische Wasser; unerheblich ist, in welcher Tiefe es sich befindet (OVG NRW ZfW 1999, 52), ob es fließt, ob es sich gespannt in einer Höhle befindet oder ob es in den Wasserkreislauf eingeschaltet ist (BVerwG DVBl 1968, 32), also das unterirdische Wasser in der Sättigungszone, das in unmittelbarer Berührung mit dem Boden oder dem Untergrund steht (§ 3 Nr. 3 WHG), auch wenn es vorübergehend hervortritt (BVerwG DÖV 1969, 755). Künstlich gefasstes Wasser ist kein Grundwasser, jedoch Wasser in einem **Hausbrunnen** (OLG Celle ZfW 1996, 333). Eine Benutzung von oder ein Eingriff in Grundwasser ohne die nach dem Wasserhaushaltsgesetz erforderliche Gestattung, sind nicht nur formell, sondern auch materiell rechtswidrig (BVerwG DÖV 1978, 413), weil kein grundgesetzlich geschütztes Recht auf Benutzung von Grundwasser besteht und das Grundwasser nicht Bestandteil des Grundstückseigentums ist (§ 4 Abs. 2 WHG). Vielmehr hat der Gesetzgeber in rechtmäßiger Weise die Benutzung des Grundwassers einer ausschließlich öffentlichrechtlichen Benutzungsordnung unterstellt (BVerfG NJW 1982, 745; BayObLGZ 1989, 57; § 2 Abs. 1 Nr. 3 WHG). Die Benutzung (§ 9 WHG) bedarf grundsätzlich gemäß § 8 Abs. 1 WHG der behördlichen Erlaubnis oder Bewilligung, § 10 WHG. Die beschränkte wasserrechtliche **Erlaubnis** begründet kein Recht, sondern nur eine öffentlichrechtliche Benutzungsbefugnis (§ 10 Abs. 1 WHG, BGH ZfW 1997, 29; NJW 1984, 975) mit nicht entschädigungspflichtiger Widerruflichkeit, § 18 Abs. 1 WHG (BVerwG ZfW 1994, 390; VGH München ZfW 1991, 183). Zu Beispielen für Gründe zum Widerruf s. § 10 Abs. 2 LWG. Störungen durch eine erlaubte Benutzung haben Eigentümer und Nutzungsberechtigte grundsätzlich zu dulden, § 4 Abs. 4 WHG. § 12 LWG gibt aber auch Inhabern von Erlaubnissen das Recht Einwendungen gegen Benutzungsbewilligungen zu erheben. Zum Ausgleich konkurrierender Gewässerbenutzungen s. § 22 WHG. Eine nach den §§ 15 WHG, 10 LWG erteilte **gehobene Erlaubnis** ist eine Erlaubnis i. S. des § 10 Abs. 1 WHG, jedoch aus öffentlichem Interesse oder berechtigtem Interesse des Gewässerbenutzers mit einer gesicherten Rechtsstellung gegenüber Dritten versehen, §§ 15 Abs. 2, 14 Abs. 3 bis 5, 16 Abs. 1 WHG, § 10 Abs. 1 LWG. Sie schützt den Begünstigten nach § 16 Abs. 1 WHG vor privatrechtlichen Ansprüchen Dritter auf Einstellung der Benutzung. Demgegenüber gewährt eine **Bewilligung** (§§ 10 WHG, 11 LWG) dem Begünstigten ein subjektives öffentliches Recht zur Gewässerbenutzung (BGH NJW 1984, 975) und als privatrechtsgestaltender Verwaltungsakt (BGH DVBl 2001, 929) eine privatrechtlich gesicherte Rechtsstellung (BVerwG ZfW 1988, 274), § 14 Abs. 1 Nr. 1 WHG. Diese ist derart, dass er z. B. aus den §§ 823 Abs. 1, 1004 BGB gegen Verletzungen seiner Rechtsposition vorgehen kann, § 11 S. 1 LWG, und andererseits ein Betroffener keine Ansprüche geltend machen kann, die auf die Beseitigung der Störung, Unterlassung der Benutzung, auf die Herstellung von Schutzeinrichtungen oder auf Schadensersatz gerichtet sind (§§ 16 Abs. 2 WHG, 11 LWG; BGH MDR 1996, 581; NJW 1984, 975). Eine Bewilligung ist zwar auch – wenn auch eingeschränkt – widerruflich, aber nur in den Fällen der §§ 49 Abs. 2 S. 1 Nr. 2, Abs. 6 VwVfG, 18 Abs. 2 S. 2 WHG entschädigungslos. Unberührt bleiben **Ersatzansprüche** wegen nachteiliger Wirkungen, die auf der Nichterfüllung einer mit der Bewilligung angeordneten Inhalts- oder Nebenbestimmung (§§ 16 Abs. 2, S. 2, 13 WHG, 36 VwVfG, 9 LWG) oder auf einer nicht von der Bewilligung erfassten Veränderung der physikalischen, chemischen oder biologischen Beschaffenheit des Wassers beruhen (§ 14 Abs. 4 Nr. 1 WHG), etwa durch Schwächung der Selbstreinigungskraft des Gewässers. Eine nach dem WHG zu leistende **Entschädigung** wird in Art und Umfang nach § 96 WHG. bestimmt. Keine derart begünstigte Rechtsstellung erhält ein Benutzer für den freien Gemeingebrauch, §§ 25 WHG, 14 und 17 LWG und die nach den §§ 46 WHG, 14, 21 Abs. 1 Nr. 3 b LWG **erlaubnis- und bewilligungsfreie** Wasserentnahme für den Haushalt, den landwirtschaftlichen Hofbetrieb, das **Tränken von Vieh** außerhalb des Hofbetriebs oder in geringen Mengen zu einem vorübergehenden Zweck sowie zum Zweck der gewöhnlichen Bodenentwässerung landwirtschaftlich, forstwirtschaftlich oder gärtnerisch genutzter Grundstücke. Auf die Erteilung einer Erlaubnis oder Bewilligung hat der Grundstückseigentümer keinen Rechtsanspruch (BVerfG NJW 1982, 745). Sie sind nicht nur für eine neue Benutzung, sondern auch für die Änderung einer bereits zugelassenen Benutzung erforderlich. Das Erlaubnis- bzw. Bewilligungserfordernis in § 8 WHG ist kein Schutzgesetz i. S. von § 823 Abs. 2 BGB (BGHZ 69, 18), auch § 6 Abs. 1 Nr. 3 WHG ist es nicht (Bracher DVBl 1988, 238; vgl. auch OVG Münster ZfW 1994, 373; str.). § 13 Abs. 1 WHG kann nachbarschützende Funktion haben (SchlHVG NVwZ 2002, 754). Da § 14 Abs. 3 und 4 WHG die Berücksichtigung fremder Interessen im Bewilligungsverfahren vorschreiben, sind sie und die landesrechtlichen Ausfüllungsvorschriften als Schutzgesetze i. S. von § 823 Abs. 2 BGB anzusehen, sofern sie nicht lediglich verfahrensrechtliche Positionen begründen, sondern dem Betroffenen eine materielle Rechtsstellung einräumen (BGH NVwZ 1996, 821; BGHZ 88, 38). Führt die **unbefugte Benutzung** des Grundwassers zu einer Benachteiligung eines anderen i. S. von § 14 Abs. 3 und 4 WHG, so hat der dadurch in seinen wasserrechtlich geschützten Interessen Betroffene einen Schadensersatzanspruch aus § 823 Abs. 2 BGB und einen vom Verschulden unabhängigen Unterlassungsanspruch entsprechend § 1004 BGB (BGH NJW 1977, 763 und 1770; BayObLGZ 1980, 168). § 27 hat nach alldem nur Bedeutung für Einwirkungen auf den Untergrund eines Grundstücks, die nicht auf einer **bewilligten Benutzung** oder **gehobenen Erlaubnis** der Benutzung des Grundwassers beruhen.

Nach dem Bürgerlichen Gesetzbuch sind als so genannte **negative Einwirkungen** auf das Nachbargrundstück alle Einwirkungen auf das eigene Grundstück zulässig, die sich im Rahmen der Benutzung des eigenen Grundstücks halten, dem Nachbargrundstück jedoch Vorteile entziehen (BGH NJW 1991, 1671; NJW 1984, 729; Palandt/Herrler, § 903 Rn. 9; § 29 Rn. 6). Daher ist es nach dem BGB zulässig, durch Pressung des eigenen Bodens infolge Aufschüttung oder durch Zuschütten eines Grabens ein Ansteigen des Grundwassers auf dem Nachbargrundstück zu bewirken, selbst wenn dadurch Schäden am Haus des Nachbarn entstehen (RGZ 155, 154; KG OLGR 29, 336). Auch § 907 BGB gewährleistet keinen ausreichenden Schutz, denn er bezieht sich nur auf Anlagen, von denen Einwirkungen i. S. von § 906 BGB drohen (RG JW 1913, 267). Schutz vor Einwirkungen auf das Grundwasser besteht unter den Voraussetzungen des § 909 BGB. Diese Vorschrift ist z. B. anwendbar, wenn durch Bauarbeiten auf dem eigenen Grundstück dem Boden des Nachbargrundstücks das Grundwasser entzogen wird und dadurch das darüber liegende Erdreich gesenkt oder in Bewegung gesetzt wird (RGZ 62, 372; BGH VersR 1964, 1070; BGHZ 57, 370) oder wenn der Grundwasserspiegel auf dem eigenen Grundstück gesenkt wird und dadurch der Boden des Nachbargrundstücks nachgibt (RGZ 132, 53; 155, 392, BGH NJW 1987, 2810) oder wenn durch Entnahme von Grundwasser auf dem eigenen Grundstück Pfahlroste auf dem Nachbargrundstück aus dem Grundwasser herausragen und zu rosten beginnen (RGZ 155, 393; 167, 22; BGH WM 1979, 1216), vgl. ferner § 25 Rn. 8.

II. Veränderung des Grundwassers

Absatz 1 verbietet dem Eigentümer und Nutzungsberechtigten solche Einwirkungen auf den **Untergrund** eines Grundstücks, dass dadurch der Grundwasserspiegel steigt oder sinkt oder die physikalische, chemische oder biologische Beschaffenheit des Grundwassers verändert wird und hierdurch die Benutzung eines anderen Grundstücks erheblich beeinträchtigt wird. Ein Steigen oder Sinken des Grundwasserspiegels kann bei Bodenaufschüttungen (Bodenpressungen), Bauarbeiten (z. B. Abpumpen von Grundwasser aus der Baugrube), Drainagen und Bohrungen, Ausheben (BGH NJW 1978, 1051) oder Zuschütten eines Grabens (KG OLGR 29, 336) usw. auftreten. Es kann sich auch aus dem Benutzen des Grundwassers durch Anlagen i. S. von § 9 Abs. 2 Nr. 1 WHG ergeben. Soweit es sich um Einwirkungen handelt, die nach den Wassergesetzen (WHG und LWG) bewilligt sind, hat der Nachbar kein Abwehrrecht (vgl. Rn. 1). Einen Schutz eigener Wasserentnahmen (Quelle, Brunnen usw.) kann der beeinträchtigte Nachbar nur beanspruchen, wenn er dasselbe Wasservorkommen aufgrund wasserrechtlicher Gestattung bereits befugt benutzt (BVerwG Urteil vom 7.6.1967 – IV C 208.65 – Juris). Unter physikalischer Beschaffenheit sind z. B. Temperatur und Radioaktivität, unter chemischer Beschaffenheit der Gehalt des Grundwassers an gelösten Stoffen und unter biologischer Beschaffenheit z. B. der Keimgehalt zu verstehen. Alle denkbaren schädlichen Veränderungen sollen erfasst werden. Die genannten Auswirkungen müssen sich durch unmittelbare Einwirkungen auf den Untergrund des Grundstücks ergeben (das Fällen von Bäumen genügt z. B. nicht), die Einwirkungen brauchen sich aber nicht auf das Grundwasser selbst zu richten.

4 Welche Beeinträchtigung als erheblich anzusehen ist, muss nach den Umständen des Einzelfalles beurteilt werden; z. B. Eindringen von Feuchtigkeit in ein Gebäude, Vernässung, Versumpfung, Versauerung des Bodens, Versickern von Wasser einer Teichwirtschaft, Entzug der dem Boden gerade durch das Grundwasser gegebenen oder mitgegebenen Stütze (BGH NJW 1978, 1051; BGHZ 57, 370), nicht aber Trinkwasserverminderung. Auch wenn das Grundwasser in seiner Funktion als Trinkwasserquelle betroffen ist, bleibt es doch ein Bestandteil der Umwelt und damit ein Gut der Allgemeinheit. Die Art und Weise seiner Benutzung könnte dem individuellen Rechtsgüterschutz nur dann zugänglich sein, wenn sich daraus für einen Dritten auch unmittelbare individuelle Auswirkungen ergäben, weil er z. B. seinerseits einer erlaubten Gewässerbenutzung nachginge (SchlHVG NVwZ 2002, 754). Das in der Benutzung beeinträchtigte Grundstück braucht nicht das unmittelbar angrenzende Nachbargrundstück zu sein. Geschützt ist jedes Grundstück, auf dem als Folge der Einwirkungen erhebliche Beeinträchtigungen hervorgerufen werden. Soweit sich die Einwirkung als unbefugtes Benutzen i. S. von §§ 8, 9 WHG darstellt und die Vorschriften als Schutzgesetze i. S. von § 823 Abs. 2 BGB anerkannt werden (vgl. Rn. 1), kommt es in den Fällen des § 9 Abs. 2 WHG nicht auf eine erhebliche Beeinträchtigung bei der Benutzung des Nachbargrundstücks an.

5 Bei einem Verstoß gegen § 27 bestehen Beseitigungs-, Unterlassungs- und Schadensersatzansprüche aus §§ 1004, 862, 823 Abs. 2 BGB. Daneben sind Sondervorschriften zu beachten, z. B. § 13b Abs. 2 WHG. Berechtigt und verpflichtet sind der Eigentümer und der Nutzungsberechtigte des Grundstücks, das beeinträchtigt wird bzw. auf dessen Untergrund eingewirkt wird.

III. Zulässige Einwirkungen auf das Grundwasser

6 Der allgemeine Grundsatz des Absatzes 1 erleidet Ausnahmen auf Grund von Vorschriften des öffentlichen Rechts, die in Absatz 2 zusammengefasst sind. Nr. 1 regelt den Fall, dass die Einwirkung auf das Grundwasser auf Grund einer wasserrechtlichen Erlaubnis oder Bewilligung erfolgt. Nach §§ 14 WHG,

102, 104, 128 LWG sind die Betroffenen zu entschädigen, wenn die Erlaubnis oder Bewilligung trotz nachteiliger Wirkung für sie erteilt wird. Die Beteiligung am Erlaubnis- und Bewilligungsverfahren sowie die Entschädigung rechtfertigen den Ausschluss von Beseitigungs-, Unterlassungs- und Schadensersatzansprüchen i. S. d. § 16 Abs. 2 WHG, § 11 Abs. 1 LWG i. d. F. des § 45 dieses NachbG. Gleichfalls sind Einwirkungen zulässig, die auf Grund eines alten Rechts oder einer alten Befugnis, die in § 20 WHG und § 145 LWG aufrechterhalten sind, keiner Erlaubnis oder Bewilligung bedürfen.

Nr. 2 regelt den Fall, dass die Einwirkung auf das Grundwasser von einer Maßnahme im Zusammenhang mit dem Ausbau eines oberirdischen Gewässers ausgeht, für den ein Planfeststellungsverfahren stattgefunden hat. Im Planfeststellungsverfahren werden die Rechte und Interessen der Betroffenen gewahrt, bei notwendigen Beeinträchtigungen wird eine Entschädigung festgesetzt.

Nr. 3 regelt andere Fälle, in denen Einwirkungen auf das Grundwasser von Maßnahmen ausgehen, denen ein Planfeststellungsverfahren vorausgegangen ist, das die Rechte der Betroffenen berücksichtigt und sie gegebenenfalls entschädigt, sodass Abwehr- und Schadensersatzansprüche ausgeschlossen sind.

Die Beeinträchtigung des Grundwassers infolge erlaubnisfreier Benutzung nach den § 46 WHG, 21 Abs. 1 Nr. 3 LWG (vgl. Rn. 1) muss entschädigungslos geduldet werden. **7**

Abschnitt X: **Einfriedigung bebauter oder gewerblich genutzter Grundstücke**

§ 28 Allgemeine Einfriedigungspflicht

(1) Innerhalb eines im Zusammenhang bebauten Ortsteils ist der Eigentümer eines bebauten oder gewerblich genutzten Grundstücks auf Verlangen des Eigentümers des Nachbargrundstücks verpflichtet, sein Grundstück an der gemeinsamen Grenze einzufriedigen und die Einfriedigung zu unterhalten, soweit die Grenze nicht mit Gebäuden besetzt ist.

(2) Sind beide Grundstücke bebaut oder gewerblich genutzt, so sind beide Eigentümer gegenseitig verpflichtet, bei der Errichtung und Unterhaltung der Einfriedigung mitzuwirken, wenn einer von ihnen es verlangt. Jeder Eigentümer kann von dem anderen eine dem Interesse beider nach billigem Ermessen entsprechende Mitwirkung verlangen.

(3) Als gewerblich genutzt im Sinne der Absätze 1 und 2 gilt nicht ein Grundstück, das nur dem Erwerbsgartenbau dient.

Übersicht

		Rn.
I.	Allgemeines	1–8
1.	Begriffsbestimmung Einfriedigung	1
2.	Einfriedigungspflicht nach dem BGB	2
3.	Einfriedigungsfreiheit nach dem BGB	3
4.	Geltungsbereich der Einfriedigungsvorschriften	4–8

NachbG § 28 1

II.	Der Einfriedigungsanspruch	9–17
1.	Einseitige Einfriedigung an der Grenze	9
2.	Beseitigung einer ortsunüblichen Einfriedigung	10–12
3.	Gemeinsame Einfriedigung auf der Grenze	13–17
III.	Sichtschutzzaun	18–20
IV.	Die Grenzeinrichtung	21, 22

I. Allgemeines

1. Begriffsbestimmung Einfriedigung

1 Eine Einfriedigung (bzw. Einfriedung) ist eine Vorrichtung, die ein Grundstück von einem Nachbargrundstück abgrenzt und der Sicherung des Grundstücks vor Beeinträchtigungen von außen dient (OVG Lüneburg Gemeinde 1978, 91). Begriffsnotwendig ist nicht, dass sie an oder auf der Grundstücksgrenze steht (VG München Beschluss vom 22.9.2006 – M 11 S 06.3026 – Juris; HessVGH BRS 50 Nr. 121). Charakteristisch sind die Abschirmungs- und Abgrenzungsfunktion nach außen sowie die Sicherungsfunktion gegen Betreten als Abwehr- und gegen Verlassen als Eingrenzungsfunktion (vgl. auch HessVGH a. a. O.). Ob eine Einfriedigung vorliegt und mit welcher Höhe, bestimmt sich allein nach dem Zeitpunkt der Errichtung. So bleiben spätere **Abgrabungen oder Aufschüttungen** an einer an der Grenze errichteten Mauer für die Bewertung unberücksichtigt, auch wenn die Mauer im Endergebnis vom Grundstück des Errichtenden aus betrachtet keine Einfriedigung mehr darstellt (vgl. OLGR Karlsruhe 2008, 402). Eine Mauer, die der Nachbar an oder auf der Grenze errichtet, allein zu dem Zweck, sein Grundstück aufschütten zu können, stellt keine Einfriedigung dar (LG Gießen NJW-RR 1995, 271; vgl. auch BGH NJW-RR 1997, 16, als Einfriedigung stark bezweifelt, aber letztlich offen gelassen; ferner § 25 Rn. 9). Ein abgrenzendes Hindernis, das 70 cm Bodenabstand hat und in der Höhe über den Sicherungszweck hinaus geht ebenerdige Einflüsse von außen abzuwehren, ist ebenfalls keine Einfriedigung (HessVGH a. a. O.), sondern allenfalls ein Sichtschutz oder eine **Verteidigungsanlage**. Keine Einfriedigung ist ferner ein Zaun, der nur verkehrssichernd vor einem Sturz von einem Hang bewahren soll. Ein Hindernis, das nicht zur Abgrenzung errichtet ist, kann zwar auch eine Abgrenzungswirkung besitzen und deshalb eine Einfriedigungsfunktion erfüllen, es ist jedoch nur dann als Einfriedigung anzuerkennen, wenn die Einfriedigungsfunktion wesentlich ist und die Anlage beide Aufgaben ohne weiteres erfüllen kann. Es widerspricht dem Begriff der Einfriedigung nicht, wenn die Abschirmung eines Grundstücks oder Grundstücksteils durch eine zweite Einfriedigung verstärkt wird (VGH München a. a. O.; vgl. zu allem Wolff BauR 2001, 1046). Eine Einfriedigung muss nicht notwendig eine bauliche Anlage sein (ein aus Baustoffen und Bauteilen hergestelltes Werk, § 2 Abs. 1 LBO), sie kann z. B. auch als Graben, Hecke oder Wall ausgebildet sein, sofern sie dadurch die individuell gebotene Schutzfunktion erfüllt. Bloße Markierungen wie gemähte Bodenstreifen oder bloße psychische Sperren wie **Verbotstafeln und Schilder** stellen für sich allein noch keine Einfriedigung dar. Eine Einfriedigung muss nicht notwendig das gesamte Grundstück umschließen, auch nicht stets in unmittelbarer Grenzbeziehung stehen, wenn nur ein Teilbereich gesichert werden soll.

2. Einfriedigungspflicht nach dem BGB

Nach den §§ 903, 905 BGB kann der Eigentümer grundsätzlich frei bestimmen, ob und wie er sein Grundstück einfriedigen will. Errichtet er **an der Grenze** zum Nachbarn aus eigenem Entschluss eine Einfriedigung, die nicht ortsüblich ist, beeinträchtigt das die Eigentumsrechte des Nachbarn nicht, solange dieser dadurch nicht an der Nutzung seines eigenen Grundstücks gehindert wird (BGH NJW 1979, 1408). Das BGB gibt dem Errichter der Einfriedigung nicht das Recht, dabei das Nachbargrundstück mit in Anspruch zu nehmen (BGH NJW-RR 1997, 16). Eine Einfriedigung ist nach dem NachbG aber zu beseitigen, wenn dies erforderlich ist, um den Anspruch des Nachbarn auf Errichtung einer nachbargesetzmäßigen Einfriedigung durchsetzen zu können (BGH a. a. O.; OLG Düsseldorf Urteil vom 26.10.1988 – 9 U 56/88 – Juris; s. Rn. 9 ff., aber auch Rn. 17). Eine Einfriedigungspflicht kann sich bereits aus einer **Verkehrssicherungspflicht** ergeben. Aus § 823 Abs. 1 BGB ergibt sich grundsätzlich für jeden, der in seinem Verantwortungsbereich eine Gefahr für Dritte schafft oder andauern lässt, die Verkehrspflicht, die ihm zumutbaren Vorkehrungen zu treffen, um eine Schädigung anderer möglichst abzuwenden. Er muss aber nicht gegen alle nur denkbaren Möglichkeiten eines Schadenseintritts eine Vorkehrung treffen, sondern nur solche Sicherungsmaßnahmen durchführen, die ein verständiger und umsichtiger, in vernünftigen Grenzen vorsichtiger Mensch für ausreichend halten darf, um andere Personen vor Schäden zu bewahren, und die ihm den Umständen nach auch zumutbar sind (BGH NJW 1994, 3348; BayObLG NJW-RR 2002, 1249). Der Umfang bestimmt sich also auch danach, wie weit er auf die eigenverantwortliche Vorsorge des Benutzers vertrauen darf. Grundsätzlich muss sich ein Verkehrsteilnehmer auf das Gelände einstellen und dieses so hinnehmen, wie es sich für ihn erkennbar darbietet (vgl. BGHZ 108, 273/274 f.). In Fällen, in denen die Gefahr mit Händen zu greifen und ihr ohne weiteres auszuweichen ist, bedarf es nicht einmal einer Warnung. Der Verkehrssicherungspflichtige kann vielmehr darauf vertrauen, dass der Betroffene die Gefahr erkennt und sich selbst schützt bzw. sich dieser Gefahr nicht aussetzt (zum Sturz einer Spaziergängerin in eine **Kiesgrube** vgl. BayObLG NJW-RR 2002, 1249). Gegenüber Personen, die sich **unbefugt in den Gefahrenbereich** eines fremden Grundstücks begeben, besteht grundsätzlich keine Verkehrssicherungspflicht (BGH NJW 1957, 499; BGH VersR 1964, 272; OLG Köln MDR 1993, 1064). Das gilt jedoch nicht gegenüber **Kindern**. Deren Fehlverhalten aus Spieltrieb, Unerfahrenheit, Bewegungsdrang und Neugier ist durch besondere zumutbare Vorkehrungen zu berücksichtigen, wenn nahe liegt, dass sie unbefugt auf dem Grundstück spielen werden und die Gefahr besteht, dass sie sich dort an gefährlichen Gegenständen zu schaffen machen und dabei Schaden erleiden können (zur **Zierteichsicherung** und Verzicht der Nachbarn auf eine Einfriedigung vgl. BGH NJW 1994, 3348; zur **Lagerplatzsicherung** vgl. BGH VersR 1975, 87; OLG München VersR 1988, 961; zur **Teichsicherung** vgl. OLG Karlsruhe MDR 1990, 339; zur **Schwimmbeckensicherung** vgl. OLG Köln a. a. O.; LG Bonn Urteil vom 16.5.2008 – 3 O 503/07 – Juris; zur Sicherung eines **kräftigen Hundes** eines landwirtschaftlichen Hofes durch Anketten vgl. BGH VersR 1967, 1001). Hunde sind so zu halten, dass sie ein befriedetes Besitztum gegen den Willen des Hundehalters nicht verlassen können, § 3 Abs. 5 HundeG. Wird der Hund in einem eingefriedigten Bereich gehalten, so muss die Einfriedigung so hoch sein, dass er nicht über sie hinweg nach Vorübergehenden schnappen kann (OLG Nürnberg VersR 1959, 933, 934). Ein Zaun darf nicht für überkletternde Kinder eine weitere Gefahrenquelle darstellen (**Zaun mit spitzen Enden**, vgl. LG Tübingen NJW-RR 2002, 960). Art und Umfang der Verkehrssicherungspflicht bestimmt sich aber nicht allein nach der Intensität der Gefahr, sondern auch nach den Sicherungserwartungen des Verkehrs. Werden Gefahren für Kinder durch die gebotene (bei Kleinkindern lückenlose) Beaufsichtigung von dritter Seite gewissermaßen neutralisiert, so reduzieren sich entsprechend auch die Sicherungserwartungen an den Grundstückseigentümer und damit Art und Umfang seiner Sicherungspflicht. Er darf dann auf eine solche Beaufsichtigung vertrauen und sich darauf verlassen, dass Kleinkinder von den Aufsichtspflichtigen von einem Vordringen auf sein Grundstück abgehalten werden. **Gefahren aus Aufsichtsversäumnissen** braucht er nicht zu begegnen, solange nicht konkrete Anhaltspunkte für eine Gefährdung bestehen (BGH NJW 1994, 3348; vgl. auch OLG Hamm NJW-RR 2002, 233). Ansonsten schränkt das Nachbarrechtsgesetz die Entschließungsfreiheit des Eigentümers ein.

3. Einfriedigungsfreiheit nach dem BGB

3 Wo eine solche Verpflichtung nicht besteht oder – mangels Begehrens des Nachbarn – noch nicht, bleibt der Grundstückseigentümer berechtigt, auf seinem Grundstück eine Einfriedigung auf eigene Kosten und grundsätzlich auch nach eigenen Vorstellungen zu errichten und zu unterhalten (BGH NJW 1992, 2569; BGH NJW-RR 1997, 16). Gegen **verunstaltende Einfriedigungen** kann die Bauaufsichtsbehörde einschreiten, § 10 LBO, es sei denn die Gemeinde hat die Art der Ausführung im Bebauungsplan festgesetzt oder den Grundstückseigentümer von einer Festsetzung im Bebauungsplan befreit (vgl. SaarVG Urteil vom 14.3.2007 – 5 K 96/06 – Juris). Einfriedigungen sind zudem nur bis zu 1,50 m Höhe bauordnungsrechtlich genehmigungs- und anzeigefrei, § 63 Abs. 1 Nr. 7 b LBO. Für eine nur aus Verkehrssicherungspflicht oder freier Entscheidung errichtete Einfriedigung gilt § 31 nicht (vgl. BGH NJW 1979, 1408; OLG Celle NdsRpfl 1975, 169), § 31 ist keine selbstständige Anspruchsgrundlage, sie setzt ein Verlangen des Nachbarn voraus (vgl. §§ 28, 29). Auch an § 1004 BGB kann die Beseitigung einer ortsunüblichen oder gar ästhetisch unschönen, sonst in ihrer Art nirgends vertretenen Einfriedigung in diesen Fällen nicht verlangt werden (OLG Hamm NJW 1975, 1035; Dehner NJW 1975, 1972; BGH NJW 1979, 1408; OLG Düsseldorf NJW-RR 1995, 469; BGH Urteil vom 17.1.2014, V ZR 292/12, NJW-RR 2014, 973), es sei denn, die Einfriedigung ist **gesundheitsgefährlich** (zu gebrauchten Bahnschwellen vgl. OLG Köln VersR 1997, 121) oder verletzt die Verkehrssicherheit. War eine Einfriedigung durch natürliche oder sonstige günstige Umstände (etwa einen Fluss, eine Bahnanlage) entbehrlich und sind diese durch Umgestaltung (etwa durch die Vorlagerung eines öffentlichen Weges) entfallen, sodass dem Grundeigentümer eine Zaunerrichtung aufgenötigt wurde, dann hat dieser keinen Anspruch auf einen Kostenbeitrag gegen den Verursacher, weil kein Anspruch auf den Fortbestand solcher Umstände besteht (BVerwG NJW 1986, 80; BVerwG NVwZ 2000, 435).

4. Geltungsbereich der Einfriedigungsvorschriften

4 Einzufriedigen ist nur ein **Grundstück im Rechtssinn**, d. h. ein räumlich abgegrenzter Teil der Erdoberfläche, der im Bestandsverzeichnis eines Grundbuchblatts unter einer besonderen Nummer eingetragen ist (vgl. § 3 Abs. 1 S. 1 GBO). Daher besteht z. B. kein Einfriedigungsanspruch nach diesem Gesetz zwischen **Wohnungseigentümern**, die ein Sondernutzungsrecht an Teilflächen des im gemeinschaftlichen Eigentum stehenden Grundstücks haben, oder zwischen (schuldrechtlich oder dinglich) Nutzungsberechtigten einer Teilfläche eines Grundstücks. Einfriedigungsansprüche können sich hier aus dem Rechtsverhältnis ergeben, das zwischen den Nutzungsberechtigten oder zwischen ihnen und dem Grundstückseigentümer besteht. Ob und wie ein Wohnungseigentümer eine Teilfläche des im gemeinschaftlichen Eigentum stehenden Grundstücks, an dem er ein Sondernutzungsrecht hat, ohne Zustimmung der anderen Wohnungseigentümer einfriedigen darf, richtet sich nach §§ 22, 14 WEG (vgl. dazu BayObLG Rpfleger 1982, 219; OLG Düsseldorf OLGZ 1985, 426). Ist in der Gemeinschaftsordnung bestimmt, dass die einzelnen Wohnungseigentümer so behandelt werden sollen, als liege eine Realteilung des Grundstücks vor, dann sind nicht die Vorschriften des Wohnungseigentumsgesetzes maßgeblich, sondern die allgemeinen nachbarrechtlichen Vorschriften des Privatrechts und des öffentlichen Rechts, die entsprechend anzuwenden sind (BayObLG NJW-RR 2001, 1456; s. auch § 2 Rn. 9). Eine entsprechende Anwendung des Nachbarrechts gilt für **Bruchteilseigentümer** (§ 1008 BGB), die sich untereinander räumlich abgegrenzte Teile einer Grundstücksfläche zum Alleingebrauch zugewiesen haben, so dass sie tatsächlich wie Alleineigentümer angesehen werden wollen (BGH Urteil vom 28.9.2007, V ZR 276/06, MDR 2008, 135).

Soweit zwingende öffentlichrechtliche Vorschriften eine Einfriedigung untersagen, können nach § 1 Abs. 1 privatrechtliche Ansprüche nach diesem Gesetz nicht geltend gemacht werden. Zwingende öffentlichrechtliche Vorschriften über Einfriedigungen sind vielfach in Bebauungsplänen und örtlichen Bausatzungen enthalten. So kann eine gemeindliche Satzung die Notwendigkeit, Zulässigkeit, Art, Gestaltung und Höhe von Einfriedigungen regeln, § 84 Abs. 1 Nr. 5 LBO. **5**

Einzufriedigen sind bebaute oder gewerblich genutzte Grundstücke, weil von ihnen Belästigungen und Gefahren für das Nachbargrundstück ausgehen können. Ob sie tatsächlich von ihnen ausgehen, ist unerheblich. Bebaut ist ein Grundstück, auf dem sich eine bauliche Anlage (vgl. § 22 Rn. 3) befindet. Ob sie sich in größerer Entfernung von der gemeinsamen Grenze befindet, ist belanglos. Auf eine Genehmigungsbedürftigkeit der Anlage nach §§ 62 ff. LBO kommt es nicht an. **Gewerbe** im Sinne der §§ 1, 14 GewO ist jede nicht sozial unwertige (generell nicht verbotene), auf Gewinnerzielung gerichtete und auf Dauer angelegte selbständige Tätigkeit, ausgenommen Urproduktion (d. h. die Gewinnung von rohen Naturerzeugnissen, z. B. Bergbau, Landwirtschaft, Forstwirtschaft, Fischerei), freie Berufe (freie wissenschaftliche, künstlerische und schriftstellerische Tätigkeit höherer Art sowie persönliche Dienstleistungen höherer Art, die eine höhere Bildung – grundsätzlich ein abgeschlossenes Hochschul- oder Fachhochschulstudium – erfordern), öffentlicher Dienst und bloße Verwaltung und Nutzung eigenen Vermögens (BVerwG NVwZ 1988, 56; VG Mannheim NVwZ-RR 1996, 22; BAG NZA-RR 2008, 639). Ein prozentualer Mindestanteil gewerblicher Nutzung des Grundstücks ist nicht gefordert, kreditwirtschaftliche Beleihungsgrundsätze sind nicht anwendbar. Die Einfriedigung landwirtschaftlich genutzter Grundstücke ist im Abschnitt XI abschließend geregelt. Ein Grundstück, das nur dem Erwerbsgarten- **6** bau dient, gilt nach Absatz 3 nicht als gewerblich genutzt; im Falle der Bebauung ist es aber einzufriedigen.

7 Bebaute und gewerblich genutzte Grundstücke sind einzufriedigen, wenn sie **innerhalb eines im Zusammenhang bebauten Ortsteils** liegen. Es muss ein Bebauungszusammenhang bestehen, der seiner Siedlungsstruktur nach auch Ortsteil – nicht nur Splittersiedlung – ist. Im Sinne des § 34 Abs. 1 BauGB ist nach den äußerlich wahrnehmbaren Verhältnissen zu beurteilen, ob Bauvorhaben, die einander benachbart sind, einen Bebauungszusammenhang bilden oder ob trotz ihrer räumlichen Nähe der Bebauungszusammenhang durch eine mit dem Auge wahrnehmbare Grenze unterbrochen wird. Zu den maßgeblichen örtlichen Gegebenheiten gehören u. a. die topografischen Verhältnisse wie etwa Geländehindernisse, Erhebungen oder Einschnitte (Dämme, Böschungen, Gräben, Flüsse und dergleichen). Auch eine Straße kann eine trennende Funktion zwischen Innen- und Außenreich haben. Der **Außenbereich** wird definiert als die Gesamtheit der nicht von den §§ 30 und 34 BauGB erfassten Flächen (vgl. VG München Beschluss vom 8.4.2008 – M 8 S 08.568 – Juris). Diese Kriterien gelten unabhängig davon, ob der den Maßstab bildende Innenbereich durch qualifizierten Bebauungsplan, einfachen Bebauungsplan oder nichts beplant ist. Allein entscheidend ist, ob die vorhandene Bebauung den Eindruck der Geschlossenheit und Zusammengehörigkeit vermittelt (vgl. zu allem BVerwG Beschluss vom 1.10.2008 – 4 B 53/08 – Juris). Abzustellen ist allein auf die tatsächlich vorhandene Bebauung. Unbebaute Grundstücke sind selbst dann nicht zu berücksichtigen, wenn ihre Bebauung beabsichtigt und auch schon genehmigt ist (BVerwG NJW 1978, 62). Baulichkeiten, die nur vorübergehend genutzt zu werden pflegen, sind unabhängig davon, ob sie landwirtschaftlichen Zwecken (Scheunen oder Ställe), Freizeitzwecken (Wochenendhäuser, Gartenhäuser) oder sonstigen Zwecken dienen, in aller Regel keine Bauten, die für sich genommen als ein für die Siedlungsstruktur prägendes Element zu Buche schlagen (VG Frankfurt (Oder) Urteil vom 11.11.2005 – 7 K 999/02- Juris). Für das erforderliche **städtebauliche Gewicht** lässt sich keine bestimmte Mindestzahl an Gebäuden festlegen, eine Ansammlung von nur vier Wohngebäuden besitzt aber regelmäßig nicht das für einen im Zusammenhang bebauten Ortsteil erforderliche Gewicht. Nach den Umständen des Einzelfalls können jedoch fünf bis sechs Gebäude hierfür ausreichen (VGH BW BauR 2004, 1914). Grundstücke außerhalb eines im Zusammenhang bebauten Ortsteils brauchen nur unter den Voraussetzungen des § 29 eingefriedigt zu werden.

8 Ein Grundstück ist nicht einzufriedigen, soweit und solange seine Grenze mit Gebäuden besetzt ist; hier ersetzt das Gebäude die Einfriedigung. Das Gebäude braucht nicht unmittelbar an der Grenze zu stehen, sofern es nur die Schutzfunktion einer Einfriedigung erfüllt. Gleiches gilt für Stützmauern zu Bodenerhöhungen (vgl. § 25 Rn. 9). Weitere Ausnahmen ergeben sich aus § 34.

II. Der Einfriedigungsanspruch

1. Einseitige Einfriedigung an der Grenze

9 Grenzt ein einzufriedigendes Grundstück an ein nicht einzufriedigendes Grundstück, so kann der Eigentümer des letzteren verlangen, dass der Eigentümer des ersteren auf seinem Grundstück entlang der gemeinsamen Grenze eine den §§ 30 Abs. 1, 31 entsprechende Einfriedigung errichtet. Das Einfriedigungsverlangen kann im Einzelfall gegen Treu und Glauben verstoßen, solange der Berechtigte auf seinem Grundstück selbst eine ausreichende ortsübliche Einfriedigung unterhält (OLG Düsseldorf NJW-RR 1995, 469). Nach deren jederzeit zulässiger Beseitigung kann der Einfriedigungsanspruch wieder geltend gemacht werden. Der Anspruch auf Errichtung einer den §§ 30 Abs. 1, 31 entsprechenden Einfriedigung besteht auch dann noch, wenn der Berechtigte eine diesen Vorschriften widersprechende Beschaffenheit der Einfriedigung längere Zeit hingenommen hat, Anspruchsfristen sind nicht normiert und zu einer Verwirkung (§ 242 BGB) fehlt es an einem schützenswerten Vertrauen, dass eine ortsunüblich hergestellte, mit dem Nachbarn nicht abgesprochene Einfriedigung von Dauer bleibe, zumal die gesetzliche Regelung der Einfriedigungsart (§ 31) im beiderseitigen Interessenausgleich auf eine zweckgerechte, ästhetisch zumutbare Ausgestaltung abzielt (BGH MDR 1979, 566; BGH MDR 1985, 658), was durch die bisherige Einfriedigung missachtet ist. Eine stillschweigende Genehmigung kann nicht angenommen werden, solange nicht eine entsprechende rechtsgeschäftliche Willenserklärung deutlich zum Ausdruck gebracht wurde.

2. Beseitigung einer ortsunüblichen Einfriedigung

Der zum Einfriedigungsanspruch berechtigte Nachbar kann die Beseitigung (§ 1004 BGB) oder Abänderung einer bereits vorhandenen Einfriedigung jedenfalls dann verlangen, wenn sich nur so sein Anspruch auf eine ortsübliche und von der bisherigen in ihrem Erscheinungsbild wesentlich abweichende Einfriedigung verwirklichen lässt (BGH WM 1979, 783; BGH NJW 1992, 2569). Der Klage auf Beseitigung muss ein Begehren auf Einfriedigung nach ortsüblicher Art vorausgegangen sein, mit der Klage muss aber nicht zugleich auch ein Klagebegehren auf eine ortsübliche Einfriedigung verbunden werden (BGH NJW 1992, 2569). Hat ein Grundstückseigentümer auf seinem Grundstück eine ortsübliche Einfriedigung errichtet, dann kann er von seinem Nachbarn verlangen, dass dieser sie in ihrer optisch-ästhetischen Beschaffenheit respektiert und nicht auf dessen Grundstück neben die bereits ortsübliche Einfriedigung an der gemeinsamen Grenze eine weitere andersartige setzt, die diese in ihrem ortsüblichen Erscheinungsbild völlig verändert (BGH WM 1979, 766; BGH MDR 1985, 658), z. B. eine 2 m hohe Mauer, einen 2 m hohen Schilfmattenzaun (AG Herne Urteil vom 23.2.2005 – 20 C 507/04 – Juris; vgl. auch § 31 Rn. 5). Ist ein bis zu 2,80 m hoher **Sichtschutzzaun** 40 cm von der Grenze entfernt errichtet worden, dann kann nicht nur – wegen wesentlicher Veränderung des früheren Bildes der Einfriedigung – seine Beseitigung verlangt werden, als Minus kann der beeinträchtigte Nachbar sich auch auf einen Anspruch auf Kürzung auf ortsübliche Höhe beschränken (OLG Frankfurt NJW-RR 1988, 403); es gilt also kein „Alles oder Nichts"-Prinzip. Ist nur die später hinzu gesetzte Einfriedigung ortsüblich, so ist sie zu dulden, ist allerdings sowohl die ursprüngliche als auch die zusätzliche Einfriedigung ortsüblich, besteht ein Anspruch auf Beseitigung der hinzugefügten (BGH NJW 1979, 1408). Der Berechtigte kann weiterhin verlangen, dass der Verpflichtete die Einfriedigung unterhält, d. h. die notwendigen Instandsetzungsarbeiten vornimmt; dazu gehören nicht bloße Schönheitsreparaturen (z. B. neuer Anstrich), die die Funktionsfähigkeit und Ortsüblichkeit der Einfriedigung unberührt lassen.

11 Berechtigt und verpflichtet sind nur die jeweiligen Grundstückseigentümer, nicht auch die Nutzungsberechtigten (z. B. Mieter, Pächter, Nießbraucher); der Eigentümer kann aber den Nutzungsberechtigten ermächtigen, den Einfriedigungsanspruch im eigenen Namen geltend zu machen. Klageantrag und Urteil müssen die zu errichtende Einfriedigung bzw. die Unterhaltungsmaßnahme im Einzelnen bezeichnen, das Urteil wird nach § 887 ZPO vollstreckt (vgl. dazu unter § 29 Rn. 44).

12 Ist eine von dem Einfriedigungspflichtigen abweichend von § 30 Abs. 1, 1. Hs. **auf** der gemeinsamen Grenze errichtete Einfriedigung zur Grenzeinrichtung geworden (vgl. § 30 Rn. 2), so ist sie von beiden Nachbarn nach §§ 922 Satz 4, 744, 743 BGB gemeinschaftlich zu unterhalten. Jeder von ihnen ist nach § 744 Abs. 2 BGB berechtigt, die zur Erhaltung der Einfriedigung notwendigen Maßnahmen – z. B. auch die Erneuerung einer ganz unbrauchbar gewordenen Einfriedigung – ohne Zustimmung des anderen zu treffen (LG Göttingen NdsRpfl 1958, 92; AG Kassel ZMR 1970, 139).

3. Gemeinsame Einfriedigung auf der Grenze

13 Grenzen zwei nach Absatz 1 einzufriedigende Grundstücke aneinander, so hat jeder Eigentümer gegenüber seinem Nachbarn einen Anspruch auf Mitwirkung, dass eine Einfriedigung **auf** der gemeinsamen Grenze (§ 30 Abs. 1, 2. Hs.) errichtet und von dem Nachbarn mit unterhalten wird, § 28 Abs. 2. Keiner der Nachbarn kann sich dieser Mitwirkungspflicht mit dem an die §§ 29, 31 Abs. 2, 32 Abs. 2 anknüpfenden Argument entziehen, der andere müsse sein Grundstück ohnehin einfriedigen, weil von diesem Beeinträchtigungen ausgehen (OLG Düsseldorf MDR 1990, 722). § 28 Abs. 2 erlaubt kein eigenmächtiges Vorgehen nur eines Nachbarn; der andere hätte dagegen einen Unterlassungsanspruch aus § 1004 BGB und Abwehrrechte aus den §§ 227, 859, 862 BGB, weil sein Grundstückseigentum durch eine Errichtung auf der Grenze (§ 30 Abs. 1, 2. Hs.) beeinträchtigt wird (vgl. auch BGH NJW-RR 1997, 16). Die Bedingung „wenn einer es verlangt" bezieht sich auf den Standort und die Ausgestaltung. Das Gleichgewicht der Rechte, in ebenbürtiger Nachbarbeteiligung zum Nutzen beider Grundstücke auf die Anlage Einfluss nehmen zu können, macht die Einfriedigung zur **Grenzeinrichtung** im Sinne der §§ 921, 922 BGB (vgl. § 30 Rn. 4). Dabei ist es gleichgültig, wie sich eine Mitwirkung konkret ausgestaltet, ob einer der Nachbarn tatsächlich durch Rat, Tat und Materialbeiträge mitwirkt oder im gemeinsamen Einverständnis den anderen oder einen Dritten ohne eigenes weiteres Zutun gewähren lässt. Es kann eine den Interessen beider Eigentümer nach billigem Ermessen entsprechende Mitwirkung verlangt werden, wobei die Umstände des Einzelfalles (z. B. handwerkliche Fähigkeiten oder Verfeindung der Nachbarn) mitzuberücksichtigen sind. Keiner der Nachbarn darf die Grenzeinrichtung ohne die Zustimmung des anderen beseitigen oder ändern, solange der andere ein Interesse am Fortbestand der Einrichtung hat (§ 922 S. 3 BGB). Wer die Einrichtung gesetzwidrig beseitigt, ist zur Neuerrichtung auf der Grundstücksgrenze verpflichtet (§§ 922 S. 3 BGB i. V. m § 1004 BGB bzw. § 823 Abs. 1 BGB; BGH NJW 2000, 512). Wer von

ihnen die Einrichtung in ihrer äußeren Beschaffenheit und in ihrem Erscheinungsbild wesentlich beeinträchtigt, indem er daneben eine weitere andersartige Grenzeinrichtung errichtet, ist gemäß den §§ 922 S. 3, 1004 BGB zur Beseitigung dieser Beeinträchtigung verpflichtet (vgl. BGH NJW 1985, 1458).
Ist die Grenzeinrichtung in nicht mehr schützenswertem Zustand (etwa weil sie verrottet ist), kann jeder Nachbar die Ersetzung durch eine neue ortsübliche Einrichtung verlangen. Es besteht keine Pflicht, unter mehreren in Betracht kommenden ortsüblichen Einrichtungen diejenige zu wählen, die früher bestand (OLG Köln OLGZ 1993, 89).

14 Berechtigt und verpflichtet sind nur die jeweiligen Grundstückseigentümer (bzw. Erbbauberechtigten, § 2), nicht auch die Nutzungsberechtigten (z. B. Mieter, Pächter, Nießbraucher). Der Eigentümer kann aber den Nutzungsberechtigten ermächtigen, den Einfriedigungsanspruch im eigenen Namen geltend zu machen. Kommt eine Einigung nicht zustande oder verweigert ein Verpflichteter die Mitwirkung, so muss auf Mitwirkung geklagt werden.

15 Klageantrag und Urteil müssen die Art der Mitwirkung im Einzelnen bezeichnen. Ein Antrag, den Nachbarn zu verurteilen, „an der Errichtung eines 1,20 m hohen Maschendrahtzaunes auf der gemeinsamen Grundstücksgrenze der Parteien mitzuwirken", ist nicht bestimmt genug und deshalb nach § 253 Abs. 2 Nr. 2 ZPO unzulässig (vgl. BGH DB 1981, 366). Das Leistungsbegehren muss so genau bezeichnet sein, dass der beklagte Nachbar sein Risiko erkennen und sich demgemäß erschöpfend verteidigen kann und dass der Rechtskraftumfang und der Umfang der etwaigen Zwangsvollstreckung klar sind (BGH NJW 1978, 1485; BGH DB 1981, 366; BGH NJW 1983, 1056). Unerlässlich ist also eine Konkretisierung der Mitwirkungspflicht und des beabsichtigten Erfolgs. So wäre ein Antrag etwa zu formulieren, den Beklagten zu verurteilen, sein Einverständnis zu erklären, dass durch den Landschaftsgärtner X aus Y auf der gemeinsamen Grundstücksgrenze der Parteien ein 1,20 m hoher Maschendrahtzaun mit Maschenweite 4,5 cm, voll verzinkt, und Stahlpfählen von 1,20 m Höhe und 3,5 cm Durchmesser auf je 1,20 m Weite in Betonfundament 20 x 20 x 50 cm gesetzt, errichtet wird. Mit diesem Antrag kann zugleich der Antrag verbunden werden, den Beklagten zu verurteilen, für die Errichtung einen Kostenanteil von xy € als Vorschuss an den Kläger zu zahlen.

16 Der Anspruch auf **Kostenvorschuss** folgt aus § 32 Abs. 2. Die Einverständniserklärung gilt mit Rechtskraft des entsprechenden Urteils als abgegeben, § 894 ZPO. Die Vorschussforderung wird als Geldvollstreckung nach den §§ 803 ff., 829 ff., 882a ZPO beigetrieben. Ein auf Eigenarbeit gerichtetes Urteil ist nach § 887 ZPO (vgl. dazu unter § 29 Rn. 44) und ein auf Abgabe einer Einverständniserklärung gerichtetes Urteil ist nach § 894 ZPO zu vollstrecken.

17 Absatz 2 hindert einen Nachbarn nicht daran, statt eine gemeinsame Einfriedigung zu verlangen, auf dem eigenen Grundstück ohne jegliche Beteiligung des Nachbarn eine Einfriedigung zu errichten und wieder zu beseitigen. Solange diese besteht und einem Erscheinungsbild nach § 31 weitgehend entspricht, kann es gegen Treu und Glauben verstoßen, wenn er von dem Nachbarn gleichwohl eine gemeinsame Einfriedigung verlangt (BGH NJW 1992, 2569; OLG

Düsseldorf NJW-RR 1995, 469). Aber auch der Nachbar kann den Anspruch auf gemeinsame Einfriedigung nicht geltend machen, wenn die vorhandene Einfriedigung ausreicht, z. B. als ortsübliche Einfriedigung in nur 15 cm Abstand von der Grenze. Ist bereits eine ortübliche Einfriedigung vorhanden, so darf er an die gemeinsame Grenze nicht eine weitere andersartige Einfriedigung setzen, die die bisherige in ihrem ortsüblichen Erscheinungsbild völlig verändert (BGH WM 1979, 769; vgl. auch Rn. 10). Wer auf dem eigenen Grundstück ohne Mitwirkung des Nachbarn eine Einfriedigung errichtet, kann von dem Nachbarn keine Mitwirkung bei der Unterhaltung verlangen; diese Einfriedigung ist keine Grenzeinrichtung (vgl. Rn. 21 sowie § 30 Rn. 4). Sie kann durch nachträgliche Vereinbarung mit dem Nachbarn zur gemeinsamen Einfriedigung erklärt werden und ist dann gemeinsam zu unterhalten. Obwohl sie hierdurch keine Grenzeinrichtung wird, kann man den Nachbarn in entsprechender Anwendung der §§ 922 Satz 4, 744 Abs. 2 BGB die Befugnis zur alleinigen Vornahme notwendiger Unterhaltungsmaßnahmen zubilligen. Die Vereinbarung wirkt nicht gegenüber Rechtsnachfolgern. Der Nachbar kann nicht verlangen, dass der Eigentümer seine ohne Nachbarbeteiligung errichtete Einfriedigung in ordnungsgemäßem Zustand erhält. Er hat nur einen Anspruch auf gemeinsame Neueinfriedigung, sofern die vorhandene Einfriedigung infolge mangelhafter Unterhaltung nicht mehr ausreicht (OLG Köln OLGZ 1993, 89).

III. Sichtschutzzaun

18 Ein Sichtschutzzaun (ebenso eine Sichtschutzwand) stellt keine Einfriedigung dar, wenn sein einziger Zweck der Sichtschutz ist. Ist eine Einfriedigung mit einem Sichtschutz versehen, so ändert dieser am Charakter der Einfriedigung nichts, solange er eine untergeordnete Rolle spielt. Von einer bestimmten Höhe an prägt jedoch die Undurchsichtigkeit der Anlage ihren Charakter so, dass von einer Einfriedigung nicht mehr gesprochen werden kann (OVG Lüneburg Gemeinde 1988, 241). Bei einer nur 1,50 m hohen Anlage, über die man jedenfalls im Stehen hinwegsehen kann, ist das noch nicht der Fall. Ein Sichtschutzzaun ist eine bauliche Anlage und in den Ausmaßen bis zu 2 m Höhe und 5 m Länge baugenehmigungs- und bauanzeigenfrei, § 63 Abs. 1 Nr. 7 d LBO. Er unterliegt der Abstandflächenregelung des § 6 LBO (OVG Lüneburg Gemeinde 1988, 241), nicht der Abstandsregelung bei Anpflanzungen gemäß § 37 (a. A. AG Aachen WuM 1992, 620). Übersteigt er 1,50 m nicht, braucht er keine Abstandsfläche einzuhalten (§ 6 Abs. 7 Nr. 5 LBO). Gehen von ihm Wirkungen wie von Gebäuden aus (§ 6 Abs. 1 S. 2 LBO), muss er von der Nachbargrenze einen Abstand von mindestens 3 m einhalten, § 6 Abs. 5 LBO; ist er aus brennbarem Material, muss der Abstand gegebenenfalls noch größer sein, § 31 Abs. 2 Nr. 1 LBO. **Wirkungen wie von Gebäuden** liegen vor, wenn die Sichtschutzvorrichtung die ausreichende Belichtung oder Belüftung oder Besonnung des Nachbargrundstücks beeinträchtigt oder eine Lebensführung näher an der gemeinsamen Grenze befördert und damit den Wohnfrieden durch wahrnehmbarere Lebensäußerungen an der Grenze stört (vgl. OVG NRW BauR 1990, 341) oder die Brandübertragung begünstigt. Sinn der Abstandsregelungen ist gerade der Schutz davor (VGH Mannheim NVwZ 1986, 143; SchlHOVG

SchlHA 1994, 180). Nach § 6 Abs. 1 S. 3 LBO gehen von einer baulichen Anlage, anderen Anlage oder Einrichtung solche Wirkungen insbesondere dann aus, wenn sie länger als 5 m und höher als 2 m sind. Diese Maßangaben sind indes nur als grober Orientierungsmaßstab zu verstehen (OVG Lüneburg Gemeinde 1988, 241; SchlHOVG SchlHA 1994, 180). Wird ein Sichtschutzzaun neben eine bereits vorhandene ortsübliche Einfriedigung gesetzt und verändert er dadurch das ortsübliche Erscheinungsbild völlig, kann seine Beseitigung verlangt werden (vgl. § 28 Rn. 10). Eine Sichtschutzwand unmittelbar an der Grenze zum Nachbargrundstück kann eine Grenzwand iSd. § 11 Abs. 1 sein. Der Eigentümer des Nachbargrundstücks darf sie nur durch Anbau nutzen, wenn der Eigentümer der Grenzwand schriftlich zustimmt (§ 13) und der Anbau öffentlichrechtlich zulässig ist (OLG Köln WuM 1992, 621). Sondernutzungsrechte an Gartenteilen in einer **Wohnungseigentumsanlage** berechtigen nicht ohne weiteres zur Errichtung eines mannshohen Sichtschutzzaunes (KG NJW-RR 1997, 713) oder gar einer 3,70 m langen und über ca. 1,80 m hohen Sichtblende (OLG Köln NZM 1999, 178). Das gilt auch dann, wenn es in der Gemeinschaftsordnung heißt, in allen Zweifelsfällen sollten die nachbarrechtlichen Bestimmungen so gelten, als seien selbständige Grundstücke gebildet. Hieraus muss der benachbarte Wohnungseigentümer nur eine Baumaßnahme hinnehmen, die dem Nachbarrecht entspricht (vgl. auch § 2 Rn. 9). Entspricht sie dem z. B. wegen erdrückender Wirkung oder wesentlicher Änderung des ortsüblichen Erscheinungsbildes einer vorhandenen Einfriedigung nicht, kann er bei Vorliegen der Voraussetzungen der §§ 14 Nr. 1, 15 Abs. 3, 22 Abs. 1 WEG die Beseitigung der Baumaßnahme verlangen. Die Errichtung einer Sichtblende stellt nämlich auch eine bauliche Veränderung des gemeinschaftlichen Eigentums i. S. des § 22 Abs. 1 WEG dar, die über eine ordnungsmäßige Instandhaltung und Instandsetzung des gemeinschaftlichen Eigentums hinausgeht (vgl. OLG Köln a. a. O.). Auch eine 2,72 m lange und 1,85 m hohe grüne **Sichtschutzmatte aus Kunststoff** zwischen zwei in Sondernutzungsrechten stehenden Gärten stellt eine bauliche Veränderung des gemeinschaftlichen Eigentums i. S. des § 22 WEG dar und kann wegen ihrer unzumutbaren optischen Beeinträchtigung des Bildes der Wohnanlage vom Nachbarn abgewehrt werden (BayObLG NJW-RR 2000, 1324).

Mit dem Argument, der Sichtschutz diene auch als Schutz gegen tätliche Einwirkungen (etwa Steinwürfe) vom Nachbargrundstück aus, kann der Bauherr keine Errichtung rechtfertigen, weil § 6 Abs. 7 LBO **Verteidigungsanlagen** nicht mit erfasst (OVG Lüneburg 1 OVG A 249/86). Auch das Argument, in der Umgebung seien zahlreiche vergleichbare Zäune errichtet, deren Beseitigung von der Baubehörde nicht verlangt werde, greift nicht, weil der **Gleichheitssatz** keinen Anspruch auf eine dem Gesetz widersprechende Baugenehmigung begründet (vgl. BVerwG BRS 32 Nr. 129; OVG Lüneburg 1 OVG A 249/86; auch OVG Lüneburg Gemeinde 1988, 241). Da § 6 LBO nachbarschützenden Charakter hat und damit ein Schutzgesetz i. S. des § 823 Abs. 2 BGB darstellt, kann der Nachbar vom Bauherrn die Beseitigung der in der Abstandsfläche des § 6 LBO ungenehmigt errichteten Sichtschutzwand verlangen (vgl. § 42 Rn. 32). Bei einer **Reihenhausbauweise** gehört ein Holzflechtzaun als Sichtblende allerdings planungsrechtlich zum Begriff des Doppelhauses und ist deshalb zu dulden (LG Berlin Grundeigentum 1990, 869). Stellt sich eine Reihenhauszeile in ihrer Konzeption als geschlossene, von der weiteren Umgebung abgehobene Wohnanlage dar, ist für Fragen der Üblichkeit allein das Gebiet der Anlage maßgeblich (OLG Köln WuM 1993, 77). Hat der Nachbar einer Verurteilung gemäß einen auf der Grenze errichteten Sichtschutzzaun entfernt und durch einen Maschendrahtzaun ersetzt, hat er dann aber in etwa 15 cm Entfernung den Sichtschutzzaun erneut errichtet, dann hat er die titulierte Verpflichtung nicht erfüllt (OLG Düsseldorf MDR 1996, 848).

20 Die Ausschlussfrist des § 43 gilt für Sichtschutzzäune nicht, da sie keine Gebäude sind. Ein Beseitigungsanspruch ist aber verwirkt, wenn der Gestörte seit der Errichtung des Sichtschutzzaunes bis zur Klageerhebung 6 Jahre verstreichen lässt. Aus dem nachbarlichen Gemeinschaftsverhältnis wäre zu erwarten gewesen, dass der Gestörte sein Recht erheblich früher geltend macht (bezogen auf WEG-Eigentümer vgl. KG NJW-RR 1997, 713). Zur Rechtslage bei einem bauordnungsrechtlich genehmigten Sichtschutzzaun in der Abstandfläche vgl. § 42 Rn. 58. Im bauordnungsrechtlichen Genehmigungsverfahren setzt die Befreiung zwar keine Zustimmung des Nachbarn voraus, die Befreiungsentscheidung muss aber sachlich die Interessen des Nachbarn berücksichtigen (vgl. dazu auch § 42 Rn. 20, 23, 59), die schon dann beeinträchtigt sind, wenn der Sichtschutzzaun wegen seiner Höhe und Nähe „sehr unschön" wirkt (OVG Lüneburg Gemeinde 1970, 114). Eine 1,80 m hohe und 15,30 m lange Sichtschutzwand aus dichtem Holzlamellengeflecht beeinträchtigt den Nachbarn in der Optik, Belichtung und Belüftung erheblich (BayVGH DWW 1987, 239). Für eine **Sichtschutzbespannung** gilt nichts anderes, wenn sich ihre Standfestigkeit aus der einer anderen baulichen Anlage herleitet, die Bespannung also von baulichen Anlagen (§ 2 LBO) gehalten wird. Zum behördlichen Einschreiten vgl. ferner § 42 Rn. 27.

IV. Die Grenzeinrichtung

21 Eine Einfriedigung ist nicht ohne weiteres eine Grenzeinrichtung. Eine Grenzeinrichtung ist nur die Einrichtung, die die Eigentümer benachbarter Grundstücke **einverständlich** (BGHZ 143, 1) geschaffen haben, die zudem von der Grenzlinie (nicht notwendig mittig, BGH MDR 2000, 150) durchschnitten wird und objektiv, also von außen erkennbar (OLG Karlsruhe MDR 2008, 855), dem Vorteil beider Grundstücke dient. Die Einrichtung muss weder eine Grenzscheidung bezwecken (BGHZ 154, 139) noch muss sie tatsächlich geeignet sein, die beiden Grundstücke voneinander zu scheiden (OLG Düsseldorf MDR 1968, 322). Eine Grenzeinrichtung kann eine gemeinsame Dachrinne, ein gemeinsamer Brunnen, eine gemeinsame Baumreihe, Hecke (BGH NJW 2000, 512) oder Grenzmauer (auch wenn sie einvernehmlich teilweise als Stützmauer einer Aufschüttung ausgebildet ist, OLG Karlsruhe MDR 2008, 855), ein gemeinsamer Wall oder Wassergraben, eine halbscheidige Giebelwand oder auch eine **gemeinsame Zufahrt** zu rückwärtigen Grundstücksteilen (BGH NJW 2003, 1731; NJW 1990, 2555) sein, nicht aber können es über die Grenze gebaute Gebäude sein (RGZ 70, 200). Eine Einfriedigung ist nur dann eine Grenzeinrichtung, wenn sie von beiden Nachbarn einverständlich gemäß den §§ 28 Abs. 2, 30 Abs. 1, 2. Hs. auf die gemeinsame Grenze gesetzt ist. Kein Nachbar kann einseitig eine Grenzeinrichtung unter Inanspruchnahme von fremdem Grund und Boden schaffen (BGH NJW 1984, 2463), derartige Eingriffe kann sein Nachbar nach § 1004 BGB abwehren (BGH NJW-RR 1997, 16). Nachbarn sind einander nicht verpflichtet, eine Grenzeinrichtung zu schaffen (Palandt/Herrler, § 921 Rn. 2). Liegt eine Grenzeinrichtung vor, haben sich die Nachbarn an die Regelung des § 922 BGB zu halten: Jeder der beiden Nachbarn hat das Recht, die ganze Einrichtung entsprechend dem Zweck, der sich aus ihrer Beschaffenheit ergibt, zu benutzen. Das Benutzungsrecht des anderen darf er dabei nicht beeinträchtigen. Beide Nachbarn haben die Unterhaltungskosten zu gleichen Teilen zu tragen, beiden steht die Verwaltung gemeinschaftlich zu, § 744 Abs. 1 BGB, notwendige Erhaltungsmaßnahmen kann jeder allein treffen, § 744 Abs. 2 BGB. Keiner von ihnen darf die Einrichtung beseitigen oder ändern, solange der andere ein Interesse am Fortbestand hat (vgl. auch LG Mannheim NJW 1964, 408). Verletzt der eine des anderen Nutzungsrecht und Anspruch auf den Fortbestand, so kann dieser grundsätzlich eine Wiederherstellung verlangen, sowohl nach § 1004 Abs. 1 BGB als auch – bei Verschulden – nach § 823 Abs. 2 i. V. mit den §§ 1004, 922 S. 2, 249 Abs. 1 BGB. Dieser Anspruch ist jedoch unabhängig von seiner Rechtsgrundlage unter dem **Gesichtspunkt der Zumutbarkeit** begrenzt. Wenn die Herstellung nur mit unverhältnismäßig hohen Aufwendungen möglich ist, besteht kein Anspruch auf Wiederherstellung des früheren Zustands. So kann z. B. bei einer abgeholzten **Hecke** nicht die Neupflanzung gleichartiger Bäume der ursprünglichen Größe von 3 m mit einem Kostenaufwand von ca. 19.000 €, sondern nur eine Anpflanzung jüngerer Bäume verlangt werden (vgl. zu allem BGH NJW 2000, 512).

Nicht selten benutzen benachbarte Grundstückseigentümer einen **Zufahrtsweg**, der auf der gemeinsamen Grenze liegt und durch seine Beschaffenheit im Rahmen der örtlichen Verhältnisse einen Vorteil für beide Grundstücke erkennen lässt. Weisen nicht äußere Merkmale darauf hin, dass er einem der Nachbarn allein gehört und ist auch nicht klar, ob er einverständlich geschaffen wurde, dann spricht eine **Vermutung für eine Grenzeinrichtung** und damit für das Recht beider Nachbarn zur gemeinschaftlichen Benutzung § 921 BGB, mit den Folgen aus § 922 BGB, wenn der Weg wegen seiner geringen Breite eine getrennte Nutzung durch die benachbarten Eigentümer nicht zulässt und wegen der örtlichen Verhältnisse eine Umgestaltung in zwei getrennte Wege nur mit großem Aufwand möglich ist, welcher in keinem wirtschaftlich vertretbaren Verhältnis zu den Nachteilen stehen, den beide Grundstücke durch die gemeinsame Benutzung erleiden (OLG Düsseldorf MDR 1968, 322). Die Vermutung ist widerleglich, z. B. eben durch den Nachweis des tatsächlichen Grenzverlaufs oder durch äußere Merkmale, die für das Alleineigentum eines Nachbarn sprechen (vgl. BGH NJW 2000, 512). Bei einer **Grenzhecke** mit unklarem Ursprung hängt die Vermutung nicht davon ab, ob die Hecke im Zeitpunkt ihrer Anpflanzung auf der Grenze stand. Entscheidend ist allein, ob nunmehr einige Stämme der Hecke – und zwar dort, wo sie aus dem Boden heraustreten – von der Grenze geschnitten werden (BGH NJW 2000, 512). Liegt keine Grenzeinrichtung vor, duldet aber ein Nachbar die entschädigungslose Benutzung seines Grundstücks als **Zufahrt** über Jahre hinweg, kann zwar ein Leihvertrag (§ 598 BGB) zustande kommen, dem Nachbarn bleibt aber die freie Entschließung über die Beendigung des Leihverhältnisses (durch Kündigung, § 605 BGB) vorbehalten (LG Gießen MDR 1995, 257; OLG Hamm NJW-RR 1987, 137).

§ 29 Einfriedigungspflicht des Störers

Gehen unzumutbare Beeinträchtigungen von einem bebauten oder gewerblich genutzten Grundstück aus und besteht eine Einfriedigungspflicht nach § 28 nicht, so hat der Eigentümer dieses auf Verlangen des Eigentümers des Nachbargrundstücks insoweit an der gemeinsamen Grenze einzufriedigen und die Einfriedigung zu unterhalten, als dadurch die Beeinträchtigungen verhindert oder, falls nicht möglich oder zumutbar, gemildert werden können.

Übersicht Rn.

I.	Abwehr von Immissionen	1–40
1.	Der Störer	1–4
2.	Konkurrierende Abwehransprüche	5
3.	Einwirkung aus privatrechtlichem Handeln	6–21
4.	Beeinträchtigung durch Grobimmissionen	22, 23
5.	Nachbarrechtlicher Ausgleichsanspruch	24–26
6.	Nachbarliches Gemeinschaftsverhältnis	27–33
7.	Einwirkung aus hoheitlichem Handeln	34–37
8.	Mehrheit von Störern	38
9.	Beweislast	39
10.	Verjährung	40
II.	Prozessrechtliche Handhabung	41–45
1.	Der Sachantrag	41–43
2.	Die Vollstreckung	44, 45
III.	Katalog ausgewählter Immissionen	46–80
IV.	Einfriedigung von Grundstücken	81–88
1.	Einzufriedigende Grundstücke	81–84
2.	Einfriedungspflichtiger und -berechtigter	85
3.	Inhalt der Einfriedigungspflicht	86–88

I. Abwehr von Immissionen

1. Der Störer

1 Nach § 903 BGB kann ein Eigentümer mit seinen Sachen im Rahmen von Gesetz und Recht nach Belieben verfahren und andere von jeder Einwirkung ausschließen. Eine Benutzung, deren Auswirkung sich innerhalb der Grenzen des eigenen Grundstücks hält, muss er anderen gegenüber grundsätzlich nicht rechtfertigen (BGH NJW-RR 2003, 1313; BGH MDR 2000, 516; BGHZ 88, 344). Auch nachteilige Auswirkungen auf das Nachbargrundstück muss er nicht verhindern, solange das Nachbarrecht nicht entgegensteht (BGH MDR 2012, 1027; BGH NJW-RR 2000, 537). Führt die Auswirkung aber darüber hinaus zu einer Beeinträchtigung der Eigentumsrechte seines Nachbarn, dann ist er **Störer**, und die Beeinträchtigung trägt die Vermutung in sich rechtswidrig zu sein (BGH NJW 1976, 416). Der Nachbar kann von dem Störer grundsätzlich die Beseitigung einer rechtswidrigen Beeinträchtigung verlangen, § 1004 Abs. 1 S. 1 BGB, darüber hinaus hat er einen Anspruch auf Unterlassung für die Zukunft aus § 1004 Abs. 1 S. 2 BGB, sofern weitere Beeinträchtigungen zu besorgen sind. Der Abwehranspruch aus § 1004 BGB setzt nicht voraus, dass der Störer schuldhaft gehandelt hat (BGHZ 110, 313), die Beeinträchtigung muss aber zumindest rechtswidrig erfolgt sein, sonst muss der Nachbar sie dulden, § 1004 Abs. 2 BGB. Solange z. B. einem Störer erfolgversprechende Maßnahmen zur Verhinderung von Einwirkungen **naturschutzrechtlich verboten** sind, sind die Einwirkungen nicht rechtswidrig (zu naturgeschützten Fröschen vgl. BGHZ 120, 239, ferner Rn. 25, 51). Besteht eine Befreiungsmöglichkeit von dem Verbot (was im Klageverfahren von dem Gericht selbständig zu prüfen ist, BGH NZM 2005, 318), kann von dem Störer die Beseitigung der Einwirkung verlangt werden. Das Gericht spricht die Verpflichtung unter dem **Vorbehalt der behördlichen Genehmigung** aus (BGH a. a. O.). Für die Begründetheit der Klage bedarf es nicht der vorherigen Einholung eines behördlichen Genehmigungsbescheides oder einer inzidenter vorzunehmenden Prüfung des genehmigungsfähigen Umfangs etwaiger Beseitigungsmaßnahmen (OLGR München 2008, 691 zum Rückschnitt des Überhangs eines geschützten Baums). Ein Abwehranspruch ist in der Regel nicht dadurch ausgeschlossen, dass ein Betrieb, von dem die Einwirkungen ausgehen, behördlich genehmigt ist (BGH MDR 1999, 291).

Der Tatbestand des § 1004 BGB ist nicht erfüllt, wenn von einem Grundstück **2** Beeinträchtigungen ausgehen, die **ausschließlich auf Naturkräften** beruhen (BGH NJW-RR 2001, 1208). Eine aus der natürlichen Beschaffenheit eines Hanggrundstücks folgende und ausschließlich durch das Wirken von Naturkräften ausgelöste Steinschlaggefahr kann nicht abgewehrt werden. Wer sich an einer gefährlichen Stelle ansiedelt, hat grundsätzlich selbst für seinen Schutz sorgen. Er kann nicht von seinem Nachbarn verlangen, dass dieser nunmehr umfangreiche Sicherungsmaßnahmen ergreift. Der Nachbar ist lediglich verpflichtet, die Durchführung der erforderlichen Sicherungsmaßnahmen auf seinem Grundstück zu dulden (BGH NJW 1985, 1773). Ein Anspruch aus § 1004 BGB kann sich nur gegen denjenigen richten, der eine Beeinträchtigung durch sein Verhalten – ein positives Tun oder pflichtwidriges Unterlassen – adäquat verursacht hat (**Handlungsstörer**) und gegen denjenigen, der zwar nicht selbst gehandelt hat, durch dessen maßgebenden Willen aber der beeinträchtigende Zustand aufrecht erhalten wird, von dessen Willen also die Beseitigung dieses Zustands abhängt (**Zustandsstörer**; BGH NJW-RR 2001, 232). Die von einem Hanggrundstück ausgehende Steinschlaggefahr kann also abgewehrt werden, wenn sie von Menschenhand vorgenommenen Veränderung des Hangs im Zusammenhang mit dessen wirtschaftlicher Ausnutzung (Steinbruch, Bergwerk) herrührt, wenn durch Eingriffe in das Grundstück die Gefahr von Schäden durch Naturereignisse erhöht oder kanalisiert wurde (OLG Düsseldorf NJW-RR 1995, 1231). Beim Handlungsstörer ist der Anspruch auf Beseitigung einer Störung aus § 1004 Abs. 1 BGB nicht darauf beschränkt, Einwirkungen für die Zukunft abzustellen. Solange eine von ihm verursachte

NachbG § 29 3, 4

Beeinträchtigung fortbesteht, ändert sich auch nichts an seiner einmal eingetretenen Verantwortlichkeit. Grundlage seiner negatorischen Haftung ist lediglich, dass Substanzen infolge eines ihm zuzurechnenden – wenn auch schuldlosen – Verhaltens auf das fremde Grundstück gelangt sind (BGH MDR 1996, 359).

3 Da sich die Zustandshaftung eines Eigentümers hingegen auf dessen gegenwärtige Sachherrschaft gründet, wird mit einem Übergang des Eigentums an einem störenden Grundstück **der neue Eigentümer** Störer. Der Abwehranspruch geht gegen ihn selbst dann, wenn er zu dem Zustand nichts beigetragen hat, sogar wenn er den Zustand nicht kannte, weil die Aufrechterhaltung des Zustandes nunmehr auf seinen Willen zurückgeht (BGH MDR 1996, 579). Hat der Eigentümer des störenden Grundstücks infolge Verkaufs nur noch eine **formale Eigentümerstellung** und steht ihm nach den mit dem Käufer getroffenen vertraglichen Absprachen keine Interventionsmöglichkeit zu, dann ist nicht mehr er Zustandsstörer, sondern der Käufer (OLG Koblenz ZfBR 2006, 350). Ein früherer Eigentümer bleibt als Zustandsstörer verantwortlich, wenn er hinsichtlich der störenden Sache weiterhin verfügungsberechtigt ist, etwa im Falle eines ihm eingeräumten **Nießbrauchs** (OLG Köln NJW-RR 1996, 1104). Wen der Beeinträchtigte als Störer in Anspruch nimmt, bleibt ihm nach Belieben überlassen, es muss nicht der Handlungsstörer regelmäßig vor dem Zustandsstörer in Anspruch genommen werden (BayVGH NVwZ 1986, 942). Der Nachbar kann sich z. B. daran orientieren, wer schneller und leistungsfähiger die Beeinträchtigung beseitigen kann (vgl. auch VG Ansbach Urteil vom 13.2.2008 – AN 9. K 07.00397 – Juris). Hat ein **Miteigentümer** auf dem Grundstück eine den Nachbarn störende Anlage errichtet, ist eine Unterlassungsklage gegen alle Miteigentümer als notwendige Streitgenossen (§ 62 ZPO) zu richten, wenn die Anlage wesentlicher Bestandteil (§§ 94, 95 BGB) des Grundstücks geworden ist (LG Wuppertal DWW 2001, 28). Der Eigentümer eines Grundstücks ist für unerlaubte Handlungen, die ein Dritter bei Gelegenheit der Benutzung des Grundstücks gegen den Nachbarn verübt, grundsätzlich nicht verantwortlich (OLG Düsseldorf NJW-RR 1990, 1100). Wer auf seinem Grundstück **Mietshäuser** errichtet, schafft keinen gefahrenträchtigen Zustand, er nimmt nur sein Eigentumsrecht sozialadäquat bestimmungsgemäß wahr (OLG Düsseldorf a. a. O.). Ein Eigentümer ist indes für die Störungshandlungen seines Mieters verantwortlich, wenn er sein Grundstück dem Mieter mit der Erlaubnis zu jenen Handlungen überlassen hat oder wenn er es unterlässt, den Mieter von dem nach dem Mietvertrag unerlaubten, fremdes Eigentum beeinträchtigenden Gebrauch der Mietsache abzuhalten (BGH MDR 2000, 1069).

4 Der (verschuldensunabhängige) Beseitigungsanspruch (einer Chemikalieneinwirkung) gegen den Störer aus § 1004 BGB kann nicht daran scheitern, dass die isolierte Entfernung des eingetragenen Schadstoffs technisch nicht durchführbar ist, dies vielmehr nur über einen Bodenaushub mit entsprechender Entsorgung möglich ist (und damit zumindest teilweise einen Schadensersatz darstellt, der an sich nur – verschuldensabhängig – über § 823 BGB beansprucht werden könnte). Der beeinträchtigte Eigentümer kann seinen Anspruch aus § 1004 Abs. 1 BGB nämlich nicht deshalb verlieren, weil der Störer nach den technischen Gegebenheiten eine erweiterte Leistung erbringen muss, als zur Beseitigung der reinen Störung an sich erforderlich wäre (BGH MDR 1996, 359).

2. Konkurrierende Abwehransprüche

Für den Fall einer **Besitzstörung** besteht eine entsprechend konkurrierende Regelung in § 862 BGB (BGHZ 44, 27). Hat der Störer schuldhaft gehandelt und ein absolutes Recht beeinträchtigt, kann ein Abwehranspruch konkurrierend aus § 823 BGB bestehen. Ob die Handlung oder Unterlassung im Rahmen des § 823 Abs. 1 BGB widerrechtlich ist, bestimmt sich allerdings nach den nachbarrechtlichen Vorschriften (BGHZ 90, 255). Die Widerrechtlichkeit fehlt, wenn eine Duldungspflicht nach § 906 BGB (BGH MDR 1992, 482) oder nach anderen nachbarrechtlichen Bestimmungen (BGH NJW-RR 2000, 537) besteht. Wird Unterlassung aber auf Grund einer Norm eines Schutzgesetzes i. S. des § 823 Abs. 2 BGB beansprucht, dann indiziert die Schutzgesetzverletzung bereits die Rechtswidrigkeit (BGH VersR 2008, 1407; die Verletzung eines nach § 823 BGB geschützten Rechtsguts ist grundsätzlich rechtswidrig, wenn nicht ein Rechtfertigungsgrund besteht, BGH NJW 1984, 2207). Sie ist also nicht noch am Maßstab des § 906 BGB festzustellen. Hier hat § 906 BGB gänzlich außer Betracht zu bleiben, weil sonst die spezifische und abstrakte Regelungsfunktion der Schutznorm leer liefe (BGH NJW 1993, 1580). Macht ein **Besitzer** eines Hausgrundstücks einen Immissionsanspruch aus § 862 BGB geltend, dann ist die Frage der Duldungspflicht ebenfalls am Maßstab des § 906 BGB zu prüfen, da die Abwehrbefugnis des Besitzers nicht weiter reicht als die eines Eigentümers (BGH VersR 1995, 178). Die §§ 22 ff. BImSchG, wonach nicht genehmigungsbedürftige Anlagen (§ 3 Abs. 5 BImSchG, z. B. Betriebsstätten, Maschinen, Stofflagerungen) so zu errichten und zu betreiben sind, dass vermeidbare schädliche Umwelteinwirkungen verhindert und unvermeidbare auf ein Mindestmaß beschränkt werden, begründen nur Rechte und Pflichten zwischen den zuständigen Behörden und dem Betreiber, nicht aber Abwehransprüche im Nachbarschaftsverhältnis zwischen Störer und Gestörtem (OVG Lüneburg NVwZ 1994, 713). § 22 Abs. 1 Nr. 1 und 2 BImSchG ist aber Schutzgesetz i. S. des § 823 Abs. 2 BGB (BGH WM 1997, 270). Die Bestimmungen des Wasserhaushaltsgesetzes und des Landeswassergesetzes enthalten eine nachbarrechtliche Sonderregelung. Neben ihr kann nicht auf den allgemeinen Rechtsgedanken von **Treu und Glauben** (§ 242 BGB), auf dem der nachbarrechtliche Ausgleichsanspruch beruht, zurückgegriffen werden (BGH MDR 1999, 1316).

3. Einwirkung aus privatrechtlichem Handeln

Würden Nachbarn ihre jeweiligen Rechte aus § 903 BGB unbeschränkt ausüben können, wäre eine sinnvolle Ausnutzung ihrer Grundstücke unmöglich. Es bestehen deshalb nachbarrechtliche Duldungs- und Ausgleichspflichten, um den notwendigen Interessenausgleich zwischen ihnen zu gewährleisten.

A. Negative Einwirkungen

Maßnahmen auf dem eigenen Grundstück, die lediglich natürliche Vorteile und Zuführungen vom Nachbargrundstück abhalten oder Ableitungen von dort aus auf das eigene Grundstück verhindern (**negative Einwirkungen**), kann der

NachbG § 29 7

Nachbar grundsätzlich nicht nach den §§ 862, 907, 1004 BGB abwehren. Entschädigungslos dulden muss er z. B., dass die **Lichtwerbung einer Diskothek** mit einem Himmelsstrahler – Skybeamer – sein Grundstück nachts mondhell erleuchtet (OLG Zweibrücken MDR 2001, 984), dass bauliche Anlagen die Zufuhr von Licht und Luft auf sein Grundstück behindern (BGH LM § 903 BGB, Nr. 1, 2; OLGR Celle 2000, 292; OLG Hamburg MDR 1963, 135; OLG Düsseldorf NJW 1979, 2618; OLG Frankfurt NJW-RR 1989, 464; OLG Köln NJW-RR 1992, 526; vgl. aber auch § 22 Rn. 10) oder ihm die **Gunst einer schönen Aussicht** nehmen (SchlHOVG SchlHA 1993, 209, es sei denn, Festsetzungen sind gerade zu diesem Zweck erfolgt, BVerwG DVBl 1971, 754), oder ihm (Bau einer Umgehungsstraße) die freie Aussicht und den **freien Zugang zur Landschaft** entziehen (NdsOVG NuR 2006, 125) oder seinem **Schornstein die Zugluft** nehmen (OLG München DWW 1957, 68; vgl. aber auch § 20), dass ein **Baum** sein Grundstück verschattet (OLG Hamm MDR 1999, 930; vgl. aber auch § 29 Rn. 31, 77), die Rotoren einer **Windkraftanlage** sein Grundstück vom Wind abschatten und Luftverwirbelungen aussetzen (BGH NJW 1991, 1671; OLG Frankfurt NJW-RR 2000, 1542; s. anderseits aber auch Rn. 32), ein Hochhaus seinen **Fernsehempfang** stört (BGHZ 88, 344; vgl. aber auch § 20), sein Grundstück durch die Anlegung eines öffentlichen Wegs **einsehbar** wird (BVerwG NVwZ 2000, 435; NdsOVG Beschluss vom 29.1.2009 – 1 MN 229/08 – Juris), seinem Grundstück durch künstliche Maßnahmen des Nachbarn oder des Seeeigentümers die Eigenschaft an einem Gewässer anzuliegen, genommen oder der **Zugang zu dem Gewässer** erschwert wird (BbgOVG Urteil vom 17.4.2008 – 5 U 52/07 – Juris), dass seinem Grundstück Wasser (ohne Schlamm, Geröll oder Chemikalien) wild zufließt (BGH MDR 1984, 745), anderseits aber auch, dass das oberirdisch wild fließende Wasser von seinem Grundstück nicht abfließen kann, weil sein Nachbar das auf dessen Grundstück mit einem **Sperrwerk** verhindert, vgl. § 61 LWG (mit einschränkenden Ausnahmen). Aus BGB-Vorschriften allein kann er nicht abwehren, dass ihm sein Nachbar **Grundwasser entzieht** (BayObLGZ 65, 7; BGH NJW 1977, 1770; in Verbindung mit § 27 NachbG ist das jedoch möglich), über die §§ 1004, 823 Abs. 2, 909 BGB aber, dass er ihm durch Grundstücksvertiefung stützendes Erdreich entzieht (BGH VersR 2002, 324, vgl. auch § 23 Rn. 8).

Die Duldungspflicht folgt daraus, dass sich eine in den Grundstücksgrenzen haltende Nutzung als legitime Ausübung der Eigentümerbefugnisse darstellt (OLG Düsseldorf NVwZ 2001, 594).

7 Sind jedoch zur Rücksichtnahme die Nutzungsgrenzen für bestimmte Vorhaben weiter eingeschränkt, kommen **Abwehransprüche gegen negative Einwirkungen** in Betracht, die aus Handlungen außerhalb dieser Grenzen herrühren. Nach dem Nachbarrechtsgesetz sind entsprechend und alle die negativen Einwirkungen aus rechtswidrigen Unterschreitungen festgesetzter Grenzabstände abwehrfähig bzw. zumindest entschädigungspflichtig, deren Vermeidung die Abstandsregelungen gerade zum Ziele haben, §§ 42, 43. Das sind Beeinträchtigungen der ausreichenden **Belichtung, Belüftung und Besonnung** des Nachbargrundstücks, sowie des Schutzes vor Brandübertragung und des Wohnfriedens durch nicht zu dichten Stand der Gebäude (SchlHOVG SchlHA 1994, 180; VGH Mannheim NVwZ

1986, 143), aber auch des Schutzes des Nachbarn in Freiräumen und seiner **Intimssphäre** (OLG Karlsruhe Justiz 1999, 490; vgl. auch § 22 zum Fenster- und Lichtrecht sowie § 6 Abs. 1 LBO zum Abstand einer höher gelegten Terrasse). Auch aus dem **nachbarlichen Gemeinschaftsverhältnis** können in Einzelfällen krasser Unzuträglichkeit Abwehransprüche gegen negative Einwirkungen erwachsen (vgl. Rn. 27 ff.). Ein **schikanöses Verhalten** kann über die §§ 226, 826 BGB abgewehrt werden (RGZ 98, 15). § 226 BGB setzt allerdings voraus, dass mit dem Nachbarverhalten allen Umständen nach ein anderer Zweck als der einer Schadenszufügung objektiv ausgeschlossen ist (OLG Frankfurt NJW 1979, 1613). Sind negative Einwirkungen jedoch aus Maßnahmen eines hoheitlich handelnden **Hoheitsträgers** entstanden, können sie nicht mit den Anspruchsgrundlagen des Nachbarrechtsgesetzes abgewehrt werden. Es regelt nur das Verhältnis privat genutzter Grundstücke zueinander (vgl. § 1 Rn. 1; zur Duldung einer **Straßenbepflanzung** vgl. § 18 a Abs. 1 StrWG; zur Verschattung durch Platanen von öffentlichem Grund aus vgl. OLG Düsseldorf NVwZ 2001, 594). Der öffentlich-rechtliche Konflikt wird allein mit Regeln des öffentlichen Rechts bewältigt. Wird z. B. durch den Bau oder die Änderung einer Bundesfernstraße der Zutritt von Licht oder Luft zu einem Grundstück auf Dauer entzogen oder erheblich beeinträchtigt, so muss der Eigentümer das dulden, der Träger der Straßenbaulast (§ 5 BFernStrG) hat ihm für die dadurch entstehenden Vermögensnachteile jedoch eine angemessene Entschädigung in Geld zu gewähren, § 8 a Abs. 7 BFernStrG.

B. Ideelle Einwirkungen

Gegen Vorgänge auf dem Nachbargrundstück, die das **Schamgefühl** verletzen, besteht kein Abwehrrecht, wenn das seelische Empfinden nicht durch eine Wahrnehmung dieser Vorgänge beeinträchtigt wird, sondern lediglich aus der Kenntnis von ihnen (BGH NJW 1985, 2823). Aber auch Vorgänge oder Zustände auf dem eigenen Grundstück, deren Anblicke schamverletzend, Anstoß erregend, unästhetisch oder trostlos sind (immaterielle bzw. **ideelle Einwirkungen**) kann der Nachbar grundsätzlich nicht abwehren, selbst dann nicht, wenn sie den Verkehrswert seines Grundstücks mindern (BGH NJW-RR 2003, 1313; BGH NJW 1975, 170; BGH JZ 1986, 145; KG NJW-RR 1988, 586; zur Lagerung von **Baumaterial und Baugerät** in einer Wohngegend vgl. BGHZ 511, 396; zur Errichtung einer **unästhetischen Wand** aus Eisenstangen und Blechen vgl. BGH NJW 1975, 170; zum **Bordellbetrieb**, soweit er sinnlich nicht wahrnehmbar ist vgl. BGH NJW 1985, 2823; BGHZ 95, 307, zum sinnlich wahrnehmbaren vgl. aber § 29 Rn. 57); zur **Dachantenne** vgl. OLG Frankfurt NJW-RR 1989, 464; zum **Schrottplatz** neben einem Hotel vgl. BGH JZ 1970, 782). Eine Ausnahme muss aber gelten, wenn der beeinträchtigende Nachbar schikanös handelt, §§ 225, 826 BGB, wenn er also Umstände schafft, die öffentlich sichtbar ausschließlich darauf abzielen, den Nachbarn verächtlich zu machen, zu beleidigen oder sittenwidrig zu belästigen wie z. B. **provozierende Gartenzwerge** („Frustzwerge", von 30–35 cm Höhe, in für Gartenzwerge untypischen Posen und Gesten wie Zunge herausstrecken, gebückter Haltung mit entblößtem Hintern oder mit erhobenem Mittelfinger aufgestellt, am Baum erhängt usw.., vgl. AG Grünstadt NJW 1995, 889) oder ein an der Grenze zum Nachbargrundstück aufgestellter **Galgen**, an dem eine Puppe mit der Aufschrift „Ich bin ein Drecksack" befestigt ist (vgl. LG Limburg NJW-RR 1987, 81).

9 C. Einwirkungen aus der Landwirtschaft
Auch die Bewirtschaftung von **Acker- und Wiesenflächen** im Rahmen normaler landwirtschaftlicher Nutzung löst keine Abwehransprüche nach § 1004 BGB aus, wenn durch die Nutzung nachteilige Auswirkungen auf ein Nachbargrundstück ausgehen. Die notwendige Art der Bodenbearbeitung sowie die mit Aussaat und Ernte verschiedener Feldfrüchte zwangsläufig verbundenen Änderungen der Oberfläche gehören zur natürlichen Eigenart des Grundstücks (zum Ernteausfall durch **Herbizidanschwemmung** vgl. BGH WM 1984, 1065; zum verstärkten Abfluss von Oberflächenwasser eines abschüssigen Geländes auf das Nachbargrundstück infolge einer Änderung der landwirtschaftlichen Bewirtschaftung vgl. BGH NJW 1991, 2770). Wollte man Handlungs- oder Unterlassungspflichten begründen, würden der landwirtschaftlichen Nutzung zu enge Grenzen gesetzt. Landwirtschaft kann vielfältige Nachteile für benachbarte Grundstücke bringen, etwa eine Änderung des Wasserabflusses, eine **Düngemittelbelastung** im ablaufenden Oberflächenwasser oder eine Begünstigung des Schädlingsbefalls durch Monokultur. Ob und inwieweit in solchen Fällen regelnd einzugreifen ist, muss grundsätzlich dem Gesetz- und Verordnungsgeber vorbehalten bleiben (BGH NJW-RR 2001, 1208). Wer allerdings durch den Gebrauch eines chemischen Unkrautvernichtungsmittels auf konventionell genutzter landwirtschaftlicher Ackerfläche vermeidbar ein Nachbargrundstück mit biologischem Anbau kontaminiert und dadurch dessen Ertrag in der Nutzungs- und Verkaufsfähigkeit beeinträchtigt, ist zum Schadensersatz verpflichtet (OLG Rostock NJW 2006, 3650). Zu **wild abfließendem Wasser** besteht z. B. die gesetzliche Regelung, dass der Eigentümer eines tiefer liegenden Grundstücks wild abfließendes Wasser eines höher liegenden land- oder forstwirtschaftlich genutzten Grundstücks aufnehmen muss, § 61 Abs. 2 Nr. 2 LWG.

10 D. Beeinträchtigung durch Feinimmissionen
Schließlich kann der Nachbar Einwirkungen von **Gasen, Dämpfen, Gerüchen,** Rauch, Ruß, Wärme, Geräuschen, Erschütterungen und Ähnlichem wie Lichtreflexen, Strahlungen, von Wind oder Regenwasser eingetragenen Chemikalien (unwägbare Stoffe, Imponderabilien, **Feinimmissionen**) insoweit nicht abwehren, als sie die Benutzung seines Grundstücks nicht oder nur unwesentlich beeinträchtigen (§ 906 Abs. 1 S. 1 BGB; BGH NJW 1984, 2207). Dabei ist es unmaßgeblich, ob die Immissionen aus einer ortsüblichen oder nicht ortsüblichen Nutzung des anderen Grundstücks herrühren. Eine Zuführung durch eine besondere Leitung muss der Nachbar freilich nicht hinnehmen, § 906 Abs. 3 ZPO. Aus den praktischen Bedürfnissen des täglichen Lebens heraus zählt die Rechtsprechung zu solchen Imponderabilien auch Tiere „mit verhältnismäßig kleinen Körpern" wie **Bienen** (RGZ 141, 406), **Fliegen** (RGZ 160, 381) und von „verhältnismäßig geringer Größe" wie **Flugenten** (OLG Oldenburg VersR 1976, 644), sofern es nach der Beschaffenheit und Natur der Tiere nur schwer oder überhaupt nicht möglich erscheint, sie von anderen Grundstücken fernzuhalten (OLG Oldenburg a. a. O.), weil ein Abwehrrecht aus § 1004 BGB zur „Ausrottung" solcher Tiere führen müsste (zu **Tauben** vgl. OLG Celle ZMR 1989, 150) bzw. weil ein wirtschaftlich notwendiges Unternehmen einer Tierhaltung sonst schließen müsste (zur Schafherde vgl. RGZ 160, 381). Das gilt

auch für Tiere, die für sich nicht nützlich, vielmehr lästig und schädlich sind, aber unvermeidbare Folge einer Viehhaltung sind (Fliegen als Begleiterscheinung einer Schafhaltung, vgl. RGZ a. a. O.). Tauben werden den Feinimmissionen zugerechnet, weil sie in erster Linie durch Geräusche und Beschmutzungen stören; diese Einwirkungen fallen unter § 906 Abs. 1 BGB (OLG Düsseldorf OLGZ 80, 16).

§ 906 BGB ist nur anzuwenden, wenn die Einwirkungen, die nach den §§ 823, 1004 Abs. 1 BGB abgewehrt werden können, auf einer bestimmten Nutzung oder auf dem eigentumsbeeinträchtigenden Zustand eines Grundstücks beruhen. Beruhen sie auf einer Handlung, die nichts damit zu tun hat, dann fällt die Einwirkung nicht unter § 906 BGB. Das ist z. B. der Fall, wenn jemand einen Stein auf ein Nachbargrundstück wirft oder als Straßenmusikant den Anlieger störende Geräusche erzeugt (vgl. zu allem BGH NJW 2008, 1810; zur nicht einklagbaren Disziplinierung von Kindern aus deren **Steinwürfen** auf das Nachbargrundstück und **Ärgern des Nachbarhundes** vgl. OLG Düsseldorf NJW 1986, 2512). Beeinträchtigen Feinimmissionen aus einer **nicht ortsüblichen Nutzung** eines Grundstücks die Benutzung eines Nachbargrundstücks wesentlich, kann der Nachbar bzw. Besitzer (BGH LM § 906 Nr. 49) aus den §§ 862, 823, 1004 BGB von dem Störer eine Verhinderung der Immissionen verlangen.

a) **Wesentlichkeit der Beeinträchtigung.** Ob durch eine Feinimmission eine **wesentliche Beeinträchtigung** der Benutzung des Nachbargrundstücks vorliegt, hängt vom Empfinden eines **verständigen Durchschnittsbenutzers** des betroffenen Grundstücks in seiner durch Natur, Gestaltung und Zweckbestimmung geprägten konkreten Beschaffenheit ab (OLG Stuttgart Urteil vom 9.2.2009 – 10 U 146/08 – Juris; SchlHOLG NJW-RR 1996, 399), sowie von dem, was diesem Benutzer unter Würdigung anderer öffentlicher und privater Belange zuzumuten ist (BGHZ 157, 33; BbgOLG Urteil vom 1.3.2007 – 5 U 53/06 – Juris). Dabei sind das Umweltbewusstsein (Froschquaken, BGHZ 120, 239), die öffentlichrechtliche Ausweisung des Gebietes (Spielstraße, OLG Düsseldorf NJW-RR 1996, 211), der Gebietscharakter (BGH NJW 1980, 770) mit seinen ortsüblichen Nachteilen und Belästigungen (BGH NJW 2001, 3054), die sozialen Interessen des Störers und die sozialen Auswirkungen des Verbots der Störung mit zu berücksichtigen (OLG Düsseldorf a. a. O.; zur Schule vgl. OVG Koblenz NVwZ 1990, 279; zum Drogenhilfezentrum vgl. BGH MDR 2000, 1069, es kann aber aufgrund erheblicher Störungen nicht hinnehmbar sein, vgl. NdsOVG BauR 2007, 1214). Von einem Nachbarn wird eine erhöhte Toleranzbereitschaft im nachbarlichen Zusammenleben mit Kindern (OLG Düsseldorf DWW 1996, 20), mit Behinderten (OLG Karlsruhe DWW 2000, 199; OLG Köln NJW 1998, 763) und mit hilfs- und pflegebedürftigen Menschen verlangt, um diesen gemäß Art. 3 Abs. 3 S. 2 GG ein Leben frei von vermeidbaren Beschränkungen zu ermöglichen. Die Grenze der Duldungspflicht ist erst dann erreicht, wenn dem Nachbarn die Belästigung „billigerweise nicht mehr zuzumuten ist" (OLG Karlsruhe NJW 2007, 3443). Auch das Gebot zur Rücksichtnahme aus dem nachbarlichen Gemeinschaftsverhältnis entscheidet mit (OLG München ZMR 1998, 553; Rn. 25), zumal dann, wenn derjenige, der eine störende Einrichtung schafft, nur deswegen den Nachbarn damit beeinträchtigt, weil er selbst die Beeinträchtigung nicht hinnehmen will (OLG Hamburg MDR 1972, 1034: der Störer bringt eine Lichtreklame hinter seinem Haus an, vor dem Haus würde sie ihn selbst stören). Entsprechend ist eine baurechtswidrige Nutzung gegenüber Immissionen einer rechtmäßig betriebenen Anlage nicht schutzwürdig (BGH MDR 1999, 261). Können schädliche Immissionen Wohnräume nur durch ein nicht zu genehmigendes Fenster erreichen, besteht kein Abwehrrecht, weil das Fenster der Rechtsordnung widerspricht und zu beseitigen ist (BVerwG NJW 1993, 342).

13 Entscheidend ist stets nur die materielle Illegalität, nicht bereits die formelle (Sarnighausen NVwZ 1996, 110). Eine von vornherein vorübergehende Störung, die der Störer zu mindern oder abzustellen versucht, ist einem verständigen Nachbarn eher zuzumuten als eine dauerhafte Störung. Andererseits kann aber unter Berücksichtigung der auf Treu und Glauben beruhenden Grundsätze der gegenseitigen nachbarlichen Rücksichtnahme dem Störer nicht eine schrankenlose Benutzung seines Grundstücks so zugestanden werden, als würden die Maßnahmen zur Verhinderung der Störung bereits bestehen (zu Geräuschen einer **Schießanlage**, bei der zum Zeitpunkt der letzten mündlichen Verhandlung vor Gericht bereits Schallschutzmaßnahmen eingeleitet waren vgl. OLG München ZMR 1998, 553). Wer sein Grundstück zuerst in Benutzung genommen hat, ist im Rahmen des primären Rechtsschutzes nach den §§ 906 Abs. 1, Abs. 2 S. 1, 1004 Abs. 1 BGB grundsätzlich belanglos. Die **zeitliche Priorität** ist für die Frage der Wesentlichkeit einer Beeinträchtigung in der Regel unerheblich, sie liefert dem Störer keinen Rechtfertigungsgrund für die Eigentumsbeeinträchtigung (BGH NJW 2001, 3119; BGH BauR 2001, 1859; BGH VersR 1998, 106; OLG München ZMR 1998, 553; der Prioritätsgrundsatz hat aber im Rahmen der Duldungspflicht aus dem nachbarlichen Gemeinschaftsverhältnis, vgl. Rn. 27, sowie bei der Abwägung des „Mitverschuldens" (der **Mitverantwortung**) im Rahmen des § 906 Abs. 2 S. 2 BGB erhebliche Bedeutung, vgl. Rn. 18). Zur Wesentlichkeit ist ein strengerer Maßstab anzulegen, wenn einem emittierenden Betrieb eine erforderliche behördliche Genehmigung fehlt und nicht feststeht, dass der Betrieb ohne Einschränkungen genehmigungsfähig ist (BGH MDR 1999, 291).

14 Auf die konkrete Beschaffenheit des Grundstücks ist abzustellen. Bei einer Lärmimmission ist deshalb ohne Belang, wie das betroffene Wohngebäude theoretisch nach heutigen Maßstäben unter dem Gesichtspunkt der Lärmabwehr ausgestattet sein könnte (Doppel- statt Einfachfenster, vgl. zur Bushaltestelle BGH NJW 1984, 1242, aber auch OLGR Düsseldorf 2002, 328). Da der beeinträchtigte Nachbar sein Grundstück innerhalb seiner Grenzen grundsätzlich so nutzen darf, wie er es für richtig hält, ist er grundsätzlich auch nicht verpflichtet, Schutzmaßnahmen zu ergreifen, damit eine Beeinträchtigung unwesentlich wird (BGH LM § 906 BGB Nr. 32). So muss er z. B. weder sein Schlafzimmer zu einer weniger gestörten Seite verlegen noch bei geschlossenem Fenster schlafen (SchlHOLG NJW-RR 1986, 884), er muss auch eine Geräuschbelästigung nicht mit einer technisch möglichen Schallisolierung abfangen (OLG Karlsruhe NJW-RR 1989, 1179), er muss keine Doppelfenster einbauen (BGH NJW 1984, 1242), er muss sich im Gartenbau

nicht auf Pflanzenkulturen beschränken, die den Einwirkungen von Herbiziden vom Nachbargrundstück standhalten (BGH WM 1984, 1065), er muss seine Grundstücksnutzung nicht auf eine mögliche Beeinträchtigung durch Wurzeln ausrichten, er braucht grundsätzlich überhaupt keine Maßnahmen durchführen, die der Störer schuldet (zum Tennisplatzschaden durch Wurzelwuchs vgl. BGH VersR 1998, 106). Je nach den die Ortsüblichkeit bestimmenden Umständen kann es ihm ausnahmsweise zuzumuten sein, zur Abwehr selbst aufwändige Maßnahmen zu treffen, etwa durch Verstärkung der Standsicherheit und inneren Festigkeit seiner baulichen Anlage in einer Gegend, in der Erschütterungen durch Sprengungen ortsüblich sind. Solche Abwehrmaßnahmen können allerdings nicht in dem Ausmaß gefordert werden, dass schon jede mögliche schädigende Einwirkung vom anderen Grundstück im Rahmen seiner ortsüblichen Benutzung auf Nachbargrundstücke verhindert wird (BGH NJW 1976, 797).

Eine unwesentliche Beeinträchtigung liegt in der Regel vor, wenn die Einwirkungen die in Gesetzen oder Rechtsverordnungen oder die in Verwaltungsvorschriften nach § 48 BImSchG festgelegten Grenz- oder Richtwerte nicht überschreiten, § 906 Abs. 1 S. 2 und 3 BGB. Eine Überschreitung der Werte belegt aber nicht zwingend eine Wesentlichkeit der Beeinträchtigung, sondern gibt nur einen deutlichen Hinweis dafür ab (BGH NJW 2003, 3699; OLG Oldenburg NJW-RR 1991, 635). Die Grenze einer im Einzelfall zumutbaren **Lärmbelästigung** lässt sich letztlich nur aufgrund wertender Betrachtung festsetzen (BGH NJW 2001, 3119, 3120; siehe auch Rn. 54). Eine einmalige Einwirkung ist oft unwesentlich (SchlHOLG NJW-RR 1986, 884), es sei denn, sie hat zu einer Sachbeschädigung geführt (BGHZ 92, 143). **Sprengbedingte Erschütterungen**, die einen erheblichen Sachschaden an einem Gebäude des beeinträchtigten Grundstücks verursacht haben, sind auch dann wesentlich, wenn die Grenzwerte für Schwingungsgeschwindigkeiten eingehalten oder sogar unterschritten worden sind (BGH MDR 1999, 351).

b) Ortsüblichkeit der Beeinträchtigung. Ob eine Feinimmissionen auslösende Benutzung **ortsüblich** ist oder nicht, entscheidet nicht die Auffassung der Bevölkerung allein, unterliegt vielmehr auch der tatrichterlichen Beurteilung. Eine ortsübliche Benutzung liegt vor, wenn eine nach Art und Umfang einigermaßen gleiche Nutzung erfolgt wie bei der Mehrzahl der Grundstücke in der Umgebung (BGH NJW 1992, 1389). Unterschiedliche Einwirkungszonen in derselben Ansiedlung können zu verschiedenen Beurteilungen führen (BGHZ 30, 273). Entscheidend ist das Gesamtbild der Benutzung, mögen bei längerer Benutzung auch einzelne ausgelöste Immissionen nicht mehr im Rahmen des Ortsüblichen geblieben sein (BGH MDR 1979, 208), denn eine nachträgliche Abgrenzung solcher nicht ortsüblich ausgelösten Immissionen ist nach einem Schadenseintritt nicht mehr möglich (BGHZ 66, 70). Eine vorhandene Genehmigung einer emittierenden Benutzung begründet nicht automatisch deren Ortsüblichkeit. Fehlt jedoch eine erforderliche Genehmigung, ist die Benutzung nicht ortsüblich (BGH MDR 1999, 291).

c) Verhinderbarkeit der Beeinträchtigung. Ist von dem anderen Grundstück aus durch dessen ortsübliche Benutzung eine wesentliche Beeinträchtigung herbeigeführt, dann muss der Nachbar sie nur dulden, wenn sie nicht durch Maßnahmen **verhindert werden** kann, die Benutzern dieser Art wirtschaftlich zumutbar sind, § 906 Abs. 2 S. 1 BGB. Ansonsten hat er ebenfalls die genannten Abwehrrechte (BGH NJW 1984, 1876). Die wirtschaftliche Zumutbarkeit einer Abhilfe ist nach einem objektiven Maßstab, d. h. nach der wirtschaftlichen Leistungsfähigkeit eines durchschnittlichen Benutzers der Immissionsquelle (OLG Düsseldorf OLGZ 80, 16), zu bestimmen, nicht nach der Leistungsfähigkeit des Störers (OLG Karlsruhe BB 1965, 690). Erfolgt z. B. eine **Taubenhaltung** in der Umgebung in aller Regel von gering Verdienenden und verlangt der Nachbar von dem benachbarten gut verdienenden Taubenhalter Maßnahmen, die den Zuflug von dessen Tauben verhindern, dann ist die wirtschaftliche Zumutbarkeit danach zu bestimmen, dass Tauben in der Umgebung in aller Regel von gering Verdienenden gehalten werden (vgl. OLG Düsseldorf a. a. O.). Die beiderseitigen Interessen der Nachbarn sind angemessen zu berücksichtigen, dabei kann dem Störer auch ein Abhilfezeitraum gewährt werden (zu Fäkalien im Reisezugverkehr und eine 5-jährige Umstellungsphase vgl. SchlHOLG NJW-RR 1996, 399; für die Übergangszeit ist dem Beeinträchtigten ein Ausgleich nach § 906 Abs. 2 S. 2 BGB zu zahlen, sofern die ortsübliche Benutzung oder der Ertrag seines Grundstücks unzumutbar beeinträchtigt ist). Ein Störer muss keine Maßnahmen ergreifen, die zu einer wesentlichen Veränderung seines Betriebs führen (OLG Düsseldorf OLGZ 80, 16). Hat der Nachbar eine nicht zumutbar verhinderbare Einwirkung zu dulden, dann richten sich die weiteren Rechtsfolgen danach, ob die Einwirkung aus privatrechtlicher Tätigkeit oder aus der Ausübung hoheitlicher Tätigkeit herrührt.

18 d) **Entschädigung und Mitverschulden.** Ist die **Einwirkung aus privatrechtlicher Tätigkeit** entstanden, kann der beeinträchtigte Nachbar von dem Benutzer des anderen Grundstücks einen angemessenen Ausgleich in Geld verlangen, wenn und soweit die Einwirkung eine ortsübliche Benutzung seines Grundstücks oder dessen Ertrag über das zumutbare Maß hinaus beeinträchtigt, § 906 Abs. 2 S. 2 BGB. Auszugleichen ist nur der Vermögensverlust, der durch den unzumutbaren Teil der Beeinträchtigung eingetreten ist (BGH NJW 1974, 1869). Der Anspruch richtet sich nach den Grundsätzen der **Enteignungsentschädigung** (BGH NJW 1974, 1869; BGH NJW-RR 1988, 1291). Das heißt: Ob und in welcher Höhe Ausgleich geschuldet wird, ist aus einer Abwägung aller Umstände wie z. B. der Interessen der Beteiligten, einer besonderen Schadensanfälligkeit des betroffenen Objekts (BGH NJW 1999, 1029; NJW-RR 1988, 136; OLG Celle BauR 2005, 1653) und des Maßes der von den Beteiligten gesetzten Risiken (BGH NJW 1991, 2568) zu ermitteln (OLG Düsseldorf NJW-RR 1995, 1482). In die Abwägung gehören auch die Verantwortlichkeiten an der Beeinträchtigung i. S. des § 254 BGB („**Mitverschulden**"vgl. BGHZ 49, 148), d. h. das Eigenverschulden am Entstehen oder an der Verschärfung des nachbarrechtlichen Konflikts (BGH BauR 2001, 1859; zu Flugplatzlärm vgl. BGHZ 59, 378; zu Sportplatzlärm OLGR Frankfurt 2009, 47).

19 Eine Mitverantwortung des Eigentümers kann sich generell daraus ergeben, dass er Vorkehrungen zur Schadensabwehr unterlassen und so seine Beeinträchtigung mitverursacht hat, etwa angesichts der **zeitlichen Priorität einer Störquelle** (zu einer **Hammerschmiede** vgl. BGH NJW 2001, 3119). Baut z. B.

der Grundstückseigentümer einer Ackerfläche neben einer auf dem Nachbargrundstück schon vorhandenen Pappelreihe einen Tennisplatz, dann trifft ihn eine erhebliche Mitverantwortung an der durch das **Wurzelwachstum** verursachten Beeinträchtigung seines Eigentums, wenn er dem Nachbarn gegenüber vorher nicht seinen Abwehranspruch aus § 1004 BGB geltend gemacht hat (BGH VersR 1998, 106; BGHZ 59, 378). Da der Störer ohne Verschulden zum Ausgleich nach § 906 Abs. 2 S. 2 BGB verpflichtet ist, ist es zudem nicht zu rechtfertigen, auf Seiten des Beeinträchtigten nur vorwerfbares Verhalten anspruchsmindernd zu berücksichtigen. Das „Mitverschulden" ist hier also als Mitermöglichung bzw. Mitbegünstigung zu verstehen. Ist die Schädigung eines Grundstücks auszugleichen, dann ist bei der Bemessung ein etwaiger mangelhafter Zustand des Grundstücks mindernd zu berücksichtigen, wenn der Schaden ohne ihn nicht oder nicht in dem erlittenen Umfang eingetreten wäre. Wurzelwerk kippt z. B. eine 100 Jahre alte, bereits geneigte **Mauer** um (BGH NJW 1992, 2884) oder es dringt in eine **Kanalisation** ein, weil die Muffen der Rohrverbindungen nicht fachgerecht gesetzt waren (BGH MDR 1995, 146). Der Geschädigte muss sich aber bei Setzrissen aus einer Grundstücksvertiefung nicht einen Teil des Schadens anrechnen lassen, weil sein **Haus alt** ist und möglicherweise eher zu Schäden neigte, als andere Nachbarhäuser. Etwas anderes kann nur dann gelten, wenn der Geschädigte die Schadensanfälligkeit des Hauses dadurch (mit)verschuldet hat, dass er die notwendige Pflege des Hauses nicht beachtet hat (OLG Düsseldorf NJW-RR 1997, 146). Wer als Eigentümer infolge einer **Verlegung seines Schlafzimmers** zur Wand des Nachbargebäudes Lärmimmissionen durch das dortige **Squash-Halle** ausgesetzt ist, kann eine Einschränkung der Immissionen beanspruchen. Ein widersprüchliches Verhalten (**venire contra factum proprium**) kann ihm nicht entgegengehalten werden. Der Beeinträchtigte war durch die Art und Weise, in der er die ihm gehörenden Räumlichkeiten zuvor genutzt hat, nicht auf eben diese Art der Nutzung beschränkt, er konnte gem. § 903 Satz 1 BGB nach Belieben mit seiner Sache verfahren (OLGR Saarbrücken 2007, 6). Bei einem **Ernteausfall durch Saatkrähen** fehlt eine Mitverantwortlichkeit, wenn der Bauer den Acker bodengerecht nutzt (BGH NJW 1980, 770; OLG Zweibrücken NJW-RR 1986, 688).

Der Betroffene kann grundsätzlich nicht verlangen, für die Zukunft so gestellt zu werden, als hätte die Beeinträchtigung nicht stattgefunden. Der Ausgleich ist vielmehr nach Umfang und Höhe durch den Wert des entzogenen Objekts beschränkt, die hypothetische Vermögensentwicklung ist belanglos. So darf also für ein Grundstück nicht eine höhere Qualität berücksichtigt werden, die dieses Grundstück noch nicht besessen hatte und infolge des Eingriffs nicht mehr erreichen kann, denn anders als der Schadensersatz ist der Ausgleichsanspruch nicht darauf gerichtet, den Eingriff ungeschehen zu machen (BGHZ 49, 359). Ist eine gewerbliche Nutzung beeinträchtigt, geht der Anspruch auf Ausgleich des Ertragsverlustes. Ist die Beeinträchtigung dauerhaft, dann kann der Ausgleichsanspruch nicht höher sein als der Wert des Objekts, eben weil der Verkehrswert der entzogenen Substanz, nicht die hypothetische Vermögenslage beim Ausbleiben der Beeinträchtigung, für die Obergrenze des Ausgleichsanspruchs bestimmend ist (BGH MDR 2000, 1069). Der Anspruch erfasst allerdings **Folgeschäden** dann, wenn und soweit diese sich aus der Beeinträchtigung der Substanz oder der Nutzung des betroffenen Grundstücks selbst entwickeln (BGH NJW 1985, 47; LG Hamburg NJW-RR 1999, 378). Aus einem Substanzschaden kann der Betroffene die Beseitigungskosten – auch eigener Arbeitsleistungen (OLG Koblenz DWW 2001, 26) – einschließlich Planungskosten, den verbleibenden Minderwert, den entstanden Mietausfall sowie die Anwaltskosten erstattet verlangen, die durch die einwirkungsbedingte rechtliche Auseinandersetzung mit den Mietern des Betroffenen entstanden sind (BGH WM 1997, 2262; BGH WM 1999, 2168; zum Ernteausfall durch Saatkrähen, die von einer Mülldeponie angelockt wurden vgl. OLG Zweibrücken NJW-RR 1986, 688). Auch kann eine Feststellung beansprucht werden, dass zukünftige Schäden aus der Einwirkung nach den Grundsätzen der Enteignungsentschädigung auszugleichen sind (BGH WM 1997, 2262).

Ein **Abzug „neu für alt"** ist möglich (BGH NJW 1990, 3195). Der Rechtsgedanke der Verhältnismäßigkeit ist stets zu beachten, § 251 Abs. 2 BGB (BGH NJW 1993, 1580).

21 e) **Einwirkungen durch genehmigten Betrieb.** Gegen Einwirkungen von einem unanfechtbar staatlich förmlich **genehmigten Betrieb einer gefährlichen Anlage** kann ein beeinträchtigter Nachbar nur Vorkehrungen beanspruchen, die die Einwirkungen ausschließen. Sind diese nicht möglich oder wirtschaftlich nicht vertretbar, hat er nur einen verschuldensunabhängigen Schadensersatzanspruch. Die Einstellung des Betriebes kann nicht verlangt werden, § 14 BImSchG. Dieser Ersatzanspruch bemisst sich nach den §§ 249 ff. BGB, kommt aber nur in Betracht, wenn dem beeinträchtigten Nachbarn ein Abwehrrecht nach den §§ 1004, 906 BGB zustünde, er dieses Recht aber wegen der staatlichen Genehmigung der Anlage nicht ausüben kann (vgl. OLG Stuttgart VersR 1959, 746 zum früheren § 26 GewO). Soweit der Abwehranspruch aus § 1004 BGB bereits nach den Voraussetzungen des § 906 BGB ausgeschlossen ist, verbleibt es bei der Anwendung des § 906 Abs. 2, S. 2 BGB (BGHZ 69, 105). Auch von einem unmittelbar dem öffentlichen Interesse dienenden, nichthoheitlichen **gemeinwichtigen Betrieb** kann wegen seiner Einwirkungen keine Einstellung verlangt werden, sondern allenfalls eine betriebsverträgliche Einstellung einzelner Maßnahmen und/oder ein Ausgleich in Geld (BGH NJW 2000, 2901). Das gilt für den privaten Betrieb einer **Buslinie** (BGH NJW 1984, 1242), einer **Mülldeponie** (OLG Zweibrücken AgrarR 1986, 81), eines **Umspannwerkes** (BGH NJW 1970, 856), einer **Schule** (BGH NJW 1962, 2341), eines **Drogenhilfezentrum** (BGH WM 2000, 1957, aber auch NdsOVG BauR 2007, 1214) usw., nicht aber einer **Zeitungsdruckerei** (BGH LM § 903 BGB Nr. 4) oder einer **Skateranlage** (OVG Koblenz NVwZ 2000, 1190).

4. Beeinträchtigung durch Grobimmissionen

22 A. Einwirkungen durch kleine Tiere

Erfolgt die Einwirkung durch Tiere mit verhältnismäßig kleinen Körpern und geringen Größen der genannten Art (Bienen, Fliegen, Flugenten usw.), dann sind als Korrektiv die Grundsätze zum nachbarlichen Gemeinschaftsverhältnis hinzuzuziehen: Der beeinträchtigende Nachbar hat aus dem **Gebot besonderer Rücksichtnahme** alles zu tun, was ihm zur Herabsetzung der Beeinträchtigungen möglich ist. Im Übrigen ist es Sache des beeinträchtigten Nachbarn, die sich aus den örtlichen Verhältnissen natürlich ergebenden Belästigungen hinzunehmen und zum eigenen Nutzen auf mögliche Abwehr bedacht zu sein (OLG Celle ZMR 1989, 150; OLG Oldenburg VersR 1976, 644).

B. Einwirkungen durch grobe Körper   **23**
Immissionen, die aus festen Körpern nicht unerheblichen Umfangs bestehen und daher § 906 BGB nicht unterfallen, wie z. B. Hunde, Katzen, Hühner, Hauskaninchen, Geröll, Sprengbrocken oder auch verschossenes Schrotblei (BGH VersR 1980, 747) müssen nicht geduldet werden, selbst wenn sie unwesentlich oder ortsüblich sein sollten. Sie können nach den §§ 823, 862, 907, 1004 BGB abgewehrt werden und rechtfertigen deswegen auch grundsätzlich keinen Ausgleichsanspruch (sondern über § 823 BGB allenfalls einen Schadensersatzanspruch). Die **jahrelange Duldung** solcher Immissionen hat für ein Wohngrundstück keine Bedeutung, wenn das zu einer Zeit geschah, als das Grundstück noch unbebaut war. Wer ein Grundstück erwirbt, bei dem künftige Störungen solcher Art absehbar sind, gibt mit dem Erwerb allein noch nicht zu erkennen, dass er auf Abwehransprüche verzichtet (zu Fußbällen von einem Sportplatz vgl. OVG Münster DWW 1989, 207).

5. Nachbarrechtlicher Ausgleichsanspruch
Subsidiär besteht hinsichtlich aller Immissionen (OLG Hamm NJW 1988, 1031)   **24**
aus privatrechtlicher Nutzung dann ein verschuldensunabhängiger **nachbarrechtlicher Ausgleichsanspruch** entsprechend § 906 Abs. 2 S. 2 BGB, wenn der beeinträchtigte Nachbar aus besonderen Gründen rechtlich oder tatsächlich gehindert war, diese Einwirkung gemäß den §§ 862, 1004 BGB rechtzeitig zu unterbinden (so genannter **bürgerlichrechtlicher Aufopferungsanspruch**, vgl. BGH VersR 1990, 747) und Nachteile erleidet, die das zumutbare Maß einer entschädigungslos hinzunehmenden Beeinträchtigung übersteigen (BGH NJW 1990, 3195). Der Ausgleichsanspruch ist nicht auf die Folgen der Zuführung unwägbarer Stoffe, für die § 906 Abs. 2 Satz 2 BGB unmittelbar gilt, beschränkt, sondern hat auch andere Störungen, z. B. Schädigungen wegen einer **unzulässigen Vertiefung** (§ 909 BGB) zum Gegenstand. Er kann auch dem berechtigten Besitzer aus einer Störung des Besitzes zustehen (BGH NJW 2001, 1865), dessen Abwehranspruch aus § 862 Abs. 1 BGB aus tatsächlichen Gründen nicht geltend gemacht werden konnte (BGH NJW 2001, 1865, 1866; BGH Urteil vom 25.10.2013, V ZR 230/12, NJW 2014, 458) und ist analog anzuwenden, wenn bei **Wohnungseigentümern** Sondereigentum durch Einwirkungen beeinträchtigt wird, die von einem anderen Sondereigentum ausgehen (OLG Stuttgart NJW 2006, 1744; BGH Urteil vom 25.10.2013, a. a. O.). Zu **Bruchteilseigentümern** (§ 1008 BGB) s. § 28 Rn. 4. **Beispiele für Hindernisse:** Duldungspflicht aus behördlicher Genehmigung (OLG München MDR 1991, 97), Geschäftseinbußen aus genehmigter Straßensperre (OLG Bremen MDR 2013, 1218), aus Treu und Glauben (OLG Zweibrücken NJW-RR 1986, 688), aus dem nachbarlichen Gemeinschaftsverhältnis, Unkenntnis des Zuflusses eines Herbizids über das Regenwasser (BGH WM 1984, 1065), Unkenntnis der Schädlichkeit herabfallender verschossener (bleihaltiger) Schrotkugeln (BGHZ 111, 158), unverhoffte Setzrisse am Nachbargebäude aus einer Grundstücksvertiefung (BGH NJW-RR 1997, 1374; OLG Düsseldorf NJW-RR 1997, 146), eine Ausschachtung führt zur Beeinträchtigung der Standsicherheit des Nachbargebäudes (BGHZ 72, 289; BGH NJW 2001, 1865), Zeit-

mangel beim Umwehen eines Baumes (BGH DB 1993, 1515), verdriftete Ammoniakgase aus Gülle-Düngung schädigen Unterglas-Kulturen (OLG Düsseldorf NJW 1995, 1482), schwierige Durchschaubarkeit, ob der Störer öffentlichrechtlich oder privatrechtlich handelt (BGHZ 72, 289). Ein solcher Anspruch ist auch gegeben, wenn der Beeinträchtigte aus besonderen, triftigen tatsächlichen Gründen unterlassen durfte, seinen Primäranspruch geltend zu machen. Das liegt z. B. dann vor, wenn er auf ein Versprechen des Störers auf baldige Abhilfe vertrauen durfte und annehmen konnte, dass auf dem Klagewege nicht schneller Abhilfe geschaffen würde als dieses im Verwaltungsverfahren oder durch die eigenen Anstrengungen des Emittenten möglich war (BGH VersR 1995, 294).

25 Voraussetzung ist auch hier, dass im Ansatz eine an sich abwehrfähige unzulässige Einwirkung vorliegt (BGH NJW 1984, 729) und dass der Störer verantwortlich ist (vgl. zur entlastenden Auswahl von Hilfskräften § 25 Rn. 8). Liegen die Anspruchsvoraussetzungen vor, fehlt dem Störer aber wegen § 44 BNatSchG iVm § 1 BArtSchV die Möglichkeit der Beseitigung der Einwirkung, dann schuldet er keinen Ausgleich analog § 906 Abs. 2, S. 2 BGB, weil er bei einer Zubilligung eine Entschädigung für die Folgen einer gesetzlichen Regelung bezahlen müsste, die der Gesetzgeber nicht im Interesse des Störers, sondern im Allgemeininteresse zur Arterhaltung bestimmter Tiere für notwendig hält (zu Fröschen im **Gartenbiotop** vgl. BGHZ 120, 239). Der Inhalt und Umfang des Ausgleichsanspruchs bestimmt sich unter Abwägung aller Umstände nach den Grundsätzen der Enteignungsentschädigung und kann – je nach Art und Weise der Einwirkung – auf vollen Schadensersatz gehen (zum **Ernteausfall durch Saatkrähen**, die von einer Mülldeponie angelockt wurden vgl. OLG Zweibrücken NJW-RR 1986, 688). Besteht die Einwirkung in einer Substanzschädigung, so sind die Beseitigungskosten einschließlich der Planungskosten ebenso zu ersetzen wie der verbleibende Minderwert. Dasselbe gilt für die Anwaltskosten, die durch die einwirkungsbedingte rechtliche Auseinandersetzung mit den Mietern des Geschädigten entstanden sind (BGH NJW-RR 1997, 1374).

26 Die subsidiäre Natur dieses Anspruchs besagt nicht i. S. des § 839 Abs. 1, S. 2 BGB, dass der Störer nur dann in Anspruch genommen werden darf, wenn von keinem anderen Ersatz zu erlangen ist. Vielmehr heißt das lediglich, dass ein nachbarrechtlicher Ausgleichsanspruch erst in Betracht kommt, wenn der konkrete Fall durch keine andere gesetzliche Bestimmung abschließend geregelt werden kann (BGHZ 72, 289). Der nachbarrechtliche **Ausgleichsanspruch** und der verschuldensabhängige **Deliktsanspruch** sind prozessual verschiedene Ansprüche, sie stehen zueinander in einem Alternativverhältnis. Der Ausgleichsanspruch aus § 906 Abs. 2 S. 2 BGB ist gegenüber einem Schadensersatzanspruch subsidiär (BGHZ 120, 329). Der Tatrichter, der einen Anspruch aus unerlaubter Handlung verneint, hat also noch zu prüfen, ob ein verschuldensunabhängiger nachbarrechtlicher Ausgleichsanspruch besteht (BGH NJW-RR 1997, 1374; NJW 2001, 1865). Bejaht er einen Ausgleichsanspruch, verneint er damit einen Schadensersatzanspruch (BGHZ 120, 329).

6. Nachbarliches Gemeinschaftsverhältnis

27 Es kommt vor, dass all diese Regelungen in Einzelfällen nicht ausreichen, auf widerstreitende Interessen der Nachbarn auch nur annähernd ausgleichend zu wirken. Ist dann zur Vermeidung krasser Unerträglichkeit eine passendere Regelung zwingend geboten, dann ist den Nachbarn wegen ihrer besonderen Beziehung aus dem notwendigen Zusammenleben eine Pflicht zu besonderer Rücksichtnahme abzuverlangen (BGH LM § 903 BGB Nr. 1; BGH MDR 2000, 516). Die Rechtsgrundlage ist das **nachbarliche Gemeinschaftsverhältnis** als besondere Ausgestaltung des Gebots von Treu und Glauben, § 242 BGB. Es kommt nicht nur gegenüber Einwirkungen im Rahmen des § 906 BGB in Betracht, sondern bei allen Streitigkeiten aus dem Nachbarrechtsverhältnis (BGH NJW-RR 2003, 1313), z. B. auch bei Grobimmissionen (BGH NJW 1999, 3633) im Rahmen des § 909 BGB (Verstoß gegen Vertiefungen vgl. BGH NJW 2001, 1865) und bei Verletzungen von Grenzabständen (BayObLG 1979, 16). Es gilt auch dann, wenn die Nachbarn durch eine Straße getrennt sind (OLG München Urteil vom 24.4.2008 – 23 U 5389/07 – Juris) und ist auch im öffentlichen Recht eine anerkannte Rechtsfigur (BGH NJW-RR 2008, 610; vgl. z. B. BVerwGE 78, 85 sowie 91, 92; BVerwG BauR 1988, 332; BauR 1991, 597; BauR 2003, 1031), auch im öffentlichen Straßen- und Wegerecht (VGH Mannheim NVwZ 1998, 536). Nicht nur der Eigentümer, sondern auch der Besitzer oder Nutzungsberechtigte eines Grundstücks ist dieser Pflicht zu besonderer Rücksichtnahme unterworfen, wenn sie für den Eigentümer bei gleicher Nutzung gelten würde (BGH NJW-RR 2008, 610). Die Anwendung der Grundsätze zum nachbarlichen Gemeinschaftsverhältnis muss aber stets eine aus zwingenden Gründen gebotene Ausnahme bleiben (BGH NJW 1987, 2808), darf also nur in Extremfällen als Korrektiv nach Treu und Glauben zur einzelfallgerechten Bewältigung atypischer nachbarlicher Interessenkonflikte erfolgen (BGH NJW-RR 2001, 232; BGH MDR 2015, 1175), damit nicht das abgewogene gesetzliche Regelungsgefüge des Nachbarrechts durcheinander gerät und entwertet wird.

Durch das nachbarliche Gemeinschaftsverhältnis werden im Allgemeinen keine selbstständigen Ansprüche begründet (BGH NJW 1964, 1321; BGHZ 42, 374, 377; BayObLG NJW-RR 1991, 19), ihm kommt im Wesentlichen nur eine einschränkende und ausgleichende Bedeutung zu, sodass es sich zumeist als Schranke für eine Rechtsausübung auswirkt, manchmal sogar nur vorläufig in einstweiliger Regelung (Verfügung) bis zur Klärung einer Streitfrage (OLG Frankfurt ZMR 2000, 378). Treu und Glauben können den Nachbarn aber auch zu einem Handeln verpflichten, sofern ihm das billigerweise zuzumuten ist (BGHZ 28, 110). Aus einem Widerstreit nachbarlicher Vermögensinteressen kann sogar eine Pflicht zu einer **Ausgleichszahlung** entstehen, z. B. wenn ein Nachbar eine von dem anderen Grundstück ausgehende Beeinträchtigung zu dessen Vorteil erduldet und daraus noch Folgekosten hat (BGHZ 28, 110). Aus dem besonderen Rücksichtnahmegebot folgt ferner, dass eine **Verwirkung** eines Abwehrrechts erheblich früher eintritt als in Fällen außerhalb des Nachbarschaftsbereichs (bezogen auf WEG-Eigentümer vgl. KG NJW-RR 1997, 713) und dass materielle Abwehrrechte auch gegenüber einem ungenehmigten Bauvorhaben verwirkt werden können (BVerwG NJW 1998, 329).

Wo eine Einwirkung schon grundsätzlich nicht abwehrbar ist, kann auch ein Anspruch aus dem nachbarlichen Gemeinschaftsverhältnis nicht weiterhelfen (zum Samenflug von Disteln vgl. SchlHOLG SchlHA 1993, 170). Wo das Gesetz eine Interessenlage abschließend behandelt, ist eine darüber hinaus notwendige Regelung kaum geboten. Das gilt z. B. für den fahrlässigen Überbau in § 912 BGB und den Anspruch auf eine Zufahrt dorthin (hier: Garage, BGH NJW 2010, 438), ferner auch das Recht auf Mitbenutzung eines Nachbargrundstücks in § 917 BGB (**Notwegrecht**): Eine bloße Verkürzung bzw. Beschleunigung des Rettungsweges für Notfälle rechtfertigt keine Ausnahme (OLG Köln NJW-RR 1992, 213). Für den Anspruch auf Einräumung eines Notwegerechts ist entscheidend, ob die beabsichtigte Nutzung (hier: Bebauung mit zwei Einfamilienhäusern) nach allen vorliegenden objektiven Umständen, den naturgegebenen Verhältnissen, insbesondere Größe, Lage und Kulturart des Grundstücks sowie seiner Umgebung und der dort üblichen Nutzung eine nach vernünftigem Ermessen naheliegende Bewirtschaftung darstellt. Auf rein persönliche Bedürfnisse des Eigentümers oder Nutzungsberechtigten des verbindungslosen Grundstücks (hier: Wertsteigerung von Grünland zu Bauland) kommt es nicht an (OLG Schleswig MDR 2011, 974; BGH NJW-RR 2009, 515 Rz. 18). Ohne Belang ist es auch, ob der Anspruchsteller die Notlage herbeigeführt hat. Diese Frage stellt sich erst bei § 918 Abs. 1 BGB (BGH MDR 2015, 1126). Ein Grundstückseigentümer, der sein Grundstück in der Vergangenheit nicht genutzt und eine konkrete Nutzungsabsicht für die Zukunft nicht dargelegt hat, ist nicht aus dem nachbarlichen Gemeinschaftsverhältnis verpflichtet, eine Inanspruchnahme des Grundstücks durch den Nachbarn zu dulden (zur Lagerung von Betonteilen vgl. BGH MDR 2000, 516). Das nachbarliche Rücksichtnahmegebot geht schließlich auch nicht so weit, dass ein Grundstückseigentümer verpflichtet wäre, beim Bestehen verschiedener gleichwertiger **Möglichkeiten für die Nutzung** seines Grundstücks stets diejenige zu wählen, die seinen Nachbarn nicht schädigt (BGH LM § 906 BGB Nr. 11 sowie § 903 BGB Nr. 2; OLG Frankfurt NJW-RR 2000, 1542).

30 Beispiele für eine Pflicht zur besonderen Rücksichtnahme:
Bei bestehender **Grenzverwirrung** gemäß § 920 BGB ist den betroffenen Eigentümern verwehrt, den streitigen Bereich einseitig und gegen den Willen der anderen in Besitz zu nehmen. Eine gegenteilige Wertung würde zu einem Wettlauf um den Besitz an dem fraglichen Bereich führen, um im Rahmen der Auflösung der Grenzverwirrung in den Vorteil der Abgrenzung nach dem Besitzstand gemäß § 920 BGB zu gelangen. Bei erkannter Grenzverwirrung haben die Nachbarn deshalb zuzuwarten, bis die Grenze neu gezogen ist. Das gilt unabhängig davon, ob es sich um eine zivilrechtliche oder öffentlich-rechtliche Streitigkeit handelt (BGH NJW-RR 2008, 610). Wer neben einer bereits langjährig betriebenen, behördlich genehmigten **Hammerschmiede** ein hierdurch situationsbelastetes Grundstück erwirbt und mit einem Wohnhaus bebaut, nimmt die absehbaren Beeinträchtigungen sehenden Auges in Kauf und unterwirft sich dadurch einer gesteigerten Duldungspflicht. Ihm war möglich, sich auf die Situation einzustellen und von der Ansiedlung Abstand zu nehmen oder Vorkehrungen zum Schutz gegen die Geräuschimmissionen zu treffen. Er kann deshalb auch keine Reduzierung der Geräusche unter die zulässigen Immissionsrichtwerte verlangen (BGH BauR 2001, 1859). In **Dorfgebieten** ist der Schutz des Wohnens wegen der den landwirtschaftlichen Betrieben zukommenden Vorrangstellung (§ 5 Abs. 1 Satz 2 BauNVO)

eingeschränkt. Die von landwirtschaftlichen Betrieben üblicherweise ausgehenden Emissionen (Tiergeräusche, Maschinenlärm, Geruchsentwicklung) sind insoweit gebietstypisch und daher in der Regel nicht als unzulässige Störung der in der Nachbarschaft vorhandenen Wohnnutzung anzusehen (zur Erweiterung eines Rinderstalles vgl. BayVGH Urteil vom 1.4.2004 – 25 B 98.3300 – Juris. Wer als neu Hinzukommender bei einer Bebauung seines Grundstücks solche **Vorbelastungen** durch bestandsgeschützte Betriebe vorfindet sowie aus der ortsüblichen Situation Anzeichen ihrer künftigen weiteren Zunahme erkennen kann, hat all diese Belastungen hinzunehmen (zum Rindermastbetrieb vgl. BGH NJW 2001, 3054). Wer als Hinzukommender in einer bestehenden **Bungalowanlage** Eigentum erwirbt, die bewusst architektonisch terrassenförmig so angelegt ist, dass jeder Eigentümer von seinem Bungalow aus eine **weite Sicht ins Tal** hat und deren Reiz und Wert weitgehend von der Sicht ins Tal bestimmt wird, sodass sich die Eigentümer einander verpflichtet haben, die Dächer um der Sicht willen von Dachantennen freizuhalten, darf der Konzeption der Anlage und dem ästhetischen Interesse seiner Nachbarn nicht rücksichtslos dadurch „ins Gesicht schlagen", dass er auf seinem Dach eine Antennenanlage installiert (OLG Frankfurt NJW-RR 1989, 464).

Die Regelung, dass **negative Einwirkungen** auf ein Grundstück nicht abgewehrt werden können, muss mitunter Korrekturen erfahren: Eigentümer einer **Reihenhausanlage** können auf Grund ihrer besonderen gegenseitigen Rücksichtnahmepflicht im Allgemeinen davon ausgehen, dass bauliche Anlagen außerhalb der überbaubaren Grundstücksfläche nur unter Beachtung der besonderen Schutzwürdigkeit berechtigter Nachbarinteressen errichtet werden dürfen. Sie können deshalb Anlagen mit unangemessen einengender Wirkung und nachhaltiger Beeinträchtigung des allgemeinen Lichteinfalls auf ihrem Terrassenbereich abwehren (zu einer Brüstungsmauer nebst Pergola von 3,60 m Gesamthöhe am Terrassenende vgl. VGH Mannheim BauR 1998, 517). Wenn ein **Baum** das Grundstück des Nachbarn während des überwiegenden Teils des Tages vollständig abschattet, ist er zu lichten, zu kürzen oder zu fällen (OLG Hamm MDR 1999, 930). Eine unzumutbare Beeinträchtigung der Bewohnbarkeit der Räume eines Hauses liegt dann vor, wenn die Wohnräume für die jeweils gemeinhin in ihnen praktizierten Tätigkeiten – wie zum Beispiel Lesen, Nähen und Spielen – wegen des Ausmaßes des Schattenwurfs eines Baumes ohne Zuschaltung künstlichen Lichts ungeeignet sind (VG Düsseldorf Urteil vom 30.7.2008 – 11 K 3691/07 – Juris). Ungewöhnlich schwer und nicht mehr hinnehmbar beeinträchtigt auch ein hoher Baum, wenn er die Gartenfläche des Nachbarn ganzjährig und vollflächig verschattet. Allerdings haben auch andere Umstände in die Wertung mit einzufließen, wie etwa, ob der Baum eine Luftverbesserung bewirkt, einen Rückzugsort für Tiere darstellt, zur Begrünung des Wohnviertels beiträgt, und über die gesetzlichen Abstandsgrenzen hinaus entfernt von der gemeinsamen Grenze steht (BGH MDR 2015, 1175). Beeinträchtigen ansonsten **Kiefern** den Lichteinfall und die Windzirkulation auf dem Grundstück des Nachbarn und führt der Nadel- und Zapfenfall zu zusätzlichen Reinigungsarbeiten an dem Wohnhaus und dem Garten des Nachbarn, muss er zudem seinen **Gartenteich** verschließen, so reicht das nicht aus, um eine Verpflichtung seines Nachbarn zum Zurückschneiden der Bäume unter dem Gesichtspunkt des nachbarlichen Gemeinschaftsverhältnisses anzunehmen (BGH NJW 2004, 1037).

32 Eine **Windkraftanlage**, deren Rotoren mit 10 m Durchmesser und mehr einen schnellen Licht- und Schattenwechsel auf dem Nachbargrundstück erzeugen, muss nicht geduldet werden (OVG Münster BauR 1993, 210; OVG Münster BRS 40 Nr. 66). Ein Grundstücksnachbar darf dem anderen durch Windkraftanlagen nicht derart Windenergie entziehen, dass der sie auf seinem Grundstück nicht wirtschaftlich nutzen kann (OLG Frankfurt a. M. ZMR 2000, 378). Ist eine beabsichtigte Benutzung eines Grundstücks (beispielsweise ein Bau hart an der Grenze) mit ungewöhnlich schweren Nachteilen für den Nachbarn verbunden (umfangreiche, folgenschwere Verbauung von Fenstern), kann der Grundstückseigentümer gehalten sein, von der schädigenden Benutzung abzusehen, wenn eine andere Art der Benutzung (Bau mit Abstand, aber größerer Tiefe) den angestrebten Zweck ohne oder ohne für den Grundstückseigentümer ins Gewicht fallende Mehrbelastung auch erreicht, aber jene Nachteile vermeidet (BGH LM § 903 BGB Nr. 2). Wenn ein Eigentümer aus wirtschaftlich vernünftigen Gründen darauf angewiesen ist, sein Grundstück zu vertiefen (§ 909 BGB) und ihm die Schonung des Nachbargrundstücks durch Aufgabe seiner Baupläne nicht zumutbar ist, muss sein Nachbar die **Vertiefung** dulden (BGH NJW 1965, 2090; BGH NJW 1987, 2808). Der Anlieger einer **Straße** hat verkehrsbedingte fontäneartige Niederschlagsspritzer auf sein Grundstück in zumutbarem Umfang zu dulden (VGH Mannheim NVwZ 1998, 536). Wer ein Grundstück offensichtlich nur erworben hat, um – negativen – Einfluss auf den (**Flug-**) **Betrieb** des Nachbarn zu gewinnen, verfolgt noch keinen von der Rechtsordnung generell missbilligten Zweck und muss sich nicht beschränken (OLG München Urteil vom 24.4.2008 – 23 U 5389/07 – Juris).

33 Wer gegen eine aus dem Gemeinschaftsverhältnis geschuldete Unterlassung schuldhaft verstößt, kann seinem Nachbarn zum Schadensersatz aus § 823 Abs. 1 BGB verpflichtet sein (BGHZ 113, 384; BGH NJW 1991, 1671). Unabhängig davon besteht zudem ein verschuldensunabhängiger Anspruch auf **angemessenen Ausgleich** aus § 242 BGB, wenn der beeinträchtigte Nachbar aus besonderen Gründen gehindert ist, seinen Anspruch auf eingeschränkte Unterlassung eines Vorhabens rechtzeitig geltend zu machen, und durch dessen Einwirkungen Nachteile erleidet, die das zumutbare Maß einer entschädigungslos hinzunehmenden Beeinträchtigung übersteigen (BGH NJW 1991, 1671). Der Anspruch beruht auf unterlassener Rücksichtnahme und ist nicht mit dem auf unzulässiger Einwirkung beruhenden Ausgleichsanspruch analog § 906 Abs. 2 BGB zu verwechseln (vgl. zu Letzterem Rn. 24). Im Rahmen des nachbarlichen Gemeinschaftsverhältnisses ist § 278 BGB (Haftung für Erfüllungsgehilfen) nicht anwendbar, es kommt nur eine Haftung aus § 831 BGB (Haftung für Verrichtungsgehilfen) in Betracht. Das bloße nachbarliche Nebeneinander von Grundstücken verschiedener Eigentümer reicht für sich allein nicht aus, um zwischen beiden Nachbarn schuldrechtliche Beziehungen zu begründen (BGHZ 42, 374; BayObLG NJW-RR 1991, 19).

7. Einwirkung aus hoheitlichem Handeln

34 Eine beeinträchtigende Einwirkung durch einen **Hoheitsträger** muss der Nachbar im Umfang des § 906 BGB entschädigungslos hinnehmen. Er hat gegenüber einer Einwirkung aus hoheitlichem Handeln oder Unterlassen nicht mehr Nachbarrechte als wenn das Verhalten privatrechtlich erfolgt wäre (BGHZ 64, 220; BGH

NJW 1980, 770). Seine durch Art. 14 GG geschützte Rechtsposition wird nämlich auch durch die Vorschriften des Nachbarrechts, die zu den Inhalts- und Schrankenbestimmungen des Eigentums (Art. 14 Abs. 1 S. 2 GG) gehören, ausgestaltet (BGH NJW 1980, 770). Die §§ 22 Abs. 1 BImSchG, 15 Abs. 1 BauNVO und 906 Abs. 1 BGB bieten also z. B. keine Handhabe, **Geräuschimmissionen** unterhalb der Schwelle der Erheblichkeit abzuwehren, selbst wenn die Geräusche technisch gemindert oder durch die Wahl eines anderen Standortes gänzlich vermieden werden können (BVerwG NVwZ 1996, 1001). Überschreitet eine Einwirkung als unmittelbarer Eingriff in das nachbarliche Eigentum allerdings die Grenzen dessen, was der Nachbar nach § 906 BGB entschädigungslos hinzunehmen hat, und wird ihm dadurch ein besonderes, anderen nicht zugemutetes Opfer für die Allgemeinheit abverlangt, dann hat der Betroffene einen öffentlichrechtlichen Anspruch auf **Enteignungsentschädigung** (BGHZ 48, 98; BGHZ 64, 220; BGHZ 97, 114; BGHZ 97, 361). Der Anspruch ist grundsätzlich vor den Zivilgerichten zu verfolgen (SchlHVG SchlHA 1998, 318).

A. Einwirkung aus dem Straßenbau 35
Bei Immissionen aus einem **öffentlichen Straßenbau** (Staub, Erschütterungen usw., derartiges ist wegen der Sozialbindung des Eigentums im Gesamtbild eine ortsübliche Benutzung, BGH MDR 1979, 208; BGHZ 72, 289), stellt sich regelmäßig zuallererst die Frage, in welcher Rechtsform die öffentliche Hand (als Träger der Straßenbaulast, § 13 StrWG) tätig geworden ist. Hat sie sich im Bereich einer schlichten Hoheitsverwaltung (Daseinsvorsorge) zur Erfüllung der öffentlichen Aufgabe privater Mittel bedient und insoweit die Durchführung ihrer öffentlichen Aufgaben auf die Ebene des Privatrechts verlegt, dann richtet sich das Abwehrrecht des Nachbarn nach den §§ 1004, 906 BGB; ist ein Immissionsschaden bereits eingetreten, kommt ein nachbarrechtlicher Ausgleichsanspruch entsprechend § 906 Abs. 2, S. 2 BGB in Betracht (vgl. Rn. 24). Wird der Straßenbau hingegen hoheitlich durchgeführt, also öffentlichrechtlich organisiert, kann der Nachbar aufgrund von Immissionen nur eine Entschädigung aus enteignendem oder enteignungsgleichem Eingriff beanspruchen, sofern – auch hier – die Immissionen nach Art und Ausmaß über die Grenzen dessen hinausgehen, was dem Nachbarn gemäß § 906 BGB entschädigungslos zugemutet wird (BGHZ 48, 98). Beide Ansprüche (privatrechtlich/öffentlichrechtlich) stehen nicht in Anspruchskonkurrenz, im konkreten Fall kann nur der eine oder der andere gegeben sein (BGHZ 72, 289). Eine Klage auf Enteignungsentschädigung muss als öffentlichrechtlicher Anspruch vor dem Verwaltungsgericht erhoben werden (BGHZ a. a. O.). Auf enteignungsrechtlicher Grundlage können mehrere Entschädigungspflichtige als Gesamtschuldner (§ 421 BGB) in Anspruch genommen werden, sofern nicht trennbare Sonderbegünstigungen einzelner vorliegen (BGHZ 27, 289).

B. Einwirkung von Anlagen 36
Immissionen von **Anlagen eines Hoheitsträgers** (z. B. Feuerwehrsirene) werden auf dem Verwaltungsrechtsweg mit einer Unterlassungsklage abgewehrt. Drohen Gesundheitsschäden oder eine schwere und unerträgliche Betroffenheit des Eigentums, dann ist der Anspruch auf Art. 2 Abs. 2 GG bzw. Art. 14 GG zu stützen. Liegt der Beeinträchtigungsgrund tiefer als bei diesen beiden Extremen, bil-

den die §§ 1004, 906 BGB analog in Verbindung mit den §§ 22, 3 BImSchG die Anspruchsgrundlage, weil hoheitliche Immissionen grundsätzlich nach den allgemein geltenden Maßstäben zu beurteilen sind. Dabei haben § 906 BGB und §§ 22 Abs. 1, 3 BImSchG den gleichen Maßstab, die Begriffe Wesentlichkeit und Erheblichkeit sind gleichgelagert auszulegen. Allerdings sind bei der Beurteilung der Erheblichkeit und damit der Zumutbarkeit von z. B. Geräuschimmissionen die gesetzgeberische Zielsetzung mit einer eventuell bereits immanenten Güterabwägung zwischen Allgemein- und Individualinteresse, Herkömmlichkeit, sozialer Adäquanz und allgemeiner Akzeptanz mitzuberücksichtigen. So ist etwa in einer gesetzlichen Auflage an die Gemeinden, Feueralarmanlagen zu installieren, bereits bedacht, dass dadurch Menschen gestört werden, denen der Alarm nicht gilt. In solchem Fall kann allenfalls ein anderer, minder schwer beeinträchtigender Standort der **Sirene** verlangt werden. Dabei sind auch die finanziellen Möglichkeiten des Hoheitsträgers zu berücksichtigen. So kann der Betreiber einer solchen Anlage wegen finanzieller Unzumutbarkeit nicht auf die technisch mögliche, aber sehr kostenintensive Art der „stillen Alarmierung" durch Funk verwiesen werden. In Betracht kommt auch ein Ausgleichsanspruch in Geld analog § 906 Abs. 2, S. 2 BGB und dem Rechtsgedanken aus § 141 Abs. 2 LVwG (vgl. zu allem BVerwG NJW 1988, 2396).

37 Einwirkungen mit unmittelbarer Auswirkung auf ein Rechtsgut des Nachbarn, die das Maß dessen überschreiten, was nachbarrechtlich hinzunehmen ist, kann der Nachbar nicht verbieten, wenn sie von einem dem öffentlichen Interesse dienenden **gemeinwichtigen Betrieb** herrühren und nur durch eine Stilllegung des Betriebes unterbunden werden können (zur Mülldeponie vgl. BGH NJW 1980, 770). Er kann auch Arbeiten nicht verbieten, die einer im Allgemeinen Interesse liegenden öffentlichen Aufgabe dienen (z. B. einen Autobahnbau zur Vermeidung von Staubentwicklung, vgl. BGHZ 48, 98). Wird ihm hierdurch ein besonderes, anderen nicht zugemutetes Opfer für die Allgemeinheit abverlangt, dann hat er einen Anspruch auf Enteignungsentschädigung nach Art. 14 GG. Der Anspruch ist vor einem Zivilgericht geltend zu machen.

8. Mehrheit von Störern

38 **Mehrere Störer** haften auf den – in angemessenem Umfang geschuldeten – Ausgleich grundsätzlich nicht als Gesamtschuldner, sondern jeweils nur nach Maßgabe der von jedem verursachten Beeinträchtigung (BGHZ 72, 289). Ist ein bestimmter Teil einer Beeinträchtigung jedoch nur durch das Zusammenwirken von Einwirkungen verschiedener Störer eingetreten, kann also keine der beiden Ursachenreihen weggedacht werden, ohne dass dann dieser Schaden entfiele, haften sie insoweit als Gesamtschuldner (BGH NJW 1976, 797; BGHZ 72, 289). Sind die Störer nebeneinander für ein und dieselbe Einwirkung verantwortlich (z. B. Bauherr und Architekt), haften sie in entsprechender Anwendung des § 840 BGB auch für nachbarrechtliche Ausgleichsansprüche als Gesamtschuldner (BGHZ 85, 375). Für die Inanspruchnahme gibt es keine Rangordnung (vgl. auch R. 2). Konnte jeder von mehreren Beiträgen für sich allein die Beeinträchtigung bewirken, kann eine gleichmäßige Lastenteilung zu rechtfertigen sein. Das Gericht entscheidet gemäß § 287 ZPO unter Würdigung aller Umstände nach freier Überzeugung darüber, inwieweit der Schaden durch

Emissionen des einen oder des anderen Nachbarn oder im Zusammenwirken beider verursacht worden ist (BGH NJW 1976, 797). Ein **Bauunternehmer**, der ein Bauvorhaben lediglich ausführt, kann nicht aus § 906 Abs. 2, S. 2 BGB in Anspruch genommen werden. Denn nicht der Umstand, dass ein Bauunternehmer tätig wird, zwingt den Nachbarn zum Nachgeben, sondern lediglich der ortsübliche Charakter der vom Bauherrn in ureigenem Interesse durchgeführten Bebauung (BGH NJW 1966, 42).

9. Beweislast

Die **Beweislast** trägt der Beeinträchtigte für die Unterlassungsvoraussetzungen, also für die Immission, die Beeinträchtigung, deren Wesentlichkeit und die Kausalität zwischen diesen (BGHZ 66, 70; BGHZ 70, 102; OLG Oldenburg NJW-RR 1991, 653), der Einwirkende trägt die Beweislast für die Duldungsvoraussetzungen: dass die Beeinträchtigung unwesentlich ist (BGHZ 120, 239) bzw. dass er sein Grundstück ortsüblich nutzt (BGH LM § 906 BGB Nr. 38) und sich die Emission im Rahmen der ortsüblichen Nutzung hält (BGHZ 92, 143) und dass die Einwirkung nicht durch zumutbare Maßnahmen verhindert werden kann (BGHZ a. a. O.; BGH WM 90, 1074) bzw. dass er alle ihm wirtschaftlich zumutbaren Vorkehrungen getroffen hat, um eine Schädigung zu verhindern (OLG Rostock NJW 2006, 3650). Für den **Ausgleichsanspruch** nach § 906 Abs. 2 S. 2 BGB trägt der Beeinträchtigte die Beweislast, also dafür, dass er sein Grundstück ortsüblich nutzt und die Nutzung oder der Ertrag unzumutbar beeinträchtigt wird (BGH NJW 1978, 373) sowie für die Höhe des geforderten Ausgleichs.

Die **Richtlinienwerte technischer Regelwerke** liefern nicht ohne weiteres den vollen Beweis für die Qualität einer Störung. Eine schematische Anwendung der in der TA Lärm oder der VDI-Richtlinie 2058 enthaltenen Werte ist unzulässig. Sie können nur ein wichtiges (BGH VersR 1995, 178) Hilfsmittel sein, an das man sich anlehnen kann. Eine Überschreitung der Richtwerte indiziert zwar eine wesentliche Beeinträchtigung nach § 906 Abs. 1 BGB, gleichwohl ist den besonderen Umständen des Einzelfalles Rechnung zu tragen (SchlHOLG MDR 1999, 738). Bei Nichtüberschreitung liegt aber nur im Regelfall eine unwesentliche Beeinträchtigung vor, § 906 Abs. 1, Satz 2 und 3 BGB. Zusätzlich ist zu berücksichtigen, ob die Immission ortsüblich oder umfeldatypisch ist, zu welcher Tageszeit, in welcher Ortslage und in welcher Art und Dauer sowie aus welchen Gründen und Erfordernissen sie erfolgt und wie viele Personen sie betrifft (BGH MDR 1993, 541; VG Münster NVwZ 1993, 297; OLG Frankfurt OLGZ 1992, 84, OVG Münster NVwZ 1993, 1003). So ist z. B. die Grundstücksnutzung in Bereichen, in denen Gebiete unterschiedlicher Qualität und Schutzwürdigkeit zusammentreffen, mit einer spezifischen gegenseitigen Pflicht zur Rücksichtnahme belastet, die unter anderem dazu führen kann, dass der Belästigte Nachteile hinnehmen muss, die er außerhalb eines solchen Grenzbereichs nicht hinnehmen müsste (vgl. § 42 Rn. 8).

10. Verjährung

Der Unterlassungsanspruch sowie der Ausgleichsanspruch verjähren in der Frist von 3 Jahren, § 195 BGB (zum Fristenablauf, § 199 BGB, vgl. § 42 Rn. 33). Wird ein Abwehranspruch aus einem Besitzrecht aus § 862 BGB geltend gemacht, ist die Ausschlussfrist von einem Jahr nach Verübung der Störung zu beachten, § 864 Abs. 1 BGB. Bei langjährig andauernden **wiederholten gleichartigen Störungen** beginnt der Fristablauf erst mit Vollendung der letzten Störhandlung, bei lärmenden Betrieben erst mit der Einstellung des Betriebes (BGH VersR 1995, 178). Gegen eine Immissionsstörung kann zwar nicht mit einem eigenen Störverhalten „aufgerechnet" werden (LG Lübeck 10 O 41/92; zur Leistungsverweigerung wegen widersprüchlichen Verhaltens des Nachbarn vgl. aber § 43 Rn. 6).

II. Prozessrechtliche Handhabung

1. Der Sachantrag

41 Im Erkenntnisverfahren reicht – abweichend von § 253 Abs. 2 Nr. 2 ZPO, der einen bestimmten Antrag vorschreibt – regelmäßig ein **Antrag** aus, der sich auf die Herstellung eines genau bestimmten Erfolgs beschränkt, z. B. eine genau bezeichnete Eigentumsstörung zu beseitigen bzw. fernzuhalten oder gegen eine genau bezeichnete Gefahr Vorkehrungen zu treffen (RGZ 60, 120; BGH MDR 1993, 541). Es ist nämlich vielfach unmöglich, mit Worten das Maß unzulässiger Einwirkungen so zu bestimmen, dass der Beeinträchtigte hinreichend geschützt wird und nicht schon eine geringfügige Änderung der Einwirkung trotz einer fortdauernden, nicht zu duldenden Belästigung das Verbot hinfällig macht (OLG Stuttgart Urteil vom 9.2.2009 – 10 U 146/08 – Juris). So reicht als Antrag und auch als **Urteilstenor**, dass dem Schuldner verboten wird, „das Grundstück des Klägers durch vom Schweinemastbetrieb ausgehende Gerüche wesentlich zu beeinträchtigen" (BGH NJW 1999, 356), oder dass der Schuldner eine bestimmte Rauchbeeinträchtigung „durch geeignete Maßnahmen" zu unterbinden hat (BGH NJW 1977, 146; OLG Oldenburg NJW-RR 1991, 653) oder als öffentlichrechtlicher Betreiber eines Grillplatzes „dafür Sorge zu tragen hat, dass die Grillplatzordnung des Grillplatzes ... eingehalten wird" (VGH Mannheim NVwZ 1994, 920) oder als Hundehalter zu verhindern hat, dass der **Hund** vom Grundstück aus Personen, Fahrzeuge oder andere Verkehrsteilnehmer anbellt (LG Darmstadt DWW 1993, 19). Wo die tierischen Lautäußerungen nicht gehört werden dürfen, muss zwar auch dargelegt sein, die Bezugnahme auf einzelne Grundstücksteile ist aber nicht erforderlich, weil das gesamte Grundstück immissionsgeschützt ist (OLG Köln MDR 1993, 867).

42 Ferner ist ein Urteilsspruch hinreichend bestimmt, wenn der Beklagte verurteilt wird, seine Hunde so zu halten, dass Hundegebell, Winseln oder Jaulen auf dem Nachbargrundstück nur außerhalb der Zeitspannen von 13 bis 15 sowie 22 bis 6 Uhr, und zwar nicht länger als 10 Minuten ununterbrochen und insgesamt 30 Minuten täglich, zu hören ist (OLG Köln a. a. O.; zur Titelvollstreckung vgl. OLG München MDR 1990, 442). Laut OLG Düsseldorf NJW-RR 1995, 542 soll sogar als Antrag und Tenor reichen, dass der Hundehalter solche Geräuschimmissionen unterbinde, die das Nachbargrundstück **mehr als unwesentlich** beeinträchtigen. Ein Antrag es zu unterlassen, die Klägerin (Nachbarin) an der ungehinderten Ausübung des Besitzes an und auf ihrem Grundstück zu stören, ist jedenfalls nicht genügend bestimmt (vgl. OLG Düsseldorf NJW 1986, 2512). Es ist Sache des Schuldners zu entscheiden, wie er seine Pflicht erfüllt (OLGR Brandenburg 2008, 330; OLG Zweibrücken MDR 1983, 500; OLG Düsseldorf, a. a. O.). Kein Wahlrecht hat der Schuldner aber, wenn eine verletzte Schutznorm ein **spezielles Verhaltensgebot** vorschreibt, wenn er z. B. gegen eine bestandskräftige Auflage zum Schutz gegen Lärm in einer Baugenehmigung verstößt (zum Schließen der Fenster einer **Ballettschule** während der Übungsstunden vgl. BGH NJW 1993, 1580) oder wenn sich die vom Zustand einer Sache drohende Beeinträchtigung nur durch ein aktives Eingreifen vermeiden lässt (SaarOLG MDR 2000, 152), also nur die gebotene Maßnahme in der Lage ist die drohende Beeinträchtigung zu verhindern. Ein Wahlrecht hat er schließlich auch nicht, wenn weitere Maßnahmen zwar möglich sind, vernünftigerweise aber nicht ernsthaft in Betracht gezogen werden können. Hier fehlt das schutzwürdige Interesse des Störers, zwischen verschiedenen Abhilfemaßnahmen wählen zu können. Das Beharren auf einer solchen nur formalen Position lässt die Rechtsordnung nicht zu (BGH NJW 2004, 1035 zu einer 17,5 m hohen Rotfichte an der Grenze).

Eine zivilrechtliche Verurteilung zu Schutzvorkehrungen ist nicht dadurch gehindert, dass **Schutzvorkehrungen genehmigungsbedürftig** sind. Ein Abwehranspruch wäre allenfalls dann nicht gegeben, eine Verurteilung käme also nicht in Betracht, wenn als Vorkehrung nur eine genehmigungsbedürftige Maßnahme in Frage käme und feststünde, dass die Genehmigung nicht erteilt werden kann (Unmöglichkeit). Im Übrigen kann ein Störer notfalls auch zu Vorkehrungen unter dem Vorbehalt ihrer Genehmigung verurteilt werden (BGH VersR 1995, 294; vgl. auch Vorbemerkungen zu §§ 37–41 Rn. 1, § 39 Rn. 47).

2. Die Vollstreckung

Maßnahmen zur Beseitigung oder Verhinderung von Immissionen sind in der Regel **vertretbare Handlungen** und deshalb nach § 887 ZPO zu **vollstrecken** (OLG Zweibrücken MDR 1974, 409; OLG Hamm MDR 1983, 850 und NJW 1985, 274; str.). Nach welcher Vorschrift ein Gläubiger die Vollstreckung zu betreiben hat, nach den § 887 ZPO (Ersatzvornahme einer Handlung), § 888 ZPO (Erzwingung einer Handlung durch Zwangsgeld oder Haft) oder nach § 890 ZPO (Erzwingung einer Unterlassung oder Duldung durch Ordnungsgeld oder Haft), bestimmt sich nur vom Ansatz her nach der positiven oder negativen Formulierung im Urteilsausspruch. Entscheidend ist letztlich, ob – in verständiger Auslegung des Urteils – in der Sache ein Gebot zum Unterlassen oder ein Gebot zum Handeln ausgesprochen worden ist (OLG Zweibrücken NJW-RR 2001, 163). Im Vollstreckungsverfahren sind die zur Herbeiführung des geschuldeten Erfolgs verlangten Maßnahmen im Antrag des Gläubigers genau zu bezeichnen (RGZ 60, 120; OLG Zweibrücken MDR 1974, 409; str. a. A. z. B. OLG Hamm MDR 1984, 591: einzelne Arbeitsschritte brauchen nicht bezeichnet zu sein). Der Schuldner kann dem Ermächtigungsbegehren aus § 887 ZPO nicht mit der bloßen Erklärung entgegentreten, nun sei er **erfüllungsbereit**, wenn er schon längst hätte erfüllen können (OLG Düsseldorf MDR 1982, 61/62; OLG Frankfurt NJW-RR 1989, 59). Zu berücksichtigen sind jedoch die Schuldnereinwendungen, die Ersatzvornahme sei zur Erfüllung des geschuldeten Erfolgs nutzlos (OLG Schleswig SchlHA 1968, 73), eine andere – von ihm genau bezeichnete und erfüllungsgeeignete – Ersatzvornahme sei besser als die beantragte (OLG Zweibrücken MDR 1974, 409) oder er habe die geschuldete Handlung bereits ordnungsgemäß vorgenommen. Zum **Erfüllungseinwand** ist streitig, ob dieser im Rahmen des § 887 ZPO auch dann beachtlich ist, wenn er streitig ist, das Gericht also Beweis erheben müsste (bejaht von BGH NJW 2005, 367 mit Überblick über den Meinungsstand). So muss über die Wesentlichkeit von Lärmbelästigungen gegebenenfalls im Vollstreckungsverfahren erneut entschieden werden, wobei die Gründe des Unterlassungsurteils Anhaltspunkte für den vom Prozessgericht gesetzten Maßstab enthalten (BGH NJW 1993, 1656).

45 Das Gericht entscheidet durch einen Beschluss, der die ermächtigte Maßnahme genau erkennen lassen muss (OLG Zweibrücken MDR 1974, 409). Dem Schuldner können begleitende Maßnahmen aufgegeben werden, wie etwa das Betreten seines Grundstücks bzw. seiner Räume zur Vornahme der erforderlichen Handlungen zu dulden (OLG Hamm NJW 1985, 274). Dritte kann das Gericht in dieser Weise nicht unmittelbar verpflichten, sodass sich der Gläubiger eine evtl. erforderliche behördliche Genehmigung selbst beschaffen muss. Der Schuldner hat die Vornahme der Handlung zu dulden (KG JW 1924, 2038), Widerstand kann der Gläubiger mit Hilfe eines Gerichtsvollziehers (§ 892 ZPO) oder durch Ordnungsgeld/-haft, § 890 ZPO, überwinden. Der Ermächtigungsbeschluss nimmt dem Schuldner weder die Pflicht noch das Recht, selbst zu erfüllen (BGH NJW 1995, 3189), noch die Wahlmöglichkeit, wie er erfüllt (OLG Zweibrücken MDR 1974, 409; OLG Düsseldorf MDR 1982, 61/62; OLG Zweibrücken MDR 1983, 500), es sei denn, dass der Gläubiger aus besonderen Umständen ein berechtigtes Interesse daran hat, den Ermächtigungsbeschluss auszuführen (RGZ 104, 15). Lässt sich der geschuldete Erfolg mit der vom Gläubiger gewählten Handlung wider Erwarten nicht erreichen, kann er beim Gericht eine Ermächtigung zu einer anderen Vornahmehandlung beantragen (BGH NJW 1995, 3189).

III. Katalog ausgewählter Immissionen

46 Bei etlichen beeinträchtigenden Auswirkungen nützt eine Einfriedigung in aller Regel nichts.
Alarmanlage: Häufige Störungen sind nicht hinzunehmen (zu 4 nächtlichen Alarmen in 5 Tagen vgl. SchlHOLG ZMR 1980, 146).
Ausschütteln: Fliegen durch Ausschütteln von Teppichen, Matten und ähnlichen Textilien im Freien Staubflusen in den Wohnbereich eines Nachbarn, dann hat dieser das als unwesentliche Immission hinzunehmen (AG Kassel WuM 1994, 610).
Bienen: Bienenflug muss im Rahmen des Üblichen geduldet werden. Darüber hinaus ist der Nachbar nicht auch verpflichtet, Maßnahmen zu unterlassen, die sich nachteilig auf die Bienen auswirken können. Gegen gesetzliche Bestimmungen zum Schutz der Bienen darf er aber nicht verstoßen, sonst setzt er sich einem Ersatzanspruch des Imkers nach § 823 Abs. 2 BGB aus (BGHZ 18, 366). Es besteht kein Unterlassungsanspruch gegen eine Bienenhaltung, wenn Stau-

denkulturen durch Bienenbestäubung rascher verblühen, solche Kulturen aber nicht ortsüblich sind (BGH NJW 1992, 1389). Aus dem nachbarlichen Gemeinschaftsverhältnis (§ 29 Rn. 27) kann eine Bienenhaltung untersagt werden, wenn der Nachbar an einer bedrohlichen **Bienenallergie** leidet (OLG Bamberg NJW-RR 1992, 406). Dem Halter mehrerer Bienenvölker ist eine Verminderung der Anzahl der Völker nicht zuzumuten, wenn dadurch keine wesentliche Verminderung der Beeinträchtigungen zu erwarten ist (OLG Celle AgrarR 1990, 198). Zu Bienenvölkern in einem dicht besiedelten Wohngebiet vgl. § 42 Rn. 5.

Blendwirkung: Blendungen beeinträchtigen i. S. v. § 1004 BGB (OLG Karlsruhe MDR 2014, 711). Ob Lichtimmissionen gleichwohl zumutbar sind, richtet sich nicht allein nach der Art, Stärke und Dauer der Lichteinwirkung und die gegebenenfalls hervorgerufene Blendwirkung, sondern auch nach dem Grad der Schutzwürdigkeit und Schutzbedürftigkeit der betroffenen Innen- und Außenwohnbereiche des Nachbarn (z. B. Wohnraum, Terrasse), wobei die Gebietsart sowie wertende Elemente wie Herkömmlichkeit, soziale Adäquanz und allgemeine Akzeptanz einzubeziehen sind. (OLG Stuttgart Urteil vom 2.9.2009 – 10 U 146/08 – Juris). Das Maß der Schutzbedürftigkeit kann im Einzelfall auch davon abhängen, ob der beeinträchtigte Nachbar ohne größeren Aufwand im Rahmen des Ortsüblichen und Sozialadäquaten zumutbare Abschirmmaßnahmen ergreifen kann. So sind grundsätzlich Lichtreflexionen von **Glasscheiben eines Wintergartens** nicht abwehrfähig, wenn sich der Nachbar durch Jalousien oder Bepflanzungen ausreichend davor schützen kann (vgl. BVerwG BauR 1999, 1279), Gleiches gilt für Blendwirkungen von **reflektierenden Dachziegeln** (vgl. BWVGH NVwZ-RR 2008, 162). Er muss nicht einmal sein Wohnzimmer – sei es auch nur teilweise – durch Jalousien abdunkeln, weil darunter die Bewohnbarkeit leidet (OLG Stuttgart a. a. O.; zum baurechtswidrig errichteten Fenster vgl. aber BVerwG NJW 1993, 342; auch Rn. 12; zur gebietsübergreifenden Lichtimmission vgl. § 42 Rn. 8). Ob dem mit der Blendwirkung **Störenden** eine Beseitigungsmaßnahme zumutbar ist, ist unter Berücksichtigung des nachbarlichen Verhältnisses, der Vor- und Nachteile der technischen Möglichkeiten und der Leistungsfähigkeit eines durchschnittlichen Benutzers des emittierenden Grundstücks festzustellen (OLG Stuttgart a. a. O.). Nicht abwehrfähig sind ferner die **Blendwirkung eines Gebäudeanstrichs** durch Sonnenreflexion, weil sie durch Naturkräfte herbeigeführt ist (OLG Düsseldorf MDR 1991, 57), und im Grundsatz auch die indirekte Beleuchtung durch einen **Strahler**, mit dem der Nachbar eigene Grundstücksteile bestrahlt (Horst DWW 1997, 361, 370). Grelle Lichtreflexe infolge von Veranstaltungen auf dem Nachbargrundstück müssen nicht zu geduldet werden (RGZ 76, 130), auch Lichtreflexe von 3 Werbefahnen nicht, die von 35 m Entfernung und 10 m hohen Masten aus in das Wohn- und Schlafzimmer spiegeln (LG Düsseldorf NJW 1979, 2618). Wesentliche Blendungen durch eine Photovoltaikanlage auf dem Dach eines Wohnhauses muss der Nachbar nicht dulden (§ 906 Abs. 1 BGB). Für eine ortsübliche Benutzung i. S. v. § 906 Abs. 2 BGB reicht es nicht, dass in dem Wohngebiet Solarpaneele auf Hausdächern üblich sind. Es müssen auch die Blendwirkungen nach Art und Intensität für die Nachbarn vergleichbar und üblich sein (OLG Karlsruhe MDR 2014, 711).

48 Container: In Wohngebieten sind Wertstoffsammelcontainer (Altglas, Altpapier und sonstige Wertstoffe) und die mit ihrer Nutzung und Entleerung typischerweise verbundenen Geräusche während der zugelassenen Benutzungszeiten grundsätzlich als herkömmlich, sozialadäquat und zumutbar hinzunehmen (VG Osnabrück NVwZ 2003, 1010; VG Köln NVwZ 1993, 401). Es ist nicht zu beanstanden, wenn die Gemeinde bei der Festlegung von Standorten für solche Container im Rahmen ihres Gestaltungsspielraums einen gepflegten, der sozialen Kontrolle unterliegenden Standort einem Alternativstandort vor einem Brachgelände wegen befürchteter „Vermüllung" vorzieht (OVG Münster NVwZ 2001, 1181). Ein Abwehranspruch besteht weder aus Bau- noch aus Immissionsschutznoch aus Abfallrecht noch aus § 906 BGB, denn eine bestimmungsgemäße Benutzung führt nicht zu Beeinträchtigungen der Nachbarn. Für ein bestimmungswidriges Verhalten Dritter ist der Betreiber der Container nicht verantwortlich (VG Münster NJW 1989, 1820), durch einen zeitweilig ungepflegten oder gar verwahrlosten Zustand des Platzes geht von den Containern keine schädliche Umwelteinwirkung aus (VG Osnabrück a. a. O.).

Disteln: Gegenüber Ackerdisteln besteht kein Abwehranspruch (SchlHOlG SchlHA 1993, 170). Für Schädigungen aus Naturereignissen, die sich nur über seine Grundstücke vollzogen haben, ohne dass er durch Eingriffe in das Grundstück diese Gefahr erhöht oder kanalisiert hat, hat der Nachbar nicht einzustehen (zu Samenflug von einem brach liegenden Grundstück mit Beeinträchtigungen benachbarter Erikakulturen vgl. OLG Düsseldorf NJW-RR 1995, 1231; vgl. auch vor § 37 Rn. 17 ff.).

Dungstätten: Sie sind von dem Verantwortlichen in regelmäßigen Abständen auf Dichtigkeit von Einfassung und Fundament zu überprüfen, damit keine Jauche auf das Nachbargrundstück durchsickert (OLG Hamm VersR 1989, 403); vgl. ferner Rn. 74 unter Mist.

49 Einsehbarkeit: Das Interesse des Grundstückseigentümers, von einer Einsichtnahme aus Nachbargebäuden verschont zu bleiben, ist regelmäßig nicht geschützt. Die Möglichkeit, aus Fenstern, Einblicke in die Nachbargrundstücke zu erhalten, liegt in Baugebieten in der Natur der Sache und ist von Eigentümern und Bewohnern eines Gebiets regelmäßig hinzunehmen. (vgl. VG Ansbach Urteil vom 24.10.2005 – AN 18 K 04.01430 – Juris). Dem betroffenen Nachbarn wird zugemutet, sich mit Anpflanzungen oder anderen Sichtschutzanlagen selbst zu helfen (Sarnighausen NVwZ 1996, 110). Ein Grundstückseigentümer hat im Allgemeinen auch keinen Anspruch darauf, dass ihm an die Rückseite seines Grundstücks keine weitere Bebauung gesellt wird. Veränderungen des „Wohnmilieus", welche sich durch das Hinzutreten **öffentlicher Wege** ergeben, haben die Anwohner als Teil der Sozialbindung ihres Eigentums grundsätzlich hinzunehmen. Störungen der **Privatsphäre** haben planungsrechtlich nur geringes Gewicht (NdsOVG Beschluss vom 29.1.2009 – 1 MN 229/08 – Juris). Eine Ausnahme kommt im beplanten Bereich in Betracht, wenn besondere Festsetzungen im Bebauungsplan einen entsprechenden Schutz vermitteln (OVG NRW BauR 1997, 82). In Wohngebieten für **Gartenhof- und Atriumhäuser** ist das z. B. der Fall (BVerwG NVwZ 1994, 686; BVerwG BRS 40, 192; BVerwG DVBl 1970, 60). Von einer **Terrasse**, die höher als 1 m über der festgelegten Geländeoberfläche angelegt ist, gehen Wirkungen wie von einem Gebäude aus (§ 6 Abs. 1 S. 3 LBO). Sie hat deshalb einen Abstand von mindestens 3 m zur Nachbargrenze einzuhalten, § 6 Abs. 5 LBO. Das gilt auch dann, wenn sie einen näher an die Grenze heranreichenden Balkons ersetzt, der total abgerissen wurde. Der Bestandsschutz des Balkons, § 60 LBO, erstreckt sich nicht auf die Terrasse, er betrifft nur notwendige Maßnahmen zur Erhaltung zeitgemäßer Nutzung (vgl. OLG Koblenz OLGZ 1988, 248). Die **festgelegte Geländeoberfläche** ist die in einem Bebauungsplan festgesetzte oder in der Baugenehmigung oder Teilbaugenehmigung bestimmte Geländeoberfläche; andernfalls gilt die Höhe der natürlichen Geländeoberfläche als festgelegt (§ 2 Abs. 4 S. 3 LBO). Zur Videoüberwachung vgl. dort.

Feuer: Abfall sind laut § 3 Abs. 1 KrwG unter anderem die Produkte, die vom Besitzer nicht oder nicht mehr verwendet werden (z. B. in der Landwirtschaft, den Haushaltungen) und derer er sich entledigt, entledigen will oder entledigen muss. Das **Abfallrecht** geht davon aus, dass Abfälle in erster Linie vermieden und in zweiter Linie verwertet werden sollen. Die Verwertung (§ 3 Abs. 23 KrwG) hat Vorrang vor deren Beseitigung. Erzeuger oder Besitzer von Abfällen sind zur Verwertung ihrer Abfälle verpflichtet, § 7 Abs. 2 KrwG. Eine (gemeinwohlverträgliche) Beseitigung kommt erst in Betracht, wenn eine Verwertung nicht möglich ist (§§ 7 Abs. 2, 8 Abs. 1, 15 Abs. 2 KrwG). Es besteht dann eine Beseitigungspflicht, § 15 Abs. 1 KrwG. Abweichend von § 7 Absatz 2 und § 15 Absatz 1 sind Erzeuger oder Besitzer von Abfällen aus privaten Haushaltungen verpflichtet, diese Abfälle den nach Landesrecht öffentlichrechtlichen Entsorgungsträgern zu überlassen, soweit sie zu einer Verwertung auf den von ihnen im Rahmen ihrer privaten Lebensführung genutzten Grundstücken nicht in der Lage sind oder diese nicht beabsichtigen, §§ 17 Abs. 1, 19 Abs. 1 KrwG. Ansonsten dürfen Abfälle grundsätzlich nur in den dafür zugelassenen Abfallbeseitigungsanlagen behandelt, gelagert oder abgelagert werden, § 28 Abs. 1 KrwG. Nach den §§ 28 Abs. 3 KrwG, 2 PflAbfG dürfen pflanzliche Abfälle (z. B. Sträucher-, Hecken-, Baumschnitt) im Rahmen der landwirtschaftlichen, forstwirtschaftlichen und gärtnerischen Bewirtschaftung auf den Grundstücken, auf denen sie anfallen, verbrannt werden, wenn dort eine Entsorgung, d. h. eine Verwertung und auch eine Beseitigung, § 3 Abs. 22 KrwG, im Rahmen der Bewirtschaftung nicht möglich sind und durch das Verbrennen Gefahren für die Umgebung nicht zu erwarten sind. Das gilt nicht für Stroh, das auf landwirtschaftlichen Flächen anfällt, vgl. § 2 Abs. 3 der VO. Wer bei trockenem Wetter Gartenabfälle auf einem unbebauten, teilweise mit trockenem Gras bewachsenen Grundstück in nur etwa 10 m Entfernung von einer 4 bis 6 m hohen Hecke, bestehend aus serbischen Fichten, verbrennen will, muss ausreichende **Sicherheitsvorkehrungen** gegen ein Übergreifen des Feuers auf das Gras und die Hecke treffen (OLG Hamm OLGR Hamm 1992, 213).

Froschquaken: Froschlärm kann über eine Lärmpegelmessung nach Richtwerten der VDI-Richtlinie 2058 Blatt 1 oder TA Lärm beurteilt werden, wobei die Richtwerte allerdings nicht schematisch anzuwenden, sondern nur als wichtiges Hilfsmittel nach Art einer Richtlinie zu verstehen und die Besonderheiten des zu beurteilenden Lärms zu beachten sind. Bei der Wertung muss auch berücksichtigt werden, dass sich das Umweltbewusstsein gegenüber Fröschen ge-

wandelt hat und Frösche unter Artenschutz stehen (zur Fundstelle vgl. BayVGH NJW 1999, 2914). Wer einen **Gartenteich** anlegt und unterhält, an dem sich Frösche ansiedeln, ist Störer hinsichtlich der durch sie verursachten Lärmeinwirkung (vgl. zu allem BGHZ 120, 239).
Das Quaken von vier Wasserfröschen im **künstlichen Feuchtbiotop** im Hausgarten in einer dörflichen Gemeinde kann eine lediglich lästige, nicht zugleich auch wesentliche Beeinträchtigung sein. Tagebuchähnliche Aufzeichnungen zur Häufigkeit und Dauer des Quakens können für die gerichtliche Beurteilung nützlich sein (SchlHOLG NJW-RR 1986, 884). Quaken nur eines Frosches stellt keine Beeinträchtigung dar (AG Staufen DWW 1990, 58). Massive Störungen der Nachtruhe durch 64 dB sind aber (gegenüber einem TA-Lärm-Richtwert nachts in reinem Wohngebiet von 35 dB) nicht zumutbar.

52 Allerdings ist zu beachten: Auch Frösche in einem künstlich angelegten Gartenteich sind nach § 44 BNatSchG i. V. m. § 1 Anlage 1 BArtSchVO geschützt. Das Nachstellen und Fangen von Fröschen ist ohne Rücksicht auf den verfolgten Zweck grundsätzlich verboten. Das Zivilgericht muss aber prüfen, ob eine Ausnahmegenehmigung nach § 45 Abs. 7 BNatSchG in Betracht kommt. Nur wenn sie erteilt werden kann, ist eine Verurteilung des Störers zur Lärmbeseitigung unter dem **Vorbehalt einer behördlichen Ausnahmegenehmigung** möglich. Daneben kommt in Betracht, den Störer zu verurteilen einen Befreiungsantrag nach § 67 BNatschG zu stellen. Ist eine Ausnahme nach § 45 Abs. 7 BNatSchG oder eine Befreiung nicht möglich, hat der Abwehranspruch keinen Erfolg (als lehrreiches Beispiel einer Ablehnung vgl. VG München Urteil vom 24.7.1996 – M 9 K 94.3615 – Juris). Der beeinträchtigte Nachbar hat dann auch keinen nachbarrechtlichen Ausgleichsanspruch nach § 906 Abs. 2 S. 2 BGB, weil er bei einer Zubilligung eine Entschädigung für die Folgen einer gesetzlichen Regelung bezahlen müsste, die der Gesetzgeber nicht im Interesse des Störers, sondern im Allgemeininteresse zur Arterhaltung der Frösche für notwendig hält (zu allem BGHZ 120, 239). Auch ausgesetzte Frösche sind wild lebend und werden nicht in Gefangenschaft gehalten, wenn sie sich unverfolgt vom Grundstück entfernen können (OLG München MDR 1991, 971). Zum Frosch-Bewegungsmelder vgl. unter Geräusche.

53 **Garage**: Die Grenzwerte der VerkehrslärmschutzVO vom 12.6.1990 (BGBl. I S. 1036; 16. BImSchV) gelten nicht für Anlagen zum Abstellen von Kraftfahrzeugen außerhalb öffentlicher Verkehrsflächen (Sarnighausen NVwZ 1996, 7; vgl. aber auch § 39 Abs. 2). Lärm- und Geruchsimmissionen durch Kleingaragen sind als unvermeidbare Auswirkungen menschlichen Zusammenlebens auch in reinen Wohngebieten von der Nachbarschaft grundsätzlich hinzunehmen. Die durch das Anlassen und Laufenlassen des Motors, das Zuschlagen der Wagentüren, das Schließen des Garagentores und dergleichen verursachten Emissionen der einzelnen Garage werden vor diesem Hintergrund nur in Ausnahmefällen die Zumutbarkeitsschwelle überschreiten (OVG Saarlouis NJW 1985, 2439). Das gilt auch für Garagen- oder Stellplatzemissionen, soweit sie durch die in dem Gebiet zur Deckung des Stellplatzbedarfs notwendigen Anlagen verursacht werden (BbgOLG Urteil vom 1.3.2007 – 5 U 53/06 – Juris). Als unzumutbar sind allerdings Betriebsabläufe anzusehen, die anderen Zwecken als der An- und Abfahrt

dienen, wie etwa das laute Türenknallen, Warmlaufenlassen des Motors oder Heizsystems, der „Kavalierstart" (mit quietschenden Reifen, aufheulendem Motor) oder das Abschieds- und Begrüßungshupen.
Gartenfest im Freien: In einem Wohngebiet ist es im üblichen Umfang mit üblicher Geselligkeit bis 22 Uhr hinzunehmen (LG Frankfurt NJW-RR 1990, 27; ferner Rn. 56, 65).

Geräusche: Zum Lärmschutz allgemein vgl. Koch NVwZ 2000, 490. Zur Bewertung von Abwehransprüchen gegen Lärmbeeinträchtigungen (§§ 1004, 906 BGB) werden in aller Regel auch die Grenz- und Richtwerte der Geräte- und MaschinenlärmschutzVO (32. BImSchV v. 29.8.2002, BGBl. I S. 3478), die 6. Allgemeine VwV zum Bundes-Immissionsschutzgesetz **TA Lärm** (sie ist nicht auf Sportanlagen, s. dazu die 18. BImschV, sonstige nicht genehmigungsbedürftige Freizeitanlagen, Freiluftgaststätten und Baustellen anwendbar, Ziff. 1 der TA.), ferner die VerkehrslärmschutzV (16. BImSchV) vom 12. Juni 1990 (BGBl. I S. 1036) herangezogen. Die 16. BImSchV betrifft allerdings nur den Bau oder die wesentliche Änderung von Straßen und Schienenwegen, § 1 Abs. 1 der Verordnung, also, nicht auch den Lärm vorhandener Straßen oder Schienenwege, vgl. Rn. 58. Bei den in § 2 Abs. 1 Nr. 2 der 16. BImSchV genannten Werten handelt es sich zudem nicht um solche im Sinne von § 906 Abs. 1 Satz 2 und 3 BGB (BGH NJW-RR 2007, 168). Private Umweltstandards (z. B. die DIN) fallen nicht unter § 906 Abs. 1 S. 2 und 3 BGB, können aber eine Entscheidungshilfe sein (BGH NJW 2005, 660). Ob eine Beeinträchtigung wesentlich ist, hängt von dem Empfinden eines verständigen **Durchschnittsmenschen** ab (s. unten sowie Rn. 63, 76). Der Richter muss dabei auch § 906 Abs. 1 S. 2 und 3 BGB beachten. Die dort genannten genannten Grenz- oder Richtwerte haben Indizwirkung. Werden sie überschritten, indizieren sie, dass die Beeinträchtigung wesentlich ist, werden sie eingehalten oder unterschritten, indizieren sie, dass die Beeinträchtigung unwesentlich ist (BGH Urt. v. 13.2.2004, V ZR 217/03, NJW 2004, 1317). Das hat der Richter zu beachten, jedoch nicht schematisch anzuwenden. Daneben hat er die Umstände des Einzelfalls zu würdigen und unter Berücksichtigung des Empfindens eines **verständigen Durchschnittsmenschen** (s. unten und Rn. 63, 76) zu entscheiden, ob trotz Überschreitens oder Unterschreitens der Grenzwerte möglicherweise doch vom Regelfall abgewichen werden muss (BGHZ 111, 63, 66 ff. m. w. N.; BGH Urteil vom 13.2.2004, a. a. O.). Die Indizwirkung erschütternde Umstände hat derjenige darzulegen und zu beweisen, der sie geltend macht (BGH a. a. O.). Im übrigen bleibt es aber bei der Darlegungs- und Beweislast des Störers, dass seine Emissionen innerhalb der Grenz- oder Richtwerte bleiben. Nur wenn dies feststeht, kann ihm die Indizwirkung zugute kommen.
Zum **Fluglärm** s. das Gesetz zum Schutz gegen Fluglärm (**FluLärmG**); es dient nicht der Beurteilung individueller Beeinträchtigungen (BGH NJW 2005, 660). Zur Bewertung von Fluglärm sind im Rahmen des § 906 Abs. 1 Satz 2 und 3 BGB nicht die Werte der TA-Lärm und der Verkehrslärmschutzverordnung (16. BImSchV) heranzuziehen. Diese Vorschriften gelten nach § 2 Abs. 2 LuftVG nicht für Flugplätze. Für Lärm aus Luftverkehr gibt es auch nach § 9 Abs. 2 LuftVG keine generell festgelegten Grenzen (BVerwG, NVwZ 2004, 1229, 1232). Es gibt auch keine Grenz- oder Richtwerte, die für § 906 Abs. 1 Satz 2 und

NachbG § 29 55

3 BGB Bedeutung haben könnten. Der Richter ist daher auf eine Gesamtwürdigung aller den Lärm charakterisierenden Umstände angewiesen. Das schließt nicht aus, dass er in seine Würdigung Werte aus Lärmschutzvorschriften einbezieht, die nicht unter § 906 Abs. 1Satz 2 und 3 BGB fallen. Sie können eine Entscheidungshilfe darstellen (BGHZ 111, 63, 67; 120, 239, 256 f.; 121, 248, 253; BGH Urt. v. 26.9.2003, V ZR 41/03, NJW 2003, 3699, 3700; BGH Urteil vom 10.12.2004, V ZR 72/04, NJW 2005, 660). Bei der Ermittlung der Immissionsrichtwerte nach Nr. 6.1 **TA-Lärm** ist der nach Nr. 6.9 für Überwachungsmessungen vorgesehene Messabschlag von 3 dB(A) nicht vorzunehmen (BGH MDR 2005, 328). Zum **Eisenbahnlärm** von einer Brücke vgl. BGH NJW-RR 2007, 168, zum **Kinderlärm** s. Rn. 69. Zur **Gemengelage mehrerer Lärmquellen** (Nr. 6.7 TA Lärm) vgl. OLGR Koblenz 2005, 286. Eine **Summenbildung** von Verkehrs- und Betriebsgeräuschen als Basis einer Beurteilung ist rechtlich nicht vorgesehen. Das Lärmschutzsystem nach dem Bundes-Immissionsschutzgesetz entfaltet sich vielmehr durch verschiedene Regelwerke, die jeweils auf bestimmte Lärmarten abheben, vgl. §§ 43, 48 BImSchG. Die sektorale Betrachtung und Bewertung verschiedener Lärmquellen führt erst dann nicht mehr zu tragfähigen Ergebnissen, wenn aufgrund der Zusammenwirkung verschiedener Lärmquellen der Bereich der Gesundheitsgefährdung erreicht wird (vgl. NdsOVG NVwZ-RR 2008, 686). Bei einer Klage gegen Geräuschbelästigungen durch einen benachbarten Betrieb sind **einzelne Lärmquellen des Betriebes** rechtlich gesondert zu beurteilen, allerdings jeweils vor dem Hintergrund der Geräusche des gesamten Betriebes (OLG Stuttgart NJW-RR 1986, 1339).

Ziehen Geräusche die Aufmerksamkeit in besonderem Maße auf sich, dann sind sie eine störende Beeinträchtigung i. S. des § 1004 BGB. Das kann z. B. bei **Hundegebell** der Fall sein (OLG Düsseldorf NJW-RR 1995, 542). Das gilt auch dann, wenn die Geräusche diejenige Phonstärke nicht überschreiten, bei der Verkehrs- und Industriegeräusche noch hinnehmbar sind (OLG Hamm WuM 1990, 123). Schon ein leises Jaulen oder Wimmern eines Tieres ist höchst lästig, wenn es sich über einen längeren Zeitraum erstreckt (OLG Köln MDR 1993, 1083). Geräusche beeinträchtigen bereits bei einer Lautstärke, mit der sie sich in das Bewusstsein desjenigen drängen, der sie nicht hören will (BGH NJW 1990, 2465; SchlHOLG NJW-RR 1986, 884). Eine besondere Empfindlichkeit einer gestörten Person hat aber außer Betracht zu bleiben. Abzustellen ist auf das Empfinden eines **verständigen Durchschnittsmenschen** (BGH NJW-RR 2007, 168; BGH NJW 1993, 929). Dieser stellt nicht allein auf das Maß der objektiven Beeinträchtigung ab, sondern bezieht in seine Beurteilung auch wertende Momente wie z. B. Belange des Umweltschutzes (BGHZ 120, 239), private Belange anderer (BGH NJW-RR 2002, 737; OLG Celle BauR 2005, 1653) oder das öffentliche Interesse an einer **kinderfreundlichen Umgebung** (OLG Köln NJW 1998, 763) sowie die Natur und Zweckbestimmung des von der Beeinträchtigung betroffenen Grundstücks in seiner konkreten Beschaffenheit mit ein (BGH NJW 1990, 2465; BGH MDR 2005, 328) und fordert sich im nachbarschaftlichen Zusammenleben mit **behinderten Menschen** bis an die Grenze des billigerweise Zumutbaren auch eine erhöhte Toleranzbereitschaft ab (OLG Köln a. a. O.).

55 Das gilt auch für **Radiogeräusche** von der Nachbarterrasse einer Reihenhausanlage (OLG München MDR 1991, 1064). Fragen der Nützlichkeit oder Sinnlosigkeit der Geräusche nach Anlass, Häufigkeit und Stärke sind wertend mit einzubeziehen. Ein **Frosch-Bewegungsmelder** auf der Terrasse einer Reihenhausanlage kann bei vielfachen zufälligen Quakgeräuschen zur Tag- und Nachtzeit durch Wärme-, Strauch-, Blatt oder Tiereinfluss überaus lästig und damit abwehrbar sein. Da nicht die Lautstärke eines Geräuschs an sich, sondern seine Lästigkeit entscheidend ist, hat sich der Tatrichter in Grenzfragen, ob eine Lärmbelästigung wesentlich ist, durch eine **Ortsbesichtigung** einen persönlichen Eindruck zu verschaffen (BGH VersR 1993, 232; BGH MDR 1993, 541; OLG Düsseldorf ZMR 1997, 181). Über die Lästigkeit entscheidet er unabhängig von Grenzwerten in Verwaltungsvorschriften (zum **Pfeifsignal einer Lokomotive** vgl. SchlHOLG MDR 1999, 738), denn die Lästigkeit hängt auch von einer Reihe anderer Umstände ab (z. B. Geräusch ohne Vorankündigung in voller Intensität, von zeitlich unvorhersehbarer Dauer, mit unterschiedlichen Frequenzen, zu verschiedener Tageszeit usw.). Es ist deshalb nicht zu beanstanden, wenn sich der Tatrichter bei seiner Beurteilung im Wesentlichen auf das Ergebnis seiner **Augenscheinseinnahme** stützt (zur **Hammerschmiede** vgl. BGH BauR 2001, 1859; vgl. zu Richtlinienwerten Rn. 39). Auch der „höchst unangenehme Zustand der **Lärmerwartung**", das Bewusstsein einer jederzeit möglichen erheblichen Ruhestörung, ist eine lästige Beeinträchtigung (LG München NJW-RR 1988, 205).

56 Ein Wohnungseigentümer, vor dessen Schlafzimmerfenster ein Nachbar regelmäßig seinen (gewerblich genutzten) Lkw abstellt und in den Wintermonaten zur Nachtzeit bzw. in den frühen Morgenstunden die **Standheizung** laufen lässt, kann Unterlassung beanspruchen (AG München NJW 2005, 760). Wenn im **Anlieferverkehr** für einen Betrieb ankommende schwere Lastkraftwagen ihre **Motoren im Stand** vor dem Grundstück des Nachbarn zu Tages- als auch Nachtzeiten noch weiterlaufen lassen, sind die daraus folgenden Geräusch- und Geruchsbelästigungen ohne weiteres als wesentlich (§ 906 Abs. 1 BGB) anzusehen, auch wenn sie nicht dauernd erfolgen. Der Betriebsinhaber kann als mittelbarer Störer für das Verhalten der Lastkraftwagenfahrer verantwortlich sein, sofern die Beeinträchtigungen, deren Unterlassung begehrt wird, adäquat ursächlich durch seinen Betrieb veranlasst sind und er in der Lage ist, solche Störungen zu verhindern. Es ist dabei Sache des Betriebsinhabers darzulegen und gegebenenfalls zu beweisen, dass er alles ihm billigerweise Zuzumutende unternommen hat, um die Beeinträchtigungen abzustellen (vgl. zu allem BGH NJW 1982, 440; ebenso zur Anlieferung bei einem Pflegeheim vgl. OLG Karlsruhe NJW 2007, 3443). In **ländlicher Umgebung** kann verlangt werden, dass wegen der Geräuschentwicklung auf dem Nachbargrundstück nicht mehr gehalten werden als 10 weiße **Haustauben**, 1 Ente, 1 Erpel, 1 Hahn, 8 **Hennen** jeweils samt Nachwuchs bis zu einem Alter von 2 Monaten, freilaufend in einem Abstand von 3 m zur gemeinsamen Grenze an Wochentagen von 7.00 Uhr bis 19.00 Uhr, an Sonn- und Feiertagen von 9.00 Uhr bis 19.00 Uhr, sowie **Fasane**, Gänse, Zier- und Singvögel nur in geschlossener Unterbringung (LG Lübeck SchlHA 2006, 277). Es gibt kein Recht, einmal in einem Monat durch **lautstarkes Feiern** die Nachtruhe (zwischen 22 und 6 Uhr) zu stören (OLG Düsseldorf MDR 1990, 849), auch nicht ausnahmsweise zu gelegentlichen persönlichen, beruflichen oder familiären Feiern (OLG Düsseldorf WuM 1996, 56).

Freizeitanlagen unterliegen in ihren Lärmauswirkungen einer strengeren Bewertung als Sportanlagen allgemein, weil sie von der Bevölkerung anders akzeptiert werden; bei unzumutbarer Störung sind sie gegebenenfalls an einem anderen Ort zu platzieren (zur **Skateranlage** vgl. OVG Koblenz NVwZ 2000, 1190; zum **Bolzplatz** vgl. OVG NRW BauR 2000, 81, vgl. auch Rn. 71).

57 In welchem Umfang Lärmbeeinträchtigungen von **Veranstaltungen mit besonderer** historischer, kultureller oder kommunaler **Bedeutung** noch als unwesentlich angesehen werden können, ist weitgehend eine Frage des Einzelfalls. Zu berücksichtigen sind insbesondere Bedeutung und Charakter der Veranstaltung, ihr Ablauf, Dauer und Häufigkeit, die Nutzungsart und Zweckbestimmung sowie die Gesamtbelastung des beeinträchtigten Grundstücks während der Veranstaltung und durch andere seltene Störereignisse, ferner die zeitlichen Abstände dieser Ereignisse. Je gewichtiger der Anlass für die Gemeinde oder Stadt ist, desto eher ist der Nachbarschaft zuzumuten, an wenigen Tagen im Jahr Ruhestörungen hinzunehmen (BGH NJW 2003, 3699). Ein **Hotelbetreiber**, hat gegen seinen Nachbarn grundsätzlich keinen Anspruch darauf, dass dieser bei der Durchführung eines genehmigten Bauvorhabens zu bestimmten Zeiten keine lärmintensiven Arbeiten durchführt; er kann nach § 906 Abs. 2, S. 1 BGB nur verlangen, dass der Nachbar im Rahmen des wirtschaftlich Zumutbaren möglichst wenig lärmintensiv arbeitet (LG Konstanz NJW-RR 1991, 916). Wer ein **Bordell** betreibt und dadurch ein erhöhtes Fahrzeugaufkommen von Besuchern verursacht, welches erheblichen Lärm in einer für den Wohnbereich unüblichen Weise mit sich bringt, hat das Bordell zu schließen (OLG Oldenburg WuM 1998, 164; vgl. auch § 42 Rn. 5). Bei Veranstaltungen auf einer **Sommerbühne** sind alle Lärmeinwirkungen auf Nachbargrundstücke zu unterlassen, die gemäß VDI-Richtlinie 2058 zur Abwehr von Arbeitslärm tagsüber 50 DIN-phon und nachtsüber (ab 20 Uhr) 35 DIN-phon überschreiten (zur Operettenaufführung vgl. OLG Koblenz GewArch 1966, 238).

58 Beeinträchtigungen, die gegenüber privaten Anlagen nicht hingenommen werden müssen, brauchen regelmäßig auch nicht geduldet zu werden, wenn sie von **in Wahrnehmung öffentlicher Aufgaben betriebenen Einrichtungen** ausgehen. Das BVerwG hat offengelassen, ob der Abwehranspruch sich aus einer analogen Anwendung der Vorschriften des privaten Nachbarrechts herleitet (§§ 1004, 906 BGB) oder eine selbständige öffentlichrechtliche Grundlage besitzt (Vorwirkung von Art. 2 Abs. 2 S. 1, 14 I 1 GG; Folgenbeseitigungsanspruch, § 42 Rn. 28). Für den Maßstab, nach dem sich die Duldungspflicht bestimmt, ist dies unerheblich. Denn das öffentliche Immissionsschutzrecht (§§ 3 Abs. 1, 5 Abs. 1 Nr. 1, 22 Abs. 1 BImSchG) und das private Immissionsschutzrecht (§ 906 BGB) ziehen die gleiche **Zumutbarkeitsgrenze**. In dem einen Fall wird die Grenze der Duldungspflicht durch die Merkmale der „Wesentlichkeit" und „Ortsüblichkeit" bezeichnet, in dem anderen Fall durch das Merkmal der „Erheblichkeit". In der Sache begründet das keinen Unterschied (BGH NJW 1990, 2465). Der nachbarrechtliche Immissionsabwehranspruch des öffentlichen Rechts gilt allerdings nicht lückenlos. So gelten die Vorschriften des Bundesimmissionsschutzgesetzes über die Errichtung und den Betrieb von Anlagen (§§ 4 bis 31a BImSchG) gemäß den §§ 2 Abs. 1 Nr. 1, 3 Abs. 5 Nr. 3

BImSchG nicht für bestehende **öffentliche Verkehrswege**, zu denen auch **öffentliche Schienenwege** zählen. (Lediglich für den Neubau oder die wesentliche Änderung von öffentlichen Straßen, Eisenbahnen, Straßenbahnen gewährt das Bundesimmissionsschutzgesetz einen Anspruch auf Vorsorge gegen Lärm, §§ 41–43, 50 BImSchG).

Gegenüber **Straßen- und Schienenverkehrslärm** kommt ein Abwehranspruch aus Art. 2 Abs. 2 S. 1 GG regelmäßig nicht in Betracht. Durch Verkehrslärm bedingte, organisch nachweisbare Krankheiten sind nicht bekannt, es liegen keine wissenschaftlich gesicherten Erkenntnisse darüber vor, ob und ab welchen Schallpegelwerten bei Verkehrslärm Gesundheitsschäden psychologischer Art auftreten können. Verkehrslärm kann zwar als Stressfaktor den Gesundheitszustand beeinträchtigen. Die gesundheitsschädigende Wirkung hängt insoweit aber maßgeblich von der Einstellung der Betroffenen zum Lärm (also ihrer psychischen/sozialen Situation) ab. Ein Abwehranspruch gegen die von einem Schienenweg ausgehenden Lärmimmissionen ergibt sich jedoch aus **Art. 14 Abs. 1 S. 1 GG**. Diese Norm ist mit der Folge eines entsprechenden Abwehranspruchs verletzt, wenn eine in Wahrnehmung öffentlicher Aufgaben betriebene Einrichtung Immissionen hervorruft, die schwer und unerträglich in das Eigentum eingreifen (BVerwG, NJW 1988, 2396). Die Schwelle des schweren und unerträglichen Eigentumseingriffs liegt allerdings deutlich höher als die einfachrechtliche Zumutbarkeitsgrenze des Bundesimmissionsschutzgesetzes (vgl. zu allem OVG Bremen NVwZ-RR 1993, 468; aber auch Roth NVwZ 2001, 34 zu Störungen durch die Deutsche Bahn).

59

Maßnahmen, die ohne baulichen Eingriff die **Verkehrsbelastung** einer öffentlichen Straße erhöhen (können) wie z. B. Sperrung anderer Straßen, Anbindungen baulicher Anlagen wie Tiefgaragen, Änderungen der Fahrspurmarkierungen, Aufstufungen, Optimierung der Schaltung von Signalanlagen usw. stellen keine wesentliche Änderung der Straße dar und begründen deshalb keinen Anspruch auf Lärmvorsorge (HessVGH Urteil vom 26.3.2003 – 2 UE 2873/02 – Juris). Ein **Straßenanlieger** kann nicht verlangen kann, dass der Verkehr auf der an seinem Grundstück vorbeiführenden Straße nach Art und Umfang stets unverändert bleibt. Er muss Beeinträchtigungen seines Anliegergebrauchs hinnehmen, die auf dem zulässigen Gemeingebrauch der Straße durch andere beruhen, auch solche aus einer im öffentlichen Personennahverkehr errichteten **Bushaltestelle** vor seinem Grundstück. Dies gilt auch für die von ihm befürchtete allgemeine Wertminderung seines Grundstücks bzw. der darauf befindlichen Wohnhäuser. Sofern im Haltestellenbereich Abfälle auf sein Grundstück fortgeworfen werden handelt es sich um unzulässige Verhaltensweisen Dritter. Sie können den zulässigen Gemeingebrauch nicht auszuschließen oder beschränken. Der Anlieger muss insoweit Unterlassungsansprüche gegen den jeweiligen Verursacher dieser Beeinträchtigungen geltend machen. (VG Osnabrück Urteil vom 5.7.2002 – 2 A 112/00 – Juris).
Zu Lärm aus **nächtlichen Ernteeinsätzen** vgl. VGH Mannheim NVwZ 2001, 1184 (die TA Lärm ist trotz ihrer Nr. 1 Abs. 2 lit. c entsprechend anwendbar).

60

Kommt es zu Lärmimmissionen, die an sich nach dem Maßstab des § 906 BGB abwehrfähig sind, verbietet aber das öffentliche Recht (etwa durch Regelungen

61

zum Nachbarschutz) die dafür in Betracht kommenden Abwehrmaßnahmen, dann kann sich der Störer nicht hinter solchen Verboten verschanzen, wenn öffentlichrechtliche Ausnahmen zugelassen sind und diese mit Erfolgsaussicht beantragt werden können. Ob die öffentlichrechtlichen Befreiungsvoraussetzungen vorliegen, muss das Zivilgericht als **Vorfrage** selbstständig prüfen, wenn bisher noch kein von Verwaltungsgerichten bestätigter ablehnender Bescheid vorliegt. Ergibt diese Vorprüfung, dass keine Befreiungsmöglichkeit besteht, dann scheidet eine Verurteilung zur Unterlassung aus. Kein Störer kann zu Maßnahmen gezwungen werden, die ihm gesetzlich verboten sind. Wird die Befreiungsmöglichkeit bejaht, dann ist der Störer zur Unterlassung zu verurteilen. Ob der Gestörte selbst einen Befreiungsantrag stellen kann, ist unmaßgeblich. Die Tenorierung der Unterlassung ist allgemein zu halten, wenn mehrere Abhilfemaßnahmen in Betracht kommen. Es muss dem Störer überlassen bleiben, welche der möglichen Maßnahmen er ergreifen will (vgl. zu allem BGH MDR 1993, 868; BGH NJW 2004, 1035; BGH NVwZ 2005, 116).

62 Es kann lediglich verlangt werden, dass Geräuschimmissionen unterlassen werden, nicht hingegen die Durchführung bestimmter Vorsorgemaßnahmen, wie etwa eine Schallisolierung (SaarOLG MDR 2000, 152). Musste ein Nachbar als Vermieter Mietminderungen wegen Baulärms vom angrenzenden Grundstück hinnehmen, berechnet das LG Hamburg seinen Ausgleichsanspruch aus § 906 Abs. 2 S. 2 BGB so: Das zumutbare Maß einer ortsüblichen Benutzung des emittierenden Grundstücks ist überschritten, wenn die Emission zu einer Mietminderung von mehr als 6 % berechtigt. Besteht das Minderungsrecht in Höhe von 20 %, hat der Störer dem Beeinträchtigten 14 % der Mietminderung auszugleichen (LG Hamburg NJW-RR 1999, 378). Die Kosten eines Prozesses gegen die Mietminderer kann der Vermieter nicht über § 906 Abs. 2 S. 2 BGB vom Störer erstattet verlangen, da es sich dabei um eine Schadensersatzforderung handelt, nicht um einen Ausgleichsanspruch (LG Hamburg a. a. O.).
Tonbandaufnahmen sind grundsätzlich kein gültiges **Beweismittel** für die Art und den Umfang von Geräuschen, wenn sie sprachlicher Art sind und einer bestimmten Person als Urheber zugeordnet werden können. Hier bildet das Recht der Selbstbestimmung des Menschen ein Beweisverwertungsverbot. Ansonsten sind sie als Beweismittel verwertbar (OLG Köln VersR 1998, 197). **Notwehr** und notwehrähnliche Lagen können aber im Einzelfall bei ganz besonderer Fallgestaltung aus einer Interessenabwägung eine als Beweis verwertbare heimliche Tonaufnahme von Personenstimmen rechtfertigen (zur Festlegung erpresserischer Drohungen vgl. BGH NJW 1958, 1344; auch BVerfG NJW 2002, 3619; auch Rn. 72).

63 Gerüche: Bisher fehlt es an einer Möglichkeit, Geruchsbelästigungen mit Grenz- und Richtwerten messbar zu machen (BGH NJW 2001, 3054). Die **Geruchsimmissions-Richtlinie** i. d. F. vom 29.2.2008 (GIRL) kann lediglich als Orientierungs- und Entscheidungshilfe bei der Gesamtwürdigung dienen. Selbst nach ihren Vorgaben kommt es auf die konkrete Beurteilung im Einzelfall an, denn die Erheblichkeit und damit die Unzumutbarkeit (Wesentlichkeit) von Geruchsimmissionen wird in erster Linie von wertenden Elementen geprägt (OLG Karlsruhe NJW-RR 2001, 1236). Gerüche sind nicht erst dann wesentlich, wenn sie eine Gesundheitsgefahr darstellen oder die sinnvolle Nutzung eines Grundstücks unmöglich machen (BGH NJW 2001, 3054). Die Wesentlichkeit einer Geruchsbelästigung kann sich insbesondere aus ihrer Ekel erregenden Wirkung auf Menschen ergeben (OLG Karlsruhe NJW-RR 2001, 1236). Gerüche aus dem Abluftrohr einer **Backstube** stoßen seit altersher auf allgemeine Akzeptanz; der Geruch von frisch gebackenem Brot ist oft selbst in verdichteten Wohnverhältnissen herkömmlich (vgl. OLG Karlsruhe NJW-RR 2001, 1236). Der Betrieb einer **Dunstabzugshaube** zur Zubereitung einer warmen Mahlzeit pro Tag stellt in einem reinen Wohngebiet eine ortsübliche Benutzung des Grundstücks dar und ist deshalb nicht abwehrfähig (AG Meldorf NJW-RR 1999, 601). Wird in einem Mehrfamilienhaus ein Mieter in der Nutzung seines Balkons durch den **Tabakrauch** eines anderen Mieters von dessen Balkon aus wesentlich gestört, kann er von dem Störer Unterlassung verlangen, §§ 862 Abs. 1, 858, 906 Abs. 1 BGB, selbst wenn der Vermieter das Rauchen gestattet. Wann eine wesentliche Beeinträchtigung vorliegt, beurteilt sich nach dem Empfinden eines verständigen **Durchschnittsmenschen** und dem, was diesem unter Würdigung anderer öffentlicher und privater Belange zuzumuten ist (BGHZ 175, 254 Rn. 24 m. w. N.; s. auch Rn. 54, 76). Der Richter wird zunächst festzustellen haben, ob der von dem Balkon der Beklagten aufsteigende Rauch nach dem Empfinden eines durchschnittlichen, verständigen Nutzers auf dem Balkon der Kläger oder sofern er bei offenem Fenster bzw. offener Balkontür in die Wohnung zieht in deren Wohnung als störend wahrzunehmen ist. In der Regel hat er sich in einem **Ortstermin** einen persönlichen Eindruck von dem Maß der Beeinträchtigung zu verschaffen (BGH NJW 1992, 2019; BGHZ 121, 248, 255; BGH Urteil v. 16.1.2015, V ZR 110/14, NJW 2015, 2023). Der Anspruch besteht aber nicht uneingeschränkt, weil auf das Recht des rauchenden Mieters Rücksicht zu nehmen ist, seine Wohnung vertragsgemäß zu nutzen. Dazu gehört grundsätzlich auch das Rauchen in der eigenen Wohnung. Das Gebot der gegenseitigen Rücksichtnahme führt im Allgemeinen zu einer Gebrauchsregelung. Für die Zeiten, in denen beide Mieter an einer Nutzung ihrer Balkone interessiert sind, sind dem einen Mieter Zeiträume freizuhalten, in denen er seinen Balkon unbeeinträchtigt von Rauchbelästigungen nutzen kann, während dem anderen Mieter Zeiten einzuräumen sind, in denen er auf seinem Balkon rauchen kann. Ein Unterlassungsanspruch kann sich auch aus den §§ 1004 Abs. 1, 823 Abs. 1 BGB ergeben. Gesundheitsschädliche Immissionen durch Tabakrauch sind wesentliche Beeinträchtigungen, die nicht geduldet werden müssen. Das gilt auch im Verhältnis von Mietern untereinander. Der Mieter, der wegen Gesundheitsschädlichkeit des **Passivrauchens** von einem anderen Mieter verlangt, das Rauchen auf dem Balkon zu unterlassen, muss allerdings das sich aus den Nichtraucherschutzgesetzen ergebende Indiz erschüttern, dass mit dem Rauchen im Freien keine solchen Gefahren einhergehen (vgl. zu allem BGH, Urteil vom 16.1.2005, V ZR 110/14). Nicht duldbare Gerüche von einer in schlicht hoheitlicher Verwaltung zur Daseinsvorsorge betriebenen **Kläranlage**, geben kein Recht, die Stilllegung der Anlage zu verlangen, wenn andere Mittel nicht abhelfen, denn eine Kläranlage ist gemeinwichtig. Dem Nachbarn steht folglich für die immissionsbedingte Behinderung in der Nutzung seines Hauses und Gartens nur ein billiger Ausgleich in Geld zu, der am monatlichen Mietzins zu orientieren ist, weil er das verkehrsübliche

NachbG § 29 64

Entgelt für die Nutzung eines Hauses ist (BGHZ 91, 20). Der Schutz des Wohnens ist in Dorfgebieten wegen der dort nach § 5 BauNVO normativ privilegierten landwirtschaftlichen Betriebe grundsätzlich geringer als in Wohngebieten. Über die Wesentlichkeit einer Geruchsbelästigung entscheiden immer auch die besonderen Umstände des Einzelfalles mit. Grundstücke, die im **Dorfgebiet** liegen oder nur den Schutz dort gelegener Grundstücke beanspruchen können, sind in verstärktem Umfang verpflichtet, Gerüche hinzunehmen, die mit dem Betrieb von **Biogasanlagen**, insbesondere der Siloplatte verbunden sind (NdsOVG BauR 2007, 1192). Bei einem **Reitstall** mit Geruchs- und Lärmeinwirkungen auf die benachbarte Wohnbebauung kommt es z. B. an: Auf den Abstand der Halle, den Abstand der Dunglagerstätte, den Tierbesatz, die Art und den Umfang der Einstreu, die Hauptwindrichtung, die Häufigkeit des Öffnens der Tore, Türen und Fenster, die zu- oder abgewandte Lage der Stallungen, die Abschirmung durch Büsche und Bäume, das eventuelle landwirtschaftliche Gepräge des Umfeldes (OVG Lüneburg SchlHA 1983, 46).

64 Der **Arbeitslärm von Maschinen und Fahrzeugen**, die üblichen Gerüche von Ställen, Dungstätten, Güllegruben und Siloanlagen müssen als typische Erscheinungen landwirtschaftlicher Betriebe mit entsprechender Toleranz hingenommen werden (zur Rindermastanlage vgl. BGH NJW 2001, 3054; zu den Abwehrrechten landwirtschaftlicher Betriebe gegen heranrückende Wohnbebauung vgl. Diehr/Geßner NVwZ 2001, 987; BVerwG NVwZ-RR 2001, 82). Die Toleranz gegenüber landwirtschaftlichen Gerüchen aus einer Tierhaltung hängt davon ab, ob die Immissionen das nach der gegebenen Situation zumutbare Maß überschreiten. Die Zumutbarkeitsgrenze ist aufgrund einer umfassenden Würdigung aller Umstände des Einzelfalls und insbesondere der speziellen Schutzwürdigkeit des jeweils betroffenen Baugebiets im Sinne von § 1 Abs. 2 BauNVO zu bestimmen. Sie kann nicht davon abhängen, ob dem Emittenten genug landwirtschaftliche Fläche zur Verfügung steht, um ausreichend Futter zu erzeugen oder um den angefallenen Wirtschaftsdünger ordnungsgemäß ausbringen zu können (zur **Schweinemast** vgl. BGH NJW 1999, 356; VG Braunschweig Urteil vom 3.12.2008 – 2 A 306/07 – Juris). Bei einer Schweinehaltung wird die Wesentlichkeit der Geruchsbelästigung vielmehr durch eine sachverständige Beurteilung nach der VDI-Richtlinie 3471 – Emissionsminderung Tierhaltung/Schweine – und die Schilderung von Zeugen sowie ergänzend durch eine Ortsbesichtigung des Richters festgestellt. Die VDI-Richtlinie gibt dabei aber nur einen ersten groben Anhalt, unter welchen äußeren Bedingungen mit Geruchsbelästigungen zu rechnen ist und wie sie vermieden, zumindest aber gering gehalten werden können. Wechseln die Bedingungen einer Geruchsbelästigung ständig und lassen sie sich nicht zuverlässig nachstellen, dann muss ein Gericht die Augenscheinseinnahme nicht ständig wiederholen, es kann sich vielmehr mit den Feststellungen auf der Grundlage der übrigen Beweismittel begnügen (vgl. zu allem BGH MDR 1999, 291; VG Braunschweig a. a. O.). Wer eine Anlage baurechtmäßig genutzt und dabei Gerüche verursacht hat, verliert den **Bestandsschutz** einer solchen Nutzung, sobald er mit einer andersartigen tatsächlich beginnt (OVG Greifswald MDR 1996, 147). Die Wiederaufnahme einer zulässigen Nutzung ist durch den Bestandsschutz nicht gedeckt, wenn die Verkehrsauffassung mit der Wiederaufnahme nicht rechnet (zur langjährigen Unterbrechung einer landwirtschaftlichen

Betätigung vgl. BVerwG Beschluss vom 27.9.2007 – 4 B 36/07- Juris; zur mehr als 1 Jahr nicht mehr ausgeübten **Autolackiererei** vgl. BVerwG NVwZ 1996, 379). Der Betrieb einer Anlage, für den eine baurechtliche Genehmigung erteilt worden ist, wird vom Bestandsschutz nicht mehr gedeckt, wenn er einen Umfang erreicht, der eine immissionsschutzrechtliche Genehmigungsbedürftigkeit begründet (hier: Autolackiererei, vgl. BVerwG a. a. O.).

Grillen: Grillen auf dem **Balkon** kann eine Wohnungseigentümergemeinschaft wegen der Geruchs- und Rauchimmissionen sowie der Brandgefahr nicht durch Mehrheitsbeschluss gestatten (LG Düsseldorf NJW-RR 1991, 1170). Wird im Garten auf Holzkohle gegrillt, hängt die Pflicht zur Duldung von der Lage und Größe des Gartens, dem verwendeten Grillgerät und der Häufigkeit des Grillens ab. Fünfmal grillen im Jahr ist für die Nachbarn zumutbar (BayObLG NJW-RR 1999, 957). **65**

Hahnenschrei: Das Maß der Duldung hängt von den sonstigen Umgebungsgeräuschen ab (LG München I NJW-RR 1988, 205). Es kann verlangt werden, dass das Krähen an Werktagen von 19 bis 8 Uhr und an Samstagen, Sonn- und Feiertagen bis morgens 9 Uhr unterbunden wird (OLG Hamm MDR 1988, 966). In einem Mischgebiet sind zwei Hähne täglich von 21 bis 7 Uhr und an Sonn- und Feiertagen zusätzlich zwischen 12 und 14 Uhr schalldicht aufzubewahren (LG Ingolstadt NJW-RR 1991, 654). Im typisch ländlichen Dorfgebiet muss nächtliches Krähen eines Hahnes aus einem 50 m entfernten Stall hingenommen werden (AG Kenzingen MDR 2011, 1347).

Hausmusik: Häusliches Musizieren steht im Spannungsfeld von Nachbarstörung und ortsüblicher Eigentumsnutzung in freier Entfaltung der Persönlichkeit, Art. 2 GG. Ein Abwehrrecht bemisst sich nach dem Einzelfall (OLG Hamm NJW 1981, 465). In nebeneinander liegenden Reihenhäusern kann bei Hellhörigkeit verlangt werden, dass Musizieren in den Ruhezeiten von 13 bis 15 Uhr sowie von 22 bis 8 Uhr unterbleibt und dass **Klarinette oder Saxophon** werktags nur zwei Stunden und sonn- und feiertags nur eine Stunde gespielt wird (OLG Karlsruhe NJW-RR 1989, 1179). Das **Akkordeonspiel** muss ein Nachbar täglich nur eine halbe Stunde in den Zeiten von 9 bis 13 Uhr und 15 bis 22 Uhr dulden (LG Kleve DWW 1992, 26). Zu **Klaviermusik** besteht bei schwach hörbarem Klang außerhalb der Ruhezeit kein Abwehrrecht (AG Siegburg DWW 1990, 180); bei lauterem Klang kann ein Schließen der Fenster verlangt werden (AG Gießen DWW 1989, 225). **Schlagzeug** darf aus einem 15 m entfernt liegenden Kellerraum vom 1.5. bis zum 31.10. täglich außerhalb der Ruhezeiten nur 45 Minuten gespielt werden, zu sonstiger Jahreszeit täglich 90 Minuten (LG Nürnberg/Fürth DWW 1992, 18). **66**

Hunde: Bisher hat sich keine einheitliche Bewertung gebildet. Auf die Phonzahl des Gebells kommt es jedenfalls nicht an (OLG Hamm WuM 1990, 123). Hundegebell nur dulden zu müssen, wenn es außerhalb der üblichen Ruhezeiten, nicht länger als zusammenhängend 10 Minuten, pro Tag nicht länger als insgesamt 30 Minuten erfolgt (OLG Hamm MDR 1990, 442), erscheint zu eng bewertet. Derart enge Auflagen kommen einem völligen Verbot einer Hundehaltung gleich. Auf eine völlige Unterbindung von kurzem Bellen außerhalb zugelassener Zeiten, welches sich dem Einfluss des Halters entzieht und mit **67**

zumutbaren Maßnahmen nicht verhindert werden kann, hat ein verständiger Nachbar keinen Anspruch. Der Anspruch geht schließlich nur darauf, solche Geräuschimmissionen zu unterbinden, die sein Grundstück mehr als unwesentlich beeinträchtigen (OLG Düsseldorf NJW-RR 1995, 542; LG Schweinfurt NJW-RR 1997, 1104). Auch ein **Wachhund** zur Gebäudeüberwachung hat keine „Bell-Freiheit", sondern muss so gehalten werden, dass er nur auf Geräusche reagiert, die einer unmittelbaren Störung des Eigentums vorausgehen und nach Abgabe des entsprechenden Alarmgebells wieder ruhig gestellt ist (OLG Düsseldorf NJW 1990, 3160; zum unzumutbaren nächtlichen Gebell zweier Schäferhunde im Freien in einem Wohngebiet vgl. VG Münster NVwZ 1993, 297; zur Hundezucht vgl. OVG Lüneburg MDR 1993, 350; zum Urteilstenor vgl. Rn. 41, zur Titelvollstreckung OLG München MDR 1990, 442).

68 **Insekten:** Sie beeinträchtigen zumeist aus einem reinen Wirken von Naturkräften. Ein Nachbar kann für sie nur dann zur Verantwortung gezogen werden, wenn er Brutstätten geschaffen und die massenweise Vermehrung begünstigt hat (zu Langwanzen vgl. OLG Köln OLGZ 1991, 556).
Katzen: Anlockendes Anfüttern ist unzulässig, wenn dadurch mehr als zwei Katzen herangezogen werden (SchlHOLG NJW-RR 1988, 1360; OLG Köln NJW-RR 1989, 205). Hält der Nachbar eine einzige Katze, dann sind deren Übertritte aus einer Rechtsbeschränkung durch das nachbarliche Gemeinschaftsverhältnis in aller Regel nicht abwehrfähig (OLG Köln NJW 1985, 2338; OLG Celle NJW-RR 1986, 821; AG Neu-Ulm NJW-RR 1999, 892). Eine gemäß den §§ 862, 1004 BGB abwehrfähige Störung liegt jedoch vor, wenn die Katze dabei ein Kraftfahrzeug betritt, ohne dass es darauf ankommt, ob es dabei zu Beschädigungen oder Verschmutzungen des Fahrzeugs kommt. Der Katzenhalter muss dann geeignete Maßnahmen ergreifen, um die Katze von dem Fahrzeug fern zu halten (zum Betreten eines Porsche mit Sandspuren auf dem Lack und Haaren auf dem Dach vgl. LG Lüneburg DAR 2000, 271). Beherbergt der Nachbarhaushalt zwei Katzen, muss der beeinträchtigte Nachbar nur eine dulden, egal, wem die Katzen in der Familie gehören (OLG Celle VersR 1986, 973). Stets darf er aber Katzen von seinem Grundstück vertreiben (vgl. Staudinger/Roth § 906 BGB Rn. 118).

69 **Kinder:** Wer sich für das **Wohnen in einer kinderfreundlichen** und das Spiel der Kinder fördernden **Umgebung** entscheidet, hat die hierdurch bedingten Nachteile wie insbesondere spielbedingt üblichen Kinderlärm in Kauf zu nehmen. Menschen mit einem „erhöhten Ruhebedürfnis" müssen sich ein anderes Wohnumfeld suchen. Auch geräuschfreie Mittagspausen können nicht gefordert werden (OLG Düsseldorf DWW 1996, 20). Von einem öffentlichen **Kinderspielplatz** ausgehende Geräusche stellen bei bestimmungsgemäßer Nutzung keine schädliche Umwelteinwirkungen dar, § 22 Abs. 1a BImSchG (so schonVG Braunschweig Urteil vom 12.3.2004 – 12.3.2004 – Juris; OVG Koblenz NVwZ 2012, 1347). Sie beeinträchtigen nicht unerträglich, unabhängig davon, ob der Spielplatz rechtswidrig errichtet wurde (BVerwG DVBl. 1974, 777) und/oder dort ortsfremde Kinder spielen (OVG Bremen NVwZ 1989, 272; auch BVerwG NJW 1992, 1779; vgl. auch § 42 Rn. 5). Das gilt auch für eine umfangreiche und intensive Mitbenutzung durch Gruppen einer benach-

barten Ganztagsschule am Nachmittag. Anderes mag bei benachbarten geräuschsensiblen Anlagen, z. B. einem Krankenhaus, gelten. Kinder dürfen lauter sein als andere Geräuschquellen. Immissionsgrenzwerte und Richtwerte technischer Regelwerke sind hier nicht anwendbar (zu allem OVG Koblenz a. a. O.). „Wer Kinderlärm als lästig empfindet, hat selbst eine falsche Einstellung zu Kindern, die als selbst gesetzte Ursache rechtlich nicht relevant sein kann" (vgl. OVG Münster BauR 1987, 46). Kinderspielplätze und ähnliche Spieleinrichtungen, auch Ballspielplätze, für Kinder bis 14 Jahren müssen wegen ihrer sozialen Funktion regelmäßig wohngebietsnah errichtet werden (BayVGH Beschluss vom 11.12.2008 – 22 ZB 07.613 – Juris; BVerwG BayVBl 2003, 377; BVerwG NVwZ 1992, 884).

70 Vermeidbare schädliche Umwelteinwirkungen i. S. des § 3 Abs. 1 BImSchG, die zu erheblichen Nachteilen und erheblichen Belästigungen für die Nachbarschaft führen, liegen aber vor, wenn die Immissionen aus einer nicht bestimmungsgemäßen **Nutzung von Spielplätzen** die Zumutbarkeitsschwelle überschreiten. Ein Störungsabwehranspruch gegen einen hoheitlichen Betreiber der Einrichtung, in analoger Anwendung der §§ 906, 1004 BGB, setzt allerdings voraus, dass ihm die missbräuchliche Nutzung zugerechnet werden kann. Das ist der Fall, wenn die Einrichtung nach den örtlichen Gegebenheiten einen **Anreiz zum Missbrauch** gibt. Die Gefahr einer missbräuchlichen Nutzung muss mit anderen Worten aufgrund der besonderen örtlichen Situation nahe liegend und von vornherein größer sein, als die stets vorhandene, allgemeine Gefahr einer nicht bestimmungsgemäßen Nutzung solcher Einrichtungen (BVerwG Beschluss vom 29.5.1989 – 4 B 26.89 – Juris; BayBGH NVwZ 1989, 269; VG Braunschweig Urteil vom 12.3.2004 – 2 A 205/03 – Juris).
Von einem lärmprivilegierten Kinderspielplatz kann man aber nicht sprechen, wenn es an einer entsprechenden Ausstattung mit Spielgeräten fehlt und die Freifläche von ihren Ausmaßen her deutlich größer dimensioniert ist als eine auf die Bedürfnisse von Kindern bis 14 Jahren ausgerichtete Ballspielfläche, die für Jugendliche und junge Erwachsene ohne Reiz wäre; ein solcher Platz ist eher als **Bolzplatz** zu werten (vgl. VG Köln Urteil vom 30.10.2008 – 13 K 403/08 – Juris). Der **Pausenhof einer Schule** ist mit seiner außerschulischen Nutzung als Spielplatz, nicht aber als Bolzplatz anzusehen. Ein Pausenhof steht aufgrund seiner Zweckbestimmung, seines Benutzerkreises (Altersgrenze 15 Jahre) und seiner Ausstattung mit Geräten (Klettergerüst für Kinder ab drei Jahren, Tischtennisplatte) einem Kinderspielplatz näher als einem Bolzplatz, der auch älteren Jugendlichen und jungen Erwachsenen Gelegenheit zur spielerischen und sportlichen Betätigung bietet. Das gelegentliche Fußballspielen von Kindern auf mit Schultaschen dargestellte Tore begründet keine Einstufung als Bolzplatz (BayVGH a. a. O.).

71 **Bolzplätze** dienen dagegen vor allem der spielerischen und sportlichen Betätigung Jugendlicher und junger Erwachsener. Aus diesem Grund und wegen der von ihnen ausgehenden stärkeren Auswirkungen auf ihre Umgebung unterscheiden sie sich von Kinderspielplätzen und müssen wie Anlagen für sportliche Zwecke (18. BImSchV, SportanlagenlärmschutzV) behandelt werden, die allgemein oder zumindest ausnahmsweise in einem allgemeinen Wohngebiet, ausnahmsweise sogar in einem reinen Wohngebiet unter dem Vorbehalt des **Rücksichtnahmegebots** des § 15 Abs. 1 BauNVO zulässig sind und als Bestandteil dieses Baugebiets im Grundsatz auch an ein reines Wohngebiet angrenzen können. Das Maß der gebotenen Rücksichtnahme hängt von den besonderen Umständen des Einzelfalls ab. Die Schutzwürdigkeit des Betroffenen, die Intensität der Beeinträchtigung, die Interessen des Bauherrn und das, was beiden Seiten billigerweise zumutbar oder unzumutbar ist, sind gegeneinander abzuwägen ((BVerwG NVwZ 1992, 884). Eine geringe Entfernung (z. B. 7–11 m) zwischen der befestigten Spielfläche und dem Garten, der Terrasse, den Wohnräumen, dem Arbeitszimmer des beeinträchtigten Nachbarn, das Fehlen von Lärmschutzvorkehrungen, Lärm der Spieler. Ein kleinerer Bolzplatz als Teil eines Spielplatzgeländes ist allerdings keine Sportanlage i. S. d. 18. BImSchV (OVG Berlin NVwZ-RR 1994, 141). **Klappergeräusche am Ballfangzaun**, in den Garten geschossene Fußbälle können für den Betroffenen unzumutbar sein (BVerwG a. a. O.). Werden die Richtwerte der entsprechend anzuwendenden Sportanlagenlärmschutzverordnung – 18.BImSchV (vgl. BVerwG NVwZ 2003, 751) nicht überschritten, ist die Zumutbarkeit für die Nachbarschaft indiziert (NdsOVG BRS 58 Nr. 165; VG Ansbach Urteil vom 7.12.2007 – AN 11 K 04.01433 – Juris). Ein unzulässiges Verhalten potentieller Besucher oder Dritter wie z. B. **Verrichten der Notdurft** auf dem Nachbargrundstück oder sonstige beeinträchtigende und rechtsverletzende Handlungen folgen nicht zwangsläufig aus dem Betrieb einen Bolzplatzes und sind dem Betreiber nicht zuzurechnen, da dies auch jeder Sonstige in gleicher Weise tun könnte (VG Ansbach Urteil vom 24.9.2008 – AN 3 K 07.01241 – Juris).

72 Wer ein **Kind beim Spielen fotografiert**, verletzt dessen allgemeines Persönlichkeitsrecht aus Art. 1 Abs. 1 GG. In besonderen Ausnahmefällen kann aber die Widerrechtlichkeit eines solchen Eingriffs entfallen, wenn die Fotos aus einer **Notwehrsituation** heraus in Verfolgung überwiegender berechtigter Interessen als Beweismittel für zivilrechtliche Ansprüche dienen sollen, weil die Rechtsverletzung erheblich und in der Ursächlichkeit und Verantwortlichkeit nicht anders beweisbar ist. Die Fotos müssen dann erst nach Abschluss des Gerichtsverfahrens vernichtet oder an das Kind oder den Erziehungsberechtigten herausgegeben werden (vgl. zur ähnlich gelagerten Interessenlage bei heimlichen Tonbandaufnahmen BGH NJW 1958, 1344; NJW 1982, 277; ein nur allgemeines Beweisinteresse rechtfertigt die Persönlichkeitsrechtsverletzung nicht, BVerfG NJW 2002, 3619).

73 **Kirchturm:** Nächtlicher Stundenschlag ist bis zu 65 Dezibel (OVG Saarlouis NJW 1992, 1061) bzw. 60 Dezibel (BVerwG NJW 1992, 2779; VG Kassel Urteil vom 25.11.2004 – 7 E 1173/02 – Juris) hinzunehmen. Das reine Zeitläuten einer Kirchturmuhr dient nicht einer Zeichen setzenden Religionsausübung, sondern der Zeitansage. Duldungsansprüche können nicht aus § 14 BimSchG geltend gemacht werden (LG Aschaffenburg NJW 2001, 237). Die Nachbarklage gegen das Zeitschlagen ist eine bürgerliche Rechtsstreitigkeit, das Zivilgericht ist zuständig (BVerwG NJW 1994, 956, vgl. auch § 42 Rn. 29).
Komposthaufen: Ein Anspruch auf Verlegung folgt aus den §§ 906 Abs. 1, 907 Abs. 1 BGB, weil er Gerüche ausstrahlt und Insekten anzieht (LG München I NJW-RR 1988, 205).

Kran: Das Überschwenken eines Kranauslegers auf das Nachbargrundstück kann eine Besitzstörung im Sinne des § 858 Abs. 1 BGB i. V. m. § 905 Satz 2 BGB sein. Dazu reicht es aus, dass ein Benutzer des Grundstücks sich durch den Ausleger gefährdet oder doch belästigt fühlen kann. Das ist anzuerkennen, wenn der Schwenkarm Lasten trägt. Mag das Empfinden objektiv unbegründet sein, so wird es doch auch von verständigen Personen geteilt, weil auch sie nicht ohne Weiteres in der Lage sind, sich ein eigenes Urteil darüber zu bilden, ob und inwieweit Sicherungsvorkehrungen gegen herabfallendes Material getroffen sind (vgl. OLG Düsseldorf NZM 2007, 582; OLG Düsseldorf NJW-RR 1989, 1421; OLG Karlsruhe NJW-RR 1993, 91). Die Anspruchsgrundlage zur Unterlassung ist hier § 862 Abs. 1 S. 2 BGB (OLG Karlsruhe a. a. O.). Entsprechend § 17 kann das Recht bestehen, den Ausleger mit Lasten über das Nachbargrundstück zu schwenken. Damit darf dann zwei Wochen nach Anzeige der beabsichtigten Benutzung begonnen werden (§§ 18, 7; OLG Frankfurt MDR 2011, 844).

Mist: Vorübergehende, jahreszeitlich bedingte Lagerung von Pferdemist an der Grundstücksgrenze ist in Wohngegenden mit Gartennutzung zu dulden (AG Neuss MDR 1990, 1118). Gleiches gilt für Kuhmist in Vorbereitung einer Gartendüngung.
Lärm: Siehe unter Geräusche.
Müllbehälter: Eine völlige Beseitigung von Müllbehältern einer Wohnanlage kann nicht verlangt werden, jedoch eine Beschränkung in der Art der Benutzung (OLG Koblenz MDR 1980, 578).
Musikveranstaltung: Die öffentlichrechtliche Genehmigung einer Musikveranstaltung bedeutet keinerlei Einschränkung der zivilrechtlichen Abwehransprüche gegen eintretende erhebliche lärmbedingte Beeinträchtigungen. Dem gestörten Nachbarn bleibt also auch ein etwaiges **Notwehr-** oder Selbsthilferecht (OLG Karlsruhe NJW 1992, 1329), wenn die öffentliche Hand ihm Hilfe verweigert. Vgl. ferner Rn. 57.

Rauch: Der Rauch eines ordnungsgemäß unterhaltenen Kamin-Holzfeuers ist vom Grundstücksnachbarn regelmäßig hinzunehmen (LG Lüneburg WuM 1991, 593). Allerdings darf ein offener Kamin (auch als Kamin mit geschlossenem Feuerraum) nur gelegentlich (d. h. manchmal, aufgrund besonderer Umstände) benutzt werden, um die vermeidbaren Emissionen zu reduzieren, § 4 Abs. 4 der 1. BImschV, also etwa 8 Tage je Monat auf 4 Stunden (OVG Koblenz NVwZ 1992, 280). Auch bei einer baurechtlich bereits genehmigten Anlage kann die Bauaufsichtsbehörde nachträglich Anordnungen treffen, wenn die Anlage nicht den Anforderungen des § 22 BImSchG entspricht, § 24 BImSchG (zum Schornstein vgl. BVerwG NJW 1988, 2553; § 24 BImSchG hat **drittschützenden Charakter** und gibt dem Beeinträchtigten einen Anspruch gegen die Behörde auf eine fehlerfreie Ermessensentscheidung zu Maßnahmen, vgl. VGH Mannheim NJW 1990, 1930). Gegenüber einem **Leichtbauschornstein,** der den öffentlich-rechtlichen Vorschriften entspricht, bestehen nur bei tatsächlich unzumutbaren Belästigungen aus bestimmungswidriger oder nicht ordnungsgemäßer Nutzung privatrechtliche Unterlassungsansprüche oder auch öffentlich-rechtliche Ansprüche auf behördliches Einschreiten (zum Betrieb ei-

nes Heizkamins vgl. VG München Urteil vom 5.6.2008 – M 11 K 07.3427 – Juris). Wurde ein Kamin baurechtlich zum Schutz des Nachbarn mit der **Auflage** genehmigt, er dürfe nur bei Ausfall der Primärenergie als **Notkamin** betrieben werden, können die Nachbarn die Einhaltung dieser Auflage gemäß den §§ 823 Abs. 2 BGB, 22 Abs. 1 Nr. 1 und 2 BImSchG zivilrechtlich durchsetzen, unabhängig davon, ob die Voraussetzungen des § 906 BGB im konkreten Fall vorliegen, der Auflagenverstoß sie also konkret beeinträchtigt oder ob eine solche Beeinträchtigung unmittelbar bevorsteht (BGH WM 1997, 270).
Samenflug: Vgl. dazu vor § 37 Rn. 17 ff.
Schule: Der von einem Schulbetrieb ausgehende Lärm ist wegen des Betriebs als öffentliche Aufgabe, der Herkömmlichkeit, der sozialen Adäquanz und der allgemeinen Akzeptanz im Wesentlichen zumutbar (OVG Koblenz NVwZ 1990, 279).

76 **Sportplatz:** Entscheidungshilfe für die Bewertung der Störung durch Lärm von einer Sportanlage bieten die Richtwerte der Sportanlagenlärmschutzverordnung (18. BImSchV) vom 18. Juli 1991 (OLG Zweibrücken NJW 1992, 1242). Der Nachbar eines öffentlichen Sportplatzes kann von der betreibenden Gemeinde Vorkehrungen dagegen verlangen, dass Bälle vom Spielfeld in seinen Garten gelangen (OVG Münster DWW 1989, 207; OVG Lüneburg NJW 1998, 2921) und dass erhebliche Geräuschbelästigungen durch zweckentfremdete Nutzung des Sportplatzes (z. B. abendliches Mopedrennen von Jugendlichen) entstehen (BVerwG NVwZ 1990, 858).
Strahlung: Immissionen durch elektromagnetische Felder (hier: **Mobilfunksendeanlage**) werden als „ähnliche von einem anderen Grundstück ausgehende Einwirkungen" von § 906 Abs. 1 Satz 1 BGB erfasst (Fritz, BB 1995, 2122, 2123 f.; BVerfG NJW 1997, 2509; LG München NJW-RR 1997, 465). Sie sind daher, wie jede andere Zufügung unwägbarer Stoffe, von dem Eigentümer des von den Auswirkungen betroffenen Grundstücks zu dulden, wenn sie zu keiner oder nur zu einer unwesentlichen Beeinträchtigung führen. Ob eine Beeinträchtigung wesentlich ist, hängt von dem Empfinden eines verständigen **Durchschnittsmenschen** ab und davon, was diesem auch unter Würdigung anderer öffentlicher und privater Belange billigerweise nicht mehr zuzumuten ist (BGHZ 120, 239, 255; 121, 248, 255; 146, 261, 264; s. auch Rn. 54). Dabei ist § 906 Abs. 1 Satz 2 BGB zu beachten und damit die 26. BImSchV. Die darin festgelegten Grenzwerte berücksichtigten sowohl die thermischen wie die athermischen Effekte elektromagnetischer Felder, zwischen diesen beiden Auswirkungen wird nicht unterschieden (§ 1 Abs. 1 der Verordnung). Die in technischen Regelungswerken festgelegten Grenz- oder Richtwerte können bei der Frage, ob eine Beeinträchtigung wesentlich ist oder nicht, allerdings nicht schematisch angewendet werden, sondern sie bieten dem Richter nur eine Entscheidungshilfe. Bei einer Überschreitung der einschlägigen Richtwerte ist grundsätzlich von einer wesentlichen Beeinträchtigung auszugehen. Gleichwohl hat der Richter die Umstände des Einzelfalls zu würdigen und unter Berücksichtigung des Empfindens eines verständigen Menschen zu entscheiden, ob trotz Überschreitens der Grenzwerte möglicherweise doch von einer unwesentlichen Beeinträchtigung auszugehen ist (BGHZ 111, 63, 66 ff. m. w. N.). Der Gesetzgeber wollte den dem Tatrichter zugewiesenen einzelfallbezogenen Beurtei-

lungsspielraum nicht einengen (vgl. BT-Drucks. 12/7425, S. 28; BGH Urteil vom 13.2.2004, V ZR 217/03, NJW 2004, 1317). Weil die Wirkung einer elektromagnetischen Strahlung einer gepulsten Hochfrequenz auf das biologische Regelsystem zur Zeit noch nicht als Gesundheitsgefährdung bewertbar ist, ist ein Abwehrrecht abzulehnen (zu einem D-Netz Funkmast vgl. OVG Münster NVwZ 1993, 1116). Ein statisches Magnetfeld durch Gleichstrom ist bisher nicht als gesundheitsschädlich festgestellt. Zivilgerichte dürfen nicht ungesicherte Einschätzungen bestätigen und so mit den Mitteln des Prozessrechts ungesicherten wissenschaftlichen Erkenntnissen zur Durchsetzung verhelfen (zur Straßenbahn vgl. OLG Naumburg MDR 1999, 1193).
Bewirkt das **elektromagnetische Feld** der Oberleitung einer elektrifizierten Bahnstrecke auf den betrieblich eingesetzten Computermonitoren des Nachbarn Bildverzerrungen, besteht kein Schadensersatzanspruch, wenn für die Elektrifizierung der Strecke ein rechtsbeständiger Planfeststellungsbeschluss besteht (OLG Stuttgart NJW-RR 2001, 1313).

Straße: Fontaineartige Spritzer von Niederschlagswasser auf das Anliegergrundstück muss der Anlieger je nach den Umständen des Einzelfalles in zumutbarem Umfang dulden. Da der Anlieger einer Straße eine Reihe von Vorteilen genießt (Zugang, Zufahrt zu seinem Grundstück, geschäftliche Kommunikation mit den Verkehrsteilnehmern, unter Umständen auch eine bevorzugte Nutzung von Teilen des Straßenraums), hat er auch zwangsläufige Immissionen der Straße zu dulden, sofern sie ein zumutbares Maß nicht überschreiten. Ist die Straße den technischen Bauvorschriften entsprechend gebaut, ist als Regelfall zu vermuten, dass noch verbleibende Einwirkungen zu dulden sind (ausgenommen direkte Einleitungen). Ist die Straße nicht den Bauvorschriften gemäß ausgebildet, hat der Anlieger nicht automatisch Abwehransprüche. Die Bauvorschriften dienen in erster Linie der öffentlichen Sicherheit und Ordnung (VGH Mannheim NVwZ 1998, 536). **Verkehrslärm** ist in Wohngebieten tagsüber bis zu 70–75 dB, nachts bis zu 60–65 dB hinzunehmen (BGH NJW 1993, 1700; laut BVerwG DVBl 1997, 1127 tagsüber bis etwa 70 dB, nachts bis etwa 60 dB). Geht von einer dem öffentlichen Verkehr gewidmeten Straße eines Hoheitsträgers unzumutbarer Verkehrslärm aus, besteht die zu zahlende Enteignungsentschädigung grundsätzlich in einem Geldausgleich für notwendige Schallschutzeinrichtungen. Nur wenn das nicht wirksam hilft oder unverhältnismäßige Aufwendungen erfordert und wenn das Wohneigentum durch den Lärm schwer und unerträglich getroffen ist, ist eine Entschädigung für den eingetretenen Minderwert zu zahlen (BGHZ 64, 220). Das alles scheidet aber aus, wenn die öffentliche Unternehmung auf einem **bestandskräftigen Planfeststellungsbeschluss** beruht, der Schallschutzmaßnahmen nicht berücksichtigt (BGHZ 140, 285, 293 ff., 298 ff., beruhend auf der Rechtsprechung des Bundesverwaltungsgerichts, NJW 1987, 2884 f.; NJW 1989, 467, 469). Das Planfeststellungsverfahren gibt dem von der geplanten Unternehmung betroffenen Nachbarn nämlich die Möglichkeit, Einwendungen vorzubringen und die Behörde anzuhalten, Schallschutzmaßnahmen zum Schutze der Anlieger anzuordnen (§ 74 Abs. 2 Satz 1 und 2 VwVfG). Dazu zählen alle aktiven und insbesondere auch passiven Schallschutzeinrichtungen, wie etwa Schallschutzfenster am Haus des Nachbarn. Hat sich die Behörde im Planfeststellungsverfahren umfassend mit Schallschutzerfordernissen für Nachbarn auseinandergesetzt, so ist dem Schutz der Anlieger Genüge getan. Meint ein betroffener Eigentümer, der Feststellungsbeschluss genüge dem Schallschutz seines Eigentums nicht, so kann er den Beschluss anfechten und Ergänzungen durchsetzen. Sieht er hiervon ab, muss er sich mit der Bestandskraft der Ablehnung weitergehender Schallschutzmaßnahmen abfinden. Für einen Anspruch auf eine auf Schallschutz abzielende Entschädigung besteht dann kein Bedürfnis und kein Raum (BGHZ 140, 285, 301 f.). Diese Grundsätze gelten in gleicher Weise für einen Anspruch aus § 906 Abs. 2 Satz 2 BGB (BGH Urteil vom 10.12.2004, V ZR 72/04, NJW 2005, 660). Er kommt nur in Betracht, wenn nicht eine andere gesetzliche Bestimmung den konkreten Fall abschließend regelt (BGHZ 72, 289, 295; BGHZ 142, 227, 236). Ferner setzt er stets voraus, dass der primäre Störungsabwehranspruch (§ 1004 BGB) dem betroffenen Eigentümer aus rechtlichen oder tatsächlichen Gründen versagt ist (BGHZ 72, 289, 292 f.; Senat, BGHZ 85, 375; Hagen, WM 1984, 677, 684; BGH Urteil vom 10. Dezember 2004, a. a. O.).

Straßenbahn: Einwirkungen von **Erschütterungen** aus dem Betrieb einer Straßenbahn auf Gebäude können mangels öffentlichrechtlicher Richtwerte anhand der DIN-Norm 4150 (DIN 4150-2, Ausgabe 1999–06, Erschütterungen im Bauwesen – Teil 2: Einwirkungen auf Menschen in Gebäuden) beurteilt werden (OLG Celle BauR 2005, 1653; vgl. auch BGH NJW 1999, 1029). **DIN-Normen** sind allerdings lediglich private technische Regeln mit Empfehlungscharakter (BGH NJW 1998, 2814) und haben deshalb nicht unmittelbar auch für den privatrechtlichen Immissionsschutz gemäß § 906 Abs. 1 Satz 3 BGB Bedeutung. Zwar kann bei der Einhaltung der in DIN-Normen formulierten Immissionsgrenzwerte in der Regel eine unwesentliche Beeinträchtigung angenommen werden; das bedeutet jedoch nicht, dass in diesen Fällen eine wesentliche Beeinträchtigung ausscheidet (BGH a.a.O.). Für den Fall der Überschreitung der sich für Erschütterungsimmissionen aus der DIN-Norm 4150 ergebenden Richtwerte ist dagegen erst recht nicht die Schlussfolgerung gerechtfertigt, dass in der Regel eine wesentliche Beeinträchtigung vorliegt. Während eine Überschreitung der durch Gesetze oder Rechtsverordnungen qualifizierten Richtwerte wenigstens einen deutlichen Hinweis für die Wesentlichkeit einer Beeinträchtigung gibt (vgl. BGH DVBl 1990, 771), kommt der Überschreitung von Richtwerten, die sich aus der vorbezeichneten DIN 4150 ergeben, nur eine geringere indizielle Bedeutung für die Wesentlichkeit der Beeinträchtigung zu. Zudem ist stets zu fragen, ob die konkreten Umstände des Einzelfalls eine abweichende Beurteilung notwendig machen (OLG Celle BauR 2005, 1653; vgl. so schon für die Überschreitung der Grenzwerte der TA-Lärm: BGH NJW 1993, 1657). Der Einwirkende ist für die Unwesentlichkeit der Beeinträchtigung **beweispflichtig** (vgl. BGHZ 120, 239, 257; OLG Celle a. a. O.). Sofern ein Anspruch nach § 906 Abs. 2 Satz 2 BGB besteht, kann ein schadensanfälliger Zustand des beeinträchtigten Anwesens entschädigungsmindernd berücksichtigt werden (vgl. BGH NJW 1999, 1029).

Straßenbaum: Zur Bepflanzung der Straßenkörper ist nur der Träger der Straßenbaulast befugt. Die Straßenanlieger haben alle Maßnahmen zu dulden, die im Interesse der Erhaltung und Ergänzung der auf den öffentlichen Straßen befindlichen Pflanzungen erforderlich sind, soweit dadurch keine Enteignung bewirkt wird, § 18 Abs. 6 StrWG. Die Anlieger haben also den Entzug von Sonne und Licht sowie Beschränkungen der Aussicht durch Baumkronen (zu

Platanen vgl. OLG Düsseldorf NVwZ 2001, 594) zu dulden. § 37 gilt hier nicht, § 39 Nr. 3.

Straßenlaterne: Die typischerweise von herkömmlichen Straßenlaternen ausgehenden Immissionen sind von den Nachbarn grundsätzlich hinzunehmen (vgl. HessVGH NJW 1989, 1500; OVG RhPf NJW 1986, 953), weil die Beleuchtung der Verkehrsflächen innerhalb der geschlossenen Ortslage mit Straßenleuchten normaler Ausstattung ortsüblich ist, § 906 Abs. 2 BGB (VG Düsseldorf Urteil vom 18.3.2008 – 16 K 3722/07 – Juris). Werden durch die Laterne **Mücken und Spinnen** angelockt und wird dadurch das benachbarte Grundstück beeinträchtigt, dann ist auch das als mittelbar verursachte Einwirkung von einer rechtmäßigen Einrichtung regelmäßig hinzunehmen, es sei denn, das Grundstück wird so schwer und unerträglich betroffen, dass seine bisherige Nutzung geradezu unmöglich gemacht ist (OVG Koblenz NJW 1986, 953). Wird der Außenwohnbereich (z. B. Balkon) eines Grundstücks in unzumutbarer Weise von den Lichtimmissionen der Straßenlaterne betroffen, kann der Grundstückseigentümer von dem Betreiber der Beleuchtung eine **Abschirmeinrichtung** verlangen, wenn sie mit geringem Aufwand installiert werden kann (OVG Lüneburg NVwZ 1994, 713). Ein Rechtsstreit um eine gemeindliche Straßenlaterne ist vor den Verwaltungsgerichten auszufechten, weil es um die Folgenbeseitigung eines schlicht hoheitlichen Handelns geht (OVG Koblenz a. a. O.).
Tischtennisplatte: Steht sie im Freien, ist eine mit ihr verbundene wesentliche, nicht ortsübliche Lärmbelästigung in den Ruhezeiten zu unterlassen (OLG Köln VersR 1991, 827).

Videoüberwachung: Eine Videoüberwachung seines Grundstücks durch andere muss ein Nachbar nicht dulden (LG Zweibrücken MDR 1990, 54; BGH MDR 2010, 682), auch nicht eine unabgesprochene Videoüberwachung einer gemeinsamen Hauseinfahrt oder privaten Grundstückszufahrt durch einen der Nachbarn (LG Berlin NJW 1988, 346; LG Itzehoe NJW-RR 1999, 1394; OLG Karlsruhe WuM 2000, 128; BGH a. a. O.). Überwiegt das Interesse des Betreibers am Betreiben der Anlage das Persönlichkeitsrecht des Betroffenen, kann anderes gelten (BGH a. a. O.). Auch eine **Attrappe**, die einer funktionsfähigen Videokamera optisch gleicht, muss er nicht dulden, da für die Betroffenen nicht erkennbar ist, ob sie tatsächlich aufgezeichnet werden oder nicht und hierdurch eine Störung ihrer **Privatsphäre** bewirkt wird (OLG Karlsruhe WuM 2000, 128; AG Winsen SchAZtg 2007, 252; AG Düsseldorf Urteil vom 10.7.2002 – 25 C 4568/02 – Juris). Ist aber eine Kamera installiert, um konkret zu befürchtende Eigentumsverletzungen zu erfassen, erfasst sie dabei nicht auch das Grundstück des Nachbarn, und kann ein solches Erfassen nur durch einen äußerlich wahrnehmbaren erheblichen mechanischen Aufwand verändert werden, dann kann der Nachbar sie nicht aus dem Umstand abwehren, dass die Einstellung zu seinem Grundstück hin verändert werden kann (vgl. LG Bielefeld NJW-RR 2008, 327; BGH MDR 2010, 682). Unzulässig ist ferner ein **Bewegungsmelder**, der auch Bewegungen auf dem Nachbargrundstück meldet. Kann der ihn betreibende Nachbar für den Betrieb ein erhebliches Sicherheitsbedürfnis nachweisen und lässt sich der Betrieb ohne Erfassung des Nachbargrundstücks nicht bedarfsgerecht gestalten, dann kann der Melder zu bestimmten Zeiten (z. B. ab Sonnenuntergang bis morgens 7 Uhr) erlaubt sein (OLG Hamm WM 1991, 127). Ein zur Beobachtung des Nachbargrundstücks installierter **Außenspiegel** in der Größe eines Rückspiegels eines Lastkraftwagens wird für zulässig gehalten (OLG Hamm a. a. O.). Nicht abwehrfähig ist ferner die ungehinderte Einsicht in das Nachbargrundstück infolge einer Gebäudeveränderung (OLG Köln NJW-RR 1992, 526; vgl. aber auch § 22).

80 Vögel: Tauben werden zu den Feinimmissionen nach § 906 BGB gezählt, weil sie nicht in erster Linie durch ihre Körper, sondern durch ihre Geräusche und Beschmutzungen beeinträchtigen (OLG Düsseldorf OLGZ 80, 16). Anlockendes Anfüttern von **Tauben** ist unzulässig (LG Berlin MDR 1966, 146; AG Karlsruhe NJW-RR 1992, 463). Wie viele Tauben (als ortsüblich) gehalten und fliegen gelassen werden dürfen, wird unterschiedlich beurteilt und lässt sich auch schwerlich verallgemeinern. Im reinen Wohngebiet dürfen 105 flugfähige Tauben gehalten werden, die zu je 35 Stück jeweils eine Stunde täglich in Gruppe fliegen dürfen (LG München NJW-RR 1992, 462), mehr als 35 Tauben braucht ein Nachbar in einem allgemeinen Wohngebiet nicht zu dulden (OLG Oldenburg DWW 1999, 259). Im ländlichen Gebiet dürfen maximal 20 Tauben gehalten werden, die zweimal täglich Freiflüge ausführen dürfen (OLG Celle NJW-RR 1989, 783). In einem Gemeindegebiet mit einer Vielzahl von Taubenzüchtern (hier 15) kann die Haltung von 100 Flugtauben eine ortsübliche Nutzung sein (LG Itzehoe NJW-RR 1995, 979). **Pfauenschreie**, nachts stündlich grell und durchdringend, sind nicht zu dulden (OLG Frankfurt NJW-RR 1987, 1166). Zwei Rosenköpfchen-**Papageien** auf der Terrasse sind vom Nachbarn auf der Grundlage des nachbarlichen Gemeinschaftsverhältnisses nur von 9 bis 12 Uhr und 13 bis 16 Uhr zu dulden (LG Nürnberg-Fürth DWW 1996, 50) Bei zahlreichem Vogelgezwitscher aus einer Voliere im Freien (hier mindestens 30 Wellensittiche und 8 große Sittiche) kommt es auf eine Phonzahl nicht an, vielmehr auf die Lästigkeit und die damit aufgedrängte Geräuscherwartung (OLG Hamburg MDR 1977, 492). Zu Papageien in einer Voliere vgl. LG Zwickau WuM 2001, 556, zum Pfeifen eines Graupapageis vgl. OLG Düsseldorf NJW 1990, 1677.

IV. Einfriedigung von Grundstücken

1. Einzufriedigende Grundstücke

81 Diese Vorschrift ist ein Sonderfall des § 1004 BGB (vgl. auch OLG Düsseldorf NJW-RR 1990, 1100) und erfasst die Fälle, in denen eine Einfriedigungspflicht nach § 28 nicht besteht, in denen aber die von dem Grundstück ausgehenden Beeinträchtigungen eine Einfriedigung erforderlich machen. Diese Einfriedigungspflicht besteht für bebaute oder gewerblich genutzte Grundstücke (vgl. § 28 Rn. 6), die außerhalb im Zusammenhang bebauter Ortsteile liegen (vgl. § 28 Rn. 7). Sie besteht ferner für erwerbsgärtnerisch genutzte Grundstücke innerhalb und außerhalb im Zusammenhang bebauter Ortsteile, denn § 28 Abs. 3 schließt für erwerbsgärtnerisch genutzte Grundstücke nur die Einfriedigungspflicht nach § 28 Abs. 1 und 2 aus (Schäfer/Fink-Jamann/Peter § 33

Rn. 1). Unbebaute und nicht gewerblich genutzte Grundstücke sind nicht nach § 29 einzufriedigen, auch wenn von ihnen Beeinträchtigungen ausgehen; hier bleiben nur die Abwehransprüche aus §§ 862, 1004 BGB. Landwirtschaftlich genutzte Grundstücke sind nur nach den Vorschriften des Abschnitts XI einzufriedigen.

Von dem Grundstück muss eine unzumutbare Beeinträchtigung ausgehen. Beeinträchtigungen sind objektiv rechtswidrige Einwirkungen auf das Grundstück des Betroffenen. Über § 1004 Abs. 1 BGB kann der Betroffene nicht schon allein deswegen vom Nachbarn Unterlassung verlangen, weil dieser der Eigentümer des Grundstücks ist, von dem die Störung ausgeht (BGH DB 1993, 1515). Die Einwirkung muss vielmehr auch durch eine unmittelbar oder mittelbar vom Willen getragene Handlung oder Unterlassung des Nachbarn verursacht oder mitverursacht worden sein (OLG Düsseldorf NJW-RR 1990, 1100; BGH MDR 1984, 745; OLG Dresden MDR 2015, 387). Durch unbeeinflusste Naturereignisse ausgelöste Beeinträchtigungen sind dem Grundstückseigentümer also grundsätzlich nicht zuzurechnen, BGH MDR 1991, 869). Als Störer zuzurechnen sind sie ihm allenfalls dann, wenn er sie durch eigene Handlung oder pflichtwidriges Unterlassen ermöglicht hat und dieser geschaffene oder geduldete Zustand eine konkrete Gefahrenquelle für das Nachbargrundstück gebildet hat (zu Wollläusen vgl. BGH NJW 1995, 2633, auch Herrmann NJW 1997, 153). Wandert ein Biber auf ein Grundstück ein und löst dort durch seine Lebensweise Überflutungsschäden beim Grundstücksnachbarn aus, dann ist das ein zufälliges Naturereignis, wenn es nur allgemein auf der für Biber geeigneten Lage des Grundstücks beruht (z. B. Wasserlage). Der Nachbar haftet deshalb weder aus § 1004 BGB noch aus dem nachbarlichen Gemeinschaftsverhältnis (vgl. dazu Rn. 27; OLG Nürnberg MDR 2014, 273). Das bloße Anpflanzen und Aufziehen von widerstandsfähigen Bäumen begründet eine solche Gefahrenquelle regelmäßig ebenfalls noch nicht. Dass dann bei Naturkatastrophen Schäden nicht ausgeschlossen sind, ändert daran nichts (BGH DB 1993, 1515); nach Schadenseintritt kann dann der geschädigte Nachbar von dem anderen weder die Beseitigung der Störung noch Ersatz der eigenen Aufwendungen zur Beseitigung der Störung verlangen (BGH a. a. O.). Je näher ein **Baum** an der Grundstücksgrenze steht, je größer und älter er ist und je stärker er durch Krankheiten, Umwelteinflüsse usw. geschädigt ist, desto höher ist jedoch die Pflicht des Grundstückseigentümers, eine ausreichende Gefahrenvorsorge zu treffen, um sich nicht wegen Verletzung der Verkehrssicherungspflicht aus § 823 Abs. 1 BGB oder den §§ 823 Abs. 2 i. V. m. § 1004 BGB verantworten zu müssen (SchlHOLG MDR 1995, 148). Bei dem Sturz eines 90 Jahre alten, von Brandkrustenpilzen befallenen Straßenbaums (Rosskastanie) auf eine private Werkhalle hat der Geschädigte die Darlegungs- und Beweislast dafür, dass der Pilzbefall bei der zumutbaren Überwachung des Baumes entdeckt wurde bzw. worden wäre und dass der Baum durch diese Schädigung umgestürzt ist (OLG Dresden MDR 2015, 387). Zu Eigentumsbeeinträchtigungen durch Baumwurzeln vgl. vor § 37 Rn. 2.

Darüber hinausgehend fingiert § 29 generell die Verantwortlichkeit des Nachbarn für von seinem Grundstück ausgehende Störungen, wenn er das Grundstück bebaut hat oder gewerblich nutzt, sodass es für den Einfriedigungsanspruch nicht darauf ankommt, ob der Eigentümer die Störung herbeigeführt oder verschuldet hat. Die Verantwortlichkeit braucht also nicht von dem Bau, der Baunutzung oder dem Gewerbebetrieb selbst unmittelbar auszugehen (z. B. aus der Haltung von freilaufendem Federvieh), muss aber (wegen der Beschränkung auf bebaute oder gewerblich genutzte Grundstücke) aus der Grundstücksnutzung zumindest begünstigt worden sein, sodass der Eigentümer als unmittelbar oder mittelbar Verantwortlicher anzusehen ist (OLG Düsseldorf NJW-RR 1990, 1100). So berechtigt eine Wildkaninchenplage, die in keinerlei Zusammenhang mit der Grundstücksnutzung steht, nicht zum Einfriedigungsanspruch, anders hingegen, wenn sie aus dem Betrieb eines Erwerbsgartenbaus herrührt, der Wildkaninchen anlocken kann. Aus einem Wohnblock oder einer Sandkiste nahe der Grundstücksgrenze ist der Eigentümer für Übergriffe spielender Kinder auf das Nachbargrundstück nicht verantwortlich (OLG Düsseldorf a. a. O.). Hat er jedoch Einrichtungen geschaffen, die einen besonderen Anreiz zum Missbrauch bieten, so sind ihm die aus dem Missbrauch entstehenden Störungen als eigene Störung anzulasten, da er diese Gefahr geschaffen hat (OVG Münster BauR 1987, 46; VGH München NVwZ 1989, 269).

Die **Beweislast** für die Beeinträchtigung und ihre Unzumutbarkeit trägt der Anspruchsteller. Die mangelnde Ursächlichkeit aus der Bebauung oder Nutzung seines Grundstücks hat der Nachbar zu beweisen.

84 Durch das Erfordernis der Unzumutbarkeit soll gesagt werden, dass kleine Beeinträchtigungen im Rahmen des nachbarlichen Gemeinschaftsverhältnisses wechselseitig ertragen werden müssen. Die Unzumutbarkeit richtet sich nach dem Empfinden des durchschnittlich und normal reagierenden Grundstückseigentümers unter Berücksichtigung der Natur und der Zweckbestimmung des betroffenen Grundstücks (AG Frankfurt NJW-RR 1990, 1001; vgl. Rn. 12, 54). Die Beeinträchtigung kann z. B. für ein Wohngrundstück schon unzumutbar sein, während sie es für ein Gewerbegrundstück noch nicht ist. Eine unzumutbare Beeinträchtigung ist z. B. das wiederholte Überschreiten der Grenze durch Menschen, Hunde, Hühner, Hauskaninchen, selbst wenn die Einwirkung unwesentlich oder ortsüblich ist (OLG Köln NJW 1985, 2338); über einmalige und kurzfristige Beeinträchtigungen vgl. Rn. 87. Der Anspruch entfällt bei anderweitiger Verhinderung der Beeinträchtigungen (z. B. Aufgabe der Viehhaltung).

2. Einfriedungspflichtiger und -berechtigter

85 Einfriedigungspflichtig ist der Eigentümer des Grundstücks, von dem die Beeinträchtigung ausgeht, nicht aber der Nutzungsberechtigte (z. B. Mieter, Pächter, Nießbraucher). Den Anspruch auf Einfriedigung hat nur der Eigentümer des unmittelbar angrenzenden Grundstücks, nicht auch der Nutzungsberechtigte. Aus dem Wortlaut „gemeinsame Grenze" folgt, dass der Anspruch nicht auch dem Eigentümer eines weiter entfernt liegenden Grundstücks, auf das sich die Beeinträchtigung noch auswirkt, zusteht. Für die Durchsetzung des Anspruchs gelten § 28 Rn. 15 sowie § 29 Rn. 44 entsprechend.

3. Inhalt der Einfriedigungspflicht

86 Der Einfriedigungspflichtige hat eine Einfriedigung zu errichten und zu unterhalten. Sind beide Nachbarn nach § 29 einfriedigungspflichtig oder ist ein Nachbar nach § 28 und der andere nach § 29 einfriedigungspflichtig, dann besteht nach dem Gesetz keine gemeinsame Einfriedigungspflicht in Form der Mitwirkung nach § 28 Abs. 2; die Vorschriften über die gemeinschaftliche Einfriedigung können aber entsprechend angewendet werden, wenn in absehbarer Zeit kein Fortfall der Einfriedigungspflicht aus § 29 zu erwarten ist. Bei der gemeinsamen Einfriedigungspflicht nach § 28 Abs. 2 verbleibt es hingegen, wenn zwei nach § 28 einzufriedigende Grundstücke eine gemeinsame Grenze haben und von dem einen eine besondere Beeinträchtigung ausgeht; dies hat nur Auswirkungen auf die Beschaffenheit und die Verteilung der Kosten (§§ 31 Abs. 2, 32 Abs. 2).

87 Es ist grundsätzlich eine Einfriedigung nach Ausdehnung und Herstellungsart zu errichten und zu unterhalten, die die Beeinträchtigung verhindert. Daher braucht das Grundstück nicht eingefriedigt zu werden, wenn es sich nur um eine einmalige und kurzfristige Beeinträchtigung gehandelt hat oder wenn die Beeinträchtigung durch eine Einfriedigung nicht verhindert oder gemildert werden kann, was z. B. vielfach bei Unkrautsamenflug (vgl. dazu vor § 37 Rn. 17 ff.) oder Geräuscheinwirkungen der Fall sein wird. Kann die Beeinträchtigung durch eine Einfriedigung zwar verhindert werden, ist eine solche Einfriedigung aber nicht zumutbar, so braucht nur eine zumutbare Einfriedigung errichtet und unterhalten zu werden, falls sie die Beeinträchtigung wenigstens mildert. Für die Frage der Zumutbarkeit kommt es nicht auf die finanziellen Möglichkeiten des Einfriedigungspflichtigen an, sondern entscheidend ist, ob die Kosten und die baugestalterischen Auswirkungen der Einfriedigung außer Verhältnis zur Art und Weise der Beeinträchtigung stehen. Kann durch eine Einfriedigung die Beeinträchtigung nicht verhindert oder gemildert werden oder wird sie nur gemildert und nicht beseitigt, so können nach §§ 862, 1004 BGB andere Maßnahmen zur Beseitigung der Beeinträchtigung verlangt werden (z. B. zum Heranfüttern von bis zu 10 Katzen vgl. OLG Köln MDR 1989, 355). Gegen alle von einem Grundstück auf ein benachbartes Grundstück ausgehenden verschuldensunabhängigen Einwirkungen, die das zumutbare Maß einer entschädigungslos hinzunehmenden Beeinträchtigung übersteigen, kommt in entsprechender Anwendung des § 906 Abs. 2 Satz 2 BGB ein **nachbarrechtlicher Ausgleichsanspruch** nach den Grundsätzen der Enteignungsentschädigung in Betracht, sofern der davon betroffene Eigentümer aus besonderen Gründen rechtlich oder tatsächlich gehindert war, diese Einwirkungen gemäß den §§ 1004 Abs. 1, 862 Abs. 1 BGB zu unterbinden (BGH VersR 1983, 336, 938; BGH NJW 1984, 2207; BGH VersR 1985, 740; vgl. auch Rn. 24).

88 Vorbehaltlich abweichender öffentlichrechtlicher Vorschriften gilt für die Art der Einfriedigung (z. B. Jägerzaun, Mauer, Hecke, Maschendraht) § 31 Abs. 1 Satz 1, sofern die Art der Beeinträchtigung keine andere Art der Einfriedigung verlangt. Der Standort der Einfriedigung ergibt sich aus § 30 Abs. 1. Die Einfriedigung hat nur im Bereich der gemeinsamen Grenze zu erfolgen. Wirken die Beeinträchtigungen dann noch über ein drittes Grundstück hinweg, kann daraus von dem Eigentümer dieses Grundstückes eine Einfriedigung ebenfalls nur verlangt werden, wenn die Fortwirkung von ihm aus der Bebauung seines Grundstücks oder dessen gewerblicher Nutzung zu verantworten ist (wie Rn. 65). Beispiel: Die Grundstücke A und B einerseits sowie B und C andererseits haben je eine gemeinsame Grenze. Auf A befindet sich eine Schweinehaltung mit freilaufenden Schweinen. Diese werden zwar durch einen Zaun zwischen A und B von B abgehalten, fallen aber in das gewerblich angelegte Maisfeld des angrenzenden C ein und gelangen von dort auf das Grundstück B. Hier hat der Eigentümer von B einen Einfriedigungsanspruch gegen den Eigentümer von C. Wird das Grundstück C (für Schweine unbedeutend) als gewerblicher Lagerplatz für Baustoffe genutzt, besteht gegen den Eigentümer von C kein Einfriedigungsanspruch.

§ 30 Standort der Einfriedigung

(1) Die Einfriedigung ist in den Fällen der §§ 28 Abs. 1 und 29 entlang der Grenze des einzufriedigenden Grundstücks und im Falle des § 28 Abs. 2 auf der gemeinsamen Grenze zu errichten.

(2) Wird das an ein eingefriedigtes Grundstück angrenzende Grundstück bebaut oder gewerblich genutzt, so ist der Eigentümer des eingefriedigten Grundstücks berechtigt, die Einfriedigung auf eigene Kosten auf die gemeinsame Grenze zu versetzen.

Übersicht   Rn.

I. Gemeinsame Einfriedigung 3–6
II. Nachträgliche gemeinsame Einfriedigung 7, 8

1 Der Eigentümer, der sein Grundstück freiwillig oder auf Verlangen des Nachbarn nach § 28 Abs. 1 oder § 29 einfriedigt, muss die Einfriedigung entlang der Grenze ganz auf seinem Grundstück errichten. Welchem Grundstück etwaige Zaunpfosten zugekehrt sind, ist dem Einfriedigungspflichtigen freigestellt. Da die Einfriedigung nicht auch der Einfriedigung des Nachbargrundstücks dient, braucht sie nicht unmittelbar an der Grenze errichtet zu werden; der verbleibende Grenzstreifen darf jedoch nicht mehr wie ein bebautes oder gewerblich genutztes Grundstück benutzt werden. Mindestabstände von der Grenze sind nicht vorgeschrieben; dies gilt auch für Einfriedigungen an der Grenze zu landwirtschaftlich genutzten Grundstücken, sodass kein Anwende- oder Schwengelrecht besteht. Für lebende Hecken gelten jedoch die Abstandsvorschriften des Abschnitts XII.

2 Die auf dem Grundstück des Verpflichteten errichtete Einfriedigung ist keine Grenzeinrichtung i. S. von §§ 921, 922 BGB. Sie gehört dem Eigentümer des einzufriedigenden Grundstücks. Dieser darf sie allein benutzen und im Rahmen der §§ 30 Abs. 1, 31 verändern; er darf sie auch wieder beseitigen. Wenn der Nachbar den Anspruch aus § 28 Abs. 1 erhebt, hat er sein Grundstück erneut, nicht notwendig in gleicher Art, einzufriedigen. Besteht gemäß § 28 Abs. 2 eine gegenseitige Einfriedigungspflicht, kann der Nachbar nur die erneute Errichtung einer – nicht notwendig gleichen – Einfriedigung **auf** der gemeinsamen Grundstücksgrenze beanspruchen (LG Bochum NJW-RR 1992, 913). Eine auf der gemeinsamen Grenze errichtete Einfriedigung ist von ihrer Funktion her Grenzeinrichtung i. S. von §§ 921, 922 BGB (OLG Düsseldorf OLGZ 1978, 190), denn Kennzeichen einer Grenzeinrichtung ist, dass sie von der Grundstücksgrenze durchschnitten wird und beiden Grundstücken nutzt, auf denen sie errichtet ist (BGH NJW-RR 2001, 1529). Der Durchschnitt muss nicht in der Grenzmitte sein, auch geht der Charakter der Grenzeinrichtung nicht verloren, wenn wenige Pfosten oder Anpflanzungen der Gesamteinrichtung die Grenze zum Nachbarn überschreiten (BGH MDR 2000, 150). Der Vorteil für beide Grundstücke liegt neben der Grenzscheidung in der Behinderung des möglichen Übertritts von Gefahren und Belästigungen. Eine abweichend von Absatz 1 1. Hs. auf der gemeinsamen Grenze errichtete Einfriedigung ist nur Grenzeinrichtung, wenn der Eigentümer des Nachbargrundstücks ihr **zustimmt** (OLG Frankfurt NJW-RR 1992, 463). Ist die Einfriedigung ohne oder gegen den Willen des Nachbarn auf der Grenze errichtet worden, dann ist sie nicht Grenzeinrichtung (BGH NJW 1984, 2463; OLG Frankfurt NJW-RR 1992, 464), und der Nachbar kann Beseitigung nach § 1004 BGB verlangen (BGHZ 91, 282; BGH NJW 1997, 16). Gleiches gilt, wenn eine Mauer talwärts oder durch Abgrabung auf die Grenze driftet (OLG Frankfurt a. a. O.). Genehmigt der Nachbar später – u. U. durch stillschweigende Duldung oder Mitgebrauch – die auf der Grenze angebrachte oder auf sie gedriftete Einrichtung, so wird sie damit zur Grenzeinrichtung. Die Eigenschaft als Grenzeinrichtung hat Bedeutung für die Unterhaltungspflicht (vgl. 28 Rn. 21), die Herstellungs- und Unterhaltungskosten sowie für die Beseitigung, Veränderung und Benutzung (vgl. unten Rn. 4). Zu den Eigentumsverhältnissen vgl. Rn. 5.

I. Gemeinsame Einfriedigung

Eine auf der Grundlage des § 28 Abs. 2 herzustellende Einfriedigung ist auf der gemeinsamen Grenze zu errichten, sie darf also beide Grundstücke beanspruchen. Lässt sich ein Grenzverlauf infolge Grenzverwirrung nicht feststellen, dann ist für die Abgrenzung der Besitzstand maßgeblich, § 920 BGB. Lässt sich die Grenze feststellen, sind aber die Grenzzeichen verschoben oder unkenntlich, besteht gegen den Nachbarn ein Anspruch auf Wiederherstellung, § 919 BGB. Die Einrichtung muss von der Grenzlinie durchschnitten sein (LG Bochum NJW-RR 1992, 913). Bei der Errichtung eines Zaunes ergeben sich folgende Möglichkeiten: Die Zaunpfosten können auf die gemeinsame Grenze gesetzt und der Maschendraht (bzw. Bastmatten, Latten usw.) kann entweder auf der einen Hälfte der Strecke auf der einen und auf der anderen Hälfte der Strecke und auf der anderen Seite der Pfosten befestigt werden, oder der Maschendraht kann abwechselnd auf der einen und auf der anderen Seite der Pfosten angebracht werden, oder er kann in Teilstücken unmittelbar auf der Grenzlinie zwischen den Pfosten gespannt werden. Eine weitere Möglichkeit ist, die Pfosten auf der einen Hälfte der Strecke auf das eine und auf der anderen Hälfte der Strecke auf das andere Grundstück – bzw. abwechselnd – zu setzen und den Maschendraht auf der Grenzlinie zu spannen (so § 30 Satz 2 NachbGNds). Die Wahl ist entsprechend § 28 Abs. 2 Satz 2 nach billigem Ermessen zu treffen. 3

Die gemeinsam auf der Grenze errichtete Einfriedigung ist Grenzeinrichtung i. S. von §§ 921, 922 BGB, wenn sie mit ausdrücklicher oder stillschweigender 4

Zustimmung des Nachbarn geschaffen wurde (OLG Düsseldorf NJW-RR 1991, 656; OLG Frankfurt NJW-RR 1992, 464). Die Einfriedigung darf daher von keinem Nachbarn eigenmächtig beseitigt oder verändert werden, indem z. B. der Maschendraht durch Mauerwerk ersetzt wird. Bei unzulässiger Veränderung oder Beseitigung hat der andere Nachbar einen Anspruch aus § 823 BGB auf Wiederherstellung. Eine zeitgemäße Umgestaltung kann ein Nachbar auf eigene Kosten auch gegen den Willen des anderen herbeiführen, wenn dadurch die Unterhaltungskosten nicht erhöht werden und der andere Nachbar auch sonst kein berechtigtes Interesse am unveränderten Fortbestand hat (Dehner B § 7 VI). Die Einfriedigung verliert ihre Qualität als Grenzeinrichtung, wenn sie durch äußere Einwirkungen so stark zerstört ist, dass sie praktisch nicht mehr repariert, sondern nur noch neu errichtet werden kann. Das gilt allerdings nicht für einen über der Erde befindlichen Holzzaun, von dem nur die Befestigungspfähle durchgefault und erneuerungsbedürftig sind und der ansonsten in seiner Substanz erhalten ist (BGH NJW 1985, 1458). Aus dem Benutzungsrecht nach § 922 Satz 1 BGB folgt, dass jeder Nachbar auf seiner Seite z. B. Spalierlatten anbringen darf, um daran Blumen und Pflanzen hochzuziehen (Glaser-Dröschel Nr. 115). Eine abweichend von Absatz 1 Teil 2 nicht auf der Grenze errichtete Einfriedigung ist nicht Grenzeinrichtung, weil sie nicht von der Grenze durchschnitten wird.

5 Jedem Eigentümer der angrenzenden Grundstücke gehört der auf seinem Grundstück stehende Teil der auf der gemeinsamen Grenze errichteten Einfriedigung, z. B. Einzelpflanzen der Hecke (OLG Düsseldorf OLGZ 1978, 190). Bei Sachen, die genau auf der Grenze stehen (z. B. Zaunpfahl, Einzelpflanze einer Hecke), ist das Eigentumsrecht vertikal aufgeteilt (OLG Düsseldorf a. a. O.; KG BlGBW 1982, 217); nach Trennung vom Grundstück werden derartige Sachen aber Miteigentum der Nachbarn (Palandt/Herrler § 921 BGB Rn. 4).

6 Die Einfriedigung darf nur dann auf der Grundstücksgrenze errichtet werden, wenn die Voraussetzungen des § 28 Abs. 2 vorliegen. Errichtet ein Eigentümer sie ohne Verlangen des anderen auf der Grenze, dann hat der andere einen Änderungs- oder gar Beseitigungsanspruch aus § 1004 BGB (BGH NJW-RR 1997, 16). Dieser Anspruch ist jedoch ausgeschlossen (§ 1004 Abs. 2 BGB bzw. § 242 BGB), wenn der Nachbar bei der Errichtung einer solchen Einfriedigung hätte mitwirken müssen und nach Beseitigung daher mitwirken müsste. Sobald der Nachbar aus diesem Grunde oder wegen nachträglicher Genehmigung nicht mehr Beseitigung verlangen kann, ist die Einfriedigung wie eine gemeinsam errichtete Einfriedigung zu behandeln und ist Grenzeinrichtung.

II. Nachträgliche gemeinsame Einfriedigung

7 In Absatz 2 ist der Fall geregelt, dass eine Pflicht zur gemeinsamen Einfriedigung nach § 28 Abs. 2 erst entsteht, nachdem das eine Grundstück bereits freiweillig oder auf Grund eines Verlangens nach § 28 Abs. 1 eingefriedigt worden ist, z. B. weil das Nachbargrundstück erst später bebaut wird. Für das freiwillig eingefriedigte Grundstück muss aber eine Einfriedigungpflicht be-

standen haben, da sonst keine Pflicht zur gemeinsamen Einfriedigung entstehen kann. Die Vorschrift soll im Interesse der Kostenersparnis die Verwertung der vorhandenen Einfriedigung ermöglichen, sofern diese § 31 entspricht.

Der Eigentümer des eingefriedigten Grundstücks kann die auf seinem Grundstück errichtete Einfriedigung abreißen und danach den Anspruch auf gemeinsame Einfriedigung geltend machen. Statt dessen kann er aber auf eigene Kosten die vorhandene Einfriedigung auf die Grundstücksgrenze versetzen, sodass beide Grundstücke eingefriedigt sind; er braucht von dem Nachbarn keine Mitwirkung zu verlangen. Steht die Einfriedigung dicht an der Grenze, kann der Nachbar weder Versetzung auf die Grenze noch Neueinfriedigung verlangen (vgl. § 28 Rn. 17). Steht die Einfriedigung weiter entfernt von der Grenze, kann der Nachbar nicht Versetzung auf die Grenze, sondern nur Neueinfriedigung nach § 28 Abs. 2 auf der Grenze verlangen. Die Ausübung des Rechtes aus § 30 Abs. 2 hat aber den Vorrang vor dem Anspruch des Nachbarn aus § 28 Abs. 2. **8**

§ 31 Beschaffenheit der Einfriedigung

(1) Die Einfriedigung muss ortsüblich sein; lässt sich eine Ortsüblichkeit nicht feststellen, so ist ein etwa 1,20 m hoher Zaun aus Maschendraht zu errichten. Schreiben öffentlichrechtliche Vorschriften eine andere Art der Einfriedigung vor, so tritt diese an die Stelle der in Satz 1 genannten Einfriedigungsart.

(2) Bietet die Einfriedigung nach Absatz 1 keinen angemessenen Schutz vor Beeinträchtigungen, die von einem einzufriedigenden Grundstück ausgehen, so ist die Einfriedigung in dem erforderlichen Umfang zu verstärken, zu erhöhen oder zu vertiefen.

Übersicht	Rn.
I. Beschaffenheit der Einfriedigung im Normalfall	1–5
II. Beschaffenheit der Einfriedigung bei Beeinträchtigungen	6–8

I. Beschaffenheit der Einfriedigung im Normalfall

Die Beschaffenheit einer Einfriedigung richtet sich gemäß Abs. 1 Satz 2 in erster Linie nach öffentlichrechtlichen Vorschriften. Darunter fallen zum einen bauplanungsrechtliche Vorschriften. Der Bebauungsplan kann nach § 9 Abs. 1 Nr. 1 BauGB i. V. m. § 14 Abs. 1 Satz 2 BauNVO die Zulässigkeit einer Einfriedigung (sog. untergeordnete Nebenanlage) einschränken, d. h. der Höhe nach begrenzen (OVG Lüneburg BauR 1976, 414) und der Beschaffenheit nach vorschreiben (Böhm BlGBW 1974, 204). Fehlen derartige Festsetzungen im Bebauungsplan, so beurteilt sich die planungsrechtliche Zulässigkeit der Einfriedigung nach §§ 14, 15 BauNVO (vgl. Böhm a. a. O.). Darunter fallen weiter die bauordnungsrechtlichen Vorschriften wie etwa **Gestaltungssatzungen** (§ 84 Abs. 1 Nr. 5 LBO); zu offenen Einfriedigungen (d. h. solche mit ungehindertem Durchblick) für landwirtschaftlich und forstwirtschaftlich oder erwerbsgärtnerisch genutzte Grundstücke im Außenbereich gibt es keine Höhenbegrenzung, **1**

§ 63 Abs. 1 Nr. 7 c LBO. Hat die Einfriedigung den Charakter einer baulichen Anlage i. S. von § 2 LBO (z. B. Mauer, Zaun), so unterliegt sie dem Verunstaltungsverbot des § 10 LBO. Ist sie nicht über 1,50 Meter hoch, so bedarf sie keiner Baugenehmigung (§ 63 Abs. 1 Nr. 7 b LBO).

2 Soweit nicht öffentlichrechtliche Vorschriften eine bestimmte Art der Einfriedigung vorschreiben, muss nach Abs. 1 Satz 1 eine ortsübliche Einfriedigung errichtet werden. Nach der Ortsüblichkeit richten sich Höhe und Beschaffenheit der Einfriedigung. Die Planung eines Bauträgers, z. B. einheitliche Abgrenzungen aller Parzellen einer Reihenhaussiedlung durch Buchenhecken, kann keine Ortsüblichkeit festlegen, weil die tatsächlich bestehenden Verhältnisse maßgebend sind (BGH NJW 1992, 2569; vgl. auch Rn. 5). Ortsüblich ist eine Einfriedigung, wenn eine Mehrheit von Grundstücken der gleichen Lage im wesentlichen in gleicher Weise eingefriedigt ist. Die Ortsüblichkeit ist bezirksweise, unter Umständen auch schon nach einer Gruppentypik bebauter Grundstücke zu beurteilen, muss sich also keineswegs einheitlich auf eine Stadt oder Gemeinde erstrecken, sondern kann sich unter Umständen sogar auf die in Sichtweite gelegene Umgebung beschränken, wenn sie sich in der baulichen Anlage optisch als gleichartig und zusammengehörig (nicht notwendig gleichförmig) darstellt (BGH NJW 1992, 2569; OLG Köln OLGZ 1993, 328). Sie wird maßgeblich von der Wohnlage beeinflusst, sodass in verschiedenen Ortsteilen (z. B. Innenstadt, Gewerbegebiet, Wohnviertel, geschlossene Siedlung) eine unterschiedliche Ortsüblichkeit bestehen kann (LG Braunschweig NdsRpfl 1969, 87).

3 Da eine Einfriedigung in Beziehung zur Umgebung steht, können zur Beurteilung ergänzend das historische und landschaftliche Gepräge des Bereichs mit herangezogen werden; auch ist auf **Kultur- und Naturdenkmäler** und auf erhaltenswerte Eigenheiten ihrer Umgebung Rücksicht zu nehmen (vgl. z. B. §§ 34 Abs. 1 S. 1, 35 Abs. 3 Nr. 5 BauGB: keine Plastikeinfriedigung an einer ansonsten durch traditionellen Staketenzaun eingefriedigten historischen Kate). Wird durch die Ausgestaltung der Einfriedigung das Lichtrecht des Nachbarn eingeschränkt (vgl. § 22 Rn. 10), so ist besonderes Augenmerk darauf zu legen, ob auch eine solche Beschränkung durch eine solche Einfriedigung ortsüblich ist. Die Bewertung der Ortsüblichkeit wäre unvollkommen, würde man sich allein an der technischen und ästhetischen Ausbildung der Einfriedigung orientieren. Besteht eine Einfriedigung aus gebrauchten **Bahnschwellen**, von denen gesundheitsgefährdende Ausdünstungen ausgehen und bestehen auch in der Umgebung Einfriedigungen und Hangverkleidungen aus Bahnschwellen, steht die Ortsüblichkeit der Einfriedigung doch nicht fest, bevor nicht fest steht, dass die anderen Bahnschwellen in etwa gleichem Maße etwa gleichartige Ausdünstungen freisetzen (OLG Köln VersR 1997, 121). Auch wenn nicht feststellbar ist, dass nur eine bestimmte Einfriedigungsart ortsüblich ist, kann u. U. festgestellt werden, dass die im Streit befindliche Einfriedigung jedenfalls nicht ortsüblich ist; es kann dann zwischen mehreren ortsüblichen Einfriedigungsarten gewählt werden (LG Braunschweig NdsRpfl 1969, 86), wobei im Falle gemeinschaftlicher Einfriedigung die Wahl entsprechend § 28 Abs. 2 Satz 2 nach billigem Ermessen, d. h. nach sachlichen Gesichtspunkten unter ausgewogener Berücksichtigung der beiderseitigen Nachbarinteressen zu treffen ist. Lassen sich eine oder mehrere ortsübliche Einfriedigungsarten nicht feststellen, so ist ein etwa 1,20 Meter hoher Zaun aus Maschendraht mittlerer Maschenweite zu errichten. Auch bei einer Hanglage des Nachbargrundstücks ist die Höhe vom Erdboden an bzw. auf der Grenze aus zu messen (vgl. LG Düsseldorf NJW-RR 1998, 1387). Aus dem Wort „etwa" folgt, dass geringfügige Abweichungen auf Grund von Bodenunebenheiten oder Absenkungen hinzunehmen sind. Stacheldraht an der Oberkante sieht das Gesetz nicht vor.

Absatz 1 regelt nur, wie eine geschuldete Einfriedigung beschaffen sein muss. Er gilt daher nicht, wenn ein nicht einzufriedigendes Grundstück eingefriedigt wird (§ 28 Rn. 3). Er gilt ferner nicht, wenn ein einzufriedigendes Grundstück eingefriedigt wird, ohne dass der Nachbar die Einfriedigung verlangt hat. Macht der Nachbar später den Einfriedigungsanspruch geltend, so ist die ortsunübliche durch eine ortsübliche Einfriedigung zu ersetzen (BGH NJW 1979, 1409; OLG Hamm NJW 1975, 1035 mit Anm. Dehner NJW 1975, 1972).

4

Stellt die bereits vorhandene Einfriedigung eine von mehreren Arten der ortsüblichen Einfriedigung dar, dann hat der Nachbar, der diese Einfriedigung errichtet hat, die Wahl, ob es bei der bisherigen Einfriedigung belassen bleiben soll (BGH NJW 1992, 2569). Ein Nachbar, dessen Einfriedigung ersetzt werden soll, kann sich nicht darauf berufen, es habe noch keine Ortsüblichkeit gegeben, als er die Einfriedigung errichtet habe. So kann z. B. die durch einen Bauträger vorgenommene planerische Festlegung einheitlicher Abgrenzungen von Parzellen einer Reihenausanlage durch Buchenhecken zur Ortsüblichkeit führen, wenn sich die Mehrheit der Parzellenerwerber daran hält und dem Bereich damit tatsächlich ein solches Gepräge gibt. Hatte der eine oder andere zunächst eine andersartige Einfriedigung vorgenommen, muss er sie auf Verlangen des Nachbarn gemäß § 1004 BGB i. V. m. § 31 beseitigen (vgl. BGH NJW 1992, 2569; OLG Köln WuM 1993, 77). Absatz 1 begründet schließlich keinen Beseitigungsanspruch, wenn ein Nachbar neben einer ortsüblichen gemeinschaftlichen Einfriedigung eine zusätzliche ortsunübliche Einfriedigung auf seinem Grundstück (z. B. in Form einer Sichtblende) errichtet; anders aber, wenn dadurch die gemeinschaftliche Einfriedigung in ihrem ortsüblichen Erscheinungsbild völlig verändert wird, z. B. 2 m hohe Mauer neben 0,80 m hohem Holzzaun (BGH NJW 1979, 1408) oder 2,80 m hohe Sichtblende aus Holzgeflecht 0,40 m neben 1 m hohem Maschendrahtzaun (OLG Frankfurt NJW-RR 1988, 403), vgl. auch § 28 Rn. 10.

5

II. Beschaffenheit der Einfriedigung bei Beeinträchtigungen

Während § 29 die Fälle betrifft, in denen keine Einfriedigungspflicht nach § 28 besteht, regelt Absatz 2 die Fälle, in denen eine gemäß §§ 28, 31 Abs. 1 geschuldete Einfriedigung keinen angemessenen Schutz gegen Beeinträchtigungen bietet, die von einem einzufriedigenden Grundstück ausgehen. Im Gegensatz zu § 29 spricht Absatz 2 nicht von unzumutbaren Beeinträchtigungen. Trotz des Fehlens dieser Einschränkung wird aber nicht jede geringfügige Beeinträchtigung, sondern nur eine von einigem Gewicht (vgl. § 29 Rn. 84) ausreichen,

6

um die Verpflichtung aus Absatz 2 zu begründen (Schäfer/Fink-Jamann/Peter § 35 Rn. 20). Geschuldet wird ein angemessener und kein absoluter Schutz. Die Schutzmaßnahmen müssen in einem vernünftigen Verhältnis zur Art und Schwere der Beeinträchtigung stehen (vgl. § 29 Rn. 87). Die Verstärkung der Einfriedigung betrifft nicht nur die Materialverstärkung, gemeint sind vielmehr auch funktionsbezogene Begleitmaßnahmen, wie etwa die Anlage eines Schutzstreifens mit Kontaktgift gegen eine Raupeninvasion (vgl. LG Coburg NJW-RR 1991, 716).

7 Im Falle des § 28 Abs. 1 ist die dem Absatz 2 entsprechende Einfriedigung von dem allein einfriedigungspflichtigen Eigentümer zu errichten. Im Falle des § 28 Abs. 2 haben beide bei der Errichtung einer Einfriedigung nach Absatz 2 mitzuwirken; zur Kostenverteilung vgl. § 32 Abs. 2 Satz 1. Wird eine Einfriedigung nach Absatz 2 erst erforderlich, nachdem schon eine dem Absatz 1 entsprechende Einfriedigung vorhanden ist, so ist die vorhandene Einfriedigung von dem beeinträchtigenden Eigentümer auf eigene Kosten zu verstärken, zu erhöhen oder zu vertiefen, sofern der Eigentümer des anderen Grundstücks es verlangt (§ 32 Abs. 2). Der gestörte Nachbar kann diese Maßnahmen aber auf eigene Kosten auch selbst ausführen (OLG Hamm MDR 1975, 664). Die Maßnahmen sind dem bisherigen Bild der Einfriedigung auf jeden Fall ästhetisch anzugleichen (vgl. OLG Hamm a. a. O.).

8 Absatz 2 gibt dein beeinträchtigten Nachbarn einen Anspruch auf höhere Einfriedigung. Macht er diesen Anspruch nicht geltend, so verbleibt es bei Absatz 1 und der störende Nachbar darf nicht nach Absatz 2 einfriedigen bzw. eine solche Einfriedigung verlangen.

§ 32 Kosten der Errichtung und Unterhaltung

(1) Die Kosten der Errichtung und Unterhaltung der Einfriedigung tragen im Falle des § 28 Abs. 2 die Grundstückseigentümer je zur Hälfte. Dies gilt auch, wenn die Einfriedigung ganz auf einem der beiden Grundstücke errichtet ist.

(2) Die bei einer Einfriedigung nach § 31 Abs. 2 gegenüber einer Einfriedigung nach § 31 Abs. 1 entstehenden Mehrkosten der Errichtung und Unterhaltung trägt der Eigentümer, von dessen Grundstück die Beeinträchtigungen ausgehen. Wird eine Einfriedigung nach § 31 Abs. 2 nachträglich erforderlich, so ist sie von dem Eigentümer, von dessen Grundstück die Beeinträchtigungen ausgehen, auf eigene Kosten herzustellen, wenn der Eigentümer des anderen Grundstücks es verlangt.

(3) Wird das an ein eingefriedigtes Grundstück angrenzende Grundstück bebaut oder gewerblich genutzt, so ist der Eigentümer dieses Grundstücks verpflichtet, an den Eigentümer des eingefriedigten Grundstücks die Hälfte der Kosten der Errichtung der Einfriedigung unter angemessener Berücksichtigung der bisherigen Abnutzung zu zahlen. Der Berechnung sind die Kosten der Errichtung einer Einfriedigung nach § 31 Abs. 1, höchstens die tatsächlichen Aufwendungen einschließlich der Eigenleistungen zugrunde zu legen, wenn die von dem nachträglich bebauten oder gewerblich genutzten Grundstück ausgehenden Beeinträchtigungen nur die in § 31 Abs. 1 vorgesehene Einfriedigung erfordern.

Übersicht

		Rn.
I.	Einseitige Einfriedigung	1, 2
II.	Gemeinsame Einfriedigung	3–7
III.	Nachträgliche gemeinsame Einfriedigung	8–10
IV.	Steuerrecht	11

I. Einseitige Einfriedigung

Ist nach §§ 28 Abs. 1, 29 nur eines von zwei benachbarten Grundstücken einzufriedigen, dann hat dessen Eigentümer die Kosten für die Errichtung und Unterhaltung der auf seinem Grundstück stehenden Einfriedigung allein zu tragen. **1**

Ist die Einfriedigung abweichend von § 30 Absatz 1 Teil 1 auf der gemeinsamen Grenze errichtet worden und damit zur Grenzeinrichtung geworden (vgl. § 30 Rn. 2), so sind die Unterhaltungskosten nach § 922 Satz 2 BGB von beiden Grundstückseigentümern zu gleichen Teilen zu tragen. Eine Beteiligung des Nachbarn an den Errichtungskosten sieht § 922 BGB nicht vor, sodass danach von dem Erbauer allein zu tragen sind. Etwas anderes gilt bei einer Vereinbarung über eine Beteiligung an den Herstellungskosten, die u. U. schon darin gesehen werden kann, dass der Nachbar die Mitbenutzung seines Grundstücks gestattet. Im Falle nachträglicher Genehmigung kann sich eine Verpflichtung zur Beteiligung an den Herstellungskosten aus §§ 684, 683, 670 BGB ergeben. Erlangt der Nachbar Miteigentum an der Grenzeinrichtung oder Alleineigentum an einem Teil von ihr, dann kann der Erbauer Wertersatz nach §§ 812, 818 BGB verlangen (Dehner B § 9 II 2 a). Hat der Nachbar der Errichtung auf der Grenze weder anfänglich noch nachträglich zugestimmt, dann kann er sich gegen den Anspruch aus §§ 812, 818 BGB wehren, indem er Beseitigung der Einfriedigung nach § 1004 BGB verlangt (Dehner B § 9 II 2 b). **2**

II. Gemeinsame Einfriedigung

Haben beide Grundstückseigentümer bei der Errichtung oder Unterhaltung der Einfriedigung mitgewirkt, so tragen sie nach Absatz 1 Satz 1 ohne Rücksicht auf Art und Umfang der Mitwirkung die Errichtungs- bzw. Unterhaltungskosten je zur Hälfte. Hinsichtlich der Unterhaltungskosten gilt dies auch dann, wenn einer der Eigentümer gemäß §§ 922 Satz 4, 744 Abs. 2 BGB eine notwendige Erhaltungsmaßnahme ohne Mitwirkung des anderen ausgeführt hat (LG Göttingen NdsRpfl 1958, 92; AG Kassel ZMR 1970, 139). Eine andere Kostenverteilung tritt im Falle des Absatzes 2 ein: Wenn wegen der von einem Grundstück ausgehenden Beeinträchtigungen eine verstärkte Einfriedigung nach § 31 Abs. 2 erforderlich ist, dann hat der Eigentümer dieses Grundstücks die gegenüber einer Einfriedigung nach § 31 Abs. 1 entstandenen Mehrkosten für Errichtung und Unterhaltung allein zu tragen. Dass derjenige sämtliche Kosten allein trägt, von dessen Grundstück eine unzumutbare Beeinträchtigung ausgeht, kommt nicht in Betracht (vgl. auch OLG Düsseldorf NJW-RR 1990, 1100). **3**

4 Nach Absatz 1 Satz 2 tritt die Kostenteilung auch dann ein, wenn die Einfriedigung nicht auf der Grenze sondern ganz auf einem der Grundstücke errichtet worden ist. Diese Vorschrift setzt aber eine gemeinsame Errichtung i. S. von § 28 Rn. 13 voraus und will die Fälle erfassen, in denen die Einfriedigung versehentlich (z. B. aus Unkenntnis über den genauen Grenzverlauf) oder im Einverständnis beider Grundstückseigentümer nicht auf, sondern an der Grenze errichtet wurde. Hatte zunächst kein Eigentümer gemeinsame Einfriedigung verlangt, sondern nur einer von ihnen sein Grundstück an der Grenze eingefriedigt, ist die Einfriedigung dann aber später zur gemeinsamen Einfriedigung erklärt worden (vgl. § 28 Rn. 17), so gilt folgendes: Errichtungskosten sind nur zu erstatten, wenn dies vereinbart ist, denn die Einfriedigung ist nicht gemeinsam errichtet worden und Absatz 3 Satz 1 ist wegen anfänglicher gemeinsamer Einfriedigungspflicht nicht anwendbar; Unterhaltungskosten sind zu teilen, soweit sie nach der Erklärung zur gemeinsamen Einfriedigung entstehen.

5 Die Kosten der Errichtung und Unterhaltung umfassen zunächst die Materialkosten sowie die Lohnkosten für entgeltlich beschäftigte Dritte (Handwerker). Obwohl die Eigenleistungen nur bei dem Vergütungsanspruch nach Absatz 3 erwähnt sind, müssen sie auch bei der Berechnung der Kosten für die Errichtung und Unterhaltung nach Absatz 1 berücksichtigt werden (so auch Dröschel § 37 Anm. 3, Schäfer/Fink-Jamann/Peter § 37 Rn. 4 für die insoweit gleich lautende Regelung in § 37 NachbGNRW). Bei der Bewertung der Eigenleistungen ist von dem Lohn auszugehen, den ein angestellter Handwerker (Maler, Schlosser, Tischler) für die entsprechenden Arbeiten erhalten hätte, denn die Generalunkosten des Unternehmers entstehen dem Eigentümer in der Regel nicht; für ganz einfache Arbeiten – z. B. das Einsetzen hölzerner Pfähle in normales Erdreich – darf nur der Stundenlohn ungelernter Arbeiter berechnet werden (Lehmann § 35 Anm. 8).

6 Grundsätzlich gilt die Kostenverteilung nach Absatz 1 Satz 2 nur, wenn beide Nachbarn bei der Errichtung und Unterhaltung mitgewirkt haben (vgl. § 28 Rn. 13), bei der Unterhaltung jedoch vorbehaltlich der Befugnis zur alleinigen Ausführung nach §§ 922 Satz 4, 744 Abs. 2 BGB. Hat ein Eigentümer jedoch die Einfriedigung selbstständig auf der Grenze errichtet und kann der andere Eigentümer die Beseitigung nicht verlangen, weil er bei der Errichtung einer solchen Einfriedigung hätte mitwirken müssen (vgl. § 30 Rn. 6), dann ist bei der Berechnung des Kostenanteils zu berücksichtigen, welche Eigenleistungen der andere Eigentümer im Rahmen seiner Mitwirkung hätte erbringen können. Entsprechendes gilt für eine nicht unter § 744 Abs. 2 BGB fallende Unterhaltungsmaßnahme ohne die vorgeschriebene Mitwirkung.

7 Hat ein Grundstückseigentümer ohne Einverständnis des anderen die Einfriedigung auf seinem Grundstück errichtet, dann hat er alle Kosten allein zu tragen.

III. Nachträgliche gemeinsame Einfriedigung

8 Hat ein Eigentümer sein Grundstück eingefriedigt, ohne nach § 28 Abs. 1 wegen der Lage oder Nutzungsart dazu verpflichtet zu sein, und wird danach das Nachbargrundstück einfriedigungspflichtig, so hat der Eigentümer gegen den

Nachbarn keinen Anspruch aus § 32 Abs. 3 auf Erstattung von Kosten für die Errichtung der Einfriedigung. Auch ein Anspruch auf Erstattung der zukünftigen Unterhaltungskosten besteht nicht. Dies gilt auch, solange der Eigentümer seinen Einfriedigungsanspruch nicht geltend machen kann, weil er selbst an der Grenze eingefriedigt hat (vgl. § 28 Rn. 9).

Hat der Eigentümer sein Grundstück freiwillig oder auf Verlangen des Nachbarn eingefriedigt, weil er nach § 28 Abs. 1 dazu verpflichtet war und wird danach das Nachbargrundstück auch nach § 28 Abs. 1 einfriedigungspflichtig, sodass nachträglich nach § 28 Abs. 2 gemeinsam einzufriedigen ist, so kann der Eigentümer von dem Nachbarn verlangen, dass ihm ein Teil der Errichtungskosten erstattet wird. Voraussetzung ist aber, dass die vorhandene Einfriedigung erhalten bleibt und beiden Grundstücken dient, also entweder dicht an der Grenze steht oder auf die Grenze versetzt wird. Wird eine neue Einfriedigung errichtet, so gilt § 32 Abs. 1. Entspricht die vorhandene Einfriedigung dem § 31 Abs. 1 oder erfordern beide Grundstücke eine verstärkte Einfriedigung nach § 31 Abs. 2, so besteht ein Anspruch in Höhe der Hälfte der Errichtungskosten unter angemessener Berücksichtigung des Wertverlustes infolge Abnutzung. Erfordert das später einzufriedigende Grundstück nur eine Einfriedigung entsprechend § 31 Abs. 1, ist die bereits vorhandene Einfriedigung aber aufwändiger, dann ist, sofern die tatsächlichen Aufwendungen für die Errichtung nicht geringer sind, bei der Berechnung des Erstattungsanspruchs von den Kosten einer dem § 31 Abs. 1 entsprechenden Einfriedigung auszugehen. Die durch die Versetzung auf die Grundstücksgrenze entstehenden Kosten trägt der Eigentümer des eingefriedigten Grundstücks nach § 30 Abs. 2 allein. **9**

Die Kosten der Unterhaltung trägt der Eigentümer des eingefriedigten Grundstücks bis zu dem Zeitpunkt allein, in dem das Nachbargrundstück einfriedigungspflichtig wird. Danach richtet sich die Verpflichtung zur gemeinsamen Unterhaltung nach § 28 Abs. 2 und die Beteiligung an den Unterhaltungskosten nach § 32 Abs. 1 und 2. **10**

IV. Steuerrecht

Aufwendungen für die Einfriedigung eines Wohngrundstücks gehören zu den Gebäudeherstellungskosten und sind einheitlich mit dem Gebäude abzuschreiben, wenn ein einheitlicher Nutzungs- und Funktionszusammenhang besteht (BFH NJW 1978, 911; vgl. eingehend Oswald ZMR 1979, 5). **11**

§ 33 Ausschluss des Einfriedigungsanspruchs

Der Anspruch auf Errichtung oder Mitwirkung bei der Errichtung einer Einfriedigung ist ausgeschlossen, wenn auf dem einzufriedigenden Grundstück bei Inkrafttreten dieses Gesetzes eine Einfriedigung vorhanden ist und
1. **die Einfriedigung dem bisherigen Recht entspricht oder**
2. **die Einfriedigung nicht dem bisherigen Recht entspricht und nicht bis zum Ablauf des auf das Inkrafttreten dieses Gesetzes folgenden Kalenderjahres**

Klage auf Errichtung oder Mitwirkung bei der Errichtung einer diesem Gesetz entsprechenden Einfriedigung erhoben worden ist.

Übersicht   Rn.

I. Allgemeines 1
II. Erhaltung vorhandener Einfriedigungen 2–4

I. Allgemeines

1 Diese Vorschrift enthält eine Übergangsregelung für die bei Inkrafttreten dieses Gesetzes vorhandenen Einfriedigungen. Sie will vorhandene Einfriedigungen möglichst erhalten.

II. Erhaltung vorhandener Einfriedigungen

2 Der Anspruch aus § 28 auf Errichtung oder auf Mitwirkung bei der Errichtung einer Einfriedigung ist unter zwei Voraussetzungen ausgeschlossen. Erste Voraussetzung ist, dass auf dem einzufriedigenden Grundstück bei Inkrafttreten dieses Gesetzes eine Einfriedigung vorhanden ist. Im Falle des § 28 Abs. 2 genügt eine Einfriedigung an der Grenze auf einem der beiden Grundstücke, denn sie dient dann beiden Grundstücken; auch der Einfriedigungsanspruch desjenigen, auf dessen Grundstück die Einfriedigung steht, ist dann ausgeschlossen (vgl. § 28 Rn. 17). Zweite Voraussetzung ist, dass die vorhandene Einfriedigung nach Standort und Beschaffenheit dem bis zum Inkrafttreten dieses Gesetzes geltenden Recht entspricht. Wo Vorschriften über eine Einfriedigung nicht vorhanden waren, entspricht also jede Einfriedigung dem bisherigen Recht und bleibt erhalten. Zu dem bisherigen Recht gehört auch Gewohnheitsrecht, und gewohnheitsrechtlich galt vielfach das ALR, das in Schleswig-Holstein aber niemals formelles Recht war (LG Flensburg SchlHA 1966, 185; AG Schleswig SchlHA 1957, 156). Nach § 162 I 8 ALR hatte jeder Grundstückseigentümer seine rechte Grundstücksgrenze einzufriedigen, während nach § 167 I 8 ALR gemeinsame rückwärtige Grundstücksgrenzen gemeinsam einzufriedigen waren. Die zweite Voraussetzung ist aber auch erfüllt, wenn die vorhandene Einfriedigung nicht dem bisherigen Recht entspricht und der Anspruch aus § 28 nicht bis zum 31. Dezember 1972 rechtshängig geworden ist. Da in § 33 nur der Anspruch auf Mitwirkung bei der Errichtung einer Einfriedigung ausgeschlossen ist, wird man dem Eigentümer des eingefriedigten Grundstücks entsprechend § 30 Abs. 2 das Recht zubilligen müssen, die vorhandene Einfriedigung unter den Voraussetzungen des § 28 Abs. 2 auf die gemeinsame Grenze zu versetzen.

3 Soweit die vorhandene Einfriedigung nach dieser Vorschrift erhalten bleibt, besteht kein Anspruch auf Erstattung von Errichtungskosten, denn ein solcher Anspruch setzt den hier ausgeschlossenen Anspruch auf Errichtung bzw. Mitwirkung bei der Errichtung voraus, und im Übrigen ist die Errichtung als das den Anspruch begründende Ereignis vor Inkrafttreten dieses Gesetzes eingetreten (§ 44 Abs. 2).

Die Ansprüche auf Unterhaltung der vorhandenen Einfriedigung und die Verteilung der Unterhaltungskosten richten sich gemäß § 44 nach diesem Gesetz (vgl. dazu § 44 Rn. 1); denn § 33 behandelt nur den Anspruch auf Errichtung einer Einfriedigung. **4**

§ 34 Ausnahmen

Die §§ 28 bis 33 gelten nicht für Einfriedigungen zwischen Grundstücken und den an sie angrenzenden öffentlichen Verkehrsflächen, öffentlichen Grünflächen und oberirdischen Gewässern.

Die Vorschriften über die Einfriedigung in den §§ 28 bis 33 gelten nicht, wenn ein Grundstück an eine öffentliche Verkehrsfläche (vgl. § 17 Rn. 17), eine öffentliche Grünfläche (z. B. dem Gemeingebrauch gewidmete Parkanlagen, Rasenflächen oder Spielplätze) oder ein privates öffentliches oberirdisches Gewässer (Teich, Fluss, See) grenzt. Die Eigentümer der genannten Verkehrs- und Grünflächen sowie Gewässer sind daher einerseits nicht gegenüber dem Eigentümer eines angrenzenden Grundstücks zur Einfriedigung verpflichtet und andererseits auch diese ihnen gegenüber nicht. Dementsprechend besteht auch keine Verpflichtung, sich an den Errichtungs- und Unterhaltungskosten einer Einfriedigung zu beteiligen. Bei sonstigen öffentlichen Grundstücken (z. B. Schulen und Verwaltungsgebäude) gilt § 34 nicht. **1**

Zulässigkeit und Beschaffenheit von Einfriedigungen sowie die Verpflichtung zur Einfriedigung und zur Übernahme oder Beteiligung an den Kosten richten sich in den Fällen des § 34 allein nach öffentlichrechtlichen Vorschriften. Als solche kommen neben Bebauungsplänen und Ortssatzungen die §§ 11 BFernStrG, § 33 StrWG in Betracht. Über Einfriedigung von Bahngelände vgl. VG Schleswig SchlHA 1986, 95 und § 35 Rn. 11. **2**

Abschnitt XI: Einfriedigung landwirtschaftlich genutzter Grundstücke

§ 35 Einfriedigungspflicht

(1) Der Eigentümer eines landwirtschaftlich genutzten Grundstücks, das als Weideland dient, ist auf Verlangen des Eigentümers des Nachbargrundstücks verpflichtet, sein Grundstück an der gemeinsamen Grenze einzufriedigen und die Einfriedigung zu unterhalten. Die Einfriedigung muss so beschaffen sein, dass das Vieh das Nachbargrundstück nicht erreichen kann.

(2) Der Eigentümer eines landwirtschaftlich genutzten Grundstücks, das als Weideland dient und an einem Gewässer zweiter oder dritter Ordnung liegt, hat auf Verlangen desjenigen, der die Unterhaltungspflicht für das Gewässer nach § 41 Abs. 1 bis 3 des Wassergesetzes des Landes Schleswig-Holstein

erfüllt, sein Grundstück an der Grenze zu dem Gewässer einzufriedigen und die Einfriedigung zu unterhalten. Die Einfriedigung muss so beschaffen sein, dass das Vieh die obere Böschungskante nicht erreichen kann.

(3) Eine Pflicht zur Einfriedigung nach Absatz 1 besteht nicht, soweit durch eine auf der gemeinsamen Grenze befindliche Einrichtung, insbesondere durch einen Graben oder Knick, das Vieh daran gehindert wird, das Nachbargrundstück zu erreichen.

Übersicht

	Rn.
I. Allgemeines	1–3
II. Einzufriedigende Grundstücke	4, 5
III. Inhalt der Einfriedigungspflicht	6–11

I. Allgemeines

1 Gesetzliche Bestimmungen über die Einfriedigung landwirtschaftlich genutzter Grundstücke enthielten die zur Aufhebung der Feldgemeinschaften und Förderung der Einkoppelungen erlassenen Einkoppelungsverordnungen. Neben ihnen entwickelte sich reichhaltiges Gewohnheitsrecht, insbesondere hinsichtlich der Einfriedigung von Weideland. Bekannt geworden ist der Satz: „Wer Vieh weidet, muss Vieh hüten", der dem Eigentümer des weidenden Viehs die Einfriedung auferlegte (vgl. Kähler S. 212 ff.). In anderen Fällen oblag die Einfriedigung dem Eigentümer der Feldscheide. Nunmehr richtet sich die Einfriedigung landwirtschaftlich genutzter Grundstücke ausschließlich nach den Vorschriften dieses Gesetzes; weitergehende Rechte und Pflichten – auch gewohnheitsrechtlicher Art – bestehen nur noch bei vertraglichen Vereinbarungen.

2 Die Einfriedigungspflicht hat keine Auswirkungen auf überkommenes Weiderecht an angrenzenden oder entfernter liegenden Grundstücken, denn die Einfriedigung soll vor unbefugtem Übertritt des Viehs schützen und hindert die Ausübung des Weiderechts nicht (Lenth, Rechtshistorische und dogmatische Untersuchung der Schafweide auf dem Listland/Sylt, Dissertation Kiel 1972, S. 72 ff.; a. A. OLG Schleswig Urteil vom 10.11.1971 – 4 U 94/69 –).

3 Die in Absatz 2 genannten Gewässer dritter Ordnung gibt es nicht mehr (§ 3 Abs. 1 LWG).

II. Einzufriedigende Grundstücke

4 Einzufriedigen sind landwirtschaftlich genutzte Grundstücke nur, wenn sie als Weideland dienen. Unerheblich ist, wo das Grundstück liegt und welche Art Vieh dort geweidet wird. Bei nur kurzfristiger Weidung (z. B. Abgrasen durch eine Schafherde) dient das Grundstück noch nicht als Weideland. Landwirtschaftlich genutzte Grundstücke mit einer anderen Nutzungsart brauchen nicht mehr eingefriedigt zu werden.

Ein als Weideland genutztes Grundstück braucht aber nach Absatz 3 nicht ein- **5**
gefriedigt zu werden, soweit das Vieh durch eine auf der gemeinsamen Grenze
befindliche Einrichtung daran gehindert wird, das Nachbargrundstück zu erreichen; zu diesen Einrichtungen zählen insbesondere die in Schleswig-Holstein
vielfach anzutreffenden Gräben und Knicks. Diese Einrichtungen dürfen aber
nicht ausschließlich auf dem Nachbargrundstück stehen, sondern müssen sich
auf der gemeinsamen Grenze befinden. Obwohl Absatz 3 nur von der Einfriedigung nach Absatz 1 spricht, muss in entsprechender Anwendung des Absatzes 3 unter den in ihm genannten Voraussetzungen auch die Einfriedigungspflicht nach Absatz 2 entfallen.

III. Inhalt der Einfriedigungspflicht

Einfriedigungspflichtig ist der jeweilige Eigentümer des als Weideland genutz- **6**
ten Grundstücks. Es kommt nicht darauf an, wem das Vieh gehört oder wer
das Grundstück als Weideland benutzt, sodass auch bei Verpachtung die Einfriedigung dem Eigentümer obliegt.

Berechtigt, die Einfriedigung zu verlangen, ist nach Absatz 1 der jeweilige Ei- **7**
gentümer des angrenzenden Grundstücks ohne die Beschränkung des § 34,
nicht aber der Nutzungsberechtigte (z. B. Pächter; Nießbraucher). Der Eigentümer kann den Nutzungsberechtigten aber ermächtigen, den Einfriedigungsanspruch geltend zu machen. Grenzt das Grundstück an ein Gewässer zweiter
Ordnung (§ 2 Nr. 2 LWG), so steht nach Absatz 2 der Einfriedigungsanspruch
demjenigen zu, der nach § 41 Abs. 1 bis 3 LWG die Unterhaltungspflicht für
das Gewässer erfüllt (Wasser- und Bodenverbände bzw. Anliegergemeinden,
Gewässer- bzw. Ufereigentümer).

Der Einfriedigungspflichtige hat an der gemeinsamen Grenze auf seinem **8**
Grundstück eine Einfriedigung zu errichten und zu unterhalten. Um nicht in
die landschaftlichen Besonderheiten einzugreifen, schreibt das Gesetz die Art
der Einfriedigung nicht im Einzelnen vor; der Einfriedigungspflichtige hat also
die Wahl zwischen Hecken, Zäunen, Wällen und Gräben. Die Einfriedigung
muss aber so beschaffen sein, dass das weidende Vieh das Nachbargrundstück
bzw. die obere Böschungskante des angrenzenden Gewässerufers nicht erreichen kann. Es ist zu verhindern, dass das Vieh nach dorthin übertritt oder den
Randstreifen vom einzufriedigenden Grundstück aus abgrast.

Die Einfriedigungspflicht nach § 35 ist stets eine einseitige wie bei § 28 Abs. 1. **9**
Grenzen also zwei einzufriedigende Grundstücke aneinander, so ist – vorbehaltlich abweichender Vereinbarungen der Grundstückseigentümer – jedes Grundstück gesondert einzufriedigen, sodass z. B. zwei Zäune zu errichten sind. Eine
Pflicht zur gemeinsamen Einfriedigung wie in § 28 Abs. 2 ist nicht vorgesehen,
weil die Eigenschaft als Weideland einem Grundstück nicht ständig anhaftet
und die Anforderungen an die Einfriedigung sehr verschieden sein können.

Ein Bestandsschutz wie in § 33 ist nicht vorgesehen, sodass sich auch bei vor- **10**
handener Einfriedigung – sofern sie nicht diesem Gesetz entspricht – die Ein-

friedigungspflicht nach diesem Gesetz richtet (LG Braunschweig NdsRpfl 1969, 86), wenn nicht abweichende Vereinbarungen bestehen (vgl. § 44 Rn. 3).

11 Die in § 34 geregelten Ausnahmen gelten bei der Einfriedigung landwirtschaftlich genutzter Grundstücke nicht. Daher ist auch Weideland an öffentlichen Verkehrsflächen einzufriedigen. Diese Einfriedigungspflicht ist nicht davon abhängig, ob der Eigentümer der öffentlichen Verkehrsfläche seinerseits nach öffentlichrechtlichen Vorschriften zur Einfriedigung verpflichtet ist (zur Einfriedigung von Bundesbahngelände vgl. BGH MDR 1963, 922, VG Schleswig SchlHA 1986, 95, und OLG Celle VersR 1971, 942). § 35 Abs. 1 begründet eine Einfriedigungspflicht ohne Rücksicht darauf, ob auch das angrenzende Grundstück einzufriedigen ist und § 35 Abs. 3 ist bei Einfriedigungen auf dem angrenzenden Grundstück nicht anwendbar (vgl. Rn. 5). Vereinbarungen über die Einfriedigung aus der Zeit vor dem 1.4.1971 bleiben auch hier unberührt (vgl. § 44 Rn. 3), sofern sie nicht aus anderen Gründen (z. B. nach dem Allgemeinen Kriegsfolgengesetz vom 5.11.1957 – BGBl. IS. 1747) erloschen sind.

§ 36 Gemeinsame Errichtung und Unterhaltung einer Einfriedigung

(1) Haben die Eigentümer zweier landwirtschaftlicher Grundstücke vereinbart, dass eine Einfriedigung auf der gemeinsamen Grenze errichtet werden soll, so haben sie die Einfriedigung gemeinsam zu errichten und zu unterhalten; die §§ 28 Abs. 2 sowie 32 Abs. 1 und 2 Satz 2 gelten entsprechend. Solange einer der Grundstückseigentümer ein Interesse am Fortbestand der Einfriedigung hat, darf sie nur mit seine Zustimmung geändert oder beseitigt werden; die Zustimmung bedarf bei einer schriftlichen Vereinbarung der Schriftform.

(2) Im Falle des § 35 Abs. 3 haben die Eigentümer der angrenzenden Grundstücke die auf der gemeinsamen Grenze befindliche Einfriedigung gemeinsam zu unterhalten; die §§ 28 Abs. 2 und 32 Abs. 1 gelten entsprechend. Die Einrichtung darf nur mit Zustimmung beider Nachbarn geändert oder beseitigt werden.

Übersicht Rn.

I.	Allgemeines	1
II.	Gemeinsame Einfriedigung	2–4
III.	Unterhaltung einer natürlichen Grenzeinrichtung	5, 6

I. Allgemeines

1 Das Gesetz kennt keine Verpflichtung zur gemeinsamen Einfriedigung landwirtschaftlich genutzter Grundstücke (vgl. § 35 Rn. 9). Gleichwohl können die Nachbarn nach § 1 Abs. 1 eine solche Einfriedigung vereinbaren, wenn sie ihnen ausreichend erscheint. Derartige Abmachungen sind auch denkbar, wenn nur eines der benachbarten Grundstücke oder keines von ihnen Weideland ist, die Nachbarn aber gemeinsam einfriedigen wollen. Soweit sie dabei die Einzelheiten der Errichtung und Unterhaltung festlegen, greift § 36 Abs. 1 nicht ein. Häufig werden diese Fragen aber nicht im Einzelnen besprochen, sodass später Streit über die beiderseitigen Rechte und Pflichten entstehen kann. Diese Lücke will Absatz 1 ausfüllen.

II. Gemeinsame Einfriedigung

Haben die Eigentümer der benachbarten Grundstücke vereinbart, dass eine Einfriedigung auf der gemeinsamen Grenze (vgl. § 30 Rn. 3) errichtet werden soll, so sind die Eigentümer gegenseitig verpflichtet, bei der Errichtung und Unterhaltung der Einfriedigung mitzuwirken; jeder Eigentümer kann von dem anderen eine dem Interesse beider und billigem Ermessen entsprechende Mitwirkung verlangen; wegen der Einzelheiten vgl. § 28 Rn. 13. Die entsprechende Anwendung des § 32 Abs. 1 ergibt, dass jeder Nachbar die Errichtungs- und Unterhaltungskosten zur Hälfte zu tragen hat, ohne dass es auf das Verhältnis der beiderseitigen Erforderlichkeit oder Beanspruchung ankommt. Nur wenn nachträglich die Verstärkung der Einfriedigung erforderlich wird, hat dies in entsprechender Anwendung des § 32 Abs. 2 Satz 2 der Störer auf seine Kosten vorzunehmen. Durch § 36 Abs. 1 Satz 2 wird der Fortbestand der einmal errichteten Einfriedigung gesichert, solange nur einer der beteiligten Grundstückseigentümer ein Interesse an ihr hat, z.B. um von einem zum anderen Grundstück wirkende Störungen zu unterbinden oder zu mindern oder um den Grenzverlauf klarzustellen. Solange die Einfriedigung hiernach fortbesteht, ist sie auch gemeinsam zu unterhalten. **2**

Vereinbarungen über die gemeinsame Einfriedigung bedürfen keiner Schriftform und gelten als schuldrechtliche Verträge nur zwischen den Vertragsparteien und ihren Gesamtrechtsnachfolgern (z.B. Erben); § 36 Abs. 1 ergänzt auch nur diese Vereinbarungen. Die Bindung an diesen Vertrag endet nicht mit der Verpachtung oder der Einräumung eines sonstigen Nutzungsrechts. Ein Sonderrechtsnachfolger (z.B. Käufer) ist an den Vertrag grundsätzlich nicht gebunden. Da eine auf der Grenze errichtete Einfriedigung aber regelmäßig Grenzeinrichtung i. S. von § 921 BGB ist (vgl. § 30 Rn. 4), gelten Vereinbarungen über die Verwaltung und Benutzung nach §§ 922 Satz 4, 746 BGB auch gegenüber den Sonderrechtsnachfolgern fort, während bei einem Fehlen derartiger Vereinbarungen § 922 Satz 1 bis 3 BGB gilt. **3**

Haben die Nachbarn vereinbart, dass nur einer von ihnen auf seinem Grundstück – also nicht auf der gemeinsamen Grenze einfriedigen soll, ohne nach § 35 dazu verpflichtet zu sein oder um die gesonderte Einfriedigung beider einfriedigungspflichtigen Grundstücke zu ersparen, so gilt § 36 Abs. 1 nicht. Auch die §§ 921, 922 BGB sind nicht anwendbar. Die gegenseitigen Rechte und Pflichten bestimmen sich nach der auszulegenden Vereinbarung. **4**

III. Unterhaltung einer natürlichen Grenzeinrichtung

Landwirtschaftlich genutzte Grundstücke sind in Schleswig-Holstein vielfach durch Gräben oder Knicks begrenzt. Soweit sich eine solche Einrichtung ganz auf einem der benachbarten Grundstücke befindet, ist ihr Eigentümer nach **5**

§ 35 Abs. 1 privatrechtlich zur Unterhaltung verpflichtet, wenn das Grundstück als Weideland dient. Soweit sich eine solche Einrichtung auf der gemeinsamen Grenze befindet, ist sie nach § 36 Abs. 2 von beiden Eigentümern nach den Regeln der §§ 28 Abs. 2, 32 Abs. 1 zu unterhalten, sofern auch nur ein angrenzendes Grundstück als Weideland dient und nach § 35 Abs. 3 nicht eingefriedigt zu werden braucht. Solange ein angrenzendes Grundstück als Weideland dient, darf die Einrichtung nur mit Zustimmung beider Nachbarn geändert oder beseitigt werden. Die öffentlichrechtlichen Vorschriften über die Unzulässigkeit der Beseitigung (vgl. z. B. §§ 30, 39 Abs. 5 Satz 1 Nr. 2 BNatSchG, 21 Abs. 1 LNatSchG) werden davon nach Abs. 1 nicht berührt.

6 Soweit die auf der Grenze befindliche Einrichtung eine Grenzeinrichtung i. S. von § 921 BGB ist, bestimmen sich die Rechte und Pflichten der Nachbarn nach § 922 BGB, auch wenn keines der angrenzenden Grundstücke als Weideland dient.

Abschnitt XII: **Grenzabstände für Anpflanzungen**

Vorbemerkungen zu §§ 37–41

Übersicht

		Rn.
I.	Überwuchs	1–6
II.	Schattenwurf	7
III.	Blätterbefall und ähnliche Einwirkungen	8–16
IV.	Unkrautsamenflug	17–19

I. Überwuchs

1 Soweit Anpflanzungen die **Grenze zu einem anderen Grundstück überschreiten**, gelten die Vorschriften des Bürgerlichen Gesetzbuchs. Es kommen ein Selbsthilferecht aus § 910 BGB (Rn. 2) und ein Abwehranspruch aus § 1004 BGB (Rn. 5) in Betracht. Beides entfällt aber oder wird begrenzt, wenn die grenzüberschreitende Anpflanzung durch eine Vorschrift des öffentlichen Rechts – z. B. durch eine Verordnung nach § 18 Abs. 1 LNatSchG oder eine **Baumschutzsatzung** nach § 18 Abs. 3 LNatSchG[1] – gegen Eingriffe geschützt sind (BayObLGZ 1993, 100; OLG Düsseldorf NJW 1989, 1807; OLG Hamm NJW 2008, 453; LG Landshut NJW-RR 1989, 1420; AG Wiesbaden NJW-RR 1991, 405; a. A. OLG Karlsruhe WEZ 1988, 149; vgl. auch Rn 16). Können von

---

1 Die **örtlich geltenden Satzungen** sind bei den Stadt- bzw. Gemeindeverwaltungen zu erfragen. – **Mustersatzung** des *Ministeriums für Natur und Umwelt* (AmtsBl. 1995 S. 248 ber. S. 302 mit ergänzendem Hinweis AmtsBl. 1999 S. 562). – **Literatur:** *Günther,* Baumschutzrecht, München 1994; *derselbe,* Die zivilrechtliche Haftung bei geschützten Bäumen, NuR 1994, 373, *derselbe,* Rechtsfragen bei der Anwendung von Baumschutzvorschriften, NuR 1998, 63 7; *Dreßler/Rabbe,* Kommunales Baumschutzrecht, Wiesbaden 2001.

dem Verbot des Abschneidens Ausnahmen oder Befreiungen erteilt werden und ist die Erteilung noch nicht rechtsbeständig abgelehnt, so muss das Zivilgericht das Vorliegen der Voraussetzungen für die Erteilung prüfen und bei ihrer Bejahung zur Beseitigung unter Vorbehalt der Erteilung und – bei entsprechendem Antrag – zur Stellung des Antrags auf Erteilung der Ausnahme bzw. Befreiung (den der aus §§ 910, 1004 berechtigte Nachbar aber auch selbst stellen kann, OVG Lüneburg NJW 1996, 3225) verurteilen (BGH NJW 1993, 925; OLG Brandenburg NJW-RR 2015, 1427 Tz 23; Günther, Rn. 129 ff); das Vorliegen einer bestandskräftigen Erteilung wird dann im Zwangsvollstreckungsverfahren geprüft (BGH a. a. O.). Derartige landesrechtliche Beschränkungen sind zulässig (OLG Hamm OLG-Report 1993, 194), sie begrenzen die Eigentümerbefugnisse i. S. von § 903 durch öffentlichrechtliche Eigentumsschranken im Rahmen der für diese gegebenen Gesetzgebungskompetenz aus Art. 111 EGBGB (auch die Anpflanzungen auf dem eigenen Grundstück unterliegen ihnen); sie haben keine nachbarschützende Wirkung, so dass der Nachbar die Erteilung einer Genehmigung zum Abschneiden nicht anfechten kann (VG Köln BeckRS 2015, 55077).

Soweit Bäume und Sträucher mit ihren Wurzeln und Zweigen die **Grenze zu einem anderen Grundstück überschreiten** (BayObLG NJW 1968, 1236), gibt § 910 BGB dem Eigentümer dieses Grundstücks das nicht der Verjährung (Palandt/Herrler § 910 Rdn. 1) und nicht der Ausschlussfrist des § 40 (vgl. § 40 Rn. 2) unterliegende **Selbsthilferecht**, diesen Überwuchs abzuschneiden und zu behalten (über Begrenzung durch öffentliches Recht vgl. Rn. 1). Wurzeln können sofort abgeschnitten werden; nach § 242 BGB kann es jedoch geboten sein, dem Nachbarn Gelegenheit zu geben, Maßnahmen zur Erhaltung der Standfestigkeit des Baumes zu geben (OLG Kiel OLGR 39, 215; LG Oldenburg ZMR 1985, 99). Zweige dürfen erst nach fruchtlosem Ablauf einer dem Besitzer des Nachbargrundstücks gesetzten angemessenen Frist abgeschnitten werden; eine solche Frist hat z. B. die Wachstums- (LG Mannheim ZMR 1973, 89) und Obsternztezeit zu berücksichtigen. Das Selbsthilferecht hat nach § 11 ErbbRVO auch der Erbbauberechtigte, während ein Nutzungsberechtigter (z. B. Mieter, Nießbraucher) nur das Recht des Eigentümers/Erbbauberechtigten mit dessen Ermächtigung ausüben darf (Palandt/Herrler § 910 Rn. 1; Staudinger/Roth § 910 Rn. 6; a. A. MünchKomm/Säcker § 910 Rn. 8, 9). Auf andere grenzüberschreitende Pflanzen – z. B. Stauden- und Rankengewächse – ist § 910 entsprechend anwendbar (OLG Schleswig NJOZ 2011, 344; Meisner/ Ring/Götz § 17 Rn. 2; MünchKomm/Säcker § 910 Rn. 5; Palandt/Herrler § 910 Rn. 2; Schmid NJW 1988, 29; a. A. KG OLGR 26, 72). § 910 BGB gibt kein Recht zum Abschneiden jenseits der Grenze (LG Bielefeld NJW 1960, 678) und zum Betreten des Nachbargrundstücks (KG OLGR 26, 72; LG München WuM 1988, 163).

Das **Selbsthilferecht ist nach § 910 Abs. 2 BGB ausgeschlossen**, wenn der Überwuchs die Benutzung des Grundstücks nicht beeinträchtigt oder wenn ohne Überwuchs eine gleiche Beeinträchtigung durch den Baum gegeben ist (OLG Oldenburg NJW-RR 1991, 1367); die Beweislast dafür trägt der Eigentümer, von dessen Grundstück der Überwuchs erfolgt ist (BGH NZM 2005, 318).

Soweit nur ein Teil des Überwuchses die Benutzung beeinträchtigt, besteht das Selbsthilferecht nur für diesen Teil (Staudinger/Roth § 910 Rn. 19, 20). In der Rechtsprechung wird überwiegend angenommen, dass das Selbsthilferecht aus § 910 Abs. 2 BGB auch ausgeschlossen ist, wenn der Überwuchs die Benutzung nur ganz unerheblich beeinträchtigt (OLG Köln NJW-RR 1989, 1177; 1997, 656; OLG Hamm OLG-Report 1993, 194; OLG Brandenburg NJW-RR 2015, 1427 Tz 14; a. A. AG Königstein NJW-RR 2000, 1256; AG Würzburg NJW-RR 2001, 953). Das soll z. b. bei einem geringem Laub/Nadel/Blütenbefall (LG Saarbrücken NJW-RR 1986, 1341; AG Frankfurt NJW-RR 1990, 146) oder Eichelbefall von zwei Eichen (OLG Brandenburg a. a. O. Tz 16) der Fall sein sowie bei Wachstumsbehinderung von Bäumen eines Ziergartens (OLG Köln NJW-RR 1997, 656). Ein Grenzüberwuchs von 1 Meter über Rasen, Garageneinfahrt und Garagendach reicht als Benutzungsbeeinträchtigung (LG Gießen NJW-RR 1997, 655), ebenso mehrere Meter über die Grenze gewachsene und das Nachbardach erreichende Zweige von zwei 10 bis 12 Meter hohen Eichen und einer ebenso hohen Kiefer mit 2.500 Litern Laubbefall (OLG Brandenburg a. a. O. Tz 13–15). In Ausnahmefällen kann das Selbsthilferecht über § 910 Abs. 2 BGB hinaus durch eine Duldungspflicht aus dem **nachbarlichen Gemeinschaftsverhältnis** (vgl. § 29 Rn. 27 ff.) ausgeschlossen oder beschränkt sein, wenn das Abschneiden des Überwuchses einen großen Baum verunstalten würde und die Beeinträchtigungen durch den Überwuchs dem gegenüber zurücktreten (OLG Brandenburg a. a. O. Tz 20, 21).

4 Für **Schäden an dem Baum/Strauch**, die trotz fachmännischen Abschneidens an dem Baum/Strauch entstehen, haftet der Selbsthilfeberechtigte nicht (OLG Kiel OLGR 39, 215; OLG Hamm OLG-Report 1993, 194; LG Oldenburg ZMR 1985, 99), denn er handelte rechtmäßig. Er macht sich aber z. B. schadensersatzpflichtig, wenn er unzulässigerweise sofort abschneidet (und der Nachbar den Schaden durch eigene Maßnahmen hätte verhindern können; vgl. LG Gießen NJW-RR 1997, 655) oder das Selbsthilferecht nach § 910 Abs. 2 BGB ausgeschlossen war. Liegen die Voraussetzungen des § 910 BGB vor, **verstößt das Abschneiden aber gegen eine Baumschutzsatzung** (vgl. Rn. 1 vor § 37), dann ist das Abschneiden keine rechtswidrige Eigentumsverletzung, die einen Schadensersatzanspruch aus § 823 Abs. 1 BGB (OLG Hamm OLG-Report 1993, 194; a. A. OLG Düsseldorf VersR 1992, 458; a. A. hier 12. Auflage) oder § 823 Abs. 2 BGB (OLG Hamm a. a. O.) begründet, denn der Schaden liegt nicht im Schutzbereich der Baumschutzsatzung (vgl. auch Rn. 1 a. E.).

5 Soweit ein Selbsthilferecht nicht besteht, weil der Tatbestand des § 910 BGB nicht erfüllt ist (z. B. sich über die Grenze neigender Baumstamm), besteht **nur der Abwehranspruch aus § 1004 BGB** (Staudinger/Roth § 910 Rn. 17). Soweit das Selbsthilferecht nach § 910 Abs. 2 mangels Benutzungsbeeinträchtigung nicht besteht, wird dadurch auch entsprechend § 1004 Abs. 2 BGB der Abwehranspruch ausgeschlossen (BGH NJW 2004, 603). Aber auch soweit das Selbsthilferecht aus § 910 BGB gegeben ist, besteht **daneben der Abwehranspruch aus § 1004 BGB** (BGH NJW 2004, 1037; OLG Schleswig NJOZ 2011, 344; OLG Brandenburg NJW-RR 2015, 1427 Tz 12); über Begrenzung durch öffentliches Recht vgl. Rn. 1. Aus § 1004 BGB kann nicht nur Beseitigung des

Überwuchses, sondern auch die Beseitigung der durch den Überwuchs verursachten Zerstörungen (BGH NJW 1986, 2640; 1995, 395; BGHZ 135, 235) – z. B. Ersetzung durch Wurzeln zerstörter Abwasserleitungen – und eine geeignete Schutzmaßnahme gegen künftigen Überwuchs (OLG Düsseldorf NJW 1986, 2648) verlangt werden. Beschränkung des Abwehranspruchs wegen Duldungspflicht aus nachbarlichem Gemeinschaftsverhältnis wie Rn 3.

Der Selbsthilfeberechtigte kann aus §§ 812, 818 BGB **Ersatz der für die Beseitigung der Störung aufgewendeten Kosten** verlangen, wenn der Beseitigungspflichtige dadurch von der Aufwendung dieser Kosten zur Erfüllung des Abwehranspruchs befreit worden ist (BGH NJW 1986, 2640; 1989, 1032; 2004, 603; OLG Düsseldorf NJW 1986, 2648; a. A. LG Frankfurt NJW-RR 1986, 503; LG Bonn NJW-RR 1987, 1421; LG Hannover NJW-RR 1994, 14); er hat aber keinen Anspruch auf Vorschuss für die Beseitigungskosten (AG Rosenheim NJW 2001, 2030). Bei Verschulden besteht auch ein Schadensersatzanspruch aus § 823 Abs. 1 BGB; nicht aber aus § 823 Abs. 2 BGB, denn § 910 BGB ist kein Schutzgesetz i. S. dieser Vorschrift (OLG Düsseldorf NJW 1975, 739).   6

II. Schattenwurf

Keinen Schutz bietet § 1004 BGB dagegen, dass die Grenze nicht überschreitende Anpflanzungen **dem Nachbargrundstück Licht entziehen und es beschatten** (BGH NJW-RR 2015, 1425; OLG Düsseldorf NJW 1979, 2618; LG Dortmund AgrarR 1990, 208; a. A. LG Trier MDR 2002, 149): so genannte „negative Einwirkung" (vgl. Palandt/Herrler § 903 Rn. 9). Die Nichteinhaltung des gesetzlich vorgeschriebenen Grenzabstandes bedeutet als solche noch keine Beeinträchtigung des Eigentums am Nachbargrundstück (BGH ZMR 2013, 395 TZ 12). Nur die §§ 37 bis 41 gewähren dem Nachbarn insoweit einen (nicht immer vollkommenen) Schutz (vgl. aber auch § 29 Rn. 31).   7

III. Blätterbefall und ähnliche Einwirkungen

Gegen den Befall mit Blättern bzw. Nadeln, Zweigen, Blüten und Samen, die von einer Anpflanzung auf dem Nachbargrundstück stammen, bieten die §§ 37 bis 41 keinen unmittelbaren Schutz; der Befall kann durch die Einhaltung des vorgeschriebenen Grenzabstandes allenfalls vermindert, nicht aber verhindert werden. In welchem Umfang hier Abwehr- oder Ausgleichsansprüche bestehen, wird von der Rechtsprechung unterschiedlich entschieden.   8

Wird das Eigentum in anderer Weise als durch Entziehung oder Vorenthaltung des Besitzes beeinträchtigt, so kann der Eigentümer (ebenso der Erbbau- und Dienstbarkeitsberechtigte) **nach § 1004 Abs. 1 BGB von dem Störer die Beseitigung der Beeinträchtigung** und bei Wiederholungsgefahr die Unterlassung weiterer Beeinträchtigungen verlangen. Der Befall mit Blättern usw. ist eine Beeinträchtigung des Grundstückseigentums. Störer ist der Eigentümer oder Besitzer des Nachbargrundstücks, wenn er die Anpflanzung, von der der Befall   9 ausgeht, hält; er hält sie, wenn er oder sein Rechtsvorgänger sie vorgenommen hat oder wenn er sie in irgendeiner Weise nutzt (OLG Frankfurt NJW 1988, 2618). In aller Regel ist daher der **Eigentümer bzw. Besitzer des Nachbargrundstücks Störer**, wenn von Bäumen und Sträuchern/Hecken auf seinem Grundstück der Befall stammt (OLG Düsseldorf NJW-RR 1990, 144); er unterliegt daher grundsätzlich dem Abwehranspruch aus § 1004 BGB.

10 Geht der Befall von seit jeher **wild gewachsenen und nicht genutzten Pflanzen** aus, so besteht nach überwiegender Meinung grundsätzlich kein Abwehranspruch aus § 1004 BGB, da der Eigentümer nicht alleine auf Grund seines Eigentums (bzw. der Besitzer auf Grund seines Besitzes) verpflichtet ist, von seinem Grundstück ausgehende Beeinträchtigungen zu verhindern (Münch-Komm/Medicus § 1004 Rn. 21, 38; Palandt/Herrler § 1004 Rn. 19, 24). In diesen Fällen besteht nur bei besonders schweren Beeinträchtigungen aus dem Gesichtspunkt des nachbarlichen Gemeinschaftsverhältnisses ein Abwehr- oder Ausgleichsanspruch (vgl. Palandt/Herrler § 903 Rn. 13).

11 Da der Befall mit Blättern usw. als „**ähnliche Einwirkung**" i. S. von **§ 906 Abs. 1 BGB** angesehen wird (OLG Stuttgart NJW-RR 1988, 204; OLG Frankfurt NJW 1988, 2618; OLG Hamm, NJW-RR 2009, 739; AG München NJOZ 2014,, 690), wird der Abwehranspruch gemäß § 1004 Abs. 2 BGB durch § 906 Abs. 1 BGB ausgeschlossen, wenn der Befall den davon betroffenen Eigentümer/Besitzer in der Benutzung seines Grundstücks **nicht oder nur unwesentlich beeinträchtigt**. Maßgebend für die Wesentlichkeit einer Beeinträchtigung ist nicht das subjektive Empfinden des Betroffenen, sondern das Empfinden eines durchschnittlichen Benutzers des betroffenen Grundstücks unter Berücksichtigung der durch Natur, Gestaltung und Zweckbestimmung geprägten konkreten Beschaffenheit des Grundstücks (BGH NJW 1982, 440; 1984, 1242 und 2207; AG München NJOZ 2014, 690). Als nicht mehr nur unerhebliche Beeinträchtigung hat die Rechtsprechung bewertet: Blüten und Samen von 5 Birken (LG Wiesbaden NJW 1979, 2617); Notwendigkeit häufiger – ohne nähere Angaben – Reinigung (OLG Karlsruhe NJW 1983, 2886); Blätter, Samen und Zweige von 3 Birken (OLG Frankfurt NJW-RR 1987, 1101; LG Stuttgart NJW 1985, 2340); Nadeln einer 10 m großen Kiefer (LG Lübeck NJW-RR 1987, 532); Laub, Samen und Zweige von drei 28 m hohen Pappeln (OLG Frankfurt NJW 1988. 2618). **Wesentlich** ist aber eine Beeinträchtigung, wenn der Befall zu einer Verstopfung von Abflüssen oder einer erheblichen Verschmutzung führt (BGH NJW 2004, 1037; OLG Hamm, NJW-RR 2009, 739).

12 Aus der Erwägung, dass das danach maßgebende Empfinden zunehmend auch durch ein sensibleres Umweltbewusstsein geprägt wird, das den Befall mit Blättern usw. als **notwendige Folge einer erstrebenswerten Begrünung betrachtet**, ist aber auch als noch unwesentliche Beeinträchtigung angesehen worden: Blätter- und Blütenbefall eines Wohngrundstücks mit Kleingarten, der zwei- bis dreimal jährlich die Reinigung einer 11 m langen Dachrinne, das Zusammenharken und Abtransportieren von 2 bis 3 Säcken Laub im Herbst und verstärktes Fensterputzen zur Zeit des Blütenflugs verursacht (OLG Stuttgart NJW-RR 1988, 204); Blätterbefall von einer großen Birke (LG Karlsruhe MDR 1984, 401; LG Saarbrücken NJW–RR 1986, 1341), eines Gingko-Baumes (AG

Frankfurt NJW-RR 1990, 146) oder von 17 Pappeln (OLG Düsseldorf NJW-RR 1990, 144); zusätzlicher Reinigungsaufwand von wöchentlich drei Stunden von November bis Februar auf Garagengrundstück (OLG Frankfurt NJW-RR 1991, 1364).

Für die Verpflichtung, eine unwesentliche Beeinträchtigung zu dulden, gibt es keinen Anspruch auf einen Geldausgleich. **13**

Auch bei einer **wesentlichen Beeinträchtigung** durch den Befall mit Blättern usw. wird der Abwehranspruch gemäß § 1004 Abs. 2 BGB durch § 906 Abs. 2 Satz 1 BGB ausgeschlossen, wenn die Benutzung des störenden Grundstücks durch das Halten der Anpflanzung ortsüblich und darüber hinaus die Beeinträchtigung des gestörten Grundstücks nicht durch Maßnahmen verhindert werden kann, die einem Benutzer des störenden Grundstücks wirtschaftlich zumutbar sind. Das Halten der Anpflanzung ist ortsüblich, wenn in der gleichgeprägten Umgebung (z. B. Grüngürtel, Villenviertel) oder mangels einer solchen im Gemeindegebiet eine Mehrheit von Grundstücken mit gleichartig beeinträchtigenden Bepflanzungen benutzt wird (zum Begriff der Ortsüblichkeit vgl. Palandt/Herrler § 906 Rn. 22 und AG München NJOZ 2014, 690). Da die zumutbare Maßnahme geeignet sein muss, die Beeinträchtigung trotz weiteren Haltens der Anpflanzung zu verhindern, kommt deren Beseitigung als Verhinderungsmaßnahme nicht in Betracht (LG Karlsruhe MDR 1984, 401; LG Ulm NJW 1985, 440). Sonstige Maßnahmen (z. B. Auffangvorrichtungen) werden allgemein als wirtschaftlich unzumutbar angesehen (OLG Nürnberg RdL 1972, 36; OLG Frankfurt NJW 1988, 2618; NJW-RR 1991, 1364; OLG Düsseldorf NJW-RR 1990, 144; NJWE-MietR 1996, 2; LG Karlsruhe a. a. O.; LG Ulm a. a. O.; Spieß JuS 1980, 100) und sind vielfach technisch nicht machbar; die Rechtsprechung, die sich mit dem Ausgleichsanspruch befasst, erörtert durchweg nur die Ortsüblichkeit der Benutzung und bejaht stillschweigend die Unzumutbarkeit (denn bei Zumutbarkeit besteht ein Abwehranspruch und dieser steht einem Ausgleichsanspruch entgegen). **14**

Ist die Beeinträchtigung durch den Befall mit Blättern usw. danach **trotz wesentlicher Beeinträchtigung zu dulden**, der Abwehranspruch aus § 1004 Abs. 1 BGB also ausgeschlossen, so kann der Eigentümer (oder Besitzer) des beeinträchtigten Grundstücks nach § 906 Abs. 2 Satz 2 BGB einen **angemessenen Ausgleich in Geld** verlangen, wenn der Befall eine ortsübliche Benutzung seines Grundstücks oder dessen Ertrag über das zumutbare Maß hinaus beeinträchtigt. Nachdem zunächst in der Rechtsprechung ein Reinigungsmehraufwand von jährlich 100 DM (LG Wiesbaden NJW 1979, 2617), 300 DM (OLG Karlsruhe NJW 1986, 2886) und 500 DM (LG Lübeck NJW-RR 1987, 532) für ausgleichsfähig angesehen wurde (so genannte „Laubrente"), wird zunehmend mit Recht das zumutbare Maß der entschädigungslos zu duldenden Beeinträchtigung auch unter Berücksichtigung des Umstandes bestimmt, dass der Befall die notwendige Folge der bei einem sensibleren Umweltbewusstsein als Lagevorteil zu wertenden Belegenheit des Grundstücks in einem begrünten Gebiet ist, und der Reinigungsaufwand – z. B. für den Befall von 30 mittelgroßen Föhren (OLG Nürnberg RdL 1972, 36), 3 Pappeln (OLG Frankfurt NJW 1988, 2618; NJW-RR 1991, 1364), 17 Pappeln (OLG Düsseldorf NJW-RR **15**

1990, 144), 1 großvolumige Linde (AG München NJOZ 2014, 690) oder 3 Birken (OLG Frankfurt NJW-RR 1987, 110 1; LG Stuttgart NJW 1985, 2340) – grundsätzlich als nicht ausgleichsfähig angesehen (OLG Stuttgart NJW 1986. 2768; OLG Düsseldorf NJWE-MietR 1996, 2; LG Stuttgart NJW 1980, 2087; vgl. auch Müller NJW 1988, 2587). Der Lagevorteil eines Gaststättengrundstücks am städtischen Grüngürtel rechtfertigt auch einen erheblichen Reinigungsmehraufwand (OLG Stuttgart NJW 1986, 2768; LG Ulm NJW 1985, 440).

16 Rührt der Befall mit Blättern usw. von einer Anpflanzung her, deren **Beseitigung das öffentliche Recht untersagt** (insbesondere das Naturschutzrecht; vgl. Rn. 1), so sind Abwehransprüche ausgeschlossen, deren Durchführung diesen Vorschriften widersprechen (OLG Frankfurt NJW-RR 1991, 1364; LG Aschaffenburg NJW 1987, 1217; LG Dortmund NJW-RR 1987, 1101; vgl. auch Rn. 1). Es können nur wirtschaftlich zumutbare Maßnahmen zur Verhinderung der Beeinträchtigung verlangt werden (MünchKomm/Säcker § 906 Rn. 136), die es gegen den Befall mit Blättern usw. aber regelmäßig nicht gibt (vgl. Rn. 14). Ein Ausgleichsanspruch gegen denjenigen, der die geschützte Anpflanzung hält, entfällt, weil er sich ihm nicht durch Beseitigung der Anpflanzung entziehen kann (OLG Frankfurt a. a. O.; OLG Hamm, NJW-RR 2009, 739; LG Aschaffenburg a. a. O.; LG Dortmund a. a. O.).

IV. Unkrautsamenflug

17 Fliegt der Samen von **wild wachsenden Pflanzen** auf ein anderes Grundstück, so ist der Eigentümer oder Besitzer des Grundstücks, auf dem diese Pflanzen wachsen, nach herrschender Ansicht nicht Störer, weil die Beeinträchtigung durch den Samenbefall allein auf dem Wirken von Naturkräften beruht (OLG Karlsruhe RdL 1972, 8; OLG Düsseldorf NJW-RR 1995, 123 1; OLG Schleswig NJOZ 2011, 344; AG Tecklenburg MDR 1981, 51; vgl. Rn. 10). Ein Abwehranspruch besteht daher grundsätzlich nicht, kann sich aber bei besonders schweren Beeinträchtigungen aus dem nachbarlichen Gemeinschaftsverhältnis (vgl. § 29 Rn. 27 ff.) ergeben (OLG Karlsruhe a. a. O.; OLG Düsseldorf a. a. O.; AG Tecklenburg a. a. O.; vgl. Rn. 10).

18 Ist der Eigentümer oder Besitzer Störer, weil er die Samen abgebende **Pflanze gesetzt hat oder sonst hält** (vgl. Anm. 7) oder weil man der Eigentümer mit der hier abgelehnten Eigentumstheorie auf Grund seines Eigentums als Störer ansieht (Schmid NJW 1988, 29), so ist der Samenflug eine „ähnliche Einwirkung" i. S. von § 906 Abs. 1 BGB und daher zu dulden, wenn die Benutzung des befallenen Grundstücks nicht mehr als nur unwesentlich beeinträchtigt wird (vgl. Anm. 8). Auch hier dringt die Auffassung vor, dass wegen eines sensibleren Umweltbewusstseins ein unkrautfreier Garten heute kein allgemein (d. h. von einem durchschnittlichen Grundstückseigentümer) anerkanntes Ziel mehr ist, sondern dass das vielfach bereits als Wildkraut bezeichnete Unkraut ein Teil der natürlichen Umwelt ist, mit der wir leben müssen, wenn wir nicht chemische Gifte in Mengen einsetzen wollen, sodass die Beeinträchtigung nicht als wesentlich empfunden wird (Engel NuR 1982, 247; Meisner/Ring/Götz

§ 13 Rn. 12; einschränkend Otto DWW 1985, 225; vgl. auch Schmid NJW 1988, 29). Soweit die Beeinträchtigung im Einzelfall doch wesentlich ist, gilt Rn. 14, 15 (Duldungspflicht, Ausgleichsanspruch) entsprechend.

Nach der Verordnung vom 11. Juni 1969 (GVOBl. Schl.-H. S. 119) waren Verfügungsberechtigte und Besitzer eines Grundstücks verpflichtet, bestimmte Unkräuter so zu bekämpfen, dass eine Aussamung verhindert wird; eine Zuwiderhandlung wurde als Ordnungswidrigkeit verfolgt. Diese Vorschrift war nicht Schutzgesetz zugunsten des Nachbarn, sodass ihre Verletzung keine Ansprüche aus §§ 823, 1004 BGB auf Beseitigung, Unterlassung oder Schadensersatz begründete (vgl. 6. Auflage § 37 Anm. 1c); sie ist jetzt aufgehoben (VO vom 23.3.1982 – GVOBl. Schl.-H. S. 117). **19**

§ 37 Grenzabstände

(1) Der Eigentümer und der Nutzungsberechtigte eines Grundstücks haben mit Bäumen, Sträuchern und Hecken (Anpflanzungen) von über 1,20 m Höhe einen solchen Abstand zum Nachbargrundstück einzuhalten, dass für jeden Teil der Anpflanzung der Abstand mindestens ein Drittel seiner Höhe über dem Erdboden beträgt. Der Abstand wird waagerecht und rechtwinklig zur Grenze gemessen.

(2) Anpflanzungen, die über die zulässige Höhe oder den zulässigen Abstand hinausgewachsen sind, sind auf Verlangen des Eigentümers des Nachbargrundstücks auf die zulässige Höhe oder den zulässigen Abstand zurückzuschneiden, wenn der Eigentümer oder der Nutzungsberechtigte sie nicht beseitigen will. Die Verpflichtung nach Satz 1 darf nur unter Beachtung der nach § 39 Absatz 5 Nr. 2 des Bundesnaturschutzgesetzes bestehenden Beschränkungen erfüllt werden.

– Absatz 2 Satz 2 geändert durch Art. 4 des Gesetzes vom 27. Mai 2016 (GVOBl.Schl.-H. 162) –

§ 39 Abs. 5 Nr. 2 Bundesnaturschutzgesetz vom 29. Juli 2009 (BGBl. I 2542):
(5) Es ist verboten
1. ......
2. Bäume, die außerhalb des Waldes, von Kurzumtriebsplantagen oder gärtnerisch genutzten Grundflächen stehen, Hecken, lebende Zäune, Gebüsche und andere Gehölze in der Zeit vom 1. März bis zum 30. September abzuschneiden oder auf den Stock zu setzen; zulässig sind schonende Form- und Pflegeschnitte zur Beseitigung des Zuwachses der Pflanzen oder zur Gesunderhaltung von Bäumen.
3. ......
4. ......
Die Verbote des Satz 1 Nummer 1 bis 3 gelten nicht für
1. behördlich angeordnete Maßnahmen
2. ......
3. ......
4. zulässige Bauvorhaben, wenn ein geringfügiger Holzbewuchs zur Verwirklichung der Baumaßnahme beseitigt werden muss.
Die Landesregierungen werden ermächtigt, durch Rechtsverordnung bei den Verboten des Satzes 1 Nr. 2 und 3 für den Bereich eines Landes oder für Teile des Landes

erweiterte Verbotszeiträume vorzusehen. Sie können die Ermächtigung nach Satz 3 durch Rechtsverordnung auf andere Landesbehörden übertragen.

Übersicht

		Rn.
I.	Allgemeines	1, 2
II.	Größe des Grenzabstandes	3–7
III.	Messung des Grenzabstandes	8–10
IV.	Anspruch auf Zurückschneiden	11–18

I. Allgemeines

1 Der in den §§ 37–41 geregelte Grenzabstand bestimmt nur, **welcher Abstand von der Grenze mit der Anpflanzung auf dem Grundstück, auf dem sie steht, einzuhalten ist.** Die Folgen eines Wuchses über die Grenze und anderer grenzüberschreitender Einwirkungen von Pflanzen ergeben sich aus §§ 906, 910, 1004 BGB (vgl. Rn. 1–18 vor § 37). Unberührt bleibt ein Abwehranspruch aus § 1004 bei vom Grenzabstand unabhängiger Eigentumsstörung (vgl. BGH ZMR 2013, 395; OLG Köln NJW-RR 1989, 1177), z. B. bei Umsturzgefahr eines die Grenze nicht überschreitenden Baumes (LG Hamburg ZMR 2016, 501).

2 §§ 37 Abs. 2, 38 Abs. 1 Satz 2 geben einen **Anspruch auf Zurückschneiden** bei Nichteinhaltung des Grenzabstandes, da ein Anspruch aus § 1004 BGB regelmäßig nicht besteht: die bloße Nichteinhaltung (BGH ZMR 2013, 395 Tz 12) und ein dadurch verursachter Lichtentzug bzw. Schattenwurf (vgl. Rn. 7 vor § 37) beeinträchtigen alleine nicht das Eigentum am Nachbargrundstück.

II. Größe des Grenzabstandes

3 Der in dieser Vorschrift angegebene Grenzabstand ist mit **Bäumen, Sträuchern und Hecken** (Anpflanzungen) einzuhalten; trotz des Wortes „Anpflanzung" gilt der Abstand auch für ohne menschliches Zutun gewachsene Pflanzen (Bauer/Schlick/Hülbusch § 44 Anm. 2, § 51 Anm. 2). Der Grenzabstand gilt zum einen für **Bäume**, sofern sie nicht Bestandteil eines Waldes sind (vgl. § 39 Rn 1). Bäume sind ausdauernde Holzgewächse mit ausgeprägtem Stamm und bevorzugtem Längenwachstum an der Spitze des Sprosssystems. Der Grenzabstand gilt ferner für **Sträucher**. Das sind ausdauernde Holzgewächse mit basisbetonter Verzweigung aus Seitenachsen mit schwachem Wachstum und häufig verkümmerter Hauptachse. Der Grenzabstand gilt schließlich für **Hecken** (Begriff vgl. § 39 Rn 5), sofern sie nicht nach § 30 Abs. 1 Teil 2 auf der Grenze gepflanzt werden (§ 39 Nr. 5). – Der Grenzabstand gilt nicht für **Stauden** (z. B. Sonnenblumen). Das sind Pflanzen, bei denen jährlich am Ende der Vegetationsperiode die oberirdischen Teile ganz oder teilweise absterben. Der Grenzabstand gilt ferner nicht für **Gräser**. Sofern eine Pflanze trotz botanischer Einordnung als Gras im Stamm verholzt und ausdauernd den Winter überlebt, steht sie einem

Baum oder Strauch gleich, so dass sie den Grenzabstand einhalten muss (AG Schwetzingen NJW-RR 2000, 1468: Bambus).

§ 37 Abs. 1 Satz 1 unterscheidet ähnlich wie Art. 47 BayAGBG, § 50 NachbGNds, § 9 NachbGSachs, § 34 NachbGSAnh und abweichend von anderen Nachbarrechtsgesetzen (§§ 12–17 NachbGBW, §§ 27, 28 NachbGBln, §§ 38, 39 NachbGHess, §§ 42, 43 NachbGNRW, §§ 44, 45 NachbGRhPf, §§ 48, 49 NachbGSaarl, §§ 44, 45 NachbGThür) nicht zwischen unterschiedlichen Grenzabständen für einzelne – teilweise stark untergliederte – Arten von Anpflanzungen. Bei der Übertragung von Gerichtsentscheidungen und Literaturmeinungen zu Nachbarrechtsgesetzen anderer Bundesländer ist sorgsam zu prüfen, ob die §§ 37 ff eine entsprechende Regelung enthalten.

Mit Anpflanzungen, die nicht höher als 1,20 m sind, braucht kein Grenzabstand eingehalten zu werden. Die Höhe von 1,20 m bezieht sich auf die Spitze der Pflanze und nicht auf ihren grenznächsten Teil. Die Rechte des Nachbarn gegenüber grenzüberschreitenden Teilen der Anpflanzung (Rn. 1) bleiben unberührt.

Bei **Anpflanzungen von über 1,20 m Höhe** muss mit jedem Teil ein Abstand eingehalten werden, der mindestens einem Drittel seiner Höhe über dem Erdboden entspricht. Der Abstand bezieht sich also nicht nur auf den Stamm der Anpflanzung, sondern auch auf ihre der Grenze zugewandten Teile. Die Abstandsvorschrift gilt in diesem Falle auch für die Teile der Anpflanzung, die nicht höher als 1,20 m über dem Erdboden sind. Die Spitze eines 3 Meter hohen Baumes – und damit zugleich sein Stamm – muss also einen Abstand von 1 Meter einhalten und ein Zweig in Höhe von 0,90 m darf nicht näher als 0,30 m an die Grenze heranwachsen. Über der Grenze muss ein V-förmiger Einschnitt von Bewuchs frei bleiben.

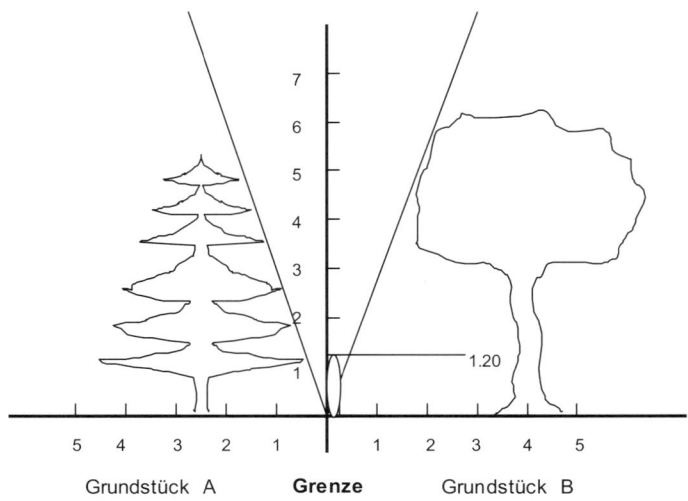

7 Eine dem § 37 Abs. 1 Satz 1 ähnliche Vorschrift enthält nur § 37 Abs. 1 NachbGBbg für Sträucher und Hecken von über 2,00 in regelmäßiger Wuchshöhe (vgl. dazu Postier § 37 Anm. 1). Die übrigen Nachbarrechtsgesetze schreiben grundsätzlich einen bestimmten Abstand zwischen der Mitte der Anpflanzung bei ihrem Austritt aus dem Boden und der Grenze vor. Dabei gibt es zwei Grundmodelle: Bei dem einen Modell sind ohne Unterscheidung zwischen der Art der Anpflanzung höhenabhängige Abstände vorgeschrieben (z. B. Art. 47 BayAGBG, § 50 NachbGNds, § 9 NachbGSachs, § 34 NachbGSAnh). Bei dem anderen Modell sind für bestimmte Anpflanzungen wie insbesondere Bäume und Sträucher höhenunabhängige Abstände vorgeschrieben und für bestimmte andere Anpflanzungen wie insbesondere Hecken höhenabhängige Abstände (z. B. §§ 27, 28 NachbGBln, §§ 38, 39 NachbGHess, §§ 41, 42 NachbGNRW, §§ 44, 45 NachbGRhPf, §§ 48, 49 NachbGSaarl, §§ 44, 45 NachbGThür).

III. Messung des Grenzabstandes

8 Der Abstand wird nach § 37 Abs. 1 Satz 2 **von jedem Teil der Anpflanzung waagerecht und rechtwinklig zur Grenze** gemessen, so dass die Abstandslinie und eine auf bzw. unter der Grenze gedachte Senkrechte einen Winkel von 90° bilden (der Abstand wird bei zur Grenze aufsteigenden bzw. abfallenden Grundstücken also nicht auf dem Boden gemessen) und ebenso die Abstandslinie und die Grenze (kürzeste Verbindung von dem Teil der Anpflanzung zur Grenze). Die Höhe ist vom natürlichen Geländeniveau unter dem Teil der Anpflanzung zu messen („seine Höhe über dem Erdboden"), bei **Hanggrundstücken** also nicht von einer fiktiven waagerechten Linie zwischen Bodenaustritt und Grenze und nicht von der Oberfläche eines Pflanzkübels, in dem die Anpflanzung steht (LG Wiesbaden RdL 1981, 39).

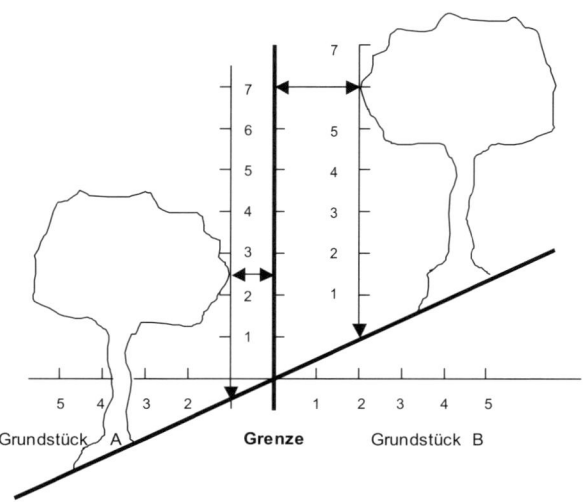

9 Ist ein **Grundstück an der Grenze künstlich erhöht** worden, so ist für Anpflanzungen auf dem Nachbargrundstück die Höhe weiterhin über dem Geländeniveau dieses Grundstücks und nicht über dem des erhöhten Grundstücks zu messen (AG Eckernförde, Urteil vom 19.3.2001 – 6 C 329/00 –; a. A. Birk § 12 Anm. 2a i. V. m. § 11 Anm. 4c); überragt die Anpflanzung eine Stützmauer nicht, so ist § 39 Nr. 2 entsprechend anwendbar. Dass das erhöhte Grundstück dadurch einen geringfügigen Vorteil erlangen kann, ist angesichts des klaren Gesetzeswortlauts („seine Höhe über dem Erdboden") hinzunehmen. Andererseits ist für Anpflanzungen auf dem erhöhten Grundstück die Höhe vom Geländeniveau vor der Erhöhung zu messen, denn anderenfalls würde das nicht erhöhte Grundstück durch die willkürliche Niveauerhöhung benachteiligt (Birk a. a. O.; Vetter/Karremann/Kahl § 22 Rn. 2).

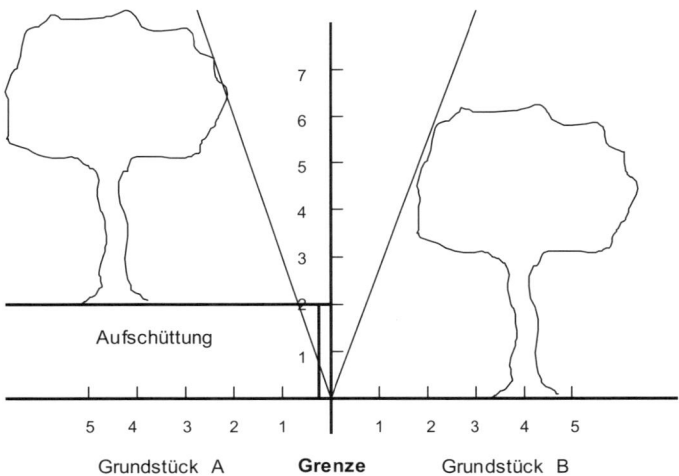

10 Ist ein **Grundstück an der Grenze künstlich vertieft** worden, so ist für Anpflanzungen auf dem Nachbargrundstück die Höhe weiterhin über dem Geländeniveau dieses Grundstücks und nicht über dem des vertieften Grundstücks zu messen (Birk § 12 Anm. 2a i. V. m. § 11 Anm 4b; Vetter/Karremann/Kahl § 22 Rn. 2). Andererseits ist für Anpflanzungen auf dem vertieften Grundstück die Höhe vom Geländeniveau nach der Vertiefung zu messen; überragt die Anpflanzung eine Stützmauer nicht, so ist § 9 Nr. 2 entsprechend anwendbar. Dass das nicht vertiefte Grundstück dadurch einen geringfügigen Vorteil erlangen kann, ist angesichts des klaren Gesetzeswortlauts („seine Höhe über dem Erdboden") hinzunehmen.

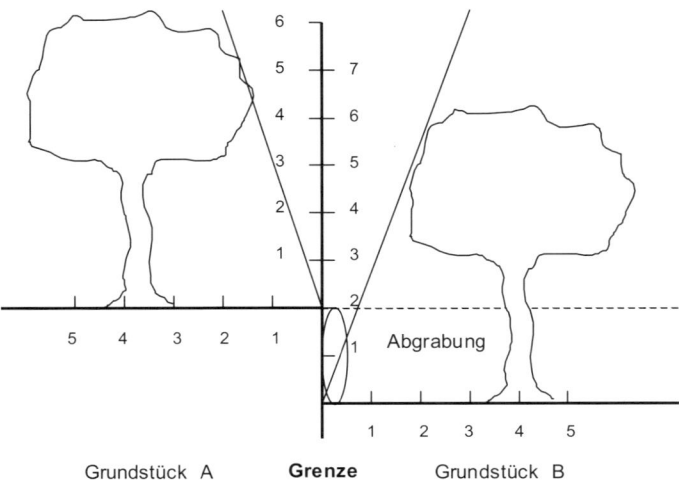

IV. Anspruch auf Zurückschneiden

11 Der Anspruch bezieht sich nur auf Anpflanzungen an der gemeinsamen Grenze (LG Koblenz NJOZ 2008, 2004). Sein Inhalt ist von der **Art und Weise der Abstandsunterschreitung** abhängig. Eine Anpflanzung kann im Laufe der Zeit soweit wachsen, dass der Grenzabstand ihrer Spitze geringer ist als ein Drittel der Höhe ihrer Spitze; dann muss die Anpflanzung auf die zulässige Höhe zurückgeschnitten werden, denn der Grenzabstand der Spitze ist in der Regel konstant. Möglich ist aber auch, dass die Spitze die vorgeschriebene Höhe einhält, während sich einzelne Zweige der Grenze mehr als zulässig genähert haben; dann muss dieser Teil der Anpflanzung auf den seiner Höhe entsprechenden Abstand zurückgeschnitten werden. Denkbar ist auch, dass eine Anpflanzung sowohl über den zulässigen Abstand wie über die zulässige Höhe hinauswächst. Schließlich gibt es Fälle, in denen entweder die Höhe oder der Abstand zurückzuschneiden sind, um den im Gesetz vorgeschriebenen Zustand herzustellen; z. B. ein über 1,20 m hinausgewachsener Strauch kann entweder auf 1,20 m zurückgeschnitten werden, damit die einzelnen Zweige keinen Grenzabstand einzuhalten brauchen, oder die Zweige können zurückgeschnitten werden, sodass ihr Grenzabstand nicht größer als ein Drittel ihrer Höhe über dem Erdboden ist.

12 Soweit **nur eine Maßnahme** in Betracht kommt (z. B. Zurückschneiden eines Zweiges), hat der Nachbar einen Anspruch auf diese Maßnahme. Kommen **mehrere Maßnahmen kumulativ** in Betracht (z. B. Zurückschneiden der Spitze und der Zweige), hat der Nachbar einen Anspruch auf alle erforderlichen Maßnahmen. Kommen **mehrere Maßnahmen alternativ** in Betracht (z. B. Zurückschneiden der Spitze oder der Zweige), hat der Nachbar einen Anspruch auf die eine oder die andere Maßnahme i. S. des § 262 BGB (Wahlschuld mit Wahlbefugnis des Schuldners); Klageantrag und Urteil müssen dahin lauten „die

Spitze der (genau zu bezeichnenden) Anpflanzung auf eine Höhe von 1,20 m zurückzuschneiden oder die zur Grenze gerichteten Zweige soweit zurückzuschneiden, dass der Grenzabstand ihrer Enden nicht kleiner als ein Drittel ihrer Höhe über dem Erdboden ist" (AG Varel NdsRpfl 1975, 288); der Schuldner kann dann nach § 264 Abs. 1 BGB noch solange zwischen der einen oder anderen Maßnahme wählen, bis der Nachbar mit der Zwangsvollstreckung nach § 887 ZPO einer von ihm gewählten Maßnahme begonnen hat. Obwohl ein Anspruch auf Beseitigung der Anpflanzung nicht besteht, kann der Schuldner den Anspruch des Nachbarn auf Zurückschneiden durch Beseitigung der Anpflanzung erfüllen (Ersetzungsbefugnis des Schuldners). Unter Beseitigen ist auch ein Zurücksetzen der Anpflanzung zu verstehen.

13 Der Anspruch beschränkt sich **nicht auf ein einmaliges Zurückschneiden**, so dass er bei späteren erneuten Abstandsunterschreitungen wieder geltend gemacht werden kann und muss (BGH NJW_RR 2012, 82). Der Anspruchsinhaber kann neben dem Zurückschneiden aber auch verlangen, dass die Anpflanzung künftig im herzustellenden Abstand gehalten wird (OLG Frankfurt NJW-RR 1997, 657), und kann dann aus einem solchen Urteil bei einer erneuten Abstandsunterschreitung nach 887 ZPO vollstrecken.

14 **Schuldner** des Anspruchs auf Zurückschneiden sind der Eigentümer (dem der Erbbauberechtigte nach § 2 gleichsteht) und der Nutzungsberechtigte (z. B. Mieter, Pächter, Nießbraucher) des Grundstücks, auf dem die Anpflanzung steht. **Gläubiger** des Anspruchs ist nur der Eigentümer (und der ihm nach § 2 gleichstehende Erbbauberechtigte) des angrenzenden Grundstücks (LG Kiel, Urt. v. 7.2.2008 – 7 S 87/07); der Nutzungsberechtigte kann ggf. aus seinem Rechtsverhältnis zum Gläubiger (z. B. § 536 BGB) verlangen, dass dieser den Anspruch auf Zurückschneiden geltend macht. Der Gläubiger kann den Nutzungsberechtigten ermächtigen, den Anspruch im eigenen Namen in Prozessstandschaft geltend zu machen.

15 Aus Gründen des **Naturschutzes** braucht die Verpflichtung zum Zurückschneiden nur unter den in § 39 Abs. 5 Satz 1 Nr. 2 BNatSchG (Text vor Rn. 1) genannten – praktisch kaum bedeutsamen – Beschränkungen erfüllt zu werden (eine Rechtsverordnung nach § 39 Abs. 5 Satz 3 BNatSchG über erweiterte Verbotszeiträume ist in Schleswig-Holstein bisher nicht erlassen worden); eine entsprechende Beschränkung ist – sofern ihre Voraussetzungen gegeben sind – in die Urteilsformel aufzunehmen (BGH NJW-RR 2012, 82). Damit hat der Schuldner aber kein Wahlrecht, wann er innerhalb dieses Zeitraums erfüllt; er muss sofort erfüllen, sobald der Anspruch innerhalb dieses Zeitraums fällig ist bzw. ein vollstreckbares Urteil vorliegt (a. A. AG Wilhelmshaven ZMR 2011, 651).

16 Ist der zulässige Grenzabstand überschritten, so besteht der Anspruch auf Zurückschneiden auch dann, wenn im Einzelfall eine **konkrete Beeinträchtigung des Nachbargrundstücks nicht besteht** (BGH NJW-RR 2010, 807; OLG Frankfurt NJW-RR 1997, 657; LG Duisburg AgrarR 1983, 252); in solchen Fällen steht § 242 BGB dem Anspruch aus § 37 nicht entgegen (LG Lübeck, Urteil vom 30.10.1974 – 6 S 281/74 –). Auch nur geringes Überschreiten oder Eingehen der

Anpflanzung infolge Zurückschneidens stehen dem Anspruch nicht entgegen (OLG Celle NdsRpfl 1979, 11 = RdL 1979, 26; AG Backnang RdL, 1982, 134).

17 Der Nachbar darf den Anspruch auf Zurückschneiden **nicht im Wege der Selbsthilfe** durchsetzen (OLG Schleswig, Beschluss vom 8.12.1982 – 1 W 194/ 82 –). Das Abschneiderecht aus § 910 BGB gilt nur bei Grenzüberwuchs und nur für diesen.

18 Soweit das öffentliche Naturschutzrecht (vgl. Rn. 1 vor § 37) 12 einen Eingriff in die Anpflanzung untersagt, ist der Anspruch aus § 37 Abs. 2 gemäß § 1 Abs. 1 ausgeschlossen (BayObLGZ 1993, 100).

§ 38 Boden- und Klimaschutzpflanzungen

(1) Mit Anpflanzungen zum Schutz landwirtschaftlich oder erwerbsgärtnerisch genutzter Grundstücke vor Witterungseinwirkungen (Boden- und Klimaschutzpflanzungen), die nicht über 7 m hoch sind, braucht der in § 37 Abs. 1 vorgeschriebene Grenzabstand nicht eingehalten zu werden. Wird die Höhe von 7 m überschritten, so gilt § 37 Abs. 2 entsprechend.

(2) Der Eigentümer und der Nutzungsberechtigte eines landwirtschaftlich oder erwerbsgärtnerisch genutzten oder eines ungenutzten Grundstücks müssen überhängende Zweige und eindringendes Wurzelwerk von Boden- und Klimaschutzpflanzungen, von denen keine erheblichen Beeinträchtigungen ausgehen, dulden.

Übersicht Rn.

I. Grenzabstand 1, 2
II. Duldung von Überwuchs 3

I. Grenzabstand

1 Die Landeskultur erfordert vielfach Boden- und Klimaschutzpflanzungen, um beispielsweise einen wirtschaftlichen Obstanbau zu ermöglichen. Würde mit diesen Anpflanzungen der in § 37 vorgesehene Abstand eingehalten, so würde ein beträchtlicher Grenzstreifen der landwirtschaftlichen und erwerbsgärtnerischen Nutzung entzogen. Als Boden- und Klimaschutzpflanzungen kommen z. B. Windschutzpflanzungen in Form von Knicks oder Geländestreifen mit Büschen und/oder Bäumen in Betracht. Soweit diese Anpflanzungen auf einem landwirtschaftlich oder erwerbsgärtnerisch genutzten Grundstück die Höhe von 7 m nicht überschreiten, braucht mit ihnen ein Grenzabstand nicht eingehalten zu werden. Ist die **Anpflanzung höher als 7 m**, so muss der in § 37 Abs. 1 vorgeschriebene Grenzabstand (vgl. § 37 Rn. 6) gewahrt werden.

2 Wird die Höhe von 7 m überschritten und der Abstand des § 37 Abs. 1 nicht eingehalten, so hat der Eigentümer des Nachbargrundstücks einen **Anspruch auf Zurückschneiden** nach § 37 Abs. 2 (vgl. § 37 Rn. 11–18).

§§ 38, 39   NachbG

II. Duldung von Überwuchs

Da Boden- und Klimaschutzpflanzungen dicht an der Grenze errichtet werden, 3
kommt es häufig vor, dass Zweige auf das Nachbargrundstück überhängen oder
Wurzelwerk in das Nachbargrundstück eindringt. Dieser Überwuchs muss nach
§ 910 Abs. 2 BGB von Nachbarn geduldet werden, wenn er die Benutzung seines
Grundstücks nicht beeinträchtigt. § 38 Abs. 2 erweitert die Duldungspflicht für
den Eigentümer und Nutzungsberechtigten eines landwirtschaftlich oder erwerbsgärtnerisch genutzten sowie eines ungenutzten Grundstücks, indem auch kleinere
Beeinträchtigungen (z. B. Schattenwurf, Laubbefall) geduldet werden müssen.

§ 39   Ausnahmen

§ 37 gilt nicht für
1. Wald, bei Erst- und Wiederaufforstungen jedoch nur nach Maßgabe des § 18 Abs. 3 des Landeswaldgesetzes;
2. Anpflanzungen, die hinter einer geschlossenen Einfriedigung vorgenommen werden und diese nicht überragen; als geschlossen gilt auch eine Einfriedigung, deren Bauteile breiter sind als die Zwischenräume;
3. Anpflanzungen auf öffentlichen Verkehrsflächen;
4. Anpflanzungen an den Grenzen zu öffentlichen Verkehrsflächen, zu öffentlichen Grünflächen und zu oberirdischen Gewässern von mehr als 4 m Breite;
5. Hecken, die nach § 30 Abs. 1 auf der Grenze angepflanzt werden oder die das öffentliche Recht als Einfriedigung vorschreibt.

– Nr. 1 geändert durch Art. 4 Nr. 2 des Gesetzes v. 19.11.1982 (GVOBl. Schl.-H. 256) –

Mit **Wald** braucht der Abstand nach § 37 nicht eingehalten zu werden; bei 1
Erst- und Wiederaufforstungen gilt jedoch § 12 Abs. 3 LWaldG (vgl. § 12
LWaldG Rn. 10), der an die Stelle von § 18 Abs. 3 LWaldG getreten ist. Der
Begriff des Waldes ist in § 2 LWaldG definiert. Er ist auch im Rahmen der
Nr. 1 anwendbar (a. A. LG Verden NdsRpfl 1975, 272). Ein Waldgrundstück
im nachbarrechtlichen Sinn verliert diese Eigenschaft nicht bereits mit seiner
planungsrechtlichen Ausweisung als Baugrundstück, sondern erst, wenn es –
z. B. durch Rodung – auf Dauer einer anderen als der bisherigen Nutzung zugeführt wird; erst ab diesem Zeitpunkt gelten die Grenzabstandsvorschriften der
§§ 37 ff (BayObLGZ 1993, 100).

Anpflanzungen, die **hinter einer geschlossenen Einfriedigung** vorgenommen 2
werden und diese nicht überragen, beeinträchtigen die Benutzung des Nachbargrundstücks nicht; daher braucht mit ihnen ein Grenzabstand nicht eingehalten
zu werden. Unerheblich ist, auf welchem Grundstück die Einfriedigung stellt
(Postier § 38 Anm. 1.1). Der in § 37 Abs. 1 vorgeschriebene Grenzabstand ist
somit einzuhalten, wenn die Anpflanzung höher als 1,20 m ist und die Einfriedigung überragt. Dem Zweck des Gesetzes ist Genüge getan, wenn mit dem
die Einfriedigung überragenden Teil der Anpflanzung der Abstand eingehalten
wird. Geschlossen ist eine Einfriedigung, wenn sie so dicht ist, dass die dahinter

215

gesetzte Anpflanzung dem Nachbargrundstück nicht zusätzlich Licht entzieht; davon ist nach Halbsatz 2 auszugehen, wenn die Summe der Zwischenräume kleiner ist als die Summe der Bauteile. Geschlossene Einfriedigungen sind z. B. Mauern und Bretterzäune; nicht aber Einfriedigungen aus durchsichtigen Bauteilen, denn §§ 37 ff schützen nicht gegen Überwuchs sondern gegen Lichtentzug bzw. Schattenwurf. Auch eine Hecke, die nach Nr. 5 ohne Grenzabstand zulässig ist, kann bei ausreichender Dichte eine geschlossene Einfriedigung sein. Nach Entfernung der Einfriedigung genießt die Anpflanzung **Bestandsschutz**, denn es kommt auf den Zeitpunkt der Anpflanzung an ("vorgenommen werden"; Postier § 38 Anm. 1.1); aber keine Berufung auf den Bestandsschutz, wenn die Einfriedigung nur vorübergehend gesetzt worden war, um eine Grenzabstandsunterschreitung für Anpflanzungen zu ermöglichen (§ 242 BGB).

3 Anpflanzungen **auf öffentlichen Verkehrsflächen** (vgl. § 17 Rn. 17) unterliegen nicht den Abstandsvorschriften dieses Gesetzes (OLG Düsseldorf ZMR 2001, 70). Die Zulässigkeit der Bepflanzung richtet sich nach öffentlichem Recht. Nach § 18 Abs. 1 LStrG ist die Bepflanzung des Straßenkörpers dem Träger der Straßenbaulast vorbehalten und die Straßenanlieger müssen alle Maßnahmen dulden, die im Interesse der Erhaltung und Ergänzung der auf dem Straßenkörper befindlichen Bepflanzung erforderlich sind.

4 An den Grenzen zu öffentlichen Verkehrsflächen (vgl. § 17 Rn. 17), **zu öffentlichen Grünflächen** (vgl. § 34 Rn. 1) zum Begriff vgl. auch § 5 Abs. 2 Nr. 5, § 9 Abs. 1 Nr. 15 BauGB) und **zu privaten oder öffentlichen oberirdischen Gewässern** (vgl. § 34 Rn. 1) von mehr als 4 m Breite (mittlerer Wasserstand) braucht der Abstand des § 37 nicht eingehalten zu werden. Unberührt bleiben jedoch die öffentlich-rechtlichen Vorschriften. So dürfen nach § 11 Abs. 2 BFernStrG, § 33 Abs. 3 und 4 LStrG Anpflanzungen nicht angelegt werden, wenn sie die Verkehrssicherheit beeinträchtigen; vorhandene Anpflanzungen haben die Eigentümer und Besitzer auf Verlangen des Trägers der Straßenbaulast zu beseitigen. Unberührt davon kann der Eigentümer der öffentlichen Verkehrsfläche usw. von dem Eigentümer des angrenzenden Grundstücks nach § 1004 BGB verlangen, dass dieser überragende Äste beseitige (BGH LM § 1004 BGB Nr. 156).

5 Mit **Hecken** ist der Abstand nicht einzuhalten, wenn sie **als gemeinschaftliche Einfriedigung** nach § 30 Abs. 1 auf der Grenze angepflanzt werden und damit zur Grenzeinrichtung im Sinne von § 921 BGB werden (KG BlGBW 1982, 217) oder wenn das öffentliche Recht (z. B. Ortssatzung) sie als Einfriedigung vorschreiben (z. B. in Bausatzungen). In diesen Fällen sind die Hecken aber im Rahmen der Unterhaltungspflicht auf der ortsüblichen oder öffentlichrechtlich vorgeschriebenen Höhe (§ 31 Abs. 1) zu halten. Die Höhe ist an der Stelle zu messen, an der die Hecke aus dem Erdboden austritt (LG Düsseldorf NJW-RR 1998, 1387). **Hecke** ist eine Gruppe gleichartig wachsender (aber nicht notwendig gleicher) Pflanzen, die in langer und schmaler Erstreckung in einer Linie aneinander gereiht sind, so dass sich ein geschlossener Pflanzenkörper ergibt, in dem die einzelnen Pflanzen zu einer wandartigen Formation verbunden sind (OLG Karlsruhe NZM 2015, 100). Dieser Dichtwuchs durch sich berührende oder verschränkende Seitentriebe braucht nicht schon anfänglich zu bestehen, sondern es genügt, wenn er erst im Laufe der Zeit aufgrund artgemäßer Ausdehnung der Pflanze erreicht wird (BGH MDR 1978, 565; OLG Karlsruhe a. a. O.). Auch dicht gepflanzte Bäume (z. B. Fichten, Koniferen) können eine Hecke bilden (LG Limburg NJW 1986, 595; LG Bielefeld DWW 1988, 321; AG Wiesbaden NJW-RR 1991, 405), soweit sie die heckenübliche Höhe nicht überschreiten (daher nicht über 3 m hohe Fichten; LG Saarbrücken NJW-RR 1991, 406; LG Zweibrücken MDR 1997, 1119). Die Pflanzen brauchen nicht botanisch als Gehölze eingeordnet zu sein wie z. B. Bambus (OLG Karlsruhe a. a. O.).

§ 40 Ausschluss des Anspruchs auf Zurückschneiden

(1) Der Anspruch auf Zurückschneiden von Anpflanzungen ist ausgeschlossen, wenn die Anpflanzungen über die nach diesem Gesetz zulässige Höhe oder den nach diesem Gesetz zulässigen Abstand hinausgewachsen sind und nicht bis zum Ablauf des zweiten darauf folgenden Kalenderjahres Klage auf Zurückschneiden erhoben worden ist.

(2) Der Anspruch auf Zurückschneiden von Anpflanzungen, die bei Inkrafttreten dieses Gesetzes vorhanden sind, ist ausgeschlossen, wenn
1. **ihr Grenzabstand dem bisherigen Recht entspricht, es sei denn, dass die Anpflanzungen noch nicht älter als 5 Jahre sind, oder**
2. **ihr Grenzabstand nicht dem bisherigen Recht entspricht und nicht bis zum Ablauf des zweiten auf das Inkrafttreten dieses Gesetzes folgenden Kalenderjahres Klage auf Zurückschneiden erhoben worden ist.**

Übersicht	Rn.
I. Abstandunterschreitung nach Inkrafttreten dieses Gesetzes	1–6
II. Abstandsunterschreitung vor Inkrafttreten dieses Gesetzes	7–9

I. Abstandunterschreitung nach Inkrafttreten dieses Gesetzes

Im Interesse des nachbarlichen Friedens soll der Anspruch auf Zurückschneiden einer Anpflanzung, die über die nach diesem Gesetz zulässige Höhe oder den nach diesem Gesetz zulässigen Abstand hinausgewachsen ist, nur während einer verhältnismäßig kurzen Zeit geltend gemacht werden können. Nach Absatz 1 ist der Anspruch auf Zurückschneiden daher **ausgeschlossen (nicht nur verjährt)**, wenn nicht spätestens bis zum Ablauf des zweiten auf die Abstandsunterschreitung folgenden Kalenderjahres Klage auf Zurückschneiden erhoben worden ist. Geht das Eigentum bzw. Erbbaurecht an dem Nachbargrundstück auf einen anderen Eigentümer bzw. Erbbauberechtigten über, so wird dadurch keine neue Frist in Lauf gesetzt. Die Beweislast für den Ablauf der Frist hat derjenige, gegen den sich der Anspruch auf Zurückschneiden richtet (AG Wilhelmshaven ZMR 2011, 651; Bauer/Schlick/Hülbusch § 51 Anm. 4a). Absatz 1 betrifft nur Abstandsunterschreitungen nach Inkrafttreten dieses Gesetzes, unerheblich ist der Zeitpunkt der Anpflanzung. 1

§ 40 gilt **nur für Ansprüche aus §§ 37 ff.** (OLG Hamm NJW-RR 1986, 239; OLG Düsseldorf NJW 1986, 2648); nicht z. B. für §§ 910, 1004 BGB (BGH 2

ZMR 2013, 395 Tz 11; OLG Brandenburg NJW-RR 2015, 1427 Tz 18) und vertragliche Ansprüche, wobei ein Anspruch aus § 1004 bei Lichtentzug und Schattenwurf durch die Grenze nicht überschreitende Anpflanzungen aber grundsätzlich nicht besteht (vgl. Rn. 7 vor § 37).

3 Werden Anpflanzungen (auch nach Ablauf der Ausschlussfrist; LG Koblenz NJOZ 2008, 2004) auf die nach diesem Gesetz zulässige Ausdehnung zurückgeschnitten, so beginnt eine **neue Frist** nach Absatz 1 zu laufen, sobald die Anpflanzungen wieder über die zulässige Höhe bzw. den zulässigen Abstand hinausgewachsen sind (LG Kiel, Urt. v. 7.2. 2008 – 7 S 87/07; Schäfer/Fink-Jamann/Peter § 47 Rn. 8; vgl. auch § 37 Rn. 13). Die Ausschlussfrist läuft hingegen ohne Unterbrechung weiter, wenn eine Anpflanzung auf weniger als den zulässigen Abstand zurückgeschnitten wird.

4 Läuft die Frist ab, ohne dass Klage erhoben worden ist, so **erlischt der Anspruch** auf Zurückschneiden (§ 3 Rn. 7). Die Anpflanzung kann mit dem Teil, der den Abstand nicht einhält, weiter wachsen (OLG Schleswig, Beschluss vom 8.12. 1982 – 1 W 194/82 –; Schäfer/Fink-Jamann/Peter § 47 Rn. 9). Wird das Eigentum des Nachbarn dadurch unzumutbar beeinträchtigt und ist dem Eigentümer, auf dessen Grundstück die Anpflanzung steht, ein Zurückschneiden zumutbar, so kann die Berufung auf § 40 Abs. 1 ausnahmsweise insoweit gegen § 242 BGB verstoßen, als das Zurückschneiden die Beeinträchtigung im Umfang ihrer Unzumutbarkeit beseitigt (KG NJW-RR 2000, 160; Schäfer/Fink-Jamann/Peter § 47 Rn. 10). **Mit anderen Teilen ist der Abstand aber grundsätzlich einzuhalten**, ebenso bleibt § 910 BGB unberührt. Haben sich z. B. bei einer im Abstand von 2 m von der Grenze gepflanzten Tanne die in 1,50 m Höhe befindlichen Zweige mehr als 0,50 m der Grenze genähert und ist der Anspruch auf Zurückschneiden dieser Zweige wegen Fristablaufs ausgeschlossen, so kann der Nachbar dennoch weiterhin verlangen, dass die Tanne auf die Höhe von 6,00 m zurückgeschnitten wird, sofern für diesen Anspruch nicht auch die Frist abgelaufen ist. Hat die Spitze einer Anpflanzung die zulässige Höhe überschritten und ist der Anspruch auf Zurückschneiden infolge Fristablaufs ausgeschlossen, sodass die Spitze beliebig weiterwachsen kann, so kann es bei einer Verunstaltung der Anpflanzung im Einzelfall gegen Treu und Glauben verstoßen, wenn mit seitlichen Teilen der Anpflanzung die Einhaltung des Grenzabstandes verlangt wird, zumal wenn die seitliche Ausdehnung keine weitergehende Beeinträchtigung des Nachbarn bedeutet als die zu duldende Ausdehnung in der Höhe.

5 Bei der Frist des Absatz 1 handelt es sich nicht um eine Verjährungs- sondern um eine **Ausschlussfrist** (sog. strenge Ausschlussfrist), deren Ablauf den Beseitigungsanspruch erlöschen lässt; zu Einzelheiten vgl. § 3 Rn. 7, 8.

6 Für die **Abstände von Anpflanzungen auf dem Nachbargrundstück** gilt weiter § 37. Wird dort der Abstand des § 37 Abs. 1 nicht eingehalten, besteht der Anspruch aus § 37 Abs. 2 auch dann, wenn wegen der vom Nachbarn nach § 40 Abs. 1 zu duldenden Höhe der Anpflanzung eine konkrete Beeinträchtigung des eigenen Grundstücks nicht besteht (vgl. auch § 37 Rn. 16); dem steht § 242 BGB aus dem Gesichtspunkt der eigenen Verletzung von § 37 Abs. 1

nicht entgegen (a. A. 12. Auflage), denn der Nachbar hat durch die nicht rechtzeitige Durchsetzung seines Anspruchs aus § 37 Abs. 2 selbst verursacht, dass er stärker beeinträchtigt wird, als bei Einhaltung des in § 37 Abs. 1 vorgeschriebenen Abstandes,

II. Abstandsunterschreitung vor Inkrafttreten dieses Gesetzes

Absatz 2 betrifft die Fälle, in denen der nach diesem Gesetz zulässige Abstand schon im Zeitpunkt des Inkrafttretens dieses Gesetzes unterschritten ist. Entspricht der Abstand dem bisherigen Recht und war die Anpflanzung am 1.4.1971 älter als 5 Jahre (entscheidend ist das Alter der Pflanze, nicht der Zeitpunkt der Anpflanzung an der Grenze), dann ist der Anspruch auf Zurückschneiden ausgeschlossen. Die Anpflanzung kann weiterwachsen (vgl. Rn. 3). Die Beweislast für das Alter der Anpflanzung hat derjenige, gegen den sich der Anspruch auf Zurückschneiden richtet (AG Schwarzenbek, Urteil vom 12.7.1974 – C 227/73 –). Sie dreht sich aber entgegen AG Schwarzenbek a. a. O. nicht um, wenn die Pflanze älter als 5 Jahre ist (dann entfällt der Anspruch) oder keine konkrete Beeinträchtigung des Nachbarn stattfindet (vgl. § 37 Rn. 16). Landesrechtliche Vorschriften über den Grenzabstand von Anpflanzungen hat es bisher in Schleswig-Holstein nicht gegeben (Glaser-Dröschel Nr. 77); § 174 18 ALR hat in Schleswig-Holstein nicht gegolten (LG Flensburg SchlHA 1966, 185). Soweit nicht örtliches Gewohnheitsrecht bestand, entspricht jeder Grenzabstand im Zeitpunkt des Inkrafttretens dieses Gesetzes daher dem bisherigen Recht (KG OLGZ 1977, 494). 7

Entspricht der Abstand dem bisherigen Recht, ist die Anpflanzung aber nicht älter als 5 Jahre, dann besteht der Anspruch auf Zurückschneiden aus § 37. Er ist jedoch ausgeschlossen, wenn nicht bis zum 31. Dezember 1973 Klage auf Zurückschneiden erhoben worden ist. Die Ausführungen in Rn. 1 bis 3 gelten für diesen Fall entsprechend. War eine dem bisherigen Recht entsprechende Anpflanzung am 1.4.1971 nicht älter als 5 Jahre und überschreitet sie den nach diesem Gesetz zulässigen Grenzabstand nach dem 31.3.1971, so gilt Absatz 1. 8

Widerspricht der Abstand bisherigem Recht, so gilt Rn. 8 entsprechend. 9

§ 41 Ersatzanpflanzungen und Grenzänderungen

(1) Werden für Anpflanzungen, bei denen der Anspruch auf Zurückschneiden nach § 40 ausgeschlossen ist, Ersatzanpflanzungen oder Nachpflanzungen vorgenommen, so sind die nach diesem Gesetz vorgeschriebenen Abstände einzuhalten.

(2) Unter Einhaltung des bisherigen Abstandes dürfen
1. **einzelne abgestorbene Heckenpflanzen einer geschlossenen Hecke ersetzt werden,**
2. **einzelne Sträucher und Bäume in einem Knick nachgepflanzt werden,**
3. **Ersatzpflanzungen für beseitigte Knicks vorgenommen werden.**

(3) Die Rechtmäßigkeit des Abstandes wird durch nachträgliche Grenzänderungen nicht berührt; jedoch gilt Absatz 1 und 2 entsprechend.

NachbG § 41 1–4

– *geändert durch § 77 Nr. 2 LPflegG Ld.F vom 16.4.1973 (GVOBl. Schl.-H. S. 122)* –

Übersicht   Rn.
I.   Ersatzanpflanzungen   1–3
II. Grenzänderungen 4, 5

I. Ersatzanpflanzungen

1 Ergibt sich im Laufe der Zeit die Notwendigkeit, Anpflanzungen, bei denen der Anspruch auf Zurückschneiden nach § 40 ausgeschlossen ist, durch neue Anpflanzungen zu ersetzen, dann muss mit der **neuen Anpflanzung der nach diesem Gesetz vorgeschriebene Abstand eingehalten werden.** Geschieht das nicht, so entsteht der Anspruch auf Zurückschneiden aus § 37 Abs. 2, der aber wieder der Ausschlussfrist des § 40 Abs. 1 unterliegt.

2 Absatz 1 gilt grundsätzlich auch für **einzelne Ersatzanpflanzungen bzw. Nachpflanzungen in geschlossenen Anlagen** (z. B. Baum- oder Sträuchergruppen). Eine Ausnahme gilt nach Absatz 2 Nr. 1 für die Ersetzung einzelner abgestorbener Heckenpflanzen einer geschlossenen Hecke. Diese dürfen zur Erhaltung der Linienführung am bisherigen Standort nachgepflanzt werden. Diese Bestimmung darf nicht dazu missbraucht werden, nach und nach die ganze Hecke zu erneuern, umso den zu geringen Grenzabstand beizubehalten. Die Ersetzung einzelner Heckenpflanzen ist daher nicht mehr zulässig, wenn demnächst die Erneuerung der ganzen Hecke ansteht. Absatz 2 Nr. 2 gestattet es, in Knicks einzelne Sträucher und Bäume nachzupflanzen, ohne dass es sich um eine Ersetzung abgestorbener Sträucher und Bäume handeln muss. Absatz 2 Nr. 3 ermöglicht es, einen ganzen Knick an der alten Stelle zu erneuern. Absatz 2 Nr. 2 und 3 soll auch privatrechtlich die Erhaltung und Verbesserung überkommener Knicks ermöglichen.

3 Ist **vertraglich ein geringerer Grenzabstand vereinbart**, so ist es eine Frage der Vertragsauslegung, ob sich der vereinbarte Abstand auch auf Ersatzanpflanzungen bezieht. Bei Ersatzanpflanzungen in geschlossenen Anlagen dürfte das vielfach zu bejahen sein.

II. Grenzänderungen

4 Wird eine Grenze neu gezogen (z. B. bei Flurbereinigungen oder bei Verkauf eines Grenzstreifens), nachdem Anpflanzungen bereits vorhanden sind, so kann der sich ergebende neue Grenzabstand geringer sein, als nach diesem Gesetz vorgeschrieben. Absatz 3 gewährleistet einen Bestandsschutz, indem der vor der Grenzänderung vorhandene rechtmäßige **Abstand auch nach der Grenzänderung rechtmäßig bleibt.** Die Anpflanzung darf aber die Abstände zur alten Grenze nicht überschreiten, die sie auch ohne Grenzänderung hätte einhalten müssen. Rechtmäßig ist auch eine Abstandsunterschreitung, die nach § 40 hinzunehmen ist (Bauer/Schlick/Hülbusch § 52 Anm. 2).

§§ 41, 42 NachbG

Aus der entsprechenden Anwendung der Absätze 1 und 2 folgt, dass mit **Ersatzanpflanzungen und Nachpflanzungen** der nach diesem Gesetz vorgeschriebene Abstand zur neuen Grenze eingehalten werden muss und nur die in Absatz 2 genannten Pflanzungen an alter Stelle vorgenommen werden dürfen. 5

Abschnitt XIII: **Grenzabstände für Gebäude**

§ 42 Grenzabstand

(1) Mit der Außenwand eines Gebäudes und vorspringenden Gebäudeteilen ist mindestens der in öffentlichrechtlichen Vorschriften bestimmte Abstand zum Nachbargrundstück einzuhalten. Ist in einer Baugenehmigung ein anderer Abstand vorgeschrieben oder genehmigt worden, so ist mindestens dieser Abstand einzuhalten.

(2) Der Eigentümer des Nachbargrundstücks kann die Beseitigung eines Gebäudes oder Gebäudeteiles insoweit verlangen, als der in Absatz 1 genannte Abstand nicht eingehalten worden ist.

Übersicht

		Rn.
I.	Öffentlichrechtlicher Bau-Nachbarschutz	1–15
1.	Das Rücksichtnahmegebot im Baurecht	1–4
2.	Bauplanungsrechtlicher Nachbarschutz	5–9
3.	Bauordnungsrechtlicher Nachbarschutz	10
4.	Schutz aus Artikel 14 GG	11–13
5.	Schutz aus behördlicher Zusage	14
6.	Abwehr einer Ausnahme im Baurecht	15
II.	Das Bauplanungsrecht	16–28
1.	Gerichtliche Prüfung eines B-Planes	16–18
2.	Nichtiger B-Plan und Baugenehmigung	19
3.	Nachbarbeteiligung im Bauordnungsrecht	20, 21
4.	Öffentlichrechtliche Nachbarklage	22–26
5.	Anspruch auf behördliches Einschreiten	27
6.	Folgenbeseitigungsanspruch	28
III.	Privatrechtlicher Bau-Nachbarschutz	29–37
1.	Zweigleisiger Rechtsschutz	29–31
2.	Anspruchsgrundlagen	32–34
3.	Rechtsmissbrauch	35
4.	Privatrechtliche Nachbarklage	36, 37
IV.	Grenzabstand nach § 42	38–59
1.	Der privatrechtliche Grenzabstand	38, 39
2.	Nachbarschützende Abstandsvorschriften	40, 41
3.	Lage der Abstandflächen	42
4.	Bezugspunkte einer Abstandfläche	43–46
5.	Abstandsfreiheit von Gebäuden	47, 48
6.	Berechnung der Abstandfläche	49–51
7.	Die Garage	52, 53
8.	Genehmigungsfreie Gebäude	54
9.	Bindungswirkung eines Verwaltungsaktes	55, 56

10.	Ausnahmen und Befreiungen	57–59
V.	Beseitigungsanspruch nach § 42	60–63
1.	Abwehr einer Abstandsunterschreitung	60–62
2.	Vereinbarter Grenzabstand	63

I. Öffentlichrechtlicher Bau-Nachbarschutz

1. Das Rücksichtnahmegebot im Baurecht

1 Ob ein bauliches Vorhaben nach Funktion, Größe und Lage verwirklicht werden darf, ob eine bestimmte Nutzung einer baulichen Anlage oder einer Grundfläche zuzulassen ist, ist durch Vorschriften des **Bauplanungsrechts** (Baugesetzbuch, Baunutzungsverordnung) und **Bauordnungsrechts** (Landesbauordnung) geregelt. Aus der Verwirklichung können sich Interessenkonflikte mit Rechten Dritter ergeben. Das wirft die Frage auf, inwieweit auf Dritte Rücksicht zu nehmen ist. Auf das planungsrechtliche **Gebot der Rücksichtnahme** im Bebauungsrecht (Art. 14 GG) kann sich nur der dinglich Berechtigte (z. B. Eigentümer) berufen, denn der Nachbarschutz im Bebauungsrecht ist grundstücksbezogen, nicht personenbezogen (BVerwG NJW 1989, 2766). Ein das gesamte Baurecht umfassendes **Rücksichtnahmegebot** als allgemeine Härteklausel, die über den speziellen Vorschriften des Städtebaurechts oder gar des gesamten öffentlichen Baurechts steht, gibt es nicht (BVerwG NVwZ 1999, 879). Es wird nur hinsichtlich einzelner gesetzlicher Vorschriften des Baurechts anerkannt und gewährleistet damit, dass Nutzungen, die unter Nachbarn Spannungen und Störungen hervorrufen können, in für beide Seiten gerechtem Interessenausgleich zugeordnet werden (BVerwG JZ 1988, 404; DVBl 1981, 928; SaarVG Urteil vom 3.12.2008 – 5 K 687/08 – Juris). Entsprechend kann der Einzelne keinen Anspruch darauf haben, vor jeglicher **Wertminderung** seines Grundstücks bewahrt zu werden, z. B. aufgrund dessen, dass auf dem Nachbargrundstück ein Bauvorhaben genehmigt wurde (BVerwG NVwZ-RR 1998, 540). Welche **Anforderungen** das Gebot der Rücksichtnahme im Einzelfall begründet, hängt wesentlich von den jeweiligen Umständen ab (SchlHOVG SchlHA 1993, 211). Je empfindlicher und schutzwürdiger die Stellung derer ist, denen die Rücksichtnahme im gegebenen Zusammenhang zugute kommt, umso mehr kann an Rücksichtnahme verlangt werden (BVerwG NJW 1978, 62; zum rücksichtslos erlaubten städtebaulichen **Missstand** einer 75 m vom Nachbarn entfernten **Wagenburg** vgl. OVG Berlin ZMR 1998, 522). Je verständlicher und unabweisbarer die mit einem Vorhaben verfolgten Interessen sind, umso weniger braucht derjenige, der das Vorhaben verwirklichen will, Rücksicht zu nehmen (BVerwG a. a. O.; zur **Schweinemast** vgl. BVerwGE 52, 122; zur **Asylbewerberunterkunft** einerseits im Außenbereich vgl. SchlHOVG SchlHA 1992, 48, andererseits im diffus geprägten und unbeplanten Innenbereich vgl. SchlHOVG SchlHA 1992, 47, ferner zu **Wohncontainern** für Asylbewerber am Rande des festgesetzten reinen Wohngebietes vgl. SchlHOVG SchlHA 1994, 17, zur **Rinderhaltung** im Dorfgebiet vgl. SchlHOVG SchlHA 1994, 130). Es kommt für die sachgerechte Beurteilung des Einzelfalles wesentlich auf eine Abwägung zwischen dem an, was einerseits dem Rücksichtnahmebegünstigten und andererseits dem Rücksichtnahmepflichtigen nach Lage der Dinge zuzumuten ist. Dabei ist zugunsten eines Vorhabens die **Vorbelastung** durch bereits vorhandene Anlagen in der näheren Umgebung, insbesondere die Vorbelastung durch Immissionen zu berücksichtigen (VG Gießen Urteil vom 21.7.2008 – 1 E 4220/07- Juris). Wer sein eigenes Grundstück in einer zulässigen Weise baulich nutzen will, muss allerdings seine berechtigten Interessen nicht zurückstellen, um gleichwertige fremde Interessen zu schonen. Das gilt verstärkt, wenn sich bei einem Vergleich der beiderseitigen Interessen derjenige, der das Vorhaben verwirklichen will, zusätzlich darauf berufen kann, dass das Gesetz durch die Zuerkennung einer Privilegierung seine Interessen grundsätzlich höher bewertet wissen will, als es für die Interessen derer zutrifft, auf die Rücksicht genommen werden soll (vgl. zu allem BVerwG NJW 1978, 62). Ein **Türkisch-Islamisches Kulturzentrum**, das der Betriebsbeschreibung und den Planunterlagen nach weit überwiegend einer religiösen Nutzung zu dienen bestimmt ist, ist in einem allgemeinen Wohngebiet seiner Art nach als Anlage für „kirchliche Zwecke" bzw. „kulturelle und soziale Zwecke" zulässig (§ 4 Abs. 2 Nr. 3 BauNVO). Der Begriff „kirchlich" beschränkt sich dabei nicht etwa auf christliche Glaubensgemeinschaften, denn die deutsche Rechtsordnung unterscheidet nicht zwischen den einzelnen Glaubensrichtungen oder Weltanschauungen (VG München Beschluss vom 7.6.2005 – M 8 SN 05.1628 – Juris; zu einem Islamischen **Betsaal** und einer **Koranschule** entsprechend BVerwG NJW 1992, 2170).

Die Pflicht zur Rücksichtnahme betrifft nur Auswirkungen, für die die konkrete baurechtliche Regelung verantwortlich ist. Bei der baurechtlichen Bewertung von Belästigungen durch **Behelfsunterkünfte** können demnach nur solche Störungen berücksichtigt werden, die typischerweise bei der bestimmungsgemäßen Nutzung auftreten und von bodenrechtlicher Relevanz sind. Das sind zumeist nur Geräuschimmissionen. Befürchtungen anderweitiger Belästigungen kann nicht mit Mitteln des Baurechts, sondern nur im jeweiligen Einzelfall mit Mitteln des **Polizei- und Ordnungsrechts** oder zivilen Nachbarrechts begegnet werden (OVG Münster NVwZ 1993, 279). Entsprechend hat die Baubehörde im Rahmen der Genehmigungsprüfung einer genehmigungsfähigen Anlage nicht mögliche Beeinträchtigungen eines Nachbarn aus **extremer oder atypischer Nutzung** zu berücksichtigen, weil es sich um ein Problem des Sozialverhaltens handelt, welches über das baurechtliche Gebot der gegenseitigen Rücksichtnahme nicht erfassbar ist (SchlHOVG SchlHA 1995, 77).

2

Ein **nachbarschützendes Rücksichtnahmegebot** besteht nur dort, wo (und soweit) der Gesetzgeber es normiert hat und der von der behördlichen Entscheidung Drittbetroffene eine eigene schutzfähige Rechtsposition vorweisen kann (NdsOVG DVBl 2008, 1391; BVerwG DVBl. 1977, 722; BGHZ 86, 3565). So kann neben dem Einwand einer verletzten Abstandsvorschrift nicht verstärkend noch das Argument einer unzumutbaren Beschränkung der Belichtung, Belüftung und Besonnung des Grundstücks greifen, weil die Abstandsregelung zugleich die zumutbare Einschränkung dieser Faktoren festlegt (BVerwG NJW 1994, 1546; SchlHOVG SchlHA 1995, 77; OVG Greifswald MDR 1995, 149). Die Baubehörde hat den Nachbarschutz zu beachten und der Nachbar hat ihr gegenüber ein subjektives öffentliches Recht (Anspruch) darauf. Ob eine **Norm nachbarschützend** ist, ist jeweils durch Auslegung zu ermitteln (BVerwG NJW 1967, 1770). Dabei kommt es nicht auf die Wirkung, sondern auf den Inhalt und Zweck der Norm an, vornehmlich darauf, ob der Gesetzge-

3

ber bei Erlass gerade einen Rechtsschutz, wie er in Anspruch genommen wird, zugunsten von Einzelpersonen oder bestimmten Personenkreisen gewollt oder doch mitgewollt hat (NdsOVG a. a. O.; BGH NJW 1964, 396; SchlHOVG SchlHA 1992, 48 sowie SchlHA 1993, 209 und SchlHA 1993, 258), zugunsten eines Personenkreises also, der sich **von der Allgemeinheit unterscheidet** (BVerwG NVwZ 1987, 409).

4 Die **Unterschutzstellung eines Kulturdenkmals** liegt allein im öffentlichen Interesse und begründet für den Eigentümer des Denkmals kein Recht von seinem Nachbarn ein gesteigertes Maß an Rücksicht auf das Erscheinungsbild oder die optische Wirkung des Denkmals zu verlangen (vgl. VGH BW Urteil vom 27.9.2007 – 3 S 882/06 – Juris; SaarVG Urteil vom 3.12.2008 – 5 K 687/08 – Juris). **Regelungen zur Gefahrenabwehr**, wie zur Verkehrs- und Feuersicherheit, Gesundheit, Arbeiten und Wohnen, Ruhe und Erholung in der Umgebung, dienen z. B. zunächst nur dem öffentlichen Interesse und gewähren, allein an der Regelungsthematik gemessen, noch kein subjektives öffentliches Recht auf Schutz. Hinzukommen muss von der Norm her eine hinreichend klare Abgrenzung/Abgrenzbarkeit der Berechtigten/Betroffenen sowie die Erkennbarkeit des gesetzgeberischen Willens, ihnen ein Recht zur Abwehr erheblicher Verletzungen dieser Norm zu gewähren (BVerwG NJW 1967, 1770; OVG Münster NVwZ 1986, 317). So sind z. B. **Land- und forstwirtschaftliche Nutzflächen** ohne Wohnbauten in Außenbereichen nicht schutzbedürftig gegenüber Lärm- und Geruchsimmissionen, solange sie nicht in das Gebiet eines Bebauungsplanes einbezogen sind, der schutzwürdige Nutzungen vorsieht (Sarnighausen NVwZ 1996, 110). Sie sind allenfalls vor unzumutbaren und nachweisbaren Schadstoffbelastungen zu bewahren (OVG Lüneburg BauR 1993, 440). Bauordnungsrechtliche Vorschriften zum **Schutz gegen Verunstaltungen** dienen ausschließlich dem öffentlichen Interesse und sind nicht gleichzeitig dazu bestimmt die Nachbarn zu schützen (VG München Urteil vom 5.6.2008 – M 11 K 07.3427 – Juris).

2. Bauplanungsrechtlicher Nachbarschutz

5 Der **bauplanungsrechtliche Nachbarschutz** bestimmt sich stets nach der jeweiligen Festsetzung im Bebauungsplan nebst ihrem Schutzzweck (Battis/Löhr § 31 Rn. 62). So haben die Anlieger einer durch einen Bebauungsplan festgesetzten lärmintensiven Straße einen Anspruch darauf, dass eine zu ihrem Schutz festgesetzte **Lärmschutzwand** mit der Verkehrsübergabe errichtet wird. Mit einer derartigen Planfestsetzung entfällt die Möglichkeit, den betroffenen Nachbarn die satzungsmäßig zugesicherte Lärmschutzanlage vorzuenthalten und von dem Nachweis unzumutbarer Störungen abhängig zu machen (OVG Lüneburg NVwZ 1989, 274). Entscheidend ist, ob und inwieweit sie den nachbarlichen Interessenausgleich in der wechselseitigen Abhängigkeit der Grundstücksnutzungen gewährleisten soll (Sendler BauR 1970, 4) und nicht nur einer städtebaulichen Zielsetzung dient. Nachbarschützend ist z. B. das in § 1 Abs. 7 BauGB enthaltene **Abwägungsgebot**, auch hinsichtlich planexterner privater Belange, die für die Abwägung erheblich sind (BVerwG BauR 2008, 2031). Ein Satzungsbeschluss über einen Bebauungsplan ist rechtswidrig, wenn eine Abwägung überhaupt nicht stattgefunden hat oder wenn in die Abwägung an

Belangen nicht eingestellt wurde, was nach Lage der Dinge einzustellen war oder wenn die Bedeutung der betroffenen Belange verkannt oder der Ausgleich zwischen diesen in einer Weise vorgenommen wurde, die zur objektiven Gewichtigkeit der Belange außer Verhältnis steht (BVerwG, Urt. v. 12.12.1969 – IV C 105.66 –, BVerwGE 34, 301; NdsOVG Beschluss vom 29.1.2009 – 1 MN 229/08 – Juris).

Die **Festsetzung von Baugebieten** durch Bebauungsplan hat grundsätzlich nachbarschützende Funktion und derselbe Nachbarschutz besteht im unbeplanten Innenbereich, wenn die Eigenart der näheren Umgebung einem der Baugebiete der Baunutzungsverordnung entspricht (BVerwG Beschluss vom 27.9.2007 – 4 B 36/07 – Juris). Der Nachbar hat Anspruch auf die **Bewahrung einer festgesetzten Gebietsart** (etwa Ausweisung als reines Wohngebiet, § 3 BauNVO), selbst dann, wenn das baugebietswidrige Vorhaben im jeweiligen Einzelfall noch nicht zu seiner tatsächlich spürbaren und nachweisbaren Beeinträchtigung führt. Der Abwehranspruch wird grundsätzlich bereits durch die Zulassung eines mit der Gebietsfestsetzung unvereinbaren Vorhabens ausgelöst, weil hierdurch das nachbarliche Austauschverhältnis gestört und eine Verfremdung des Gebiets eingeleitet wird. Weil und soweit der Eigentümer eines Grundstücks in dessen Ausnutzung öffentlichrechtlichen Beschränkungen unterworfen ist, kann er deren Beachtung grundsätzlich auch im Verhältnis zum Nachbarn durchsetzen und damit die schleichende Umwandlung des Baugebiets unabhängig von einer konkreten Beeinträchtigung verhindern (BVerwG NVwZ 2008, 427). Der nachbarschützende **Gebietserhaltungsanspruch** beschränkt sich grundsätzlich auf die Grundstückseigentümer im jeweiligen Baugebiet (BVerwG NVwZ 2008, 427; VG Köln Beschluss vom 14.10.2008 – 11 L 1412/08 – Juris; vgl. aber auch Rn. 7). Z. B. dürfen Anlagen für eine **Kleintierhaltung** nicht der Eigenart des Gebiets widersprechen; die Nutzung darf im Umfang nicht über das hinausgehen, was nach der Verkehrsanschauung in dem jeweiligen Baugebiet üblich ist (VG Stuttgart Urteil vom 9.10.2008 – 11 K 2454/08 – Juris). Die Haltung von 6–7 **Bienenvölkern** in einem dicht besiedelten Wohngebiet ist nicht gebietsverträglich (vgl. NdsOVG Beschluss vom 10.6.2005 – 1 LA 166/04 – Juris; VG Osnabrück Urteil vom 26.3.2004 – 2 A 4/03 – Juris), die Haltung von **Pferden** entspricht grundsätzlich nicht der Eigenart eines allgemeinen Wohngebiets (NdsOVG BauR 2009, 210). Maßgeblich für die Frage, ob Pferdehaltung (hier: **Ponys**) für benachbarte Wohnbebauung zu unzumutbaren Belästigungen führt oder dieser noch **zugemutet werden** kann, sind die Umstände des Einzelfalls. Dabei kommt es insbesondere auf die Zahl der Tiere, den Zuschnitt der Grundstücke, die Stellung der Wohngebäude sowie darauf an, ob auf das Wohngrundstück unabhängig von der Pferdehaltung Immissionen einwirken und dieses damit schon in gewisser Weise geprägt ist (NdsOVG RdL 2005, 121). Eine **Raubtierhaltung** im Wohngebiet ist unzulässig (VG Berlin NJW 1984, 140; zum Verbot einer Haltung von Tieren wild lebender Arten, die Menschen lebensgefährlich werden können vgl. auch §§ 29, 57 Abs. 2 Nr. 13 LNatSchG), ebenso eine Zucht mit 100 und mehr **Wellensittichen** (VG Würzburg Urteil vom 21.3.2002 – W 5 K 02.895 – Juris). Die mit einer bestimmungsgemäßen Nutzung eines **Kinderspielplatzes** verbundenen Beeinträchtigungen sind von den Nachbarn hinzunehmen. Bauplanungsrechtlich folgt hieraus: Wenn ein Spielplatz nach § 34 Abs. 2 BauGB i. V. m. §§ 3 oder 4 BauNVO grundsätzlich zulässig ist, so kann er nur ausnahmsweise nach § 34 Abs. 2 BauGB i. V. m. § 15 BauNVO im Einzelfall unzulässig sein. Kinderspielplätze, die nach ihrer Ausstattung für Kinder bis zu 14 Jahren eingerichtet sind, sind jedenfalls mit Ausnahme von Bolzplätzen sozialadäquate Einrichtungen innerhalb einer Wohnbebauung (BVerwG NJW 1992, 1779). Ein **Pflegeheim** (im Modell des betreuten Wohnens) für geistig Behinderte ist sowohl in reinen als auch in allgemeinen Wohngebieten zulässig (VG Braunschweig DWW 2005, 383; § 3 Abs. 4 BauNVO). Eine an sich als **Vereinsheim** dienende **Sängerhalle** ist eine Anlage für kulturelle Zwecke gemäß § 4 Abs. 2 Nr. 3 BauNVO und gehört daher zur gebietstypischen Regelbebauung eines allgemeinen Wohngebietes (und gemäß den §§ 5 Abs. 2 Nr. 7, 6 Abs. 2 Nr. 5 BauNVO auch eines Dorf- oder Mischgebietes). Eine jährliche Anzahl von 5 bis 6 **Live-Musik-Veranstaltungen** in dem Heim ist derart gering, dass sie den planungsrechtlichen Charakter der Sängerhalle nicht zu einer gebietsfremden Vergnügungsstätte umprägen (OVG RhPf BauR 2003, 1187). Nach § 4 Abs. 2 Nr. 3 BauNVO sind in einem allgemeinen Wohngebiet Anlagen für kulturelle und sportliche Zwecke allgemein zulässig, sofern sie nach Art und Umfang der Eigenart des Gebiets entsprechen und nach der Zweckbestimmung des Gebiets, vorwiegend dem Wohnen dienen (§ 4 Abs. 1 BauNVO), nicht gefährden (BW VGH Urteil vom 29.1.2008 – 7 B 2327/04 – Juris). Während in Mischgebieten (§ 6 BauNVO) **Bordelle** und bordellartige Betriebe wegen ihrer typischen Auswirkungen auf die Nachbarschaft (milieubedingte Unruhe) eine wesentliche Störung des Wohnens darstellen und daher nicht mischgebietsverträglich sind, muss die störende Wirkung bei der **Wohnungsprostitution** nicht so weit gehen, dass das Vorhaben generell unzulässig wäre. Sie liegt allerdings nur vor, wenn die Prostituierten in der Wohnung, in der sie ihrem Gewerbe nachgehen, auch wohnen (VG Neustadt Beschluss vom 10.2.2009 – 3 L 1448/08.NW – Juris; VGH BW NVwZ-RR 1998, 550). Ferner sind laut § 12 Abs. 2 BauNVO in reinen Wohngebieten **Stellplätze und Garagen** nur für den durch die zugelassene Nutzung verursachten Bedarf zulässig; diese Bestimmung ist nachbarschützend (zu allem vgl. BVerwG NJW 1994, 1546). Nachbarschützend sind auch die Festsetzungen zur **Art der baulichen Nutzung** (BVerwG BauR 2008, 793; NJW 1994, 1546; OVG NRW Urteil vom 17.12.2008 – 10 A 2999/07- Juris; OVG Lüneburg BauR 1983, 150), ferner § 31 Abs. 2 BauGB (**Befreiung** von Festsetzungen des Bebauungsplans, BVerwG NVwZ 1987, 409); auch im Fall der Befreiung von nicht nachbarschützenden Festsetzungen ist § 31 Abs. 2 BauGB insoweit drittschützend, als diese Vorschrift das Ermessen der Bauaufsichtsbehörde dahin bindet, dass die Abweichung auch unter Würdigung nachbarlicher Interessen mit den öffentlichen Belangen vereinbar sein muss (BVerwG BRS 49 Nr. 188; OVG NRW BauR 2006, 342). § 34 BauGB entfaltet nachbarschützende Wirkung nur über das im Tatbestandsmerkmal des **Einfügens** verankerte Rücksichtnahmegebot. Es kann ausnahmsweise auch dann verletzt sein, wenn die landesrechtlichen Abstandsvorschriften eingehalten sind (BVerwG NVwZ 1999, 879). Für die Annahme einer Rücksichtslosigkeit reicht es nicht, dass ein Vorhaben sich nicht in jeder Hinsicht innerhalb des Rahmens hält, der durch die Bebauung der Umgebung gebildet wird. Hinzu kommen muss, dass es im Verhältnis zu seiner Umgebung bewältigungsbedürftige Spannungen erzeugt, die potentiell ein Planungsbedürfnis nach sich ziehen, und dass es die gebotene Rücksichtnahme speziell auf die in seiner unmittelbaren Nähe vorhandene Bebauung vermissen lässt (OVG NRW Beschluss vom 9.2.2009 – 10 B 1713/08 – Juris; vgl. auch BVerwG NJW 1981, 1973; BVerwG BRS 56 Nr. 165).

Auf die **Grundstücksgrenzen** kommt es im Bauplanungsrecht allerdings grundsätzlich nicht an (BVerwG NVwZ 1989, 354). Nachbarschützend ist das in § 35 Abs. 3 BauGB enthaltene Rücksichtnahmegebot (SchlHOVG SchlHA 1992, 48), ferner **§ 15 Abs. 1 BauNVO** (betreffend der Eigenart des Baugebiets widersprechende Anlagen) als besondere Ausprägung des Rücksichtnahmegebots bei einzelnen Bauvorhaben, wenn die tatsächlichen Umstände handgreiflich ergeben, auf wen Rücksicht zu nehmen ist, und eine besondere rechtliche Schutzwürdigkeit des Betroffenen anzuerkennen ist (BVerwG NJW 1984, 138).

Das trifft z. B. dann zu, wenn sich ein vom Bebauungsplan abweichendes genehmigtes Bauvorhaben in Anbetracht der Eigenart des Baugebiets als **Missgriff** darstellt (BVerwG NVwZ 1985, 653). Anders als Festsetzungen unterschiedlicher Nutzungsarten, die wegen ihrer spezifischen Interessenverflechtung und der mit einer Durchbrechung dieser Festsetzungen zutage tretenden Unverträglichkeit unterschiedlicher Nutzungen in der Regel als nachbarschützend angesehen werden, kann bei Festsetzungen des **Maßes der baulichen Nutzung,** der Bauweise und überbaubaren Grundstücksfläche eine nachbarschützende Wirkung nur im Einzelfall aus den Planungsabsichten im Zusammenhang mit den örtlichen Gegebenheiten geschlossen werden, weil diese Festsetzungen in der Regel nicht zu einer besonderen „bau- und bodenrechtlichen Schicksalsgemeinschaft" der Planbetroffenen beitragen (OVG Lüneburg BauR 1979, 489). Aus den textlichen Festsetzungen des Bebauungsplans, seiner Begründung oder anderweitigen Materialien müssen sich also hinreichende Anhaltspunkte dafür ergeben, dass die Gemeinde als Satzungsgeber (§ 10 Abs. 1 BauGB) eine solche Wirkung gewollt hat (VG Ansbach Urteil vom 3.12.2008 – AN 9 K 08.00720 – Juris). Ein Nachbarschutz, der Nachbarn ein **Vorgehen gegen jede Abweichung** eines Bauherrn im Plangebiet ermöglicht, ist vom Gesetz nicht vorgesehen (zur Genehmigung einer Doppelgarage unter Befreiung von Festsetzungen zu Baugrenzen vgl. BayVGH Beschluss vom 21.11.2008 – 15 CS 08.2683 – Juris). Das Gebot der Rücksichtnahme hinsichtlich einer Beeinträchtigung der **Besonnung, Belichtung und Belüftung** ist nicht verletzt, wenn ein Bauvorhaben die nach Landesbaurecht erforderlichen Abstände einhält, vgl. SchlHOVG SchlHA 1993, 209).

Ob **Baulinien, Bautiefen** und **Baugrenzen** nachbarschützend sind, hängt von den jeweiligen Umständen des Einzelfalls ab (regelmäßig ja zugunsten des an derselben Grundstücksseite liegenden Nachbarn: VGH Mannheim NJW 1992, 1060; a. A. OVG Berlin JR 1964, 398), vornehmlich von der jeweiligen Zielrichtung im Bebauungsplan, vgl. OVG NRW Beschluss vom 19.2.2009 – 7 B 1899/08 – Juris; ebenso VGH Mannheim NVwZ-RR 2000, 348; ebenso BayVGH Beschluss vom 14.1.2009 – 1 ZB 08.97 – Juris). Rückwärtige Baulinien und Baugrenzen sind im Allgemeinen nicht nachbarschützend (VG München Beschluss vom 19.3.2007 – M 11 SN 07.108 – Juris; auch Hahn JuS 1987, 536), vordere (straßenseitige) Baugrenzen sind regelmäßig nicht nachbarschützend (VG München Beschluss vom 19.3.2007 – M 11 SN 07.108 – Juris, m. w. N.). **Baugebietsübergreifender Nachbarschutz** besteht, wenn das beeinträchtigende Vorhaben in dem anderen wie dem eigenen Baugebiet unzulässig ist (OVGE Münster 27, 245 Nr. 55; das Abwehrrecht geht aber nicht über den für das eigene Grundstück maßgeblichen Gebietsschutz hinaus, vgl. OVG Berlin BRS 24 Nr. 164). Ob ansonsten einer Baugebiets-

NachbG § 42 8

festsetzung eine über die Gebietsgrenze hinausreichende drittschützende Wirkung zukommt, hängt davon ab, ob sich der Begründung des Bebauungsplans oder anderer Unterlagen des Planaufstellungsverfahrens ein entsprechender **Planungswille der Gemeinde** entnehmen lässt (VG München Urteil vom 20.11.2008 – M 11 K 07.5503 – Juris; OVG Bremen BRS 70 Nr. 162). Bei Festsetzungen hinsichtlich des Immissionsschutzes (z. B. Lärm) liegt das durchaus nahe (zum **nächtlichen Fluglärm** vgl. BVerwG NVwZ 2005, 933; VG Köln Beschluss vom 14.10.2008 – 11 L 1412/08 – Juris).

8 Der Nachbarschutz eines in den Grenzen des Plangebiets liegenden Nachbarn gegenüber einem **außerhalb des Plangebiets** gelegenen Grundstückseigentümer bestimmt sich bundesrechtlich nach dem in § 15 Abs. 1 S. 2 BauNVO enthaltenen und für Außenbereichsvorhaben in § 35 Abs. 3 S. 1 Nr. 3 BauGB konkretisierten Gebot der Rücksichtnahme (VG Ansbach Beschluss vom 25.6.2008 – AN 9 K 08.00498, AN 9 S – Juris). In Bereichen, in denen Gebiete von **unterschiedlicher Qualität und Schutzwürdigkeit** zusammentreffen, ist die Grundstücksnutzung mit einer spezifischen gegenseitigen Pflicht zur Rücksichtnahme belastet, die unter anderem dazu führt, dass der Belästigte Nachteile hinnehmen muss, die er außerhalb eines solchen Grenzbereichs nicht hinnehmen müsste. Dieser Grundsatz gilt auch im privaten Nachbarrecht (BGH NJW 1993, 1656). Geht es z. B. um eine Lärmimmission von einer 60 m entfernten **Papierfabrik** in ein Wohngebiet, dann muss im Einzelfall eine Art von Mittelwert gefunden werden, weil die Immissionsrichtwerte der TA-Lärm diese Situation nicht erfassen. Es geht dabei nicht um einen rein rechnerisch gebildeten Mittelwert, sondern um einen Zwischenwert unter Berücksichtigung des Gesetzes der Schallausbreitung und der Einzelheiten der Situation, in der die Grundstücke der Gebietsnachbarn liegen (BGH VersR 1995, 178). Zur Randlage eines Wohngrundstücks im Wohnbereich zu einem **Jugendzeltplatz** im Außenbereich vgl. BGH NJW 1993, 1656; zur Lärm- und Staubbelästigung durch eine **Ziegelfabrik** vgl. BVerwGE 50, 49; zum **Schafunterstand** in Randlage zum Wohngebiet vgl. VGH Kassel RdL 1997, 63), zum Halten von 2 **Pferden** in solcher Randlage (VG Ansbach a. a. O.). In Wohngebieten gibt es keinen generellen Schutzanspruch gegen **Lichtimmissionen**, die von **Werbeanlagen** in benachbarten, gewerblich genutzten Baugebieten ausgehen; vom beeinträchtigten Nachbarn sind zudem Maßnahmen zur Lichtdämpfung zu verlangen, im Wohnbereich etwa Abschirmungen durch Vorhänge, Gardinen, Jalousetten (zum Werbepylon auf einem Baumarktgelände vgl. OVG Münster ZfBR 2008, 697). Mittelbare wirtschaftliche Interessen (etwa Schutz vor Konkurrenz; HessVGH BauR 1971, 110; BVerwG NVwZ 1990, 555) oder die **Gunst einer schönen Aussicht** rechtfertigen keinen Schutz (NdsOVG Beschluss vom 20.1.2009 – 1 MN 229/08 – Juris; SchlHOVG SchlHA 1993, 209), es sei denn, Festsetzungen sind gerade zu diesem Zweck erfolgt (BVerwG DVBl 1971, 754) oder eine einen **außergewöhnlichen Fernblick** ermöglichende Hanglage (hier: am Ammersee) hat im Rahmen der Abwägung nach § 1 Abs. 6 BauGB ein derartiges Gewicht, dass die für eine Bebauung sprechenden Belange dahinter zurücktreten müssen (BayVGH BRS 54 Nr. 42). Auch außerhalb eines Bebauungsplans kann ein Anspruch auf Freihaltung der Aussicht bestehen, wenn sie nach den örtlichen Verhältnissen besonders wertvoll ist und den Grundstückswert erheblich mitbestimmt und den Vorderliegern nach der örtlichen Siedlungsstruktur und den Grundstücksverhältnissen eine Rücksichtnahme auf die Interessen der Hinterlieger am Fortbestand der Aussicht zuzumuten ist (BayVGH DWW 1998, 25; vgl. ferner § 29 Rn. 30). Auch einen Anspruch auf **Schutz des sozialen Milieus** gibt es nicht (SchlHOVG SchlHA 1992, 48; SchlHOVG SchlHA 1994, 17) oder Schutz vor **Einsichtmöglichkeit** auf das Grundstück (NdsOVG Beschluss vom 29.1.2009 – MN 229/08 – Juris; SchlHOVG SchlHA 1995, 77; OVG Greifswald MDR 1995, 149). Zum Nachbarschutz gegen Minderung des Grundstückswertes vgl. § 42 Rn. 11.

Ob zu dem Verstoß gegen Bauplanungsrecht als Anspruchsvoraussetzung noch eine tatsächliche spürbare Beeinträchtigung des Geschützten aus der Rechtsverletzung hinzukommen muss, ist aus der jeweiligen Schutznorm zu ermitteln. Einen allgemeinen Erfahrungssatz, dass ein Nachbar nicht in seinen Rechten verletzt ist, wenn der Rechtsverstoß ihn nicht tatsächlich spürbar beeinträchtigt, gibt es nicht (BVerwG NVwZ 1985, 39). Zum Abwehrrecht aus einem Rücksichtnahmegebot ist eine solche Beeinträchtigung indes eine Anspruchsvoraussetzung (OVG Münster N-VWZ 1986, 317).

3. Bauordnungsrechtlicher Nachbarschutz

Von den **bauordnungsrechtlichen Vorschriften** sind in der Landesbauordnung unter den genannten Einschränkungen z. B. nachbarschützend: § 6 (Abstände, BGH NJW 1976, 1888; NJW 1985, 2825; VG Frankfurt (Oder), Urteil v. 22.1.2007 – 7 K 231/03 – Juris; zum Bauwich alter Art, der in § 6 LBO aufgegangen ist, ebenso OVGE Lüneburg 23, 250; 24, 414, 418; OVG Lüneburg BauR 1999, 1163). Der Schutzanspruch setzt keine tatsächliche Beeinträchtigung im konkreten Fall voraus (OVG NRW NVwZ-RR 2000, 205; VG Cottbus Urteil vom 23.10.2003 – 3 K 1846/00 – Juris). §§ 3 (Lebens- und Gesundheitsgefahr), 12 (Baustelleneinrichtung), 13 (Gründung, Standsicherheit), 14 (Schutz gegen schädliche Einflüsse), 15, 16 Abs. 2, 20 (Brand-, Schall-, Erschütterungsschutz), 31 (Brandwände zum Nachbarschutz und deren Öffnungen), 33, 43 (Dächer, Feuerungsanlagen), 45 (Einleitung von Abwasser in Kleinklär-, Sickeranlagen und Gruben), nicht jedoch § 50 (Stellplätze und Garagen, vgl. BVerwG NJW 1967, 1770, str., es sei denn, Brandschutzziele werden verfolgt, vgl. §§ 50 Abs. 8, S. 1, 2. Hs., Abs. 9, S. 1 LBO, 7, 8 GarVO).

4. Schutz aus Artikel 14 GG

Wenn nachbarschützende Vorschriften nicht verletzt sind, ist **Schutz aus Art. 14 GG** zu erreichen, wenn durch das Bauvorhaben eine nachhaltige Änderung der vorgesehenen Grundstückssituation und eine schwere und unerträgliche Beeinträchtigung des Nachbarn i. S. einer enteignungsrechtlich beachtlichen Unzumutbarkeit durch **groben Missgriff** der Genehmigungsbehörde eintritt (BVerwGE 32, 173; 50, 282; BVerwG NJW 1975, 70). Der **Schattenwurf eines Mastes** für die Oberleitung einer Straßenbahn auf die Terrasse eines Wohnhauses bei Abendsonne stellt keinen solchen Eigentumseingriff dar (VG München Beschluss vom 13.6.2007 – M 23 E 07.2066 – Juris). Gegen eine Wertminderung des eigenen Grundstücks durch Ereignisse auf einem anderen Grundstück bietet Art. 14 GG erst dann Schutz, wenn diese Minderung jedes eigentumsrechtlich zumutbare Maß überschreitet (BVerwG DVBl. 1977, 722).

12 Eine Eigentumsverletzung ist ferner dann gegeben, wenn das **Anliegerrecht** beschränkt wird (BVerwG DÖV 1977, 604) oder wenn durch die Ausnutzung einer Baugenehmigung das Grundstück des Nachbarn – z. B. durch ein Notwegrecht – unmittelbar in Anspruch genommen wird; ob die Notwegbelastung schwer und unerträglich ist, ist unerheblich (BVerwG NJW 1976, 1987).

13 Art. 14 Abs. 1 GG vermittelt grundsätzlich nur **Bestandsschutz**, nicht auch **Erwerbsschutz**. Daher erstreckt sich die geschützte Rechtsposition des Inhabers eines eingerichteten und ausgeübten Gewerbebetriebes nicht auf **künftige Chancen** und Erwerbsmöglichkeiten; auch nicht auf beabsichtigte Betriebserweiterungen, jedoch auf die Befugnis, notwendige Erneuerungsarbeiten durchzuführen, um den Betrieb in seinem bisherigen Umfang fortsetzen zu können (BGHZ 85, 375). Zum Wegfall eines Bestandsschutzes vgl. § 29 Rn. 64. Gegenüber Immissionen (etwa Lärm) von öffentlichen Einrichtungen kann sich ein Abwehranspruch aus **Art. 2 Abs. 2 S. 1 GG** (Schutz der körperlichen Unversehrtheit i. S. v. **Freisein von Krankheit und Gebrechen**) ergeben (vgl. BVerwG, NJW 1988, 2396). Erfasst sind damit nicht nur körperliche Eingriffe, sondern auch nichtkörperliche Einwirkungen, die das Befinden eines Menschen in einer Weise verändern, die dem Zufügen von Schmerzen entspricht (BVerfGE NJW 1981, 1655; OVG Bremen NVwZ-RR 1993, 468; vgl. auch § 29 Rn. 59).

5. Schutz aus behördlicher Zusage

14 Auch auf **Zusagen der Bauaufsichtsbehörde** (§ 108 a LVwG) kann sich ein Anspruch gründen, wenn die Zusage im Rahmen der Handlungszugehörigkeit der Behörde von einem zu derartigen Erklärungen nach seiner Stellung in der Behörde befugten Bediensteten erteilt ist, und die Zusage auch im Übrigen in Übereinstimmung mit dem geltenden Recht steht, das Zugesagte also seinerseits rechtmäßig ist (BVerwGE 26, 31; BVerwG NJW 1976, 304). Nach § 108a LVwG ist nur eine schriftlich erfolgte Zusage bindend.

6. Abwehr einer Ausnahme im Baurecht

15 Ein Abwehranspruch des Nachbarn scheitert nicht schon von vornherein daran, dass eine nachbarschützende baurechtliche Vorschrift **Ausnahmen** vorsieht (Rn. 57 ff.) und die Abweichung auch in dieser Form bewilligt wurde. Ein Abwehranspruch besteht dann lediglich nicht, soweit der Ausnahmetatbestand gegeben ist und die Behörde ihn in rechtmäßiger Weise, d. h. gesetzmäßig und ermessensfehlerfrei angewandt hat (OVG Berlin JR 1969, 157; OVG Lüneburg BauR 1983, 150). Auch gegen Befreiungen von nachbarschützenden Vorschriften (Rn. 57 ff.) hat der Nachbar ein vor den Verwaltungsgerichten verfolgbares eigenes Abwehrrecht (OVG Berlin JR 1964, 398; JR 1965, 196; BVerwG JZ 1988, 404).

II. Das Bauplanungsrecht

1. Gerichtliche Prüfung eines B-Planes

16 Im Bauplanungsrecht kommt es auf die Grundstücksgrenzen grundsätzlich nicht an (vgl. BVerwG NVwZ 1989, 354 m. w. N.; BWVGH Beschluss vom 6.6.2008 – 8 S 18/07 – Juris). Eine **Gemeinde** kann entscheiden, ob und mit welchem Inhalt sie Bebauungspläne aufstellt. Gemäß § 2 Abs. 1 BauGB gehört das zu ihrer **Planungshoheit**, die wiederum Bestandteil der in Art. 28 Abs. 2 GG verfassungsrechtlich garantierten Selbstverwaltung der Gemeinde ist. Planungshoheit bedeutet vor allem Gestaltungsfreiheit. Daraus folgt, dass ein Gericht die planerischen Festsetzungen nur daraufhin überprüfen kann, ob die gesetzlichen Grenzen des bestehenden Gestaltungsraumes – vornehmlich die des § 1 Abs. 5 und 6 BauGB – überschritten sind, oder ob der Gestaltungsspielraum in einer Weise gebraucht wurde, die von der gesetzlichen Ermächtigung nicht mehr gedeckt ist (SchlHOVG SchlHA 1995, 136).

Ein in Kraft getretener Bebauungsplan (BVerwG BauR 1992, 743) kann als Satzung (§ 10 BauGB) gemäß den §§ 47 1 Abs. 1 Nr. 1 VwGO, 5 AGVwGO vor dem SchlHOVG einer gerichtlichen **Normenkontrolle** unterzogen werden. Antragsbefugt ist jeder, der im Planverfahren in seinen rechtlich schützenswerten Interessen hätte berücksichtigt werden müssen und aufgrund der Nichtberücksichtigung durch den Bebauungsplan oder dessen Anwendung einen Nachteil erlitten oder in absehbarer Zeit zu erwarten hat, § 47 Abs. 2, S. 1 VwGO (vgl. auch OVG NRW Urteil vom 18.12.2008 – 10 D 104/06.NE – Juris). Der Antrag, der einen Bebauungsplan oder eine Satzung nach § 34 Abs. 4 Satz 1 Nr. 2 und 3 BauGB oder § 35 Abs. 6 BauGB betrifft, ist allerdings unzulässig, wenn der Antragsteller nur Einwendungen geltend macht, die er im Rahmen der öffentlichen Auslegung (§ 3 Abs. 2 BauGB) oder im Rahmen der **Beteiligung der betroffenen Öffentlichkeit** (§ 13 Abs. 2 Nr. 2 und § 13a Abs. 2 Nr. 1 BauGB) nicht oder verspätet geltend gemacht hat, aber hätte geltend machen können, und wenn auf diese Rechtsfolge im Rahmen der Beteiligung hingewiesen worden ist, § 47 Abs. 2 a VwGO. Eine Verletzung lediglich ökonomischer Interessen ohne rechtliche Schutzposition reicht nicht aus (OVG Bremen DVBl 1988, 546). Antragsgegner ist der Rechtsträger, der die angegriffene Rechtsvorschrift (hier: die Satzung) erlassen hat, § 47 Abs. 2, S. 2 VwGO. Der Antrag ist **innerhalb eines Jahres** nach Bekanntmachung des Bebauungsplans (der Satzung) zu stellen, § 47 Abs. 2 S. 1 VwGO. Eine Regelung, wonach die Frist nur bei richtiger schriftlicher Belehrung zu laufen beginnt, trifft das Gesetz nicht. Das macht aber letztlich nichts. Zur Rechtswahrung ist die Einhaltung der Frist nicht erforderlich. Demjenigen, in dessen Rechte durch eine auf Festsetzungen des Bebauungsplans gestützte behördliche Entscheidung oder durch das Unterlassen einer Entscheidung eingegriffen wird, wird durch den Ablauf der Einjahresfrist nicht die Befugnis abgeschnitten, im Rahmen seiner Rechtsverteidigung geltend zu machen, der Bebauungsplan sei nichtig. Das Gericht hat dem im Rahmen der Inzidentkontrolle nachzugehen (BVerwG BauR 2001, 1066, noch bezogen auf die vormalige Zweijahresfrist). Der Antrag hat keine aufschiebende Wirkung (vgl. Klotz DÖV 1966, 186). Ziel solcher Verfahren ist es, die **Nichtigkeit der Satzung** (d. h. des Bebauungsplans) festzustellen. Nicht notwendig ist, dass der Antragsteller in dem Plangebiet wohnt. So gehört z. B. eine nicht unwesentliche planbedingte **Zunahme von Kraftfahrzeugverkehr** auch für Anlieger außerhalb des Plangebietes zum so genannten Abwägungsmaterial nach § 1 Abs. 6 BauGB (SchlHOVG a. a. O.). Abwägungsbeachtlich sind aber nur solche Interessen, die für die planende Stelle erkennbar sind (BVerwG BauR 1992, 187).

18 Zur Abwehr schwerer Nachteile oder wenn es aus anderen wichtigen Gründen dringend geboten ist, kann das Gericht auf **Antrag eine einstweilige Anordnung** erlassen, § 47 Abs. 6 VwGO.
Das Normenkontrollverfahren gilt auch für Regelungen, die an sich als solche keine Rechtsvorschriften sind, jedoch durch die Verbindlichkeitserklärung durch eine Rechtsvorschrift auch selbst die Qualität einer Rechtsvorschrift erlangen (OVG Bremen DVBl 1988, 546). Es gilt aber nicht für **Flächennutzungspläne** (§ 5 BauGB). Sie stellen hoheitliche Maßnahmen eigener Art dar, denen keine Rechtsnormqualität zukommt (vgl. Battis/Löhr, § 5 BauGB, Rn. 45).

2. Nichtiger B-Plan und Baugenehmigung

19 Eine **unanfechtbar gewordene Baugenehmigung** (vgl. Rn. 29), die aufgrund eines für nichtig erklärten Bebauungsplans ergangen ist, bleibt entsprechend den §§ 47 Abs. 5, 183 VwGO von der Nichtigkeitserklärung „unberührt"; deren Bestandskraft und Wirksamkeit bleiben im Interesse der Rechtssicherheit aufrecht erhalten und verbindlich (Rasch BauR 1981, 409, 418). Da sie aber auf einer für nichtig erklärten Norm beruht, ist sie nach allgemeinen Grundsätzen rechtswidrig (BGHZ 86, 356). Aufgrund der Tatbestandswirkung des Verwaltungsaktes sind alle Behörden und Gerichte grundsätzlich verpflichtet, die Tatsache der Baugenehmigung und ihres Inhalts ihren weiteren Entscheidungen zugrunde zu legen (BGHZ a. a. O.), es sei denn, die Baugenehmigung ist aus irgendwelchen sonstigen Gründen nichtig (BGH MDR 1993, 540; vgl. im Einzelnen Rn. 55).

3. Nachbarbeteiligung im Bauordnungsrecht

20 An **bauaufsichtlichen Verfahren** sind die Nachbarn nicht notwendig zu beteiligen. Nach § 72 LBO soll die Bauaufsichtsbehörde ihnen vor Erteilung von Abweichungen, Ausnahmen und Befreiungen für einen angemessenen Zeitraum Gelegenheit zur Stellungnahme gewähren, wenn voraussichtlich öffentlichrechtlich geschützte nachbarliche Belange berührt werden, ferner auch, wenn die Baumaßnahme öffentlichrechtlich geschützte Belange berührt (z. B. § 15 BauNVO).

21 Eine Beteiligung entfällt jedoch, wenn die Nachbarn die Lagepläne und Bauzeichnungen unterschrieben oder dem Bauvorhaben in anderer Weise zugestimmt haben, § 72 Abs. 2 LBO (vgl. zur privatrechtlichen Wirkung Rn. 22 sowie § 4 Rn. 6). Ungeachtet dessen kann jeder Nachbar, sobald er merkt oder weiß, dass auf dem Nachbargrundstück gebaut werden soll, nach den allgemeinen Grundsätzen des Verwaltungsrechts den Lageplan, die Bauzeichnung und die Baubeschreibung bei der Bauaufsichtsbehörde **einsehen**, wenn und soweit die Baumaßnahme seine Belange berühren kann (OVG NRW 1989, 544).

4. Öffentlichrechtliche Nachbarklage

22 Im Regelfall wendet sich eine öffentlichrechtliche Nachbarklage gegen die einem Grundstückseigentümer erteilte **Baugenehmigung**, § 62 LBO, kann aber auch eine Teilbaugenehmigung, einen Vorbescheid gemäß § 66 LBO, und die Teilungsgenehmigung gemäß § 144 Abs. 2 Nr. 5 BauGB betreffen (OVG Koblenz NJW-RR 1991, 286; BVerwG NVwZ 1989, 863; BVerwG NJW 1988,

2056; VGH Kassel NJW 1988, 1164). Eine Baugenehmigung ist ein Verwaltungsakt (BGH NJW 1983, 1795), § 106 Abs. 1 LVwG. Sie enthält in ihrem feststellenden Teil die verbindliche Erklärung, dass dem genehmigten Vorhaben keine baurechtlichen oder sonstige öffentlichrechtliche Vorschriften entgegenstehen (BVerwGE 58, 124; OLG Koblenz NJW-RR 2002, 1171). Die positiv erteilte Baugenehmigung ist sachbezogen. Sie ist nicht an die Person des Antragstellers gebunden, sondern bezieht sich auf das Grundstück und das Bauvorhaben (BGH NJW 1994, 130), entscheidet also, ob das Baugrundstück in der vorgesehenen Weise und für den vorgesehenen Zweck bebaubar ist (OLG Koblenz NJW-RR 2002, 1171). Eine Baugenehmigung hat eine **Doppelwirkung**, wenn sie nicht nur den Bauherrn begünstigt, sondern zugleich den Nachbarn beeinträchtigt (BGHZ 86, 356). Sie wird von der unteren Bauaufsichtsbehörde erteilt, §§ 58, 64 LBO, und ergeht **unbeschadet der privaten Rechte Dritter**, § 73 Abs. 4 LBO. Die privatrechtliche Verpflichtung des einen Nachbarn gegenüber dem anderen, von seinem Recht auf Erteilung einer Baugenehmigung keinen Gebrauch zu machen, hindert die Erteilung einer Baugenehmigung nicht (VGH Mannheim NJW 1994, 211), weil eine Baugenehmigung zu erteilen ist, wenn dem Vorhaben keine öffentlichrechtlichen Vorschriften entgegen stehen, § 73 LBO. Die **objektive Rechtswidrigkeit einer Baugenehmigung** allein bewirkt noch keinen Schutzanspruch, hinzukommen muss die Verletzung eines geschützten Nachbarrechts (SchlHOVG SchlHA 1992, 48 sowie SchlHA 1993, 258), wobei die Verletzung einer **privaten Vereinbarung** nicht genügt (VGH Mannheim NJW 1994, 211). Aus nachbarschaftlichen Rechtsbeziehungen, zu denen eine Baugenehmigung keine Aussage trifft, kann ein nachbarlicher Aufhebungsanspruch nicht abgeleitet werden (BVerwG NVwZ 1999, 413). Zulässig ist eine Klage nur bezüglich des Teils der Baugenehmigung, durch den das Nachbarrecht verletzt ist (OVG Berlin NVwZ 1993, 593). Ob es verletzt ist, bestimmt sich grundsätzlich nach der Sach- und Rechtslage im **Zeitpunkt der Genehmigungserteilung**. Spätere Änderungen zu Lasten des Bauherrn (z. B. durch Änderung des Bebauungsplans) haben außer Betracht zu bleiben, nur nachträgliche Änderungen zu seinen Gunsten dürfen berücksichtigt werden (OVG NRW Beschluss vom 17.2.2009 – 10 A 3416/07 – Juris; ZfBR 2008, 697). Bei der Überprüfung der Rechtmäßigkeit einer **Nachtragsbaugenehmigung** kommt es nicht darauf an, welche Maße bei der Bauausführung tatsächlich eingehalten worden sind (SchlHOVG SchlHA 1995, 77). Ein konkludenter **Verzicht** auf nachbarliche Abwehrrechte gegen ein nachbarrechtswidriges Bauvorhaben liegt vor, wenn der Nachbar unter Berufung auf den **Gleichbehandlungsgrundsatz** die Erteilung einer dem rechtswidrigen Vorhaben vergleichbaren Baugenehmigung beantragt und erst nach Erhalt seiner Baugenehmigung gegen das Nachbarvorhaben Widerspruch einlegt (OVG NRW Urteil vom 4.9.2008 – 7 A 2981/07 – Juris). Hatte der Nachbar die **Bauvorlagen** (§ 1 BauVorlVO), **Lagepläne und Bauzeichnungen** des benachbarten Bauherrn gemäß § 72 Abs. 2 LBO **unterschrieben**, dann wirkt eine solche Erklärung grundsätzlich nur im öffentlichrechtlichen Bereich: Die vorbehaltlose Zustimmung bedeutet einen **Verzicht auf subjektivöffentliche Rechte** oder öffentlichrechtlich geschützte Interessen des Nachbarn, nicht auch einen privatrechtlichen Rechtsverzicht (BayObLGZ 2000, 355; BayObLG ZMR 1990, 418; BayObLG NJW-RR 1991, 19; OLG München, Beschluss vom 31.5.2007 – 34 Wx 112/06 –

Juris; a. A. § 4 Rn. 6). Aus besonderen Begleitumständen (z. B. billigenden Äußerungen auch hinsichtlich der privaten Rechtslage) kann aus der Unterschrift auch eine privatrechtlich wirkende Zustimmung ausdeutbar sein (BayObLG a. a. O., OLG München a. a. O.).

23 Ein Nachbar hat keinen **allgemeinen Gesetzesvollziehungsanspruch** gegen die Genehmigungsbehörde auf Befolgung aller baurechtlichen Normen, von denen lediglich ein ihm vorteilhafter **Rechtsreflex** ausgeht (BGH NJW 1983, 1795; BGHZ 86, 356). Auch privatrechtliche Vereinbarungen, insbesondere zwischen Nachbarn, in denen sich ein Grundstückseigentümer verpflichtet hat, von einem ihm – möglicherweise – zustehenden Recht auf Erteilung einer Baugenehmigung keinen Gebrauch zu machen, hindern die Erteilung einer Baugenehmigung grundsätzlich nicht (VGH Mannheim NJW 1994, 211). Der Bauantragsteller hat andererseits keinen Anspruch darauf, dass die Bauaufsichtsbehörde in die Erwägungen zur Baugenehmigung keine privatrechtlichen Gesichtspunkte mit einfließen lässt. Die Bauaufsichtsbehörde ist nicht gehindert, privatrechtliche Auswirkungen einer baurechtlichen Genehmigung, die zu Unzuträglichkeiten oder gar Rechtsstreitigkeiten zwischen den Nachbarn führen kann, zu beachten. Die Erhaltung des nachbarlichen Friedens ist regelmäßig eine sachgerechte behördliche Ermessenserwägung (OVG Berlin JR 1965, 196). So kann eine Grunddienstbarkeit oder einer andere zivilrechtliche Baubeschränkung z. B. bei einer Bauleitplanung ein mitabzuwägender privater Belang sein, sofern solche Privatrechte für die Gemeinde ohne weiteres klar erkennbar sind (OVG Berlin NVwZ 1992, 897). Die Behörde hat ein eingeräumtes **Ermessen pflichtgemäß** auszuüben, d. h. die Entscheidung im Rahmen der Ermächtigung nach sachlichen Gesichtspunkten unter Abwägung der öffentlichen Belange und der Interessen der einzelnen Person zu treffen. Dabei darf die Maßnahme nicht zu einer Beeinträchtigung der einzelnen Person oder der Allgemeinheit führen, die zu dem beabsichtigten Erfolg in einem **offenbaren Missverhältnis** steht. Unter mehreren zulässigen und geeigneten Maßnahmen ist die zu wählen, die die Allgemeinheit und die einzelne Person am wenigsten beeinträchtigt, § 73 LVwG.

24 Ausnahmsweise kommt bereits gegen die drohende Erteilung einer Baugenehmigung eine **vorbeugende Unterlassungsklage** vor dem Verwaltungsgericht in Betracht (OVGE Lüneburg 21, 370), wenn es unzumutbar ist, den Verwaltungsakt abzuwarten (BVerwG DVBl 1971, 746). Die Anforderungen sind allerdings sehr streng (vgl. OVG Saarlouis BauR 1978, 467). Die **Aufhebung einer Baugenehmigung** wird mit einer Anfechtungsklage vor dem Verwaltungsgericht verfolgt, § 42 Abs. 1 1. Alternative VwGO, wenn gerügt wird, sie verstoße gegen eine nachbarschützende Norm (vgl. auch BVerwGE 22, 129; OVG Lüneburg DVBl 1966, 275). Dabei ist belanglos, ob die Baugenehmigung erteilt (§ 73 LBO) oder als erteilt fingiert (§ 69 Abs. 6 und 9 LBO) ist. Mit einer Feststellungsklage (als Nichtigkeitsklage) wird die Nichtigkeit einer Baugenehmigung (eines Verwaltungsaktes) verfolgt, § 43 VwGO. Ein Antrag auf Feststellung der Nichtigkeit der Baugenehmigung (des Verwaltungsaktes) bei der zuständigen Behörde gemäß § 113 Abs. 5 LVwG (bei einem Verwaltungsakt nach Landesgesetz) bzw. § 44 Abs. 5 VwVfG (bei einem Verwaltungsakt nach Bundesgesetz) ist nicht vorrangig gegenüber der Nichtigkeitsklage (Kopp/

Schenke § 43 Rn. 7). Die **Rücknahme einer Baugenehmigung** wird mit einer Verpflichtungsklage verfolgt, § 42 Abs. 1 2. Alternative VwGO, wenn gerügt wird, die Bauaufsichtsbehörde habe mit der Genehmigung gegen eine erteilte **Zusage** verstoßen, sie habe die Zusage einzuhalten (BVerwG NJW 1976, 304). Eine Verpflichtungsklage ist auch zu erheben, um die Behörde zu einem **Einschreiten zu zwingen** (vgl. dazu Rn. 27), z. B. zum Erlass einer Beseitigungsverfügung zu einem genehmigungspflichtigen aber ungenehmigt errichteten Bau (zum Schwarzbau vgl. OVG Lüneburg DVBl 1966, 275) oder zum Eingriff bei einem Bauvorhaben, das der **Genehmigungsfreistellung** (§ 68 LBO) unterliegt. Diese Klageart ist ferner zu wählen, wenn die Behörde untätig bleibt und gezwungen werden soll, über einen Nachbarwiderspruch gegen eine Baugenehmigung zu entscheiden (den Widerspruch zurückzuweisen, vgl. VGH Mannheim MDR 1993, 978).

Sachentscheidungsvoraussetzung für die Anfechtungs- und die Verpflichtungsklage ist grundsätzlich, dass zuvor vor der Bauaufsichtsbehörde ordnungsgemäß, aber erfolglos, ein **Widerspruchsverfahren** stattgefunden hat, § 68 ff. VwGO. Eine vorbeugende Unterlassungsklage benötigt kein Vorverfahren (BVerwGE 71, 746). Der Widerspruch ist fristgebunden. Richtet sich der Widerspruch gegen eine Baugenehmigung und wurde diese dem betroffenen Nachbarn mit einer schriftlichen Rechtsbehelfsbelehrung bekannt gegeben (einem Hinweis, in welcher Frist wem gegenüber wo widersprochen werden kann), dann beträgt die Widerspruchsfrist einen Monat ab dem Zeitpunkt der Bekanntgabe, §§ 70 Abs. 1, 58 Abs. 1 VwGO. Wurde sie ihm ohne oder mit unrichtiger Rechtsbehelfsbelehrung bekannt gegeben, beträgt die Widerspruchsfrist ein Jahr seit Bekanntgabe, § 58 Abs. 2 VwGO. Bei einer schriftlichen Belehrung, ein Rechtsbehelf sei nicht gegeben, besteht für den Widerspruch keine Frist, § 58 Abs. 2 VwGO. Ist die Baugenehmigung dem beeinträchtigten Nachbarn nicht bekannt gegeben, dann ist der Widerspruch innerhalb eines Jahres seit dem Zeitpunkt einzulegen, zu dem der betroffene Nachbar von der Erteilung der Baugenehmigung oder der Errichtung des Baus wissen musste (BVerwG NJW 1988, 839; OVG Lüneburg BauR 1997, 452). Stets ist auch der Gesichtspunkt der Verwirkung zu beachten. Ein länger als notwendiges Warten mit Einwendungen gegen Zustände oder Entwicklungen, die der Nachbar als mögliche Verletzungen seiner Rechte erkannt hat oder hätte erkennen müssen, zieht eine **Verwirkung der Abwehrrechte** nach sich (BVerwG NJW 1988, 829), im Einzelfall auch schon während des Fristenlaufs (OVG Münster BRS 23 Nr. 168; str. vgl. BVerwG NVwZ 1991, 1182). Das gilt besonders dann, wenn Rechtsverletzungen so geringfügig sind, dass sie ohne Hilfe eines Fachmannes nicht erkennbar sind (BVerwG NVwZ-RR 1997, 522). Wer zuverlässig von einer Baugenehmigung Kenntnis erlangt hat und trotz begonnener Bautätigkeit dreieinhalb Monate lang keinen Widerspruch gegen die Baugenehmigung einlegt, hat sein Abwehrrecht verwirkt (SchlHOVG Urteil vom 7.3.1995 – 1 L 26/94). Hat der Bauherr dem Nachbarn gegenüber allerdings unmissverständlich deutlich gemacht, dass er das Bauvorhaben in jedem Fall so wie geplant durchführen wird, verliert der Nachbar auch bei längerer Untätigkeit nicht sein Abwehrrechts durch Verwirkung. Die zunächst gezeigte Untätigkeit hat den Bauherrn nicht zu bestimmten Reaktionen veranlasst (der Aufnahme oder Fortsetzung der Bauarbeiten), er baut vielmehr ohne Rücksicht darauf, ob sich der Nachbar gegen das Vorhaben wehren wird oder nicht (OVG NRW ZMR 1999, 666). Eine Verwirkung kann nicht eintreten, wenn die Nachbarn nichts unternehmen, weil der Architekt des benachbarten Bauherrn sie sachlich unzutreffend über die Rechtslage unterrichtet hat (zur Abstandsunterschreitung vgl. OVG Lüneburg NVwZ-RR 1996, 378). Über einen **verspätet eingelegten Widerspruch** darf die Behörde nicht mehr sachlich entscheiden (BVerwG NVwZ 1983, 285), damit ist zugleich der Klageweg versperrt. Ansonsten gilt: Nach § 80 Abs. 1 VwGO hat ein Widerspruch gegen einen Verwaltungsakt grundsätzlich eine aufschiebende Wirkung.

26 Keine aufschiebende Wirkung tritt jedoch ein, wenn ein Dritter einer bauaufsichtlichen Zulassung eines Vorhabens widerspricht, §§ 80 Abs. 2 Nr. 3 VwGO i. V. m. § 212 a BauGB (z. B. der beeinträchtigte Nachbar widerspricht dem Nachbarn erteilten Baugenehmigung). Das gilt sowohl bei bauplanungsrechtlichen als auch bei bauordnungsrechtlichen Nachbarwidersprüchen und -klagen (Finkelnburg NJW 1998, 1; Horst DWW 1998, 167). In einem solchen Fall kann der Dritte bei der Behörde, die den Verwaltungsakt erlassen oder über seinen Widerspruch zu entscheiden hat, beantragen, die **Vollziehung des Verwaltungsaktes auszusetzen** und einstweilige Maßnahmen zur Sicherung der Rechte des Dritten treffen, § 80 a Abs. 1 Nr. 2 VwGO. Lehnt die Behörde das ab oder entscheidet sie über den Antrag ohne Mitteilung eines zureichenden Grundes nicht in angemessener Frist, dann kann der beeinträchtigte Nachbar beim Gericht der Hauptsache die Herstellung einer aufschiebenden Wirkung des Widerspruchs beantragen, §§ 80 a Abs. 3, 80 Abs. 3, 5 und 6 VwGO (VG Meiningen NVwZ 1997, 926; bezüglich einer Baufreistellung vgl. VGH München NVwZ 1997, 923). Ist der beeinträchtigte Nachbar mit einem Baubeginn konfrontiert ohne zuvor davon gewusst zu haben, kann er – nach Erhebung eines Widerspruchs bei der Bauaufsichtsbehörde – in analoger Anwendung des § 80 Abs. 6 Nr. 2 VwGO sofort beim Gericht die aufschiebende Wirkung seines Widerspruchs beantragen (VG Meiningen a. a. O.).
Anfechtungs- und Verpflichtungsklage sind fristgebunden. Sie müssen innerhalb eines Monats nach der Zustellung des Widerspruchsbescheids erhoben werden, § 74 VwGO. Ist die Frist schuldlos versäumt, ist eine **Wiedereinsetzung** denkbar, § 60 VwGO. Eine Anfechtungsklage hat grundsätzlich eine aufschiebende Wirkung, § 80 Abs. 1 VwGO, nicht jedoch, wenn sie sich gegen die bauaufsichtliche Zulassung eines Vorhabens richtet (§§ 80 Abs. 2 Nr. 3 VwGO, 212 a BauGB). Bei einer Anfechtungsklage entscheidet das Gericht auf der Grundlage, die im Zeitpunkt der Entscheidung über den Widerspruch bestand, es sei denn, die (vormals für den Bauherrn ungünstige) Rechtslage hat sich zugunsten des Bauherrn nachträglich geändert. Dann ist die am Schluss der mündlichen Gerichtsverhandlung bestehende Grundlage entscheidend (BVerwG NVwZ 1998, 1179). Bei einer Verpflichtungsklage ist die am Schluss der mündlichen Verhandlung bestehende Sach- und Rechtslage entscheidend. Bei einer Baugenehmigung (als Verwaltungsakt mit Doppelwirkung) wirkt sich aber auch hier eine nach ihrer Erteilung eingetretene Rechtsänderung nicht zu Lasten des Begünstigten aus (BVerwG DÖV 1976, 782). Der Umfang der einer Behörde durch ein Urteil auferlegten Verpflichtung (§ 113 Abs. 5 VwGO) er-

gibt sich aus der **Urteilsformel** unter Berücksichtigung der tragenden Entscheidungsgründe. Ist die Behörde verpflichtet, gegen den Grundstücksnachbarn bauaufsichtliche Maßnahmen zur Beseitigung einer Rechtsverletzung zu ergreifen, dann darf sie es nicht bei einer entsprechenden Beseitigungsverfügung belassen, sie hat vielmehr die tatsächlichen Verhältnisse zu schaffen, die dem Nachbarrecht Rechnung tragen (OVG Münster NVwZ-RR 1992, 518).

5. Anspruch auf behördliches Einschreiten

Der **Anspruch auf behördliches Einschreiten** gegen einen Gesetzesverstoß setzt zunächst voraus dass die Behörde überhaupt einschreitensbefugt ist. Daran fehlt es z. B. einer Bauaufsichtsbehörde, wenn die Gemeinde dem Bauherrn mit dem förmlichem Bescheid eine Abweichung von den örtlichen Bauvorschriften (etwa einem Bebauungsplan) erteilt hat und der Nachbar diese Abweichung nicht angegriffen hat. Es ist grundsätzlich nicht Sache der Unteren Bauaufsichtsbehörde über die Einhaltung örtlicher Bauvorschriften zu wachen, wenn die Gemeinde, um deren öffentliche Bauvorschriften es geht, eine einen eigenständigen Verwaltungsakt darstellende, folglich selbstständig anfechtbare und als bauaufsichtliche Zulassung des Vorhabens nach § 212 a BauGB sofort vollziehbare Abweichung zulässt (vgl. zur **Einfriedigung mit Betonsichtschutzelementen** SaarVG Urteil vom 14.3.2007 – 5 K 96/06 – Juris). Der Einschreitensanspruch ist grundsätzlich darauf beschränkt, dass die Behörde einen Antrag auf Einschreiten ermessensfehlerfrei bescheidet. Sie ist zum **Einschreiten verpflichtet**, wenn das angegriffene Bauvorhaben nicht durch eine bestandskräftige Baugenehmigung gedeckt wird, die bauliche Maßnahme rechtswidrig ist und den klagenden Nachbarn in seinen Rechten verletzt, dieser seine Abwehrrechte nicht verwirkt hat und das Ermessen der Behörde so stark reduziert ist, dass nur die Entscheidung für den beantragten Eingriff rechtmäßig ist (so genannte **Ermessensreduzierung auf null**; zum Abbruch eines **Balkons** vgl. OVG NRW BauR 2006, 342). Hier verwandelt sich der formelle Anspruch auf korrekte Ermessensausübung in einen Anspruch auf ein bestimmtes behördliches Tätigwerden (vgl. BayVGH Beschluss vom 14.1.2009 – 1 ZB 08.97 – Juris; zur **Blendwirkung** von Dachziegeln vgl. BWVGH NVwZ-RR 2008, 162). Eine solche Reduzierung des Ermessens findet vor allem bei hoher Intensität einer Störung oder Gefährdung sowie bei besonders schweren Gefahrenfällen statt (vgl. HessVGH Urteil vom 26.5.2008 – 4 UE 1626/06 – Juris, mit Darstellung abweichender Ansichten; BayVGH Beschluss vom 18.6.2008 – 9 ZB 07.497 – Juris). Zur Untersagung von **Taubenhaltung** vgl. OVG Berlin NJW 1983, 777; zur Untersagung von **Hundezucht** im allgemeinen Wohngebiet vgl. OVG Lüneburg MDR 1993, 350; zum Verstoß einer baulichen Anlage oder Nutzung gegen drittschützende Vorschriften des öffentlichen Rechts vgl. OVG Saarlouis Urteil vom 26.8.1997 – 2 R 26/96 – Juris; zur **Abrissverfügung** wegen einer Abstandsunterschreitung vgl. OVG Münster NVwZ-RR 2000, 205). Die Verpflichtung zum Einschreiten gegen eine Verletzung drittschützender Vorschriften des öffentlichen Rechts entfällt allerdings, wenn die konkrete Möglichkeit besteht, dass der Nachbar das Einschreiten wegen einer zivilrechtlichen Vereinbarung **treuwidrig begehrt**. Es gehört nämlich nicht zu den Aufgaben der Baubehörde **zivilrechtliche Vorfragen** zu klären (OVG Saarlouis Urteil vom 26.8.1997- 2 R 26/96 – Juris). Ein Anspruch auf Einschreiten ist nicht dadurch ausgeschlossen, dass der Antragsteller ihn auch auf dem ordentlichen Rechtsweg gegen den Nachbarn verfolgen kann (VGH Mannheim NJW 1990, 1930; vgl. auch Rn. 29). Ein **Wohnungseigentümer** kann baurechtliche Nachbarrechte wegen Beeinträchtigung seines Sondereigentums in vollem Umfang und aus eigenem Recht geltend machen, nicht hingegen eine Beeinträchtigung des gemeinschaftlichen Eigentums (BayVGH NVwZ-RR 2004, 248; VG München Beschluss vom 30.11.2006 – M 8 SN 06.3489 – Juris). Er hat keinen öffentlichrechtlichen Schutzanspruch gegen ein Bauvorhaben auf dem gemeinschaftlichen Grundstück, weil es hier an der für die Gewährung von öffentlichrechtlichem Nachbarschutz maßgebenden Dreiecksbeziehung fehlt (OVG Berlin NJW 1994, 2717). Wird von einer Behörde verlangt, eine vorschriftswidrige Benutzung einer Anlage (z. B. **Sportplatz**) zu untersagen, und ist ihr dazu durch **Kann-Vorschrift** ein Ermessen eingeräumt, vgl. z. B. § 59 Abs. 2 LBO, dann kommt eine Ermessensreduzierung auf null nicht in Betracht, wenn der Antragsteller in erster Linie die Möglichkeit hat, seine Rechte als Nachbar unmittelbar gegenüber dem Benutzer gerichtlich wahrzunehmen (OVG Lüneburg DVBl 1976, 719). Zwischen einem Handlungs- und einem Zustandsstörer besteht kein Rangverhältnis (vgl. § 29 Rn. 2), es liegt im pflichtgemäßen Ermessen einer Behörde, von welchem von beiden sie die Beseitigung eines rechtswidrigen Zustands verlangt (VGH Mannheim NVwZ-RR 1992, 350). Polizeiliche bzw. ordnungsrechtliche Eingriffsbefugnisse auf dem Gebiet der Gefahrenabwehr können **nicht verwirkt** werden. Ihnen kommt im öffentlichen Interesse ein überragendes Gewicht zu, das deren Verwirkung nicht zulässt (VGH BW NVwZ-RR 2008, 696; zum Disziplinarrecht vgl. BVerwG NVwZ 1985, 116).

6. Folgenbeseitigungsanspruch

28 Fällt ein Verwaltungsakt durch Aufhebung, Rücknahme, Widerruf oder Zeitablauf weg, dann sind vom Zeitpunkt des Wegfalls an die Vollzugsfolgen nicht mehr von Gesetz und Recht gedeckt. Die Behörde als Veranlasserin des Vollzugs muss auch diese Folgen beseitigen, soweit sie tatsächlich fortdauern, um den Betroffenen von dieser unrechtmäßig gewordenen Beschwer zu entlasten. Dieser verschuldensunabhängige (BVerwG NJW 1989, 2484) **Folgenbeseitigungsanspruch** ist ein Leistungsanspruch, er wird mit einer Leistungsklage geltend gemacht (VG Neustadt NJW 1965, 833). Er setzt kein Vorverfahren voraus und kann auch dann verfolgt werden, wenn bereits ein zivilrechtlicher Titel gegen den vormals Begünstigten besteht (VG Neustadt NJW 1965, a. a. O.). Der Anspruch wird in der Regel in der dazu auslösenden Verfahren mitverfolgt (OVG Lüneburg DVBl 1966, 275). Der Folgenbeseitigungsanspruch ist nur ein **Wiederherstellungsanspruch**, gemeint im Sinne einer Schaffung des ursprünglichen alten Zustands, nicht als Schaffung eines gleichwertigen Zustands, wenn der ursprüngliche Zustand nicht mehr hergestellt werden kann. Ist eine Wiederherstellung nicht möglich, so entfällt ein Anspruch insoweit. Dementsprechend kann mit dem Anspruch z. B. nicht der Wiederaufbau eines Bauwerks verlangt werden, welches aufgrund einer rechtswidrigen Beseitigungsanordnung abgerissen wurde oder der Wiederaufbau einer alten Mauer, von der die Bestandteile nicht mehr vorhanden sind (vgl. VGH Mannheim NVwZ-RR 1990, 449; **nach zivilrechtlichen Grundsätzen** kann aber Schadensersatz verlangt werden. Zum „Mitverschulden" vgl. BVerwG NJW 1989, 2484).

Nach der Rechtsprechung des BVerwG schützt das **öffentliche Recht das Eigentum nicht minder als das private Recht**. Es gewährt ebenfalls Abwehr- und Beseitigungsrechte, die öffentlich-rechtliche Ansprüche aus Eigentum sind (vgl. BVerwGE 50, 282; sowie 81, 197). Dabei ist unerheblich, ob Art. 2 Abs. 1 Satz 1, Art. 14 Abs. 1 Satz 1 GG, die §§ 1004, 906 BGB analog oder gar ein öffentlichrechtlicher Folgenbeseitigungsanspruch Grundlage sind. Der Maßstab führt im öffentlich-rechtlichen Nachbarschaftsverhältnis zum selben Ergebnis wie der nach §§ 906, 1004 BGB im privatrechtlichen Nachbarschaftsverhältnis (BGH NJW-RR 2008, 610; BVerwGE 81, 197). In der höchstrichterlichen Rechtsprechung des BGH und des BVerwG besteht entsprechend Einigkeit darüber, dass eine Grundstücksnutzung, die nach den Vorgaben des öffentlichen Rechts unzulässig ist, weil sie gegen öffentlichrechtliche Vorschriften verstößt, z. B. nicht durch die Baugenehmigung gedeckt ist, auch von der Privatrechtsordnung nicht als ordnungsmäßig anerkannt werden kann. Es würde einen Wertungswiderspruch bedeuten, einen Zustand, für den öffentlichrechtlich keine Legitimationsgrundlage vorhanden ist, im Zivilrecht als „ordnungsmäßig" zu qualifizieren (zum **Notweg** zu baurechtswidrigen Zuständen vgl. BVerwG NVwZ-RR 1997, 271; BGH LM § 917 BGB Nr. 14).

III. Privatrechtlicher Bau-Nachbarschutz

1. Zweigleisiger Rechtsschutz

Über die Frage, ob eine Streitigkeit öffentlichrechtlich oder privatrechtlich ist, also vor dem Verwaltungsgericht oder dem Zivilgericht auszutragen ist, entscheidet die „wahre Natur des Anspruchs", wie er sich nach dem Sachvortrag des Klägers darstellt, nicht, ob sich der Kläger auf eine öffentlichrechtliche oder zivilrechtliche Anspruchsgrundlage beruft (BGH NJW 1993, 1656). Steht die Streitigkeit in einem öffentlichrechtlichen Planungs- und Funktionszusammenhang, vornehmlich mit Aufgaben öffentlicher Daseinsvorsorge oder Maßnahmen öffentlicher Widmung, so spricht das zwar für eine öffentlichrechtliche Streitigkeit (VGH München NVwZ 1993, 1006; BVerwG NJW 1994, 956). Ist eine Sache öffentlichem Gebrauch gewidmet, hat die Ausgestaltung jedoch privatrechtlichen Charakter, dann ist ein Streit zu Störungen infolge der Ausgestaltung privatrechtlich (zur **Parkfontäne** vgl. BGH DVBl 1968, 148). So ist z. B. das nichtsakrale Zeitschlagen von Kirchenglocken generell keine typische Lebensäußerung der öffentlichrechtlichen Körperschaft Kirche. Ein Streit um das Zeitschlagen ist also vor einem Zivilgericht auszutragen (BVerwG NJW 1994, 956). Anderes gilt für deren liturgisches **Glockengeläut**, es ist nach der Natur des Rechtsverhältnisses öffentlichrechtlich. Den Streit um das Glockenläuten muss der Nachbar auf dem Verwaltungsrechtsweg austragen (BVerwG NJW 1984, 989). Stellt eine Gemeinde ein **Schulsportgelände** nach Schulschluss und an Wochenenden durch schlichten Ratsbeschluss örtlichen Sportvereinen zur Förderung des Breitensports zur Verfügung, fehlt ein öffentlichrechtlicher Planungs- und Funktionszusammenhang. Eine Unterlassungsanspruch ist also vor dem Zivilgericht geltend zu machen (LG Aachen NVwZ 1988, 189). Unabhängig von den öffentlichrechtlichen Abwehrrechten kann der Nachbarschutz jedenfalls auch privatrechtlich vor den Zivilgerichten geltend gemacht werden. Die eine Möglichkeit nimmt der anderen nicht das

Rechtsschutzinteresse (OVG Lüneburg SchlHA 1973, 101; OVG Berlin NJW 1983, 777; VGH Neustadt NJW 1965, 833; Breuer DVBl 1983, 431 zu I, 3); „zweigleisiger Rechtsschutz"; BGH MDR 1993, 540). Beide Abwehransprüche können gleichzeitig geltend gemacht werden (BGH VersR 1995, 178) und bedingen sich nicht. So fehlt z. B. einer Zivilklage auf Abriss eines abstandswidrig gebauten Erkers nicht das Rechtsschutzbedürfnis, wenn die Bauaufsichtsbehörde bereits eine **Abrissverfügung** erlassen hat (OLG Köln NJW-RR 1995, 336). Eine Baugenehmigung steht einem solchen Anspruch nicht entgegen, auch dann nicht, wenn sie bestandskräftig ist (BayObLG ZMR 1990, 418).

30 **Bestandskraft eines Verwaltungsaktes** bedeutet, dass die Behörde und die Beteiligten grundsätzlich abschließend an die getroffene Regelung gebunden sind und eine Aufhebung oder Änderung nicht mehr im Rahmen besonderer Rechtsbehelfe, sondern nur noch nach Maßgabe besonderer gesetzlicher Bestimmungen (wie den §§ 116, 117 LVwG) möglich ist (zur nachträglichen Anordnung aufgrund der §§ 22, 24 BImSchG den Schornstein eines bauaufsichtlich genehmigten Wohnhauses zu erhöhen vgl. BVerwG NJW 1988, 2552). Der Begriff steht also dem Begriff der **Unanfechtbarkeit** gleich (vgl. Erichsen/Knoke NVwZ 1983, 188). Die Bestandskraftwirkung beschränkt sich (im Gegensatz zur Tatbestandwirkung, vgl. dazu Rn. 55) auf die Beteiligten und Drittbetroffenen, denen gegenüber der Verwaltungsakt unanfechtbar werden kann (Kirchhof NJW 1985, 2977). Eine Baugenehmigung verpflichtet als solche den Nachbarn noch nicht zur Duldung des durchgeführten Bauvorhabens (BayObLG NJW-RR 1991, 19). Sie regelt nur die Beziehung zwischen Bauaufsichtsbehörde und Bauherrn sowie dessen Rechtsnachfolger. Die Baugenehmigung ergeht **unbeschadet privater Rechte Dritter**, § 73 Abs. 4 LBO. Privatrechtsgestaltende Auswirkungen kann sie nicht entfalten (BGH MDR 1993, 540), sodass die Bauaufsichtsbehörde ihre Genehmigungsprüfung nicht auf die privatrechtliche Befugnis des Antragstellers zur Bebauung der vorgesehenen Fläche zu erstrecken braucht (BVerwGE 20, 124; 50, 282; vgl. aber auch Rn. 23).

Entsprechend ist eine Baugenehmigung auch nicht bereits dann rechtswidrig, wenn sie privatrechtliche Vorschriften verletzt (OVG Lüneburg SchlHA 1973, 101).

31 Ist ein öffentlichrechtlicher Genehmigungsbescheid mit einer bestandskräftigen Auflage versehen, dann kann der durch die Nichteinhaltung der Auflage beeinträchtigte Nachbar vor dem Zivilgericht die **Einhaltung der Auflage** beanspruchen (zum Notkamin vgl. BGH NJW 1997, 55; quasinegatorischer Anspruch gemäß § 823 Abs. 2 BGB i. V. m. der Auflagenermächtigungsnorm in deren konkreter Ausgestaltung durch die nachbarschützende Auflage, z. B. § 73 Abs. 3 LBO). Eine Auflage in einem Genehmigungsbescheid wirkt rechtsgestaltend. Das Zivilgericht darf nur prüfen, ob der Verwaltungsakt nichtig ist, ansonsten ist es an ihn und seine Auflage gebunden, solange sie nicht aufgehoben oder suspendiert ist (vgl. auch Rn. 55). Das Zivilgericht kann nicht in Frage stellen, dass aufgrund einer bestandskräftigen Auflage eine entsprechende **Verhaltensanordnung** besteht, die der Auflagenbelastete auch befolgen muss, solange sie nicht aufgehoben oder suspendiert ist. Das kann nicht mit Argumenten aus den §§ 906 ff. BGB unterlaufen werden, weil über die Verhaltensanordnung der Verwaltungsbehörde auf gesetzlicher Grundlage ein abstrakter Gefährdungstatbestand normiert wird, der den Schutz des Nachbarn vorverlagert, ohne dass an einen Verletzungserfolg angeknüpft wird (vgl. zu allem BGH NJW 1993, 1580).

2. Anspruchsgrundlagen

Drittschützende Normen sind Schutzgesetze i. S. des § 823 Abs. 2 BGB, sofern die Behörde nicht nach öffentlichem Recht wirksam Ausnahmen bewilligt oder Befreiungen erteilt hat (BayObLGZ 2000, 355; BGH NJW 1976, 1888). Bei schuldhafter Verletzung (§ 276 BGB) der nachbarschützenden Norm kann der Nachbar nach den §§ 823 Abs. 2, 249 S. 1 BGB die Beseitigung des Bauwerks verlangen, soweit es schutzgesetzwidrig ist (BGH NJW 1970, 1180 und NJW 1985, 2826). Der Anspruch auf Beseitigung kann aber gemäß § 275 Abs. 2 BGB ausgeschlossen sein, wenn die Beseitigung mit Aufwendungen verbunden ist, die in keiner vertretbaren Relation zu dem Nachteil des Beeinträchtigten stehen (vgl. BGHZ 143, 1, 6 m. w. N.; vgl. Rn. 35). Für Begleit- und Folgeschäden kann er, soweit sie im Schutzbereich der Norm liegen, Schadensersatz in Geld verlangen (BGHZ 19, 114, 125; BGH NJW 1968, 2287). **32**

Ein **bauleitender Architekt** (§ 57 Abs. 1 LBO) ist nicht nur vertraglich gegenüber seinem Auftraggeber gehalten, dafür zu sorgen, dass das Bauwerk plangerecht und frei von Mängeln erstellt wird. Ihn trifft vielmehr auch gegenüber dritten Personen, die bestimmungsgemäß mit dem Bauwerk in Berührung kommen (z. B. Nachbarn, OLG Köln NJW-RR 1995, 156), deliktisch die Pflicht, Schutzvorschriften zu beachten, Gefahren vorzubeugen und sie gegebenenfalls abzuwehren, Schädigungen anderer also möglichst zu verhindern; ein Verstoß dagegen macht ihn aus § 823 BGB ersatzpflichtig (BGH NJW 1987, 1013; BGH NJW-RR 1994, 89). Auch ein **Bauunternehmer** (§§ 54 Abs. 1, 56 LBO) haftet dem Nachbarn bei schuldhaftem Handeln nach § 823 BGB auf Schadensersatz. Sofern aber § 906 Abs. 2 BGB zur Anwendung kommt (etwa aus **Staubschäden beim Bau**), hat nur der Bauherr einen solchen Ausgleich zu gewähren. Denn nicht der Umstand, dass ein Bauunternehmer tätig wird, zwingt den Nachbarn zum Nachgeben, sondern lediglich der ortsübliche Charakter der vom Bauherrn in seinem Interesse durchgeführten Grundstücksbebauung (BGH NJW 1966, 42; BGHZ 72, 289; BGH MDR 1979, 208). Die **Beweislast** für die Verletzung eines Schutzgesetzes hat in vollem Umfang der Anspruchsteller (BGH LM zu NRW Nachbarrechtsgesetz Nr. 11). **Ein Ersatzanspruch verjährt** im Regelfall in 3 Jahren (§ 195 BGB). Die Frist beginnt mit dem Schluss des Jahres, in dem der Geschädigte von der Schadenshandlung und dem Schädiger Kenntnis erlangt oder nur aus grober Fahrlässigkeit nicht erlangt hat, § 199 Abs. 1 BGB. Vgl. im Übrigen die Erläuterungen zu § 3. **33**

Nach § 1004 BGB kann bei Eigentumsbeeinträchtigungen, unabhängig vom Verschulden des Bauherrn (BGHZ 30, 7, 14), Beseitigung und bei Wiederholungsgefahr Unterlassung künftiger Störung verlangt werden (BGHZ 88, 344; 95, 307; BGH NJW 1975, 170). Ein Eigentümer, der die vermeintlich rechtmäßige Inanspruchnahme seines Grundstücks (hier: **unterirdisch verlegte Leitung**) jahrzehntelang gestattet hat, verliert hierdurch nicht das Recht, die Gestattung zu widerrufen und anschließend seine Ansprüche aus § 1004 BGB geltend zu machen. Die Verjährung des Beseitigungsanspruchs begründet kein Recht des Störers auf Duldung aus § 1004 Abs. 2 BGB. Aus § 903 S. 1 BGB ist der Eigen- **34** tümer berechtigt den störenden Gegenstand selbst von seinem Grundstück zu beseitigen. Allerdings kann Verwirkung vorliegen, wenn er untätig geblieben ist, obwohl er wusste, dass die Störung unrechtmäßig ist (BGH Urteil vom 16.5.2014, V ZR 181/13, MDR 2014, 892). Bei Verletzung nachbarschützender Bebauungsvorschriften ist die Norm entsprechend (quasinegatorisch) anwendbar (BGH LM § 1004 BGB Nr. 132; NJW 1985, 2825). Abwehransprüche bieten darüber hinaus die §§ 907, 908, 912 BGB.

3. Rechtsmissbrauch

35 Einem Beseitigungsverlangen aus den §§ 823 Abs. 2, 249 BGB bzw. aus § 1004 BGB kann mit einem **Leistungsverweigerungsrecht** nach § 275 Abs. 2 BGB entgegengetreten werden, wenn die Beseitigung mit unverhältnismäßigem, nicht interessengerechtem, unbilligem, vernünftigerweise nicht mehr zumutbarem Aufwand verbunden ist (BGHZ 62, 388; BGH MDR 1977, 568). Diese Vorschrift findet auf alle Leistungspflichten Anwendungen, gleichgültig ob diese auf einem Vertrag, auf einem gesetzlichen Schuldverhältnis oder allgemein auf einer gesetzlichen Verpflichtung beruhen (BGH NJW 2008, 3122). Ist die Beeinträchtigung grob fahrlässig oder gar vorsätzlich erfolgt, dann ist die Einrede regelmäßig unerheblich, weil nach § 275 Abs. 2 Satz 2 BGB bei der Bestimmung des Maßes der zumutbaren Beseitigungsanstrengungen auch das **Verschulden des Störers** berücksichtigt werden muss. Hat der Beeinträchtigte mit dem Beseitigungsverlangen zu lange gewartet und damit zur Unverhältnismäßigkeit beigetragen, kann die Beseitigungsverweigerung trotz eines erheblichen Verschuldens des Störers berechtigt sein (zum **Überbau** vgl. BGH NJW 2008, 3123). Wird die Einrede begründet erhoben, kann der Nachbar seinen Anspruch auf Beseitigung zwar nicht durchsetzen; seine anderen Ansprüche wegen der rechtswidrigen und schuldhaften Rechtsverletzung bleiben davon aber unberührt (BGH NJW 2008, 3123; BGHZ 156, 170). Eine Klageerhebung eines Nachbarn bewusst erst nach Fertigstellung des Rohbaus, um den Bauherrn möglichst empfindlich zu schädigen, ist **unzulässige Rechtsausübung** (OVG Münster VwRspr 22, 186). Rechtsbeschränkungen können ausnahmsweise auch aus dem nachbarlichen Gemeinschaftsverhältnis folgen, vgl. § 29 Rn. 27.

4. Privatrechtliche Nachbarklage

36 **Klage ist vor dem Zivilgericht** zu erheben und gegen den Störer bzw. Bauherrn zu richten. Ausschließlich zuständig ist das Gericht der Lage des gestörten Grundstücks, § 24 ZPO. Nach der Höhe des aus § 3 ZPO zu ermittelnden Streitwertes (BGH NJW-RR 1986, 737) richtet sich, ob die Klage vor dem Amts- oder dem Landgericht zu erheben ist. Soweit nicht Sonderregeln greifen, bildet der objektive Verkehrswert des verfolgten Anspruchs den Streitwert, nicht etwa ein individueller Liebhaberwert. Der **Streitwert** einer Klage auf Beseitigung eines **Überbaus** ist der Wertverlust, den das Grundstück durch den Überbau erleidet. Er ist mit dem Wert der überbauten Fläche anzusetzen, wenn nichts dafür vorgetragen wird oder zu erkennen ist, dass auch die Nutzung der nicht überbauten Fläche beeinträchtigt ist (NZM 2007, 300; OLGR München 1997, 140). Der Wert der Beschwer des Beklagten aus einer **Verurteilung zur Beseitigung** bzw. Teilbeseitigung seines Bauwerks bestimmt sich nach dem Kostenaufwand, der aus der Befolgung des Urteils entsteht (BGHZ 124, 313). Diese Beschwer ist unter Berücksichtigung des Verlusts der Gebrauchsfähigkeit der Bauwerkssubstanz durch den Abriss bzw. Teilabriss zu bestimmen und schließt daher auch die Kosten für die Wiederherstellung der Nutzbarkeit des Bauwerks ein (BGH Beschluss vom 18.12.2008, V ZR 110/08). Zu einem in manchen Fällen notwendigen Vorverfahren vgl. § 1 LSchliG sowie Anhang LSchliG Rn. 10. Vor dem Zivilgericht kann die hoheitliche Verwaltung nicht zu öffentlichrechtlichem Handeln/Unterlassen gezwungen werden (RGZ 111, 48; BGHZ 41, 266 unter Ziff. 4; BGH NJW 1967, 2309), auch Feststellungen zu Hoheitsmaßnahmen (z. B. zur Nichtigkeit eines Verwaltungsaktes) sind unzulässig (RGZ 111, 48), nicht indes die Klärung der **öffentlichrechtlichen Vorfrage** der Nichtigkeit eines Verwaltungsaktes (BGHZ 1, 148). Zur Anspruchsbegründung ist zu beachten, dass **Schutzgesetz** nur eine Rechtsnorm, d. h. ein Gesetz oder eine Verordnung, sein kann, nicht hingegen ein Verwaltungsakt oder gar eine bloße Verwaltungsanordnung. Eine Klage aus den §§ 823 Abs. 2, 1004 Abs. 1, S. 2 BGB kann also nicht darauf gestützt werden, der Nachbar habe den Bestimmungen der Baugenehmigung zuwidergehandelt, sie ist vielmehr darauf zu stützen, dass er durch sein Handeln die Rechtsnorm verletzt hat, die der Baugenehmigung zugrunde liegt (Dehner A § 17, IV, 1). Stellt jedoch eine in einem Verwaltungsakt enthaltene Auflage eine Konkretisierung einer **drittschützenden Wirkung** dar, die in einem Gesetz bereits als konkretisierungsbedürftig angelegt ist, dann wirkt sie als Gebot rechtsgestaltend und die Einhaltung dieser Auflage kann gemäß den §§ 823 Abs. 2, 1004 Abs. 1, S. 2 BGB vor den Zivilgerichten durchgesetzt werden (BGH MDR 1993, 540; BGH NJW 1993, 1580). Im Zivilprozess ist eine Mitwirkung der Baubehörde nicht vorgesehen.

Klagebefugt ist aus § 823 Abs. 2 BGB jeder, zu dessen Schutz das, verletzte Gesetz dienen soll (BGH NJW 1974, 2091), aus § 1004 BGB ist es der Eigentümer, der Erbbauberechtigte (§ 1017 Abs. 2 BGB, § 11 Abs. 1 ErbbRVO), Grunddienstbarkeitsberechtigte (§ 1027 BGB), Nießbraucher (§ 1065 BGB; BGH MDR 1993, 540), beschränkt persönlich Dienstbarkeitsberechtigte (§ 1090 Abs. 2 BGB) sowie jeder, der nach § 823 Abs. 2 BGB in Verbindung mit einem Schutzgesetz deliktisch geschützt sein soll (BGH LM Nr. 132 zu § 1004 BGB). **Wird das Grundstück**, von dem Einwirkungen auf das Nachbargrundstück ausgehen, während des Rechtsstreits über die Abwehr dieser Einwirkungen nach § 1004 Abs. 1 BGB i. V. m. § 906 BGB **veräußert**, so ist das für den Prozessverlauf unerheblich. Auf die Parteistellung des vormaligen Eigentümers hat das keinen Einfluss, auch wenn er nicht mehr Störer ist, § 265 Abs. 2 S. 1 ZPO. Macht der Rechtsnachfolger des veräußernden Grundstückseigentümers von seiner Berechtigung, den Rechtsstreit zu übernehmen, keinen Gebrauch und ist er mangels Antrags des Prozessgegners auch nicht zur Übernahme verpflichtet (§ 266 Abs. 1 ZPO), führt der Rechtsvorgänger den Rechtsstreit nach § 265 Abs. 2 ZPO weiter (BGH NJW 2008, 1810). 37

IV. Grenzabstand nach § 42

1. Der privatrechtliche Grenzabstand

Abstandflächen dienen der ausreichenden Belichtung, Belüftung und Besonnung der Grundstücke und Baulichkeiten, ferner dem Schutz vor Brandübertra- 38 gung sowie dem **Wohnfrieden** durch nicht zu dichten Stand der Gebäude (SchlHOVG SchlHA 1994, 180; vgl. auch § 29 Rn. 7). § 42 Abs. 1 NachbG begründet keinen besonderen privatrechtlichen Grenzabstand für Gebäude, sondern erhebt den öffentlichrechtlich vorgeschriebenen oder zugelassenen zum privatrechtlichen Mindestabstand. Die Vorschrift stellt damit für den Bereich des Zivilrechts klar, dass es für ein Abwehrrecht nicht auf die in der Rechtsprechung umstrittene Frage ankommt, ob eine Grenzabstandsverletzung nur dann ein Abwehrrecht begründet, wenn der Verstoß zu einer tatsächlichen Beeinträchtigung des Nachbarn führt (ja: OVG Münster NVwZ 1986, 317; regelmäßig nein: OVGE Saarlouis BRS 55, Nr. 158; nein: OLG Karlsruhe NJW-RR 1993, 665; auch Rn. 10).

39 Aus dem Sinn des § 42 folgt, dass nur solche öffentlichrechtlichen Grenzabstände gemeint sind, die auch **nachbarschützende Funktion** haben. Hat eine Abstandsnorm keinen nachbarschützenden Charakter, dann ist der Nachbar durch eine Abweichung von dieser Norm auch nicht in seinen Rechten betroffen (vgl. auch BGHZ 86, 356). § 42 bezieht sich nur auf den Grenzabstand des Baukörpers, beschränkt den betroffenen Nachbarn also nicht in seinem Fenster- und Lichtrecht aus § 22, selbst wenn es sich der Baugenehmigung nach um notwendige Fenster (§ 48 Abs. 2 LBO) handelt, es sei denn, zwingendes öffentliches Recht schreibt die Außenwand und das Fenster vor (vgl. § 23 Nr. 3; § 23 Rn. 3).

2. Nachbarschützende Abstandsvorschriften

40 Zu nachbarschützenden Abstandsvorschriften im Bauplanungsrecht wird auf Rn. 7 verwiesen. Nachbarschützende Abstandsvorschriften im Bauordnungsrecht sind die §§ 6 (Abstände), 33 Abs. 2 (weiche Bedachung), § 43 Abs. 1, 3, 4, 5 (Feuerungsanlagen ... Brennstoffversorgung) LBO.

41 Die Festsetzungen von Abständen in einem **Bebauungsplan haben Vorrang** vor abweichenden Regelungen der LBO (vgl. OVG NRW BauR 2006, 342). Der Vorrang reicht indes nur so weit wie die Festsetzungen (OVG Berlin NJW 1981, 1284). Nach § 31 BauGB, § 68 Abs. 3, 5, 69 Abs. 2, 71 Abs. 2 LBO können von den Festsetzungen aber Ausnahmen und Befreiungen zugelassen werden. Wenn eine Grenzbebauung planungsrechtlich nur zugelassen ist, bleiben die Abstandsregelungen der LBO gültig (Battis/Löhr § 30 BauGB, Rn. 13).

3. Lage der Abstandflächen

42 Die Abstandflächen müssen nur nach Bauordnungsrecht grundsätzlich auf dem eigenen Grundstück liegen (§ 6 Abs. 2 S. 1 LBO), können sich aber auch ganz oder teilweise auf andere Grundstücke erstrecken, wenn durch Baulast (§ 80 LBO, es reicht in Breite der Gebäudewand), Festsetzung einer Baulinie (§ 23 Abs. 2 BauNVO) oder einer zwingenden Zahl der Vollgeschosse (§§ 16–20 BauNVO, 2 Abs. 8 LBO) im Bebauungsplan oder sonstige öffentlichrechtliche Vorschriften gesichert ist, dass sie nicht überbaut und auf die auf diesen Grundstücken erforderlichen Abstandflächen nicht angerechnet werden (§ 6 Abs. 2 S. 3 LBO). Zur **Anrechnung öffentlicher Flächen** vgl. § 6 Abs. 2 S. 2 LBO; für die Öffentlichkeit ist die Widmung durch Verordnung, Satzung, Verwaltungsakt oder öffentlichrechtliche Vereinbarung maßgebend. Eine Vermutung einer Widmung durch **unvordenkliche Verjährung** (dafür ist es erforderlich, dass der als Recht beanspruchte Zustand in einem Zeitraum von 40 Jahren als Recht besessen worden ist und dass weitere 40 Jahre vorher keine Erinnerung an einen anderen Zustand seit Menschengedenken bestand, vgl. BGH Teilurteil vom 12.12.2008, V ZR 106/07 – Juris; auch Jahn u. Kentner DÖV 1962, 292) reicht wegen der Widerlegbarkeit der Vermutung nicht. Die bei der Errichtung eines Gebäudes vorgeschriebenen Abstände und Abstandflächen dürfen auch bei nachträglichen **Grenzänderungen** und **Grundstücksteilungen** grundsätzlich nicht unterschritten oder überbaut werden, § 7 LBO. Der Teilungsbegriff meint die grundbuchmäßige Umschreibung, vgl. § 19 BauGB. Bei einer Nutzungsänderung eines Bauwerks ist die Einhaltung der Abstandfläche neu zu prüfen, denn der baurechtliche **Bestandsschutz** ist auf den genehmigten Bestand und die genehmigte Funktion beschränkt (OVG Münster NVwZ-RR 1998, 614).

4. Bezugspunkte einer Abstandfläche

Die Bezugspunkte der Abstandfläche sind nach § 42 die Außenwand eines Gebäudes sowie dessen vorspringende Gebäudeteile einerseits und die Grenze des Nachbargrundstücks andererseits. Den **Begriff des Gebäudes** definiert § 2 Abs. 3 LBO: Das Bauwerk muss eine selbständig benutzbare überdeckte Anlage sein, die von Menschen aufrecht betreten werden kann, den entsprechenden Eintritt hat (nicht nur Einstiegsluken und Schächte) und geeignet oder bestimmt ist, dem Schutz von Menschen, Tieren oder Sachen zu dienen. Zu dem Begriff der Außenwand vgl. § 22 Rn. 2. Außenwände müssen nicht tragend sein (§ 29 Abs. 2 LBO). Dem Gebäudebegriff unterfallen auch spätere Anbauten zur Erweiterung eines Gebäudes. Nur eine Überdeckung wird verlangt, keine Überdachung (Tiefgaragen/Hofunterkellerungen sind Gebäude). Ein **Spielturm** für Kinder (Fläche 1,5 x 0,5 m, Höhe 1,90 m, 2 Etagen, die 2. mit Drahtgitterabdeckung) ist kein Gebäude i. S. d. § 2 Abs. 3 LBO, denn er ist nicht dazu bestimmt noch dazu geeignet, den Eintritt eines erwachsenen, normal großen Menschen zu gestatten (OLG Hamm MDR 2014, 1252). Auch überdachte Zapfbereiche von Tankstellen sowie Bahnsteigüberdachungen sind keine Gebäude. Den **vorspringenden Gebäudeteilen** unterfallen nicht Gesimse, Dachvorsprünge, Blumenfenster, Hauseingangstreppen nebst deren Überdachungen, wenn sie nicht mehr als 1,50 m vortreten und mindestens 2 m von der gegenüberliegenden Nachbargrenze entfernt bleiben; auch Vorbauten nicht, wenn sie darüber hinaus nicht mehr als ein Drittel der jeweiligen Wandlänge in Anspruch nehmen, vgl. § 6 Abs. 6 LBO, ebenso Pergolen und Überdachungen von Freisitzen § 6 Abs. 8 LBO, jedoch eine Terrassenüberdachung mit geschlossenen und geschosshohen Seitenwänden (LG Bonn NJW-RR 1987, 795).

Aus dem Schutzzweck der Norm stehen Gebäuden bauliche Anlagen gleich, von denen **Wirkungen wie von Gebäuden** ausgehen (vgl. § 6 Abs. 1 LBO), z. B. **Spundwände** von über 2 m Höhe (BGH NJW 1985, 2825), ein über 3 m hohes **Rankgerüst** mit zwei winklig aufeinander zulaufenden Seiten aus jeweils vier Feldern von zwei Meter Breite (OVG NRW BauR 2001, 1090) sowie sonstige Anlagen, die länger als 5 m und höher als 2 m bzw. länger als 3 m und höher als 2 m (zum **Brennholzstapel** von 50 cbm vgl. OVG Saarlouis BRS 58 Nr. 175; auch

OLG Koblenz MDR 1999, 737; von 13 m Länge, 4 m Breite, ca. 2 m Höhe vgl. VG Würzburg Urteil vom 16.12.1999 – W 5 K 99.543 – Juris) oder auch 25 m lang und bis zu 1,10 m hoch (zur **Stützmauer** zur Absicherung eines künstlichen Geländes vgl. LG Gießen NJW-RR 1995, 271) sind. Auch **Terrassen** zählen dazu, wenn sie länger als 5 m und höher als 1 m sind. Die Maßangaben 5 m und 2 m sind nur beispielhaft und nur für den Regelfall kumulativ gemeint. Im Einzelfall gehen von einer baulichen Anlage auch dann Wirkungen wie von Gebäuden aus, wenn eines der Maße wesentlich überschritten und das andere Maß geringfügig unterschritten ist. Abzustellen ist auf die Auswirkungen auf die Schutzgüter, auf die die Regelungen der Abstandsvorschriften abzielen, wie die Sicherung einer ausreichenden Belichtung, Belüftung und Besonnung, den Schutz vor Brandübertragung und vor Beeinträchtigung des **Wohnfriedens** durch Sicherung eines ausreichenden „Sozialabstandes" (vgl. OVG NRW BauR 1990, 341; BauR 2001, 1089; zum Schattenwurf wie ein Gebäude vgl. auch OVG Münster NVwZ 1992, 279; zu einem 24 m hohen **Stahlgittermast** zur Montage von Funkantennen 15 m von der Nachbargrenze vgl. OVG Lüneburg BRS 39 Nr. 122; zu einer etwa 10 m hohen **Funkantenne** in Wohngebieten dichter Bebauung und kleiner Grundstücke vgl. VGH Mannheim BauR 1990, 703). Dabei sind auch die durch die Nutzung entstehenden Auswirkungen zu berücksichtigen (OVG Münster BRS 54 Nr. 140) sowie die bestimmungsgemäße Nutzungshöhe, wenn sie den reinen Baukörper überragt (SchlHOVG SchlHA 1994, 180 mit Bezug auf ein **Fahrsilo**; LG Gießen NJW-RR 1995, 271: von einer 1,10 m hohen und 25 m langen Stützmauer entlang der Grenze zum Nachbarn geht eine Gebäudewirkung aus). Eine **Parabolantenne**, an einer Stütze oder einem Mast befestigt oder auf eine bauliche Anlage gestellt, ist eine bauliche Anlage. Bei einem Durchmesser von 1,20 m und einer Höhe nebst Fuß von etwa 1,30 m vom Erdboden aus kommt ihr in aller Regel keine gebäudegleiche Wirkung zu, weil sie optisch nicht hervortritt und von einer Grundstückseinfriedigung weitgehend oder vollständig verdeckt wird. Entsprechendes gilt, wenn sie unterhalb der Dachtraufe vor der Außenwand eines Wohnhauses, das den Mindestabstand von 3 m wahrt, angebracht ist, weil hier optisch die Gebäudewand dominiert. Anderes gilt aber, wenn die Parabolantenne auf einem etwa 2,5 m hohen Grenzbauwerk steht und dadurch eine Gesamthöhe von 3,6 m erreicht. Ihre Wirkung wie von einem Gebäude ergibt sich dann daraus, dass sie weithin sichtbar ist und die Höhe des Gebäudes, auf dem sie steht, optisch einengend verstärkt (VGH Kassel NVwZ-RR 1999, 297). Von lebenden **Hecken** geht keine gebäudegleiche Wirkung aus (OVG Koblenz NVwZ-RR 2005, 527).

45 Den Begriff **Nachbargrundstück** definiert weder § 42 noch § 72 LBO. Gemeint sind nur selbstständige Grundstücke im grundbuchrechtlichen Sinn (vgl. § 28 Rn. 4). Vom Schutzzweck her ist nicht nur das angrenzende ein Nachbargrundstück, sondern jedes, das durch die Nichteinhaltung der Norm benachteiligt werden könnte (etwa in Hanglage, vgl. auch HessVGH BRS 23 Nr. 158). Dass der öffentlichrechtliche Abstand (nur) **mindestens** einzuhalten ist, belässt weitergehende Abwehransprüche, vgl. z. B. § 22.

46 Nach dem Bauordnungsrecht, § 6 LBO, ist bei Abstandflächen zwischen Abständen von Gebäuden und Abständen zu Nachbargrenzen zu unterscheiden.

5. Abstandsfreiheit von Gebäuden

Vor Außenwänden, die an Nachbargrenzen errichtet werden, ist eine Abstandfläche nicht erforderlich, wenn das Gebäude nach planungsrechtlichen Vorschriften an die Grenze gebaut werden muss oder darf, § 6 Abs. 1 S. 4 LBO. Gemeint sind damit vom Bauordnungsrecht abweichende Maße der Tiefe der Abstandsflächen im Bebauungsplan (§§ 9 Abs. 1 Nr. 2 a, 31 BauGB, 22 Abs. 3, 23 BauNVO).

§ 6 Abs. 1 LBO lässt im Umkehrschluss ferner die Errichtung **unterirdischer Gebäude** ohne Abstand zu. Maßgebend sind insoweit gleichwohl die bauplanungsrechtliche Einordnung des Bauvorhabens, Festsetzungen zum Bauverbot in Abstandflächen (§ 23 BauNVO) und § 13 Abs. 1 LBO (Nichtgefährdung der Tragfähigkeit des Baugrunds des Nachbargrundstücks).

6. Berechnung der Abstandfläche

Darf eine Außenwand nicht an der Nachbargrenze gebaut werden, dann muss sie zu dieser Grenze einen Abstand halten. **Abstandflächen** sind Freiflächen die vor den Außenwänden von Gebäuden und Gebäudeteilen einzuhalten sind, um entsprechende Abstände zwischen Gebäuden und Nachbargrenzen zu gewährleisten. Besteht keine durch Baulinien, Baugrenzen oder Bebauungstiefen (§ 23 BauNVO) festgesetzte planungsrechtliche Abstandsregelung, dann bemisst sich ihre Tiefe grundsätzlich nach der Höhe der Außenwand des Gebäudes. Die **Wandhöhe** ist von der festgelegten Geländeoberfläche bis zum Schnittpunkt von Wand und **Oberfläche** der Dachhaut zu messen, ist dort also, wo die gedachte Fortführung der Wand die Dacheindeckung durchstößt. Festsetzungen der Geländeoberfläche können im Bebauungsplan (§ 9 Abs. 3 BauGB), durch die Bauaufsicht in der Bauzeichnung (§ 3 Abs. 2 Nr. 4 BauVorlVO) oder durch Genehmigung von Abgrabungen oder Aufschüttungen (§ 11 a LNatSchG) erfolgt sein. Ohne sie gilt die natürliche Geländeoberfläche (§ 2 Abs. 4 S. 3 LBO). Überragt die Außenwand die Dachhaut (denkbar in Form einer Attika oder als Schmuckwand), dann ist die tatsächliche Wandhöhe maßgebend. **Giebelflächen** gehen in ihren tatsächlichen Abmessungen in die Abstandsflächenberechnung ein.

Nach § 6 Abs. 4 LBO erfolgen für Dächer, Dachteile, Dachgauben und Dachaufbauten **Zurechnungen** zur Wandhöhe. Die für die Zurechnung maßgebliche Dachhöhe wird ab dem Schnittpunkt der Außenwand mit der Oberfläche der Dachhaut senkrecht bis zur Höhe des Firstes gemessen. Dachgauben und Dachaufbauten sind zuzurechnen, wenn deren Gesamtbreite je Dachfläche mehr als die Hälfte der Gebäudewand beträgt.
Das sich ergebende Maß aus Wandhöhe zuzüglich Zurechnungen ist ein **H**. Die Tiefe der Regelabstandfläche beträgt 0,4 H, mindestens 3 m. In Gewerbe- und Industriegebieten genügt eine Tiefe von 0,2 m, mindestens 3 m (§ 6 Abs. 5 LBO).

Grundsätzlich müssen die Außenwände zweier Gebäude einen der Summe ihrer Wandhöhen samt Zurechnungen entsprechenden Abstand voneinander einhalten. Die Abstandflächen dürfen sich nicht überdecken (§ 6 Abs. 3 LBO, mit dort genannten Ausnahmen). Bezogen auf Nachbargrenzen gilt indes:

Maßgeblicher Bezugspunkt ist die Grundstücksgrenze, ganz gleich, welchen Abstand ein Gebäude des Nachbarn zu dieser Grenze hält, § 6 Abs. 1 und 2 LBO. Die Tiefe der erforderlichen Abstandfläche richtet sich danach, in welchem **Baugebiet** das Gebäude liegen soll (§§ 6 Abs. 5 LBO, 8, 9 BauNVO) und welche Höhe (§ 6 Abs. 4 LBO) und Bedachung es erhalten soll (§ 33 LBO). Im Grenzbereich verschiedener Baugebiete (vgl. § 1 Abs. 2 BauNVO) ist bei unterschiedlich vorgesehenen Tiefen die größere einzuhalten (OVG NRW BauR 1995, 526). Die Flächentiefe reicht von mindestens 12 m bei Gebäuden mit weicher Bedachung (§ 33 Abs. 2 Nr. 1 LBO) bis mindestens 3 m (§ 6 Abs. 5 LBO, sofern nicht eine Abstandsfreiheit gemäß § 6 Abs. 7 LBO eingreift). Eine samt Zurechnungen 12 m hohe Gebäudeaußenwand muss also, wenn das Gebäude eine harte Bedachung trägt, grundsätzlich 4,8 m Abstandfläche zur Nachbargrenze einhalten (errechnet aus H = 12, laut § 6 Abs. 5 S. 1 LBO auf 12 x 0,4 = 4,8). Da aber ein **Vorrang des Bauplanungsrechts gegenüber dem Bauordnungsrecht** besteht (vgl. BVerwG BRS 56 Nr. 65; BRS 57 Nr. 131; OVG NRW Urteil vom 17.2.2009 – 10 A 568/07 – Juris), beurteilt sich die Frage, wieweit entfernt von der Grenze gebaut werden muss, bei Vorliegen eines Bebauungsplans letztlich nach dessen Festsetzungen zur Bauweise im Sinne des § 22 BauNVO (OVG NRW a. a. O.). Das Überschreiten einer festgesetzten **Baulinie** (§ 23 BauNVO) kann ein Nachbar nur abwehren, wenn der Baulinie neben ihrer Bauordnungsfunktion auch eine **nachbarschützende Wirkung** zukommt, was in jedem Einzelfall aus Inhalt und Rechtsnatur der Festsetzung, ihrem Zusammenhang mit den anderen Regelungen des Plans, der Planbegründung oder anderen Vorgängen im Zusammenhang mit der Planaufstellung im Wege der Auslegung zu ermitteln ist. Hierbei ist insbesondere von Bedeutung, ob die Nachbarn durch die Festsetzung im Sinne eines Austauschverhältnisses rechtlich derart verbunden sind, dass sie zu gegenseitiger Rücksichtnahme verpflichtet sind oder eine Schicksalsgemeinschaft bilden, aus der keiner der Beteiligten ausbrechen darf (vgl. BVerwG BRS 55 Nr. 170; OVG NRW BauR 2006, 342; OVG NRW Beschluss vom 19.2.2009 – 7 B 1899/08 – Juris; vgl. Rn. 7). Gleiches gilt für **Baugrenzen** (BayVGH Beschluss vom 14.1.2009 – 1 ZB 08.97 – Juris, vgl. Rn. 7). Der Abwehranspruch kann bei einem Verstoß gegen eine nicht dem Nachbarschutz dienende Festsetzung nur auf die Verletzung des Rücksichtnahmegebots nach der entsprechend heranzuziehenden Vorschrift des § 15 Abs. 1 BauNVO gestützt werden (BVerwGE 82, 343).

7. Die Garage

52 Garagen sind Gebäude oder Gebäudeteile zum Abstellen von Kraftfahrzeugen, § 2 Abs. 9, S. 2 LBO. Ein **Carport, der nur aus vier Stützen und einem Dach besteht, ist ein überdachter Einstellplatz, also keine offene Garage** (i. S. d. § 1 Abs. 2 GarVO, str.). Auch Ausstellungs-, Verkaufs-, Werk- oder Lagerraum für Kraftfahrzeuge sind keine Garagen (§ 2 Abs. 9 LBO; zu Garagen und Stellplätzen im Baunachbarrecht vgl. Sarnighausen NVwZ 1996, 7). Eine Garage kann in den Abstandflächen eines Gebäudes sowie ohne eigene Abstandflächen errichtet werden (§ 6 Abs. 7 Nr. 1 LBO). Das gilt nicht, wenn sie **voll unterkellert** ist und der Keller teilweise die **Geländeoberfläche überragt** und wenn sie dadurch mit ihren mehrfachen Funktionen nach Bausubstanz und Nutzungszweck nicht mehr als Garage mit untergeordnetem Abstellraum angesehen werden kann (vgl. auch OVG NRW BRS 58 Nr. 115). Soweit eine Garage den Abstand zur Grundstücksgrenze von 3 m unterschreitet, darf ihre Gesamtlänge an keiner der jeweiligen Grundstücksgrenzen des Baugrundstücks größer als 9 m sein und deren mittlere Wandhöhe 2,75 m die dort festgelegte Geländeoberfläche (§ 2 Abs. 3 LBO) nicht übersteigen, § 6 Abs. 7, S. 2 LBO. Die **mittlere Wandhöhe** errechnet sich bei Geländegefälle aus der Summe der Höhen des linken und des rechten Wandendes geteilt durch 2. Die Garage muss entsprechend dem Gefährlichkeitsgrad der Treibstoffe und der Art der abzustellenden Fahrzeuge dem **Brandschutz** genügen, § 50 Abs. 8 LBO. Werden die genannten Maße überschritten, so richtet sich der Grenzabstand nach § 6 Abs. 5 LBO

Eine **Garage ohne Zufahrtsmöglichkeit** für Kraftfahrzeuge vom allgemeinen Verkehrsraum aus (OLG Koblenz OLGZ 1994, 60) wie auch eine zweckentfremdete Benutzung der Garage sind innerhalb der Abstandfläche nicht zulässig. Weder darf sie als **Hobbyraum** noch darf ihr Dach als **Terrasse** benutzt werden. Eine Terrasse auf einer Grenzgarage ist allerdings dann zulässig, wenn die Garage an das Hauptgebäude angebaut ist und die Terrasse den für sie bzw. für Balkone notwendigen Abstand von 3 m zum grenznächsten Punkt (§ 22 Abs. 1) einhält. Es kann keinen Unterschied machen, ob sie auf einer auskragenden Platte oder auf dem Dach eines angebauten Nebengebäudes angelegt wird (OVG Mannheim BauR 1999, 1283). Ansonsten jedoch genießt eine Garage die abstandsrechtliche Bevorzugung nur mit ihren zur Garagennutzung erforderlichen Bauteilen. Die abstandsrechtliche Privilegierung bezieht sich nur auf solche Bauteile, die für die **Nutzung als Garage erforderlich** sind. So kann z. B. eine Garage mit Parabolantenne auf dem Dach keine Grenzgarage sein (OVG NRW BauR 92, 53; OVG Münster NVwZ 1992, 279; zur Solaranlage vgl. aber § 6 Abs. 7 Nr. 4 LBO). Eine Garage muss so angeordnet und ausgeführt sein, dass ihre Benutzung die Gesundheit nicht schädigt und das Arbeiten und Wohnen, die Ruhe und die Erholung in der Umgebung durch Lärm oder Gerüche nicht über das zumutbare Maß hinaus stört, § 50 Abs. 9 LBO. Die Zulassung von Kleingaragen an der Nachbargrenze ist allerdings nicht von anderen Voraussetzungen abhängig, insbesondere nicht davon, dass eine Garage an anderer Stelle des Grundstücks nicht oder nur unter unzumutbaren Schwierigkeiten unterzubringen ist (OVG Lüneburg SchlHA 1973, 101 und SchlHA 1976, 143). Für Stellplätze gilt Gleiches. Das sind Flächen, die dem Abstellen von Kraftfahrzeugen außerhalb der öffentlichen Verkehrsflächen dienen, § 2 Abs. 9 LBO. Versperrt eine Garage dem Nachbarn beim Ausfahren von seinem Grundstück die **Sicht in die Straße bzw. den angrenzenden Fußweg**, lässt sich aus § 50 Abs. 9 LBO kein Abwehrrecht herleiten, weil die Beeinträchtigung vom Standort herrührt und nicht von der Benutzung der Garage. Auch § 3 Abs. 2 LBO gewährt kein Abwehrrecht. Diese Norm bestimmt zwar, dass bauliche Anlagen so anzuordnen sind, dass die öffentliche Sicherheit, insbesondere Leben und Gesundheit, nicht gefährdet werden. Sie ist aber nicht nachbarschützend, sondern dient dem öffentlichen Interesse (vgl. Rn. 4). Wenn die Sicht so verbaut ist, dass mit Unfällen gerechnet werden muss und nicht durch eine Verlegung der Ausfahrt oder durch das Anbringen von Spiegeln Abhilfe geschaffen werden kann, dann kann – sofern der beeinträchtigte Nachbar sein Grundstück nicht mit dem Garagenstandort **vorbelastet erwor-**

ben hat (§ 29 Rn. 30) – aus zwingenden Gründen krasser Unerträglichkeit ein Abwehrrecht aus dem nachbarlichen Gemeinschaftsverhältnis in Betracht kommen, wenn dem beeinträchtigenden Nachbarn ein Abbruch, Rück- oder Umbau billigerweise zuzumuten ist (vgl. § 29 Rn. 28). In Kleinsiedlungsgebieten (§ 2 BauNVO), reinen Wohngebieten (§ 3 BauNVO) und allgemeinen Wohngebieten (§ 4 BauNVO) sowie in Sondergebieten, die der Erholung dienen, sind Stellplätze und Garagen nur für den durch die zugelassene Nutzung verursachten Bedarf zulässig, § 12 Abs. 2 BauNVO. Die Bestimmung hat nachbarschützenden Charakter; der dem Nachbarn zustehende Schutzanspruch auf **Bewahrung der Gebietsart** geht noch über das allgemeine Rücksichtnahmegebot des § 15 BauNVO hinaus (VG Hamburg Urteil vom 22.11.2001 – 17 VG 3398/2000 – Juris, m. w. N.). Zu Lastkraftwagen, Kraftomnibussen und anderen Schwerfahrzeugen vgl. § 12 Abs. 3 BauNVO. **Bauliche Anlagen untergeordneter Bedeutung** oder gemeinnütziger Daseinsvorsorge ohne Aufenthaltsräume mit den Höchstmaßen von 9 m Länge und 2,75 m mittlerer Wandhöhe, ferner Stützmauern und geschlossene Einfriedigungen bis zu 1,50 m Höhe (in Gewerbe- und Industriegebieten 2 m), erfordern keine Abstandflächen, § 6 Abs. 7 LBO. Ohne weiteres zulässig sind in den Abstandflächen **Kleinkinderspielplätze**, Abstellanlagen für Fahrräder ohne Überdachung, Schwimmbecken, Masten, Terrassen, Pergolen und Überdachungen von Freisitzen sowie untergeordnete bauliche Anlagen wie offene Einfriedigungen, § 6 Abs. 8 LBO. Eine **bauliche Anlage ist untergeordnet,** wenn sie sich in ihrer Funktion und ihrem räumlich-gegenständlichen Erscheinungsbild dem primären Nutzungszweck der dem Nutzungszweck des Grundstücks oder Gebiets entsprechenden Bebauung dienend unterordnet (vgl. BVerwG BauR 1977, 109; ferner § 14 Abs. 1 BauNVO; z. B. ein Garten- oder Gerätehaus in einer üblichen, der Grundstücksgröße angemessenen Abmessung, vgl. OVG Saarlouis BRS 44 Nr. 61). Charakteristisch ist, dass sie keinen selbstständigen Nutzungszweck hat (BVerwG NJW 1983, 2713). Sie muss zudem vom (Haupt)gebäude getrennt sein (str. a. A. für Garagen VGH Hessen ZfIR 1999, 611 ansonsten VGH Mannheim BauR 1998, 517). Ein an das Wohnhaus angebauter verglaster **Wintergarten** oder eine an das Wohnhaus angebaute **Terrasse nebst Überdachung** (VGH Mannheim BRS 29 Nr. 91) sind Bestandteile des Hauptgebäudes, keine untergeordneten baulichen Anlagen. Ein Nebengebäude mit 3 Garagen und zwei Geräteräumen in den Maßen 13,8 mal 5,5 m kann eine solche Anlage sein (BVerwG NJW 1986, 2126), ebenso eine aufblasbare **Tragluftschwimmhalle** wegen des luftig-leichten Charakters und des verwendeten Materials (BVerwG NJW 1983, 2713), eine private Windenergieanlage für den Eigenbedarf eines Einfamilienhauses (BVerwG a. a. O.), ein **Brennholzstapel** von 3 m und 2 m Höhe (vgl. OVG Saarlouis BRS 58 Nr. 175), nicht aber ein als Abstellraum deklariertes Nebengebäude, wenn es seiner Ausgestaltung nach auch als Aufenthaltsraum geeignet ist (OVG Lüneburg MDR 1993, 759), nicht eine 7,60 m hohe **Antennenanlage** für den Mobilfunk (VGH Kassel NVwZ 2000, 694), nicht eine **Schwimmhalle** mit 153 m² Grundfläche (OVG Münster BRS 35 Nr. 39). An einer räumlich-gegenständlichen Unterordnung fehlt es, wenn die Nebenanlage wegen ihrer Abmessungen der Hauptanlage gleichwertig erscheint oder diese gar optisch verdrängt (BVerwG a. a. O.). Zu **Versammlungsstätten** vgl. § 4 VStättVO.

8. Genehmigungsfreie Gebäude

Die nach § 63 LBO baugenehmigungsfreien Gebäude (Gebäude ohne Aufenthaltsräume, Gewächshäuser bis zu 4 m Firsthöhe, Gartenlauben in Kleingartenanlagen nach dem Bundeskleingartengesetz, landwirtschaftliche Gebäude usw.) unterfallen nicht ohne weiteres der Abstandsfreiheit des § 6 Abs. 8 LBO. § 63 LBO dient nur der verfahrensmäßigen Freistellung, die materiellen Anforderungen der LBO und anderer Rechtsvorschriften (z. B. Bebauungsplan) werden hiervon nicht berührt.

54

9. Bindungswirkung eines Verwaltungsaktes

Ein stattgebender Verwaltungsakt – z. B. eine Baugenehmigung –, der nicht nichtig (§ 113 LVwG) ist, entfaltet wegen Art. 20 Abs. 3 GG eine **Tatbestandswirkung**: alle Beteiligten, Behörden, Rechtsträger, Dritte und die Gerichte, die nicht selbst zur Aufhebung des Verwaltungsaktes befugt sind, haben die Tatsache seiner Existenz und seines Regelungsinhalts – unabhängig davon, ob er bereits bestandskräftig geworden ist – als gegeben und bindend hinzunehmen, sobald und solange er die Rechtsfolgen, die er bezwecken will, ausgelöst hat und stützt; also in aller Regel ab seinem Erlass bis zu seiner Aufhebung von Amts wegen, förmlichen Suspendierung im dafür vorgesehenen Verfahren oder bis zum Zeitablauf bei einer zeitlichen Regelung. Das gilt selbst dann, wenn der Verwaltungsakt rechtswidrig ist (BGHZ 7, 132; vgl. auch BGH NJW 2008, 124; MDR 1996, 307). Bloße Anfechtbarkeit berechtigt nicht, ihn unbeachtet zu lassen (Kirchhof NJW 1985, 2977). Ein ohne gerichtliche Entscheidung bestandskräftig gewordener **ablehnender Verwaltungsakt** bindet die Zivilgerichte allerdings nicht (BGHZ 90, 17). Die Tatbestandswirkung geht über die Bestandskraftwirkung (vgl. Rn. 30) hinaus. Fragen aber, ob das Verwaltungshandeln rechtmäßig war oder ob aus dem materiellen Baurecht ein Sachmangel folgt, kann eine Verwaltungsbehörde nicht mit Verbindlichkeit für Gerichte entscheiden (BGH MDR 1993, 540). In Amtshaftungs- und Entschädigungsprozessen ist daher ein ordentliches Gericht nicht gehindert, bestandskräftige Verwaltungsakte als rechtswidrig zu qualifizieren (BGHZ 86, 356), wenn sich die Frage der **Rechtmäßigkeit des Verwaltungshandelns als Vorfrage** darstellt (BGH NJW 1992, 1384). Die Bestandskraft des Verwaltungsaktes wird dadurch nicht berührt (Kirchhof NJW 1985, 2977). Ist der Verwaltungsakt allerdings bereits durch ein verwaltungsgerichtliches Verfahren als materiell rechtmäßig angesehen, dann bindet die Rechtskraft des Urteils des verwaltungsgerichtlichen Verfahrens auch die Zivilgerichte an diese Bewertung (BGH NJW 1991, 1168; BGHZ 90, 17). Eine Besonderheit besteht ferner für Auflagen. **Auflagen** in Genehmigungsbescheiden wirken rechtsgestaltend, indem sie durch Konkretisierung der entsprechenden Norm ein Gebot aussprechen. Abgesehen vom Fall der Nichtigkeit eines solchen Verwaltungsakts kann ein Zivilgericht nicht in Frage stellen, dass aufgrund einer bestandskräftigen Auflage eine entsprechende Verhaltensordnung besteht, die der Betroffene auch befolgen muss, solange sie nicht aufgehoben oder suspendiert ist (BGH MDR 1993, 540; vgl. auch Rn. 31 und 57).

55

Aus dieser Regelungsstruktur folgt, dass Baugenehmigungen, die **nachbarschützende** Abstandsnormen übersehen oder falsch auslegen und infolgedessen rechtswidrig sind, zivilrechtliche Ansprüche von Nachbarn untereinander nicht beschneiden können. Das Abstandsrecht ist grundstücksbezogen, also eine „Be-

56

rechtigung des Grundstücks" (vgl. HessVGH DVBl 1995, 526). Es stellt sich bei einer abstandsunterschreitenden Baugenehmigung also die Frage, ob aus dem materiellen Baurecht ein Sachmangel des Grundstücks folgt. Eine Verwaltungsbehörde kann das nicht mit Verbindlichkeit für Gerichte entscheiden (BGH MDR 1993, 540, vgl. oben), außerdem wird die Baugenehmigung unbeschadet der privaten Rechte Dritter erteilt, § 73 Abs. 4 LBO. Das Zivilgericht kann deshalb – sofern der Verwaltungsakt nicht bereits durch ein verwaltungsgerichtliches Verfahren als materiell rechtmäßig angesehen wird – im Rahmen seiner **Vorfragekompetenz** zu einem Unterlassungsbegehren des Betroffenen prüfen, ob der abstandsunterschreitende Teil der Baugenehmigung rechtmäßig ist. Ist er es nicht, dann tritt eine Bindung nach § 42 nicht ein und der privatrechtliche Anspruch auf Unterlassung der Abstandsunterschreitung bzw. auf Beseitigung des Bauwerks greift grundsätzlich durch (zu den Ausnahmen vgl. § 43 sowie Rn. 35). Wollte man § 42 Abs. 1 S. 2 NachbG dahin auslegen, dass eine rechtswidrige Baugenehmigung, mit einem geringeren Grenzabstand als in nachbarschützenden Normen erlaubt, den Grenzabstand auch im privatrechtlichen Nachbarrecht im Verhältnis der Nachbarn bestimmt (so OVG Lüneburg SchlHA 1973, 101), dann würden dem Nachbarn lediglich die Rechte aus den §§ 823 Abs. 2, 1004 BGB verbleiben, da diese mangels Gesetzgebungskompetenz des Landesgesetzgebers (Art. 124 EGBGB) in jedem Fall nicht eingeschränkt werden können. Das führt nicht nur zu dem ungereimten Ergebnis, dass § 42 sanktioniert, was die §§ 823 Abs. 2, 1004 BGB missbilligen, eine solche Auslegung entspricht auch nicht dem gesetzgeberischen Willen. Der Gesetzgeber wollte mit § 42 lediglich Vorsorge für den Fall treffen, dass nachbarschützende Grenzabstandsvorschriften im Hinblick auf den damals in Rechtsprechung und Literatur bestehenden Streit nicht als Schutzgesetze i. S. des § 823 Abs. 2 BGB angesehen würden (vgl. Begründung zu Abschnitt XIII – Landtagsdrucksache VI/1073). Der Zivilrichter muss also selbstständig prüfen, ob das beanstandete Bauvorhaben gegen nachbarschützende Normen verstößt (OLG München NJW 1959, 1184).

10. Ausnahmen und Befreiungen

57 Im Baurecht sind Möglichkeiten von **Ausnahmen und Befreiungen** (§ 31 BauGB) sowie **Abweichungen** (§ 71 LBO) vorgesehen. Der Begriff Abweichung fasst Ausnahmen und Befreiungen für den bauordnungsrechtlichen Bereich zusammen. Die Zulässigkeit einer Ausnahme muss im Bebauungsplan nach Art und Umfang (durch Text oder Zeichnung) von der Gemeinde ausdrücklich festgelegt sein. Ob eine Ausnahme erteilt wird, ist eine Ermessensentscheidung (BVerwG NVwZ 1987, 410). Ein Rechtsanspruch auf Einhaltung der objektivrechtlichen Festsetzungen des Bebauungsplans steht dem Eigentümer eines Grundstücks im Planbereich nicht zu. Das Bundesbaurecht kennt keine allgemeinen Plangewährleistungsansprüche bzw. **Planbefolgungsansprüche** (BVerwG NJW 1983, 1574). Es gehört auch nicht zu den im Wege der verwaltungsgerichtlichen Rechtsschutzes verfolgbaren Aufgaben privater Nachbarn, über die Einhaltung des öffentlichen Rechts in seiner Gesamtheit bzw. über eine Beachtung der Bindung der Verwaltung an Gesetz und Recht zu wachen (NdsOVG Beschluss vom 18.2.2009 – 1 ME 282/08 – Juris). Einen Anspruch hat der Nachbar nur darauf, dass bei Bewilligung einer Ausnahme die **seinem Schutz dienenden Festsetzungen** des Bebauungsplans eingehalten werden (BVerwG NJW 1983, 1574) und dass bei einem Abweichen von **nicht nachbarschützenden Festsetzungen** das Gebot der Rücksichtnahme beachtet wird (vgl. Rn. 1 ff.).

Eine **Befreiung** hängt nicht von einer planerischen Bestimmung ab. Sie kommt immer dann in Betracht, wenn das öffentliche Interesse (das Gemeinwohl), es erfordert (BVerwGE 56, 71); nur eine Nützlichkeit oder Dienlichkeit für das Gemeinwohl reicht nicht (BVerwG BRS 39 Nr. 168). Ob eine angefochtene Befreiung von Festsetzungen eines Bebauungsplans den Nachbarn in seinen Rechten verletzt, hängt wesentlich von den Umständen des Einzelfalls ab. Erforderlich ist eine Würdigung der Interessen des Bauherrn an der Erteilung der Befreiung und – wie es § **31 Abs. 2 BauGB** vorschreibt – der Interessen des betroffenen Nachbarn an der Einhaltung der Festsetzungen des Bebauungsplans und damit an einer Verhinderung von Beeinträchtigungen oder Nachteilen durch eine Befreiung (BVerwGE 52, 122; OVG NRW Urteil vom 17.2.2009 – 10 A 568/07 – Juris; ferner Rn. 1 ff., 5). Die Regelungen für die Änderung von Bebauungsplänen dürfen nicht durch eine großzügige Befreiungspraxis aus den Angeln gehoben werden. Die Änderung eines Bebauungsplans ist nach § 1 Abs. 8 BauGB nämlich nicht Sache der Bauaufsichtsbehörde, sondern der Gemeinde vorbehalten (BVerwG BRS 62 Nr. 99; zur Erteilung einer Befreiung zur Errichtung einer **Mobilfunkstation** in einem festgesetzten reinen Wohngebiet OVG NRW Urteil vom 17.12.2008 – 10 A 2999/07 – Juris). **58**

Jede der drei Entscheidungen bildet mit der Baugenehmigung eine Einheit. Ist eine Ausnahme, eine Befreiung oder eine Abweichung rechtswidrig, dann ist es – zumindest teilweise – auch die Baugenehmigung. Die **Rechtswidrigkeit allein** gibt dem Nachbarn aber keinen Abwehranspruch, hinzukommen muss die Verletzung eines geschützten Nachbarrechts (vgl. Rn. 22). Ist von einer baurechtlichen Norm aufgrund eingeräumten Ermessens eine **Befreiung** erteilt worden, dann ist die Norm damit außer Kraft gesetzt und kann auch von einem Zivilgericht nicht mehr angewendet werden, sodass auf §§ 823 Abs. 2, 1004 BGB mit Bezug auf diese Norm als Schutzgesetz gestützte Ansprüche entfallen (BayObLGZ 2000, 355; OLG Hamburg MDR 1963, 135; OLG Frankfurt NJW-RR 1988, 403; BayObLG BauR 2001, 1302). Die Zulassung einer mit der Befreiung verbundenen Abweichung setzt eine atypische, von der gesetzlichen Regel nicht zureichend erfasste oder bedachte Fallgestaltung voraus. Eine Abweichung kann z. B. im Rahmen des **Abstandflächenrechts** nur dann zugelassen werden, wenn die für sie sprechenden Gründe so viel Gewicht haben, dass die Anforderungen des Abstandflächenrechts auch dann ausnahmsweise noch als angemessen berücksichtigt angesehen werden können, wenn sie nur eingeschränkt zum Zuge kommen. Eine solche atypische Fallgestaltung kann sich vor allem auch aus einem besonderen Zuschnitt des Grundstücks, einer aus dem Rahmen fallenden Bebauung auf dem Bau- oder dem Nachbargrundstück oder einer besonderen städtebaulichen Situation, wie der Lage des Baugrundstücks in einem historischen Ortskern ergeben (BayVGH BauR 2008, 2037). Auf einen in einer Befreiung geregelten Grenzabstand bezieht sich § 42 Abs. 1 S. 2. Auch eine **rechtswidrige Befreiung** hat für das Zivilrecht Tatbestandswirkung, sofern sie nicht nichtig (§§ 113, 114 LVwG), zurückgenommen (§ 116 LVwG), **59** widerrufen (§ 117 LVwG), erloschen (§ 75 LBO) oder aufgehoben (§ 113 VwGO) ist (BVerwG DVBl 1966, 269; OLG Hamburg DB 1962, 1372; LG Dortmund NJW 1964, 2065; Rüfner DVBl 1963, 609). Es bleibt nur die Möglichkeit einer verwaltungsgerichtlichen Anfechtung des Befreiungsbescheids. Ein Gericht ist nicht befugt, anstelle einer Behörde eine Befreiung (z. B. nach § 31 Abs. 2 BauGB) zu erteilen, wenn (wie z. B. nach § 31 Abs. 2 BauGB) die Erteilung einer Befreiung in das Ermessen der Behörde gestellt ist, es sei denn, es liegt eine **Ermessensreduzierung auf null** vor, d. h. jede andere Entscheidung als der Erlass der Befreiung wäre ermessensfehlerhaft (VG Minden Urteil vom 19.8.2008 – 1 K 1671/07 – Juris).

V. Beseitigungsanspruch nach § 42

1. Abwehr einer Abstandsunterschreitung

60 Mit dem Regelungsgefüge der §§ 42 Abs. 2, 43 wird vermieden, bei Abstandsverstößen auf eine analoge Anwendung der Überbauvorschriften der §§ 912 bis 916 BGB zurückgreifen zu müssen (so geschehen z. B. vom OLG Karlsruhe NJW-RR 1993, 665; OLG Koblenz NJW-RR 1999, 1394). Für einen Abstandsverstoß passen sie nicht recht. Ein **Überbau** über die Nachbargrenze hinweg, § 912 BGB, ist ein Substanzeingriff, ein Vermögensschaden, der sich nach dem Reparationsinteresse bemisst. Die Unterschreitung eines Grenzabstandes, § 42, ist lediglich eine Vorenthaltung der Nutzungsmöglichkeit, ein „**Entbehrungsschaden**" (BGH MDR 1988, 129), der sich nach dem Kompensationsinteresse bemisst (vgl. BGH NJW 1987, 50 sowie § 43 Rn. 12). Wenn erforderliche Abstandsflächen unter Verstoß gegen § 6 LBO nicht (vollständig) auf dem Baugrundstück liegen, weil die Voraussetzungen, unter denen ein Gebäude kraft Gesetzes ohne eigene Abstandsflächen zulässig ist, nicht erfüllt sind oder weil die Tiefe der Abstandsfläche falsch berechnet wurde oder weil die Abstandsfläche zu Unrecht durch eine **Abweichung** auf das Maß des geplanten Grenzabstandes verkürzt wurde, besteht zwar ein rechtswidriger Zustand. Die Rechtswidrigkeit liegt aber (nur) darin, dass das Gebäude zu Unrecht an der Grenze steht bzw. einen zu geringen Grenzabstand einhält. Der Rechtsverstoß hat nicht zur Folge, dass sich die Abstandsfläche (teilweise) auf das Nachbargrundstück erstreckt und (auch) dort von einer in den Abstandsflächen nicht zulässigen Bebauung freigehalten werden muss bzw. dass die Abstandsfläche nicht auf die auf diesem Grundstück erforderlichen Abstandsflächen angerechnet werden darf. Nur diese Auslegung vermeidet eine unverhältnismäßige Belastung des Eigentumsrechts des Nachbarn durch das Freihaltegebot des § 6 Abs. 1 LBO und das Überdeckungsverbot des § 6 Abs. 3 LBO (vgl. BayVGH Beschluss vom 14.1.2009 – 1 ZB 08.97 – Juris; vgl. auch § 43 Rn. 6).
Wird der in Absatz 1 vorgeschriebene Abstand nicht eingehalten, so kann der Eigentümer des Nachbargrundstücks – nicht auch der Nutzungsberechtigte – die Beseitigung des Gebäudes oder Gebäudeteils verlangen, soweit nicht der Tatbestand des § 43 gegeben ist. Allein schon die Nichteinhaltung der erforderlichen Abstandsfläche löst, unabhängig vom Grad der mit der Abstandsunterschreitung verbundenen Beeinträchtigung des Nachbarn, den Abwehranspruch aus. Die Bauaufsichtsbehörde hat dem mit einer **Abrissverfügung** Rechnung zu tragen (OVG Münster

NVwZ-RR 2000, 205; zum Abbruch einer Garage vgl. OVG NRW BRS 58 Nr. 115). Ist der Grenzabstand durch eine Anlage unterschritten, die kein Gebäude darstellt, z. B. einen Pkw-Abstellplatz, folgt der Beseitigungsanspruch aus § 1004 BGB i. V. m. der Abstandsvorschrift. Der Beseitigungsanspruch kann durch § 251 Abs. 2, S. 1 BGB auf einen Entschädigungsanspruch in Geld beschränkt sein, sofern die Beseitigung nur mit unverhältnismäßigen Aufwendungen möglich ist (OLG Köln NJW-RR 1995, 336; vgl. auch Rn. 35). Allerdings ist die Frage der Verhältnismäßigkeit eine solche der **Zumutbarkeit** auf beiden Seiten. Wenn ein Nachbar z. B. ein Bauwerk unter Verstoß gegen ein Bauverbot und die Versagung einer Baugenehmigung wegen Nichteinhaltung des Grenzabstandes errichtet, also vorsätzlich die Bebauungsgrenze überschritten hat, kann sein Nachbar die Beseitigung verlangen (BGH NJW 1970, 1180). Nichts anderes gilt, wenn der Anspruch auf die konkurrierenden §§ 823 Abs. 2 BGB i. V. m. § 6 LBO, 1004 BGB gestützt wird. Als Faustformel lässt sich sagen, dass allenfalls die Verfehlung des richtigen Maßes „um einen halben Stein" tolerabel ist (OVG Lüneburg NVwZ-RR 2000, 142). Der Einwand einer unzumutbaren Härte aus der Beseitigung ist nicht im Erkenntnisverfahren, sondern gemäß § 765a ZPO erst im Vollstreckungsverfahren zu prüfen (OLG Köln a. a. O.).

61 Ein Beseitigungsanspruch geht nur soweit, wie es erforderlich ist, um den in Absatz 1 vorgeschriebenen Abstand einzuhalten. Das Gebäude braucht daher nur soweit beseitigt zu werden, wie es den Grenzabstand überschreitet (OLG Frankfurt NJW-RR 1988, 403). Soweit der Grenzabstand von der Höhe des Gebäudes abhängig ist, kann es zwei Maßnahmen zur Herstellung des Grenzabstandes geben: entweder wird die Gebäudehöhe vermindert oder die Außenwand wird zurückgenommen (zu Klageantrag, Urteilsformel und Zwangsvollstreckung in Fällen alternativer Maßnahmen vgl. § 37 Rn. 12).

62 Eine Entscheidung des Verwaltungsgerichts über die Zulässigkeit des Grenzabstandes hat **Tatbestandswirkung** und bindet das ordentliche Gericht bei seiner Entscheidung über den Beseitigungsanspruch aus Absatz 2. Solange das bauaufsichtliche Verfahren oder das Verwaltungsstreitverfahren nicht abgeschlossen ist, kann das ordentliche Gericht den Rechtsstreit über den Beseitigungsanspruch nach § 148 ZPO aussetzen und dem Bauherrn die Fortsetzung des Bauvorhabens in geeigneten Fällen durch eine einstweilige Verfügung vorläufig untersagen.

2. Vereinbarter Grenzabstand

63 Unberührt bleiben **privatrechtliche Vereinbarungen** über Grenzabstände von Gebäuden. Ist das Grundstück z. B. zugunsten des Eigentümers des Nachbargrundstücks in der Weise mit einer Grunddienstbarkeit belastet, dass es in einem bestimmten Abstand zur Grenze nicht bebaut werden darf, so steht dem Eigentümer des Nachbargrundstücks bei Überschreitung des Grenzabstandes der Unterlassungsanspruch aus den §§ 1027, 1004 BGB zu. Diese privaten Rechte werden durch eine Baugenehmigung nicht berührt, § 73 Abs. 4 LBO. Ein Vertrag, durch den sich ein Nachbar verpflichtet, Rechtsbehelfe gegen Entgelt zurückzunehmen, verstößt weder gegen § 134 BGB noch ohne weiteres gegen die guten Sitten, § 138 BGB (BGH NJW 81, 811).

§ 43 Ausschluss des Beseitigungsanspruchs

(1) Der Anspruch auf Beseitigung eines Gebäudes oder Gebäudeteils ist ausgeschlossen, wenn
1. der Eigentümer des bebauten Grundstücks den nach § 42 Abs. 1 vorgeschriebenen Abstand bei der Bauausführung weder vorsätzlich noch grob fahrlässig nicht eingehalten hat, es sei denn, dass der Eigentümer des Nachbargrundstücks sofort nach der Abstandsunterschreitung Widerspruch erhoben hat, oder
2. der Eigentümer des Nachbargrundstücks nicht spätestens in dem der Abstandsunterschreitung folgenden Kalenderjahr Klage auf Beseitigung erhoben hat; die Frist endet frühestens mit dem Ablauf des Kalenderjahres, das auf das Inkrafttreten dieses Gesetzes folgt, oder
3. das Gebäude bei Inkrafttreten dieses Gesetzes länger als drei Jahre im Rohbau fertig gestellt war.

(2) Ist der Beseitigungsanspruch nach Absatz 1 Nr. 1 ausgeschlossen, so kann der Eigentümer des Nachbargrundstücks von dem Eigentümer des bebauten Grundstücks den Ersatz des Schadens verlangen, der durch die Verringerung der Nutzbarkeit des Nachbargrundstücks entstanden ist. Mindestens ist eine Entschädigung in Höhe der Nutzungsvorteile zu zahlen, die auf dem bebauten Grundstück durch die Abstandsunterschreitung entstehen.

Übersicht

		Rn.
I.	Allgemeines	1
II.	Ausschluss des Beseitigungsanspruchs	2–7
III.	Entschädigungsanspruch	8–14

I. Allgemeines

1 Diese Vorschrift schließt den privatrechtlichen Anspruch auf Beseitigung eines Gebäudes oder Gebäudeteils in drei Fällen aus. Das Gebäude oder der Gebäudeteil müssen vom Eigentümer des Nachbargrundstücks und seinem Rechtsnachfolger geduldet werden. Das zu duldende Bauwerk darf auch verändert werden, soweit dadurch keine weitere Verringerung des Grenzabstandes eintritt. Eine Aufstockung und eine Verschiebung der Außenwand in Richtung auf die Grundstücksgrenze sind daher unzulässig. Die Duldungspflicht endet, sobald das Gebäude tatsächlich beseitigt ist. Unbeschadet von § 43 bleibt eine öffentlichrechtliche Verpflichtung zur Beseitigung nach § 59 Abs. 2 Nr. 3 LBO.

II. Ausschluss des Beseitigungsanspruchs

2 Nach Absatz 1 Nr. 1 wird der Beseitigungsanspruch ausgeschlossen, wenn der vorgeschriebene Abstand weder vorsätzlich noch grob fahrlässig unterschritten worden ist. Vorsätzlich handelt, wer bewusst und gewollt eine rechtswidrige Abstandsunterschreitung vornimmt. Dem Vorsatz gleich gestellt ist, dass erkannt wird, es trete möglicherweise eine rechtswidrige Abstandsunterschreitung ein, ein solcher Eintritt aber gleichwohl billigend in Kauf genommen wird (**bedingter Vor-**

satz, vgl. BGHZ 7, 313; BGH NJW 1986, 180). Fahrlässig handelt, wer die im Verkehr erforderliche Sorgfalt außer Acht lässt, § 276 BGB. **Grob fahrlässig** handelt, wer diese Sorgfalt in besonders schwerem Maße verletzt (BGHZ 10, 16, 74; 89, 161), also schon einfachste, ganz nahe liegende Überlegungen unterlässt und nicht beachtet, was in der vorgegebenen Situation jedem einleuchten muss (BGH NJW 1980, 886; 1992, 3236). Der Beseitigungsanspruch kann mithin nur bei leichter Fahrlässigkeit ausgeschlossen sein. Vorsätzlich oder grob fahrlässig muss der Eigentümer des bebauten Grundstücks handeln; ihm ist ein Verschulden des mit Zustimmung des Eigentümer bauenden Nutzungsberechtigten (BGHZ 15, 216) und des Architekten (BGH NJW 1977, 375), nicht aber des Bauunternehmers (BGH a. a. O.) zuzurechnen. Der Bauende hat zu beweisen, dass er weder vorsätzlich noch grob fahrlässig gehandelt hat.

Auch wenn der Bauende weder vorsätzlich noch grob fahrlässig gehandelt hat, ist der Beseitigungsanspruch nicht ausgeschlossen, wenn der Eigentümer des Nachbargrundstücks sofort nach der Abstandsunterschreitung Widerspruch erhoben hat. Sofort ist der Widerspruch erhoben, wenn er nach der objektiv erkennbar gewordenen Abstandsunterschreitung so rechtzeitig erhoben wird, dass die Beseitigung ohne erhebliche Zerstörung möglich ist (BGHZ 59, 191). Denn schon das nachbarliche Gemeinschaftsverhältnis verpflichtet den Nachbarn, durch zumutbares Einschreiten einen wirtschaftlichen Schaden des Bauherrn möglichst zu vermeiden (BVerwG NJW 1988, 839; vgl. auch § 29 Rn. 27). Auf die Kenntnis oder ein Verschulden des Widerspruchsberechtigten kommt es nicht an (RGZ 83, 147). Die Rechtzeitigkeit des Widerspruchs muss der Widerspruchsberechtigte beweisen. Wird der Widerspruch auf einen bestimmten Teil des Gebäudes beschränkt, so besteht der Beseitigungsanspruch nur insoweit, als der Abstandsunterschreitung widersprochen worden ist (RGZ 109, 108). Der Widerspruch kann mündlich oder schriftlich erhoben werden. Widerspruchsberechtigt ist der Eigentümer des Nachbargrundstücks; Nutzungsberechtigte nur als Vertreter des Eigentümers, sofern sie bevollmächtigt sind. Der Widerspruch ist an den bauenden Grundstückseigentümer oder seinen Vertreter zu richten. Architekten, Bauunternehmer oder Bauarbeiter sind grundsätzlich nicht berechtigt, den Widerspruch wirksam für den Eigentümer entgegenzunehmen; es ist immer im Einzelfall zu prüfen, ob die Genannten als Vertreter des Eigentümers anzusehen sind (Glaser-Dröschel Nr. 88 e). Sind mehrere widerspruchsberechtigt (z. B. Miteigentümer), so genügt es, wenn einer widerspricht; unterschreiten mehrere den Abstand (z. B. eine Erbengemeinschaft baut), dann genügt es, wenn der Widerspruch einem Beteiligten gegenüber ausgesprochen wird (Glaser-Dröschel Nr. 88 a).

Nach Absatz 1 Nr. 2 wird der Beseitigungsanspruch ausgeschlossen, wenn er nicht spätestens in dem der Abstandsunterschreitung folgenden Kalenderjahr im Wege der Klage geltend gemacht wird. Diese Vorschrift gilt auch für Abstandsunterschreitungen vor Inkrafttreten dieses Gesetzes, hier muss die Klage aber spätestens bis zum 31. Dezember 1972 erhoben worden sein, sofern nicht schon die Frist nach Absatz 1 Nr. 3 abgelaufen ist.

Nach Absatz 1 Nr. 3 wird der Beseitigungsanspruch ausgeschlossen, wenn das Gebäude bei Inkrafttreten dieses Gesetzes länger als drei Jahre (d. h. vor dem

1. April 1968) im Rohbau fertig gestellt war. Grundsätzlich rechtfertigt sich ein Bestandschutz für Abstandsunterschreitungen vor Inkrafttreten dieses Gesetzes nicht, weil das Gebäude von Anfang an den öffentlichrechtlichen Abstandsvorschriften widersprach. Um eine unangemessene Rückwirkung auszuschließen, ist in Anlehnung an § 195 BGB eine dreijährige Anschlussfrist eingeführt worden. Sie beginnt mit der Fertigstellung des Gebäudes oder Gebäudeteils im Rohbau (vgl. § 6 Anm. 5). Die Vorschrift wurde mit Ablauf des 31. Dezember 1972 bedeutungslos, da ab 1. Januar 1973 auch für alle vor dem 1. April 1971 im Rohbau fertig gestellten Gebäude der Beseitigungsanspruch nach Abs. 1 Nr. 2 ausgeschlossen ist, sofern nicht vorher Beseitigungsklage erhoben worden ist.

6 Der Beseitigungsanspruch ist auch dann ausgeschlossen, wenn und soweit der, der die Beseitigung beansprucht, die Abstandfläche ebenfalls unzulässigerweise in Anspruch genommen hat (SchlHOVG 1993, 258; vgl. auch OVG Lüneburg MDR 1993, 759; SchlHOVG SchlHA 2001, 70). Wer z. B. selbst auf seinem Grundstück – das gilt ebenso für den Rechtsvorgänger – ein Gebäude an der gemeinsamen Grundstücksgrenze gebaut hat, kann billigerweise nicht die Einhaltung der ihn schützenden Abstandsvorschriften und die Aufhebung einer unter Verletzung des Abstandsflächenrechts ergangenen Baugenehmigung erreichen, sondern muss (wegen des **venire contra factum proprium**, treuwidrigen Verhaltens) dulden, dass an seine Grenze unmittelbar angebaut wird (BWVGH BauR 2003, 1203; ThürOVG BauR 2000, 869; NdsOVG BauR 1999, 1163; BayVGH NVwZ-RR 1995, 564; VG Ansbach Urteil vom 27.8.2008 – AN 9 K 08.00767, AN 9 S – Juris). Das gilt auch dann, wenn das Gebäude des klagenden Nachbarn im Einverständnis mit dem damaligen Nachbarn errichtet worden ist (vgl. VG Ansbach a. a. O.) oder wenn er sein Gebäude vormals im Einklang mit dem damals geltenden Recht errichtet hat. Es gilt nur dann nicht, wenn das angegriffene Vorhaben wesentlich schwerer wiegt als die Inanspruchnahme des Abstandes durch den sich wehrenden Nachbarn (OVG Lüneburg BauR 1999, 1163). Ist allerdings durch behördliche langjährige nicht nur passiv, sondern auch positiv geäußerte Duldung eines formell und materiell illegalen Zustandes eine **Selbstbindung der Behörde** und damit ein Rechtsstatus eingetreten, der „nicht weit von demjenigen entfernt ist, den eine Baugenehmigung begründet", dann kann diese Rechtsposition auch gegenüber dem Nachbarn verteidigt werden (OVG Berlin NJW 1983, 777).
Der Beseitigungsanspruch ist ferner ausgeschlossen, wenn die **Beseitigung mit unverhältnismäßigem**, nicht interessengerechtem, unbilligem, vernünftigerweise nicht mehr zumutbarem **Aufwand verbunden** ist (Rechtsgedanke aus § 275 Abs. 2 BGB; BGHZ 62, 388; BGH MDR 1977, 568; vgl. § 42 Rn. 35).

7 Auch infolge eines **Verzichts auf Abstandsrechte** kann ein Anspruch auf Beseitigung ausgeschlossen sein. Ein Verzicht auf materielle öffentlichrechtliche Nachbarrechte ist zulässig, soweit es sich um Vergünstigungen im Individualinteresse handelt, über die der Nachbar verfügungsberechtigt ist. Dazu gehören die aus nachbarschützenden Vorschriften des Baurechts folgenden Abwehrrechte (VG Neustadt (Weinstraße), Urteil v. 4.9.2008 – 4 K 571/08.NW – Juris). Ein genereller Verzicht ist unwirksam, die Erklärung muss stets im Zu-

sammenhang mit einem konkreten Bauvorhaben abgegeben sein. Im Zeitpunkt ihrer Abgabe muss der Verzichtende also den Umfang und die Gestaltung der Baumaßnahme im Einzelnen kennen. In der Regel ist das nur der Fall, wenn ihm vor der Erklärung die fertig ausgearbeiteten Bauvorlagen unterbreitet worden sind. Die Verzichtserklärung muss gegenüber der Bauaufsichtsbehörde abgegeben werden, weil ihr gegenüber die Abwehrrechte bestehen (vgl. zu allem OVG Saarlouis NVwZ 1984, 657; HessVGH DVBl. 1995, 525). Bei einer Mehrheit von Berechtigten an einem benachbarten Grundstück muss grundsätzlich eine vorbehaltlose Unterschriftsleistung eines jeden Berechtigten vorliegen. Die Erklärung ist unwiderruflich wirksam, sobald sie der Bauaufsichtsbehörde zugegangen ist, sofern der Verzichtende im Zeitpunkt des Zugangs noch verfügungsberechtigt ist. Ein Nachbar soll laut VG Neustadt (Weinstraße) a. a. O.) in einem Baugenehmigungsverfahren gegenüber der Bauaufsichtsbehörde auch dann noch wirksam auf seine öffentlichrechtlichen Abwehrrechte verzichten können, wenn zum Zeitpunkt des Verzichts bereits die **Zwangsversteigerung** seines Grundstücks angeordnet worden ist. Die Vorschrift des § 23 Abs. 1 ZVG erfasse nur rechtsgeschäftliche Verfügungen über das beschlagnahmte Grundstück. Eine Verfügung in diesem Sinne stelle zwar die Bestellung einer **Baulast** dar (§ 80 LBO; ebenso OVG Münster NJW 1996, 1362), nicht aber der Verzicht auf ein materielles Abwehrrecht durch **Unterschrift auf dem Lageplan und den Bauzeichnungen**. Im Unterschied zur Baulastbestellung, mit der sich der Nachbar eines Rechtes **an** seinem Grundstück begebe, verzichte er bei der Zustimmung zu dem Bauvorhaben auf ein Recht **aus** seinem Grundstück. Das überzeugt nicht. Das vom Gesetzgeber mit § 23 ZVG verfolgte Ziel der Beschlagnahme, die Liegenschaft allen der Befriedigung des Gläubigers nachteiligen Einwirkungen des Schuldners zu entziehen, wird damit unterlaufen. Zum einen kommt der Verzicht auf Nachbareinwendungen gegen ein Vorhaben den Wirkungen einer Abstandsbaulast gleich (NdsOVG BauR 2002, 770). Zum anderen kann das Fortbestehen des Verzichts für den Erwerber je nach Inhalt und Umfang eine erhebliche – den Verkehrswert des Grundstückes herabsetzende – Bedeutung haben. Die Verzichtserklärung verliert ihre Bindungswirkung, wenn die beantragte Baugenehmigung unanfechtbar versagt wird oder die erteilte Baugenehmigung erlischt, ohne dass von ihr Gebrauch gemacht worden ist (VG Neustadt (Weinstraße) a. a. O.).
Wer seinen baurechtlichen Nachbarwiderspruch im Wege eines **Vergleichs gegen eine Abfindung** zurücknimmt, handelt nicht sittenwidrig. Auch eine **Sittenwidrigkeit** wegen Wuchers wird sich in der Regel nicht feststellen lassen. Im Allgemeinen ist ein Vergleich nicht sittenwidrig, wenn er seinem Inhalt nach aus der Sicht beider Parteien bei Abschluss des Vergleichs als sachgerechte Bereinigung des Streitfalls erschien. Das gilt auch dann, wenn die begünstigte Partei den Vergleich mit nicht zu billigenden Mitteln herbeigeführt hat (BGH BauR 2000, 252).
Der Verzicht bindet nur den Erklärenden. Eine Grundstücksbezogenheit der Erklärung und damit eine **Bindung des Rechtsnachfolgers** liegt nur dann vor, wenn eine Baugenehmigung mit einer entsprechenden Abstandsbefreiung erteilt oder mit dem Bau begonnen wurde bevor die Rechtsnachfolge eintrat oder wenn der Verzicht auf die Einhaltung des Grenzabstandes wirksam als Baulast (§ 80 LBO) erklärt wird (SchlHOVG Beschluss vom 14.7.1993 – 1 M 30/93 – Juris; a. A.

HessVGH DVBl 1995, 526). Der gemeinsame Eigentümer aneinander grenzender Baugrundstücke verzichtet bereits mit einer Bauvoranfrage zur Bebauung eines der beiden Grundstücke an der gemeinsamen Grenze schlüssig auf etwaige nachbarliche Abwehrrechte bezüglich des anderen Grundstücks (HessVGH BRS 38 Nr. 178). Ähnliches gilt für den **Privatrechtsbereich**. Die Einwilligung in eine Abstandsunterschreitung bindet dort grundsätzlich nur den, der sie verfügungsberechtigt erklärt hat. Den Rechtsnachfolger bindet sie nur dann, wenn sie grundbuchlich durch eine Grunddienstbarkeit gesichert ist oder wenn bei Eintritt der Rechtsnachfolge von der Einwilligung bereits Gebrauch gemacht worden ist. Letzteres liegt vor, wenn das Gebäude bereits mit dem geringeren Abstand errichtet ist oder wenn mit seinem Bau wenigstens bereits begonnen wurde (LG Aachen NVwZ 1998, 1108). An eine vereinbarte **Unentgeltlichkeit des Verzichts** ist ein Rechtsnachfolger nicht gebunden (OLG Koblenz NJW-RR 1999, 1394).

III. Entschädigungsanspruch

8 Ist der Beseitigungsanspruch ausgeschlossen, weil die Voraussetzungen des Absatzes 1 Nr. 1 erfüllt sind, dann gibt Absatz 2 S. 1 dem duldungspflichtigen Nachbarn für den aus der verringerten Nutzbarkeit des Grundstücks eingetretenen Schaden einen Ersatzanspruch. Ihm kann nicht entgegen gehalten werden, dass die Nutzbarkeit auch bei eingehaltenem Grenzabstand verringert worden wäre (vgl. auch OLG Karlsruhe Justiz 1999, 490). Durch **kurzfristige Abstandsunterschreitungen** eingetretene kurzfristige Gebrauchseinschränkungen sind allerdings nicht zu entschädigen, wenn der beeinträchtigte Nachbar sie bei wirtschaftlich vernünftiger Betrachtung durch zumutbare Umdispositionen auffangen kann (BGH NJW 1987, 50).

9 Wird das Grundstück erwerbswirtschaftlich genutzt, dann bilden die **Ertragsausfälle** den Schaden. Er kann aber nie höher sein als der Wert des Grundstücks. Denn der Verkehrswert der entzogenen Substanz, nicht die hypothetische Vermögenslage beim Ausbleiben der Beeinträchtigung, ist für die Obergrenze des Anspruchs bestimmend (vgl. BGH MDR 2000, 1069). Statt der Ertragsausfälle oder wenn solche nicht vorliegen, kann der Wert in Geld beansprucht werden, um den der Verkehrswert des Grundstucks wegen dessen verringerter Nutzbarkeit verringert ist. Der Schaden wird also nach der Differenzmethode durch einen rechnerischen Vergleich der Vermögenslagen vor und nach der Abstandsunterschreitung ermittelt (BGH NJW 1983, 444).

10 Wird das Grundstück vom Nachbarn nur für sich und seine Familie, also eigenwirtschaftlich, genutzt, dann ist weiter zu differenzieren. Nicht zu ersetzen ist der Ausfall von Nutzungen, die lediglich aus Luxus, Liebhaberei oder in Freizeitgestaltung das Lebensgefühl erhöhen (BGHZ 96, 124). Bei der **Einbuße an Lebensgefühl** handelt es sich nämlich um einen immateriellen Schaden und dieser ist lediglich in den durch das Gesetz bestimmten Fällen auszugleichen, § 253 BGB. § 847 BGB (**Schmerzensgeld**) regelt z. B. so einen Fall, § 43 Abs. 2 jedoch nicht, er betrifft Vermögensschäden aus deliktischer Handlung. Ein Vermögensschaden ist im eigenwirtschaftlichen Bereich des Nachbarn nur diejenige Vorenthaltung einer Gebrauchsmöglichkeit, die nach der Verkehrsauffassung einen selbstständigen Vermögenswert darstellt. Auf vertraglicher Ebene ist der **Gebrauchswert** in der Regel ein vom Substanzwert abspaltbarer Wert, also ein selbstständiges Vermögensgut, weil er gewöhnlich durch Vermögensaufwendungen auf Zeit erkauft wird (BGHZ 76, 179). Ist z. B. der vertraglich vereinbarte Gebrauch eines Ferienhauses beeinträchtigt oder nicht möglich, ist der Gebrauchswert durch den vereinbarten Mietzins repräsentiert. (BGH MDR 1988, 129; vgl. ferner zu einer Tiefgarage bei Gebrauchsentzug durch Gewährleistungsarbeiten BGHZ 96, 124). Der vorübergehende Verlust oder die vorübergehende Vorenthaltung der Gebrauchsmöglichkeit einer unbeweglichen Sachen soll andererseits als vertraglicher Verzugsschaden für sich allein keinen Vermögensschaden darstellen (BGH NJW 1987, 771). Auf den Anspruch aus § 43 Abs. 2 sind vertragliche Grundsätze nicht anzuwenden. Das bloße nachbarrechtliche Nebeneinander von Grundstücken verschiedener Eigentümer reicht für sich allein nicht aus, zwischen beiden Nachbarn **schuldrechtliche Beziehungen** zu begründen (BGHZ 42, 347; BayObLG NJW-RR 1991, 19). Der Anspruch ist vielmehr dem Deliktsrecht zuzuordnen.

Auf deliktischer Ebene ist eine Verringerung oder ein Ausfall der Nutzbarkeit nur dann ein Vermögensschaden, wenn er eine Sache betrifft, die dem Eigentümer ständig verfügbar sein muss, weil er auf sie in seiner eigenwirtschaftlichen Lebenshaltung typischerweise angewiesen ist. Paradebeispiel ist der Nutzungsausfall beim Kraftfahrzeug. Die eigengenutzte Wohnung fällt ebenso eindeutig darunter (vgl. zu allem BGH NJW 1987, 50), ferner eine nach Süden oder Südwesten gelegene Terrasse (vgl. auch OVG NRW BauR 1996, 88; BayObLGZ 87, 53), ansonsten eine Terrasse in der Regel aber nicht (BGH NJW 1993, 1794) und nicht die Gebrauchsminderung einer Einliegerwohnung, die dauernd von einer nicht zum Haushalt gehörigen Person bewohnt wird (BGHZ 117, 260). Da die jederzeitige Benutzung eines **Schwimmbades in einem Privathaus** nicht einen weitgehend unentbehrlich erscheinenden Bestandteil allgemeiner und alltäglicher Bedürfnisse bildet, ist der Entzug der Nutzung eines solchen Bades kein Vermögensschaden. Gleiches gilt für den **Hobbyraum** (LG München BauR 1993, 640; OLG Düsseldorf MDR 2000, 389), Gleiches gilt in der Regel für die **Garage** (BGH NJW 1993, 1794). Allgemein im Mittelpunkt der Wertschätzung steht nämlich die Benutzung des Hauses, nicht die der jeweils besonderen Einrichtung (BGHZ 76, 179). Entschädigung kann ferner nicht verlangt werden für die Verringerung oder den Ausfall der **Nutzung des Gartens** (jedenfalls für den Regelfall, BGH NJW 1993, 1794), die Nutzungsbeeinträchtigung des Gartens durch die Beschädigung zweier Rhododendren-Sträucher (OLG Düsseldorf NJW-RR 1999, 160), die dem selbstnutzenden Eigentümer (oder Erbpächter) genommene Möglichkeit, die Fenster zum Garten zu öffnen (OLG Karlsruhe NVwZ 1989, 399). Die Gebrauchswerte sind in diesen Fällen keine vom Substanzwert des Grundstücks abspaltbare Werte, es fehlt ihnen an einer „allgemeinen, zentralen Bedeutung für die Lebenshaltung" (vgl. dazu BGH NJW 1987, 50, 53). Mit gleichem Argument hält der BGH die deliktisch verursachte Vorenthaltung des **Gebrauchs einer Garage** im Regelfall nicht für entschädigungspflichtig (BGH MDR 1993, 537). Auch die eingeschränkte Nutzbarkeit eines Grenzbereichs, dadurch eingetreten, dass der Nachbar sein Geländeniveau im Grenzbereich durch abstandsunterschreitende **Aufschüttung** beseitigt, dadurch seine Lebensäußerungen wahrnehmbarer sowie seine Einsichtsmöglichkeiten erhöht hat und durch all dieses den Wohnfrieden stört (vgl. OVG NRW BauR 1990, 341), ist nicht zu entschädigen.

12 **Maßstab für die Schadensberechnung** ist nicht, welche Kosten der Eigentümer für die Überbrückung der Ausfallzeit durch die Anmietung einer Ersatzsache gehabt hätte. Es geht nicht um das Reparationsinteresse, sondern um das Kompensationsinteresse. Dieses bemisst sich nicht danach, was der Eigentümer durch den uneingeschränkten Gebrauch der Sache an Kosten erspart, sondern danach, welchen Geldwert die Verkehrsauffassung dem Eigengebrauch einer solchen Sache beimisst. Entsprechend kann der Eigentümer nicht verlangen, so entschädigt zu werden, als hätte er dem Schädiger den Gebrauch der Sache gegen Entgelt überlassen. Zu entschädigen ist nicht der **entgangene Gewinn** aus einer entgeltlichen Gebrauchsüberlassung an einen Dritten, die der Eigentümer gar nicht beabsichtigt hat (vgl. zu allem BGH NJW 1987, 50).
Geeignete Maßstäbe können z. B. sein: 1. Die Wertmaßstäbe des Verkehrs für eine entgeltliche Gebrauchsüberlassung, allerdings ohne die Wertfaktoren, die spezifisch die erwerbswirtschaftliche Nutzung betreffen. So kann z. B. die übliche Miete als Ausgangspunkt der Schadensberechnung genommen werden, sie muss aber um die Gewinnspanne des Vermieters und die bei einer privaten Nutzung nicht anfallenden Kosten gemindert werden (BGHZ 98, 225). 2. Die anteiligen Vorhaltekosten für den entzogenen Gebrauch, d. h. eine angemessene Verzinsung des für die Beschaffung der Sache eingesetzten Kapitals, weiterlaufende Kosten für die Einsatzfähigkeit der Sache, ein Alterungsminderungswert für die gebrauchsunabhängige Entwertung der Sache in der Zeit ihres Ausfalls. 3. Stattdessen kann man den Schaden auch durch einen maßvollen Aufschlag auf die Gemeinkosten bestimmen, weil der Wert des Nutzungsausfalls ohnehin nicht genau feststellbar ist (vgl. zu allem BGH NJW 1987, 50).

13 Auf jeden Fall kann der beeinträchtigte Nachbar mindestens eine **Entschädigung in Höhe der Nutzungsvorteile** beanspruchen, die auf dem bebauten Grundstück durch die Abstandsunterschreitung entstehen, § 43 Abs. 2, S. 2, denn der Störer soll aus seinem unrechtmäßigen Verhalten keine Vorteile ziehen. Es ist deshalb ohne Belang, ob der Schaden des Nachbarn aus der Nutzungsbeschränkung niedriger liegt als der Wert des Vorteils des Schädigers. Bei erwerbswirtschaftlicher Ausnutzung ist der Nutzungsmehrwert in Geld zu bestimmen, der aus der Abstandsunterschreitung gegenüber einer Einhaltung des Abstandes herrührt. Entscheidend ist der nach der Verkehrsauffassung erzielbare Vorteil, sofern der gezogene niedriger ausfällt. Liegt der gezogene höher als der übliche, ist der Nachbar im Umfang des erhöhten Vorteils zu entschädigen. Bei dauerhaftem Vorteil, kann der Entschädigungsanspruch höher sein als der Wert des abstandsunterschreitenden Gebäudeteils, denn auf der Verkehrswert der Substanz kommt es nicht an. Die Entschädigung ist ab dem Zeitpunkt der Abstandsunterschreitung zu zahlen, kapitalisiert oder als Geldrente. Nutzt der Störer den abstandsunterschreitenden Teil eigenwirtschaftlich, dann besteht die Schwierigkeit, diesen Vorteil kommerziell zu bewerten. Mindestwert ist hier jedenfalls der dauerhaft und sicher erzielbare Zinsertrag auf das im Umfang der Abstandsunterschreitung eingesetzte Kapital.

§§ 43, 44 NachbG

Darüber hinaus ist ein Schadensersatzanspruch aus § 823 BGB oder ein Ausgleichsanspruch aus § 906 BGB wegen der Nutzungsbeeinträchtigung ausgeschlossen. Aus ihnen können aber weitergehende Ansprüche aus der Verletzung des Eigentums oder anderer Rechte geltend gemacht werden, z. B. wenn durch die Grundstücksvertiefung in der Abstandsunterschreitung die Standsicherheit des Nachbargebäudes beeinträchtigt wird. **14**

Abschnitt XIV: **Schlussvorschriften**

§ 44 Übergangsvorschriften

(1) Der Umfang von Rechten, die bei Inkrafttreten dieses Gesetzes bestehen, richtet sich unbeschadet der §§ 24 Abs. 2, 33, 40 Abs. 2 und 43 Abs. 1 nach diesem Gesetz.

(2) Ansprüche auf Zahlung auf Grund dieses Gesetzes bestehen nur, wenn das den Anspruch begründende Ereignis nach dem Inkrafttreten dieses Gesetzes eingetreten ist; anderenfalls behält es bei dem bisherigen Recht sein Bewenden.

Diese Vorschrift leitet die bisherigen partikularrechtlichen Rechte, soweit sie bei Inkrafttreten dieses Gesetzes (1. April 1971) bestehen, in die durch dieses Gesetz geregelten Rechte über. Voraussetzung ist aber, dass entsprechende Regelungen wie in partikularen Rechten auch in diesem Gesetz enthalten sind. Der Umfang der bei Inkrafttreten dieses Gesetzes bestehenden Rechte bestimmt sich also ab 1. April 1971 nach diesem neuen Gesetz. War bisher z. B. nur ein Grundstückseigentümer zur Unterhaltung einer Einfriedigung verpflichtet, so sind es ab 1. April 1971 unter den Voraussetzungen des § 28 Abs. 2 beide Eigentümer; dies gilt abweichend von § 63 Abs. 4 NachbGNds auch dann, wenn der bisher Alleinverpflichtete seiner Unterhaltspflicht nicht nachgekommen ist, was keinen Einfluss auf die Kostenverteilung bei der nunmehrigen gemeinsamen Unterhaltung hat. Sind die Voraussetzungen der § 28 Abs. 2, 30 Abs. 1 nicht erfüllt (z. B. eine vor dem 1. April 1971 von einem Grundstückseigentümer auf seinem Grundstück entlang der Grenze zum Nachbargrundstück angepflanzte Hecke), so besteht kein Anspruch auf Mitwirkung an der Unterhaltung (LG Lübeck, Urteil vom 21.3.1979 – 13 S 99/79 –) Hier bewirkt § 33 nur, dass der Nachbar vom Eigentümer des mit der Hecke bepflanzten Grundstücks nicht Neueinfriedigung verlangen kann; will letzterer die Unterhaltungskosten der Hecke nicht mehr allein tragen (und kommt es zu keiner Vereinbarung), so muss er die Hecke beseitigen und danach den Anspruch aus § 28 Abs. 2 geltend machen. **1**

Ausnahmen von der Überleitung der bisherigen Rechte in neues Recht enthält Absatz 1. Vorbehalten ist dort der Bestand von Einrichtungen, die der Eigentümer vor Inkrafttreten dieses Gesetzes ohne Verstoß gegen bisheriges Recht geschaffen hat, weil die Beseitigung solcher Einrichtungen eine Enteignung wäre, oder bei denen der unwidersprochene Verstoß gegen früheres Recht so lange zurückliegt, dass eine Beseitigung nicht mehr zumutbar ist. Es handelt sich **2**

NachbG §§ 44, 45

um grenznahe Fenster usw. (§ 24 Abs. 2), vorhandene Einfriedigungen (§ 33), grenznahe Anpflanzungen (§ 40 Abs. 2) und grenznahe Gebäude (§ 43 Abs. 1).

3 Von der Überleitung nicht betroffen werden außerdem zulässige Vereinbarungen über nachbarrechtliche Befugnisse sowie deren Inhalt und Umfang, da auch für § 44 der in § 1 niedergelegte Grundsatz der Nachgiebigkeit des Nachbarrechts gelten muss (OLG Hamin NJW-RR 1986, 239); wenn das Nachbarrechtsgesetz durch eine nach seinem Inkrafttreten getroffene Vereinbarung gegenstandslos werden kann, so muss das auch für eine vorher getroffene zulässige Vereinbarung gelten (Schäfer/Fink-Jamann/Peter § 53 Rn. 6; vgl. auch § 63 Abs. 2 NachbGNds). Die auf Grund einer gemeinsamen Rechtsüberzeugung gepflegte Übung wird man nicht einer vor dem Inkrafttreten dieses Gesetzes getroffenen Vereinbarung mit Vorrang vor diesem Gesetz gleichstellen können, da dies zu einer weitgehenden Aufrechterhaltung des Gewohnheitsrechts führen würde, was der beabsichtigten Rechtsbereinigung und -vereinheitlichung widersprechen würde.

4 Nach allgemeinen Rechtsgrundsätzen haben Gesetze keine rückwirkende Kraft. Absatz 2 gewährt daher Zahlungsansprüche nach diesem Gesetz (vgl. dazu § 3 Rn. 5) nur, wenn das den Anspruch begründende Ereignis nach dem Inkrafttreten dieses Gesetzes eingetreten ist; daher kein Anspruch aus § 6 Abs. 2, wenn der Anbau an die Nachbarwand vor dem 1.4.1971 erfolgte (OLG Düsseldorf NJW-RR 1987, 53 1). Zahlungsansprüche, die bereits vorher nach bisherigem Recht entstanden sind, bleiben erhalten, für sie gilt auch nicht § 3 Abs. 2.

5 Auf Eigentumsbeeinträchtigungen gestützte Unterlassungsansprüche, Beseitigungsansprüche und Ansprüche auf Ersatz zukünftigen Schadens, über die vor dem Inkrafttreten dieses Gesetzes in der Tatsacheninstanz entschieden worden ist, werden von der nachbarrechtlichen Neuregelung nicht erfasst (BGH MDR 1970, 669).

§ 45 Änderung des Wassergesetzes des Landes Schleswig-Holstein

Das Wassergesetz des Landes Schleswig-Holstein vom 25. Februar 1960 (GVOBl. Schl.-H. S. 39) zuletzt geändert durch Gesetz zur Änderung des Wassergesetzes des Landes Schleswig-Holstein vom 23. Juli 1970 (GVOBl. Schl.-H. S. 173) wird wie folgt geändert:
1. **§ 11 Abs. 1 erhält folgende Fassung:**
   „(1) **Für die Erlaubnis gelten § 8 Absätze 3 und 6 WHG, § 10 WHG, § 11 Absatz 1 WHG sowie § 13 dieses Gesetzes entsprechend.**"
2. **§ 56 Abs. 1 erhält folgende Fassung:**
   „(1) **Die Planfeststellung ersetzt alle nach anderen Rechtsvorschriften erforderlichen öffentlichrechtlichen Verleihungen, Genehmigungen, Erlaubnisse und Zustimmungen. § 11 Absatz 1 WHG gilt entsprechend. § 14 WHG bleibt unberührt.**"

1 Diese Regelung war schon durch die Neufassung des Landeswassergesetzes vom 7. Februar 1992 überholt. Nunmehr gilt das LWG in der Fassung vom 11. Februar 2008. § 11 Abs. 1 LWG der hier genannten Fassung ist in § 10

LWG aufgegangen und lautet nunmehr: „Liegt eine Gewässerbenutzung im öffentlichen Interesse oder ist die Durchführung eines Vorhabens ohne gesicherte Rechtsstellung gegenüber Dritten nicht zumutbar, kann eine gehobene Erlaubnis im Verfahren nach § 119 Abs. 1 und 2 erteilt werden. Für die gehobene Erlaubnis gelten § 8 Abs. 3, §§ 10, 11 und 22 Abs. 3 WHG sowie § 12 entsprechend. Die gehobene Erlaubnis ist als solche zu bezeichnen."
§ 56 Abs. 1 LWG der hier genannten Fassung ist in § 126 Abs. 1 LWG mit Bezug auf § 142 Abs. 1 LVwG aufgegangen.

§ 46 Außerkrafttreten von Vorschriften

Das diesem Gesetz entgegenstehende oder gleich lautende Recht wird aufgehoben.

Diese Vorschrift hebt alle diesem Gesetz entgegenstehenden oder gleich lautenden Regelungen auf. Da es sich in den einzelnen Abschnitten um abschließende Regelungen handelt, sind auch solche Regelungen entgegenstehend, die weitergehende Rechte und Pflichten begründen. Wenn einzelne Rechtsgebiete des privaten Nachbarrechts in diesem Gesetz nicht geregelt worden sind, bleiben die bisherigen Rechte bestehen, soweit sie nicht den sonstigen Vorschriften dieses Gesetzes widersprechen. **1**

Das Gesetz sieht davon ab, einzelne aufgehobene Vorschriften aufzuzählen. Als solche kämen beispielsweise in Betracht: Drittes Buch, Titel XII des revidierten Lübischen Rechts von 1586; Anderer Theil, Titel 47 des Husumer Stadtrechts von 1608; Zweiter Theil, Section Secunda, Titel 18 des Friedrichstädter Stadtrechts von 1633. Eine solche Aufzählung würde den unzutreffenden Anschein der Vollständigkeit erwecken. Eine Vollständigkeit kann aber nicht erreicht werden, da weder alle Vorschriften des Gewohnheitsrechts noch alle nachbarrechtlichen Bestimmungen des Sachsenspiegels, des Jütischen Low und des gemeinsamen Rechts mangels authentischer Kodifikation hinreichend genau bezeichnet werden können. Die Generalklausel stellt sicher, dass alle diese nachbarrechtlichen Bestimmungen nicht mehr gelten, soweit sie diesem Gesetz entgegenstehen oder gleich lauten. Zu dem außer Kraft tretenden Gewohnheitsrecht gehören insbesondere die nachbarrechtlichen Regelungen des ALR, das in Schleswig-Holstein zwar niemals als formelles Recht (LG Flensburg SchlHA 1966, 185; AG Schleswig SchlHA 1957, 156), vielfach aber gewohnheitsrechtlich gegolten hat. **2**

§ 47 Inkrafttreten

Dieses Gesetz tritt am 1. April 1971 in Kraft.

Der Zeitpunkt des Inkrafttretens ist neben seiner allgemeinen Bedeutung in den Fällen der §§ 24 Abs. 2, 33, 30 Abs. 2 und 44 von besonderer Wichtigkeit. **1**

Wassergesetz für das Land Schleswig-Holstein (LWG)

In der Fassung vom 11. Februar 2008 (GVOBl. Schl.-H. S. 91), zuletzt geändert durch Gesetz vom 1. August 2016 (GVOBl. S. 680) – Auszug

Abschnitt III: **Wild abfließendes Wasser**

§ 60 Veränderung wild abfließenden Wassers

(1) Die Eigentümerin oder der Eigentümer eines Grundstücks darf den Ablauf des wild abfließenden Wassers nicht künstlich so verändern, dass tiefer liegende Grundstücke dadurch beeinträchtigt werden.

(2) Dies gilt nicht, wenn die Eigentümerin oder der Eigentümer die wirtschaftliche Nutzung des Grundstücks ändert.

1. Diese Vorschrift des Wassergesetzes ist privatrechtlicher Natur und dem Nachbarrecht zuzuordnen (BGH NJW 1980, 2580; BGH WM 1991, 1609). Sie findet nur auf Wasser Anwendung, das unmittelbar auf unversiegelten Boden fällt (BGH MDR 1982, 827; BGH NJW-RR 2016, 24), ansonsten gilt § 26 NachbG. Sie ist auch von der öffentlichen Hand zu beachten, sodass bei Verstößen Ansprüche aus enteignungsgleichem Eingriff in Betracht kommen (BGH MDR 1982, 993). Sie ist Schutzgesetz i. S. v. § 823 Abs. 2 BGB (BGH NJW 1980, 2580). Zur Nutzung von Grundwasser und Gewässer vgl. § 27 Rn. 1.

2. Wild abfließendes Wasser ist Wasser, das von einem höher gelegenen, weder aufgeschütteten noch vertieften und auch sonst nicht unnatürlich veränderten Grundstück allein als Folge von Naturkräften oberirdisch ohne Gewässerbett (BVerwG DÖV 1969, 755) auf ein tiefer gelegenes Grundstück abfließt (OLG Düsseldorf OLGZ 1992, 110 mit Nachweisen; nach OLG Düsseldorf muss das höher liegende Grundstück zudem unbebaut sein, Argument aus § 30 LWG). Wasserläufe sind die dauernd oder zeitweise in natürlichen oder künstlichen Betten fließenden oberirdischen Gewässer, sofern der Abfluss nicht nur einmal und nicht nur bei außergewöhnlichen Naturereignissen stattfindet (BGH NJW 1957, 386). Unerheblich ist, ob das Wasser auf dem höher liegenden Grundstück als Quelle entspringt und dann außerhalb eines Flussbettes verläuft (zum Begriff der Quelle: BVerwG DÖV 1969, 755) oder dort auf andere Weise natürlich eintritt (Niederschlags- und Schmelzwasser); vgl. § 3 Nr. 1 WHG, § 1 Abs. 1 LWG. Auch außerhalb der Uferlinie abfließendes Hoch- und Überschwemmungswasser fällt unter § 60 LWG (BayObLG NVwZ 1990, 284), nicht aber Drainagewasser oder aus einem **Rohrbruch** strömendes Wasser (zum Ersatzanspruch aus Rohrbruch vgl. BGH VersR 1985, 740) sowie Wasser, das durch Gebrauch verunreinigt oder sonst in seiner Eigenschaft verändert ist (Abwasser i. S. des § 30 Abs. 1 LWG). Nach § 30 Abs. 1 LWG werden zwar auch die aus dem Bereich von bebauten oder befestigten Grundstücken abfließenden Niederschläge als Abwasser eingeordnet, sie unterfallen jedoch ebenfalls dem § 60, da § 60 an ein natürliches Wasserverhalten (wild abfließend)

anknüpft und damit nur künstlichen Einwirkungen ausgesetztes Wasser ausnimmt (vgl. auch Thiem Anm. 1 vor § 67 LWG a. E; a. A. OLG Düsseldorf OLGZ 1992, 110). Zu den Sorgfaltspflichten eines Stauberechtigten beim Ablassen aufgestauter Wassermassen vgl. § 27 LWG.

Der Grundstückseigentümer (und der Nutzungsberechtigte, BGH NJW 1984, **3** 2207; OLG Köln 24 U 156/05 – BeckRS 2007, 15128 oder www.justiz.nrw.de, Rubrik: Entscheidungen) darf den unregulierten Wasserabfluss nicht künstlich so verändern, dass tiefer liegende Grundstücke dadurch beeinträchtigt werden. Eine künstliche Veränderung liegt vor, wenn das Wasser in einen Graben gefasst oder gestaut wird, durch besondere Vorrichtungen in eine andere Richtung gelenkt wird, oder wenn das Versickern des Wassers auf dem eigenen Grundstück verhindert bzw. erschwert wird. Die Veränderung braucht nicht bezweckt zu sein; es genügt, wenn sie sich als Begleiterscheinung einer Maßnahme ergibt (Thiem § 67 a. E Anm. 2; BGH WM 1991, 1609). So liegt eine unzulässige Zuleitung z. B. auch dann vor, wenn tiefe Fahrspuren angelegt sind, die die Wirkung von Gräben haben (BGH MDR 1987, 560). Eine Veränderung des vorhandenen unregulierten Wasserabflusses durch natürliche Ereignisse (z. B. Abschwemmungen) muss vom benachteiligten Grundstückseigentümer hingenommen werden, er hat nur das Abwehrrecht aus § 61 Abs. 1 LWG. Veränderungen des Wassers durch Verunreinigungen werden von § 67 LWG nicht erfasst (BGB NJW 1984, 2207).

Beeinträchtigt wird das tieferliegende Grundstück, wenn durch die Änderung **4** des Wildwasserabflusses seine Benutzung beeinträchtigt wird (vgl. AG Brake NdsRpfl 1975, 271). Die Beeinträchtigung muss auf das ablaufende Wasser zurückzuführen sein. Wird umfangreich anfallendes Oberflächenwasser zulässigerweise (§ 14 Abs. 2 Nr. 2 LWG i. V. m. § 25 WHG) in ein Gewässer 2. Ordnung (§ 3 LWG) geleitet und führt das i. V. m. sonstigem Niederschlag zu Überschwemmungen auf dem Nachbargrundstück, dann ist nur der für die Gewässerunterhaltung Zuständige (§§ 40, 45 LWG) verantwortlich (BGH MDR 1988, 124). Eine Beeinträchtigung liegt nicht vor, wenn der Abfluss so verändert wird, dass dem tiefer liegenden Grundstück überhaupt kein wild abfließendes Wasser mehr zugeführt wird und es dadurch nicht mehr mit demselben Erfolg genutzt werden kann, denn der Unterlieger hat keinen Anspruch auf die Fortdauer des bisherigen Zuflusses (BGH MDR 1978, 646). Entsteht durch die Hemmung des Wasserabflusses ein Rückstau über die Grenzen eines höher gelegenen Grundstücks, so hat dessen Eigentümer den Abwehranspruch aus § 1004 BGB (vgl. aber § 61 LWG Rn. 2).

Absatz 1 modifiziert den Abwehranspruch aus §§ 862, 1004 BGB (BGH LM **5** Nr. 1 zu § 197 PrWG). Soweit Niederschlagswasser ohne Veränderungen i. S. von Anm. 3 dem Nachbargrundstück zufließt, hat dessen Eigentümer oder Besitzer gegen aus dem Zufluss sich ergebende Beeinträchtigungen keinen Abwehranspruch aus §§ 862, 1004 BGB, damit die ordnungsgemäße Bewirtschaftung des sonst durch Staunässe gefährdeten höher liegenden Grundstücks möglich ist (BGH NJW 1984, 2207). Nur bei Beeinträchtigungen durch wild abfließendes Wasser unter Verstoß gegen Absatz 1 hat der beeinträchtigte Grundstückseigentümer bzw. Besitzer, der nicht der unmittelbare Nachbar zu sein braucht, den Abwehranspruch aus §§ 862, 1004 BGB. Dieser Abwehranspruch ist aber nach Absatz 2 grundsätzlich ausgeschlossen, wenn der Eigentümer des höher liegenden Grundstücks die wirtschaftliche Benutzung seines Grundstücks ändert und sich als Folge der unregulierte Wasserabfluss ändert. Aus besonderen Obhutspflichten im nachbarlichen Gemeinschaftsverhältnis kann das Recht zur Veränderung des wilden Ablaufs im Einzelfall aber beschränkt sein (BGH DB 1974, 2151). Ob die Änderung der wirtschaftlichen Benutzung zweckmäßig oder geboten war und nur im privaten oder auch öffentlichen Interesse lag, ist unerheblich (BGH DB 1974, 2151).

6 Als Änderungen der wirtschaftlichen Benutzung kommen in Betracht: Errichtung einer Hangstützmauer (OLG Köln MDR 1989, 819), Errichtung von Gebäuden und Einfriedigungen, Einebnung zur Erleichterung der Bewirtschaftung, Aufschüttung zur Lagerung (BGH NJW 1980, 2580), eine andere landwirtschaftliche Bearbeitung des Grundstücks (OLG Düsseldorf OLGR 2000, 320), übliche landwirtschaftliche Bodennutzung mit jährlich wechselnder Fruchtfolge (BGH NJW 1984, 2207; BGH WM 1991, 1609: Wechsel von Wiesen- auf Ackernutzung, BGH MDR 1991, 869), der Wechsel von Fruchtfolge zum Spargelanbau mit Erdanhäufungen und Folienabdeckung (OLG Köln Az. 24 U 156/05 – BeckRS 2007, 15128 oder www.justiz.nrw.de, Rubrik: Entscheidungen), Anpflanzung von Bäumen und Sträuchern, Pflasterung von Hofräumen und Wegen, Rodungen von Waldflächen (vgl. dazu Holtz-Kreutz-Schlegelberger § 197 Anm. 7; Thiem § 67 a. E Anm. 5). Es spielt keine Rolle, ob die wirtschaftliche Benutzung des Grundstücks geändert werden musste (OLG Schleswig OLGR 1997, 6), ob die einzelne Maßnahme notwendig war (z. B. Folienabdeckung von Spargelreihen, OLG Köln a. a. O.) oder zweckmäßig (OLG Schleswig a. a. O.) und ob die Änderungsmaßnahme technisch richtig und einwandfrei ist (OLG Köln a. a. O.). Darüber hat allein der Oberlieger zu entscheiden (OLG Köln a. a. O.; OLG Köln MDR 1979, 233; OLG Köln VersR 1995, 667). Der Oberlieger darf allerdings keine Änderung mit dem alleinigen Ziel der Wasserableitung auf den Unterlieger verfolgen (OLG Köln VersR 1995, 667). Zu eng und gängelnd ist die Ansicht des LG Koblenz (NJW-RR 1991, 655 f.), der Oberlieger sei Störer, wenn er sich neueren Erkenntnissen zur Bewirtschaftung verschließe, die der Eigenart des Grundstück besser entsprächen und bei wirtschaftlich vertretbarem Mehraufwand keine Gefährdung anderer Grundstücke nach sich zögen). Soweit die Änderung der Benutzung mit der Herstellung baulicher Anlagen verbunden ist, darf das nach § 26 NachbGSchlH nicht dazu führen, dass Niederschlagswasser von diesen Anlagen auf das Nachbargrundstück gelangt; insofern ist § 26 NachbGSchlH Sondervorschrift zu § 60 Abs. 2 LWG (BGH MDR 1982, 837).

7 Eine Veränderung des Abflusses darf nicht dazu führen, dass dem tiefer liegenden Grundstück über den Grad einer bloßen, naturgemäßen Wasserverschmutzung hinausgehende Abschwemmungen von Bodenbestandteilen zugeführt werden (BGHZ 49, 340; BGH VersR 1980, 478; BGH WM 1991, 1609; einschränkend OLG Schleswig SchlAH 1983, 41). Werden versprühte Unkrautvernichtungsmittel oder ähnliche Schadstoffe durch wild abfließendes Niederschlagswasser auf das Nachbargrundstück geschwemmt, besteht ebenfalls keine Duldungspflicht nach vorrangigen wasserrechtlichen Bestimmungen. Solche Beeinträchtigungen sind nach § 906 BGB zu beurteilen (BGH MDR 1984, 745; vgl. auch § 29 NachbGSchlH Rn. 6 und 9). Ob die Benutzung des Grundstücks infolge der Immission wesentlich oder nur unwesentlich beeinträchtigt ist, hängt allein davon ab, in welchem Ausmaß die Benutzung nach der tatsächlichen Zweckbestimmung des Grundstücks gestört wird (BGH NJW 1977, 1920; BGH MDR 1984§ 745). Zum Ausgleichsanspruch gilt: a) unmittelbar aus § 906 Abs. 2 S. 2 BGB besteht ein Anspruch auf angemessenen Ausgleich in Geld, wenn die ortsübliche Benutzung oder der ortsübliche Ertrag des Grundstücks durch die Einwirkung unzumutbar beeinträchtigt wurde und die Einwirkung durch eine ortsübliche Benutzung des höher liegenden Grundstücks verursacht wurde, die nicht in wirtschaftlich zumutbarer Weise verhindert werden konnte, also verschuldensunabhängig war, b) in entsprechender Anwendung des § 906 Abs. 2 S. 2 BGB besteht ein Ausgleichsanspruch nach den Grundsätzen, die für die Bemessung der Enteignungsentschädigung gelten, wenn der Störer mögliche und zumutbare Sicherungsmaßnahmen unterlassen, also rechtswidrig gehandelt hat, der betroffene Eigentümer oder Besitzer aber aus besonderen rechtlichen oder tatsächlichen Gründen gehindert war/ ist, diese Einwirkung gemäß den §§ 1004 Abs. 1, 862 Abs. 1 BGB zu unterbinden (z. B. aus einer Duldungspflicht oder unverschuldeter Unkenntnis), und wenn er dadurch Nachteile erleidet, die das zumutbare Maß einer entschädigungslos hinzunehmenden Beeinträchtigung übersteigen (BGH NJW 1984, 2207 mit weiteren Nachweisen, vgl. auch § 29 NachbGSchlH Rn. 24).

§ 61 Aufnahme wild abfließenden Wassers

(1) Die Eigentümerin oder der Eigentümer eines Grundstücks kann das oberirdisch von einem anderen Grundstück wild abfließende Wasser von ihrem oder seinem Grundstück abhalten.

(2) Die Eigentümerin oder der Eigentümer eines höher liegenden Grundstücks kann von den Eigentümerinnen oder Eigentümern tiefer liegender Grundstücke verlangen, dass sie das von ihrem oder seinem Grundstück wild abfließende Wasser aufnehmen, wenn
1. das Wasser von ihrem oder seinem Grundstück nicht oder nur mit unverhältnismäßig hohen Kosten abgeleitet werden kann oder
2. ihr oder sein Grundstück landwirtschaftlich oder forstwirtschaftlich genutzt wird.

(3) Können die Eigentümerinnen oder Eigentümer der tiefer liegenden Grundstücke das Wasser nicht oder nur mit unverhältnismäßig hohen Kosten weiter ableiten, so brauchen sie es nur aufzunehmen, wenn der Vorteil für die Eigentümerin oder den Eigentümer des höher liegenden Grundstücks erheblich größer ist als ihr Schaden. Sie sind zu entschädigen.

Zur nachbarrechtlichen Natur dieser Vorschrift vgl. 60 LWG Rn. 1; zum Begriff des wild abfließenden Wassers vgl. 60 LWG Rn. 2. **1**

Ein Abwehranspruch aus § 1004 BGB gegen vom höheren Grundstück wild abfließendes Wasser besteht nach § 60 LWG nicht, wenn der Eigentümer des **2** höher gelegenen Grundstücks den Abfluss nicht künstlich verändert (BGH NJW 1984, 2207), wenn trotz künstlicher Veränderung des Abflusses das tiefer liegende Grundstück nicht beeinträchtigt wird, oder wenn die zu einer Beeinträchtigung führende künstliche Veränderung des Abflusses auf einer Änderung der wirtschaftlichen Benutzung des höher liegenden Grundstücks beruht. In allen diesen Fällen dürfen der Eigentümer und der Nutzungsberechtigte des tiefer liegenden Grundstücks das wild abfließende Wasser nach Absatz 1 durch künstliche Vorrichtungen auf ihrem Grundstück (z. B. Wälle, Mauern, Zuschütten eines nur auf ihrem Grundstück liegenden Grabens) von ihrem Grundstück abhalten, selbst wenn dadurch ein Rückstau auf dem höher liegenden Grundstück entsteht. Wird das Wasser nunmehr einem dritten Grundstück zugeführt, so kann dessen Eigentümer gleichfalls von dem Recht nach Absatz 1 Gebrauch machen. Dagegen steht ihm ein Anspruch aus § 60 Abs. 1 LWG, § 1004 BGB weder gegen den Eigentümer des höher liegenden Grundstücks zu, weil dieser den Abfluss nicht künstlich verändert hat, noch gegen den, der das Wasser von seinem Grundstück abhält, weil das Wasser nicht von diesem Grundstück abfließt (Holtz-Kreutz-Schlegelberger § 198 Anm. 3, Thiem § 68 a. E Anm. 3).

3 Der Eigentümer des tiefer liegenden Grundstücks kann von seiner Befugnis nach Absatz 1 keinen Gebrauch machen, wenn der Eigentümer des höher liegenden Grundstücks von ihm die Aufnahme des wild abfließenden Wasser verlangt, weil das Wasser von dem höher liegenden Grundstück nicht oder nur mit unverhältnismäßig hohen Kosten abgeleitet werden kann, oder weil das höher liegende Grundstück landwirtschaftlich oder forstwirtschaftlich genutzt wird. Es kann aber nicht die Aufnahme von Wasser verlangt werden, das unter Verstoß gegen § 60 Abs. 1 LWG zugeleitet wird; unter den Voraussetzungen des § 60 Abs. 2 LWG zugeleitetes Wasser ist hingegen aufzunehmen.

4 Das Wasser kann nicht vom höher liegenden Grundstück abgeleitet werden, wenn es nicht in einen Vorfluter abgeführt werden kann, ohne dabei ein fremdes Grundstück zu berühren. Das Wasser kann nur mit unverhältnismäßig hohen Kosten auf dem eigenen Grundstück abgeleitet werden, wenn die Kosten der dazu erforderlichen Anlagen (z. B. Rohrleitungen, Pumpen) nicht in einem angemessenen Verhältnis zu dem Nutzen stehen, der durch die Ableitung des Wassers mittels der Anlage für das Grundstück des Oberliegers erzielt werden würde (Thiem § 68 a. E Anm. 5); neben einem unverhältnismäßig hohen Kostenaufwand reichen auch andere erhebliche Nachteile aus, die durch die Herstellung der Entwässerungsanlage für das höher liegende Grundstück entstehen würden (Holtz-Kreutz-Schlegelberger § 330 Anm. 5, 6).

5 Verpflichtet zur Aufnahme des abfließenden Wassers sind nur die Eigentümer unmittelbar angrenzender tiefer liegender Grundstücke (Thiem § 68 a. F. Anm. 6). Können diese das Wasser auf dem eigenen Grundstück nicht oder nur mit unverhältnismäßig hohen Kosten ableiten (vgl. oben Rn. 4), so können sie gegen ihren Nachbarn den Anspruch aus Absatz 2 geltend machen (Holtz-Hreutz-Schlegelberger § 330 Anm. 9). Darauf kann der Oberlieger sie aber nicht verweisen, um seinerseits eine Entschädigung zu sparen (Holtz-Kreutz-Schlegelberger § 330 Anm. 12). In diesem Fall können sie die Aufnahme nach

Absatz 3 verweigern, sofern der für den Eigentümer des höher liegenden Grundstücks durch die Aufnahme entstehende Vorteil größer ist, als der Schaden des Eigentümers des tiefer liegenden Grundstücks.

Muß der Eigentümer eines tiefer liegenden Grundstücks nach Absatz 3 das wild abfließende Wasser aufnehmen, so ist er zu entschädigen. Die Entschädigung ist nach den §§ 104 LWG, 97 WHG von dem Eigentümer des höher liegenden Grundstücks zu leisten. Art und Ausmaß der Entschädigung richten sich nach den §§ 104 LWG, 96 WHG. Das Entschädigungsverfahren liegt in Händen der Wasserbehörde, vgl. §§ 128 ff. LWG. **6**

Im Zusammenhang mit kommunalen Kanalisationsnetzen treten durch heftige Regenfälle mitunter Überschwemmungen von Kellern von Anliegern ein. Für den Schadensersatz kommt als Anspruchsgrundlage zunächst die Gefährdungshaftung gemäß § 2 Abs. 1 HPflG in Betracht (BGH NJW 1992, 39; BGH NJW 1990, 1167). Danach ist der Inhaber einer Rohrleitungsanlage für die Schäden verantwortlich, die durch Flüssigkeiten aus dieser Anlage verursacht sind (so genannte Wirkungshaftung). Entscheidend ist nicht in wessen Eigentum die Anlage steht, sondern wer die tatsächliche Verfügungsgewalt darüber hat (BGH NJW 1989, 104). Unerheblich ist auch, ob das Grundstück des Geschädigten an die Kanalisation angeschlossen ist (BGH NJW 1992, 39). Das Wasser muss aus einer verrohrten Anlage ausgetreten – etwa aus Gullies herausgedrückt – sein und dann auf das Eigentum eines Dritten nachteilig eingewirkt haben. Nicht vorausgesetzt wird, dass die Anlage einen Defekt (etwa durch Korrosion oder Rohrbruch) aufgewiesen hat (BGH NJW 1990, 1167), auch auf ein Verschulden des Inhabers der Anlage kommt es nicht an. Allein schon die Inhaberschaft zwingt ihn in die Verantwortung (Gefährdungshaftung). Lediglich aus eingefassten offenen Gräben und Kanälen entstandene Überschwemmungen betrifft die Vorschrift nicht (BGH NJW 1989, 104). Ist die Überschwemmung dadurch entstanden, dass das Wasser nicht in das Rohrnetz fließen konnte, weil es bereits gefüllt oder der Gully verstopft war, kommt § 2 Abs. 1 HKG ebenfalls nicht in Betracht. Ein solcher Umstand entspricht dem, dass überhaupt kein Kanalisationsnetz vorhanden ist; die Wirkung ist in diesem Fall unmittelbar auf das Wasser selbst und nicht auf die Leitung zurückzuführen (BGH NJW 1992, 39; OLG München NJW-RR 1992, 1441; SchlHOLG SchlHA 2002, 184). **7**

Der Geschädigte hat die Darlegungs- und Beweislast dafür, dass Wasser aus Verrohrungen den Schaden verursacht hat. Einen Anscheinsbeweis dafür gibt es nicht. Es gibt keinen Erfahrungssatz, dass Überschwemmungen der in Rede stehenden Art regelmäßig durch einen Austritt des Wassers aus der überlasteten Leitung und nicht etwa durch ungefasstes Wasser, welches von der Leitung erst gar nicht aufgenommen worden ist, verursacht werden (BGH NJW 19929 39). Der Beweis erfordert aber keine mathematische Sicherheit. Es reicht in tatsächlich zweifelhaften Fällen vielmehr ein für das praktische Leben brauchbarer Grad von Gewissheit, der Zweifeln Schweigen gebietet ohne sie völlig auszuschließen (BGH NJW 1970, 946: „Anastasia-Fall"). Das liegt vor allem dann vor, wenn verbleibende Zweifel dem Bereich des rein Theoretischen zugerechnet werden müssen (BGH NJW 1992, 39). Nach § 2 Abs. 3 Nr. 3 HPflG ist **8** die Ersatzpflicht ausgeschlossen, wenn der Schaden durch höhere Gewalt verursacht worden ist.

9 Höhere Gewalt ist ein betriebsfremdes, von außen durch elementare Naturkräfte oder durch Handlungen dritter Personen herbeigeführtes Ereignis, das nach menschlicher Einsicht und Erfahrung unvorhersehbar ist, mit wirtschaftlichen Mitteln auch durch die äußerste nach der Sachlage vernünftigerweise zu erwartende Sorgfalt nicht verhütet werden oder unschädlich gemacht werden kann und auch nicht wegen seiner Häufigkeit vom Betriebsinhaber hinzunehmen ist (BGH NJW 1990, 1167). Die Darlegungs- und Beweislast hat der Inhaber der Anlage. Ist das Kanalisationsnetz ausreichend dimensioniert und läuft es dann wegen heftiger Regenfälle über, kann sich sein Inhaber zu Recht auf höhere Gewalt als Schadensursache berufen.

10 Eine Regenwasserkanalisation muss im Leitungsquerschnitt nicht so dimensioniert sein, dass sie alle denkbaren Niederschlagsmengen bewältigen kann. Wirtschaftliche Gründe zwingen jede Gemeinde dazu, das Fassungsvermögen nicht so groß zu bemessen, dass es auch für ganz selten auftretende, außergewöhnlich heftige Regenfälle ausreicht. Insbesondere ist eine Dimensionierung im Hinblick auch auf katastrophenartige Unwetter, wie sie erfahrungsgemäß nur in sehr großen Zeitabständen vorkommen, nicht erforderlich. Nicht selten sind deshalb solche Netze im Leitungsquerschnitt darauf ausgelegt, Regenmengen fassen zu können, die im statistischen Mittel der Niederschlagswerte der Wetterstatistik nur einmal im Jahr überschritten werden (so genannter Berechnungsregen mit einjähriger Kehrzeit; kurz: einjähriger Berechnungsregen). Das reicht indes nicht aus. Im Extremfall läuft das darauf hinaus dass die Anlieger es hinnehmen müssten, einmal jährlich einer Überschwemmung ausgesetzt zu werden. Eine derartige Belastung ist unzumutbar, je nach den örtlichen Gegebenheiten sind vielmehr Kehrzeiten von 3, 5, 10 oder gar 15 Jahren in Erwägung zu ziehen (BGH NJW 1990, 1167). Zudem kann der Berechnungsregen – auch bei längeren Kehrzeiten – nicht alleiniger Maßstab für die Dimensionierung der Anlage sein, wenn konkrete Anhaltspunkte dafür vorliegen, dass auch eine auf ihn zugeschnittene Anlage außerstande ist, das anfallende Regenwasser nicht nur in seltenen Ausnahmefällen, sondern darüber hinaus auch bei häufigeren, auch im Rahmen einer generalisierenden Betrachtungsweise zu berücksichtigenden Anlässen zu bewältigen (BGH NVwZ 1999, 689). Das kann z. B. sein, wenn sich zeigt, dass es in dem betroffenen Straßenzug trotz einer Auslegung der Kanalisation auf den Berechnungsregen immer wieder zu Überschwemmungen kommt (BGH NJW 1984, 615) oder wenn Niederschlagswasser von außerhalb des Baugebietes zwangsläufig in das Baugebiet fließt, sich mit dem dort anfallenden Oberflächenwasser untrennbar vermischt und demzufolge mit zu beseitigen ist (BGH NVwZ 1999, 689; SchlHOLG SchlHA 2002, 184). Erweist sich eine Anlage allerdings bei der generalisierenden Betrachtung als fachgerecht geplant und ausgelegt, bei einem einzelnen, besonders ungünstig belegenen Anwesen in Ausnahmefällen aber als nicht ausreichend, dann hat der Grundstückseigentumer das Überschwemmungsrisiko allein zu tragen (BGH NJW 1992, 39).

11 Die Sammlung und Beseitigung der Abwässer in einer Gemeinde ist eine öffentliche Einrichtung und obliegt der Gemeinde als hoheitliche Aufgabe. Für Fehler bei der Planung, der Herstellung und dem Betrieb einer solchen Anlage hat die Gemeinde daher nach Amtshaftungsgrundsätzen einzustehen, § 839 BGB i. V. m. Art. 34 GG (BGH DVBl 1983, 1055; BGH NVwZ 1999, 689). Auch hier ist es unerheblich, ob der Geschädigte Anschlussnehmer der Kanalisation ist. In den Schutz der Amtshaftung fallen – im Gegensatz zur Haftung aus § 2 HPflG – auch solche Schäden, die darauf beruhen, dass das Regenwasser infolge unzureichender Kapazität (oder unzureichender Wartung) der Kanalisation gar nicht erst in die Rohrleitung gelangt, sondern ungefasst in die anliegenden Häuser eindringt (BGH NJW 1992, 39). Die oben genannten Grundsätze zur Dimensionierung gelten auch hier.

Ist das Haus eines geschädigten Anliegers an die Kanalisation angeschlossen, könnte man daran denken, einen Schadensersatzanspruch aus dem öffentlich-rechtlichen Schuldverhältnis analog den §§ 276, 278 BGB herzuleiten. Das wird von der Rechtsprechung jedoch abgelehnt, weil der Schaden nicht in innerem Zusammenhang mit dem Anschluss, d. h. der Ver- und/oder Entsorgung des Hauses, eingetreten ist. Der Schaden hätte den Anlieger vielmehr auch dann und nicht anders getroffen, wenn sein Haus nicht an die Kanalisation angeschlossen gewesen wäre (BGH NJW 1992, 39; SchlHOLG SchlHA 2002, 184).

Waldgesetz für das Land Schleswig-Holstein (Landeswaldgesetz)

vom 5. Dezember 2004 (GVOBl. Schl.-H. S. 461) zuletzt geändert durch Artikel 2 des Gesetzes vom 27. Mai 2016 (GVOBl. Schl.-H. S. 161) – Auszug

Abschnitt III: **Waldpflege und Waldbewirtschaftung**

§ 12 Nachbarrechte und -pflichten

(1) Waldbesitzende haben bei der Bewirtschaftung ihres Waldes und sonstigen Maßnahmen auf Grund dieses Gesetzes auf die schutzwürdigen Interessen der Eigentümerinnen oder Eigentümer oder Nutzungsberechtigten benachbarter Grundstücke angemessene Rücksicht zu nehmen, soweit dies im Rahmen der Vorschriften dieses Gesetzes möglich und zumutbar ist. Sie haben ihre Maßnahmen in der Nähe der Grenze aufeinander abzustimmen und insbesondere Maßnahmen zu unterlassen, durch die benachbarte Waldflächen offensichtlich der Gefahr des Windwurfs, der Aushagerung oder des Rindenbrandes ausgesetzt werden.

(2) Ist die Bewirtschaftung einer Waldfläche, insbesondere die Holzfällung oder die Abfuhr von Walderzeugnissen, ohne Benutzung eines fremden Grundstücks nicht oder nur mit unverhältnismäßig großen Nachteilen möglich, sind die Eigentümerinnen oder Eigentümer oder Nutzungsberechtigte des fremden Grundstücks verpflichtet, auf Antrag des Waldbesitzenden die Benutzung im notwendigen Umfange zu gestatten. Die Waldbesitzenden haben den dadurch entstehenden Schaden zu ersetzen. Für die Benutzung nicht öffentlicher Wege kann eine angemessene Vergütung verlangt werden.

(3) Wird eine Grundfläche erstmalig aufgeforstet oder Kahlflächen an landwirtschaftlich oder erwerbsgärtnerisch genutzten Nachbargrundstücken wieder aufgeforstet, gilt § 37 des Nachbarrechtsgesetzes für das Land Schleswig-Holstein vom 24. Februar 1971 (GVBl. Schl.-H. S. 54), zuletzt geändert durch Artikel 4 des Gesetzes vom 19. November 1982 (GVOBl. Schl.-H. S. 256) mit der Maßgabe, dass die dort ausgesprochenen Verpflichtungen für die Waldbesitzenden nur für Waldbäume bestehen, deren Stämme näher als vier Meter zum Nachbargrundstück stehen.

Übersicht	Rn.
I. Waldbewirtschaftung	1–3
II. Notwegerecht	4–8
III. Grenzabstand	9–12

I. Waldbewirtschaftung

1 Zweifelhaft erscheint, ob Absatz 1 unmittelbare **privatrechtliche Ansprüche** zwischen den benachbarten Waldbesitzenden begründet, die notfalls vor dem ordentlichen Gericht eingeklagt werden können. Diese Frage lässt sich aus den Gesetzesmaterialien nicht eindeutig entnehmen. Dort wird die in Absatz 1 ausgesprochene Verpflichtung durch das Interesse der Waldbesitzer und der Allgemeinheit gerechtfertigt (Begründung zu § 12 Abs. 1). Gegen eine Zuordnung des Absatzes 1 zum privaten Nachbarrecht sprechen andere Vorschriften. Nach § 33 Abs. 1 S. 1 Nr. 1 LWaldG haben die Forstbehörden darüber zu wachen, dass die Verpflichtungen nach dem LWaldG erfüllt werden; die Forstbehörde nimmt insoweit hoheitliche Aufgaben wahr. Aus § 33 LWaldG ergibt sich, dass auch die Durchsetzung der in § 12 Abs. 1 LWaldG den Waldbesitzenden auferlegten Gebote in die Zuständigkeit der Forstbehörde fällt. Hinzukommt, dass eine Anzahl von Bewirtschaftungsmaßnahmen – Abholzungen, § 5 Abs. 3 LWaldG; Umwandlung von Waldflächen, § 9 LWaldG – von einer Zustimmung der Forstbehörde abhängig ist und andere Bewirtschaftungsmaßnahmen – Wiederaufforstung, § 8 LWaldG – von der Forstbehörde erzwungen werden können. Insgesamt wird man daher Absatz 1 als nachbarschützende Norm des öffentlichen Rechts ansehen können.

Als nachbarschützende Norm ist Absatz 1 **Schutzgesetz i. S. von § 823 Abs. 2 BGB**, dies gilt insbesondere für Satz 2 Teil 2, während es für Satz 2 Teil 1 („aufeinander abstimmen") wegen der Unbestimmtheit der geschuldeten Handlung zweifelhaft erscheint. Es kann daher vorbeugende Unterlassungsklage vor dem ordentlichen Gericht erhoben und Schadensersatz verlangt werden, wenn ein Waldbesitzender Wirtschaftsmaßnahmen ergreift, durch die benachbarte Waldflächen offensichtlich der Gefahr des Windwurfs, der Aushagerung oder des Rindenbrandes ausgesetzt werden. Als vorbeugende Sicherung kommt z. B. bei einem Kahlschlag die Erhaltung eines Schutzstreifens aus Bäumen gegen Wind- und Sonnenwirkung oder bei Abgrabungen die Erhaltung eines Erdstreifens zum Schutz gegen Austrocknung in Betracht. Soweit eine Wirtschaftsmaßnahme auf der Anordnung der Forstbehörde beruht, die für eine Sicherung keinen Raum lässt, wird das Schutzgesetz durch diese Anordnung eingeschränkt. Solange die gefährdende Maßnahme noch nicht vorgenommen ist, kann ihre Unterlassung nicht schlechthin, sondern nur Unterlassung ohne gleichzeitige vorbeugende Sicherung verlangt werden. Ist die Maßnahme bereits vorgenommen und dadurch die Gefahr des Windwurfs usw. begründet worden, so hat der benachbarte Waldbesitzer einen Anspruch darauf, dass der frühere Zustand wieder hergestellt (wegen der Anwendung von § 275 Abs. 2 BGB vgl. BGH GuT 2008, 290) oder eine vorbeugende Sicherung getroffen wird.

Berechtigt und verpflichtet sind im Falle des Absatzes 1 Satz 2 nur die Waldbesitzenden (vgl. dazu Rn. 6), wie sich aus den Worten „Sie" und „benachbarte Waldflächen" ergibt; der Anspruch richtet sich also anders als im Falle des § 909 BGB nicht auch gegen die mit der Durchführung der Wirtschaftsmaßnahme betrauten Dritten. Nach dem Wortlaut des Absatzes 1 Satz 1 ist Rücksicht auch auf andere Grundstücke als Waldflächen („benachbarte Grundstücke") zu nehmen.

II. Notwegerecht

Das in Absatz 2 geregelte Notwegrecht dürfte als eine gesetzliche Einschränkung des Eigentumsrechts dem **privaten Nachbarrecht** zuzuordnen sein, da es das Notwegrecht des § 917 BGB erweitert und als eine Verpflichtung gegenüber dem Nachbarn ausgestaltet ist.

5 Das Notwegrecht des Absatzes 2 darf nur für Holzfällungen, die Abfuhr von Walderzeugnissen oder sonstige Maßnahmen im Rahmen einer **Bewirtschaftung** des Waldes beansprucht werden. Zur Bewirtschaftung des Waldes gehören neben den in § 5 LWaldG genannten Maßnahmen z. B. auch die Beseitigung von Unrat und die Unterhaltung von Waldwegen, nicht aber der Betrieb eines Campingplatzes. Die Maßnahmen dürfen ohne Benutzung eines fremden Grundstücks nicht oder nur mit unverhältnismäßig großen Nachteilen möglich sein. Grundsätzlich besteht daher kein Notwegrecht, wenn ein ausreichender Zugang über eigene Grundstücke, auf Grund bestehender Wegerechte (OLG Celle Rdl, 1964, 160) oder über öffentliche Wege möglich ist. Ein unverhältnismäßig großer Nachteil ist gegeben, wenn die ohne Benutzung des fremden Grundstücks entstehenden Schäden und Kosten in einem unangemessenen Verhältnis zu dem mit der Wirtschaftsmaßnahme erstrebten Erfolg stehen. Aber auch der Nachteil für das fremde Grundstück muss deutlich hinter den eigenen Nachteil zurücktreten, denn es soll keine Abwälzung von Nachteilen stattfinden.

6 **Berechtigt** sind die Waldbesitzenden; das sind der Waldeigentümer und abweichend von § 917 BGB ein unmittelbar besitzender Nutzungsberechtigter (vgl. auch § 2 Abs. 5 LWaldG a. F.). **Verpflichtet** sind die Eigentümer und Nutzungsberechtigten aller fremden Grundstücke, die zur Benutzung erforderlich sind (nicht nur die unmittelbar benachbarten Grundstücke); es braucht sich nicht um Waldgrundstücke zu handeln. Bei Wahlmöglichkeit ist das nach seiner Ortslage naturgemäß in Betracht kommende Grundstück zu benutzen (OLG Nürnberg RdL 1968, 78).

7 Das Notwegrecht ist im Streitfall durch Klage vor dem **ordentlichen Gericht** geltend zu machen, ein Selbsthilferecht besteht nicht (Palandt/Herrler § 917 Rn. 12 mwN; streitig), sodass eine eigenmächtige Benutzung des fremden Grundstücks verbotene Eigenmacht (§ 858 BGB) und damit Besitz- (§ 862 BGB) und Eigentumsstörung (§ 1004 BGB) ist. Im Urteil sind in entsprechender Anwendung von § 917 Abs. 1 Satz 2 BGB Richtung des Notweges und Umfang des Benutzungsrechts festzustellen.

8 Der Berechtigte hat dem Verpflichteten den **durch die Benutzung entstehenden Schaden** unabhängig von einem Verschulden zu ersetzen. Ob der Eigentümer oder der Nutzungsberechtigte des fremden Grundstücks entschädigungsberechtigt sind, hängt davon ab, wer von ihnen im Innenverhältnis den Schaden zu tragen hat. Für die Benutzung nicht öffentlicher Wege kann außerdem eine angemessene Vergütung verlangt werden (auf öffentliche Wege bezieht sich das Notwegrecht ohnehin nicht, vgl. § 20 LStrG). Die Höhe richtet sich nicht nach dem Nutzen für den Berechtigten, sondern nach dem Nachteil für den Verpflichteten (OLG Nürnberg RdL 1968, 78). Schuldner ist der Notwegberechtigte, der die Bewilligung des Notwegrechtes beantragt hat. Gläubiger ist der Verpflichtete, wobei es für die Frage, ob die Vergütung dem Eigentümer oder dem Nutzungsberechtigten zusteht, darauf ankommt, wer von ihnen im Innenverhältnis den durch die Ausübung des Notwegrechtes entstehenden Nachteil zu tragen hat (das wird in der Regel der Nutzungsberechtigte sein).

III. Grenzabstand

Bei Absatz 3 dürfte es sich um eine auch **privatrechtlich wirkende Bestimmung** handeln, die in anderen Ländern vielfach Bestandteil der Nachbarrechtsgesetze ist (§§ 58 ff. NachbGNds, § 40 NachbGNRW, § 49 NachbGRhPf; § 15 NachbGBW, § 53 NachbGSaar). Dies ergibt sich jetzt auch aus der Verweisung auf § 37 NachbG.

Der in § 37 Abs. 1 NachbG genannte **Grenzabstand** ist nur mit Waldbäumen einzuhalten, deren Stämme näher als 4 Meter zum Nachbargrundstück stehen; dieser Abstand ist von der Oberfläche des Stammes rechtwinklig zur Grenze zu messen. Der Abstand ist nur bei der Neuanlage von Wald und bei der Wiederaufforstung von Kahlflächen, die an landwirtschaftlich oder erwerbsgärtnerisch genutzte Nachbargrundstücke grenzen, einzuhalten; aus dem Wort „Kahlfläche" folgt, dass einzelne Nachpflanzungen in vorhandenen Beständen nicht von der Abstandsvorschrift betroffen werden.

Bei Unterschreitung des Abstands besteht der in § 37 Abs. 2 NachbG vorgesehene **Anspruch auf Zurückschneiden**. Eine Ausschlussfrist für den Anspruch auf Zurückschneiden ist nicht vorgesehen; die Anwendbarkeit von § 37 NachbG rechtfertigt aber auch die entsprechende Anwendung von § 40 NachbG.

§ 910 BGB bleibt unberührt.

Grundzüge des Schlichtungsverfahrens in nachbarrechtlichen Streitigkeiten

Übersicht   Rn.

I.   Allgemeines   1–4
II. Bedeutung des Schlichtungsverfahrens   5–9
III. Anwendungsbereich bei nachbarrechtlichen Streitigkeiten   10–23
     1. Zahlungsklagen 10, 11
     2. Nachbarrechtliche Streitigkeiten   12–17
     3. Ausnahmen   18–23
IV. Rechtsanwältinnen und Rechtsanwälte als allgemeine Gütestelle (§ 3
     Abs. 1 Nr. 1 LSchliG); gleichgestellt sind Rechtsbeistände i. S. v. § 3
     Abs. 2 LSchliG.   24–28
V.   Sonstige Gütestelle, die Streitbeilegung betreibt, als allgemeine Güte-
     stelle (§ 3 Abs. 1 Nr. 1 LSchliG).   29–32
VI. Schiedsamt als Gütestelle (§ 3 Abs. 1 Nr. 2 LSchliG)   33–38
VII. Anwaltliche Gütestelle (§ 3 Abs. 1 Nr. 3 LSchliG)   39–42

I. Allgemeines

1 Rechtsgrundlage des Schlichtungsverfahrens sind § 15a EGZPO i. d. F. des Art. 1 des Gesetzes vom 15. Dezember 1999 (BGBl. I S. 2400) und das im LSchliG vom 11. Dezember 2001 (GVOBl. Schl.-H. S. 361), das weitgehend auf die SchiedsO vom 10. April 1991 (GVOBl. Schl.-H. S. 232) in der durch § 10 LSchliG geänderten Fassung verweist, geregelt. Es verstößt nicht gegen Art. 19 Abs. 4 GG (BVerfG WuM 2007, 500).

2 Das LSchliG ist am **1. März 2002** in Kraft getreten (§ 11 Satz 1 LSchliG) und gilt im Anwendungsbereich des § 1 LSchliG (vgl. Rn. 10 ff) für alle danach rechtshängig gewordenen Klagen. Nach Aufhebung von § 11 Satz 2 LSchliG durch Art. 1 Nr. 2 des Gesetzes vom 16.12.2008 (GVOBl. Schl.H. S. 831) ist die ursprüngliche und später einmal verlängerte Befristung seiner Geltung entfallen.

3 Im Schlichtungsverfahren gibt es **keine Prozesskostenhilfe aber Beratungshilfe** (§ 1 Abs. 1 BerHG, § 9 Abs. 4 LSchliG).

4 § 204 Abs. 1 Nr. 4 (= § 209 Abs. 2 Nr. 1a a. F.) BGB, §§ 91 Abs. 3, 794 Abs. 1 Nr. 1, 797a Abs. 1 mit 794 Abs. 1 Nr. 1 ZPO, § 65 Abs. 1 Nr. 1 BRAGO mit § 794 Abs. 1 Nr. 1 ZPO und § 15a Abs. 1 Satz 1, Abs. 3 Satz 1 EGZPO sprechen von **Gütestellen,** die von der **Landesjustizverwaltung** eingerichtet oder anerkannt sind. Im Gesetzgebungsverfahren zu § 15a EGZPO ist durch Einführung des im Regierungsentwurf zunächst nicht vorgesehenen § 15a Abs. 6 Satz 1 EGZPO sicher gestellt worden, dass Gütestellen i. S. v. § 15a EGZPO auch durch Landesrecht anerkannt werden können (BT-Drucks. 14/1306 S. 3), und durch § 15a Abs. 6 Satz 2 EGZPO sind die vor ihnen geschlossenen Vergleiche solchen nach § 794 Abs. 1 Nr. 1 ZPO gleichgestellt worden. Diese Gleichstellung muss entsprechend auch für andere Vorschriften gelten, die nur von den durch die Landesjustizverwaltung anerkennten Gütestellen sprechen, denn Gründe für die Ungleichbehandlung sind nicht ersichtlich (die Frage ist im Gesetzgebungsverfahren gar nicht erörtert worden).

II. Bedeutung des Schlichtungsverfahrens

Eine **erfolgreiche Schlichtung** vermeidet einen Zivilprozess. Verpflichtet sich eine Partei im Schlichtungsverfahren zu einer Leistung (Handlung, Duldung oder Unterlassung), so kann dies Gegenstand eines vollstreckbaren Vergleichs werden (vgl. Rn. 26, 31, 37, 41). 5

Ein **erfolgloser Schlichtungsversuch** ist im Anwendungsbereich des § 1 LSchliG (vgl. R. 10 ff) eine von Amts wegen zu prüfende besondere Prozessvoraussetzung (BGH NJW-RR 2008, 1662) für eine Klage, sofern § 1 Abs. 2 LSchliG nicht Ausnahmen vorsieht, und für die Bewilligung von Prozesskostenhilfe für sie (LG Itzehoe NJW-RR 2003, 352). Bei der gemeinsamen Geltendmachung (§ 260 ZPO) von schlichtungsbedürftigen und nicht schlichtungsbedürftigen Ansprüchen, ist für erstere eine Schlichtungsversuch erforderlich (BGH NJW-RR 2008, 1662). Hat ein erfolgloser Schlichtungsversuch stattgefunden, so bedarf es bei einer nach Rechtshängigkeit vorgenommenen Änderung oder Erweiterung der Klage keines erneuten Schlichtungsversuchs (BGH NJW-RR 2005, 501); ebenso nicht bei einem Parteiwechsel auf Klägerseite (BGH NJW-RR 2010, 1726), wohl aber auf Beklagtenseite (AG Neumünster SchlHA 2006, 361), und vorbehaltlich § 1 Abs. 2 Satz 2 LSchliG (Rn. 18) bei nachträglicher subjektiver Klagehäufung (vgl. BGH NJW-RR 2010, 1725). Ohne erfolglosen Versuch, der nur durch eine das Prozessgericht auch bei fehlerhaftem Schlichtungsverfahren bindende (BGH NJW-RR 2010, 357) Bescheinigung nach § 1 Abs. 1 Satz 2 LSchliG oder § 15a Abs. 3 Satz 3 EGZPO nachgewiesen werden kann, wird die Klage als unzulässig abgewiesen (BGH NJW-RR 2010, 1725), sofern der Beklagte nicht anerkennt (BGH NJW-RR 2014, 1358), und kann nach erfolglosem Versuch erneut erhoben werden (BGH NJW-RR 2005, 437); eine danach als unzulässig abgewiesene Klage hemmt zwar die Verjährung (Palandt/Ellenberger § 204 Rn. 5), aber nicht eine Ausschlussfrist (vgl. § 3 NachbG Rn. 8). Eine Anordnung des Ruhens des Verfahrens nach § 251 ZPO, um eine Nachholung zu ermöglichen, ist nicht zulässig (BGH NJW 2005, 437); der erfolglose Versuch muss bis zur Rechtshängigkeit vorgenommen worden sein. Ist ohne einen erforderlichen Schlichtungsversuch in der Sache entschieden worden, so führt das im Rechtsmittelverfahren zur Änderung des Urteils und Abweisung der Klage als unzulässig (OLG Saarbrücken NJW 2007, 1292; Rimmelspacher/Arnold NJW 2006, 17; aA LG Marburg NJW 2005, 2866). Das Erfordernis des Schlichtungsversuchs entfällt nicht bei seiner erkennbaren Aussichtslosigkeit (aA LG München II NJW-RR 2003, 355). 6

Die Prozessvoraussetzung besteht nur für **Klagen**. Wo ein Anspruch auf andere Weise geltend zu machen ist, gilt § 1 Abs. 1 LSchliG nicht; so insbesondere 7 nicht für den Mahnantrag nach § 688 ZPO (vgl. auch Rn. 22) und für das Gesuch auf Erlass einer einstweiligen Verfügung nach §§ 920, 936 ZPO (auch wenn über das Gesuch nach mündlicher Verhandlung durch Urteil entschieden wird; vgl. auch Rn. 20). Niemals gilt § 1 Abs. 1 LSchliG für einen Antrag auf selbständige Beweiserhebung nach § 485 ZPO.

8 **Erfolglosigkeitsbescheinigungen** sind in den Fällen des § 2 Abs. 1 LSchliG zu erteilen: – Nr. 1: Bei einem Vergleich über einen Teil des Gegenstandes des Streits ist für den restlichen Teil die Bescheinigung zu erteilen. Erfasst wird auch der Fall, dass ein Vergleich daran scheitert, weil seine Protokollierung der notariellen Form bedarf. – Nr. 2: Hat die Gütestelle das Fernbleiben bzw. Entfernen als unentschuldigt angesehen, so ist das für das Prozessgericht bindend. Ferngeblieben ist eine natürliche Person vor Schiedsämtern und anwaltlichen Gütestellen auch, wenn sie nur einen rechtsgeschäftlichen Vertreter entsandt hat (§ 21 Abs. 1 SchiedsO i. V. m. §§ 5, 7 LSchliG). – Nr. 3: Ohne Vorschusszahlung (zu dieser vgl. Rn. 27, 38) beginnt die Frist nicht zu laufen. Die Gründe der Nichtdurchführung des Schlichtungsverfahrens sind unerheblich. – Nr. 4: Das Prozessgericht ist an die Ablehnung gebunden, auch wenn z. B. das Nichtvorliegen der Voraussetzungen des § 1 fälschlich angenommen wurde. § 18 SchiedsO gilt nicht nur für Gütestellen nach § 2 Abs. 1 Nr. 2 (§ 5) und Nr. 3 (§ 7) LSchliG, sondern auch für solche nach Nr. 1 (gegebenenfalls i. V. m. Abs. 2), denn Nr. 4 enthält keine Einschränkung.

9 Die **Einleitung eines Schlichtungsverfahrens** führt materiellrechtlich nach Maßgabe von § 204 Abs. 1 Nr. 4 BGB zu einer **Hemmung der Verjährung**, die nach Maßgabe von § 204 Abs. 2 BGB endet; entsprechend § 15a Abs. 6 Satz 1 EGZPO wird dies auch für Schlichtungsverfahren vor einer vom Landesrecht anerkannten Gütestelle zu gelten haben (vgl. Rn. 4). Wegen der Einzelheiten vgl. Palandt/Ellenberger § 204 Rn. 19; Friedrich NJW 2003, 1781; Staudinger/Eidenmüller NJW 2004, 24 (unzuständige Gütestelle). Zweifelhaft ist, ob die Einleitung entsprechend § 204 Abs. 1 Nr. 4 BGB zur Wahrung einer Ausschlussfrist (z. B. nach § 40 Abs. 1 NachbG) führt; vgl. dazu § 3 Rn. 8.

III. Anwendungsbereich bei nachbarrechtlichen Streitigkeiten

1. Zahlungsklagen

10 **Zahlungsklagen** vor dem Amtsgericht über Ansprüche, deren Gegenstandswert 750 Euro nicht übersteigt, fallen nach der Änderung von § 1 Abs. 1 S. 1 Nr. 1 LSchliG durch Art. 1 Nr. 1 des Gesetzes vom 16.12.2008 (GVOBl. Schl.-H. S. 831) nicht mehr allgemein in den Anwendungsbereich des LSchliG.

11 Diese Gesetzesänderung, die auch in anderen Bundesländern vorgenommen wurde, beruht auf der Erwägung, dass bei Zahlungsansprüchen das Mahnverfahren gemäß § 1 Abs. 2 Nr. 5 LSchliG schlichtungsfrei genutzt und daher auf dieses ausgewichen werden könne. Daraus folgert die Rechtsprechung, dass die **obligatorische Schlichtung überhaupt keine Zahlungsklagen mehr umfasst** und daher auch nicht solche in Nachbarstreitigkeiten (BGH NZM 2009, 628 für Hessen; BGH NZM 2012, 435 für Nordrhein-Westfalen; anders OLG Zweibrücken BeckRS 2012, 16867 für Rheinland-Pfalz, wo eine § 1 Abs. 1 Satz 1 LSchliG a. F. nie bestand und daher nicht aufgehoben wurde).

2. Nachbarrechtliche Streitigkeiten

Nachbarrechtliche Streitigkeiten i. S. v. **§ 1 Abs. 1 Satz 1 Nr. 2 LSchliG.** Es reicht nicht aus, dass es sich um eine Streitigkeit unter Nachbarn handelt, sondern die Streitigkeit muss unter den Katalog dieser Vorschrift fallen (BGH NJW-RR 2008, 1662). Unerheblich ist, ob die Klage vor dem Amts- oder Landgericht (anders z. B. Art. 1 BaySchlG) erhoben wird und welchen Gegenstandswert der Anspruch hat. 12

a) Streitigkeiten über Ansprüche wegen der in **§ 906 BGB** geregelten Einwirkungen auf Grundstücke, sofern es sich nicht um Einwirkungen von einem (nicht: auf einen) gewerblichen Betrieb handelt (vgl dazu Erdel MDR 2005, 721). Es muss sich um Einwirkungen I. S. v. § 906 BGB handeln, daher nicht um den Entzug von Licht oder Luft oder um Schattenwurf (BGH NJW-RR 2015, 1425). Betroffen sind Unterlassungsansprüche aus §§ 862, 907, 1004 BGB wegen solcher Einwirkungen (vgl. Palandt/Herrler § 906 Rn. 21). Über Zahlungsansprüche aus § 906 Abs. 2 Satz 2 BGB (auch in entsprechender Anwendung) vgl. Rn. 11. 13

b) Streitigkeiten wegen Überwuchses nach **§ 910 BGB**. Betroffen ist nicht nur das Selbsthilferecht (Rn. 1 vor § 37 NachbG), sondern auch der Abwehranspruch aus § 1004 BGB (Rn. 5 vor § 37 NachbG). Über Zahlungsansprüche (z. B. Rn. 4, 6 vor § 37 NachbGSchl.-H.) vgl. Rn. 11. 14

c) Streitigkeiten wegen Hinüberfalls nach **§ 911 BGB**. Betroffen sind auch Streitigkeiten wegen des Eigentums und der Herausgabe. 15

d) Streitigkeiten wegen eines Grenzbaums nach **§ 923 BGB**; gilt auch für Streitigkeiten wegen eines Grenzstrauchs nach § 923 Abs. 3 BGB, da keine Beschränkung auf § 923 Abs. 1 und 2 BGB. Betroffen sind Streitigkeiten über die Früchte (Eigentum und Beseitigung). Über Zahlungsansprüche (z. B. Kosten der Beseitigung) vgl. Rn. 11. 16

e) Streitigkeiten wegen der **im NachbGSchl-H geregelten Nachbarrechte**, sofern es sich nicht um Einwirkungen von einem (nicht: auf einen) gewerblichen Betrieb handelt. Darunter fallen alle Ansprüche, für die das NachbG selbst eine Anspruchsgrundlage gibt wie z. B. Duldungsansprüche nach §§ 6, 17 Abs. 1, 20 (AG Düsseldorf ZMR 2010, 889) oder Beseitigungsansprüche nach §§ 37 Abs. 2, 42 Abs. 2. Ferner Ansprüche aus anderen Gesetzen (insbesondere dem BGB) wegen Verletzung der im NachbG geregelten Nachbarrechte; z. B. Beiseitigungsanspruch aus § 1004 BGB wegen Nichteinhaltung des in § 22 Abs. 1 NachbG vorgeschriebenen Grenzabstandes (§ 22 NachbG Rn. 9); über Zahlungsansprüche z. B. nach §§ 6 Abs. 2, 9 Abs. 4, 13 Abs. 2, 18, 19, 21 vgl. Rn 11. – Nr. 2e gilt nicht für Streitigkeiten über die in §§ 60, 61 LWG und § 9 LWaldG geregelten Nachbarrechte, denn sie sind nicht im NachbG geregelt. – Zweifelhaft ist, ob Nr. 2e für Ansprüche aus § 862 BGB gilt, wenn im NachbG geregelte Nachbarrechte (z. B. das Hammerschlags- und Leiterrecht) eigen- 17 mächtig ausgeübt werden, so dass verbotene Eigenmacht vorliegt (vgl. § 17 NachbG Rn. 16). Gegen die Anwendung spricht, dass wegen § 863 BGB das Bestehen des Nachbarrechts nicht zu prüfen ist. Für die Anwendung spricht, dass in einem Prozess über den Anspruch aus § 862 BGB oft eine vergleichsweise Regelung auf der Grundlage des Nachbarrechts erreicht werden kann; das lässt die Anwendung von Nr. 2e geboten erscheinen (wegen einer hier oft beantragten einstweiligen Verfügung vgl. aber Rn. 7).

3. Ausnahmen

18 a) Eine allgemeine Ausnahme vom Erfordernis des erfolglosen Schlichtungsverfahrens besteht nach § 1 Abs. 2 Satz 2 LSchliG, wenn die **Parteien nicht in demselben Landgerichtsbezirk wohnen** oder bei juristischen Personen bzw. rechtsfähigen Personengesellschaften (§ 14 Abs. 2 BGB) ihren Sitz (vgl. § 17 ZPO) oder eine Niederlassung (§ 21 ZPO) haben. Unerheblich ist, ob die betroffenen Grundstücke (wie in aller Regel) in demselben LG-Bezirk liegen oder für einen späteren Prozess zuständigkeitsbegründend (§ 24 ZPO) in einem anderen LG-Bezirk. Abgestellt wird (wie in § 15a Abs. 2 Satz 2 EGZPO und z. B. § 2 BbgSchlG, § 2 HessSchlG) auf das Wohnen und nicht (wie in § 13 ZPO und z. B. Art. 2 BaySchlG) auf den Wohnsitz; eingeschlossen ist daher der tatsächliche Aufenthalt (BT-Drucks. 14/980 S. 7) und maßgebend ist daher der Begriff des Wohnens wie in § 178 (= § 181 a. F.) ZPO. Alle Parteien müssen in demselben LG-Bezirk wohnen; z. B. bei klagenden bzw. verklagten Miteigentümern oder Miterben eines Grundstücks daher alle (AG Lüdenscheid NJW 2002, 1279). Nach LG Kiel (SchlHA 2006, 359) bleibt eine ohne notwendigen Schlichtungsversuch erhobene Klage auch dann unzulässig, wenn eine Partei nach Rechtshängigkeit in einen anderen Landgerichtsbezirk verzieht.

19 b) Eine Ausnahme vom Erfordernis des erfolglosen Schlichtungsverfahrens besteht nach § 1 Abs. 2 Satz 1 LSchliG für die dort genannten besonderen Verfahren, wobei die in Nr. 2, 4, 7 und 8 genannten Verfahren bei Nachbarrechtsstreitigkeiten nicht einschlägig sind.

20 aa) Nr. 1. Eine Klage nach § 323 ZPO ist nach Verurteilung zur Zahlung einer Entschädigung nach § 43 Abs. 2 NachbG in Form einer Geldrente (vgl. § 43 NachbG Rn. 13) denkbar; Klagen nach §§ 324, 328 ZPO sind nicht einschlägig. – **Widerklagen** i. S. dieser Vorschrift sind nur Klagen, die von dem Beklagten in demselben Verfahren gegen den Kläger erhoben werden, und Wider-Widerklagen des widerbeklagten Klägers gegen den widerklagenden Beklagten (vgl. BGH NJW-RR 1996, 65). Nicht aber Widerklagen des Beklagten gegen einen Dritten oder eines nichtverklagten Dritten gegen den Kläger. – Die Klage ist nicht **binnen einer gesetzlichen Frist zu erheben**, wenn die Klage nur dazu dient, die Hemmung der Verjährung zu bewirken (§ 204 Nr. 1 BGB mit § 3 NachbG) oder den Ablauf einer Ausschlussfrist zu verhindern (z. B. § 40 Abs. 1 NachbG; AG Königstein NJW 2003, 1954); dazu bedürfte es einer Formulierung wie z. B. in § 558b Abs. 2 Satz 2 BGB, oder § 4 Abs. 1 Satz 1 KündigungsschutzG. Eine gerichtlich angeordnete Frist besteht i. F. v. § 494a Abs. 1 ZPO, §§ 926 Abs. 1, 936 ZPO.

21 bb) Nr. 3. Wiederaufnahmeverfahren nach §§ 578 ff ZPO, auch wenn für das Ausgangsverfahren ein Schlichtungsverfahren Prozessvoraussetzung war.

cc) **Nr. 5.** Ein streitiges Verfahren nach einem Mahnverfahren kann nach Einlegung eines Widerspruchs gegen einen Mahnbescheid oder nach Einlegung eines Einspruchs gegen einen Vollstreckungsbescheid durchgeführt werden. Dabei kann auch der Klageantrag im Rahmen desselben Streitgegenstandes erweitert werden (AG Halle NJW 2001, 2099); wird er aber auf einen weiteren Beklagten erweitert, so ist vorbehaltlich § 1 Abs. 2 Satz 2 LSchliG (vgl. Rn. 18) insoweit ein Schlichtungsverfahren erforderlich (BGH NJW-RR 2010, 1725). Hat der Kläger im Mahnverfahren einen nach materiellem Recht nicht bestehenden Zahlungsanspruch (z. B. Vorschuss für Beseitigung von Überwuchs; vgl. Rn. 6 vor § 37 NachbG) geltend macht und ist der Mahnbescheid gleichwohl erlassen worden, so greift Nr. 6 nicht ein, wenn der Mahnantrag hätte nach § 691 ZPO hätte zurückgewiesen werden müssen, weil erkennbar nur ein nicht im Mahnverfahren durchsetzbarer Anspruch (Beseitigungs- statt Vorschussanspruch) besteht (vgl. AG Rosenheim NJW 2001, 2030; Friedrich NJW 2002, 798). Hat der Kläger nach Durchführung des Mahnverfahrens seinen Zahlungsantrag in einen Antrag geändert, der nicht im Mahnverfahren gestellt werden kann (z. B. Freistellungsantrag), kann dies wegen Umgehung des Schlichtungsverfahrens eine nicht sachdienliche und daher nicht zuzulassende Klageänderung sein (AG Brakel NJW-RR 2002, 935). **22**

dd) **Nr. 6.** Klagen nach §§ 767, 768, 771 ZPO, auch wenn für das zu vollstreckende Urteil ein Schlichtungsverfahren Prozessvoraussetzung war. **23**

IV. Rechtsanwältinnen und Rechtsanwälte als allgemeine Gütestelle (§ 3 Abs. 1 Nr. 1 LSchliG); gleichgestellt sind Rechtsbeistände i. S. v. § 3 Abs. 2 LSchliG.

Bei diesem Personenkreis handelt es sich um eine durch § 3 Abs. 1 Nr. 1, Abs. 2 LSchliG **vom Landesrecht anerkannte Gütestelle** i. S. w. § 15a Abs. 6 Satz 1 EGZPO. Die Personen dürfen nicht Vertreter einer streitenden Partei sein. Sie brauchen nicht bei einem Gericht des Landes Schleswig-Holstein zugelassen zu sein. **24**

Das **Verfahren** ist nicht näher geregelt. Da die Parteien sich nur einvernehmlich an diese Gütestelle wenden können (§ 4 Abs. 1 Satz 1 LSchliG), müssen sich beide (wobei eine auch in Vollmacht der anderen handeln kann) an eine konkrete Gütestelle wenden, die dann stets auch örtlich zuständig ist; einem Einvernehmen steht nicht entgegen, dass eine Partei später nicht zum Schlichtungsversuch erscheint. **25**

Ein **Vergleich** gilt als Vergleich i. S. v. § 794 Abs. 1 Nr. 1 ZPO (§ 15a Abs. 6 Satz 2 EGZPO) und damit als Vollstreckungstitel; kein zur Kostenfestsetzung geeigneter Vollstreckungstitel ist eine Kostenentscheidung, die die Parteien im Vergleich der Gütestelle übertragen haben (LG Bielefeld NJW-RR 2002, 432). Die Vollstreckbarerklärung erfolgt nach § 797a ZPO. Die Form ist nicht vorgeschrieben, es gelten daher § 27 Abs. 1 bis 3, §§ 28, 29 SchiedsO entsprechend. Die vollstreckbare Ausfertigung wird auf Grund der entsprechend § 797a **26**

Abs. 1 ZPO bei dem Amtsgericht niedergelegten Urschrift erteilt (vgl. Stein-Jonas/Münzberg, § 797a Rn. 3).

27 **Kosten.** Die Tätigkeit **Gütestelle** ist nach § 9 LSchliG zu vergüten. Schuldner sind wegen Rn. 25 beide Parteien, wobei sie im Innenverhältnis mangels abweichender Vereinbarung (z. B. im Vergleich) die Kosten zu gleichen Anteilen tragen (§ 426 Abs. 1 BGB). Die Nichtzahlung eines Vorschusses führt nicht zur Erfolglosigkeit des Schlichtungsversuchs, denn die Frist des § 2 Abs. 1 Nr. 3 LSchliG beginnt erst mit Zahlung des Vorschusses. Die Kosten eines **Rechtsanwalts**, der im Schlichtungsverfahren für eine Partei tätig wird, sind von dieser nach § 17 Nr. 7a RVG i. V. m. VV Nr. 2403 zu vergüten. Erstattungsfähigkeit mangels Vereinbarung (z. B. im Vergleich) nur nach Maßgabe von Rn. 28.

28 Kommt es **nach erfolglosem Schlichtungsversuch zu einem Prozess**, so sind die Kosten der **Gütestelle** Kosten des Rechtsstreits i. S. v. § 91 Abs. 1, 2 ZPO (§ 15a Abs. 4 EGZPO, § 91 Abs. 3 ZPO). Bei im Prozessvergleich vereinbarter Kostenaufhebung sind die Kosten der Gütestelle auszugleichen (LG Bayreuth NJW-RR 2005, 512). – Bei anwaltlicher Vertretung einer Partei im Schlichtungsverfahren gehören die Kosten des **Rechtsanwalts** nicht zu den Kosten des Rechtsstreits i. S. v. § 15a Abs. 4 EGZPO, § 91 Abs. 3 ZPO (OLG Hamburg MDR 2002, 115; BayObLG NJW-RR 2005, 724; OLG Karlsruhe NJOZ 2008, 4073; AG Schwäbisch Gmünd NJW 2009, 3441). Bei obligatorischen Schlichtungsverfahren sind die Kosten des Rechtsanwalts stets notwendige Vorbereitungskosten nach § 91 Abs. 1 S. 1 ZPO (BayObLG a. a. O.; OLG Köln NJW-RR 2010, 431; LG Mönchengladbach JurBüro 2003, 207; a. A. OLG Karlsruhe NJOZ 2008, 4073 und AG Schwäbisch Gmünd a. a. O.[Inspruchnahme muss erforderlich gewesen sein]; Pfab Rpfleger 2005, 411), während bei einem fakultativen Schlichtungsverfahren die Erforderlichkeit der Inanspruchnahme maßgebend ist (LG Nürnberg-Fürth NJW-RR 2003, 1508). Zu den Kosten eines Rechtsanwalts, der für eine Partei im Schlichtungsverfahren und bei dessen Erfolglosigkeit im späteren Prozess tätig wird vgl. Enders, JurBüro 2000, 113 und OLG Karlsruhe a. a. O.

V. Sonstige Gütestelle, die Streitbeilegung betreibt, als allgemeine Gütestelle (§ 3 Abs. 1 Nr. 1 LSchliG).

29 Da Gütestellen i. S. v. § 4 Abs. 1 S. 2 LSchliG für nachbarrechtliche Streitigkeiten ausscheiden, bleibt z. B. die öffentliche Rechtsauskunfts- und Vergleichsstelle der Hansestadt Lübeck als **von der Justizverwaltung anerkannte Gütestelle** (AV des LJM v. 4.8.1949 – SchlHA 1949, 276; geändert durch AV des LJM v. 17.12.1952 – SchlHA 1953, 9).

30 Das **Verfahren** ist in der Satzung der Stelle geregelt. Die Parteien können sich nur einvernehmlich an diese Gütestelle wenden (§ 4 Abs. 1 Satz 1 LSchliG); einem Einvernehmen steht nicht entgegen, dass eine Partei später nicht zum Schlichtungsversuch erscheint.

31 Ein **Vergleich** ist Vergleich i. S. v. § 794 Abs. 1 Nr. 1 ZPO und damit Vollstreckungstitel. Die Vollstreckbarerklärung erfolgt nach § 797a Abs. 4 Satz 1 ZPO in Verbindung mit der AV des LJM v. 4.8.1949 durch den Vorsteher der Stelle.

Kosten. Die Tätigkeit ist nach der Satzung der Stelle zu vergüten. Im Übrigen gilt Rn. 27 entsprechend. Kommt es **nach erfolglosem Schlichtungsversuch zu einem Prozess,** so gilt für die Kosten der Gütestelle und die Kosten des Rechtsanwalts einer Partei Rn. 28 entsprechend. **32**

VI. Schiedsamt als Gütestelle (§ 3 Abs. 1 Nr. 2 LSchliG)

Das **Schiedsamt** ist eine durch § 3 Abs. 1 Nr. 2 LSchliG vom Landesrecht anerkannte Gütestelle i. S. v. § 15a Abs. 6 Satz 1 EGZPO. **33**

Das **Verfahren** richtet sich nach §§ 14–34 und 41–49 SchiedsO (§ 5 LSchliG). Diese Gütestelle kann auch von nur einer Partei angerufen werden (§ 4 Abs. 2 LSchliG). **34**

a) Mangels abweichender Vereinbarung der Parteien ist das Schiedsamt des Bezirks **örtlich zuständig,** in dem der Antragsgegner wohnt (§ 14 SchiedsO), wobei Antragsgegner der ist, gegen den der Antragsteller das Schlichtungsverfahren einleitet (z. B. auch der Gläubiger eines streitigen Anspruchs, wenn der Antragsteller das Nichtbestehen geltend machen will); zum Begriff des Wohnens vgl. Rn. 18. Unter mehreren örtlich zuständigen Gütestellen (z. B. bei doppeltem Wohnsitz oder mehreren an verschiedenen Orten wohnenden Antragsgegnern) hat der Antragsteller die Wahl (§ 4 Abs. 2 Satz 2 LSchliG). **Der Antrag** kann dort schriftlich oder mündlich zu Protokoll gestellt werden (§ 19 Abs. 1 SchiedsO). **35**

b) In dem anberaumten **Termin haben die Parteien persönlich zu erscheinen** (§ 21 Abs. 1 Satz 1 SchiedsO), an die Stelle der Parteien treten ihre gesetzlichen Vertreter; wegen der Folgen unentschuldigten Ausbleibens muss die Ladungsfrist von einer Woche eingehalten werden (§ 20 Abs. 2 SchiedsO) und die Ladung in der Form des § 20 Abs. 3 SchiedsO erfolgen. Die Parteien können sich nicht durch rechtsgeschäftliche Vertreter wie insbesondere Rechtsanwälte vertreten lassen; diese können sie nur als **Beistände** unterstützen (§ 21 Abs. 3 SchiedsO). Bei **unentschuldigtem Ausbleiben/Entfernen** einer Partei kann gegen sie ein Ordnunggeld von 10 bis 50 Euro festgesetzt werden, ihr Erscheinen aber nicht erzwungen werden. Bei Ausbleiben/Entfernen des Antragstellers gilt sein Antrag als zurückgenommen, wenn er es nicht binnen eines Monats mit einem Grund i. S. v. § 22 Abs. 1 Satz 1 SchiedsO entschuldigt hat (§ 23 Abs. 1, 4 SchiedsO); es liegt dann kein erfolgloser Schlichtungsversuch i. S. v. § 1 Abs. 1 LSchliG sondern gar kein Schlichtungsversuch vor. Bei Ausbleiben/Entfernen des Antragsgegners wird angenommen, dass er sich auf die Schlichtungsverhandlung nicht einlassen will, wenn er es nicht binnen eines Monats mit einem Grund i. S. v. § 22 Abs. 1 Satz 1 SchiedsO entschuldigt hat (§ 23 Abs. 3, 4 SchiedsO); es ist dann eine Erfolglosigkeitsbescheinigung auszustellen (§ 2 Abs. 1 Nr. 2 LSchliG). **Beweiserhebung** nur durch uneidliche Vernehmung der Parteien und freiwillig erschienener Zeugen/Sachverständiger sowie bei Zustimmung und Anwesenheit der Parteien durch Augenscheinseinnahme (§ 26 SchiedsO). Ein **Protokoll** ist nur bei Zustandekommen eines Vergleichs aufzunehmen (§ 27 Abs. 1–3 SchiedsO); bei Nichtzustandekommen ist eine Erfolg- **36**

LSchliG 37–42

loskeitsbescheinigung nach § 2 LSchliG auszustellen, deren Abschrift als Vermerk nach § 27 Abs. 4 SchiedsO dienen kann.

37 Ein **Vergleich** gilt als Vergleich i. S. v. § 794 Abs. 1 Nr. 1 ZPO (§ 15a Abs. 6 Satz 2 EGZPO, § 34 Abs. 2 SchiedsO) und damit als Vollstreckungstitel. Die Vollstreckbarerklärung erfolgt nach § 797a ZPO. Für die Form gelten § 27 Abs. 1 bis 3, §§ 28, 29 SchiedsO. Die vollstreckbare Ausfertigung wird auf Grund einer Ausfertigung des Protokolls erteilt (§§ 31, 32 SchiedsO).

38 **Kosten.** Die Tätigkeit der **Gütestelle** ist nach §§ 45 (Gebühr: 20 bis 70 Euro zuzüglich 20 Euro bei Vergleich), 46 (Auslagen) SchiedsO vergüten. Den Kostenschuldner bestimmt § 42 SchiedsO, wobei die Parteien bei Gesamtschuldnerschaft im Innenverhältnis mangels abweichender Vereinbarung (z. B. im Vergleich) die Kosten zu gleichen Anteilen tragen (§ 426 Abs. 1 BGB). Die Nichtzahlung eines Vorschusses (§ 43 Abs. 2 SchiedsO) führt nicht zur Erfolglosigkeit des Schlichtungsversuchs (vgl. Rn. 27). Eine dem Kostenschuldner zu erteilende Erfolglosigkeitsbescheinigung (Rn. 36) oder Protokollausfertigung (Rn. 37) kann bis zur Zahlung der Kosten zurückbehalten werden (§ 43 Abs. 3 SchiedsO). – Für die Kosten des **Rechtsanwalts**, der im Schlichtungsverfahren für eine Partei tätig wird, und deren Erstattung gilt Rn. 27 entsprechend. – Kommt es **nach erfolglosem Schlichtungsversuch zu einem Prozess**, so gilt für die Kosten der Gütestelle und die Kosten des Rechtsanwalts einer Partei Rn. 28 entsprechend.

VII. Anwaltliche Gütestelle (§ 3 Abs. 1 Nr. 3 LSchliG)

39 Die anwaltliche Gütestelle ist eine durch § 3 Abs. 1 Nr. 2 LSchliG **vom Landesrecht anerkannte Gütestelle** i. S. v. § 15a Abs. 6 Satz 1 EGZPO. Eine Rechtsanwältin bzw. ein Rechtsanwalt ist nur dann anwaltliche Gütestelle, wenn sie bzw. er dazu von der Schleswig-Holsteinischen Rechtsanwaltskammer zulassen ist (§ 6 Abs. 1 LSchliG).

40 Das **Verfahren** richtet sich nach den in § 7 LSchliG genannten Vorschriften der SchiedsO, wobei die Ausschlussgründe des § 16 SchiedsO durch § 8 Abs. 2 LSchliG ergänzt werden. Diese Gütestelle kann auch von nur einer Partei angerufen werden (§ 4 Abs. 2 LSchliG). Für die örtliche Zuständigkeit gilt Rn. 35 mit der Maßgabe entsprechend, dass an die Stelle des Schiedsamtsbezirks der Amtsgerichtsbezirk tritt (§ 7 Satz 2 LSchliG). Im Übrigen gilt Rn. 35, 36 entsprechend, da die dort genannten Vorschriften der SchiedsO gemäß § 7 LSchliG auch hier gelten.

41 Ein **Vergleich** gilt als Vergleich i. S. v. § 794 Abs. 1 Nr. 1 ZPO (§ 15a Abs. 6 Satz 2 EGZPO, § 34 Abs. 2 SchiedsO) und damit als Vollstreckungstitel. Die Vollstreckbarerklärung erfolgt nach § 797a ZPO. Im Übrigen gilt Rn. 37 entsprechend, da die dort genannten Vorschriften der SchiedsO gemäß § 7 LSchliG auch hier gelten.

42 Kosten. Die Tätigkeit der Gütestelle ist nach § 45 Abs. 4 (in § 7 LSchliG ist § 45 Abs. 3 SchiedsO für anwendbar erklärt, der aber in § 10 Nr. 3c LSchliG zu Abs. 4 geworden ist) SchiedsO, § 9 Abs. 1 (Gebühr: 65 Euro und bei Vergleich 130 Euro), 2 (Auslagen), 3 (Umsatzsteuer) LSchlG zu vergüten; kann eine Partei die Gewährung von Beratungshilfe beanspruchen, ist sie von der Zahlung der Vergütung befreit und die Gütestelle hat einen Erstattungsanspruch gegen die Landeskasse (§ 9 Abs. 4 LSchlG). Im Übrigen gilt Rn. 38 entsprechend, da die dort genannten Vorschriften der SchiedsO gemäß § 7 LSchlG auch hier gelten. – Für die Kosten eines Rechtsanwalts als Beistand einer Partei gilt Rn. 38 entsprechend. – Kommt es nach erfolglosem Schlichtungsversuch zu einem Prozess, so gilt für die Kosten der Gütestelle und die Kosten des Rechtsanwalts einer Partei Rn. 28 entsprechend.

Stichwortverzeichnis

Die fett gedruckten Zahlen verweisen auf die Paragrafen des NachbG, die mager gedruckten auf die Randnummern.

Abbruch
- Bauwerk an der Grenzwand
  - Anbaurecht **11** 7
  - Eigentum an der Grenzwand **11** 7
  - Unterhaltung der Grenzwand **13** 5
- Bauwerk an der Nachbarwand
  - Anbaurecht **6** 2
  - Eigentum an der Nachbarwand **4** 17 f.
  - Unterhaltung der Nachbarwand **8** 7 ff.
  - Wertersatz **6** 10
- Nachbarwand **8** f.

Abfall **29** 50

Abkauf von Boden bei zu weit übergebauter Nachbarwand **6** 8

Abrissverfügung **42** 27, 29, 60

Abschlusswand **4** 10

Abstandsfläche **42** 38 ff., 49
- Abweichung von der **42** 59
- Entschädigung bei Unterschreitung **43** 8 ff.
- Erstreckung auf das Nachbargrundstück **42** 60

Abtretung von Nachbarrechten **2** 12

Abwägungsgebot **42** 5

Abwasser **26** 1; **60** LWG 2

Abweichende Regelung **42** 57 ff.

Abzug neu für alt **29** 20

Akteneinsicht **42** 21

Alarmanlage **29** 36, 46

Anbau
- Grenzwand **11** 4; 13
- Nachbarwand **6** 9
- Verwirkung **9** 5
- Zerstörung **13** 5

Anbaupflicht
- Grenzwand **13** 2
- Nachbarwand **6** 1 f.

Anbaurecht
- Grenzwand **11** 7; 13 1
- Nachbarwand **6** 2

Anbauvergütung
- Grenzwand **13** 3
- Nachbarwand **6** 1, 5 ff.

Anfechtungsklage **42** 24 ff.

Anlage, bauliche **22** 3

Anlieferungsverkehr **29** 56

Anpflanzung
- Baum **29** 31, 77, 82
- Begriff **37** 2
- Boden- und Klimaschutz **38** 1
- Ersatzanpflanzung **41** 1 ff.
- Gefahrenvorsorge **29** 82
- Grenzabstand **37** 3 ff.; **38** 1; 39
- Verschattung **29** 6, 31
- vor Geltung des Gesetzes **40** 6 f.
- Zurückschneiden **37** 6 ff.; **38** 2

Anschluss, Grenzwand **14** 1 f.

Antennenanlage **20** 1; **42** 53

Anzeige
- Grenzwand
  - Anschluss **14** 5
  - Errichten **12** 1 f.
  - Unterfangen **14** 5
  - Hammerschlags- und Leiterrecht **18** 1
- Nachbarwand
  - Anbau 7; **9** 4
  - Beseitigung **9** 6
  - Erhöhung **10** 7

Arbeitslärm **29** 64

Architekt **25** 8; **42** 33

Asylbewerberunterkunft **42** 1 f.

Auflage **42** 31

Aufopferungsanspruch **29** 24

Aufrechnung
- mit eigenem Störverhalten **29** 40

Aufschüttung **25** 7

Aufsichtsversäumnis **28** 2

Ausgleichsanspruch **29** 24

Ausnahmeregelung **42** 15, 57

Ausschluss
- Beseitigung
  - einer Abstandsunterschreitung **24** 1; **43**
  - einer Anpflanzung **40** 1
  - Besitzstörung **29** 1 ff.
  - Einfriedung **33** 1
  - von Ansprüchen **3** 7

Ausschütteln **29** 46

Stichwortverzeichnis

Außenbereich **28** 7
Außenspiegel (zur Beobachtung) **29** 79
Aussetzung des Verfahrens **17** 11
Aussicht **42** 8
Aussteifung **4** 12
Auswahl von Fachleuten **25** 8
Ausweichpflicht **29** 29
Autolackiererei **29** 64

Backstubengeruch **29** 63
Bahnschwellen **31** 3
Ball **29** 76
Ballettschule **29** 42
Bau
– -arbeiten **17** 2; **29** 35
– Ausschluss des **43** 1
– Beseitigungsanspruch **42** 60
– -grenzen **42** 7, 51
– -lärm **29** 62
– -linien **42** 7, 51
– -planungsrecht, Vorrang vor Bauordnungsrecht **42** 51
– Staubschaden **42** 33
– -tiefen **42** 7
– untergeordnete Anlage **42** 53
– Unternehmer **42** 33
– -vorlagen, Unterschrift des Nachbarn **4** 6; **42** 22
Bauaufsichtsbehörde
– Akteneinsicht **42** 21
– Einschreiten der **42** 24, 27
– Ermessenserwägung **42** 23
– Prüfung zivilrechtlicher Vorfragen **42** 27
– Verfahren vor der **42** 20 ff.
– Zusage der **42** 14
Baugebietsübergreifender Nachbarschutz **42** 7 f.
Baugenehmigung **42** 22, 29 ff.
– Abwägungskriterien **42** 23
– Aufhebung **42** 24
– Auflage **42** 31
– Ausnahmen in einer **42** 57
– Befreiungen in einer **42** 57
– Bestandskraft **42** 19
– Missgriff **42** 6
– Nachtrags- **42** 22
– Nichtigkeitsklage **42** 24
– Private Rechte Dritter **42** 24, 30, 63
– Verwirkung des Abwehrrechts **42** 25
Bauliche Anlage **22** 3
Baum **29** 6, 31, 77, 82
Bau-Nachbarklage
– öffentlichrechtlich **42** 22

– privatrechtlich **42** 36
Bauunternehmer **29** 38
Bauvorschriften
– Ausnahmen **42** 15
– Befreiungen **42** 15
Bauwerk **4** 3
Bebauungsplan **42** 16 ff.
Beeinträchtigung **29** 12 ff.
Befreiung **42** 15, 57 ff.
Behelfsunterkunft **42** 2
Behinderte **29** 12, 54; **42** 5
Behördliches Einschreiten **42** 27
Benutzung, ortsübliche **29** 16
Beobachtung **29** 79
Beschaffenheit
– Einfriedigung **31** 1; **35** 8
– Nachbarwand **5** 1 f.
Beseitigung
– Einfriedigung **28** 10; **30** 2, 4
– Gebäude **42** 34; **43** 1
– Leitung (unterirdische) **42** 34
– Nachbarwand **9**
– von Folgen **42** 28
Beseitigungsanspruch
– Anpflanzungen **37** 6 ff.
– Bodenerhöhung **25** 5
– Bodenverunreinigung **29** 3
– Überbau **16** 9
Besitzstörung
– Hammerschlags- und Leiterrecht **17** 17
– Nachbarwand, Erhöhen **10** 4
Bestandskraft von Verwaltungsakten **42** 30
Bestandsschutz **24** 3; **29** 49, 64; **39** 2; **41** 4; **42** 13, 42
Betrieb
– Bestandsschutz **29** 64; **42** 13
Betsaal **42** 1
Bevollmächtigung zur Geltendmachung von Nachbarrechten **2** 12
Bewässerung **26** 1
Bewegungsmelder **29** 79
Beweislast
– bei Ableitung von Traufwasser **26** 4
– bei Bodenerhöhungen **25** 3
– bei Immissionen **29** 39
– bei Rohrbruch der Kanalisation **61** LWG 8
– bei Schutzgesetzverletzungen **42** 33
– bei Selbsthilfe **Vor 37–41** 3
Beweismittel
– Augenscheinseinnahme **29** 55
– Fotos **29** 72
– Tonbandaufnahme **29** 62

Stichwortverzeichnis

Bewohnbarkeit 29 31
Biber 29 82
Bienen
- Allergie 29 46
- Haltung im Wohngebiet 42 5
- Immission 29 46
Blätterbefall **Vor 37–41** 8 ff.
Blendwirkung 29 47
Blütenbefall **Vor 37–41** 8 ff.
Boden
- Entsorgung 29 4
- Erhöhung 25 1
Bodenschutzanpflanzung
- Grenzabstand 38 1
- Überwuchs 38 3
- Zurückschneiden 38 2
Bodenvertiefung 25 8
Bolzplatz 29 71
Bordell 29 8, 49; 42 5
Brennholzstapel 42 53
Bus
- -haltestelle 29 60
- -linie 29 21

Carport 42 52
Container 29 48

Dachantenne 29 8, 30
Denkmal 42 4
DIN-Normen 29 54, 77
Diskothek 29 6
Disteln 29 48
Dorfgebiet 29 30, 63
Drogenhilfezentrum 29 12
Duldung, jahrelange 29 23
Dungstätten 29 48
Dunstabzugshaube 29 63
Durchschnittsmensch 29 12, 54

Eidesstattliche Versicherung 42 26
Eigenleistung 32 5
Eigenmacht, verbotene
- Anbau an die Nachbarwand 6 4
- Ausübung des Hammerschlags- und Leiterrechts 17 17
Eigentum
- Benutzungsrecht 29 1
- Grenzwand
  - nach Abbruch oder Zerstörung eines Bauwerks 11 7
  - nach einem Anbau 11 6
  - vor einem Anbau 11 5
- Nachbarwand
  - nach Abbruch oder Zerstörung eines Bauwerks 8 9
  - nach einem Anbau 4 15
  - vor einem Anbau 4 13
Eigentumsstörung beim
- Anbau an die Grenzwand 13 1
- Anbau an die Nachbarwand 6 3; 7 2
- Erhöhen der Nachbarwand 10 4
- Errichten der Grenzwand 12 1, 3
- Hammerschlags- und Leiterrecht 17 17
- Traufwasser 26 1, 3
- Überbau 5 2; 16 9
- wild abfließendes Wasser 60 LWG 3; 61 LWG 2
Einfriedigung 28 1
- Ausschluss des Anspruchs 33 1
- Bahngelände 34 2
- Beschaffenheit 31 1
- gemeinsame 30 3
- Kostenverteilung 32 1
- landwirtschaftliche 35 1
- Mitwirkungspflicht 28 13
- Ortsüblichkeit 31 2
- Pflichtiger 29 85
- rechte Grundstücksgrenze 33 2
- Unterhaltungspflicht 32 1
Einsehbarkeit 29 6, 49, 79; 42 8
Einwirkungen
- Abwehr negativer 29 7, 31
- durch Hoheitsträger 29 7, 34
- negative 27 2; 29 6 ff., 31
Eisenbahnlärm 29 53
Enteignungscharakter 42 11
Entschädigung
- Abstandsunterschreitung bei Gebäuden 42 60
- Aufnahme von wild abfließendem Wasser 61 LWG 6
- Benutzung von Grundwasser 27 6
- Enteignungs- 29 18, 34; 60 LWG 7
- Gebrauchsentziehung 43 8
Erbbauberechtigter 2 2
Erdaufschüttung 25 1
Erfüllungseinwand
- Zwangsvollstreckung 29 44
Erhaltungsmaßnahmen
- Einfriedigung 32 3
- Nachbarwand (notwendige) 8 3
Erhöhen, Nachbarwand
- Anzeige 10 7
- Schadensersatz 10 8
- Sicherheitsleistung 10 9
- Zulässigkeit 10 2, 4

291

Stichwortverzeichnis

Ermächtigung zur Geltendmachung von Nachbarrechten **2** 12
Ermessenserwägung **42** 23, 27
Ermessensreduzierung auf null **42** 27, 59
Ernteeinsatz, nächtlicher **29** 60
Ersatzvornahme **29** 44
Erschütterungen **25** 3; **29** 10, 14 f., 77
Erwerbsschutz **42** 13

Fahrlässigkeit **43** 2
Fahrsilo **42** 44
Feiern **29** 56
Fenster
– Begriff **22** 4
– -spiegel **29** 79
– Verbau **29** 32
– Vereinbarung zur Unzulässigkeit **1** 6
– Wohnungseigentum **2** 8
Fensterrecht **22** 2
Fernblick **42** 8
Fernsehempfang **20** 2; **29** 6
Feuchtbiotop **29** 51
Feuer **29** 50
Feuerwehrsirene **29** 36
Flächennutzungsplan **42** 18
Fliegen **29** 10
Flugbetrieb **29** 32; **42** 7
Folgenbeseitigungsanspruch **42** 28
Fotos von spielenden Kindern **29** 72
Freilichtbühne **29** 57
Frosch
– Bewegungsmelder **29** 55
– Quaken **29** 51
Frustzwerge **29** 8
Funkmast **42** 44

Garage **29** 53; **42** 5, 52 f.
Garten
– -fest **29** 53
– -nutzung **43** 11
– -teich **28** 2; **29** 31, 51
– -zwerg **29** 8
Gartenabfall **29** 50
Gebäude **22** 3; **42** 43
– Grenzabstand **42** 49
– unterirdisches **42** 48
– Wirkung wie ein **28** 18; **42** 44
Gebietsschutz **42** 5 f.
Gebrauch
– Minderung **42** 8
– Wert **43** 10
Geländeoberfläche **29** 49; **42** 49
Gemeinschaftsverhältnis **22** 1; **29** 27
Geräusche **29** 34, 54

Gerüche **29** 63
Gesamtschuldner **29** 38
Gesetzesvollziehungsanspruch **42** 23
Gewässer, oberirdische
– Anlieger **29** 6
– Anpflanzungen **39** 4
– Einfriedigung **34** 1; **35** 7
– Fensterrecht **23** 2
Gewerbebetrieb s. auch Betrieb
– Begriff **28** 6
– eingerichteter, ausgeübter **42** 13
GIRL **29** 63
Glasbausteine **23** 1
Glaubhaftmachung **42** 26
Gleichheitssatz **28** 19; **42** 22
Glockengeläut **42** 29
Graben
– Einfriedigung **35** 5; **36** 5
– wild abfließendes Wasser **60** LWG 3
Graupapagei **29** 80
Grenzabstand
– angefügter Gebäudeteile **22** 6
– Anpflanzungen **37** 2 ff.; **38** 1; **39**; **41**
– Bodenerhöhung **25** 4
– Gebäude **42** 38
– Wald **39** 1; **12** LWaldG 9
Grenzänderung **41** 4
Grenzeinrichtung
– Einfriedigung **28** 21; **30** 2; **32** 2
– Grenzwand
   – nach Abbruch/Zerstörung eines Bauwerkes **11** 7
   – nach Anbau **11** 6
   – vor Anbau **11** 5
– Nachbarwand
   – nach Abbruch/Zerstörung eines Bauwerkes **4** 17
   – nach Anbau **4** 15
   – teilweiser Anbau **4** 16
   – vor Anbau **4** 13
Grenzverwirrung **29** 30; **30** 3
Grenzwand
– Abbruch eines Bauwerkes **11** 7
– Anbau **11** 4
– Anbaurecht **11** 7; **13** 1
– Anbauvergütung **13** 3
– Anschluss einer zweiten **14** 1 f., 5
– Anzeige der Errichtung **12** 1
– Eigentum **11** 5 ff.
– Errichten **12** 1
– Fuge **14** 1
– Grenzeinrichtung **11** 5 ff.
– Gründung **12** 3 ff.
– Nutzung **11** 5 ff.

292

Stichwortverzeichnis

- Standort **11** 3
- Traufwasser **26** 5
- übergreifende Bauteile **14** 2; **15**
- Unterfangen **14** 3 ff.
- Unterhaltung **13** 4
- Zerstörung eines Bauwerks **11** 7; **13** 5
- Zulässigkeit nach öffentlichem Recht **11** 2
- Zustimmung zum Anbau **13** 1

Grenzzeichen **30** 3
Grillen **29** 65
Grunddienstbarkeit **1** 8 ff.
Grundstück
- Bewässerung **26** 1
- Definition **28** 4
- Grenzen im Bauplanungsrecht **42** 5
- Nutzungsausfall **29** 12 ff.; **42** 11; **43** 8 ff.
- Nutzungsrecht **29** 1 ff.
- Wertminderung **42** 1, 11

Gründung, Grenzwand **12** 3 ff.
Gütestelle LSchliG 4, 24 ff.

Hahnenschrei **29** 65
Hammerschlagsrecht
- Anzeige **18** 1
- Ausübung **17** 2 ff., 7 ff.
- Berechtigter **17** 13
- Durchsetzung **17** 11, 16 f.
- Inhalt **17** 2 f.
- Nutzungsentschädigung **19**
- Schadensersatz **18** 2
- Sicherheitsleistung **18** 3
- Verpflichteter **17** 6
- Voraussetzungen **17** 7 ff., 14

Hausmusik **29** 66
Hecke
- Bestandsschutz **41** 4
- Einfriedigung **35** 8
- gebäudegleiche Wirkung **42** 44
- Grenzabstand **37** 2 ff.; **39** 5; **41** 2
- Schadensersatz **28** 21
- Schneiden **17** 2

Himmelsstrahler **29** 6
Hochfrequenz-Strahlung **29** 76
Höhere Gewalt **61** LWG 9
Holzstapel **42** 44, 53
Hund
- Gebell **29** 41 f., 54, 67
- Kinder **28** 2
- Zucht **29** 67; **42** 27

Immission **29** 1
- Entschädigung **29** 18 ff.
- Feinimmission **29** 10, 22
- Gerichtsverfahren **29** 41
- Grobimmission **29** 23
- Klageantrag **29** 41
- Mitverschulden **29** 18 f.
- Richtwerte **29** 39
- Verjährung **29** 40
- Vorbehaltsurteil **29** 43; Vor **37–41** 1; **37** 1 ff.
- Zwangsvollstreckung **29** 44

Insekten **29** 10, 68

Jugendzeltplatz **42** 8

Kamin **20** 2; **29** 75
Kanalisation **61** LWG 7, 10
Katzen **29** 68
Kellerfenster **22** 4
Kiesgrube **28** 2
Kinder
- Ärgern des Nachbarhundes **29** 11
- Fotografieren **29** 72
- Lärm **29** 54
- Schwimmbeckensicherung **28** 2
- Spielplatz **29** 69 ff.; **42** 5
- Steinwürfe **29** 11
- Teichabsicherung **28** 2
- Übergriffe spielender **29** 83
- Verkehrssicherung **28** 2

Kirchenglocken **42** 29
Kirchturm **29** 73
Klage
- vor dem Verwaltungsgericht **42** 24 ff.
- vor dem Zivilgericht **42** 36 ff.

Klageantrag
- behördliches Einschreiten **42** 27
- Bodenerhöhung **25** 5
- Einfriedigung **28** 11, 15
- Hundegebell **29** 42
- Immissionen **29** 41 ff.
- Normenkontrollverfahren **42** 17
- Rückschnitt einer Anpflanzung **37** 8

Kläranlage **29** 63
Klavierspiel **29** 66
Kleintierhaltung im Wohngebiet **42** 5
Knick **35** 5; **36** 5
Komposthaufen **29** 73
Konkurrenz
- Ausgleichs- und Deliktsanspruch **29** 26
- öffentliches/privates Recht **1** 1 ff.; **42** 28
- Schutz vor **42** 8

Koranschule **42** 1
Kran **17** 3; **22** 10; **29** 73

293

Stichwortverzeichnis

Kulturdenkmal 42 4

Landwirtschaft 29 9, 30, 63 f.; 42 4
Lärmerwartung 29 55
Lebensgefühl 43 10
Leichtbauschornstein 29 75
Leistungsverweigerungsrecht 42 35
Leiterrecht 17 1 ff.
Lichtimmissionen 42 8
Lichtrecht 22 10
Lichtreflexe, Blendwirkung 29 47; 42 8
Liebhaberwert 42 36
Lokomotive (pfeifen) 29 55
Lüftungsleitung 20 1

Miete 29 62
Milieuschutz 42 8
Minderung
– Gebrauchswert 43 8 ff.
Missgriff im Verwaltungshandeln 42 6, 11, 23
Mist 29 74
Mitverschulden 29 18 f.
Mobilfunkstation 42 58
Müll
– Behälter 29 74
– Deponie 29 20 f., 37
Musikveranstaltung 29 74 f.

Nachbargrundstück 2 13; 42 45
Nachbarliches Gemeinschaftsverhältnis 29 27
Nachbarn
– Schuldrechtliche Beziehung 29 33; 43 10
Nachbarschutz
– bauordnungsrechtlicher 42 10
– bauplanungsrechtlicher 42 5
– des Milieus 42 8
– öffentlichrechtlicher 42 29
– privatrechtlich 42 29
Nachbarwand 4 3; 9
– Abbruch
  – Bauwerk 4 17 f.
– Anbau 4 9 ff.
– Anbaupflicht 6 1 f.
– Anbaurecht 6 2 ff.
– Anzeige
  – Anbau 7
– Beschaffenheit 5 1 f.
– Beseitigung 9 6
– Eigentum 4 13 ff.; 8 9
– Erhöhen 10 1, 6
– Grenzeinrichtung 4 13 ff.; 8 9
– Nutzung 4 13 ff.; 8 10
– Schadensersatz 6 3; 8 5; 10 8, 12
– Standort 4 2; 5 3
– Traufwasser 26 5 f.
– Unterfangen 6 2; 14 6
– Unterhaltung 8
– Verstärken 10 10 ff.
– Verwirkung 9 5
– Voraussetzungen 4 2 ff.
– Zerstörung eines Bauwerks 4 17; 6 10
– Zulässigkeit nach öffentlichem Recht 4 1
– Zustimmung des Nachbarn 4 4 ff.
– Zweckbestimmung 4 3
Nadelbefall **Vor** 37–41 8 ff.
Naturereignis 29 82
Naturschutz 29 1, 25, 51 f., 61
Nichtigkeitsklage
– zu einem Verwaltungsakt 42 24
Normenkontrollverfahren 42 17
Notkamin 42 31
Notweg
– aus Gemeinschaftsverhältnis 29 29
– für Entwässerung 26 4
– Waldbewirtschaftung 12 LWaldG 4 ff.
– zu baurechtswidrigen Zuständen 42 28
Nutzung
– Art der baulichen Nutzung 42 5
– atypische 42 2
– Grenzwand
  – nach Abbruch/Zerstörung eines Bauwerks 11 7
  – nach Anbau 11 6
  – vor Anbau 11 5
– Maß der baulichen Nutzung 42 6
– Nachbarwand
  – nach Abbruch/Zerstörung eines Bauwerks 8 10
  – nach Anbau 4 15
  – vor Anbau 4 13
Nutzungsberechtigter 2 12
Nutzungsvergütung
– Abbruch der Nachbarwand 9 8
– Ausübung des Hammerschlags- und Leiterrechts 19
– Befestigen von Schornsteinen, Lüftungsleitungen und Antennen 20 8
– übergreifende Bauteile 15 7

Öffentliche Grünfläche
– Anpflanzungen 39 4
– Einfriedigung 34 1
– Fenster- und Lichtrecht 23 2

Stichwortverzeichnis

Öffentliche Verkehrsflächen
- Anpflanzungen **39** 4
- Anrechnung auf Abstandflächen **42** 42
- Einfriedigung **34** 1
- Fenster- und Lichtrecht **23** 2

Öffentliches Recht
- Abgrenzung zum Privatrecht **42** 28 f.
- Ausübung des Hammerschlags- und Leiterrechts **17** 10
- übergreifende Bauteile **15** 3
- Unterfangen einer Grenzwand **14** 4
- Verhältnis zum Nachbarrecht **1** 1 ff.
- Zulässigkeit der Grenzwand **11** 2; **15** 2
- Zulässigkeit der Nachbarwand **4** 1

Ortsüblichkeit
- Einfriedigung **31** 2
- Grundstücksbenutzung **29** 16 ff.

Papagei **29** 80
Papierfabrik **42** 8
Parabolantenne **20** 2; **42** 44
Parkfontäne **42** 29
Persönlicher Eindruck des Richters **29** 55, 64
Pfauenschrei **29** 80
Pferde
- Haltung im Wohngebiet **42** 5
- -mist **29** 74

Pflanzbecken **25** 2
Pflege
- bedürftige **29** 12
- -heim **42** 5

Planbefolgungsanspruch **42** 57
Planungshoheit **42** 16
Ponyhaltung **42** 5
Popularrechtsverfolgung **42** 57
Prioritätsgrundsatz **29** 13, 19, 30
Private Vereinbarung **1** 6 f.; **42** 22

Radiogeräusche **29** 55
Rankgerüst **42** 44
Raubtierhaltung im Wohngebiet **42** 5
Rauch **29** 75
Rauchen auf dem Balkon **29** 63
Rechtsmissbrauch **42** 35
Rechtsnachfolger
- Bindung an Verträge **1** 7
- Zustimmung zur Nachbarwand **4** 8

Rechtsreflex **42** 21
Rechtsschutz
- zweigleisiger **42** 29
Rechtswidrigkeit
- Vermutung der **29** 1

Regeln der Baukunst
- Anbau an Nachbarwand **6** 3
- Unterfangen der Grenzwand **14** 4

Regen
- Berechnungsregen **61** LWG 10

Reihenhausanlage **28** 19; **29** 31
Reitstall **29** 63
Richtwerte **29** 15, 39
Rindermast **29** 30, 64
Rohbau **6** 5; **22** 7
Rohrbruch **60** LWG 2; **61** LWG 7
Rückschnitt Vor **37–41** 12
Rücksichtnahmegebot
- im öffentlichen Recht **42** 1 ff., 9, 51
- im privaten Recht **29** 27, 31

Samenflug Vor **37–41** 17 ff.
Sandkiste **29** 83
Sängerhalle **42** 5
Schadensersatz
- Abstandsunterschreitung **43** 8 ff.
- Abzug neu für alt **29** 20
- Ausübung des Hammerschlags- und Leiterrechts **18** 2
- Befestigen von Schornsteinen, Lüftungsleitungen und Antennen **21** 2
- Beseitigung einer Einfriedigung **30** 4
- Bodenaushub, Verunreinigung **25** 6
- Bodenerhöhung **25** 6
- entgangener Gewinn **43** 12
- Ertragsausfall **29** 9, 20; **43** 9
- Fernsehempfang, Verhinderung **20** 2
- Folgeschäden **29** 20
- Gebrauchsentzug **43** 8
- Gemeinschaftsverhältnis **29** 33
- Grenzwand
  - Anschluss **14** 5
  - Errichten **12** 1
  - Gründung **12** 4
  - Unterfangen **14** 5
- Nachbarwand
  - Anbau **6** 1, 3
  - Beschädigung **8** 5
  - Erhöhung **10** 8
  - Unterlassener Anbau **6** 1
  - Verstärkung **10** 12
- Veränderung einer Einfriedigung **30** 4
- Vermögensentwicklung, hypothetische **29** 20

Schallisolierung **29** 14, 62
Schattenwurf
- Anpflanzungen Vor **37–41** 7
- Baum **29** 6, 31, 77
- Windkraftanlage **29** 6

Stichwortverzeichnis

Schikane **29** 7
Schlichtungsverfahren LSchliG 1 ff.
- Anwendungsbereich LSchliG 10 ff.
- Gütestelle LSchliG 4, 24 ff.
- Schiedsamt LSchliG 33 ff.
- Vergleich LSchliG 26, 31, 37, 41
Schmerzensgeld **43** 10
Schornstein **20** 1
Schriftform
- Abdingbarkeit **1** 6
- Anzeige **7** 1; **9** 6; **10** 7; **12** 1; **14** 5; **18** 1
- Zustimmung **4** 5; **13** 1; **22** 7
Schrottplatz **29** 8
Schule **29** 70, 75; **42** 29
Schutzgesetze **42** 36
Schwarzbau **42** 24
Schweinemast **29** 64
Schwimmbecken
- Gebrauchsentzug **43** 11
- Verkehrssicherungspflicht **28** 3
Schwimmhalle **42** 53; **43** 11
Seeanlieger **29** 6
Selbstbindung der Verwaltung **43** 6
Selbsthilfe **29** 74; **Vor 37–41** 2, 17
Setzrisse **29** 19, 24
Sicherheitsleistung
- Anbauvergütung **6** 9; **13** 3
- Anschluss an Grenzwand **14** 5
- Erhöhen der Nachbarwand **10** 9
- Hammerschlags- und Leiterrecht **18** 3
- Höherführen von Schornsteinen, Lüftungsleitungen und Antennen **21** 3
- Unterfangen der Grenzwand **14** 5
Sichtschutzzaun **28** 18; **42** 27
Sickergrube **26** 4
Skateranlage **29** 56
Sommerbühne **29** 57
Sperrwerk **29** 6
Spielplatz **29** 69; **42** 5
Spielturm **42** 43
Sportplatz **29** 18, 23, 76
Spundwand **42** 44
Squash-Halle **29** 19
Stacheldraht **31** 3
Standheizung **29** 56
Standort
- Einfriedigung **35** 8
- Grenzwand **11** 3
- Nachbarwand **4** 2; **5** 3
Staub
- -flusen **29** 46
- -schaden beim Bau **42** 33
Steigleiter **20** 9 f.

Steinwurf auf das Nachbargrundstück **29** 11
Stellplätze **42** 5
Störer **29** 1 ff., **82** ff.
- Aufrechnung mit Störverhalten **29** 40
- erweiterte Leistungspflicht **29** 4
- Vermutung der Rechtswidrigkeit **29** 1
Strahlung **29** 76
Straßen **29** 77
- -bahn **29** 77
- -bau **29** 35
- -baum **29** 77
- -bepflanzung **29** 7
- Lärmschutz **42** 5
- -laterne **29** 78
- -musikant **29** 11
- Niederschlagsspritzer **29** 32, 77
- -verkehrslärm **29** 77
Streitwert
- Beseitigung eines Überbaus **42** 36
Stützmauer **25** 9; **42** 44; **60 LWG** 6

TA-Lärm **29** 54
Tatbestandswirkung **42** 19, 55, 62
Tauben **29** 17, 80; **42** 27
Teileigentum **2** 3 ff.
Terrasse
- auf einer Garage **42** 53
- Aussicht von der **29** 30
- Einsehbarkeit **29** 49
- Fensterrecht **22** 6
- Gebrauchsentzug **43** 11
- Geräusche **29** 54
- Lichteinfall **29** 31; **42** 11
- Papageien auf der **29** 80
- Wirkung wie ein Gebäude **42** 44
Tischtennisplatte **29** 78
Tonbandaufnahme **29** 62
Traufwasser **26** 2
Treu und Glauben **29** 27; **43** 6
Türen, Grenzabstand **22** 6, 10
Türkisch-Islamisches Kulturzentrum **42** 1

Überbau **4** 2; **5** 2, 4; **11** 3; **16**; **42** 36, 60
Übergangsvorschriften **44** 1 ff.
Überschwemmung **60 LWG** 4; **61 LWG** 7
Überwuchs **Vor 37–41** 1 ff.; **38** 3
Unanfechtbarkeit **42** 30, 42
Unkrautsamen **Vor 37–41** 17 ff.
Unterfangen
- Grenzwand **14** 3 f.
- Nachbarwand **6** 2; **14** 6
- Überbau **14** 6
Untergeordnete Anlagen **42** 53

Stichwortverzeichnis

Unterhaltungsarbeiten
- Einfriedigung 28 12
- Grenzwand 13 4
- Hammerschlags- und Leiterrecht 17 2
- Nachbarwand 8
- Schornsteine, Lüftungsleitungen, Antennenanlagen 20 7 f.

Unterhaltungskosten
- Einfriedigung 28 1; 32 1 ff.; 36 2 ff.
- Grenzwand 13 4; 14 2
- Nachbarwand 8

Unterstützung, Wand 4 11
Unverhältnismäßigkeit
- Kosten 17 8; 20 6; 42 60; 61 LWG 4
- Nachteile 17 9

Unzulässige Rechtsausübung 42 35
Unzweckmäßigkeit 17 7 f.
Urteilstenor
- Einfriedigung 28 15
- Immissionen 29 41 f., 61 f.
- Rückschnitt 37 12

Venire contra factum proprium 29 19; 43 6
Veränderung
- Abfluss des wild abfließenden Wassers 60 LWG 5
- Einfriedigung 31 7; 36 2, 5
- Nachbarwand 10

Veranstaltung 29 57
Verbrennen von Abfällen 29 50
Vereinsheim 42 5
Vergleich 43 7
Verhältnismäßigkeit 42 23, 60
Verjährung
- Ausgleichsanspruch 29 40
- Störungswiederholungen 29 40
- Unterlassungsanspruch 29 40
- unvordenkliche 42 42

Verjährung nachbarrechtlicher Ansprüche 3 1 ff., 7
Verkehrslärm 29 77
Verkehrssicherungspflicht 28 2; 29 82
Verpflichtungsklage
- gegenüber einer Behörde 42 24

Versammlungsstätte 42 53
Verschattung 29 6, 31; 42 11
Verständiger Durchschnittsmensch 29 54, 63, 76
Verstärken, Nachbarwand 10 10 ff.
Verteidigungsanlage 28 1, 19
Vertiefung 25 8; 29 19, 24, 32

Vertrag über Nachbarrechte
- Bindung des Rechtsnachfolgers 1 6; 36 3; 43 7
- Fortgeltung 36 3
- Zulässigkeit 1 5; 36 3; 43 7

Verunstaltung 20 6; 28 3; 42 4
Verwaltungsakt
- Auflage in einem 42 31
- Bestandskraft 42 30
- Wegfall 42 28

Verwirkung nachbarrechtlicher Ansprüche 3 9; 29 28; 42 25, 27
Verzicht
- auf Abwehr eines Bauvorhabens 42 22
- auf das Abstandsrecht 43 7
- bei Veräußerungsverbot 43 7

Videoüberwachung 29 79
Vögel 29 80
Voliere 29 80
Vollstreckungsverfahren 42 39
Vorbehalt 29 1, 43, 52; Vor 37–41 1
Vorbelastung 29 30; 42 1
Vorbeugende Unterlassungsklage 42 24
Vorfragen im Zivilprozess 17 16; 29 61; 42 36, 55 ff.
Vorrang des Bauplanungsrechts 42 24
Vorsatz 43 2
Vorverfahren 42 25; LSchlIG 6

Wagenburg 42 1
Wald
- Begriff 39 1
- Bewirtschaftung 12 LWaldG 1 ff.
- Gefährdung 12 LWaldG 2
- Grenzabstand 39 1; 12 LWaldG 9 ff.
- Notweg 12 LWaldG 4 ff.

Waldbesitzer 12 LWaldG 6
Wandhöhe 42 49 ff.
Wasser
- Abschwemmung 60 LWG 7
- Abwasser 60 LWG 2
- Aufnahme 60 LWG 3
- Grundwasser 27 3
- Kanalisation 60 LWG 10
- Obhutspflicht aus Gemeinschaftsverhältnis 60 LWG 5
- Traufwasser 26 3
- wild abfließendes 61 LWG 2

Wasserlauf 60 LWG 2
Weideland, Einfriedigung 35
Wellensittiche
- Lärm 29 80
- Zucht im Wohngebiet 42 5

Werbeanlage mit Lichtimmission 42 8

297

Stichwortverzeichnis

Wertminderung **42** 11
Widerspruch
– Abstandsunterschreitung **43** 3
– Verfahren **42** 25
– Verwaltungsakt **42** 25
Widersprüchliches Verhalten **29** 19; **42** 22; **43** 6
Wiederherstellungsanspruch **42** 28
Windkraftanlage **29** 6, 32
Wintergarten **42** 53
Wirkung wie von Gebäuden **42** 44
Wohnfrieden **29** 7; **42** 38, 44
Wohnprostitution **42** 5
Wohnungseigentum **2** 3 ff.; **22** 1; **28** 4, 18 f.; **42** 27, 52
Wurzeln **29** 14, 19; **Vor 37–41** 2 ff.

Ziegelfabrik **42** 8
Zigarre-/Zigarettenrauchen auf dem Balkon **29** 63
Zufahrt, gemeinsame **28** 21 f.
Zugluft **20** 1; **29** 6
Zumutbarkeit **29** 12, 54 ff., 87; **42** 5; **43** 8
Zurückschneiden, Anpflanzungen
– Anspruch **37** 6 ff.; 38

– Ausschluss des Anspruchs 40
– Berechtigter **37** 8
– Verpflichteter **37** 8
– Zwangsvollstreckung **37** 8
Zusage
– einer Behörde **42** 14, 24
– eines Störers **29** 24
Zustimmung
– Anbau an die Grenzwand **13** 1
– Errichten einer Nachbarwand **4** 4 ff.
– Formfehler **22** 7
– Grenzabstand von Fenstern, Türen und Bauteilen **22** 7
– Nachbarbeteiligung bei Bauaufsichtsverfahren **42** 20
Zwangsversteigerung **43** 7
Zwangsvollstreckung
– Anpflanzung **37** 8
– Bodenerhöhung **25** 5
– Einfriedigung **28** 11, 16
– Fensterrecht **22** 9
– Gründungsverlangen **12** 4
– Immissionen **29** 44
– Traufwasser **26** 4
Zweigleisiger Rechtsschutz **42** 29

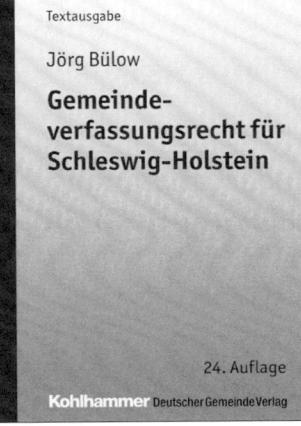

Jörg Bülow

Gemeindeverfassungsrecht für Schleswig-Holstein
Textausgabe

24., überarb. Auflage 2017
IX, 424 Seiten. Kart.
€ 15,-
ISBN 978-3-555-01802-7
Kommunale Schriften für Schleswig-Holstein

Mengenpreise:
ab 10 Ex. € 12,70 | ab 20 Ex. € 12,-
ab 50 Ex. € 11,30

Anlass für die Neuauflage der bewährten Textausgabe zum Kommunalverfassungsrecht Schleswig-Holstein sind zahlreiche seit Erscheinen der Vorauflage erfolgte Rechtsänderungen der Gemeindeordnung.
Die 24. Auflage enthält wiederum das gesamte Kommunalverfassungsrecht einschließlich wichtiger Erlasse auf aktuellstem Rechtsstand.
Das Werk stellt damit seit nunmehr über 50 Jahren ein unentbehrliches Handwerkszeug für Mandatsträger, Verwaltung, Rechtsberatung, Wissenschaft und Ausbildung dar.

Leseproben und weitere Informationen unter www.kohlhammer.de

W. Kohlhammer GmbH
70549 Stuttgart

Möller/Bebensee

Landesbauordnung Schleswig-Holstein 2016

mit Kurzkommentierung

2017. XVIII, 650 Seiten mit 20 Abb. und 6 Tab. Kart.
€ 42,-
ISBN 978-3-555-01854-6

Anlass für das Werk ist die Novellierung der Landesbauordnung Schleswig-Holstein. Die Novelle überträgt den Bauherren mehr Eigenverantwortung, enthält verständlichere Formulierungen und entlastet die Kommunen. Weitergehende Erleichterungen bei Baugenehmigungen, wie z. B. bei einer nachträglichen energetischen Sanierung, werde ermöglicht.
Kleine Windkraftanlagen werden in bestimmten Gebieten verfahrensfrei gestellt.
Traditionell ist auch dieser Textausgabe eine Kurzkommentierung beigefügt, die auf alle wesentlichen Aspekte des Bauordnungsrechts in Schleswig-Holstein eingeht.

Leseproben und weitere Informationen unter www.kohlhammer.de

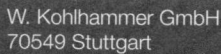

W. Kohlhammer GmbH
70549 Stuttgart